朝鮮燕行使と朝鮮通信使

Susumu Fuma
夫馬 進――【著】

名古屋大学出版会

朝鮮燕行使と朝鮮通信使

目次

第II部　一六・一七世紀、朝鮮燕行使による中国観察と中国批判

第III部　一八・一九世紀、燕行使と通信使における学術交流

第Ⅳ部　東アジアにおける洪大容燕行の意義

序章　朝鮮燕行使とは何か

朝鮮燕行使とは、かつて朝鮮国王が中国北京に派遣していた事大使節である。一方、朝鮮通信使とは朝鮮国王が日本の江戸に派遣していた交隣使節である。このうち朝鮮通信使については、日本と韓国で早くから数多くの研究が重ねられてきたし、現在ではそれがおおよそどのようなものか、両国一般の市民にまで広く知られている。[1] ところが燕行使については、世界の学界においてその概要さえも紹介されていない。そこで序章では、燕行使とはいったい何なのか、これを通信使と比較しつつおおよそのところを記すことによって、本論への導入に代えよう。そして最後に、本書では朝鮮燕行使と朝鮮通信使の何に問題を絞るのかを提示しておきたい。

一　朝鮮燕行使という呼称とその回数

本書では中国で明朝と清朝に当たる時代に、朝鮮から送られた外交使節を燕行使と呼ぶ。ただ燕行使とは史料で出てくる言葉ではあるが、むしろ学術用語というべきものであることをまず明らかにしておかねばならない。そこには朝鮮と中国の関係史という、いささか複雑な問題が絡んでいる。朝鮮朝の時代に日本へ派遣していた使節を通信使と呼ぶことは、当時の史料から見ても現在の学術用語としても妥当である。ところがソウル―北京間を往復した使節をどう呼ぶべきか、これまで一定した呼称がなかった。(2)

これには二つの原因があったと考えられる。第一に、朝鮮から北京へ送られた使節の場合、史料の上ではその使節の目的をもって呼ぶのが最も普通だったからである。たとえば北京で冬至を祝うためのものであれば冬至使、正月元旦を祝うためのものであれば正朝使または正旦使、皇帝の誕生祝いのためであれば聖節使、その他のお祝いのときであれば進賀使、朝鮮側が感謝の意を表すときであれば謝恩使、陳情あるいは要請するときであれば陳奏使または奏請使、皇帝や皇后が死去したときであれば進香使、皇帝の親属が死去した時に悔やみの言葉を述べに行くのであれば訃行使などなど、その目的に応じて一つ一つ呼び換えていた。ほかに皇帝が瀋陽に来たときにご機嫌伺いをする問安使があるが、これは北京ではなく瀋陽まで行く。一方、日本へ赴いた使節が通信使と呼ばれたのは、通信すること国書をもたらすことそれ自体が主な目的であった。つまり通信使とは「通信する」という使節の主な目的がそのまま汎称となっているのであって、それは北京への使節では冬至使、正朝使、聖節使、謝恩使など、目的をもとに名付けられた一つ一つに対応するものであった。日本へ送る使節を「通信使」と呼ぶより原理的な問題については、第一章で見ることになろう。

第二の原因は、朝鮮・中国関係史あるいは中国・朝鮮関係史の複雑さである。冬至使、正朝使、聖節使、謝恩使などをひっくるめた総称として、おそらく最も相応しいのは「赴京使」であろう。なぜなら、朝鮮朝の重要な外交史史料『通文館志』の巻三、事大では、「赴京使行」と題しており、これは同書巻六、交隣で「通信使行」と題して記すのと対応する。したがって「通信使」に対応するものは「赴京使」である。朝鮮の根本法典『経国大典』でも「赴京使」の名が使われるし、『朝鮮王朝実録』などでも最も多くは「赴京使臣」という表現ではあるが、これが使われている。そこでは中国で明清交代があったにもかかわらずこの言葉が使われるのだから、「朝鮮赴京使」が当時の用語を用いたものとして最もふさわしいかに見える。

ところが一方、中国で満州族が統治者となった清朝になると、朝鮮知識人は中国を軽蔑してこれを「天朝」と呼ぶのを避け、そこへ行くことを「赴京」と呼ぶのをつとめて避けるようになった。これに伴い北京への旅行記も、かつて「朝天録」「朝天日記」などと呼ばれていたものを、「燕行録」「燕行日記」などと称することが一般化した。またかつて「赴京使」と呼ばれていたのと同じものが、「赴燕使」と呼び換えられた。たとえば一八〇九（嘉慶十四、純祖九）年に編纂された『万機要覧』財用編五、燕使・燕行八包では、明代に当たるときのことを叙述するときには赴京と記し、実質的に同じことでも清代のときには赴燕と記している。朝中関係史の複雑さとは、これである。このような歴史的な事実がある中で、明清時代を通じて北京に派遣された使節を一方的に「赴京使」と呼ぶことには、当然ながら躊躇を覚えざるを得ないであろう。

北京への外交使節団を中国では清代に当たるものをも一括して「赴京使」と簡単に呼べないのは、現代に生きる我々の立場からしてもそうである。たしかに「赴京使」は当時あった中国と朝鮮の外交関係を的確に示すものである。はじめに朝鮮燕行使を説明して、それは事大使節である、すなわち小国が大国に事える使節であるとした。中国で明代に当たる時代に、朝鮮朝ではその使節を「赴京使」と何のためらいもなく呼んでいたことを、我々は十分に注意すべきである。しかし我々も同じく、当時の人々の価値を色濃く示す「赴京使」をそのまま学術用語として用いることは、必ずしも適当ではないのではないか。日本の琉球史研究においては、冊封使という実態をそのまま含む言葉が極めて自然に学術用語として用いられている。これと比べるとき、朝鮮・中国関係史あるいは中国・朝鮮関係史の中で、さらに東アジア国際関係史の中で「赴京使」という史料用語をそのまま学術用語として自然に用いることができるようになるには、我々はなお将来の長い「歴史」を必要とするであろう。したがって本書では「朝鮮赴京使」の語を通称とせず、より価値を伴わない「朝鮮燕行使」という言葉をひとまず用いることにしたい。それはまた、北京への使節団に加わった者たちが書いた旅行記が、「燕行録」という学術用語をもってすでに定着しているからでもある。

朝鮮燕行使は世界の外交史上で極めて特異な存在である。というのは、それは約五百年間にわたり、ソウルから北京に至るまでほぼ同じルートを通り、ほぼ同じ目的のために送られたからである。高麗時代以前を含めるならば、もっと長い期間にわたる。朝鮮朝―明朝間では、定期的なものだけでも毎年ほぼ三回の使節が派遣された。『万暦大明会典』巻一〇五、礼部、朝貢、朝鮮国の規定によれば、永楽年間の初めから毎年三回、聖節、正旦節、それに皇太子の誕生日を祝う千秋節に朝貢使節を受け入れることになっていた。正旦使は一五三一（嘉靖十、中宗二十六）年からは冬至節を祝うための冬至使に代えられている。これらは定期的なものであり、ほかに進賀使、謝恩使、陳奏使などが不定期に数多く送られた。

実は現在に至っても、中国で明代に当たる時代を通じて何回使節が派遣されたのかは、正確な数値を出せないでいる。ある不完全な統計によれば、明一代に使節は一二五二回派遣され、年平均にして四・六回であったとする数値が示されるにとどまる。(3)

一方、朝鮮朝―清朝間でも一六三七（崇徳二、仁祖十五）年から日清戦争の勃発した一八九四（光緒二十、高宗三十一）年までの二五八年の間、『清選考』という史料をもとに調べてみると合計四九四回、毎年平均すればほぼ二回の使節が派遣された。ただこれは、朝鮮国王の名代として派遣されたものの回数だけであり、齎咨行と呼ぶ事務レベルで派遣されたものは含まれない。なぜ明代に比べてこんなにも減ったのかというと、それは一六四五（順治二、仁祖二十三）年に清朝の命令により、それまであった冬至節、元朝節（正旦節）、聖節のために送る使節が一本化され、それ以後は三節年貢使あるいはこれを略して冬至使と呼ばれることになったからである。(4) これ以降、毎年定期的に国王の名代として送られる燕行使としては、正月元旦の祝賀式に出席するものだけとなった。それまで皇帝の誕生祝い、元旦の祝い、冬至の祝いと別々に貢ぎ物を送っていたものが、貢物を記した書類の上では書き分けられるが実際には同じ使節が運んだのである。

先に挙げた合計四九四回とは、朝鮮国王から清朝皇帝に対して派遣された正式の使節の数である。これには清朝が北京に遷都する以前に聖節使などとして瀋陽に行っていたものや、北京遷都後でも皇帝が先祖の墓参りなどのために瀋陽へやってきた時に問安使として派遣された瀋行使も含まれる。これに齎咨行を含めるならば、ある統計によれば計六九四回使節が派遣されたという。[5] ただ四九四回という数値は臨時の齎咨行と毎年定期的に翌年の暦を取りに行っていた皇暦齎咨行とをともに含めないし、六九四回という数値も皇暦齎咨行を含めない。とすれば、『清選考』によって示される四九四回に通常の齎咨行と毎年の皇暦齎咨行とを加えた九五〇回程度が、この時代に送られていたおおよその数値と見積もってよいであろう。年間にして約三・七回である。

ルートは明代ではおおよそソウル―遼東（遼陽）―北京、清代ではおおよそソウル―瀋陽―北京であった。もちろん、中国明朝が都を南京においていた時代には、使節は南京まで行っていたし、あるいは現在の中国遼寧省に当たる地域が清朝によって占領されていた時代には、明代でも海路北京へ向かった。五百年の間に確かに若干のルート変更はあった。しかし我々がかりに世界史地図帳の上で、前近代に国際外交使節が派遣された回数分だけ一回ごとにそのルートの上に塗りつけていったならば、ソウル―北京間の陸路のみが圧倒的にほかを凌駕し、格段に太い線となるであろう。先ほど朝鮮燕行使は世界の外交史上で極めて特異な存在である、と言ったのはこれである。

この点、『通文館志』では燕行使と通信使とを同列に記しているが、それらはまったく違うものであった。中国の明朝はおおよそ日本の室町幕府と織豊政権の時代にあたる。しかし朝鮮から室町幕府に通信使が派遣され、実際に京都まで来たのはわずか三回、豊臣秀吉に対しては二回であった。中国の清朝の時代におおよそあたる徳川時代に、幕府に派遣されたのは刷還使などと呼ばれたものをも含めても、わずか十二回であった。[6] これでは二桁違う。まさに格段の桁違いと言うべきあって、同列に並べることはできない。この数値の違いは朝鮮にとって、燕行使が政治的にも経済的にも、さらに言うなら文化的にも圧倒的に重要であったことを示唆するであろう。政治的な意義からだけで言っても、朝鮮燕行使が日清戦争勃発の年にも派遣されながら、旅の途中で中止となったのに対して、通信使の方は一八一一年をもって早々と終わりとなったこと、それすら江戸まで行くのではなく対馬止まりであったことに、その重要性の違いは如実に現れている。このように見るなら、朝鮮燕行使が往来したルートは幹線と言うべく、朝鮮通信使はこれより桁違いに運行回数が少ないローカル線であったと言ってよい。

二　朝鮮燕行使団の人員数と朝貢貿易

次に一回の燕行使団に何人が加わっていたかである。朝鮮通信使の場合、毎回の人員は四百数十人から五百人程度であったとされ、このうち百数十人は大坂止まりであったとされる。[7] では朝鮮燕行使の方は毎回何人ぐらいのものが行っていたのであろうか。以下は燕行録を中心としたいくつかの史料のうち、気が付いたところを記したものである。

表　燕行使団人員数の推移

年代	使行目的	総人員数	典拠	備考
一四四三（正統八、世宗二十五）年	聖節使・正旦使	三十人	『遼東志』巻四、典礼志、夷人入貢	
一四六九（成化五、睿宗元）年		十二人―十五人	『朝鮮王朝実録』睿宗元年六月辛巳	
一五三三（嘉靖十二、中宗二十八）年	皇太子誕生進賀使	二二人	蘇巡『葆真堂燕行日記』（全集第三冊、頁四四八）	
一五七四（万暦二、宣祖七）年	聖節使	三六人	本書頁一四七＝許篈日記九月三日	
一六〇四（万暦三十二、宣祖三十七）年	聖節使兼千秋使	三三人	撰者未詳『朝天日録』（全集第二〇冊、頁二七）	聖節使十七人と千秋使十六人

一六〇五（万暦三十三、宣祖三十八）年	千秋使	十六人	李馨郁『燕行日記』（全集第二〇冊、頁一一三）	
一六一〇（万暦三十八、光海君二）年	冬至使	三三人	鄭士信『梅窓先生朝天録』（全集第九冊、頁三八五）	
一六一九（万暦四十七、光海君十一）年	謝恩兼千秋使	五七人	李弘胄『梨川相公使行日記』（全集第一〇冊、頁一二〇）	
一六二九（崇禎二、仁祖七）年	慶賀使	二九人	『崇禎長編』崇禎三年三月戊申	海路
一六四一（崇徳六、仁祖十九）年	聖節冬至兼年貢使	二三人	李景厳『辛巳赴瀋録』（全集第一五冊、頁三八五）	瀋行使　林基中は李景稷『赴瀋日記』とする
一六七七（康熙十六、粛宗三）年	三節年貢使	七一九人	孫万雄『野村先生文集』（全集二八冊、頁三二一）	入柵時　うち三一一人北京行（頁三二八）
一六八二（康熙二十一、粛宗八）年	進賀謝恩兼陳奏使	二四八人	韓泰東『両世燕行録』七月二十六日	入柵時　七月一日ソウル発
一六九〇（康熙二十九、粛宗十六）年	三節年貢使	六七〇人	徐文重『燕行日記』（選集下冊、頁二六三）	入柵時　うち三〇一人北京行
一六九四（康熙三十三、粛宗二十）年	陳奏兼奏請使	四一八人	兪得一『燕行日記草』（全集第三〇冊、頁五二七）	入柵時　八月二日ソウル発　林基中は康熙四十五年燕行とする
一七一二（康熙五十一、粛宗三十八）年	謝恩使	二二五人	閔鎮遠『燕行日記』（選集下冊、頁三一九）	二月二十二日ソウル発　林基中は康熙五十年燕行とする　別題『熱河日記鈔』
一七一二（康熙五十一、粛宗三十八）年	三節年貢使	五三七人	金昌業『老稼斎燕行日記』（국역第四輯、頁二二）	渡江時　十一月三日ソウル発
一七一二（康熙五十一、粛宗三十八）年	三節年貢使	六八七人	崔徳中『燕行録』（국역第三輯、頁七四・八九）	入柵時　うち三二四人北京行　うち玉河館へ入った者三二一人
一七一三（康熙五十二、粛宗三十九）年	三節年貢使	二八三人	韓祉『両世燕行録』三月十八日	
一七一四（康熙五十三、粛宗四十）年	三節年貢使	八二五人	本書頁四四一＝李沢日記十一月二十八日	入柵時
一七二〇（康熙五十九、粛宗四十六）年	告訃兼奏請使	三六人	李器之『一菴燕行日記』（補遺上、頁二三三）	七月二十七日ソウル発
一七二三（雍正元、景宗三）年	陳慰兼進香使	三一四人	黄晸『癸卯燕行録』（全集第三七冊、頁二六三）	入柵時　八月八日ソウル発

一七四六（乾隆十一、英祖二十二）年	三節年貢使	三三五人	本書頁四四八＝尹汲日記十一月三十日	入柵時
一七五五（乾隆二十、英祖三十一）年	三節年貢使	三三五人	鄭光忠『燕行日録』（全集第三九冊、頁四五）	北京玉河館入館時　林基中は撰者未詳、康熙三十四年燕行とする
一七六〇（乾隆二十五、英祖三十六）年	三節年貢使	三〇一人	李商鳳『北轅録』（補遺上冊、頁七一一）	入柵時
一七七七（乾隆四十二、正祖元）年	三節年貢使	三三八人	『鳳城瑣録』頁一一二	入柵時
一七八七（乾隆五十二、正祖十一）年	三節年貢使	三二四人	兪彦鎬『燕行録』（選集下冊、頁一一五八）	入柵時
一八〇一（嘉慶六、純祖元）年	三節年貢使	二九六人	李基憲『燕行日記』（選集下冊、頁七三八）	入柵時
一八〇三（嘉慶八、純祖三）年	三節年貢使	二五三人	李海応『薊山紀程』（全集六六冊、頁四七九）	入柵時　林基中は徐長輔撰とする
一八〇九（嘉慶十四、純祖九）年頃	三節年貢使	三一〇人—三二〇人	『万機要覧』頁六九九	入柵時？
一八三一（道光十一、純祖三十一）年	謝恩使	二〇五人	韓弼教『随槎録』（補遺中冊、頁二四三）	七月二十二日ソウル発
一八三七（道光十七、憲宗三）年	奏請兼謝恩使	二〇八人	本書頁四八五＝金賢根日記七月二日（日本編第二冊、頁九五）	北京での下賜品給与者人数　四月二十日ソウル発
一八四二（道光二十二、憲宗八）年	三節年貢使	二六七人	本書頁四八八＝趙鳳夏記略（日本編第二冊、頁一九五）	入柵時
一八四六（道光二十六、憲宗十二）年	進賀兼謝恩使	二〇六人	本書頁四九〇＝朴永元燕行録（日本編第二冊、頁二四七）	入柵時　三月十二日ソウル発
一八四九（道光二十九、憲宗十五）年	三節年貢使	三〇五人	本書頁四九三＝李啓朝日記（日本編第三冊、頁四六一）	北京入城時
一八五八（咸豊八、哲宗九）年	三節年貢使	三一〇人	本書頁四九七＝金直淵日録（日本編第三冊、頁一〇四）	入柵時か？
一八七九（光緒五、高宗十六）年	三節年貢使	四四〇人	本書頁五一五＝南一祐燕記（日本編第三冊、頁三四六・三四八・四八四）	入柵時　渡江時では三一〇人、うち瀋陽で帰る者一四一人、北京で報告した者二九九人

＊三節年貢使は通常、謝恩使や進賀使を兼ねるが、ここでは記さない。
＊燕行録記載の諸史料のうち、「奴」についての記載がないなど明らかに不完全なものと判断できるものについては、統計として採らない。
＊選集＝『燕行録選集』、국역＝『国訳燕行録選集』、全集＝『燕行録全集』、日本編＝『燕行録全集日本所蔵編』、補遺＝『燕行録選集補遺』（以上は本書頁四二七参照）、『崇禎長編』＝中央研究院歴史語言研究所校印『明実録附録』、『鳳城瑣録』＝博明撰（『遼海叢書』所収）、『万機要覧』＝沈象圭編（財用篇、ソウル、景仁文化社、一九七一）。

以上の統計はもちろん不完全なものであるが、燕行使一団の人員増減を大よそのところで把握するためには十分である。これによれば、明代と清代とでは一行の人員数がまるで違っていた。一四六九年の頃にはなお、副使が加わる使節であれば十五人、副使が加わらないものであれば十二人と見積もられていた。[8] 明清交代があったのは一六四四年であるが、明代では最も多い場合でも一六一九年の五七人であったのに対して、一六七七年にはいきなり七一九人に増えている。これは一六四五年にそれまであった冬至節、元朝節、聖節のために三回送られていたものが一本化されたからでもあるが、より大きな原因は、明代と清代とではいわゆる「朝貢貿易」の形態がまるで違っていたからであった。

朝鮮朝の場合、燕行使が鴨緑江沿いに位置する国境の都市義州を出てから北京まで、いわゆる「朝貢貿易」つまり物資の運搬はおおよそ次のようになされた。まず明代のそれである。

まず義州で一行の持ち物検査が行われる。これには監察官として一行に加わる書状官が立ち会う。これを捜検というが、一六世紀中頃以降になると法令に違反して持ち出されるのが主に銀であったから、捜銀とも呼ばれ、捜検の総責任者を捜銀御史といった。

一行が鴨緑江を渡ってから遼東地方の中心都市遼東までは、朝鮮から団練使が派遣され一行を護衛した。この間、一行の持つ食糧、朝貢物品、貿易物品はすべて朝鮮側が運んだ。[9] もちろん中国人の荷車を雇うこともあったが、経費は朝鮮側の負担であった。

ところが遼東以降北京までは、朝貢物品も貿易物品も運送はすべて明朝側が負担した。遼東からはリレー式で、明朝側から物資運搬のために荷車が給付された。ところがこの車輌は沿路人民の徭役負担によったから、当然その数は制限されざるをえない。荷車を何台給付するかは、遼東地方の最高長官である遼東都指揮使と使節一行のなかでも書状官との話し合い、かけ引きで決定された。この時渡される支給許可証を車馬票帖あるいは車票と呼んだ。一五七四年に書状官として同行した許篈は、六月二十四日に朝鮮側の上通事すなわち上級通訳官を派遣してこの交渉をおこなわせ、都指揮使陳言がはじめ十八輌を許可すると言ったところを二五輌獲得している。ところが彼によれば、貿易物品を搭載する分を除き、一行の食糧や身の回りの物と朝貢物品とを運ぶためだけであれば、わずか六台七台でこと足りたという。[10] つまり残りの十八台ほどの車輌は貿易物品を運ぶためであった。貿易物品の方が朝貢物品と食糧その他の約三倍ほどであったことになろう。この車輌は人民への徭役負課によって調達されたから、当然に限りがあった。許篈によれば、この徭役に耐えられずに自殺者まで出る始末で、沿道では人々の怨声が絶えず、燕行使を見ることまるで讐敵のようであったという。彼はこれを解決するための抜本的改革方法は、「国家が貿易を廃止することである」と言いきっている。

燕行使一行の者が多額の銀、しかもこれを秘密裏に持ち出すという記事は、『朝鮮王朝実録』によるかぎり一六世紀初めになって急に多く登場するようになる。中国年号でいえば、正徳が始まる頃である。当時、朝鮮の宮廷で最も議論を呼んだのは、銀はもともと貢物に加えられることを免除されていたのだが、燕行使一行が北京にこれを多量にもたらしたなら朝鮮でも多く産出するとわかってしまい、貢物に加えられるかも知れないという危惧であった。[11] このために朝鮮政府はせっかく開鉱した端川銀山を閉鎖したと国王自身が言っているから、燕行使一行の動向は国内産業の盛衰と深く関係していたとみてよいであろう。しかし銀を秘かに北京へ持ち出して金儲けを企んだのは、商人たちだけではなく官僚たちもそうであった。このため捜銀御史を設けるなど国家は様々に銀の持ち出しを禁じたが、効果はなかった。

やがて北京の官僚たちの間では、朝鮮は朝貢のためではなく貿易のために使節を送っているのだ、と陰口をたたかれるようになった。そしてついに一五二三（嘉靖二、中宗十八）年の記録になると、科挙の順天郷試の策題で、「朝鮮は礼義の邦などと偽って称しながら、頻々と北京に往来しており、実質は商売で利を得ている。朝貢往来を拒絶すれば必ず怨むであろうし、夷狄を処遇する道にもそむくが、拒絶しなければ沿路の駅がますます困りはててしまう」、これをどう解決したらよいかというものが出たという。[12]朝鮮の為政者たちは中国人から、燕行使が中国へ来るのを至誠事大のためではなく、貿易のために来るのだと言われて大いに恥じた。[13]また沿路の中国人民が餓死するのを目の前にしてまで、金儲けにはげむことを申し訳なく思った。北京で一行が宿泊する玉河館の門禁が厳しくなると、これではまるで野蛮なモンゴル人に対する処遇と同じだと怒るとともに、これを招いたのは銀の災いだと思った。これを「国家の恥」と称し、この恥をすすぐためには国家のための公貿易さえ禁止すべきだとの議論もなされた。[14]許篈が「国家が貿易を廃止すべきである」と主張したのも、これである。

しかし、朝鮮商人から官僚に至るまでの飽くなき利益追求の前に、貿易禁止を唱える彼らの声はかき消された。朝鮮側からする自己規制にもかかわらず、燕行使一行の人員は許篈の時でもすでに三六人に増え、一六一九年には五七人に増えた。中国明朝側には、朝鮮を特別な朝貢国と見なして優遇する意図から、朝貢人数や運搬物資を制限する規定はなかったらしい。しかし先に述べたように、遼東から北京まで朝貢物品から交易物品まで一切合切その運搬を中国人民の徭役によっていたから、自然と限界が生まれた。

清代になると、この朝貢の様式、朝貢貿易の形態がすっかり変わった。簡単に言うと、瀋陽と北京間での貿易物品の運送も、朝鮮側の経費で車を雇って行うことになったのである。

いま一度、国境の都市義州から北京までの旅行過程を見てみよう。まず渡江の前に義州で持ち物検査が行われたのは、同じである。しかし極めて形式的なものであったらしいこと、前代と変わらない。

明代では一行が遼東に至るまで、特別な入国検査が行われたようにない。ところが清代になると清朝側からすれば、鳳城と呼ぶ国境の町の南に柵門という門が置かれ、ここで入国検査を行うようになった。この柵に入り入国することを入柵という。ここで燕行使側は清朝の係官に入柵人員を記した報単を提出した。数多くの燕行録で入柵人員の数が記されるのは、この時の記録があったからである。

たとえば、一七一二（康熙五十一、粛宗三十八）年十一月三日にソウルを出発した燕行使の場合を見てみよう。まず義州から渡江したときには五三七人であったのが、入柵の段階になると六八七人と大きく膨らんでいる。柵門から南の鴨緑江までは、両国の緩衝地帯としてどちらの国も管理しなかったため、たとえば前回の燕行使が帰り柵門を出たところで姿をくらました者が、ここにひそかに身をかくしていた。そして次の燕行使が鴨緑江を渡って柵門に入るまでにまた姿を現し、一行に加わった。このようにして百数十人が増加したものと見られる。

柵門で入国検査を行うと同時に、燕行使の側は朝貢物品、貿易そして食糧などを運ぶために車輌を雇った。まずは清朝の副都瀋陽までである。従って経費は朝鮮側がすべて持つ。これは明朝の時でも渡江のあと遼東までは朝鮮側が自分ですべて運んだのだから、これとまったく変わらない。瀋陽までは護衛のために団練使が付き添って行っていたことも、かつてと同じであった。一七一二年の場合、六八七人が入柵して、そのうち三二四人が北京へ行った。あとの三六三人は一行とともに瀋陽までは行くがここで交易したのち、団練使が瀋陽から帰国するにともなって帰った。

清代と明代との最も大きな違いは、瀋陽から北京までである。清代では燕行使一行が瀋陽まで運んできた朝貢物品はここですべて清朝側に引き渡され、これ以降は清朝側が北京まで運んだ。だから朝鮮側は、車輌を何台用意せねばならないとか、何月何日までにそれらを北京まで到着させねばならないとか、一切心配する必要がなくなった。乾隆年間になるとこの簡便な方式は延長され、入柵した段階から朝貢物品については清朝側に引き渡され、あとは北京まで清朝側が運んでくれたという。(15) 貿易物品については瀋陽まで朝鮮側の経費で車夫を雇ったのと同じく、瀋陽から北京へ運ぶのも朝鮮側の経費で彼らに運んでもらった。このため北京に持ち込もうとする物品あるいは銀は、朝鮮側の必要に応じて無制限となりえたのである。

清朝がなお瀋陽に都を置いていた時代、朝鮮から瀋行した記録として『辛巳赴瀋録』がある。(16) これは一六四一（崇徳六、仁祖十九）年に聖節兼冬至使として赴いたときの記録であり、すでに柵門で入国検査を受けている。それ以後、瀋陽で貢物を礼部に納入するまで運搬方法についてはまったく語らないが、おそらく明代あるいは清の北京遷都以後と同じように、貢物物品と貿易物品をともに朝鮮側の経費で運んだのであろう。北京へ都を移してからの記録、すなわち一六四九（順治六、仁祖二十七）年、一六六〇（順治十七、顕宗元）年、一六六四（康熙三、顕宗五）年、一六六九（康熙八、顕宗十）年、一六七七（康熙十六、粛宗三）年、一七一二（康熙五十一、粛宗三十八）年などの燕行録によるかぎり、この間、瀋陽ではなく牛庄で朝貢物品を清朝側に引き渡すことがあったことや、独占して運搬を請け負う攬頭と呼ばれる業者が出現するなど、多少の違いはあったものの大枠では一貫していた。[17]攬頭の問題はあまりに複雑で大きいから、ここでは説明を省略する。[18]清一代を通じて朝鮮からの朝貢貿易の形態で最も大きな変化は、一七二九（雍正七、英祖五）年に貢物についても朝鮮側が自由に雇車できるようになって瀋陽まで代送してもらうことになり、これにともない明代からあった団練使の随行が止められたことと、[19]すでに述べたように乾隆年間にはさらに、これを入柵時に清朝側に引き渡すようになったことであろう。

先に示した一覧表のうち、明清交代にともない大幅な人員の増加が見られたのは、以上のような朝貢形態あるいは朝貢貿易の形態が違っていたからであるが、では清代に同じ三節年貢使で見ても一七一四年の最高八二五人から一八四二年の最低二六七人まで、数値に大きな変化があるのは何故なのか。この問題を考えるため、燕行人員の推移を最も普通で最も記録に残りやすい三節年貢使の場合に即して見てみよう。三節年貢使は翌年正月元旦に開かれる清朝宮廷での儀式に出席するために編成され、毎年およそ十月下旬から十一月初旬にかけてソウルを出発する。一覧表によれば一六七七年には七一九人が入柵し、その後若干減少したのち一七一四年には八二五人が入柵するというピークを迎える。そして一覧表で示すことができるかぎりで言うなら、一七四六年から一八五八年までおよそ三百人を前後していたものと見てよいであろう。このような推移がなぜ起こったかというと、それは日本から対馬―釜山の倭館を経由して朝鮮へ流入した銀の量と、密接に関係していたようである。

一七世紀末の一六八四（康熙二十三、粛宗十、貞享元）年から一八世紀中頃の一七五二（乾隆十七、英祖二十八、宝暦二）年にかけて、対馬からどれだけの量の銀が朝鮮へ輸出されたかについては、田代和生が統計を示しながら分析している。[20] これによれば、一六八四年から一七一〇年頃まで日本銀の輸出量は横ばい状態から減少傾向にあったが、一七一〇年頃を底としてその後増加に転じ、一七一四年にピークに至っている。たまたまこの年、燕行使の人員数も一つのピークであった。その後、朝鮮へ流入する銀が減少したことは、燕行使一行の人員が一七四六年以降おおよそ三百人前後で推移していることと、ほぼ対応していると見てよいであろう。すなわち少なくとも一七世紀末からは、朝鮮、中国、日本の銀の増減は燕行使を通じて連動していたと考えられる。

以上、この燕行使の人員および朝貢形態の変化から言えることは、これにともなう貿易が中国および日本からあまりに大きな影響を受けざるをえなかったことである。第一に中国の影響である。朝鮮燕行使とは隊商の変形であるとは、早くから言われてきたことではあったが、明清両代を通じて見るなら一貫してそうであったわけでは決してなかった。明代の一五世紀末までは、たとえ貿易をそこに伴ったとしても、明朝側もそれは当然だと見ていたから、掛け値なしの事大使節団であり朝貢使節団であったと言ってよかろう。ところが一六世紀に入ると朝鮮から銀が持ち出されるようになり、これにともない燕行使は隊商としての色彩を帯びるに至った。それでも、一つには銀が貢物に加えられるのではないかとの恐れから、二つには遼東から北京まで一行の公私にわたる物資の運搬がすべて人民の徭役負担によったため、貿易物資を増加させることには限度があったことから、そして三つには朝鮮自らが「礼義の邦」たらんと目指し、「事大のためではなく貿易のために北京へ来るのだ」と批判されるのを「国家の恥」と考えたことから、貿易額の増加には自己規制がかかった。これはそれが朝貢貿易である以上、宗主国の大きな影響を受けるのは当然だとも言えるが、しかしここで挙げた三つ目の原因、すなわち「礼義の邦」たらんとするプライドによって貿易の増加を自己規制しようとする動きは、おそらく日本の対明朝貢貿易には見られない朝鮮独自のものであろう。

第二に日本からの影響も大きく受けざるをえなかった。それは江戸幕府の政策によって、朝鮮へ流入する銀の量には大幅な変動が生まれたためである。田代和生によれば、一七世紀末期に朝鮮貿易の銀輸出額が長崎貿易を上回るのは、朝鮮貿易の輸出が増加したというよりも、むしろ長崎から輸出する量が極端に減少するという、幕府の政策転換がその原因であった。また新井白石は大量の銀が国外へ流出するために方策を打った。いわゆる正徳新令である。白石による朝鮮への銀輸出抑制策は十分な効果がなかったが、さらに幕府は朝鮮への銀輸出を一七三七（元文二）年に制限する方策を打ち出し、かくしてこれが成功を見せたという。[21] 燕行使一団の人員が、かつて八二五人であったものが三百人前後に減少したのは、このような日本の幕府による政策変更の影響が大きかったと考えられよう。

燕行使一行の人数がこのように時代によって大きな変動があったのに対して、通信使一行の人員数は最後の一八一一年通信使、すなわち対馬止まりであったものを除いて四百数十人から五百人程度までと二百年間にわたって安定していた。これは通信使には貿易を伴わなかったからである。もちろん通信使に加わった者も何がしかの交易をすることは許されていたが、この時代における朝鮮・日本の貿易のほとんどすべては、毎年、対馬藩が幕府から特権を与えられ、釜山の倭館を通して独占しておこなっていたからであった。

三　朝鮮燕行使団の編成

さて、次に一行の編成について見てみよう。まず燕行使の場合、一行の中心となったのは正使、副使、書状官の三人であり、これを三使とも三大人とも呼んだ。通信使の場合、三使あるいは三大人と呼んだのは正使、副使、従事官であったが、『通文館志』巻六、通信使行の説明によれば、従事官はもと書状官であったというから、両者はまったく同じであったと考えてよい。ただこれら三人にどの程度の身分の者がつくか、官僚体系の中でどの程度のランクにある者が選ばれるのかとなると、両者はまるで違っていた。燕行使の三使に誰がどのような肩書きを持って選ばれたかについては、『同文彙考補編』巻七、使行録と『清選考』使价に一覧表があるから、一目瞭然である。ただし前者は使行にあたって加えられた臨時の肩書きで官職名が記されるのに対して、後者は本来の官職名で記されているから注意する必要がある。

これらによれば燕行使の場合、正使となったのは宗室関係者が極めて多かった。これは記載が始まる清初入関前からアヘン戦争が起こった一八四〇年頃まで一貫していた。これはおそらく、朝鮮朝が清朝と冊封関係にあったことにもとづくであろう。たとえば皇帝が即位するなど重要な祝賀式では、宗室関係者が出席するのは礼として当然であっただろう。進賀使や謝恩使など特別な使節を送るとき、あるいはこれらを三節年貢使が兼ねるときには、しばしば彼らが正使となった。

一般の文人官僚が正使となる場合、判中枢という肩書きを加えられることが最も多い。判中枢は従一品官である。『通文館志』巻三、赴京使行で、正使は「正二品の官職にある者が従一品を結銜する」とあるのはこれである。結銜とは結衔とも書き、中国では普通、加銜という。臨時に特別な官職を与え箔をつけることである。たとえば一八四六（道光二十六、憲宗十二）年に進賀兼謝恩使の正使となった朴永元について見ると、彼はもと礼曹判書という正二品の官職にあったが、従一品の判中枢という肩書きを加えられ北京へ赴いた。同じく『通文館志』によれば、副使には正三品の官僚に従二品の官職を加えて派遣することになっていた。しかしこれはおそらく原則であり、たとえば一七四六（乾隆十一、英祖二十二）年には謝恩兼三節年貢使副使であった尹汲は、戸曹参判（従二品）であったが吏曹判書（正二品）を加銜されて出使している。六曹参判の者が六曹判書の肩書きを帯びるのは、極めて多い。六曹参判とは中国式に言えば六部侍郎、六曹判書とは六部尚書である。

通信使では最も多くの場合、正使たちは将軍がこの職に即いたことを祝うために国書を携えて派遣された。しかし特に宗室関係者を派遣したようにはない。『通文館志』巻六、通信使行によれば、その正使は文官で堂上官（正三品の上階以上）に吏曹参議（正三品）を加銜していた。実際、一七四八（乾隆十三、英祖二十四、延享五）年に通信使正使として来日した洪啓禧は、日本側の史料『韓館贈答』によれば、現在通政大夫吏曹参議国子監大司成知製教であったという。通政大夫と吏曹参議ともに正三品である。副使は堂下官正三品の者が弘文館典翰（従三品）の肩書きを帯びることになっていた。してみれば、朝鮮の官僚体系からすれば、燕行使正使と通信使のそれとを比較するなら、三ランク格差があったことになろう。

正使、副使、書状官（従事官）という三使の構成は同じといえ、彼らの官品と宗室関係者の有無で両者は異なっていたほか、さらに大きな違いは、通信使にはあった製述官と書記が燕行使にはなかったことである。いやより正確に言えば、通信使には燕行使にはない製述官と書記が特に加えられた。製述官と書記とが日本の文人たちと詩文の贈答をし、儒学者たちと儒学についての議論を交わす主役であったことは、本書第九章から第一一章で見るとおりである。

製述官は文章を専門に作る任務を負った。朝鮮国内では国際交流の場合もともと、それは中国からの使節つまり天使を迎えるとき任命された者たちであった。『清選考』華楼によれば、有名なところでは一六〇二（万暦三十、宣祖三十五）年に天使を迎えたときに、車天輅と権鞸が製述官にあてられている。製述官でなくても天使を迎える時の責任者となった遠接使は、中叔舟、徐居正、鄭士龍、蘇世譲、李珥、李廷亀ら、当時きっての能文の士であった。中国側もこのために、本書第一六章で見るように、倪謙、張寧、董越、龔用卿、黄洪憲、朱之蕃ら一流中の一流文人を派遣した。龔用卿は朝鮮から帰国すると、「朝鮮の文物礼制は中華と異ならない」「朝鮮の文学はすばらしい」と褒め称え、これを聞いた礼部尚書が燕行使臣にお国の文物礼制はすばらしいとのことだと伝え、また宿舎玉河館での待遇をおろそかにしてはいけないと命じたという。[22] 一方中国の文人沈徳符『万暦野獲編』によれば、「天使として派遣された者の才能が、時として朝鮮文人に及ばず、先輩の一人二人の学士は侮辱され笑われた」という。沈徳符はこれを「大いに皇華の辱である」とし、今後はもっと人を選ぶべきであるとする。[23] 朝鮮側は天使として明朝の文人官僚が来るたびに、唱和集として『皇華集』を編纂発行して誇った。[24] このように製述官とは、朝鮮でも中華の文化が高いことをアピールするための役目を帯びていた。

製述官を燕行使には加えず通信使にのみ加え、これだけではなお不足するとして三名の書記を加えたのは、日本に「皇華」を輝かせるためであった。皇華とはもと『詩経』小雅の「皇皇者華」にちなむ言葉であって、古代周朝が華やかな使節を諸国へ送ることを意味した。「皇華」の語は朝鮮側の通信使史料で頻々と使われる。同じ中国でも清朝は朝鮮知識人にとって軽蔑すべき対象であったから、奇妙にも燕行使の場合もこの言葉が使われること、本書第一五章で見るであろう。[25]ちょうど中国明朝の使節が優れた中華の文化、人としてあるべき礼を伝えに朝鮮に来ていたように、通信使を送るのを好機として朝鮮からも日本へこれを伝えねばならない、との思いがあった。

通信使の場合、これら製述官や書記らと日本文人が交流するために、沿路各地の宿泊施設などに公的な交流の場が設けられた。彼ら製述官や書記がプライベートに日本の知識人の私邸を訪れ交流したことは、その事例を知らない。一七六四年通信使が大坂で、木村蒹葭堂の私邸を訪れたように記す論考がしばしばある。[26]しかし成大中『日本録』、南玉『日観記』、元重挙『乗槎録』などの日記によるかぎり、訪問したという記述を見出すことはできない。彼らはいわば公務員として、朝鮮の文化、中華の文化を輝かせる任務を負っていたのである。

江戸時代に来日した通信使とは、朝鮮国王の国書をもたらしかわって日本将軍の国書を持って帰るのが主な任務であった。これによって両国が敵対関係にないことを確認するのがその主な目的であった。日本で江戸時代に当たる時代になると、燕行使にしばしば課せられたような、重要な外交的懸案を解決する任務は基本的に課せられなかった。またそこでは基本的に貿易も伴わなかった。したがって唱和を中心とした文化交流が、朝鮮側にとって通信使を派遣する重要な目的の一つであったと見てよい。また日本側でも江戸時代には、文化交流がそれを受け入れる重要な目的の一つであった。通信使がこのようなものであった以上、一九二〇年代に始まる松田甲の研究以来、これに関わる研究のほとんどが両国文化の交流か、両国知識人の相互認識を主としたものであったのは当然であったと言える。[27]彼らの交流はほぼ公的な場で行われたものであり、そこには監視の目があったと考えるべきであろう。一方の燕行使には、中国文人と詩文を贈答しあいこれを競おうとする役目を負う者は、終始加えられなかった。したがって公的な交流の場も、一貫して設けられなかった。もちろんあい対面した両国知識人が詩の唱和をすることは極めて自然であり、その時の作品は各種の燕行録に数多く残っている。

藤塚鄰が一八〇九（嘉慶十四、純祖九）年に燕行した金正喜（金阮堂）に焦点を当て、彼と清朝の翁方綱や阮元らとの交際を描き出した著作は、一九世紀に朝鮮と中国とのあいだでどのような学術文化の交流がなされたかを明らかにした金字塔というべき作品である。(28) しかしその舞台となったのは、清朝知識人たちの私邸であった。本書で大きく取りあげることになる洪大容は、その半世紀ほど前の一七六五（乾隆三十、英祖四十一）年に燕行した。彼が杭州の知識人厳誠らと交流したのは、彼らがたまたま北京で行われる会試を受験するため宿泊していた旅館であった。これまた完全にプライベートな交流であり、監視の目はまったくなかった。しかし北京では公的な交流の場は、ほぼ一貫して終始設けられなかったから、洪大容や金正喜がこのような私邸や旅館を訪れて自由な交流をする以前、なかでも明代までの知識人交流は極めて限られ、決して親密なものではなかったことも注意する必要があろう。

さて燕行使団に誰がどのような職名を帯びて加わったかは、比較的早い時代のものとして撰者未詳『朝天日記』に記載がある。これは一六〇四（万暦三十二、宣祖三十七）年に聖節使と千秋使が合併して燕行使団を編成した時のものである。これによれば聖節使の方は正使と書状官で計二人、通事（通訳）四人、軍官四人（うち子弟軍官一人）、医員一人、それに養馬・奴・厨子（コック）計六人、総計十七人であった。一方の千秋使の方は正使、書状官で計二人、通事五人、軍官三人（うち子弟軍官一人）、医員一人、養馬・奴計五人、総計十六人であり、両使合わせて三三人であった。この人員数は朝鮮側の自己規制によるものか、一覧表で示した一四六九年頃と同様に極めて簡素なものであった。製述官や書記が見えないだけではない。商人も物見遊山の随行者も一人も見えない。これはこの使節団がまさしく事大使節団であり朝貢使節団そのものであったことを示している。使節団に加わった者は事大し朝貢するというはっきりした目的のため、何らかの役割を担っていたのである。

しかし、この三三人の中に商人や観光客がまぎれ込んでいなかった保証はまったくない。というのは、先に述べたように清代になると団員数は膨大なものに膨らんだが、そこでも商人や観光客という「職名」ないしは燕行目的名はまったくなかったからである。この時代の団員一覧表としては、たとえば一七一二（康熙五十一、粛宗三十八）年の記録、金昌業の『老稼斎燕行日記』がある。そこでは鴨緑江を渡った時の団員(五三七人の名とその職名を掲げるが、一人として商人や観光客という「職名」あるいは旅行目的は記されない。それは商人や観光客が使節団において何らかの役割を担う「職名」を帯びてまぎれ込んでいたからである。一八〇三（嘉慶八、純祖三）年の記録によれば、私商は訳官（通訳）、運搬人、馬夫など様々な肩書きを銭納して買ったという。[29] また金昌業の翌年に燕行した韓祉の記録でも、通訳とともに「商賈一人がおくれた」と出てくるし、二年後の一七一四年に燕行した李沢の記録でも、通訳と「商賈三人とが山海関から追いついた」などと記されている。これらの記録では、通訳と商人が一体で物品を運んでいるのが興味深い。[30] 通訳官たちはたしかに「通事」「訳官」という職名を帯びていたが、彼らが商人なのか通訳官なのかそれ自体見分けがつかなかったのである。

ところで金昌業本人がどのような「職名」を帯びていたかというと、自らを「打角、進士金昌業」と記している。打角とは打角夫のことで、燕行使一行の器物を監守する任務を負う者である。金昌業はこの時に正使であった兄金昌集の付きそいとして北京へ行ったが、その主な目的はまさしく観光であった。彼は安東金氏という名門の生まれだから、もちろん器物を監守することなどまったくなかったが、このような「職名」なしでは燕行使団に加わることはできなかった。洪大容もこれと同じである。彼の場合は「子弟軍官」という肩書きを帯びて燕行した。つまり一行を護衛するための軍人である。当時北京へ観光に行こうとする者は、このように子弟軍官などの「職名」を帯びて旅行していたのであり、彼らこそ中国知識人と文化交流をする主役であった。この点、通信使に加わって日本知識人と交わった者がいずれも製述官や書記という公務員としての職名を帯びていたのとまったく違っている。

実は子弟軍官という肩書きは、先に紹介した撰者未詳、一六〇四年の『朝天日録』にすでに聖節使付きで一人、千秋使付きで一人記載されている。さらにさかのぼるなら、一五三三（嘉靖十二、中宗二十八）年に燕行した蘇巡も、正使であった叔父蘇世譲付きの「子弟」として行った。叔父の随行員であることは洪大容と同じであるから、この「子弟」とは子弟軍官であったと考えられる。(31) このような特権を持つ者は一六〇四年の段階ではわずか一人あるいは二人であったらしいが、一六一九（万暦四十七、光海君十一）年の記録になると正使子弟軍官の下に打角保人など計五人、副使子弟軍官の下に計六人などの名前が挙がっているから、明末になるとすでに増えていたようである。(32)

正使、副使、書状官という官僚として出使するにしても、金昌業や洪大容のように観光目的で北京へ旅行するにしても、ぜひとも必要であったのは私的なガイド、ないしは私的な通訳であった。洪大容は後に見るように、観光より中国で友人を探すという極めて奇妙なことを第一目的として燕行したから、当然中国語を自ら学んでいたし、金昌業も入国早々にある程度は聴き取り話すことができた。しかし、三使ら官僚は言うまでもなく、通訳官でさえも十分に中国語を聞き取れなかったから、彼らは私的なガイド、私的な通訳を必要とした。

一八七五（光緒元、高宗十二）年に正使として赴燕した李裕元の証言によれば、彼らは国境の都市、義州の者を頼りとして連れて行った。ここで出てくる韓世良という男は、毎年燕行使団に加わって中国へ出かけており、一八七五年は第三十回目であったという。だから北京の事情は何でも知っており、何か問題が起きれば彼を呼んで尋ねたという。(33) 一七九九（嘉慶四、正祖二十三）年の燕行録でも、雲泰という馬頭（馬夫）は二八回北京へ来たとのことであり、北京西山の観光でも彼をガイドとして使っている。(34) 一八〇七（嘉慶十二、純祖七）年の『中州偶録』によれば、義州の人は農業よりも商業を重んじ、中国語を話すのがうまかった。今回の燕行使団に加わった義州人のうち、六割か七割かはすでに数十回燕行した者たちだったという。(35) さらにこの燕行録の著者は白允青という馬頭つまり馬引きに先導させて磁器舗へ行き、馬頭と陶器商との中国語会話による掛け合いを聴きながら楽しんでいる。(36)

燕行録には北京の様子が異常なほどに詳細に記されたものがある。これは清代であれば少なくとも毎年三節年貢使と皇暦賚咨行使の二回、定期的に旅行団が派遣されていたから、二十回、三十回と往復した馬頭たちが義州には数多くおり、彼らの助けがあったからである。通信使の場合、旅行記を残した三使、従事官、製述官、書記あるいは医官らは、通訳官以外にこのような私的通訳を持ちえたのであろうか。通信使は何十年に一度であるから、江戸や大坂の事情に通じている者、日本語に堪能な者を国内ではなかなか得られなかったであろう。これに対して燕行使には書物で鍛えたのではない、実践で鍛えた中国通や中国語に堪能な者が数多くついて行った。これもまた、燕行使とは何かを知る上で重要なことであり、通信使との違いとして是非とも指摘しておかねばならぬことである。

四　問題提起

以上で朝鮮燕行使とは何か、これをできるだけ通信使と比較しつつその概略を述べた。最後に問題提起に移ろう。本書で問題とする論点は、大きく言って三つである。

第一は、朝鮮燕行使と朝鮮通信使が行き交っていた時代に、東アジアの国際関係と国際構造はどのようなものであったかという問題である。本書では朝鮮文献を多く用いつつ、朝鮮を中心としてこれを述べるであろう。そしてここ半世紀にわたって、東アジアの国際構造を論ずる場合にしばしば用いられた枠組み、すなわち朝貢システム論と冊封体制論をもってしては、それらは決して説明も理解もできないものであったことを明らかにするであろう（第Ⅰ部）。

第二は、朝鮮燕行使を通じた朝鮮と中国との学術交流がどのようなものであったか、そこにはどのような変遷が見られるのかという問題である。朝鮮燕行使の派遣回数は朝鮮朝約五百年間を通じて、当時の世界の外交史上、一貫してその類例を見ないほどに頻繁なものであったから、一見すれば学術交流も一貫して盛んであったかのように見える。ところがそうではない。中国で清朝が生まれると、そこは夷狄民族である満州族が統治するところであるとして朝鮮知識人は軽蔑し、中国知識人と交流することを断った。しかし本書で学術交流が乏しかったというのは、この時代を特に言うのではない。意外ではあるが中国で明に当たる時代も、学術交流の機会ははなはだ乏しかった。これを一五七四年、すなわち明代で言えば万暦二年に当たる年に燕行した朝鮮知識人の場合を中心にして論ずるであろう。さらに一七六六年、すなわち清代で言えば乾隆三十一年に洪大容が北京で行った学術交流を大きく取りあげることによって、両者がいかに異なるものであったかを明らかにするであろう。これは朝鮮燕行使による学術交流史の中で、洪大容がやったことの意義を問い直す作業でもある（第Ⅱ部・第Ⅳ部）。

第三は、朝鮮燕行使と朝鮮通信使を別々にではなく統合して同じ視点から見ることによって、同じくソウルを出た使節が北の中国と南の日本でどのような学術と出会うことになるのか、またそこにどのような変遷が見られるのかを問題とする。ソウルを起点として一方は北に、一方は南へ向かった朝鮮知識人たちは、ともに相似た文化的な背景を持つ者であった。このため燕行使と通信使を繋ぐことによって、かつ彼らの観察を通ずることによって、これら三国の学術をほぼ同一の視点から眺めることができる。もちろん彼らの観察には主観的な部分が多く含まれ、両国学術に対する彼らの評価は当然、そのまま中国でも日本でも受け入れられるものではなかったし、むしろ対立が目立つ場合がしばしばあった。しかし彼らの観察が主観的なものであり、そこに中国や日本の学術界との対立が鮮明に浮かび上がることによって、さらには彼らの驚きや困惑、あるいは怒りや羨望がそこに表明されることによって、我々は逆に当時の三国にあった学術の特徴や、それぞれがあった時代的な位置を計測することができるのである。もちろん朝鮮知識人が最も関心を持った学術は儒学であったから、彼らが西〈北〉と東〈南〉で出会った学術も儒学、なかでも朱子学に関わるそれに限られる。

この問題は本書で最も大きく取りあげる問題であるから、あと少し説明を加えよう。

朱子学は宋学とも呼ばれるように、中国では宋一代をかけて発展を遂げた後、南宋時代の一二世紀末にひとまず完成される。これが次の元代一三世紀には、すでに国家の正統学問とされる。明代になってもこの情勢は基本的に変わらない。ところが一六世紀に陽明学が一世を風靡するや、中国の儒学は一変する。さらに清代一八世紀になって漢学すなわち考証学が登場すると、儒学はまたここで一変する。

一方韓国には朱子学は高麗朝一三世紀に伝えられた。それは中国で朱子学が正統学問として認められた時代とほぼ同じであった。これ以降そこでは懸命に朱子学の消化が図られ、やがて独自な発展を遂げるに至った。朝鮮朝においては国初から一貫して朱子学が儒学の王座に据えられ、正統学問であり続けた。明代と清代に北京に赴いた使節はそこで自らが価値と考える朱子学と明らかに違った儒学、すなわち一六世紀には陽明学と出会い、さらに一八世紀には漢学すなわち考証学と出会うことになる。したがって本書で問題とするのは、その差異が露わとなる一六世紀以降の出会いと変遷に限られる。

日本に朱子学は鎌倉時代にすでに入ったとされるが、それが盛んになるのはやっと一六世紀の末から一七世紀の初にかけて、藤原惺窩と林羅山が登場してからであった。日本の儒者たちは一方では長崎経由で入る中国文献をもとにして、また一方で豊臣秀吉の時代に略奪してきた朝鮮文献をもとにして、これまた懸命にその消化に努め、またその独自な社会に適合するように改めていった。彼らはまた朝鮮通信使が来るたびに、その使節たちから朱子学を学んだ。これについては林羅山の場合などがすでに明らかにされている[37]。一七世紀から一八世紀初にかけて来日した通信使に関わる記録、すなわち朝鮮側のものであれ日本側のものであれこれらを読むかぎり、日本の儒者はまるで学生が先生に教えを請うように朝鮮知識人に接している。彼らの間で朱子学とは何かが論じられる時、両国の社会がそれぞれに独自なこととそれとが結びつけて論じられることはほとんどなかった。朱子学とは何かを論ずる限り、またこれに付随する漢詩文の作成能力を比較する限り、朝鮮知識人の目には当時の日本の学術情況、少なくとも儒学の情況は歯牙にもかけられないものとして映ったらしく、彼らの態度もおっとりして穏和である。時に日本の儒者から疑義が呈されることがあったとはいえ、問題を儒学なかでも当時の日本もその摂取に努めていた朱子学理解のレベルから言えば、明らかに朝鮮の方が進んでおり、この点での文化的な秩序は一七世紀の初めから一八世紀の初めにかけての約一世紀を通じて、ほぼ一貫していたと言ってよい。

これが一変して秩序が乱れ不協和音が現れるのは、一七一九年通信使が記した記録からである。不協和音が現れるのは、日本で伊藤仁斎の学が流行しており、それは朱子学を厳しく批判するものであると通信使の一行が聞きつけたからであった。したがって通信使を通じて東の国日本でどのような学術と出会うのか、自らの価値と違った異国の学術をどのように評価し、またその評価をどのように変えて行くのかを問題とする本書では、この一七一九年の情報を受けて来日した次の一七四八年通信使から検討することになる。朝鮮燕行使と朝鮮通信使を統合し同じ視点から中国、朝鮮、日本の学術があった位置を測るという作業も、この一八世紀を中心にしてなされることになる（第II部・第III部・第IV部）。

本書では燕行使と通信使を統合し中国、朝鮮、日本という東アジア三国の学術情況を見ることにするが、もちろんそれは三国の学術全体ではありえない。なぜならたとえば日本へ来た通信使の場合を取るなら、その宿舎へ出かけて詩文の交換をし学術について問答した者は、ほとんど漢詩文に関心を持つ者や儒学に関心を持つ者に限られていたからである。いわゆる「国学者」などはほとんどそこへ足を運ばなかった。また国学あるいはこれに繋がる学術が日本人の精神を形作りこれを表すものとして重要なものであったにしても、この問題をめぐってかりに朝鮮知識人と問答に及んだとしても議論にならなかったであろう。同じく日本史だけではなく東アジア史全体から見ても重要な日本蘭学すなわち洋学についても、本書では当然にして問題にできない。江戸まで行った通信使は一七六四年が最後であり、蘭学が出発するに当たっての記念碑的書物『解体新書』が出版されたのは、それから十年後のことであったからである。この点でも本書は問題が限定される。

最終章では燕行使と通信使の結節点にあり、両者の情報が統合されるソウル（漢陽）の学術界を見る。そこでは朝鮮独自の学術情況と対比して中国、日本それぞれの学術がどのように考えられていたのか、これを洪大容が北京で中国人と筆談してから死去するまでの一八世紀後半を中心として述べて結論とする。

第Ⅰ部

一四—一九世紀、朝鮮をめぐる東アジアの国際関係と国際構造

第一章　朝鮮の外交原理、「事大」と「交隣」

一　はじめに

朝鮮朝の時代に外交原理として一貫してあったのは、「事大」と「交隣」であった。これは朝鮮史に関わる概説書に必ずと言ってよいほど記される。ところが、この二つが一セットとしてあったことの意味とその中で「交隣」が意味するものについては、これまでほとんど考えられてこなかった。さらに言えば、「事大」と華夷思想とがどのように関係するのかという朝鮮対外関係史の根本問題についてさえも、ほとんど検討されてこなかった。燕行使とは何であり通信使とは何であるかを理解するためには、まずこの「事大」と「交隣」とは何か、理解しておく必要がある。

このうち事大は『春秋左氏伝』にしばしば見えるし、文字通り「大国に事《つか》える」ことであるから明瞭である。朝鮮朝であれば中国明朝あるいは清朝に事えることである。『孟子』梁恵王下で「これに事うるに皮幣（毛皮や絹布）を以ってするも、免るるを得ず」と言うとおり、小国がやむを得ず大国に事えんとするのであれば、様々な貢物を贈ることは免れがたいところであった。序章で先に朝鮮燕行使を事大使節と呼んだが、これを中国という大国へ送っていた朝貢使節であると言うこともできる。朝貢とは貢ぎ物を運ぶとともにその朝廷に参内して、臣下の礼をとることである。朝鮮側は中国のことを「天朝」「上国」「大国」「中州」などと呼んだ。朝鮮側はこの朝貢を欠かさず、中国側はこれを受け容れることによって、両国の上下関係がたえず明確になり、ともに無意味な戦争を避けることができた。

事大が以上のように意味明瞭であるのに対して、一方の交隣とは字面では「隣と交わる」ことを意味するだけで、それがどのような交わりをすることなのかわからない。事大が上下関係を意味するから、これと対になる交隣が平等関係を意味するのかと言えば、決してそうではない。

では交隣とはどのような意味なのか。また朝鮮を建国した人々は外交原理の一つとして、なぜ「交隣」の語を選んだのであろうか。さらに翻って、ほとんど自明であるはずの「事大」とは、彼ら朝鮮を建国した為政者にとって何を意味したのであろうか。本章では朝鮮燕行使と朝鮮通信使を支えたこの二つの外交原理について、まず明らかにしておくことにしたい。

二　「交隣」の原義と外交原理としての採用

「交隣」の語は「事大」とともに、『孟子』の中で次のように出てくる。

斉の宣王が「〝隣国と交わる〟ためにはどうあるべきか（交隣国有道乎）」、と孟子に尋ねた。これに対して孟子は、「仁の心のある者（仁者）だけが〝大を以って小に事える〟（以大事小）ことができる。智ある者（智者）だけが〝小を以って大に事える（以小事大）〟ことができる」と答えた[1]。このうち後者はまさしく「事大」という小国が大国と交わる国際関係を述べたものであるが、前者もまた「大国が小国と交わる」という上下の国際関係を述べたものであって、そこでは対等な国家関係はどうあるべきかなど、想定さえもされていなかった。『孟子』では「交隣の道」としてはこのように下から上へと上から下へという二種類の国際関係しか示されていない。中国文献で「交隣」の語が用いられるのは、現在の我々が外交という言葉を用いるように広く外交を意味する場合のほか、以小事大を意味することもあるし、以大事小を意味することもある。ところが朝鮮外交では事大と交隣がセットになっているのだから、その交隣とは二種類の中から事大関係を除いたのも、すなわち端的に言って上から目線の上下関係を示すものであることは明瞭である。

「事大」と「交隣」が一セットとして外交原理であったのは、朝鮮の建国当初からそうであったらしい。というのは、『朝鮮王朝実録』によれば一四〇六（永楽四、太宗六）年、「本朝は事大と交隣において使臣を派遣すること、毎年一度や二度のことではない」と見えるように、朝鮮においてはその頃からすでに事大と交隣がセットで外交そのものを意味していたからである。(2) 李成桂が高麗国の王位に就いたのは一三九二（洪武二十五、高麗恭譲王四）年、国号を朝鮮国と称するようになったのはその翌年のことであったから、遅くともその約十年後には間違いなく交隣が国家の外交原理の一つと考えられていたことになる。また『経国大典』巻一で、外交文書を司る承文院の職掌として、「事大・交隣の文書を掌《つかさど》る」と規定されていた。『経国大典』は一四六九（成化五、睿宗元）年に完成し頒布された朝鮮の根本法典である。『経国大典』の中で外交について規定しているのは、その巻三に記す「事大」「待使客」の二項目であるが、前者は明との外交を規定し、後者で外交相手として想定されているのは明のほかは日本国王・琉球国王・巨酋・対馬島主であり、あるいは倭人と野人（女真）であった。

さらに言うなら、交隣の語は高麗時代の九八二（宋太平興国七、成宗元）年に、なお外交の相手を明確にしないかたちであれ、すでに「事大するに礼を以てし、交隣するに道を以てす」として使われていた。また高麗末期に活躍した李穡によっても、その後朝鮮時代に使われたのと同じ意味合いですでに使われている。すなわち女真や日本との外交に関する言葉として用いられているのである。(3) 朝鮮文献ではその後もしばしば「交隣有道」「交隣以道」という表現で交隣の語が出て来るから、この語が『孟子』梁恵王下にある「交隣国有道乎」にちなむものであることは間違いないし、また李穡のような儒教経典で磨き抜かれた知識人たちが、四書の一つ『孟子』の文脈を離れて交隣の言葉を使うなどとは、およそ考えられないことである。

とすれば、事大とともに朝鮮外交を大きく規定することとなった「交隣」も、もともと国家や民族間における上下関係を前提とした外交原理であったことは、疑うことはできない。事大が中国に対して「小を以って大に事える」外交原理であったのに対して、交隣は外交の中からその事大を除いたもの、すなわち朝鮮が周辺の小国や小さな民族に対して「大を以って小に事える」ものであった。事大とセットにされるときの交隣とは、『春秋左氏伝』昭公三十年などに見える「礼とは、小が大に事え、大が小を字《いつく》しむ」の字小であると言ってよいであろう。朱熹もその『四書集注』孟子集注の当該箇所で、「大を以って小に事える」を「大が小を字しむ」と言い換えている。大国は大きな度量をもって、小国を慈しみ助けてやらねばならないというのである。『孟子』には「仁者だけが、大を以って小に事えることができる」とあったが、大国中国はまさしくこれを朝鮮のような小国に対して実践すべきであった。朝鮮からの朝貢に対しては回賜を十分に持たせて帰国させ、苦しんでいるときは慈しみ、侵略を受けたときは救援すべきであった。これと同様、大国朝鮮は仁の心をもってその下の小国を字《いつく》しむべきであるというのが、「交隣」の理念にほかならなかった。

朝鮮国が周辺民族の首長、すなわち女真（満州）や日本の首長たちに対して官職を与えていたこと、また彼らに特別な印鑑すなわち図書を発給して外交文書にはこれを用いさせていたことは、よく知られている。(4) 女真人に対する官職の授与は、すでに一三九三（洪武二十六、太祖二）年に始まるとされるが、なかでも世宗と世祖の時代、つまり一五世紀の中頃にはしばしば行われた。世祖は朝鮮と女真との関係を明と自らの関係に完全になぞらえて捉えており、「野人（女真）が〝事大の礼〟を廃さないからには、自分は〝字小の義〟をもって撫育しなければならない」との言葉を臣下に下したという。(5) このような朝鮮からする官職の授与が、明自らが一段高いところから行う同様な字小政策と抵触することは避けられない。このため明から世祖に対して厳重な干渉が加えられ、その結果として彼は女真に対する授職を止めざるを得なかった。交隣の理念は一歩行き過ぎると、事大の理念と衝突する危険をはらんでいたのである。

このように中国から上下関係のもとで、自らが受けていた恩恵と管理とをそのまま周辺の諸民族にも、今度は自分が上から与えるというやり方は、この交隣という理念なしには考えられない。室町時代に足利将軍を含めた日本側が、厚かましくも何度も『高麗大蔵経』を贈られよと朝鮮側に要求したのに対して、本当の意図はどこにあったのかはともかくとして、気前よく四十数セットも前後して下賜したのも、この理念にもとづくものと考えるべきであろう。逆に交隣の相手と考えている女真族が反抗したとき、朝鮮でも「問罪の師」を起こせという議論が起こった。[6]「問罪の師」とは本書次章や補論一で見るとおり、中国明朝が朝貢国である朝鮮やベトナムを討伐せんとするときに使われた言葉である。中国明朝でも清朝でも、事大すなわちこちらから朝貢するという外交原理はないのであるから、これとセットになった交隣という原理もありえない。したがって交隣とは、朝鮮独特の外交原理であると考えるべきであろう。[7]

「事大」という外交原理は、朝鮮朝が高麗末期における中国元朝の制圧や明朝に対する北伐計画の挫折の体験など、過酷な体験から生まれた止むにやまれぬ選択、あるいは「智者」としての当然の選択であったと考えられるが、これとセットにして「交隣」という外交原理を立てたのにも、深いわけがあったと考えられる。というのは、朝鮮という国家の存亡にとっては、外交原理として「事大」だけでよいはずである。これとセットにしてまで、「交隣」などという国家の存亡にとって必ずしも重要ではない原理を持ち出す必要はないはずである。また日本や女真との関係を表現するのに、何も『孟子』に由来する「交隣」という言葉を使う必要はなかったであろう。「善隣」でも「隣交」「隣好」でも「修好」でも「通蛮」でもよかったはずである。高麗末期を生きた知識人たち、朝鮮国を新しく生み出した人々には、「事大」だけでは足りない何か、それを「善隣」「隣交」「隣好」「修好」「通蛮」と表現するには足りない何かがあったと考えられる。

恐らくそれは、自らが小国として大国中国から慈しみを受けるだけでは足りない、それだけに甘んずることはできない、というプライドである。高麗自らが、あるいは朝鮮自らが大国として大きな度量で小国に慈しみを与えねばならない、小国には仁の心と礼の精神を伝えねばならないという、内からの要請が彼らにあったのであろう。それは『孟子』に言う「智者」の行いと「仁者」の行いとをかねて行い、包括して行わねばならないとの要請である。「交隣」とはこれまで一般に考えられてきたような、日本や女真などの周辺諸国、周辺民族と友好協力関係を維持するなどといった中途半端なものでは決してなかった。そこにははるかに積極的な意味合いが含まれていたと考えられる。「事大」と「交隣」をあえてセットにしたことの中に、李穡らの熱い思い、気宇壮大な気概を読み取るべきであろう。

このように交隣を一外交原理として事大とセットにしたことは、これによって事大外交を相対化せんとする戦略と民族のプライドから生まれたものだと考えられるが、ではこのような戦略やプライドが何時どこで懐胎したのかといえば、それは高麗末期、特にモンゴル帝国の制圧が高麗に重くのしかかっていた元干渉期、あるいは事元期とも呼ばれる時代に、(8)モンゴル帝国の都である大都へ大量にそして長期にわたって赴いた高麗知識人たちの心に懐胎したものと考えられる。

高麗と元との間で繰り広げられた長い戦争が終わったあと、フビライ皇帝との間で講和がなった一二六〇（中統元、元宗元）年から約百年間が元干渉期、すなわち事元期である。この時代、元からは一時期ダルガチ（監視官）が派遣され、一二八七年からは元の出先機関である征東行省が置かれ国王がその長官（丞相）を兼ねるなど、高麗が強い干渉を受けた。また歴代の高麗国王は元の王女を妃に迎えるのが慣例となり、さらに国王の世子は北京に駐在した後に王位に就くことが慣例となっていた。しかしこれにともない、高麗の都である開京と元の都である大都すなわち北京との往来は極めて頻繁となったことも事実であった。明の時代になると、朝鮮の都である漢陽から中国北京へ行くためには、国王が派遣する燕行使の一員に加わるほかに方法はなかった。ところがその一時代前の高麗末期には、知識人がしばしば元の科挙を受けるために北京へ行っていたし、進士合格ののち翰林学士や地方官として中国官僚になる者もあった。李穡とその父李穀がその一例である。また高麗の世子つまり皇太子はトルガク（禿魯花）として、半ばは人質として半ばは元朝皇帝直属の親衛隊であるケシク（宿衛）の一員として北京に駐在した。これに伴い、数多くの高麗知識人が世子に従って北京に赴き、これまたトルガクとして長期間にわたってこの地に滞在した。高麗国王が北京に行き長期滞在すると、やはり知識人たちはこれに従って北京に赴き長期滞在した。たとえば朝鮮に初めて朱子学を伝えたとされる安珦がトルガクとして北京にあったのは、一二七九年から一二八八年のことであったと推定されているし、李斉賢が高麗忠宣王の従臣として北京に滞在したのは、一三一四年から一三一九年頃までであったと推定されている。(9)

このように多くの高麗知識人が北京と開京の間を何度も往復し、長期間にわたって中国に滞在することによって、彼らの間にどのような新しい気風が生まれたかについては、林熒沢が李穡を中心に考察を加えている。彼によれば、当時はモンゴル帝国が生まれてまさしく「四海が混一」された情況にあった。北京へ赴いた高麗知識人はそこで開放的で進取の気性に富んだ精神を養ったのち帰国した。そして彼らは「東人」すなわち高麗人として、また世界人として新文明の建設に参与できると考えるに至ったとする。この時代はまた、知識人たちが檀君を民族の始祖とする神話を生み出しただけでは足りず、一方で中国との近親性の強さを表すとともに文明の創始者としての箕子を必要とした時代でもあった。李穡らは檀君と箕子とをともに、高麗は中国とは違うという独立の証拠であると見なしたとする。(10)「事大」だけに甘んずることはできないとし、「交隣」という別の原理をセットで加えてまで自ら新文明を推進せんとした彼らの気概は、この高麗末期にこのような彼らの胸に懐胎したと考えるべきであろう。

交隣とは『孟子』にもとづく言葉であって、もともと上下関係をベースにする外交方針を示すものであることを理解することによって、これまで日本と韓国の多くの研究者たちを悩ませてきた問題、すなわち交隣という一見すれば平等原理のような外交原理をもとに日本と交渉しながら、なぜこれを時に小国と呼び時に「恭順である」と表現するなど、自国よりも低い地位に置こうとしたのか、あるいは同じく中国から冊封を受けているから対等なはずなのに、なぜ朝鮮は日本を見下し低い地位に置いたのかが簡単に理解できる。また交隣とはこのような理念に貫かれたものであることを理解することによって、『通文館志』巻六、交隣、通信使行に記されること、つまりは朝鮮にとって通信使とは何であったかもはじめてよく理解できるのである。

三　「交隣」原理と通信使の派遣

『通文館志』は一七〇八（康熙四十七、粛宗三十四）年から一八八八（光緒十四、高宗二十五）年にかけて、何度も編纂、増訂、重刊が繰りかえされた重要な外交史料集である。[11] その巻六、交隣、通信使行では、日本で言えば室町時代に遡って通信使について説明が加えられる。そして江戸時代の一六〇六（宣祖三十九、慶長十一）年に秀吉による朝鮮侵略に伴う戦後処理が終わったところまで記した後で、「そののち羈縻して絶えなかった」と記している。『通文館志』はさらに一七一九（粛宗四十五、享保四）年の通信使まで言及しているのだから、朝鮮側からすれば少なくとも享保の通信使までは「羈縻のために」これを日本へ送っていたのである。それどころか、一八八八年増補版でも、この叙述はそのまま踏襲されているのだから、最終の通信使が送られた一八一一年までずっと、朝鮮側にとってそれは交隣原理のもとで「羈縻のために送る」ものであったと考えてよいであろう。朝鮮側にとって通信使が日本との対等な関係を表すものとすれば、「そののち羈縻して絶えなかった」などと書くはずがない。羈縻とは暴れまわる馬を縄でつなぎ止めておき、ある程度自由に飛び舞わせながら人間の望む範囲内で規制することである。序章ですでに通信使を燕行使と対比して説明したときに述べたように、通信使には燕行使にはない製述官と書記という職名を持つ者を特別に設けた。これも、通信使とは皇華を輝かせるとともに文化的に遅れた日本を教化し、あまり暴れないよう羈縻するために送るものである、という朝鮮側の意図と意識なしには考えられないところである。

一七一一（粛宗三十七、日本正徳元）年通信使がもたらした国書に徳川家光の諱字が用いられ、逆に日本から返信として渡された国書には朝鮮国王中宗の諱字が用いられていたため、両国政府で大問題となったことはよく知られている。[12] この時の使節は滞在中に日本側の提案に応じ、ソウルの朝廷に国書の書き換えを求めたため、朝鮮でははなはだしい国辱をもたらしたとして、彼ら使節を処罰せよとする議論が起こった。その急先鋒であった行判中枢府事の金昌集は、使節を処罰せよと求める上奏文のなかで、「わが国が倭人とつきあうのは、羈縻せんと計るからである」とはっきり述べている。[13] これは怒りから発せられた言葉なのかも知れない。しかし日本から呉三桂情報が入ったと清の礼部に知らせた文書でも、「我が国はかの倭と好《よしみ》を通じ羈縻すること、今すでに七十年になる」と述べている。[14] これは清朝でも朝鮮が日本に通信使を送っていることを知っていることを前提として、書かれたものである。ここには怒りはまったく含まれない。ここに見られるように、朝鮮が日本とつきあうのは、よしみを通じつつ羈縻するためであった。

通信使を信使とも呼ぶ。中国では、古くから国家と国家との間で通信する、すなわち皇帝、国王が書信のやりとりをする、あるいは信使を送る、すなわち書信を託した使節を送ることを行っていた。たとえば南北朝時代や宋・遼の時代にも、各国ともに何度も「信使を通じて」いた。なかでも宋と遼との間では、主に正月元旦の儀式と皇帝誕生日を祝う儀式に合わせて、国信使と呼ばれる使節が毎年相互に頻繁に往来していた。[15] それはまさしく、皇帝が皇帝にあてた書信、言い換えれば国家が国家に対して国書を送る使節である。両国の関係は澶淵の盟以来、対等であったとするのが一般的な考えである。

一方、一〇七八（元豊元、文宗三十二）年には北宋から高麗へも国信使が送られた。[16] 当時、宋は遼が脅威であり、高麗を味方に付けたかったからである。ただ『高麗史』巻九、文宗世家によれば、この時中国の神宗皇帝からもたらされた詔には、高麗国王を卿と呼び、「〔高麗は〕宋に入貢してきており恭順である」と記されていたから、この使節も上から下への関係の中で送られたことは明らかである。南宋からも一一二八（建炎二、仁宗六）年などに高麗国信使が送られた。また北宋末期の一一一二（政和二、睿宗七）年には、高麗からきた使節を昇格し国信使と呼ぶことに改めて優待を表し、かつ礼制上は西夏国より上位にしたという。[17]

ここに見られるように、上位国が相手国からの使節を国信使と呼んだ場合には、相手国にあるステータスを伴わせることとなり、かつそこでは上下関係は表面的に薄められ、あるいは覆い隠されたようである。一〇七八年に北宋から、一一二八年に南宋から高麗に送られた使節をいずれも国信使と呼んだのも、遼や金との対抗上これを味方につけるために自らを低めたからに違いない。しかし以上の事例から明らかなように、信使や国信使とはいえ、実質的には明らかに上下関係にある国同士であっても送りあうものであった。それを送るのはたがいに友好関係にあること、敵対関係にはないことを確認するためであった。

三宅英利によれば、通信使と称する使節が日本へ送られたのは、史料上では少なくとも高麗時代の一三七五（辛禑元）年に倭寇禁止を要請するために送られたものまで遡りうるという。[18] おそらく高麗側の意識としては、この目的を達するために自らを低めたのであろう。高麗朝と朝鮮朝の通信使が、それ以前からあった中国の信使あるいは国信使と宋朝が自らになした体験とをもとに生み出されたものであることは、ほぼ疑いないであろう。

日本側が通信使とは朝貢ないしは服属のために朝鮮から来ていると認識していたことは、これまでからしばしば指摘されてきた。[19] 一方の朝鮮側からすれば、通信使を日本に派遣することも、大枠ではこのような交隣という外交原理に則った羈縻政策の一環であった。それは澶淵の盟の結果として相互に送られた国信使が、一見すれば対等関係を表すかのような使節でありながら、その実、両国ともそれぞれ相手国を見下していたのと同じである。

またこれまで、東アジアでは朝鮮も日本も中国明朝の冊封を受けていたのだから、両国には敵国抗礼（敵礼）にもとづく対等な交隣関係が成立していた、としばしば言われてきた。[20] 確かに中国による冊封を前提としたとき、朝鮮と日本とは、さらに琉球も対等関係にあった。しかし朝鮮にとっては、それはあくまで事大原理にもとづき中国を前にした限りでの対等関係であった。事大原理は一方の交隣原理にもとづく関係に取って代わるものでもなかったし、それを包含するものでもなかった。『孟子』で言う原義としての交隣を大交隣、朝鮮がその外交原理として事大とセットとして据えたものを小交隣と呼ぶとすれば、大交隣は事大と小交隣を覆いこそすれ、事大は小交隣を覆うものではなかった。事大と交隣つまりここで言う小交隣がセットとして外交原理であったと言っても、もちろん事大の方が朝鮮にとって終始圧倒的に重要であったことは言うまでもない。しかしそれは朝鮮・日本それぞれが独自に持つ外交原理全体を覆うものではありえなかったのである。事大原理は交隣原理をも覆うと考えたり、あるいは交隣には敵礼（対等）交隣と羈縻交隣の二種類があったなどとする考えは、事実と大きく異なることをまず知っておくべきであろう。

四　「事大」原理と種族的華夷思想

燕行使が事大原理のもとに派遣されたことは、これまた『通文館志』巻三、事大、赴京使行に記されるとおりであり、今さら言う必要はない。ただ事大の原理とは朝鮮朝が始まったとき、もともとどのようなものであったかを明らかにしておく必要がある。と言うのは、はたしてそれは種族的な華夷思想と不可分であったのかという、朝鮮史においてその後極めて重要となる問題に関係するからである。一口に華夷思想と言っても、中国古代なかでも戦国後期の時代にあっては、華と夷とはしばしば変化した。すなわち秦、楚、呉など中原から見れば周辺に当たる諸国が華から夷へ、あるいは夷から華へと変化することがあっただけでなく、中原の晋、滕、蔡や魯の周辺の小国も夷とされることがあったという。(21) 朝鮮の場合はこれとはっきり違い、漢族が華であり非漢族が夷であった。

中国で明清交代が起こり、満州民族が政権を掌握すると、朝鮮ではこれを夷狄民族が建てた国家であるとして蔑視排撃し、強烈な攘夷思想が生まれた。中国を統治するのは漢民族でなければならない、満州民族はそこを統治してはならないという種族的華夷思想がこの攘夷思想を支えた。そしてすでに滅び去った明朝をいつまでも思慕し続けるとともに、自らをその後継者と見なし「小中華」と呼んで誇り続けた。これについては本書第七章、第一五章などでもしばしば見るとおりであるし、孫衛国による詳細な研究がある。[22] これは明朝に対する事大の観念が華夷思想と結びつき、さらに種族主義と結びついたものにほかならない。問題は、朝鮮朝における事大原理はこの種族的な華夷思想と不可分なものかということである。朝鮮建国の前後、すなわち事大が交隣とともに外交原理とされた頃において、華夷思想ははたしてこれと結びつけて考えられていたのであろうか。

　この問いに対しては、はっきり否と答えることができる。というのは第一に、朝鮮の建国者たちが生きた時代に、事大というのは国家の存亡をかけた重要な問題として彼らの意識に常にのしかかっていたが、一方で元または北元につくべきか明につくべきかという選択が華夷思想と結びつけて論じられた形跡はほとんどないからである。明の朱元璋は皇帝に即位すると、ただちに朝鮮に使者を送りこれを知らせた。そこには元朝を滅ぼすに至った大義名分として、「元はわが類ではない」「華夷が乱れ騒がしくなった」「〔自分は〕北方では胡君を駆逐して華夏を粛清し、わが中国の昔の領土を回復した」と記されるなど、種族的華夷思想が大いに盛り込まれていた。[23] この前後から李成桂が国王に即位する一三九二（洪武二十五、朝鮮太祖元）年前後にかけて、高麗では元につくべきか明につくべきかで親元派と親明派に分かれて激しい抗争がなされた。ところがこの抗争において、親明派が華夷思想や種族主義をもって親元派を攻撃することは、ほとんどなかった。それが史料に現れるのは、わずかに親明派が明に対してポーズを示すときだけにほとんど限られる。

　第二に鄭道伝の事例があるからである。鄭道伝は親明派の中心であり、朝鮮開国の功臣とされるばかりか、しばしばこの国の設計者であるとされる。[24] 彼が朝鮮の設計者であると見なされるのは、彼が『仏氏雑弁』や『心気理篇』を著し、明確に朱子学によりながら仏老なかでも仏教を異端としこれを激しく攻撃したことと、『朝鮮経国典』を著しそこに込められた政治思想が『経国大典』に取り入れられ国家の理念とされるに至ったと考えられるなど、彼の構想がいずれもこの国の根幹をなすに至ったからである。ところがこれらの著作には、華夷思想はまったく表れない。排仏を唱える『仏氏雑弁』には、「仏はもと夷狄の人である」という文句があるが、これは彼がこの論文を書くにあたってベースにした韓愈「仏骨を論ずるの表」の言葉をそのまま使ったに過ぎない。また「仏はもと夷狄の人である」という主張は、彼の排仏論のなかでは大きな比重を占めない。(25)

彼の歴史論でも華夷思想は重い位置を占めない。それどころか、むしろモンゴル族のチンギスやフビライを讃美している。『経済文鑑別集』は堯舜禹から元末の順帝まで、中国歴代の皇帝について論評し、かつ高麗国の太祖王建から最後の恭譲王まで、同じく諸王の事跡を評価した著作である。その中でチンギスについては、「帝すでに立ち、功徳は日々に盛んとなり、諸部族はみな義を慕って来降した」と論評する。世祖フビライに至っては、「仁明にして英叡、太后に事えるに至孝、……儒術を信じて用い、民を愛してその力を養った。災害に遭えばそのたびに租税を減免し救助活動に乗り出し、それでもなお不十分ではないかと心配した。能力ある者を登用し、夏をもって夷を変じ、世界を混一して国家の基礎を立てた」と論評する。ここでは「夷狄」であるフビライがまるで聖人であるかのように描かれている。(26)フビライといえば、言わずと知れた日本遠征計画によって、多大な被害を高麗にもたらしたとされる人物であるが、これが非難されないどころか聖人扱いである。

また「夏をもって夷を変ず」とは、もと『孟子』滕文公上にある言葉である。それは中華の高い文化で野蛮な夷狄を変化させることをいう。この文句が入った「夏をもって夷を変《あらた》むる者を聞けども、いまだ夷に変めらるる者を聞かず」との孟子の言葉は、その後清朝に服属した朝鮮で明朝を思慕し「夷狄」満州族を排撃せんとするとき、盛んにその論拠として用いられるようになる。ところが鄭道伝は「夷狄」フビライがむしろ「夏をもって夷を変えた」、すなわち自らがもともと「夷狄」でありながら、中華の文明をもって自らを感化し進化させたとして高い評価を下した。そこには朝鮮において後の時代に主張される種族主義は影も形もない。むしろ「夷狄」である清の雍正帝が『大義覚迷録』で見せることになる論理、すなわち国家を統治し人民を安寧にするのに必要なのは、統治者が漢民族であるかどうかは関係ない、もとが「夷狄」民族であったかどうかは関係ない、中華の文明に従い自ら進化を遂げることこそ必要である、とする論理とまったく同じである。[27] 両者とも種族的な華夷思想とはまったく無縁である。しかも注意すべきは、鄭道伝がこの議論を高麗朝の時代ではなく、すでに朝鮮朝が発足した時代になってなしたことである。『経済文鑑別集』は一三九七（洪武三十、太祖六）年に作られたとされる。[28] つまりこの時代には明の朱元璋が華夷思想をもって元を倒したことを正当化したのと同じように、鄭道伝は種族主義をもって元朝の諸帝を誰はばかることなく非難できたはずである。我々はここで、その二百数十年後のこと、一七世紀を生きた宋時烈ら多くの排満種族論者たちが、いったいどのような思いで朝鮮の開国功臣である鄭道伝のこの議論を読んだのか、これを想像するのも一興であろう。

さらに興味深いのは、彼の政治思想が盛られている『朝鮮経国典』が、元の「経世大典序録」を下敷きにして編纂されたことである。『朝鮮経国典』が作られたのは一三九四（洪武二十七、太祖三）年であり、治典、賦典、礼典、政典、憲典、工典というこの著作の編成は元の『経世大典』によったものであること、ただその中の憲典のみは『大明律』に依拠したものであることは、すでに末松保和によって指摘されている。[29]「経世大典序録」は『国朝文類』（『元文類』）に収録される。『経世大典』そのものは一三三一（至順二）年にできあがったが、その後散逸してしまい現在は『永楽大典』に収録されていた「站赤」の項目などしか残らない。「経世大典序録」は各項目の序文であり、それぞれの内容を簡単に紹介したものである。『国朝文類』は元の一三三四（元統二、高麗忠粛王三）年と一三四二（至正二、忠恵王後三）年に公刊されたとされるから、元と密接な関係にあった高麗には早くからもたらされていたはずであり、鄭道伝がこれを目にすることは容易であったと考えられる。

一方『大明律』は何度か編纂しなおされ、一三八九（洪武二十二）年にも編纂された。朝鮮に『大明律』がもたらされたのは、一三九二（洪武二十五、恭譲王四）年のこととされる。[30] したがって鄭道伝はこれも容易に目にすることができたはずである。おそらく鄭道伝は『国朝文類』に収録される「経世大典序録」を座右に置き、この元においてすでに実施されていたものを下敷きにして、新生朝鮮の実情に合わせて自らの理想とプランを書きつけていったのであろう。

とすれば鄭道伝の『朝鮮経国典』とは「夷」である元の『経世大典』をベースにし、これに「華」である明の『大明律』を加えて見事に合体させてなったものと言ってよく、そこに夷狄を忌避し排斥しようとする姿勢などは微塵もうかがうことはできない。ここでも我々は、一七世紀の宋時烈らがどのような思いで朝鮮国の制度設計をした人物が書いたこのプランを読んだのか、あるいは彼らは『朝鮮経国典』が元の「経世大典序録」をもとに書かれたことすら知らなかったのかどうかなど、想像をめぐらすのも意味があろう。[31]

鄭道伝は明の巨大な圧力を受けつつ、朝鮮を滅亡にまで至らせないことに心を砕いた人物である。まもなく第二章で見るように、朱元璋が表箋問題という礼に関わる問題を口実にして朝鮮に圧力をかけ続けたのは、鄭道伝がひそかに主唱する北伐計画、すなわち明に対する戦争計画が漏れ、朱元璋は彼を南京まで引きずり出すのがその目的であったとされる。彼はその内心において沸々とした反明感情をたぎらせていた人物であったが、しかし彼の文集『三峯集』には何度も「事大」という言葉が出てくる。たとえば『朝鮮経国典』遣使の項目は、「経世大典序録」遣使を下敷きにして書かれたものに違いないが、ここでも事大を主張している。元の「経世大典序録」では当然に宗主国から朝貢国・冊封国へ送る使者のことしか記していないのだから、これを自国の実情に合わせて「本朝鮮国は事大するに礼を以ってする」と書き換えている。しかしここで彼がいう事大とは、明の圧力によって朝鮮が滅亡するかも知れないという危機の淵から、相手国に対して当然に示すべきポーズとして出されたものであろう。それは明が漢民族によって建てられた国家だから、当然これに事大すべきだなどといった、後世の華夷思想や種族主義からするそれとはまったく無縁であった。

朝鮮の事大すなわち漢民族が建てた明朝への事大が、朱子学と密接不可分なものとして語られることがしばしばある[32]。しかし、鄭道伝の事例から見るなら、この考えもまた否定してよい。鄭道伝は『仏氏雑弁』や『心気理篇』などの著作に現れているように、典型的な朱子学者であった。その彼が以上述べたように種族的な華夷思想と無縁であった。これは朱子学が朝鮮の事大や種族的華夷思想と本質的に不可分な関係にあったのではないことを示すであろう。そもそも中国で朱子学が国家の正統学問と定められたのは、「夷狄」が建てた元朝の時であった。すなわち朝鮮の事大原理はもともと種族的な華夷思想や朱子学と結びついたものではなかったのである。

五　結　語

以上によって、通信使を派遣する原理であった「交隣」とは、日本などの周辺諸国と友好協力関係を持つという中途半端なものでは決してなく、朝鮮が自ら大国となり「大を以って小に事える」という積極的な思いが込められたものであったことが、明らかになったであろう。朝鮮文献でも中国と同じく、交隣とは広く隣国と交わるという意味で用いられることがある。しかし朝鮮を外交主体としてこの語を用いるかぎり、それは小国を字しむことを意味した。韓民族としての誇りがそこにあったことは、間違いないと考える。

注意すべきは、事大の価値が中華の価値であるように、交隣の価値も中華の価値であったことである。中国から見れば野蛮な夷狄である朝鮮が朱子学の教えの通り、「日々に新たに」中華の価値を学ぶように、他のより劣った蛮夷に対しても「日々に新たに」中華の価値に進むこと、礼の世界に進むことを求めた。自らが中国から中華の価値を学ぶとともに、これをさらに他の国や民族に及ぼそうとした。事大と交隣をセットにして外交原理としたのは、朝鮮独自のオリジナルではあったが、もとをただせば自ら生み出した価値ではなく中華の価値であった。この意味でこれら二つの外交原理が、華夷思想をもとに打ち立てられたものであることは間違いない。鄭道伝が否定したのは、華夷思想の中でも種族主義的なそれであった。

朝鮮の建国当初には、種族的な華夷思想が朱子学とただちに結びつくものではなかったことも、見たとおりである。実は種族的な華夷思想ではなく華夷思想そのものさえ、朱子学と切っても切れないものではなかったようである。それは日本の朱子学者浅見絅斎の言説から見て言えるであろう。彼は中国と夷狄の区別はもとよりないと論じて、「アタマカラ唐ヲ中国ト云カラハ、ヒシト夷狄トアシロウテイヤシムコト、甚ダ以テ偏私也」と言い、地理的に中国と夷狄を区別するのは偏った考えであるとする。またある人が『春秋』にある中国・夷狄の区別を持ち出すのに対しては、かりに華夷の別があるとしても「徳ヲ以テ夷狄トイエバ、九州（中国）モ徳アシケレバ夷狄ニナリ」として華から夷への転落もあるはずだとする。「孔子モ日本ニ生ルレバ、日本ナリカラ『春秋』ノ旨ハ立ツハヅナリ」と述べ、孔子が日本に生まれたとしたら、日本が『春秋』でいう中国すなわち華になるではないかと反論する。さらには日本を「中国」であるとする主張さえ斥け、そのように考えるのは「ソレトモニ唐ノマネ也」と中国の悪影響であるとし、華夷思想そのものを否定するのである。[33] このような華夷思想の否定が生まれたのは、日本の皇統は一系であるとして、中華思想を相対化したからであった。しかし浅見絅斎は「日本の朱子」と呼ばれた山崎闇斎の門下生であり、自ら朱子学者であると思っていただけでなく、誰が見てもそうであった。

この点から言えば、朝鮮の建国者たち、少なくとも鄭道伝は種族的なそれではなかったが、明らかに華夷思想の持ち主であったし中華思想の持ち主であった。朝鮮で華夷思想が種族的なそれに特化するのは、歴史的な過程においてであった。明朝が倒れるまでに朝鮮知識人は懸命に朱子学を学び、それが説く「春秋の義」と「礼の精神」とを彼らの心の中で内面化し定着させていった。さらに交隣し羈縻する相手であったはずの女真（満州）民族が、図らずも事大の対象に置き換わってしまった。朝鮮で種族的な華夷思想が強まったのは、このような歴史の転変のなかで起こったことと考えられる。

第二章　明清中国の対朝鮮外交における「礼」と「問罪」

一　はじめに

かつての中国外交につき、これを「礼」の問題として論じようとするのは、一見すれば奇妙なように見えるであろうし、迂遠なようにも見えるであろう。しかし近代を迎える以前の中国外交を論ずる時、なかでも対朝鮮外交を論ずる時、この「礼」の問題を抜きにして語ることはできない。朝鮮燕行使とは言うまでもなく、その目的の第一は文化交流にではなく外交にあった。燕行使はこの「礼」をめぐる問題が起こった時、外交使節として一体何を行ったのであろうか。

中国を中心としてかつてなりたっていた東アジアの国際秩序につき、「朝貢システム」という概念をもとにこれを「中国的世界秩序」と呼んだのはフェアバンクであった。またこれを「冊封体制」という概念をもとに論じたのは西嶋定生であった。実はフェアバンクにしても西嶋にしても、彼らが言う朝貢システムあるいは冊封体制をなりたたせていた要因の一つとして、すでに「礼」を挙げている。(1) ただ中国外交における「礼」の問題があまりに大きく難しい問題であったためか、彼らはこの問題をさらに深めることはしなかった。また彼らの影響を受けた研究者たちも、あるいは彼らの提唱した概念を組み合わせ、これを修正、補正ないしは精緻化するか、あるいは自らの東アジア関係史や貿易史の中でこれらの概念を用いるのみであり、彼らが簡単に指摘した「礼」の問題に大きく踏みこむ者はいなかった。

このような研究情況の中で、ほとんど例外と言ってよいのが黄枝連であろう。彼はフェアバンクの大きな影響を受けつつ、中国と東アジア諸国家の関係形態に関わる研究を行い、これを「天朝礼治体系」と名付けた。(2)「礼治体系」とは「礼治システム」のことである。彼は主に明清中国と朝鮮との国際関係に即してその研究を行った。彼は膨大な三部作において、「礼の言説」が両国間で具体的にどのような文脈の中で出てくるのか紹介した。フェアバンクによって指摘された「朝貢システム」をなりたたせる一要因は、ここに始めて詳細に論じられるに至ったのである。

このように黄枝連は、中国が関係する東アジア諸国家との国際秩序を論ずるに際して、始めて「礼」の問題に踏みこんだのであるが、しかし遺憾ながらその研究は「礼の言説」研究に終わったと言ってよい。しかも彼が示した「礼の言説」は、ほとんど礼を普及し遂行する側面に関わるものばかりであって、礼が実行されない側面、つまり中国側が定めた礼を諸外国が守らない場合、どのような具体的な「礼の言説」が表れたのかには、ほとんど論及するところがなかった。したがってそれは「礼の言説」の一面の研究に終わったと言うべきである。より簡単に言えば、そこでは国際関係における「礼治」の理念のみが明らかにされただけで、「礼治」の実態、すなわち「礼」と不即不離の関係にあった「問罪」の問題がまったく論じられなかったということである。「問罪」とは、相手国が「礼」に従わないと判断した時、中国側が制裁を加えることである。

古来、中国では、礼と刑とは対比されるものとして、あるいは両者はあい補うものとして考えられてきた。礼とは社会秩序をはかろうとする規定である。(3)しかもその社会秩序とは、より端的に名分位階のそれであった。『論語』に見える言葉、「之を道《みちび》くに政を以てし、之を斉《ととの》うるに刑を以てすれば、民免れて恥じなし。之を道くに徳を以てし、之を斉うるに礼を以てすれば、恥じありて且つ格《いた》る」とは、この礼と刑との関係を述べたものとして、古来有名である。すなわち礼も刑もともに社会秩序、特に階層秩序を維持するためのものであるが、刑がこの秩序を乱した者に対して外から罰として加えられるのに対し、礼とは各人の名分位階にふさわしい儀礼や衣服や用語など様々な規定をあらかじめ設けておき、各人をして自らこれらの規定に慣れさせ内面化するまでにし、社会秩序を逸脱しないように内から規制させるものである。礼がときにセレモニー（ceremony）＝儀礼と訳されるとともに、ときにまたノーム（norm）＝規範とも訳されるのは、このためである。

しかし現実の社会では「礼」に従わない者が現れるのは避けられない。少なくとも、かつてあったとされる王道が行われなくなってからはそうであった。そこで「礼」の世界を理想としつつ「礼」が守られない時には「刑」を併用する、あるいは「礼」を主としつつ「刑」をもってこれを補うものと考えるのが一般的になった。中国の政治思想史の上で、このように説かれるようになるのは、漢代以降のこととされる。前漢時代の賈誼はこの両者の関係について、「礼とは〔秩序をおかす〕前に禁ずるものであり、法とは〔秩序をおかした〕後に禁ずるものである」と説明する。(4) また後漢の陳寵は、「礼を失えば刑に入れるのであり、両者はあい表裏をなすものである」と説明する。後に『唐律疏議』巻一、名例律の疏議序では、「徳礼は政教の本であり、刑罰は政教の用である」と説明される。すなわち、政治と教育において礼が本体とされ、刑がこれを実効あるものにするための手段とされ、この考え方は以後明清時代に至るまで踏襲されることになる。(5)

このように漢代以降中国の政治思想においては、両者は不即不離の関係にあった。外交思想においても、実はこれとまったく同じである。いかに中国と周辺諸国とが「礼」の理念、あるいはこれをもとにした儀礼の実践によって結ばれていたとしても、それだけが一人歩きすることはありえないのであって、これには必ず「刑」を伴った。ただ中国外交においてはこれを「刑」とは呼ばず、「問罪」「責問」などと呼ぶのが普通であった。礼すなわち規範を逸脱した外国に対して、「その逸脱は礼の精神に照らして罪である」と思い知らせることである。いわゆる「問罪の師」つまり罪を思い知らせるため討伐の軍隊を派遣するというのが最も重い刑、つまり死刑にあたると言ってよいであろう。もっとも「問罪の師」は反抗できない逮捕者を死刑にするのと違い、反抗を伴うのが普通であったから、明清中国からする「問罪」が実際の効果をもたらすかどうかは、別の問題である。「問罪の師」を起こしたにもかかわらず、占領を貫徹できないばかりか、しばしば中国側の望む礼の世界に連れもどすことすらできなかったこと、その対ベトナム外交に即して本書補論で述べるとおりである(6)。

先に筆者は黄枝連による研究を評して、「礼治」の理念のみを明らかにしたものに過ぎず、「礼治」の実態、すなわち「礼」と不即不離の関係にあった「問罪」の問題が欠落していると言った。「問罪」を抜きにして「礼」の言説のみを外交史料から拾うならば、それは美辞麗句の集積に過ぎない。それはちょうど現代の超大国に関わる外交史料から、「人権」や「民主」などの言葉を拾うようなものであり、それがいかに外交を動かす大きな力であったとしても、そのものとしては美辞麗句の集積でしかないのと同じである。これでは明清中国の外交がまったくわからない。

我々はここで、明清中国と朝鮮との間で起きた具体的な外交事件を四件取りあげる。それらにおいて、「礼」と「問罪」がどのように関係していたのかを考察する。そしてそこで、朝鮮燕行使が実際に何をやったのか見ることにする。二つは冊封に関わるもの、あと二つは外交文書の非礼に関わるものである。約五百年間も続いた両国の関係からすれば、両者がからまりあう事件はほかに数多く求めることができるであろう。しかしこの四件からだけでも、かつて明清中国が朝鮮に対してとった外交戦略というべきものと朝鮮によるこれへの対応とを理解できると考える。さらにひいては、明清中国と朝鮮による外交の特色というものをも理解できると考える。

二　明初洪武期の対高麗外交と朝鮮外交文書の非礼事件

まず取りあげるのは、明初の対高麗外交である。そして、朝鮮開国後間もなくして起こった外交文書非礼事件である。

洪武帝は明朝を建国すると、ただちにこれを周辺各国に通知、あわせて朝貢をうながした。高麗からはただちに朝貢使節が出された。洪武帝は、かつて元朝によって高麗国王に封ぜられていた王顓を、一三六九（洪武二、恭愍王十八）年に改めて高麗国王に封じている。冊封使節が高麗に到着したのは、その翌年である。洪武帝は一三六九年、さらに帰国する使者に勅諭を託し、高麗国王に対して仏教を棄て「仁義礼楽」をもって国を治めるよう諭し、あわせて明朝の冠服、楽器、『洪武三年大統暦』、『六経』、『四書』、『通鑑』、『漢書』を与え、明朝における朝賀の儀式次第を記した『朝賀儀注』をも与えた。ここに明と高麗とは冊封関係に入り、明朝の礼による統制が始まったと言ってよい。

さて王顓恭愍王の時代にあっては、高麗と明との関係は、次の辛禑の時代における関係に比べるなら、はるかに良好なものであったと言ってよい。[7] ところが恭愍王が宦官によって弑殺される直前のこととして、『明実録』に朝貢に関わる二つの事件が記されていることが注目される。

その一つは前年の一三七三（洪武六、恭愍王二十二）年十月、高麗王の朝貢使節が貢馬五十四を南京まで運んだ時、途中で二匹が死んだので私馬二匹を加えて貢馬五十四として納入したというものである。このような数合わせをしたことを洪武帝は「不誠実である」、として貢馬をすべて却け受け取らなかった。彼は「これがはたして小を以て大に事《つか》える〔『孟子』〕礼であるか」と礼の問題として国王を叱責し、さらには「討伐の師」つまり「問罪の師」にまで言及している。[8] わずか私馬二匹を加えて貢物と偽ったことを「不誠実である」として問責するばかりか、「討伐の師」にまで言及するのは、中国皇帝の朝貢国に対する態度としてあまりに常軌を逸したものと考えざるをえない。

あと一つは恭愍王が弑殺される四箇月ほど前の一三七四年五月、貢物が多すぎるとして布六対のほかは持ち帰らせたことである。これはそのしばらく前、貢物とは「誠意を表す」ためのものであるから朝鮮からは三年一貢のみでよしとし、しかも高麗産の布だけでよいと聖旨を伝えてあった、にもかかわらずあまりに多くの貢物を献上してきたからだという。この時に洪武帝は、「自分を騙したり侮ったりしないのであれば、軍隊を動かして高麗のような遠方の地の者に苦労をかけたりしようか。もし自分の分に安んぜず、みだりに事件を起こせば、災禍は必ず至るぞ」と高麗国王に警告している。(9) 貢物が多すぎるから「不誠実である」「自分を騙したり侮ったりした」とし、軍隊を出動して遠征するぞと匂わせるのは、やはり異常と言わねばならない。

前者については、洪武帝自身が「小事」であると認識していた。このような「小事」である朝貢問題をもち出して「問罪の師」にまで言及するのは、これにかりて「誠実であれ」というメッセージを伝えねばならない事情が生まれていたと考えるほかない。それは何であったかと言うと、漠北に逃れた北元勢力がちょうどその頃積極的に高麗に接近し、高麗国王が「二心を懐く」ことが懸念されたからである。つまり明朝に対する「誠実さ」を改めて求める必要があったからである。

『高麗史』によれば一三七三年二月、北元の使臣が高麗都城の開京に現れた時、高麗国王ははじめこれを殺さんとしたが、群臣の説得に従って殺さずこれと会った。使者は高麗と一緒に元を復興しようではないかという北元皇帝の詔を伝えた。恭愍王は明朝に知られることを恐れ、夜にこの使者と会ったという。(10) これは前に挙げた朝貢に関わる二つの事件のうち、前者が起こる八箇月ほど前のことであるから、貢馬五十四が南京に到着した時間的な偶然性を考慮すれば、「小事」をとらえて譴責しようとするタイミングが合っている。元と高麗が密接な関係を持って以後、両国間の往来が盛んになり、明初になっても数多くのスパイが高麗国内にひそんでいた。高麗の群臣たちはこの使者を拘留すべきか放還すべきか、はたまた執えて南京まで護送すべきかどうかを議論したというから、少なくとも北元の使者が開京まで来て放還されたとの情報が、南京にまで届いていたと考えるのが自然であろう。

では洪武帝は何故この北元の使節のことを一切明言せず、かわって朝貢に関わる実にささいなことを取りあげて、軍隊を動かすかも知れないぞ、と恫喝したのであろうか。答えはまさしく、両国の関係が「礼」をもとになりたっていたからである。礼とはすでに述べたように「刑」とは違う。「刑」とは明確な罪に対する処罰である。これに対し

「礼」の履行を求められた者は、何が不義であり何が逸脱行為であるのか自分で判断し、内からの要請で自ら「恥じある」ようにならねばならない。「刑」を受けるような行為に及ばないよう、自分で規制しなければならない。北元と内通しているという明確な「罪」の証拠も挙げずに、北元と手を結ぶなと直截に警告してしまえば、逆にたちまちにして高麗の抗弁にあい、明朝皇帝の言葉は至って軽いものとなるであろう。

このように考えざるをえないのは、その後明朝が北元および遼東に割拠したモンゴル人ナガチュと戦闘を繰りかえし、かつ高麗がこれらと親密な関係を持つに至ってからも、高麗を詰問し恫喝する洪武帝自らの言葉にまったくと言っていいほどにそれらへの言及がないからである。恭愍王が暗殺され、辛禑が代わって王位に即いたのは、一三七四年九月のことである。そして高麗に派遣されていた明朝の使者が帰途において、その護送官であった高麗人によって殺されたのは同年十一月のことであった。『高麗史』によれば、この高麗人は北元に逃亡したとも、ナガチュのところへ逃亡したともいう。明朝が冊封した恭愍王が暗殺され、しかも皇帝の使者が殺されたのであるから、明朝の対高麗外交が硬化したのは当然であった。しかも北元の高麗への働きかけは一層はげしさを加えていた。一三七七年二月、ついに辛禑は北元の冊封を受け、「征東省左丞相高麗国王」となるとともに「宣光」という北元年号を用いた。

明朝は高麗が北元やナガチュと通じていることを当然知っていた。一三七九年八月、遼東都指揮司は高麗へ使いを送り、北元やナガチュの使者を執えて明朝に護送せよ、と命じている。また一三八一年には済州島の高麗人が明に漂着した。明朝はそれまで高麗は北元に従っているとばかり思っていた。ところが漂流者が所持する文書を見たところ洪武年号が書かれていたので喜び、手厚く送還したという(11)。これらの史料からすれば、洪武帝はこれらの情報を受けて、当然、高麗と北元ないしはナガチュとの間に密接な交渉があったことは知っていた。

恭愍王が暗殺されて辛禑が即位すると、彼はただちに高麗王家の者であるとして王禑という名前を用い、恭愍王の実子ではないという事実を隠したうえで、明に使者を送って故王への諡号の賜与を請うとともに、自らの承襲を請うた。諡号とはこの場合、臣下である高麗国王の生前における功績を勘案して皇帝が与える名号である。しかし洪武帝はただちに、それが簒奪による即位であると疑った。彼は前王の謚号を請いに来たことをその簒奪の跡をかくさんとしてのことである、不誠実であるとして謚号を与えなかった。[12]辛禑が冊封を請いに来てから、彼が実際に冊封される一三八五（洪武十八、辛禑十一）年までの間は約十年間である。この間、洪武帝は高麗使節の帰国に際して詔諭を持ち帰らせるなど、何らかのかたちで高麗権国事王禑（辛禑）に届くように何度か自らの言葉を発した。『高麗史』辛禑列伝をもとに数えると、少なくとも七回に及ぶ。ところがそこに見える王禑（辛禑）への譴責は、第一に恭愍王を弑殺したことであり、第二に明の使者を殺したことであり、第三に朝貢が約束とちがい不誠実であることなどであって、北元の冊封を受けていること、あるいは北元やナガチュと関係をもっていることを問題にする部分はまったくない。一方で北元の冊封を受け、またナガチュと通じつつ、一方で明に朝貢しかつ冊封を請うのであるから、「二心を懐いている」ことは明らかであるのに、このことにはまったく言及しない。不自然と言うほかない。恭愍王の時代に私馬二匹を加えたことと、貢物が多すぎることとを「不誠実である」として譴責したのも、これによって暗に北元と関係を持つことを牽制するためであったと推察するのはこのためである。

一三七七（洪武十）年十二月、洪武帝は帰国する高麗使節に一通の勅諭を託した。それは、王位簒奪と使節殺害を非難し、漢唐以来の故事を引いて「問罪の師」を送るぞと恫喝しつつ、「今、王顓が弑され、姦臣が命を竊み、これによってそちらから事をかまえ、わが中国に怨みを返そうとしているのだから、貢物を受納したからとて何の益があろう。『春秋』をもって論ずれば、乱臣賊子なのであり、誰が誅殺してもよいのだから、今さら何を言おうか」と言っていた。そしてさらに今年は前王恭愍王が承諾したとおり歳貢馬一千匹、来年以降は毎年金一百斤、銀一万両、良馬百匹、細布一万匹を献ずべきことを命じつつ、「これを履行して始めて王位は〔替え玉ではなく〕本物であり、〔高麗では恭愍王の時と同様に〕政令が行われていると言えるのであって、朕に疑惑はない」云々と言っている。[13]もちろんここでも、北元やナガチュに対する言及は一切ない。

この報が高麗へ届いたのは、一三七九年三月であった。『明実録』によれば一三七九年十二月のこととして、高麗が金百斤と銀一万両を貢じたところ、「約束とはちがう」として、これらの貢物を受けとらなかったという。そして翌一三八〇年七月、遼東都指揮使が高麗の使者を南京へ送ったところ、洪武帝は彼を捕縛し幽閉した。さらに彼を引き出して問答を交わしたところ、この使者が「貢物が約束と違ったのは忠誠でなかったからではなく、高麗の民が貧しいからであった」と抗弁した。これに対して洪武帝は「常貢の例を定めて誠実さを試験したところ、やはり従わなかった」として、規定どおり納入せよと厳命した。[14] これに応じて高麗は、さっそく金三百両、銀一千両、馬四百五十四、布四千五百匹を貢納し、あわせて恭愍王への諡号の賜与と、自らへの冊封の賜与とを請うた。高麗は「誠意」の一部を見せたのである。しかしこれでも許されなかった。洪武帝は遼東都指揮使に対して、一物でも約束どおりでなければこれを国境においてつき返せと命じた。実際、一三八一年十一月に馬九百三十三匹を献納しようとしたが受けとられず、翌一三八二年四月には、今度は金一百斤、銀一万両、布一万匹、馬一千匹を送ったが、やはり拒絶された。

このように高麗側は何度も朝貢せんとしたが、それらは未払い分が未納であるとの理由で「不誠実である」とされ、ほとんどことごとく却けられた。一三八二年十月に洪武帝が高麗に勅諭したように、「誠意が足りない」とされた。結局この「誠意を試すための貢物」は、一三八四年すなわち約束が定められてから五年以上たって、高麗側が不足分をも補ってすべて支払いおえたことによって、やっと解消されたのである。辛禑が王禑という名で高麗国王に封ぜられたのは、その翌年、すなわち一三八五（洪武十八、辛禑十一）年のことであった。

ここで一つの疑問が起こる。辛禑が王禑の名で国王に封ぜられうるとすれば、それまで明朝が封じた恭愍王王顓は弑せられたと論難し、この礼にそむいた行為のために問罪の師を起こすぞ、と何度も恫喝したのは、一体何だったのかという疑問である。乱臣賊子は誅殺すべきであると言ったのは、何だったのかという疑問である。『明実録』と『高麗史』によるかぎり、明朝は王顓被殺の実情も、辛禑（王禑）がいかなる出自の人物かもほとんど確認することなく、冊封に及んだと言わざるをえない。また『明実録』によれば、洪武帝は一三八一（洪武十四）年の段階で「高麗の奸臣李仁〔任〕が王顓を簒弑したと考えていた[15]。ところがこの李仁任は辛禑が冊封を受けた一三八五年以後になっても、まったく以前と変わりなく権勢をほしいままにしていた。洪武帝の認識によれば、まさしく李仁任こそがその言葉どおりの「奸臣」「乱臣賊子」であり、明朝が誅殺して当然であるのにそのような措置がとられたようにまったくないのである。

この疑問に対しては容易に答えることができる。その答えとは、先に示した一三七七（洪武十）年十二月発布の勅諭そのものである。そこでは乱臣賊子は誅殺すべきであると主張するとともに、今年は馬一千匹、来年以降は毎年金一百斤、銀一万両などを貢納すべきことを命じた後、「これを履行して始めて王位は〔替え玉ではなく〕本物であり、〔高麗では恭愍王の時と同様に〕政令が行われていると言えるのであって、朕に疑惑はない」云々と言っていた。すなわち、馬一千匹ほかを命令どおり貢納して「誠意」を示せば、簒奪の疑惑は帳消しにしてやる、簒奪ではなかったと認めてやる、と宣言していたのである。

我々はまずここに、冊封をもとにした国際関係の中にあっては、冊封を受けた国はこの関係を維持しようとするかぎり、宗主国との力関係に従って極めて強い圧力を受けたことを知る。通説では、冊封国の国内問題では自主が許されるとされるが、王位の継承など本来国内問題であるにもかかわらず、宗主国による冊封によって正式な国王となるのであるから、その強い干渉を受けざるをえないのである。一方、宗主国にとっては、冊封こそがその国で礼が行われているかどうかチェックをし、もし礼の世界から逸脱していると判断すれば礼の世界に連れもどし、これを統制する絶好のチャンスであった。しかし注意すべきは、冊封という外交方式は、実際には実情に即して宗主国によって実に柔軟に運用されていたことである。一つには簒奪という礼に背く重大犯罪であるにもかかわらず、王位を継承する新王の旧王に対する「誠意」と、および新王の中国皇帝に対する「誠意」とは、ここでは定められたとおり貢物を納めるというほかの「誠意」で置き換えられている。

また一つには、高麗が北元と関係を持つことと、国王を冊封することとは本来まったく別のことであるにもかかわらず、簒奪ありやなしやと冊封の是非とにかかりて、巨額の貢物を納めることを命じ、これをもって「誠意」を測り、北元に対して「二心ありやなしや」を試みたのである。洪武帝は高麗で簒奪劇が起こったことを、北元に向かおうとする高麗を牽制するために利用したかに見える。簒奪劇が行われてから辛禑（王禑）が高麗国王に封ぜられるまで十年かかっているから、一見すれば明朝は冊封を重視し、礼を重視するという原則を守っているかに見えるが、内実はまったくことなる。そこでは礼を重視するという姿勢を守りつつも、明朝は冊封を外交カードとして用いていたに過ぎない。

さて、朝鮮の建国者である太祖李成桂が、高麗国最後の王である恭譲王を廃し、自ら王位に即いたのは一三九二（洪武二十五）年のことである。彼は早速、恭譲王からの禅譲があったとしてこれを明朝に伝え、さらに国号を変更せんとして、「朝鮮」「和寧」のいずれにすべきか洪武帝の決定をあおいだ。この申請はなお、「高麗権知国事李成桂」の名で行われている。権知国事とは、冊封を受けて正式の国王となる前、権《かり》に国事を執ることを意味する。洪武帝が国号を朝鮮に変更せよと命じたのは、一三九二年閏十二月のことである。五百年近く続いた高麗国はここに消滅する。

この朝鮮という新しい国家が成立するにあたっては、明との間で礼制上の問題をめぐって大きな葛藤、対立があったようには見えない。『朝鮮王朝実録』によれば、王氏から李氏に国王が代わると聞いた洪武帝は、これは「帝命」であると言って承認したと伝えられる。[16]「帝命」とはこの場合、「天帝の命」のことである。また『明実録』によれば、「高麗は山海に隔てられ、東夷に僻処するから、わが中国が治めるところではない」と語ったとされる。[17]「中国が治めるところではない」とは、『春秋公羊伝』隠公二年注に見える「王者は夷狄を治めず」を意識した言葉に違いない。おそらくは李成桂が行った威化島回軍、すなわち明軍と戦う前に遼東侵攻軍を鴨緑江で逆もどりさせたことが、洪武帝に評価されたからである。

このように冊封国で国号を変更し、別姓の者が王位に即くという礼制上でいえば大問題が起こったにもかかわらず、そのこと自体としてはまったくと言ってよいほどに問題が起きなかったのだが、それから間もなくしてやはり礼制上の問題で事件が起こった。それは、国号変更を謝恩する上奏文において、明朝を軽んじ侮辱する文字が使われている、非礼である、という問題から起こった。この事件は、表箋問題としてすでに詳細に論じられているので、ここでは簡単に紹介するにとどめる。[18]

国号変更を謝恩する上奏文が、使臣によって明朝の宮廷に届けられたのは一三九三（洪武二十六、太祖二）年六月のことである。この年の十二月八日、明の使節は国都開京に到り、合計十箇条の問責案件の一つとして表箋文に問題があると朝鮮国王に伝えた。それは、謝恩の上奏文に「侵侮の辞を雑じえており、〝小を以て大に事える〟という誠実さは、このようなものであってよいのか」と問責するものであった。[19]ここに見えるように、明朝は外交文書に見える文句をこれまた礼に関わる問題としたのである。

翌一三九五（洪武二十八）年十二月、翌年正月元旦の祝賀のために派遣された使者が南京で拘留された。これもまた持参した元旦祝賀の表箋文に、明朝を「軽薄戯侮」する文字が見られる、との理由からであった。南京の礼部から朝鮮国王に送られた咨文では問罪の師に言及する。そして「これまで朝鮮国王がしばしば争いの発端を作ったので、嶽鎮海瀆山川の神々に告げ、上帝に転達してもらってある」と、神罰をも借りた脅し文句も加えられていた。[20]ここでいう嶽鎮海瀆山川の神々とは、より限定して言えば一三七〇（洪武三、恭愍王十九）年に南京の道士が高麗へやって来て祀った現地朝鮮の神々である。洪武帝の脳裡では、南京に設けられた嶽瀆壇に合祀された朝鮮の神々に対して、まず自分が朝鮮国王の「罪情」を告げ口し、これが上帝へ転達されることになっていた。[21]この神罰をも借りた脅しは、その後も執拗に強硬に続くことになる。朝鮮国王はただちに弁明のための使者を送り、あわせて文書作成者を送れという明の要求どおり、金若恒がそれであるとして南京へ護送した。

しかし明朝はこれで朝鮮をゆるさなかった。「今、朝鮮は時節に遇うごとに人を遣して祝賀のための表箋を進奉してきており、礼あるがごとくであるが、しかし文辞の間で明朝を軽んじ勝手放題に侮辱している。近日、李旦（成桂）が誥命（任命書）と国王印を下賜されよと請うてきた上奏文の中には、古代の暴君紂王のことが引用してあり、最も無礼である」とあるとおり、やはり外交文書が非礼であると叱責してやめなかった。[22] さらに明朝は文書作成者として鄭道伝と鄭擢を名指しし、彼らを早く南京へ送れと命じた。朝鮮は権近と鄭擢を文書作成者であるとして護送し、鄭道伝はついに送らなかった。結局この外交文書非礼事件すなわち表箋問題は、洪武帝が死去する一三九八（洪武三十一）年まで続いた。この間、多くの朝鮮使臣が南京で拘留された。

さて、明朝が文書の中に非礼な文句が見えるという理由で、なぜ執拗にたび重なる圧力をかけたのかという点については、鄭道伝を反明の首謀者と目してこれを引きずり出すことがその目的であった、とする先行研究に筆者は同意する。朴元熇はさらにより明確に、この表箋問題は鄭道伝一個人の問題ではなく、朝鮮においては当時明朝の領土であった遼東を攻伐する計画がこの事件が起こる前から彼を中心としてすでに胚胎されており、遼東攻伐の風説が明側に流布した結果として表箋問題が生まれたとする。[23] 従うべきである。

ここでも我々は、本来まったく別の問題を礼という原則の問題に置きかえる外交戦術を見ることができる。礼が重視されねばならないとの原則をかりて、外交文書が非礼であるとフレームアップし、これにかりて新興の朝鮮を牽制し、領土問題で野心を起こさないように統制したのである。洪武帝によるこの外交戦術は、大枠で見るなら成功したかに見える。というのは、このような過程を経てのち、始めて遼東への侵攻計画ははるか二五〇年ほど後、すなわち朝鮮孝宗の時代になって、いわゆる「北伐論」が起こるまで基本的に頓挫し、朝鮮は「諸国に比べて最も恭順である」「礼義の邦である」と中国側から評価されるに至るからである。

あと一つ、ここで注意すべき点がある。それは高麗王冊封問題であれ、朝鮮外交文書問題であれ、ともに礼の問題であるとされながら、この時期にあってはほとんど洪武帝一人が論じただけであったことである。つまり朝鮮国内でも中国国内でも、外交に関わる礼と現実の問題が喧喧諤諤の議論になったようにはまったくない。この点について、次に朝鮮で起こった「仁祖反正」を取りあげ、そこでは同様な問題について、いかに違った反応が現れたのかを見ることにしたい。

三 「仁祖反正」と冊封問題

いわゆる「仁祖反正」が起こったのは、一六二三（天啓三、仁祖元）年のことである。これより十五年前の一六〇八（万暦三十六、宣祖四十一）年、光海君（李琿）が宣祖の死去にともなって即位し、さらに翌一六〇九年に明の冊封を受けて正式な朝鮮国王となっていた。ところが仁祖（李倧）一派がこれを廃し、自ら王位に即いたのだから、明らかな簒奪である。「反正」とは正道に反《かえ》すこと、『春秋公羊伝』に由来する「撥乱反正」の反正である。「反正」と呼ばれるのは、もちろん仁祖の側が勝者であったからである。勝者である仁祖の側が、その後王位を継承していったからである。光海君が前王の宣祖、後王の仁祖などその死後に与えられる廟号をもって呼ばれないのは、勝者仁祖が彼を正当な国王とは認めず、したがって廟号を与えなかったからに過ぎない。明朝が冊封した国王が勝手に廃されたのであるから、明朝では仁祖を新しい国王として冊封すべきかどうか大議論がまきおこった。朝鮮側も適切な対策を講ずる必要があった。

ところで朝鮮朝の歴史のなかで、王位に即きながら死後に廟号をもって呼ばれない者があと一人いる。燕山君（李㦕、在位一四九四—一五〇六年）である。燕山君は朝鮮史上稀代の暴君をもって知られ、現代の我々から見ても彼が廃位されて当然であったと見えるが、クーデターであることには違いなかった。従って、新しく王位に即いた中宗（李懌）は、明に冊封を請うにあたって、燕山君を廃して自ら国王に即かねばならなかった事情を説明する必要があったし、明朝もその事情を納得する必要があった。光海君の廃位と仁祖の冊封について見る前に、燕山君の廃位と中宗の冊封について見ておこう。

朝鮮国内で燕山君が廃され晋城大君すなわち後の中宗が即位したのは一五〇六（正徳元、中宗元）年九月であった。明朝へは、慣例であれば自らの冊封を請う請承襲使と、前王死去を告げ、これにともない諡号を請う告訃使、請諡号使が送られるところであるが、この時には特に請承襲使とともに請辞位使が送られた。請辞位使とは、名目上、燕山君自らが王位を辞任したいと願い出たものである。この際、武力を用いたクーデターであることは一切ふせられ、上奏文は燕山君すなわち朝鮮国王李㦕の名で作られた。それは、自分は幼少の時からしばしば発作を起こし、加えて次代に国王となる予定の息子が夭折してからその悲しみのあまり宿疾がまた起こった、精神的に問題があるため政務をまったく執れない、ついては晋城君李懌に譲位したい、とするものであった。いかに狂暴な燕山君であっても、クーデターによって新王が即位したというのでは、明朝が順調に承認してくれるとは考えず、かわって明朝を欺きとおすことにした[24]。

これを受けた明朝の官僚ははたして疑った。疑いの第一は、簒奪があったのではないか、というものであった。これに対して燕行使臣は、「朝鮮は〝礼義の邦〟であるから、そのようなことはありえない、と答えた。また国政を執れないほど重病の者が、はたしてこのような辞任を求める上奏文を書けるのか、との疑問も出された。朝鮮国王が病気であれば、医者を送って治療し、かつその重病の程度をしらべるべきであると言う者がいた。これに対しては、朝鮮は「礼義の邦」であるし、外国でもあるから医者を送るべきでない、とされた。燕行使一行は、朝鮮王家から一般臣民にいたるまで、李懌を新国王にしたいとする推挙状が必要であるとの議論が、礼部でなされているとの情報をえた。そこでさっそく晋城君李懌には衆望があり、彼を新王にするのが「一国の公議」であるとする文書が改めて作成され、北京に送られた。しかし『明実録』正徳二（一五〇七）年五月己酉の条によれば、礼部は李懌にはしばらく国王事務の代理をさせ、国王李㦕（燕山君）が死去するのを待って正式に冊封するかどうか議論する、との方針をとり、皇帝の勅諭でもこの方針に従った。折衷案ではあるが、礼を重視するという原則は、ある程度貫かれたのである。

ところが同年十二月になると、この方針は大きく転換した。一転して李懌を朝鮮国王に封ずる、という勅諭が出されたのである。これに至るまでには、朝鮮から何度も使節が送られて執拗な申請がなされたからでもある。しかしこの政策転換をもたらすに際して決定的な「功績」があったのは、北京の朝鮮族宦官李珍であったらしい。彼には大量の賄賂がつぎこまれたようである。その労苦に報いるために「贈り物」をどうすべきか、朝鮮宮廷で問題となった。さらには李珍自らが冊封使としてやってくることを見こし、彼に沿路で「足らざるの心」を懐かせないよう、これを妨げる官僚がいれば容赦なく厳罰に処するとの命令を下したことまで史料に残っている。[25]

一旦出された詔勅は、普通であれば簡単に覆るものではない。冊封は礼に則って行われるのが建て前であるから、国王簒奪という秩序破壊が簡単に許されるはずがない。しかし実際には、中宗らは明朝を欺きとおすことに成功し、明朝の官僚たちは実情調査もすることなく、「一国の公議」が寄せられたことと母妃からも申請が寄せられたという形式を整えるだけで、「欺かれた」という意識を解消したのである。このような結果になったのには、時たまま正徳帝の治世にあたっており、宦官劉瑾が重用され政治が乱脈を極めていたことが大きい。

この事件については、『朝鮮王朝実録』に史臣、すなわち実録編纂者の意見が次のように書きこまれている。燕山君は実際に「天にまで滔《はびこ》る」（『孟子』）ような暴君であったのだから、中宗を推戴せざるをえない。実情を天子に報告して処置を請うべきであった。「ところが虚言をもって上国である明朝を欺き、自らをも欺いた。名と実とが一致せねばならないという〝正名〟（『論語』子路篇）は、一体どこへ行ってしまったのか。残念なことに、当時の大臣たちには見識がなかったのだ[26]」。

当然この史臣の言葉の中には、戊午士禍と甲子士禍という二度の災禍に遇った朝鮮の新興儒者たち、いわゆる士林の正義感や、彼らの燕山君への怒りを読みとることができる。中国を欺き、自らをも欺いたというのが誤りであると言うのだから、「実情を天子に報告する」というのは、燕山君をクーデターによって廃したという実情を明皇帝に報告し、処置を請うべきであったというのであろう。しかし、暴君であれば王位簒奪は許されるのであろうか。中国における王朝交代であれば、孟子の説に従って革命は許される。しかしそれは「天子」の場合であって、諸侯すなわち冊封国国王のことではない。史臣も述べるとおり、実情は天に報告すればよいのではなく、天子に報告し、その処置を仰がねばならなかった。天子ですら一王朝の中では簒奪は許されない。現に永楽帝ですら建文帝の帝位を簒奪したとき、これを君側の奸を除くことを名目として「靖難」と呼ばねばならなかった。また現に正徳帝は当時の中国人が「狂皇帝」と呼ぶほどの無軌道な皇帝であったが、その治世は一六年も続いたのである。史臣の意見は、やはり書生論というべきものである。

この点「仁祖反正」こそ、それが簒奪であったことを宗主国に伝え、そして宗主国がどのような対応を示したのか、さらには冊封という礼が実際には何であったのか、を教えてくれる恰好の事件であった。

軍事クーデターが起こったのは一六二三年三月のことである。当時、朝鮮半島と遼東半島の間に浮かぶ小島椴島（一名椵島）には、明の都督毛文龍が居をかまえ、ここを根拠地として満州族の後金に対してゲリラ戦を展開していた。たまたま毛文龍が派遣した武将がソウルに来ており、仁祖は即位の十日後に彼に会見した。仁祖は光海君の数々の「罪情」を挙げ、なかでも明が満州のヌルハチ軍と対戦するなかで「事大の誠」を忘れ、明との共同作戦においても故意に後金軍とは戦わなかったことを強調した。ソウルでのクーデターは、この毛文龍を通してただちに北京に報告された。

仁祖自らも北京に使者を送り、前王を廃して自ら王位に即いたことを報告し、かつ冊封を請うた。前回に中宗が燕山君を廃した時のように、禅譲がなされたように偽らなかったのは、先に述べた毛文龍の部将など多くの漢人が身近なところに居り、軍事クーデターが起こったことを隠せないとの判断があったからだと考えられる。この時の使節の一行として書状官の李民宬がおり、旅行記『朝天録』を残している。我々はこの史料をもとに、明朝の外交姿勢を詳細に知ることができる。

一行は四月二十七日にソウルをたち、毛文龍の根拠地椵島を経由して山東省登州に上陸、北京には七月二十六日に到着している。このようなルートを取ったのは、当時すでに遼東地方全域が後金つまりヌルハチの手にあり、通行ができなかったからである。

北京に到着した一行を待ち受けていたものは、北京官僚たちの非難の声であった。対朝鮮外交に密接な関係を持つ登萊巡撫の袁可立はすでに四月段階で上奏文を提出しており、李倧（仁祖）によるクーデターは国王廃置の権限を持つ中国に何の相談もなしに行われたものであるから「中国を無《なみ》した」ものである、本来であれば中国側からただちに問罪の師を送って討伐すべきところ、ヌルハチとの戦争におわれている現況を鑑み、かわってただちに使節を送ってその罪を正し、朝鮮の臣民自らの力で「簒逆の賊」李倧ら、すなわち現地ではクーデターに成功して王位に即いている者らを討たせ、李琿（光海君）を復辟させよ、というものであった(27)。礼科都給事中成明枢の意見もほぼ同意見であり、朝鮮にはただちに礼部から責問の檄文を送るべく、あわせて問罪の師について討議せよ、というものであった。

八月三日の早朝、一行は紫禁城西長安門まで出かけ、宮廷に出勤してくる大臣たちを待ちうけ、新王の冊封を嘆願する文書をそれぞれに提出した。この時、政府の最高責任者である首輔大学士葉向高と会ったところ、彼は「旧君を廃して勝手に即位しておきながら、何を奏請しに来たのか」、「何故、朝廷に報告することなしに、早々と勝手に廃置したのか」と詰問したという。夕刻間近、退出する大臣たちを待ちうけ、再び嘆願したところ、葉向高は「なんじらの国は天朝国内と同じであり、慎重に調査してはじめて冊封を認めることができる」とも言った。翌八月四日に御史胡士奇の上奏文を手に入れて読んだところ、「朝廷の命を待たずに勝手に廃立した。対ヌルハチ戦では援兵を出し忠誠なところを見せたとはいえ、二心を懐かないとは知れたものではない」とし、「戴罪討賊させ、その功績と過失をはかりにかけてこそ、朝鮮を羈縻し続けられる」と結論づけるものであった。「戴罪討賊」とは中国国内で反乱が起こった時にしばしば用いられる方策である。反乱したという罪は罪として反乱者に加えたまま、別の盗賊と戦って打ち破るのを待って罪を帳消しにすることである。ここでは具体的には、何時明朝を裏切るかわからない朝鮮をしてあえてヌルハチの軍と戦わせ、その戦果をもとに簒奪という「罪」と相殺してやろうというものである。御史の游士任もほぼ同じである。彼は「朝鮮がヌルハチと通じているかどうかが詰問すべき主要な問題なのであるから、李琿（光海君）がヌルハチと通じていたのであれば、李倧が即位したのは簒奪ではない」としつつ、しかし「勝手に王位に即いたのは罪なのであるから、ヌルハチを討たせて罪を洗わせよ」と主張した。[28] これまた国王冊封と対外戦争という本質的にはまったく別の問題を組み合わせ、朝鮮を「羈縻」しコントロールしようとする、見事な外交戦略と言ってよいであろう。後に八月二十八日付で李民宬らが朝鮮国王へ書き送った秘密文書では、中国官僚ら各人の言動を伝えつつ、「これらの論議は極めて峻厳である」と記している。

朝鮮使節も明朝が実情調査を必要とするという論理と主張は理解できた。彼らはこの方向に沿って北京官僚たちに新たに働きかける。ただ実情調査の方法に工夫を加えてもらう必要があった。それは北京から直接朝鮮に調査団を派遣されるというのでは、新国王の面目がつぶれるので、毛文龍が代わって調査するというものである。北京から派遣された調査団であれば、どのような事実が発覚するか不安であるのに対し、毛文龍であればこれまでの彼との関係から見て、問題の処理は容易であるとの読みがあった。

はじめ礼部は北京からソウルへ直接調査団を送ることを主張し、兵部は毛文龍に代わって調査させればよいと主張し、意見が対立した。礼部がこのように主張したのは、もっぱら礼に則った冊封が行われるべきである、属国国王の冊封について最終権限を持つのは中国である、との原則論からである。[29]

ところが派遣された調査官は海で遭難してしまった。この情報を朝鮮使臣が知ったのは、十一月二十四日のことである。そこで朝鮮の宗室から八道の臣民にいたるまですべてが李琿（光海君）を反逆者として認め、李倧を国王として推戴したいという保証書原本が北京へ届いたら、彼を新国王に冊封してもよいということになった。この頃には、おおよそ冊封を是認しようとする官界の潮流ができていた。その中で、最後まで反対意見を提出したのは、やはり言官である給事中たちであったらしい。なかでも新しく礼科給事中となった魏大中の議論は強硬であり、調査官を派遣してから冊封するという議論にすら反対を唱え、朝鮮からの冊封申請に対しては断固として峻絶せよ、と主張したらしい。残念ながら彼の議論は彼の文集『蔵密斎集』には収められず、その詳細は知りえないが、十二月一日、朝鮮使臣らが西長安門外で跪座し提出した嘆願書を二度三度読んだ彼は、「一つ一つ文字にできない」ほど厳しい言葉を投げ返したという。[30] 魏大中は東林党中の錚々たる人物である。十二月一日といえば、冊封是か非かの議論が始まってからすでに八箇月以上過ぎていたが、相変わらずこのような激論が続いていたのである。これは当時、魏忠賢を中心とする宦官派と熾烈な政争を行っていたところの東林党の存在、およびその影響を強く受けた政界での言論の活発な情況なくしてありえないことである。

簒奪にも一部の理があるところを認め、李倧を朝鮮国王に封ずることを許した勅諭が出たのは、十二月十八日のことであった。[31] これに先んじてなされた礼部尚書林堯兪の上奏は、「綱常名義をもって論ずれば、李倧（仁祖）を討ち滅ぼすべきであり、天朝である明を助けているという点でいえば、李琿（光海君）は二心を懐きヌルハチと通じているから、李倧の方を取るべきである」という二者択一論から出発し、結局、李琿はヌルハチと通じており、さらに李倧は明朝に対して恭順であると朝鮮全臣民が保証しているのだから、彼を冊封するのがよいと主張するものであった。聖旨はこの主張を認めたものにほかならない。

ただしこの聖旨は、李倧を「朝鮮国王に封ずることを許す」と宣言しただけであり、慣行として行われてきた勅使を朝鮮へ派遣して実際の冊封を行うのは、「事が安寧になるのを待って」、すなわち当時焦眉の問題であった対ヌルハチ戦争に勝利してから以降とする、との条件が付けられた。言うまでもなくこれは、先に述べた御史胡士奇らの意見、つまり戴罪討賊させ、朝鮮をしてヌルハチ軍と対戦させよとする意見と軌を一にしている。簡単に言えば、朝鮮が明軍に協力してヌルハチを倒さないかぎり、正式に冊封されないのである。実は喧喧囂囂であった明朝廷での議論がやっと冊封是認に収束したのは、この目論みがあったからであった。十二月一日に魏大中が西長安門において、朝鮮使臣を面罵する厳しい言葉をあびせたことはすでに紹介したが、この時に同行していた別の給事中熊奮渭は、李倧を「権《かり》に朝鮮国事にあたらせ、その後どのような働きをするのか見るべきだ」と魏大中を説得していたという。

李倧が朝鮮国王に封ぜられる道が開かれたとはいえ、朝鮮にはここに新たな二つの課題が生まれた。一つは言うまでもなく、一層親明反満の姿勢を鮮明にしてヌルハチ軍と対峙することである。あと一つは、明にさらに奏請し、慣例どおり使節をソウルに派遣してもらい、冊封の儀式を行って正式の朝鮮国王となることである。後者の目的のために、ただちにまた使節が派遣された。この時の記録としてやはり洪翼漢『花浦先生朝天航海録』があり、彼らの外交交渉をこれまた詳細にたどることができる。

使節一行が北京に入ったのは、一六二四（天啓四、仁祖二）年十月十二日のことである。李民宬ら前回の奏請使が北京を離れたのは同年三月三日のことであるから、ほぼ七箇月後のことであったが、この数箇月の間に北京の権力構造は激変していた。東林党と反東林党すなわち閹党との間での熾烈な政争が行われた結果、東林党系の官僚は十月十二日の頃までにほとんど北京政界から除かれていたのである。閹党とは宦官魏忠賢を戴くグループである。この年七月に葉向高が、そして十一月に韓爌が内閣を去ると、閹党の顧秉謙が首輔大学士すなわち宰相となっている。かの魏大中が参劾をうけてさらに辞職に追いこまれたのは、ちょうど洪翼漢が北京に到着した翌日、郷里の浙江省嘉善県に向けて北京を去ったのは、十月十五日のことであった[32]。朝鮮側もここに外交戦術を変えざるをえない。新しく執った戦術は、さらに積極的な賄賂攻撃であった。

「遼東地方が安定してから、改めて正式に冊封する」というのが、前の聖旨である。すでに出てしまった聖旨を変更するのは、ここでも容易なことではない。事実、なお礼部尚書に留まっていた林堯兪も、「去年、遼東平定ののち別に勅使を遣し冊封の儀式を行うのを許す、と決定ずみであるのに、なぜまたやって来て煩わせるのか」と詰問した[33]。礼科左給事中の劉懋力も冊封をただちに許すべきではない、ヌルハチを討ち滅ぼさせてから許すべきである、と主張した。このように礼部や礼科は正式な冊封に消極的ないしは反対であったが、一方、内閣はこれに積極的であった。なぜなら、内閣はおおよそ閹党つまり宦官派で固められていたからである。これまで朝鮮国王の冊封のためには宦官が派遣されるのが通例であったから、彼らは今回も冊封を実現させることによって朝鮮へ乗り込み、大もうけすることを企んでいた。内閣における積極論は彼らの意向が表れたものにほかならない。礼部での交渉では埒が開かないと考えた朝鮮使臣は、内閣に対する直接交渉を強めた。速やかに使臣を派遣して冊封を行うべきこと、派遣使臣には宦官をあてることが決定されたのは、この年の十二月二十四日のことである。

聖旨を覆すという困難な仕事をわずか二箇月でやりおえたのには、朝鮮使臣のまたまた執拗な嘆願攻勢が効を奏したからであること、言うまでもない。しかしまた、当時たまたま宦官派の天下であり、名分や礼はまったく度外視して冊封を行いたいとする勢力に助けられてのことでもあった。後に実際に派遣された宦官は、北京で魏忠賢に銀数万両の賄賂を送り、この好機を獲得したという[34]。さらに当時の北京政界が腐敗を極め、賄賂でほとんど何でも解決できていたことも大きい。洪翼漢はその日記十二月二十八日のところで、賄賂としてもってきた銀と人蔘を使い尽くしたので、さらに銀二千余両と人蔘三十余斤を本国から送らせ、各部での工作費に充てる必要がある、と正使と副使が相談しているのを聞き、「深く悶々鬱々たる気分になった」と記している。彼はまたその日記の二月一日のところで、東林党の人物たちを「正人」と呼び、彼らを参劾した人物を「邪魁の鷹太」つまり「魏忠賢の犬」と罵倒している。彼が東林党に共感を寄せていたことは間違いない。その彼が中国のこのような腐敗した情況を「ああ、中朝の士大夫の貪冒無恥なること、この極に至る」と嘆じ、また「恬として恥を知らず」と中国官僚を非難したのは当然である[35]。しかしよく考えてみれば、これは奇妙な発言である。というのは、中国の政界が魏忠賢の天下でなければ、彼らは使命をはたすことができず、朝鮮国王の臣下としては失格であったはずだからである。儒教倫理を受けいれた彼らは、冊封すなわち礼の問題について、このように大きな矛盾を抱え込むに至っていた。

「仁祖反正」後の冊封問題においても、またしても明朝がこれを外交カードとして使ったこと、明初洪武帝の時と同じである。しかし明初の時とは大きく変化したものがある。それは、かつては外国国王の冊封という礼の問題が洪武帝一人によって、しかも単に戦略として議論されたのに対して、今度は多数の中国官僚によって礼の本質に関わる問題として大議論がなされるに至ったことである。たとえばかの魏大中は、「礼は名より大なるはなく、名は分よりも大なるはなく、分は君臣より大なるはない。ところが姓は何がし諱は何がしという者が、中国東方のイナカで戦争が起こっているのに乗じて、君を廃し勝手に国王になるのであれば、名分はどこにあるのか。……堂々たる天朝が仮にも外夷に騙されるようなことでもあれば、万世の笑いものとならないだろうか」と論じたという。[36]「仁祖反正」の場合も、結果としては確かに冊封も礼も外交カードとして使われた。しかし、簒奪のニュースが北京へ届いてから、八箇月以上も熱い議論が繰りひろげられたことからして、礼という理念、礼という原則が中国外交において一方では確かに大きな位置を占めていたことも、見逃してはならない。

もう一つの変化は、朝鮮知識人のそれである。朝鮮開国以来、儒教の導入に努めた結果、彼ら自身も冊封を礼の問題であるとし、この問題を内面化していたことである。このこと、すでに燕山君を廃し中宗を立てた簒奪とその後の冊封につき、実録編纂史臣の言葉として、我々はすでに見たところであった。朝鮮においては儒教化がさらに進展した結果、一五七四（万暦二、宣祖七）年に中国を訪れた知識人たちは、彼らが学んだ儒教倫理、すなわち「中華」の論理に則って現実の中国を厳しく批判するに至っていた。[37]洪翼漢が中国官僚の腐敗を批判したのも、その延長にほかならない。彼の日記には、宦官一派に対する非難の言葉が見える一方で、冊封の是非については何の意見も述べられていない。そこでは、国王仁祖（李倧）の付託に答えんとする誠実さが見えるだけである。しかし我々は、彼の胸中に、簒奪ははたして何かの理由があれば許されるのか、その結果として冊封を受けることは礼の精神に照らしてはたして是認されるのか、さらには賄賂をもってこれを獲得することが礼にあたるのかどうかとの重い問いが、解決されぬままに残っていたと推測することができよう。彼はほぼ十年後の一六三七（仁祖十五）年、すでに清朝統制下にあった朝鮮で反清活動を行い、国王の命で捕らえられたのち瀋陽へ送られ、ここで殺されている。[38]宦官派に虐殺されることになる中国の魏大中と同様、彼もまた原理に殉じた硬骨漢であった。

「仁祖反正」とその後に明朝から冊封を獲得した結果、朝鮮は光海君の時代以上に親明反満の旗幟を鮮明にしてゆかざるをえなくなった。冊封という外交制度は、明側に実に有利に働いた。その結果、一六二七年と一六三六年の二度にわたって、満州族の大侵略をこうむることになるのである。「丁卯胡乱」と「丙子胡乱」である。丙子胡乱ののち朝鮮は、明との関係は表面上断ち切り、改めて清の冊封を受ける。しかしやはり、礼に関わる問題で清朝からまた大きな圧力を受けることになるのである。

我々は最後に、清初康熙年間に起きた外交文書事件を取りあげ、ここに現れた礼の問題を検討することにしたい。

四　清初、朝鮮外交文書の違式事件

清朝でも朝鮮国王から提出された文書が定式に違う、したがって非礼であるとの事件が何度か起きた。そのほとんどは、ほぼ一六七九（康熙十八）年から一六八九（康熙二十八）年の間に集中している。『同文彙考』は朝鮮時代に主にその対清と対日外交に関わる文書を整理編集したものであり、その内容は微細にわたって史料的価値は極めて高い。この書によれば、一六七九年以前に問題が起きたのは、一六六一（順治十八、顕宗二）年に起きた一件のみである。それは朝鮮国王が清朝皇帝へ送った上奏文、および朝鮮国王と清朝官制上は対等にある北京の礼部に送った咨文に、本来「聖旨」つまり皇帝の諭旨をいただいたと書くべきところ、「王旨」をいただいたと書かれていたことから起こった。「聖旨」であれば清朝皇帝と朝鮮国王の関係は上下関係であることが明確である。ところが「王旨」であれば清国王の旨という意味になり、朝鮮国王の命令と対等になってしまう。当時、朝鮮から清朝へ送られる上奏文は、何重にもわたるチェックを加えたうえで提出するのが慣例であった。「聖旨」とすべきところを「王旨」と書いたのは、当時朝鮮を覆っていた強い反満感情から見て、意図的なものであった可能性がある。少なくともそのような潜在意識がそうさせたと考えるべきであろう。清朝礼部がこれを「ことに外国が上国を敬い事える体をなさず、はなはだ道理を踏みにじっている」と非難したのも、当時両国が明らかな上下関係にあったことからして当然であった。朝鮮国王もこの指摘に対して、「[皇帝がこの罪を免じてくれなければ]不敬の律に陥っていたところでした」と謝罪している。このように「不敬」な事件であったにもかかわらず、この事件では「しばらくは寛大にして処罰を免ずる」という厳重注意で終わっている。[39]

ところが一六七九（康熙十八、粛宗五）年の事件は、これよりはるかに厳重な処置がとられた。事のおこりはその前年一六七八年十一月八日付で朝鮮国王が清朝皇帝に書き送った冬至表文に、「回避」がなされていなかったことによる。冬至表文とは冬至節を祝賀するための上奏文であり、『同文彙考』巻一八、節使一に収めるサンプルによれば、極めて形式的なものである。また回避とは、たとえば清朝皇帝の本名つまり諱《いみな》を書いてはいけないなど、文書を作成するに際して避けなければならないことである。一六七八年に提出された冬至表文には「定式に違う字句があった」「回避すべき文字があった」とされるだけで、一体具体的にどの字句を回避すべきであったか明らかではない。『通文館志』巻九、粛宗大王五（康熙十八）年によれば、礼部はこの時「ことに敬慎を欠く」という罪情により、朝鮮国王に対して五千両の罰銀を課すべきである、と康熙帝に答申したが、康熙帝はやはり「寛大にして処罰を免ずる」処置をとらせた。[40]朝鮮国王はこの処置に対して、「重罪を被るべきところ」を免じていただいたと特に宗室の一員李俰を北京に派遣し謝恩している。清朝は懲罰の意味をこめて、李俰がもたらした貢物を受け取らなかった。[41]

ところがこの年は、これだけでは終わらなかった。「罰銀五千両を免じていただいた」という謝恩の文書は、「謝寛免表」という名で康熙帝本人に提出されただけでなく、「謝寛免箋」という名で彼の皇太子にも提出せねばならなかった。ところがこの文書の中では、あろうことか「謝」と書くべきところを一字「賀」と書き間違えていた。北京の礼部はただちにこのことを朝鮮国王に通達した。

礼部からの通達を受け取った朝鮮国王は、翌一六八〇（康熙十九）年正月、またただちに康熙帝が厳重な処罰を下さなかったことを感謝するとともに、箋文を書いた朝鮮官吏を調査し処罰すると礼部に返答した。これに対して清朝側は「箋文を書いた官吏を処罰することは免除する」との康熙帝の意志を伝えた。[42]

ところがこの翌年、またしても同様な事件が起こった。今度はついに罰銀五千両が課せられ、朝鮮側はこれを支払うに至っている。

事のおこりは一六八〇（康熙十九）年、朝鮮人三人が国境を侵犯して木皮と山菜（椴皮十束と蕨菜二把）を盗み、清朝ニングタの佐領に逮捕されたことである。引きわたしを受けた朝鮮側はただちに彼らを訊問し、ともに斬刑に処すべきであるとの原案を定め、また国境の警備を怠った地方官を流三千里に処すべきであるとしてこれを清朝に伝えて決定を仰いだ。翌一六八一年、清朝の法務諸官庁は朝鮮国王が監督不行きとどきであるとして罰銀一万両を課し、犯人らに対する処罰は原案のとおりにすべきである、と判断した。礼部がこのような処置を取るべきであると上奏し最終決定を仰いだところ、康熙帝は「李焞についてはは寛大に処置して処罰することを免じ（李焞着従寛免罰）、三人については死刑から減級して処理せよ、云々」と決定を下した。李焞とは当の朝鮮国王粛宗の姓名であり、このように本名を呼びすてにできるのは、父母や皇帝しかありえない。明確に上下関係を表した勅諭である。

礼部からこの康熙帝の聖旨を知らされた朝鮮国王は、早速、処罰を免じてもらったことに対する謝恩の上奏を書き、やはり宗室の一員李俰にこれを携帯させて北京へ送った。ところが、康熙帝の聖旨では「李焞着従寛免罰」とあったところ、謝恩の上表文では「朝鮮国王着減罰銀一万両」と書いた。一部ではあれ聖旨を書き換えてしまったのである。礼部は「皇帝から元来いただいた聖旨と符合しない」ことを問題とし、何故このように書き換えたのか朝鮮国王に問い合わせることになった。一六八一年十二月九日付で礼部は朝鮮国王を詰問する文書を作成し、このたびの謝恩使正使李俰に携帯して帰国させた。

弁明のための上奏文は翌年七月一日付で書かれ、やはり宗室出身で燕行使正使の李沉に託された。朝鮮側は皇帝の本来の聖旨と違うとの礼部の譴責について、これを「免罰」と本来あったものを「減罰」と書き換えた、つまり免と減一字の誤りであったと考え、「小邦は辺鄙で粗末であり、文学は不毛である」からこのような誤りを犯してしまったと弁明し、謝罪した。

ところがこの謝罪文を受け取った北京の礼部は、また問題箇所を見付け出した。それは、康熙帝の原旨では「李焞着従寛免罰」とあったにもかかわらず、新しく送ってきた謝罪文でも相変わらず李焞という姓名を書かず、「朝鮮国王着従寛免罰」と書き換えただけだったからである。九月二十四日、礼部は罰銀五千両を課すべきであると上奏、康熙帝もこれを了承して最終決定を下した。

この決定が朝鮮に伝えられると、朝鮮国王は今度はただちに「謝恩」の上表文を書いた。何を謝恩したかというと、このように「規定に違い、王法が厳然として具わり、法による処罰を逃れられない」にもかかわらず、康熙皇帝は寛大にも罰銀五千両という金銭代納による「贖罪に止めてくださった」、というものであった。そして罰銀五千両は実際に北京に運ばれ、支払われた。(43)

その三年後の一六八五（康熙二十四）年、またまた朝鮮国王が提出した文書に問題が見付かった。今度は康熙帝の皇太子に提出した「謝賜祭箋」に不適切な文字が用いられているとの指摘であった。清朝はいくつかの冊封国のなかでも朝鮮に対しては特別に、朝鮮国王その人だけではなく、その母が死去した時も弔問のための特使を送った。皇帝の名代が弔うのであるから、これを諭祭あるいは賜祭という。粛宗の母で前国王顕宗の妃である金氏が死去すると、特使が派遣され賜祭を行った。このような場合、皇帝に感謝の意を述べる「謝賜祭表」と、皇太子に感謝の意を述べる「謝賜祭箋」を事後処置として北京に送らねばならない。ところがこの「謝賜祭箋」において、朝鮮国王の文書では用いてはならないと清朝側が言う「哀詔」の文字が用いられていたから、皇帝の命に遵って礼部は国王に厳重注意を加えた。このような厳重注意を加えられた場合でも、これを「感謝」する表と箋とを北京に送らねばならなかったこと、言うまでもない。実際、「謝字句不合表」と題する文書では、皇帝が朝鮮国王の誤りを「開示」してくださったと感謝し、「謝字句不合箋」と題する文書では、清朝が愚迷な朝鮮国王を特に恕してくださったばかりか補導してくださった、と感謝している。(44)

さらにこの四年後の一六八九（康熙二十八）年、またまた朝鮮国王提出の上奏文に問題が発見された。この年たまたま粛宗はそれまでの王妃閔氏を廃し、代わって副室張氏を王妃となさんとし、張氏に冊封を加えられんことを請う上奏文を提出した。ところがこの文書では、皇太子の本名すなわち諱字が回避されず、加えて「徳は後宮に冠たり」との表現があった。「後宮」とは天子のみが用いる言葉であり、「外藩」朝鮮国王が用いるのは非礼であるというのが清朝礼部の言い分である。礼部はこの二点を「定例に違い、敬慎を欠く」とし、朝鮮国王には罰銀五千両を課すべきであると上奏した。康熙帝は何故このような定例と違う文書を提出してきたのか、朝鮮国王に返答させることとし、罰銀は免除した。[45]

朝鮮王宮ではどのように回答すべきか、協議された。国王の問いに対して、領議政すなわち実質上の宰相であった権大運は「天子と諸侯の嬪御は、ともに〝後宮〟と称するのだから、これが礼に違うとは知らなかったと答えたらよい」と言ったが、結局このような抗弁とも取られかねない言辞を一切用いることなく、誤りを指摘されて「始めは驚き恐れ、継いでは感激した」との謝辞を述べ、厳罰を待つという上奏文を送っただけであった。[46]

以上が朝鮮外交文書違式事件のあらましである。すでに述べたように、順治年間に起きた一件は、「聖旨」を「王旨」と書き間違えるという重大なものであったにもかかわらず、罰銀の処置すら清朝でとられなかった。ところが一六七九年以後になると、毎年のように文書違式事件が起こり、罰銀が議題となり、さらには実際にこれが課されることすらあった。我々はここに、清朝側に何らかの明確な意図があったと考えざるをえない。

一六八二（康熙二十一）年に李焞の二文字を書かなかったとして罰銀五千両を課した時、康熙帝は御前会議で諸大臣に意見を質した。これに対して満州人のミンチュ（明珠）は、「朝鮮は礼の本来のあり方を知らない国ではない。一字が関係するところ、はなはだ大きい」として、罰銀は当然であるとしたと言う。王熙らも「上表文に本名を書かないとは、ことに体を失す」として明珠に賛同した。[47] 外交文書も礼に従って書かれねばならなかったのである。彼らは朝鮮に罰銀を課するという制裁を加えることによって、礼の世界、ここでは定められた上下の秩序の中に押し込め、二度と礼の世界から踏み出ることのないよう、これを繋ぎとめたのである。

これら文書違式事件が連続して起こったのが、呉三桂の反乱が終息をむかえていた時であったことが注目される。一連の事件が始まった一六七九年は、呉三桂が死去した翌年であった。呉三桂が反乱したとの知らせが一六七四（康熙十三、顕宗十五）年に朝鮮に伝わると、そこでは清朝崩壊が現実味を帯びるものと感じられた。清朝への敵愾心に燃える彼らに、それは清朝を転覆できるかも知れない千載一遇のチャンスと映った。燕行使節は清朝危うし、呉三桂優勢との情報を次々と伝え、両者の戦闘結果に一喜一憂していた。ところがその呉三桂が戦いに敗れて一六七八（康熙十七）年八月に死去したのである。今度は清朝の方が、「驕慢」となりしばしば「礼」を踏みはずすに至っていた朝鮮に対して、問罪する番であった。方法は、これまた本来まったく別の問題であったにもかかわらず、外交文書が非礼であるとフレームアップするものであった。

もちろん文書違式事件は呉三桂の乱が終息に向かった時、朝鮮に制裁を加えるために発動されたなどとは、清朝側の档案や『実録』にも、あるいは朝鮮側の『実録』や『同文彙考』にも書かれはしない。しかし幸いこれらの事件が起こった時、たまたま燕行使の一員として北京へ赴き、外交交渉に当たった人物がおり、彼がその時記した日記があることによって、この推測を確かなものとすることができる。韓泰東の『燕行日録』である。(48)

韓泰東は一六八二年、李沇が正使となった燕行使に書状官として加わった。免と減一字の誤りであったと考え、「李焞着従寛免罰」と書き改めるべきところを、「朝鮮国王着従寛免罰」と書いてしまったとの謝罪文を提出し、譴責を再び受けただけでなく、今度は実際に罰銀五千両を課せられた時の使節である。

彼の日記によれば、李焞という本名がやはり記されていないと指摘し、朝鮮国王へは罰銀五千両を課すべきであるとの原案が上奏された九月二十四日より前に、礼部満左侍郎のエセンコ（額星格）から清朝側通訳を通じて賄賂一千両で善処する、との話しが持ちかけられたと言う。朝鮮側は五百両なら賄賂を出すと約束した。朝鮮側はさらに礼部が提出しようとしている上奏文の草稿も賄賂で買って手に入れた。この草稿には、朝鮮国王は「大いに法紀を干《おか》す」と記され、また朝鮮へは、官僚を派遣して査問していただきたいとの申請も書かれていた。結果として上奏された礼部の原案では「大いに法紀を干《おか》す」という厳しい表現は削られ、清朝官僚を朝鮮へ派遣して査問するという文案も削られ、これによって実際に派遣されていれば朝鮮国王の面子は大いにつぶされ大混乱を招いたであろう最悪の事態は避けられた。エセンコは朝鮮側に対して、査問のために官僚を派遣するよりは罰銀を課する方が罰としてははるかに軽いと言い、はじめ罰銀を一万両とするとしていた。結果としてこれも五千両に減額された。これらはエセンコに与えた五百両が利いたものとされた。

十月一日、罰銀を五千両とするとの康熙帝の最終決定が下された。朝鮮側はこの決定を何とか覆すことができないか、様々に交渉を試みる。十月四日、送別の宴が宿舎玉河館で開かれ、エセンコもやってきた。韓泰東らは用意しておいた嘆願書を彼に差し出した。その嘆願書には、罪は文書を作成した朝鮮官僚とこれを点検しながら誤りを発見できなかった自分たちにあるのだから、国王に対して罰銀を課するのは免じてほしいというものであった。

漢文文書を読めないエセンコはその文意を属僚にたずね、その後清朝側の通訳官を通して韓泰東らに次のように伝言したと言う。「これより前、お前の国は大して緊急でもないのに旅行仕度をして〔両国の間を〕行ったり来たりし、清朝がこれを知らないかのごとく振るまった。自分は何のことだか一つ一つ言わないが、お前たちは何のことか当然わかっておろう。甲寅（一六七四年＝康熙十三年）以後、呉三桂らが反乱に起つと満州人の勢いは縮った。その時、朝鮮中枢部の者は詐妄な手段を用いて清朝に探りを入れた。あるいは適切な時でもないのに礼部に申し出、朝鮮国内で銅銭を発行せんと請うた。あるいは〔日本に〕侵略される恐れがあるからと言いわけして城池を修理し、戦車を創ろうとした。……満州人が朝鮮に疑いを募らせ恨みを懐くのは、今日一日のことではない。ただ南方で呉三桂らとの戦火が激しかったため、怒りの中でも平然とした顔つきをして朝鮮を処遇してきたのである。今や呉三桂の乱が定まったのだから、彼らが朝鮮を見ること、幼い子供を見るごとくである」[49]。

ここで銅銭の発行を願い出たとは、一六七八（粛宗四）年に発行された常平通宝を言うに違いない[50]。城池を築いたというのもたとえば一六七六（粛宗二）年、戦乱によって清朝の監視の目がゆきとどかないすきに、大興城などを築いたことを指すに違いないし、[51] 戦車を創ったというのも、「火車」を創ろうとしたことを言うのであろう。[52] 戦局がどうなるのか、様々に清朝に探りを入れたのも事実であった。まさしくエセンコの言葉どおり、呉三桂の乱が起こってからの朝鮮の振るまいには、満州人から見れば腹にすえかねるものがあったに違いなく、今回の文書違式事件は「驕慢」となっていた朝鮮を制裁すべく発動されたと見るべきである。

エセンコは一六七五年から一六八七年（康熙十四—二十六年）の間、ほぼ一貫して礼部満侍郎であった。[53] 一六八一年に李俍が「朝鮮国王着減罰銀一万両」と書いた上奏文を北京の礼部に提出し、もとの聖旨のとおりではないとして問題にされた時も、彼は礼部満左侍郎であった。李俍が粛宗へ送った報告では、この問題が起こった時にも賄賂五千両を要求されたという。[54] やはりエセンコがこの賄賂の要求に関与していたと見るのが自然であろう。両者の間で様々な裏交渉がなされたに違いないが、不思議なのはこの時、李焞の二字が入っていないのが問題点であると明確に朝鮮側に伝えられなかったことである。もし十分な賄賂がこの時に贈られ、裏交渉でこれが伝えられていたなら、それを無視してあえて「朝鮮国王着従寛免罰」と書き換えただけで再び謝罪文を送るはずはない。これは、エセンコらが意図的に問題は免・減一字の誤りであると方向付け、朝鮮国王が再度失敗をするよう誘導したのであるか、あるいはこの一六八一年の段階においては、李焞と書くべきところを朝鮮国王と書いて提出してきたことは、清朝側でなお問題にされていなかったとしか考えられない。とすれば、それらいずれの場合であっても、これら一連の文書違式事件は、エセンコら満州族の礼部官僚が呉三桂の乱が終息に向かっている機を見て、朝鮮側に仕返しをし、あわせて賄賂を取らんとして発動したものであり、康熙帝の意志ではなかったかに見えるが、はたしてそうであろうか。

しかし決してそうではなかった。康熙帝自身ちょうどこの頃、朝鮮には制裁を加える必要があると考えていたからである。『康熙起居注』康熙二十四（一六八五）年の記事において、以下のような康熙帝本人の肉声を聴くことができる。

中国・朝鮮間の貿易は、毎年ソウル—北京間を往復する朝貢使節がおこなったほか、両国国境にあった中江（義州）・会寧・慶源の三処が交易場に指定され、ここでもおこなわれていた。[55] 限られた交易期間のうちに両国の商人がここに赴き、朝鮮からは牛、塩、釜、犂などが売りに出されていた。ところが一六八三（康熙二十二、粛宗九）年、朝鮮では牛に疫病が流行し、交易に出せるだけの頭数をそろえられるのかが危ぶまれたため、朝鮮国王は北京の礼部へ咨文を送り、数年間のうちに繁殖するまで牛の交易を停止していただきたい、と申請した。礼部はこれを許可せず、旧例どおり交易すべしと返答した。記録によれば、この年でも会寧・慶源の両市で合計一三〇頭の種牛が朝鮮側から売られている。

ところがその二年後の一六八五（康熙二十四、粛宗十一）年、またしても疫病によって牛がほとんどいなくなったとして、朝鮮国王は再度牛の交易を停止していただきたい、と申請した。今度は康熙皇帝に直接訴える上奏文の形式を用いた。この問題を検討した礼部では、「牛が多く疫病で死んだことを口実にして、朝鮮が冒瀆上奏してきたのは不届きである」とし、国王に返答させてから再度検討してはどうか、と康熙帝に上奏した。これを受けた康熙帝は大臣たちとの協議の場で次のように述べた。「外国を飼い馴らすやり方は、厳しすぎてもいけないし、甘すぎてもいけない。朝鮮の人は生まれつき狡猾かつ嘘つきであるから、もし申請どおり許したら、この後また〔こちらを〕手玉にとってゆるがせにしないとも限らない」。この上諭を受けた礼部は再度検討し、「口実を設けて上奏するとは、はなはだ不届きである」とし、罰銀一万両を課すべきであると康熙帝に答申した。彼は罰銀の課徴については今回限り寛免すると決定し、これが朝鮮国王へ伝えられたのである。朝鮮側が「謝寛免表」を作成して皇帝に送ったこと、言うまでもない。[56]

このように見てくるならば、一六七九年以来何度も起こった朝鮮国王文書違式事件は、決して満州族の礼部官僚だけで発動されたものとは考えられない。礼部満侍郎エセンコが韓泰東らに述べた思いは、康熙帝を含めた満州人ならほとんど誰もが懐いた思いであったろう。

外交文書が定式にかなわない、あるいはそれに非礼な文句が見えるなどは、いつの時代でもありうることである。

しかし中国側がこれを大きな問題としたのは、この礼を重視せよという原則を利用し、必ず何か重要なメッセージを伝えようとした時であった。この意味で、それは極めて恣意的である。事実、明代隆慶年間の一五六七年、前皇帝である嘉靖帝の死後に粛皇帝という諡《おくりな》と世宗という廟号が加えられたことに対して、朝鮮国王は「祝賀」の上奏文を送ったことがある。しかし礼部は前皇帝に諡と廟号が加えられることは「賀礼」と言わないとしながらも、「一律に遠夷を律すべきではない」と議し、これが隆慶帝にも認められている。(57) また『同文彙考』によれば、清代の乾隆年間でも文書の違式はあったが、穏便に処理された。両国の関係が安定している時であれば、このような外交文書違式事件が連続して起こるはずがない。そこに強い清朝側の恣意が働いていたこと、「徳は後宮に冠たり」との文句のどこが非礼であったのか、朝鮮側には理解できなかったことによく表れている。

清と朝鮮との関係は、いかに朝鮮側に依然として満州族に対する敵愾心が残ったとはいえ、しばらくして安定期に入った。それはまさしく呉三桂の乱が終息し、一連の外交文書事件が終息した頃であった。

五　結　語

はじめに我々は、かつての中国外交における「礼」と「問罪」の関係を「礼」と「刑」のそれに類するものと述べた。明清中国による対朝鮮外交が、礼の理念だけで理解できるものではなく、これと不即不離の関係にあった「問罪」の実態を見て始めて理解できること、以上見たいくつかの事例から明らかであろう。「礼」をより理念的なものと見なす論者は、弱小国が執るべき中国に対する「事大の礼」について、この「事大」とは「従属」ではないと考える。「事大」を短絡的に「従属」と見るのは、強大国が弱小国を従属させるのを生存競争の原理とする西洋流の覇道思想によるのであり、儒教でいう王道思想はこれとは別である、とするのである。(58) しかし以上で見たように、実際の中国社会では「礼」は刑と一体のものと考えられていたし、これが対外政策として応用されるときにも「問罪の師」などの懲罰を伴った。対朝鮮外交において「刑」にあたるものは、「問罪の師」を送るぞという恫喝、問責使節の派遣、過重な貢物の追加、朝貢の拒絶、冊封の不許可、罰金の徴収などであり、さらに「刑」に代わるものとして「戴罪討賊」などがあった。

しかし、「礼」と「刑」および「礼」と「問罪」には大きな違いがあったことも指摘しておく必要がある。それは「礼」と「刑」との間には「律」、つまり礼に悖るしかじかの罪を犯した時にしかじかの刑を科すると定める明確な罰則規定があったのに対して、「礼」と「問罪」の間にはこれに類するものがなかったことである。もちろん『大明会典』や『大清会典』に見える規定が、一部この律令の役割をはたしたであろうが、具体的にどのような行為が外交上、礼から逸脱したものであるか、まとまったものとしては一切それらしいものがない。このため、何が礼から逸脱するのかは、相手国が「恥じある」心から自らそれを悟らねばならない一方で、明清中国の側の大幅な恣意にまかされた。冊封を外交カードとして柔軟に用いることにより、本来まったく別の問題であるにもかかわらず、それらをともに「礼」に関わる問題としてすりかえ、別の事案を「問罪」に関わる対象とできたのも、このためであった。

明清中国の対東アジア外交において、対朝鮮外交こそその礼による統制が最も成功した事例であろう。しばしば朝鮮と同様の朝貢国、冊封国とされるベトナムに対してさえ、別に述べるように、この礼による統制はほとんど成功したようにない。もちろん軍事的な統制も、明清両朝にわたって朝鮮に対するそれがベトナムに対するそれよりはるかに強かった。その原因の一つは、朱元璋の時代を除いて、北京と朝鮮との距離があまりに近かったことである。またその二つは、朝鮮がモンゴル族や満州族という大勢力と結びつきはしないか、という懸念があったからである。明清中国は礼による統制という手段についても、朝鮮に対してこれをより強く用いる必要があった。

これが成功したのには、朝鮮自らにおいて礼の内面化が急速に進んだことが大きい。その一例は、中宗冊封における『実録』編纂史臣の言葉に見たとおりである。ちょうどその頃から「士林」が大きな力を持つようになり、彼らが残した言動や文集には、礼に関わる言説が氾濫するに至る。さらに時代を経てのち、礼制に関わる問題は党派闘争とセットになった。たとえば礼訟である。すなわち一七世紀後半になると、表面上は礼制論争であるにもかかわらず実際には党派闘争にほかならない粛清事件が何度か起きた。[59] 本来まったく別の問題であるにもかかわらず、これを礼に関わる問題としてすりかえるやり方は、もしかしたら朝鮮が中国から何度も加えられた「問罪」から学んだのかも知れない。

礼の内面化に関わるエピソードをいま一つ紹介しよう。

一五七四（万暦二、宣祖七）年八月九日、朝鮮使節は北京の紫禁城皇極門前の広大な庭において、万暦帝を前に朝見の式に参列していた。その中の一人に趙憲がいた。彼はその十数年後、豊臣秀吉が侵略軍を派遣するや、真っ先に抗戦し討ち死にすることになる人物である。彼は皇帝の前で叩頭しつつ涙を流した。それは清朝治下で朝鮮使節がしばしば流したような、彼らが夷狄として蔑視する満州族に叩頭を強いられた時に流した悔し涙ではない。それは感激の涙であった。自分も「世界」の中心であるここ北京の宮廷に来て、世界の秩序を形づくる一員となっていることを実感し、感激して流した涙であった。彼はその日の日記において万暦皇帝が「朝鮮使臣に食事をとらせよ」と発声したところで、「感激の涙が先にしたたり零《お》ちた。太平万歳の願いがこれよりいよいよ切実なものとなった」と記している。[60]

一五七四年といえば、洪武帝が何度となく「問罪の師」をもって恫喝を加え、制裁として貢物を受け取らなかったり、あるいは外交文書の表現が明朝を侮蔑するものであるとして何度も譴責してから、すでに一八〇年ほどがすぎていた。明朝による「礼」と「問罪」をもとにした対朝鮮外交は、この間に朝鮮自らが積極的に礼の内面化を進めたことによって、すでに見事に成功を収めていたと言ってよい。趙憲はしばしば明朝の接待係から「礼義の邦」の者であるのに礼義が足りないと叱責を受けたが、これに対して「わたくしどもは〝礼義の邦〟に居りますから」と同じ文句をもって切り返し、逆に接待係の非礼を非難するまでになっていた。[61]

かつて丸山真男は「統治を被治者の心情のうちに内面化することによって、服従の自発性を喚起するような精神的装置」について論じたことがある。[62] この論理は、国際関係においても当てはまる。趙憲はその祖国が明朝の冊封下にあり、これによってその主導する礼による世界秩序の形成に自ら参画しうる喜びを味わうに至っていた。明朝が周辺の冊封国、なかでも朝鮮に対する外交で用いた「礼」は、それが「問罪」と不即不離に機能したことによって、「服従」の自発性を見事なまでに喚起しえていた。それは世界の国際関係史の中で、丸山の言う精神的装置として最も成功した一事例であったのかも知れない。

しかし礼という理念はここでも諸刃の刃であった。すなわち礼を内面化した朝鮮は、続く清朝に対してはこの理念をもって逆に敵愾心を燃やし続けたのである。朝鮮知識人が明朝から学んだ礼とは、種族的華夷観念と密接不可分なものであった。朝鮮が反清の論理として据えた攘夷や「小中華」の論理はすべて、これまた彼らが自らのものとした「礼」の理念から導き出されたものにほかならなかった。この意味において、清朝中国の対朝鮮外交における「礼」とは、いかに「問罪」を伴おうと、朝鮮側における華夷観念を払拭できないかぎり、明朝ほどには精神装置として十分に機能しえなかったということができる。

第三章　一六〇九年、日本の琉球併合以降における中国・朝鮮の対琉球外交

――東アジア四国における冊封、通信そして杜絶――

一　はじめに

東アジアあるいは東アジア世界という概念が歴史概念としてここまでよく用いられるに至ったのには、フェアバンクが提唱した朝貢システム（tribute system）論と西嶋定生が提唱した冊封体制論の果たした役割が大きい。ともにかつての東アジアにおいては、中国が圧倒的な影響力を持っていたとしてこれらの概念が構想されているからである。日本ではこれら朝貢システム論と冊封体制論とはしばしばドッキングして語られてきた。個々に結ばれる朝貢関係や冊封関係を超えた朝貢―冊封関係という抽象概念は、早くから存在した。(1) 現今では、朝貢―冊封体制という概念もしばしば用いられるところである。

しかしこれら朝貢―冊封関係あるいは朝貢―冊封体制という抽象概念を用いて国際構造を理解しようとする論者を含めてほとんど共通しているのは、たとえば最も問題にされることの多い清代において、はたして清朝はいくつぐらいの外国を冊封国と見なしていたのか、あるいは中国とそれぞれ個別に結ばれる朝貢関係と冊封関係とは、具体的にどのようにして形成され維持されたのか、という認識の根本となるはずの歴史事実にはなはだ無頓着なことである。

本章の目的の一つは、少なくとも一六〇九年に日本が琉球を併合してから以後は、東アジアに中国と個々の外国との間で結ばれる冊封関係を超えた冊封体制などというものは、存在しなかったことを言うにある。あるいはまた、当時の国際構造を理解するために、冊封体制などという概念を用いることが有効でないばかりか、しばしば誤った認識を導くことを言うにある。しかしある概念が実際の歴史を把握するのに不適切だと言うだけなら、それだけでしかない。問題は、では当時の国際構造をどう見るのが最も適当か、ということであろう。ここで取りあげるのは、わずかに中国・朝鮮・琉球・日本という東アジア四国の国際構造である。この構造が当時の世界全体の国際構造にどのように組み込まれていたのかは、今後の課題にまかされるであろうし、冊封体制という概念が一六〇九年以前にあっては有効なものであるかどうかも、今後の課題にまかされるであろう。

本章のもう一つの大きなねらいは、前近代においては正式な国交が杜絶した情況にあることが、当時の国際構造をなりたたせるうえでいかに重要であったかを言うにある。明末以降では、中国と朝貢関係や冊封関係を持たなかった国々があったということこそ、当時の国際構造を生み出し維持する重要な要因であった。それはここでは、ヨーロッパ諸国がすでに東アジアという場に参入しており、国際構造を形成するのに重要な要因となっていたことを言うのではない。当時の日本の位置と意味を言うのである。これまで朝貢システム論や冊封体制論を援用するか、それと名は出さないものの大きくそれらの影響を受けていると見なすほかない歴史叙述において、日本は東アジアの国際秩序から離脱していたから云々、という表現はしばしば見られるところであった。しかし日本が中国と正式な国交をもたなかったこと、それらの論述によれば、「東アジアの国際秩序から離脱していた」ことこそが、逆に中国が個別の冊封国との関係を維持し、また冊封国どうしの関係を生み出すうえで重要な契機であったことを論じてみたい。

本論に入る前に、ここで用いる用語について簡単に説明する。まずここで「日本の琉球併合」と言うのは、普通日本では薩摩の琉球侵攻などと呼ばれるものである。これを日本の琉球併合と呼ぶのは、当時の中国人や朝鮮人の多くがこの事件を「日本が琉球を併合した」、あるいは「琉球は倭に併合された」と記し、侵攻したのが薩摩であったことは必ずしも大きな問題として記さないからである。また彼らは、この認識をもとにして琉球と日本を眺め、外交政策を立案していたからである。さらに言うなら、この事件を日本史としてではなく世界史あるいは東アジア史における一事件として見た場合、我々もそう呼ぶ方が適当だからである。

次にサブタイトルで「冊封、通信そして杜絶」としたのは、当時の東アジア四国の国際構造を考えるにあたり、本章では貿易と文化の構造を論ずることなく、さしあたり外交構造のみを論ずるからである。このうち「通信」とは、朝鮮通信使などという時のそれであって、国書を通ずることであり、これによって両国の国交が正式になりたっていることを意味する。これに対して、「杜絶」とは、冊封関係も通信関係もない、簡単に言えば、両国に国交がないことを意味する。これに類した語として「断絶」があるが、それは一般に関係が絶たれるある瞬間を表現するのに適するようであり、たとえば日本と中国が一六世紀から一九世紀までの数百年間、一貫して正式な国交がなかった状態を表現するのに適さない。したがって本章では、断絶状態が続くこと、あるいは国交が樹立されない状態が続くことを「杜絶」と表現することにしたい。

二　清朝の「冊封国」は何箇国だったか

東アジア四国の国際構造を見る前に、まず明らかにしておかねばならぬことがある。それは清朝にとって「冊封国」とは何箇国であったか、そしてここで問題とする東アジア四国の国際構造とは、東アジア全体から見てどのような特色をもつものと位置づけられるか、ということである。

この問題に関わることとして、西嶋定生は次のように述べたことがある。彼によれば、「清王朝になると、朝鮮国をはじめ、東アジアや南アジアの諸国はほとんど冊封国とされ、そこに空前の冊封体制が出現した」、そしてこの冊封体制に加わらなかったのは「日本とムガール帝国のみ」であったと言う(2)。東アジアや南アジアのほとんどの国が冊封国とされていたのかどうかはともかくとして、我々も冊封体制という言葉を聞く時、中国王朝はその周囲に少なくとも十箇国程度は冊封国を持っていたのだろう、と何とはなしにイメージしているのではないか。

この問題を検討するための最も簡便な方法は、各時代に編纂された『大清会典』を見てみることである。そのうち『嘉慶大清会典』（嘉慶二十三＝一八一八年編纂）巻三一、礼部、掌四裔職貢には、「凡そ外国を冊封するのに、云々」と題する項目があり、そこでは、朝鮮、越南（安南）、琉球の三箇国が記される。そしてさらに、これら三箇国に対しては「封使」つまり冊封使を派遣すると記している。「封使」を派遣して冊封することを「頒封」と呼ぶことがある。

『嘉慶大清会典』ではこの頒封による三箇国を記したのち、さらに相手国の使節が中国へ派遣されてきた時、彼らに勅と印を持ち帰らせて冊封したことにする方法が述べられる。これを「領封」と呼ぶことがある。勅と印を使節に領《う》けとらせ冊封したこととするからである。ここでは暹羅つまりタイが一六七三（康熙十二）年と一七八六（乾隆五十一）年に、緬甸（ミャンマー）が一七九〇（乾隆五十五）年に、南掌つまりラオスが一七九五（乾隆六十）年にそれぞれこの「領封」をされたと記す。すなわち『嘉慶大清会典』が編纂された一九世紀初頭では、清朝はかろうじて六箇国を冊封したことのある国として考えていたのであって、東アジアと南アジアのほとんどの国が清の冊封国であったというのとまったく異なっている。しかも冊封国として横並びにそれらを見ていたのではなく、少なくとも二層からなるものと見ていた。さらに問題なのは、領封によって冊封を受けたとされる東南アジア三箇国が、実際どのようにそれを受けたかである。

まず緬甸である。『清実録』によれば、一七八九（乾隆五十四）年に始めて緬甸国王が冊封を願い出てきた、との記事が見える。これより先、一七六〇年代に清と緬甸はその国境付近で戦争をおこない、清の勝利に終わった。長らく途絶えていた緬甸からの朝貢が再開されたのは、一七八八（乾隆五十三）年のことである。一七八九（乾隆五十四）

年五月、乾隆帝が突然、緬甸との国境に近い雲南省の永昌府知府がある情報を彼にもたらしたと言いだした。それは、この朝貢使節の一人が帰国する途次に、緬甸は冊封を願い出るために来年使節を送りたいと言っているというものであった。乾隆帝は、この緬甸人はこの永昌府知府と面識があるのだから、冊封してもらいたいと緬甸国王が言っているというのは「当然にもとづくところがあるはずだ」とし、これまでこれを報告してこなかった地方官をしかりつけるとともに、「冊封を願い出るのは、当然よいことだ」として緬甸の使臣を北京に送らせよ、と命じている。[3]

乾隆帝はこの年の閏五月にも、緬甸が冊封を願い出ているとの消息があるのであれば、これのために準備せよと命じ、翌年二月になると、緬甸国王が冊封を求めているとの各地方官からの上奏を受けて、これを冊封すると決定している。[4]実はこの年の八月十三日、乾隆帝は八十歳の誕生日にあたり、彼は国都北京と離宮熱河で盛大な祝賀行事をおこなうことを計画していた。緬甸からもこの年、北京と熱河に向けて祝賀のための使節が送られた。その年の六月十三日に乾隆帝は緬甸国長を緬甸国王に封ずるとの詔勅を発しているが、実はこの時なお緬甸の使節は北京まで到着していなかった。彼らが一「冊封国」の代表として入覲したのは、やっと七月九日のことであった。[5]

このように見てくるなら、一七九〇年における緬甸国王の冊封とは、八十歳の誕生祝いを一層盛大にするために乾隆帝一人の都合でなされたものと断じて、まったく誤りないであろう。誕生日のちょうど二箇月前に、手まわしよく冊封国を一つ増やしておいたのである。永昌府知府からもたらされた「緬甸国は冊封をしてもらいたいらしい」という実に不確かな情報が突然取りあげられ、中国官僚のみならず緬甸人もが動員され、すべて新しい「冊封国」実現のために動いたのである。この動きは乾隆帝が安南（ベトナム）で簒奪があったとの情報をとらえて大軍すなわち「問罪の師」を派遣し、ハノイの地で大敗したと聞くや簒奪者を逆に安南国王に冊封したうえ、彼を北京、熱河での祝賀行事に参列させた動きと完全に軌を一にする。[6]清代に緬甸国王が冊封を受けたのは、この一回だけである。とすれば、この時の冊封とは、乾隆帝八十歳の万寿式典を盛大にするために、緬甸国を「臨時の冊封国」とするためになされたと考えるべきである。我々はこのような「臨時の冊封国」をも、清朝の冊封国の一つと考えるべきであろうか。

清朝自身、このような「冊封国」を朝鮮、安南、琉球と同等なそれと見なしていたとは、とうてい考えられないところである。

　次に南掌である。すでに述べたように『嘉慶大清会典』には一七九五（乾隆六十）年に南掌国王を冊封したと記され、これは次の『光緒大清会典』にもそのまま踏襲される。『清実録』によれば、この年七月二十六日に南掌国の使節が入覲し乾隆帝が会見したとあり、八月五日に南掌国王召温猛に勅諭している。その勅諭は、乾隆年号が始まってちょうど六十年と一周し、自分が八五歳の誕生日を迎えたと述べたあとで「龍章を用いて錫《たま》い、南服を奠《しず》め王封を荷わしむ」と述べ、また「請う所をゆるす」とも述べる。(7) どうやらここに言う「請う所」こそ南掌国王による請封があったことを示し、「王封を荷わしむ」というのが国王として冊封したことを示すものらしい。ただこれが奇しくも、乾隆周期六十年という記念すべき年のものであること、しかも八月十三日に迎えることになっていた彼の八五歳の万寿節の直前におこなわれたものであったことは注目に値いする。すなわち緬甸国王に対するものと同様、南掌国王へのそれも、万寿式典をもりあげるために作為された、極めて臨時性の強いものであった可能性が出てくるのである。

　南掌国王に対するこの時の冊封がいかに臨時的なものであり、しかも恣意的になされたものであったかは、それから十数年を経た一八〇九（嘉慶十四）年、奇妙な事件が起きたことによって白日の下に曝されることになる。この年、越南国王阮福映が南掌国王召温猛を清朝地方官に護送するとともに、彼がかつて乾隆六十年に頒給されたという勅と印とを送ってきたのである。その後の調査で判明したところでは、一七九五（乾隆六十）年から一八〇五（嘉慶十）年に至るまでの十数年間、南掌国が召温猛の名を用いて清朝に上ってきた蒲葉の表文には、一度としてこの印章が用いられてこなかったし、彼が一七九四年に請封した時、彼はすでに逃亡生活の中にあり、勅印を受けた後もその国都へ帰ることができず、越南国境で流浪していた。(8) ベトナム史料『大南正編列伝初集』によれば、実は召温猛は一七九四（乾隆五十九）年の頃は雲南省へ逃亡中であった。(9) どうやら清朝は一七九四年あるいは一七九五年の段階で、「臨時の冊封国」をあと一箇国作り出すため、「南掌国王」と称する人物が逃亡してきており、その使節という者が北京へ来たのをこれ幸いとし、冊封の要請をさせて冊封に及んだものらしい。このようにして冊封を受けた南掌をまともな「冊封国」の一つとして清朝人が数えていたとは、これまた考えられないところである。

最後に暹羅については、たしかに『清実録』によって一六七三（康熙十二）年に国王が冊封を受け、その後緬甸によって国を滅ぼされて後、一七八六（乾隆五十一）年に再び冊封を受けている。

以上によって、清朝が冊封国と見なしていたのは、『嘉慶大清会典』が編纂された頃には頒封による朝鮮、越南（安南）、琉球の三箇国に加え、かろうじて暹羅を加えた合計四箇国であると言いうる。しかも暹羅は他の三つの冊封国とは、位相を異にするものとして見ていた。とすれば、朝鮮、越南（安南）、琉球の三箇国のみが名実あいともなう冊封国であったと考えてよいであろう。我々日本の研究者、あるいは朝鮮史や琉球史を研究する者は、ともすれば中国・朝鮮・琉球・日本からなる国際構造をもって、東アジア全体がそうであったと考えてしまう傾向にある。ところが、以上見たところから明らかなように、この東アジア四国の国際関係は、全冊封国三箇国あるいはせいぜい四箇国のうち二箇国を含むという、東アジアでは極めて異例なものだったのである。

三　一六〇九年、日本の琉球併合直後における明朝の対琉球外交

次に、中国と琉球との国交に話を進めよう。

薩摩の軍勢が琉球国首里城を陥したのは、一六〇九（万暦三十七、慶長十四）年四月一日のことである。国王尚寧は捕虜となり、島津家久とともに駿府、江戸へ向かった。一六一〇年八月八日、尚寧は家久とともに駿府城にて徳川家康に謁見、八月二十八日には江戸城にて将軍徳川秀忠に謁見した。九月二十日、尚寧は家久とともに江戸を出発し帰国の途についた。尚寧が那覇に帰ったのはその翌年一六一一年十月十九日のことである。

琉球が薩摩の侵略を受けたとの知らせは、遅くともその翌年、一六一〇（万暦三十八）年正月二十日付の礼部あて文書、および正月三十日付の福建布政司あて文書によって、琉球使節毛鳳儀らを通じて明へ通報された[10]。両者とも、琉球国王が薩摩の捕虜となり日本へ連行されたと直截には記さないが、後者には敗戦によって「冊封の国王が他国に出奔した」あるいは「国王は日本からまだ帰らない」などの表現があったから、琉球国王が捕虜となって現に日本にあることは、誰もが十分に読みとることができた。また後者には、「まだ倭君（徳川家康・秀忠）に会って講和を請うていない」「来年（一六一〇年）二、三月に自分は関東に行く」と言っていることから、今後さらに江戸へ行って講和することを暗に伝えていた。

これらの文書は、遅くとも一六一〇（万暦三十八）年二月初めには福建福州の布政司にもたらされたと考えられるが、これに対応する中国側の史料は、『明実録』三十八年七月辛酉（十八日）になってやっと登場する。しかもそれは、福建巡撫陳子貞からの上奏をうけ、関係官庁で議論した結果、「続けて貢職を修むるを許す」、つまり貢物を従来どおり受けつける、というものでしかない。言い換えればそこには、冊封国の国王が捕虜となって日本へ連行されたらしい、これにどう対処すべきかとの提言はまったく見られないのである。

『明実録』にこの対応策がまったく見られないだけではない。当時北京で内閣大学士であったのは李廷機と葉向高であったが、李廷機は何度も退職を請うて政治にはほとんど参与せず、葉向高が実質上の首輔大学士つまり宰相の地位にあった。彼は福建省沿岸の福清県出身である。彼にはその文集『蒼霞続草』があり、その中の知人あるいは福建駐在の官僚に与えた手紙には、郷里福建で横行していた「通倭」つまり日本との密貿易に関わるものが、数多く収められている。ところが、これら手紙の中で琉球に直接関わるものは、後に述べるように一六一二（万暦四十）年になって琉球をどう処遇したらいいのか、今度は真剣にとりくまざるをえなくなってから始めて登場する。一六一〇（万暦三十八）年とその翌年に書かれたと思われる手紙には、琉球について一切触れていない。琉球といえば、これまで歴代の国王が明朝によって冊封され、しかもそれは領封ではなく北京から特別に官僚を現地へ派遣するという方式をとっていた。ところがこの忠順な琉球が日本によって侵略され、その国王が捕虜となって連れ去られたらしいと伝えられても、その宗主国の実質上の宰相にして、かつ福建省沿岸地方の出身者にして何ら対応をとろうとしたようにない。

『歴代宝案』によれば、この一六一〇年十二月十六日付で、万暦帝が琉球国中山王尚寧にあてて下した勅諭が残っている。しかしこれも、琉球国王が倭乱にあいながら、わざわざ入貢の時期を違えて申し訳ないと言ってきたのは「憫《あわれ》である」、と述べるだけのものであった。[11] このような明朝政府の冷淡ともいえる対応を見るとき、あるいは福建巡撫の陳子貞は琉球王国が日本の捕虜となって連行されたという重大なことも、明確には伝えなかったのではないかとの疑念すら起こさせる。

ところがそうではなかった。これに関連した史料が朝鮮燕行録にいくつか残っているからである。その一つは一六一〇（万暦三十八）年に千秋使正使として燕行した黄是の記録である。[12] これによれば彼が七月二十九日に明朝の官報である通報を読んだところ、福建巡撫陳子貞の上奏文が載っており、琉球が倭奴（日本人）の攻撃をうけ、琉球国王が捕虜となって日本へ連行されたと記されていたという。ここにおいて我々の疑念は完全に氷解する。すなわち国王が捕虜となり日本に連れ去られたことを陳子貞が間違いなく中央に報告していただけではない、そのニュースが官報に載せられ公開されていたのであるから、誰もが知りうるものとなっていたのである。さらに九月十八日の日記では、この日に琉球使臣の毛鳳儀ら十一人が朝鮮使節の宿舎へわざわざやってきて、日本の侵略を受けたと言ったという。ワラをもつかむ思いで同じ冊封国に何とか救ってくれないか、と訴えたのであろう。

さらにその一箇月余り後、今度は冬至使副使として北京を訪れた鄭士信もこの毛鳳儀と会見した。十月三十日、会見は朝鮮側の倭訳官つまり日本語通訳を介してなされ、互いの意志はよく通じたと言う。会見は以下のようであった。

さらに琉球国王が倭（日本）に捕虜となった大事件について尋ねたところ、「去年（一六〇九年）四月、倭人は名目の立たない軍を起こしたため、国王は出奔した。今年九月に講和がなったので、国へ帰ることになり無事である、云々」との答えであった。

流伝する話しをおおよそ聞いたところでは、琉球は倭と講和し、毎年一回使節を派遣することになったという。むかし戊申の年（一六〇八年）に、家康は琉球に春と秋の二回貢物を納めさせようとしたが、琉球王は従わなかった。家康は薩摩に命じて、軍を起こしてこれを伐たせた。琉球王は「罪はわが身にある。わが罪のない人民に迷惑をかけてはいけない」と言い、かくて軍前に赴き、薩摩は捕えて連れ去った。家康は「自分自らその難に当たり、人民のことを考えた。天下の義主である」と言い、ついに帰還することにさせた、とのことである。[13]

ここで鄭士信が彼の方から琉球国王が倭（日本）の捕虜となったとの事件を話題にしているのは、先に毛鳳儀らと会見した黄是が帰国の途次、これから北京へ向かおうとする鄭士信らと出会っているから、この時に伝えられたからかもしれない。あるいは、彼はソウルを出発する前にこの事件について聴いていたからだとも考えられる。『朝鮮王朝実録』光海君二（万暦三十八）年四月二十日の条によれば、慶長の役（丁酉倭乱）の時に捕虜となった朝鮮人が日本・朝鮮間で和議がなった結果、帰国した。その一人が、薩摩州に連れていかれたところ、「上年（一六〇九）五月、薩摩島主が琉球に入攻し、その王を捕虜にして連れてきた。また数千人を派遣して、琉球の田土を量らせた」との情報をもたらしていた。鄭士信がソウルを出発して北京へ向かったのは八月六日のことであるから、この段階で琉球国王が薩摩軍の捕虜となり、鹿児島まで連行されてきていたことを知っていた可能性が大きい。

毛鳳儀がこの会見で、「今年九月に講和がなった」と特に九月と限定して言っているのは、この会談が十月三十日になされたことを思えば、驚くほど早く江戸の情報が北京にまで届いていたことを示している。あるいはこれは、九月三日将軍秀忠が中山王尚寧を伴って江戸城へ伺った島津家久に対して、琉球は今後とも尚家を国王とすべきであると命じたことを指すのかも知れないし、あるいは九月十六日、秀忠が家久と尚寧を招き、帰国することを許したことを指すのかも知れない(14)。

鄭士信が記す琉球使臣との会談に関わる記事で最も興味深いのは、彼が「流伝の言」つまりウワサ話として記した部分である。これによれば琉球は倭（日本）と講和し毎年一回使節を派遣することになったとする。これがその二年前、家康が春と秋に二回入貢すべきことを求めたのに対し、琉球国王が従わなかったことの結果であったこと、つまり「朝貢」にほかならなかったことは、鄭士信を含め流言を聞いた者たち誰もが認めたことであったに違いない。

この「流伝の言」が中国のどの範囲で流れていたのか明らかでないが、北京の官庁街がその中心であったと見るのが最も自然である。この十月末の段階で、葉向高ら北京在住の当局者たちが、琉球が日本の侵略を受けたのちすでに講和がなり、そして「朝貢」することになったらしいということ以上に確度が高く、しかも豊富な情報を手にしていたことは、これから見て間違いないところである。ところが彼らは、「冊封国」琉球をどう処遇すべきか、あるいは日本に対してどのような態度をとるべきかは語らない。

李日華『味水軒日記』一六一一（万暦三十九）年正月四日に載せる浙江省海塩県知県の喬拱璧が語ったという言葉は、当時の中国官僚たちが琉球問題について語ったものとして残る数少ない記録の一つである(15)。喬拱璧はこの日、李日華に対して「日本が琉球を併合した」ことを話した。彼によれば、明朝は歴代にわたって琉球の朝貢を受けてきたのだから、これを処置しないのはよくない、たとい軍隊を動かす余裕がないとしても、琉球国王を海島付近のところに移して安置し、その先祖の祭祀を続けさせるべきである、と語ったという。また彼は福建巡撫と広東巡撫が口を噤んで何も言わないのはよくない、こんなことをしておれば遠夷をして中国を侮らせることになる、と言ったともいうから、北京の官僚たちだけでなく、現場を担当する福建巡撫陳子貞たちもやはり何も言わなかったようである。さらに言えば、李日華自身が官報（邸報）を読んでいたこと、その日記にしばしば見えるところであるから、彼も琉球が日本に併合されたと早くから知っていたはずである。ところがこの日に喬拱璧と会話するまで、彼は琉球について何も語らない。李日華はこのような直言をする喬拱璧を偉然たる丈夫であると評するが、彼が「日本が琉球を併合した」ことを前提で語っている以上、琉球国王を海島付近に移して安置すべきだとの主張は、やはり書生論というべきものである。

謝肇淛『五雑組』には次のように言う。「琉球は国が小さく貧しく弱いので、自立不可能である。中国の冊封を受けているとはいえ、倭（日本）に臣服し、倭（日本）の使者の至る者は絶えず、中国からの使者と入り混じっている。思うに倭は琉球と領土が繋がり、これを攻撃するのは至って簡単である。中国は大海を越えて琉球を救援したりできるであろうか[16]」。

謝肇淛によるこの琉球記事が正確にいつ書かれたのか明らかではない。この書の中には一六一四（万暦四十二）年のことも書かれているから、あるいはこの数年後の記事かもしれない。逆にまた、日本の使者と中国の使者が琉球では入り混じっているというのは、一六〇六年に尚寧を冊封しに赴いた夏子陽らによってもたらされた情報によるであろう。夏子陽は帰国後、「琉球はゆくゆく日本にやられてしまうであろう」と秘かに知人に話していたとも言う[17]。とすればこの記事は一六〇九年における薩摩の侵攻以前に書かれたものである可能性も否定できない。しかし、日本がこれを攻撃するのは容易だが、中国は遠い海を越えて救援に行けないと記す点から、やはり攻撃を受けて以後に書かれたと考える方が順当であろう。謝肇淛も福建省沿岸長楽県の人であり、しかも一五七九（万暦七）年に琉球国王冊封副使となった謝杰は比較的近い親戚であった。謝杰は極めて詳細な琉球に関する史料を残している[18]。謝肇淛は琉球に対して非常な関心を寄せていたと考えられる。彼が論ずるように、たとえ琉球が日本の攻撃を受けたとしても、中国が大海を越えて救援に赴くのは不可能であるというのが、当時多少とも琉球の実情を知り、道理をわきまえた知識人の共通認識であっただろう。だからこそ葉向高以下、福建巡撫から郷紳李日華に至るまで、何も発言できなかったのである。

以上によって理解できることは、第一に当時の中国人と朝鮮人の認識にあっては、琉球は薩摩によって侵攻を受けたとすることよりも、それが日本に併合されたということの方がはるかに重要であったことである。この認識はその後も続き、その後の事態の進展によってより強くなること、以下に述べるであろう。

第二に、明朝の琉球に対する外交政策は、同じく冊封関係にあった朝鮮に対するそれとはるかに異なって冷淡であったことである。琉球が日本にやられる危険性があることは、明朝人も事前に知るところであった。冊封国が危機存亡の時にあったにもかかわらず、明朝はまったく無策であった。それが真剣に琉球問題に向きあわざるをえなくなるのは、次に見るように明確な日本問題となった時であった。

四　一六一二年、琉球入貢以後における明朝の対琉球外交

一六〇九年から一六一一年の段階で明朝が琉球に対して何もできなかったこと、以上のとおりであるが、一六一二(万暦四十)年になるとこれが大きく違ってくる。というのは一六一二年に琉球が進貢してきた時、今度はこれが日本の差しがねによるものであることは、誰にもわかったからである。琉球の朝貢使節は中国側の入国検査も経ることなく、またあらかじめ入貢するとの連絡もなく、突然福州へやってきたからであり、貢物には日本の産物が混ざっていたからである。また、その朝貢使節の中に日本人が多く含まれていたとも言う。今回の朝貢が日本が琉球を陰で操ってさせたものであることは、誰の目にも明らかであった。

一六一二(万暦四十)年正月、琉球国王は入貢のために使節を派遣し、あわせて「夷酋」「倭君」が明朝の「天威」に恐れをなしたため自分は無事帰国できたこと、そして自分はこれまでと同様に領土を平定していることを報告した。この報告に対する明朝側の対応が『明実録』に現れるのは、これまたやっとこの年の七月になってからである。(19)『明実録』によれば、琉球が新たに入貢してきた、国王は無事帰還したと通報してきたとの情報は、福建巡撫丁継嗣

によって北京に届けられた。彼はここで国王は帰国したと言っているが、琉球が日本の支配下にあることは疑いない、これを「〔独立〕国とは見なしがたいこと明らかである」と述べ、今回の入貢も、琉球が「倭夷に駆られてやっている」と述べている。彼が得ていたであろう前後の情報から見て当然ではあったが、今回の琉球による入貢が実質的に日本による「入貢」であること、偽装されているだけにかえって琉球の「平日恭順の意」を疑わせるものであることを述べていた。琉球問題はここにおいて明確に日本問題とならざるをえず、従って明朝当局において始めて大問題となったのである。

同月上奏された兵科給事中李瑾らの認識もこれとほとんど同様であった。琉球が殺戮を受けた直後に国王が釈放されたからといって、急に日本の威力を忘れて遠く中国の義を慕って入貢してくることなどありえないとし、やはり「倭（日本）が指示してやらせていることは明らかである」とした。李瑾らは「琉球が弱いことは心配なことではない」という。では何が心配かと言えば、このように琉球の入貢を許しておれば、日本人が国内の姦民と結託して中国の内情をスパイし、「倭（日本）に近い境域が、琉球に続いてその領域になってしまう」ことであった。[20]

兵部の認識も、これらとまったく同じである。数十年来、倭（日本）が垂涎しているのは中国へ「貢する」ことである。であるから、琉球を獲得した上、さらに中山王を釈放して帰国させ、通貢の道となそうとしているのである、と兵部は認識していた。[21]

先に述べた福建巡撫丁継嗣は、日本が陰で琉球を操ってさせている今回の入貢について、使節の正使ら何名かを留めて処分を検討するとしたほか、他の者はすべて帰国させ、あわせて通常の貢物のみ受納し、通常ではない貢物、簡単に言えば日本人が貢物として入れ込んだ日本の産物はすべて持ち帰らせよとの対応策を提言し、この提言が是か否か皇帝から検討するように命ぜられた礼部も、このとおりでよいとして上奏した。これが七月七日のことである。ところがこの礼部から皇帝への上奏は宮中に留め置かれたままになり、皇帝による最終決定は下されなかった。これを留中という。葉向高は当時、実質上の宰相の地位にあり、しかも福建省出身者であったから、琉球問題いやより端的に言えば日本問題に対して強い関心を持っていた。彼は現地福建で今回の琉球問題に対応している丁継嗣に対して、北京の情況を次のように手紙で伝えている。

琉球が入貢してきたことについて、これまで礼部が回答した上奏文の中で、このようにされてはどうかという原案を皇帝に上ったが、皇帝の判断は下っていない。その後また兵部が箇条書きで述べた倭（日本）についての上奏文の中でも、このようにされてはどうかと原案を上ったのだが、やはり皇帝の判断が下されていない。皇帝が何をお考えなのかわからないが、二つの理由があろう。その一つは、二百余年にわたり恭順であったその琉球について、一旦に貢物を拒絶する（一旦絶之）のは服遠の化を明らかにするやり方ではないからである。一つには倭（日本）がもたらした貢物（倭中貢物）が遠方から来ている以上、つき返すことが必ずしもよくないと考えられるからである。そうでなければ、どうして何度も原案が提出されながら、何時もそのまま沙汰やみとなってしまうであろうか。[22]

当時、万暦帝は政務を怠り、自分のところに届けられてくる大量の上奏文を留中したままにして指示を出さなかった。琉球入貢問題についての上奏文が留中されたのも、この一例にほかならないが、ここに示した葉向高の言葉から窺うならば、この問題はほかと違って、なかなか皇帝やその取りまきには決断できない重要案件であったらしい。それは冊封国にして朝貢国でありながら、突如として恭順ではなくなった琉球の貢物につき、冊封や朝貢の理念に従ってこの行為を非礼であるとし、本来ならばこれを拒絶しつき返すべきであるという考えが、彼らの大前提にあったからである。しかしこの場合、当然に国交が断絶してしまうことも視野におさめねばならなかった。

決断を遅らせる要因として葉向高が挙げているあと一つは、その表現から見てさらに興味深い。彼は本来「琉球貢物」と言うべきところを「倭中貢物」と誤って、いや実のところ直截に表現したのである。しかも本来であれば決して受納してはいけないはずの「倭中貢物」を「必ずしもつき返すべきではない」と考えていた。それは何故なのか。

琉球入貢問題が留中によって決着しないことを憂慮した葉向高は、十一月十二日に掲帖という形式で上奏し、事態を打開しようとした。掲帖とは軍事機密に関わる重要案件や朝廷における大問題につき、理念と現実のギャップや官僚のきびしい議論のため皇帝がなかなか決断できないとき、内閣大学士が文淵閣の印鑑を用いて封印して上奏し、皇帝の左右近臣でも内容を窺うことができなくすることを目的とする形式である(23)。葉向高のこの掲帖は、彼の奏議集だけでなく『明実録』万暦四十年十一月壬寅でもほぼ全文が掲載されている。

彼がここで示している認識は丁継嗣らと同じく、「琉球はすでに倭奴（日本人）に併合されてしまった。今回入貢に来た者も半ばは倭人（日本人）である」とし、「倭は琉球に檄文を飛ばし、互市してくださいと琉球に強制し代わりに願い出させている」というものであった。そして彼は早く決断しなければ、福州に滞在している日本人らがスパイ活動をはたらくかも知れず、ゆくゆくはかつての嘉靖大倭寇のごとき大事件を巻き起こすことになる、と警告するものであった。

この問題について決着を見るのは、その三日後、すなわち十一月十五日であった。『明実録』万暦四十年十一月乙巳では、礼部からの回答を皇帝が承認したとしてこのことを記す。礼部は「琉球がいったいどうなっているのか、実情は測りがたい。貢物を拒絶するのが適当である（宜絶之便）。しかし進貢を名目としているのに、こちらが急につき返せば、あちらに口実を与えることになり、柔遠の体をなさないであろう」とし、琉球が日本の侵略を受けて国力が衰えているから、「十年の後を待ち、国力がやや充実してから」再び入貢させても遅くはない、とするものであった。明朝側はここにやっと十年間は入貢させない、十年後に入貢して来ることは認めると決断し、日本からもたらされた産物は受納せず持ち帰らせることにしたのである。

ところでこの「十年の後を待ち、国力がやや充実してから」再び入貢するのを許すとの決定について、学界ではおよそそれまでの二年一貢が十年一貢に改定されたと考えられている(24)。

しかしこの礼部の決定およびこれが琉球へ通知されたことを伝える『歴代宝案』所収の文書によるかぎり、どこにも二年一貢から十年一貢に改めたなどとは記されていない[25]。礼部が決定したのは、簡単に言えば十年間は入貢してくるな、ということである。この明朝側の意図をさらに明確に教えてくれるのは、やはり葉向高が福建布政使であった袁一驥に書き送った手紙である。その一節に言う。

琉球の貢物については、すでに礼部が回答した上奏文の中で、その常貢は受けつけるがその倭の産物については返却することとする、琉球使節らに訓諭して以後来ないようにさせ、琉球が平穏になるまでずっと待ち、その後再び処置することにしてはいかがか、と皇帝に原案を提出してある。これは福建巡撫・巡按の意図でもある[26]。

明朝側の本音を言えば、「以後来るな」というのであって、入貢問題をも含めて、琉球との関係についてはしばらくして落ちついてから再度検討したいというものであった。つまり十年間とは、そのための時間かせぎにほかならなかったのである。

このように一六一二（万暦四十）年になると、一六一〇年の時とうって変わって、明朝当局者たちは琉球問題にもまともに向きあわざるをえなかった。しかしそれは、琉球が二百年にもわたる恭順な朝貢国であり冊封国であったからではない。彼ら当局者たちは、逆説的ではあるが琉球が「平日恭順の意ではない」ところを見せたからこそ、つまり日本にあやつられて偽りの入貢をしてきたと知っていたからこそ、琉球とまともに向き合わざるをえなかった。彼らは、一旦に貢物を拒絶する（一旦絶之）可能性をも思い、貢物を拒絶するのが適当である（宜絶之便）とも考えた。明建前上は朝貢とは礼の表現であったから、偽りの入貢に対してこのように考えたのは当然であった。現にまた、明初に朱元璋が高麗に対して、非礼であるとして何度も何度も入貢を拒絶した事例もあった[27]。

ではなぜ明は琉球の貢物を拒絶できなかったかと言うと、言うまでもなくそのバックにひかえる日本が怖かったからである。礼部提案のなかで、貢物を拒絶すれば「あちらに口実を与えることになる」とは、暗にこれを言うであろう。

これについてもさらに葉向高の考えを聴こう。彼はその文集に「答董吏部」と題する手紙を残している。董吏部とは当時吏部文選司員外郎であった董応挙である。董応挙もまた福建省閩県つまり福州の出身であり、日本問題に強い関心を持っていた。琉球入貢問題が北京で持ち上がり、ちょうど礼部の上奏文が留中されていた一六一二年十月、彼は「厳海禁疏」を上奏した㉘。それは嘉靖年間に倭寇に大弾圧を加え、そして自殺してはてた朱紈を顕彰しつつ、通倭つまり日本と密貿易をする者に厳罰を科し、海禁を厳にすべきことを主張したものである。彼もまたこの上奏文において、「琉球はすでに倭（日本）の属となった」と書いていた。その彼に対して、葉向高はまさしくこの海禁問題について次のような手紙を書き送っている。

福建人のうちただ士大夫で先の先のことまで考えるものだけが、海禁すべきだと言うだけで、その他の者はみな禁じてはいけないという。……かつ、一旦これとの関係を絶ってしまえば（一与之絶）、倭は必ず速くやって来て、かえって被害をもたらすことになる。だから政府の当局者もこの説に迷い、海禁せんと固く決心することができないのである㉙。

ここに見られるように、通倭問題に対する方策と琉球入貢問題に対する方策には、まったく同じ思考様式が見られる。彼らの理念にしたがって、琉球からの貢物、実は日本からの「貢物」を「一旦に拒絶して」しまうならば、外夷に「口実を与える」、つまり今後さらにどのような強硬な手段をとって「通貢」を迫ってくるかもしれないと考えたのと同様に、海禁を厳重にし、「一旦これとの関係を絶ってしまえば」、かえって被害をもたらすことになると考えていた。葉向高は福建巡撫丁継嗣への別の手紙で「琉球はすでにやられて倭（日本）へ併入されてしまった。倭が寇(侵略）にかかりて通貢せんとするのも、必然の勢である」と述べていた㉚。完全に琉球からの通貢を遮断するのは、厳重に海禁するのと同じように極めて危険であった。

彼らが最も恐れたのは、琉球がすでに日本に併呑されてしまった以上、次は台湾の鶏籠・淡水を占拠されることであった。琉球を完全に日本のものにしてはならない。やはり丁継嗣に対するもう一つの手紙で次のように言う。

福建人は多く倭（日本）の目的は通市つまり自由貿易にあり、入寇つまり侵略にないという。その情況と道理から見ればほぼそのとおりであろう。しかし通市は決して行いえない説である。誰がこの任にあたりえよう。今心配するのは、倭がすでに琉球を併呑し、次第次第に鶏籠・淡水を占拠してしまい、わが国を去ることいよいよ近く、これを駆逐しようとしてもできず、これを防ごうとしても備えがたいことである。[31]

琉球が併合されたら次は台湾の鶏籠・淡水であるとは、当時明の当局者あるいは福建人のほとんど共通した認識であったらしい。これより先、琉球国王尚寧は、自分が薩摩の軍勢の捕虜となり、薩摩まで連行されたと婉曲に通報した文書の中で、自分は倭（日本）とともに鶏籠を占拠しに行くよう強制されたが、これに従わなかっただけでなく薩摩にこれを止めるよう説得して聴きいれられた、と書いていた。[32] それから数年後の一六一六（万暦四十四）年、尚寧は一使節を中国へ遣わした。彼は日本の情況を報じ、いま日本は戦船五百余隻を造り、鶏籠山を取ろうとしていると報じた。[33]

先に挙げた董応挙も日本による鶏籠占拠を怖れた一人であった。村山等安らが台湾に出兵したこの一六一六年、彼はその「籌倭管見」において「倭（日本）が鶏籠に垂涎することは久しい」とし、「鶏籠は福建を去ることわずか三日である」、鶏籠を取られたら、福建はかつて倭が朝貢問題をめぐって殺戮事件を起こした寧波のようにならないならば、朝鮮平壌のような修羅場となると論じている。[34] 歴代の使琉球録（琉球冊封使録）によれば、琉球から福州までは当時おおよそ十日から二週間ほどかかっていたから、わずか三日で到達されてしまうというのは確かに脅威であったに違いない。董応挙は一六一六年になるとかつての海禁論を放棄したかのごとくである。そしてこのような情勢判断を踏まえて、鶏籠を日本との出合い貿易の地としてしまえば、ここを占拠されることになるかも知れず、それよりは琉球による朝貢貿易を拡大し、「外寨」を市場として設け、これをここで交易させる方がよい、と主張する。彼にあっても琉球問題は日本問題であった。

明朝側は、日本が通貢のために琉球を利用していることを明確に知っていた。たとえば琉球入貢問題が起こったさなか、兵部は「数十年来倭（日本）が垂涎するのは〝貢〟だけである。ゆえにすでに琉球をその支配下におさめ、また中山王を縦して帰国させ、通貢の路としようとしている。日本は中国が日本の貢は絶対入れないが、琉球の貢については絶対に逆らわないと考えている」[35]と述べていた。今ここで完全に琉球の貢物を受けいれず、今後この方針を堅持するなら、どのようなことになるか。日本はもはや琉球を何の利用価値もないものと見なし、琉球国王をも退位させ、完全に自分の領土とするであろう。そうすれば次は鶏籠・淡水であることは誰の目にも明らかであった。

このように考えてくるなら、礼部が最終的に下した判断、すなわち国力が回復するまで入貢は十年間待てとは、実に見事な外交的判断であったと言ってよい。この時、この判断をした礼部の中心人物は、翁正春であった。『明史』巻二一六の翁正春伝には、彼は当時礼部左侍郎として礼部尚書を代理しており、「貢物を拒絶するのが適当である（絶之便）」と主張したと伝える。翁正春もまた福建省侯官の人、すなわち福州人であった。葉向高・董応挙そして翁正春ら福建人にして、日本、琉球の実情に通じた人物たちが連繫して、琉球と朝貢関係を断絶することなく、また日本への密貿易を完全に絶つことなく、こうして日本の侵略を未然に防ぐという実に見事な外交政策を立案したと言うべきであろう。

琉球は十年後を待つことができず、翌一六一三年、翌々一六一四年と明の命令を無視して入貢を繰りかえした。ところが、このような非礼にもかかわらず、貢物を受納し、朝貢関係を絶つことはなかった。[36]さらに一六一四（万暦四十二）年、琉球側は十年間の入貢停止は耐えがたいとして、礼部あて常貢の回復を願う文書を提出した。それは、一方では朝鮮には救援の大軍を差し向けたのに、わが琉球に対しては「国王が捕虜となるままにして」何も救援してくれなかった、と明朝へうらみの文句をならべるとともに、このまま入貢を許さず、「もし日本の狡猾さを絶とうとして、琉球の忠順さをも一概に絶とうとするのであれば」、「順を駆りて逆につかせることになる」という脅し文句をならべたものであった。[37] これはおそらく島津さらにその奥にひかえる幕府の圧力を受けて書いたものである。入貢を従来どおりのものに回復しなければ、自分は明朝を見限って完全に日本につくぞ、と脅迫するのは、恭順な朝貢国・冊封国にあるまじき非礼であり、明朝の側から国交を断絶しても当然であった。しかしすでに見たとおり、明朝はこの時もこれを叱りつけることも使節を追い返すこともなく、貢物もつき返すことなく受納した。明朝は朝貢関係を絶って断交したくも、それができなかったのである。言うまでもなく、国交のない日本の動きに規制されたからである。

明朝が琉球の加えてくるこのような圧力を一部受けいれ、「十年間は待て」としていた命令を撤回し、五年一貢と改めたのは一六二三（天啓三）年のことである。さらに一六三四（崇禎七）年にはさらに三年二貢とした。[38] ここに形の上では琉球の中国への朝貢は、一六〇九年以前と同じようなところに回復したかに見える。しかしそこに重大な変化があったこと、言うまでもない。五年一貢とした段階で、日本が琉球を併合しているという情報に何らかの変化がないかぎり、琉球の入貢とは実質的に日本の入貢にほかならないこと、明朝の当事者は誰もが理解できたはずである。三年二貢とした段階でも同じである。実際には日本の入貢であるのに琉球の入貢であると読み替え、これを拒絶できないような朝貢、我々はこれを「虚構の朝貢」と呼ぶことが許されるであろう。

琉球が新たに冊封を願い出るのは一六二二（天啓二）年、そして実際に尚豊が冊封を受けるのは一六三三（崇禎六）年のことである。この頃、琉球からなされていた朝貢を虚構のそれと呼ばざるをえないとすれば、このようにしてなされる冊封も「虚構の冊封」と呼ばざるをえないであろう。かつて我々は、明朝による安南（ベトナム）国王に対する冊封を虚構の産物であるとした。[39] なぜなら明朝はその建国当時から一貫して、現地ベトナムでは大越皇帝と称する別の皇帝がいることを知っていたからである。それを知っていながら知らぬこととして、大越皇帝を「安南国王」とこれまた読み替え、朝貢を受けつけ冊封していたからである。

一六〇九年を境として、中国はまた一つ「虚構の朝貢国」「虚構の冊封国」を生んだことになる。もちろんこれは中国側が望んだものでなく、強いられたものであった。一見すればそこでは以前と同じような国際構造が続いたかのごとくである。しかしここに新たに生まれた国際構造においては、中国と国交が杜絶している一国家、すなわち日本が決定的な契機として組み込まれていた。琉球を従来と同じく朝貢国、冊封国とできたのは、中国と日本の国交が杜絶していることを前提として、はじめて生み出されたものであった。また隠れた日本があるからこそ、琉球と朝貢関係・冊封関係を続けるほかなかった。逆説的な言い方をするなら、これまで言われているように「日本が東アジアの国際秩序から離脱していた」からこそ、それら論者の言う「東アジアの国際秩序」が存続したのである。このような国際構造が維持されるためには、中国側は事実を知らないことにし続けるか、その事実を忘れ去る必要があった。

このこと、すなわち日本が中国と国交関係において杜絶しながら、琉球を介してその実、全体として一つの国際構造を形づくっていたことは、以下の朝鮮、琉球の関係を見ることによって、一層明らかとなるであろう。

五　朝鮮・琉球外交の杜絶

日本と中国が外交的に杜絶関係にありながら、琉球を介して構造上密接な関係にあったことは、朝鮮—琉球関係にも決定的な変化をもたらした。両国の外交を杜絶させることになったからである。

琉球が一六〇九年に日本に併合される以前、朝鮮と琉球は明朝からともに冊封を受ける国として咨文をとり交わす関係にあった。咨文をとり交わす関係とは、たとえば北京へ送られた使節が儀式に参加したとき、朝鮮側が上位の席に着くなどの違いはあれ、基本的に対等な関係であったことを意味する。両国はたがいを友邦と呼び兄弟と呼びあった。両国の使節はしばしば北京玉河館で会見し、国王の代理として咨文とプレゼントを交換した。かつて朝鮮と琉球は、海を越えて通信使（信使）を往来させ、国書を交換していた。それは一六世紀初頭までは続いたようであり、たとえば一五〇〇（弘治十三、燕山君六）年に朝鮮を訪れた琉球使臣は、国王に代わって咨文をわたしている。[40] この意味で北京での咨文の交換は、この通信関係の延長であった。

さて、琉球が日本に併合された、さらにその国王が捕虜となった後に講和がなり、国へ帰ることが許されたとのニュースは、極めて早く朝鮮に伝えられた。ここに朝鮮側は琉球が日本の支配下におかれたことを知ったが、琉球とはそれまでとまったく変わらぬ関係を持ち続けた。朝鮮側は明朝が琉球と絶交したわけではなかったから、こちらも日本に併合されているという事実を知らぬことにすればよかったのである。両国における咨文の交換が少なくとも一六三四（崇禎七）年まで続いていたことは、『歴代宝案』に残る文書から見て明らかである。[41]

朝鮮がホンタイジ率いる満州族の侵略（丙子胡乱）を受けるのは、その二年後の一六三六年、清の冊封を受けるのはさらにその翌年の一六三七（崇徳二、仁祖十五）年のことである。

その後、清が北京に遷都し、やがて琉球もその冊封を受けると、両国使節は再び北京で見えることになった。ところが今度は、両国使節はあい見えながら、決して宿舎を互いに訪問したり、国王の代理として国書を交換することはなかった。両国における国交の杜絶は、今度は日本が「正式に」琉球を併合するまで、すなわちいわゆる琉球処分によってこの国が消滅するまで、一貫して続いた。

『朝鮮王朝実録』『承政院日記』『備辺司謄録』など国家の記録あるいは燕行録には、琉球人を見た、あるいは彼らと会ったとの記述が数多く残っている。ところがそのいずれもが奇妙なほどによそよそしい。特に燕行録では、琉球人を見たというのは珍しいことを体験したかのごとく、彼らの着ていた衣服などについて詳しく記されることがある。

考えてみれば奇妙な光景である。というのは両国使節が同じく北京に滞在している時には、しばしばともに礼部の命令で鴻臚寺へ呼びだされ、一緒にリハーサルとして儀式の練習をしていたからである。儀式や宴席にも礼部は同様な朝貢国であり冊封国と見なして、両国使節を同じく列席させた。あるいは、皇帝が紫禁城から出る時あるいは帰る時、礼部は両国使節に命じてその門外に跪座させ、皇帝が来るのを待ちうけさせた。このように同じく跪座し列席しているにもかかわらず、両国使節はほとんど会話をかわすことがなかったらしい。国交がないからである。正使や副使は国王の代理として北京に来ていたから、歓談できなかった。一九世紀になると、朝鮮燕行使の随員として北京に来た者の中には、琉球人に遭遇して「友邦」の人であると記す者もあった。一八二六（道光六、純祖二十六）年に北京へ行った洪錫謨がその一人である。[42] 彼らは筆談を交わすこともあった。ところがある燕行録には、その筆談で琉球側の者が次のように書いたと伝えている。

貴国朝鮮はかつて我が国とよしみを通じていた。咨文が今に至るまで存在しているということだ。[43]

ここに見られるように、一九世紀に入っても両国で咨文の交換はなされていなかった。朝鮮側で筆談をしたのは、金命喜（山泉）すなわち金正喜の弟である。時に一八二三（道光三、純祖二十三）年の正月元旦、紫禁城でおこなわれた正朝の儀に参加した時のことであった。儀式の合間におこなわれるのだから、その筆談は当然あわただしい。この燕行録の作者は、この筆談を記したあと、「琉球はかつて入貢していた。そのことを言うのである」と感想を記す。しかし、琉球が「入貢」してきていたのは、海路での通信がなされていた一六世紀初頭までのことである。この記録者は一七世紀中頃まで両国が北京で咨文の交換をしていたことをすでに知らなかったらしい。

このような状態が何の原因によって起こったのかについては、管見のかぎりあるいは明の滅亡以後、両国で「私交の礼」がなくなったからであるとか、朝鮮はこの時代、清との冊封関係にさほど意味をおかず、新たな脱中華の独立的な交隣体制を樹立したからである、などの解釈がなされるが、いずれも説得力に乏しく、説明に具体性が欠けている。[44]

この問題については、一七一七（康熙五十六、粛宗四十三）年に一度だけ、朝鮮政府で琉球との間で国書を交換すべきだという議論がなされたことが、示唆するところ最も大きい。『備辺司謄録』粛宗四十三年正月二日には、おおよそ次のように記す[45]。

この日、提調の閔鎮厚が次のように国王に述べた。明代の万暦丙申の年（一五九六年）に朝鮮側が琉球漂着民を送還したところ、琉球は感謝の意を表す咨文を我が国に送ってきた。昨年（一七一六年）はたまたま丙申にあたり、この年に琉球が朝鮮漂着民を送還してくれたのは、偶然ではあるまい。今回、朝鮮の方から感謝の咨文を琉球に送るべきではないか。

この発言を受けて都提調の金昌集も同調し、次のように言った。琉球に漂着し救助された朝鮮人の言によれば、彼らは「昔、朝鮮人が漂着した時、こちらから北京に転送したことがあるが、彼らは朝鮮本土まで帰還したかどうか」と琉球人に尋ねられ、まったく知らなかったので大いに気がとがめたとのことである、琉球が努力して送還してくれたからには、たとえ明朝とは時代が違うとはいえ、咨文を送って報告すべきが道理ではないか。

閔鎮厚はさらに、明代に前例がある以上、北京の礼部も難癖をつけて反対するようなことはないようだ、と意見を述べた。

ところが礼曹判書である宋相琦が反対意見を上奏し、結局琉球へ咨文を送ることは取りやめとなったということである。

さて、一五九六（万暦二十四、宣祖二十九）年に琉球漂流民を朝鮮側が送還したというのは、実のところ一五八九（万暦十七、宣祖二十二）年に漂着した琉球人を朝鮮側が明朝の遼東都指揮使まで送り届けたものを言うであろう。『明実録』によれば彼らは遼東都指揮使に渡されたのち、明朝側によって北京まで転送され、さらに福建まで送られた。琉球側はこれに対して感謝の意を表す咨文を北京で朝鮮側に手渡し、さらにこの感謝の咨文に対する回答を朝鮮側が書き、同じく北京で琉球側に手渡している。これは、一五九七（万暦二十五）年八月六日付の咨文として、『歴代宝案』に収録されている[46]。

遼東から福建福州までは明朝が一貫して護送しているから、琉球は明に対しても当然上奏文あるいは咨文によって感謝の意を表したと考えられる。明代にはこのように宗主国である明を介して、朝鮮と琉球とは漂着民を送還していた。『同文彙考』によれば、清朝になると一六九八（康熙三十七、粛宗二十四）年に琉球が朝鮮漂流民を福州まで送り中国側がこれを北京まで送り、たまたまこの時北京に来ていた朝鮮の官員に引き渡した。この時、朝鮮側は清朝に対して、「謝漂人出送表」と題する上奏文など、数多くの感謝を表す文書を書き送っている。ところが、漂着地点から福州まで護送してくれた琉球国に対しては、感謝の咨文を書いたようにはまったくない。これを明朝の時のように北京で手渡したようにまったくない。国家の人民を送還してくれた相手国に対し、感謝の意を表すのは礼儀として当然であろう。しかも両者はともに同じ宗主国を戴く朝貢国であり、冊封国であった。一体、何を憚って咨文の交換をしなかったのであろうか。礼曹判書宋相琦の反対意見を聴いてみよう。

宋相琦によれば、皇朝（明朝）の時には国家間の交際に拘束は少なかった。今、朝鮮と琉球が同じ「藩服の国」であるとして互いに文書を通ずれば、「外交の戒」を犯す、つまり宗主国を通さずに私的な交際をすることになる。どうしても清朝を通して咨文を送る必要があるが、北京の礼部は「明朝の時は琉球と咨文を取り交わしていた」という弁解だけで、はたして説得に応じるであろうか。そもそも明朝の時には礼部を仲立ちとして琉球に咨文を渡してもらうということなどなかった。さらに一六九八（康熙三十七）年に琉球が朝鮮漂流民を送還してきてくれた時でも、このような感謝の咨文はこちらから送らなかった。

また清朝中国は朝鮮が日本と通信使を通じて交際をしているのを知っており、問題にしない。ところが琉球とは通信関係にない。万暦以来、百年近くも両国で書信の交換がないのに、今急に琉球と通信しようとすれば清朝の疑惑を招くであろう。したがって咨文の交換はおこなわず、北京へ賫咨官など事務レベルの朝鮮官僚が行った時、琉球側に感謝の意を伝えればよい。以上がおおよそ宋相琦の反対意見である。(47)

しかしこの議論を仔細に検討するなら、反対意見としてこれは極めて説得力に乏しいことがわかる。と言うのは第一に、宋相琦は「北京の礼部は〝明朝の時は琉球と咨文を取り交わしていた〟という弁解だけで、はたして説得に応じるであろうか」と言い、また「今急に琉球と通信しようとすれば清朝の疑惑を招くであろう」と言うが、朝鮮と琉球が共謀して反清の動きをするかもしれないなどということがおよそ考えられない時代にあって、その「清朝の疑惑」とはいったい何なのか、突っ込んだ説明が何もないからである。そして第二に、同じ「藩服の国」であるからといって朝鮮と琉球の間で文書を通ずれば、私的な交際をすることになる、これを礼部に説得できるであろうかなど難点をいくつか挙げるが、これはこの提案をおこなった閔鎮厚が「礼部も難癖をつけて反対するようなことはないようだ」との観測を述べるように、このような観測が十分に可能であったからである[48]。ところが実際に粛宗がとった判断はこの反対意見を支持するものであり、結果として国書をとり交わすことはついにおこなわれなかった。宋相琦の上奏文を読んだ粛宗は「この問題には意外な心配事があるかも知れない」と言って、彼の意見を採用したという。

では一体、どのような原因が両国を再び通信の国とするのを妨げたのであろうか。ここでは宋相琦が挙げた別の反対理由を見てみよう。それは、この康熙五十年代に至るまで、約八十年間すでに両国は通信を断ってきた、との事実である。そしてこの前回に琉球から朝鮮漂流民が送還されてきた一六九八（康熙三十七）年の時には、感謝の咨文を書かなかったという先例である。宋相琦が万暦以来百年近くというのは明らかな誇張であり、事実は崇禎以来約八十年であるが、この時すでに八十年間、国交が杜絶した状態であったことは事実である。

結論を言えば、この時期朝鮮が琉球に咨文を送ることができなかったのは、陰に日本があったからだと考えられる。さらに明確に言うなら、第一には一六九八（康熙三十七）年に琉球が朝鮮漂流民を福州―北京経由で送還してくるまで、琉球―薩摩―長崎―対馬そして朝鮮東萊府という日本ルートで送還してきていたからである。そして第二に、朝鮮はほぼ一貫して、琉球が日本に併合されたままであることを知っていたからである。

まず第一の問題である。

外交史料集『同文彙考』付編、巻二九以下には、朝鮮人が日本へ漂着したのち送還された時に交わされた文書を数多く載せる。多くは長州や対馬など「日本」諸藩に漂着したものの記録であるが、中に三件、琉球へ漂着した時のものを載せる。一六六二（寛文二）年、一六六三（寛文三）年、一六六九（寛文九）年の年号が入ったものである。対馬島主から朝鮮に送られた送還に関わる文書には、いずれも「琉球」または「琉球国」↓薩州↓長崎そして対馬まで転送されてきたことが記載される。これは、たとえば長州へ漂着した時、長州↓長崎そして対馬へ送還されたと記されるのと同じ形式である。これらに対する感謝状は朝鮮礼曹から出され、いずれも「礼曹参議答書」と題される。これら感謝状のうち一六六九（寛文九）年のものでは、対馬島主からの文書の中で「琉球国」とあったものをあえて「琉球」と書き改めているのを含め、すべて「琉球」↓薩州↓長崎へと転送されたと記される。注意すべきは、そのいずれも琉球は薩州や長州という一藩と同格のごとく記され、「琉球国」という一国として記されないことである。

一方『同文彙考』原編、巻六六以下には、朝鮮人が中国から送還された時に交わした文書を収録する。やはり多くは中国へ漂着し送還された時のものであるが、中にいくつか琉球から中国の福州—北京を経由して送還されてきた時のものが含まれる。すでに明らかにされているとおり、清朝が海禁令（遷界令）を解いた一六八四（康熙二十三）年以降になると、琉球は中国人漂流民を日本薩摩へではなく、直接福州へ送り届けるようになった[49]。これにともない、朝鮮漂流民についても、日本経由ではなく、中国経由で送還することになる。『同文彙考』によるかぎり、初めて福州経由で朝鮮漂流民の送還がされたのは、一六九八（康熙三十七）年のことである。この場合、礼部が朝鮮に送還について通知した文書において、「琉球国」↓福州↓北京と書かれていたのに従い、朝鮮から皇帝に提出した謝意を表す上奏文、あるいは礼部への咨文でも「琉球国」と書かれている。

琉球から福州まで送還を担当したのは琉球国であったが、「琉球国」へ謝意を表す咨文が朝鮮から送られたようにはまったくない。これは「礼義の邦」をもって自認する朝鮮としては、はなはだしく非礼であると国政担当者にも思えたであろう。だからこそ、閔鎮厚や金昌集のような主張が生まれたのである。

一六九八年の時に感謝の咨文を書かなかったのはおそらく、つい三十年前まで朝鮮漂流民は日本経由で帰還されていたからである。それまで礼曹は、対馬に送った感謝状において、琉球をあたかも長州などと同様の日本の藩のごとく一地方名として記すのみで、「琉球国」とは記していなかった。「琉球」に感謝の文書を送るのであれば長州や薩州にも送らねばならないであろう。しかも日本経由で送らねばならなかった。一六九八年、北京の礼部から送られた咨文には、今度は「琉球国」から福州まで漂流民が送還されてきた、と記してあった。ソウルの礼曹は若干の戸惑い、あるいは齟齬するものを覚えたであろうが、三十年ほど前に「琉球」に感謝状を送らなかった以上、実態としては同じ「琉球国」への咨文を送りにくかったであろう。宋相琦の反対意見の一つは、先回一六九八（康熙三十七）年に琉球→福州→北京の経由で送還された時には、琉球には感謝の咨文を出さなかった、という先例があるというものであったが、その先例とはこのような歴史的経緯によって生まれたものだったのである。

宋相琦はもう一つ、琉球に対しては百年近くも咨文を出してこなかったことを反対理由として挙げた。これが第二の問題である。何故、両国は咨文の交換をしなくなったのであろうか。それはやはり日本に関わることが原因であったと考えられる。一六三六（崇禎九、仁祖十四）年以降、日本に通信使を送りはじめたことがおそらくそれである。

豊臣秀吉による朝鮮侵略の後、朝鮮と日本とは長く国交を断ったままであった。国交回復により積極的であったのは、日本の方である。徳川幕府は国交の回復を望み、何度も朝鮮に通信使（信使）を送ってくれるように要請した。しかしこの要請に応じながら、一六〇七年、一六一七年、そして一六二四年と三回朝鮮が送った使節は、いずれも通信使という名称をあえて避け、回答兼刷還使と称するものであった。これは朝鮮側が日本と通信関係に入ること、つまり正式な国交を回復することに極めて慎重な態度を持っていたことを意味するものである。一六三六年に通信使が派遣されたということは、朝鮮側から見て、ここに始めて戦争以前に類した正式な国交を結んだことを意味していた。

現在確認できるかぎりで言えば、朝鮮と琉球は一六三四年まで咨文の交換をしていたこと、すでに述べた。『歴代宝案』に収録する朝鮮国王から琉球国王への咨文及び琉球国王から朝鮮国王への咨文には、ともに「交隣」の文字が見え、両国が共に「交隣関係」にあると認識していたことは明らかである。さらに「交隣」とは改めて言うまでもなく、朝鮮が対外関係として設定した「事大」と「交隣」のそれであり、その代表が日本であった。(50) 日本も琉球も同じ明朝の冊封国であるときは、両国をともに交隣国と位置付け通信関係をもつことに、何ら問題なかった。ところが、一六〇九年以後、琉球は日本に併合されてしまった。もっとも一六三六年までは、日本と正式な国交がなかったから、明と同様に朝鮮も琉球の実情を知らぬことにしておけばよかった。ところが、一六三六年には、日本と通信関係を樹立してしまった。このように国際構造が変わってしまった時、琉球が日本に併合された情況にあることを知らぬこととして、琉球とも通信関係を維持し続けることができるであろうか。しかも朝鮮へは中国と違い、琉球が日本に服属しているとのニュースは頻々と絶え間なく届けられることになったのである。

日本と国交回復後、初めて送られた通信使において、その正使となったのは任絖である。一六三八年のある日、任絖は国王仁祖に侍っていた。任絖がその前年に日本から帰ってきたことを知る仁祖は、「お前の考えでは、倭情つまり日本の情況をどう思うか」と尋ね、さらに「琉球国が日本に臣服し入貢しているということだが、本当か」と尋ねた。これに対し任絖は「わたしが日本に使いした時に聞いた話では、本当だということです」と答えたという。(51)

南龍翼は一六五五（孝宗六）年通信使の従事官として、日本を訪れた。その旅行記『扶桑録』には、江戸で聞いた話として、琉球国の使臣が薩摩藩主に連れられて来ているということを記している。琉球国使臣はすでに江戸に到着しているのだが、将軍は自分では会わず、執政らに接待させたあとで送り返しているとまで記している。(52) また一七一一（粛宗三十七）年通信使従事官であった李邦彦は新井白石との筆談の席で、「琉球の使節が貴国に来聘していると聞いているが……」と問うたのに対して、新井は肯定も否定もせず、どちらともとれる返答をしている。(53)

このような情報は、毎回の通信使一行によって、数多くもたらされたであろう。一七一九（粛宗五十八）年通信使の製述官として日本を訪れた申維翰は、琉球は三年に一回日本に朝貢しており、薩摩で上陸したあと江戸まで行って行礼した後、帰っていると記している。雨森芳洲が語る言葉も、琉球が日本に併合されているとの想定を確信にまで導くものであった。また申維翰はかつて琉球に漂流して帰還した者に会ったところ、「琉球は日本に朝貢しているから、国王は［我々を］日本へ送ってくれ、やっと朝鮮東萊府まで伝送された」と語ったと伝える。[54] このように琉球へ漂着した者が日本経由で送還されていた時代あるいは彼らがなお生きていた時代には、彼らの口を通して琉球の実情が朝鮮へ伝えられた。通信使の派遣が復活してからは、この種の情報はさらに多く入るようになったに違いない。

一七一九年通信使に続く一七四八（英祖二十四）年のそれでも、随員の洪景海は琉球が日本に服属しているとすでに朝鮮国内で聞いていたらしく、対馬から博多沖合の藍島に向かう時すでに「琉球国は将軍に朝貢しており、薩摩州がその接待を司っていると聞いているが、本当かどうか」と日本人に尋ねている。[55] 江戸で書記の李命啓らと筆談した山宮維深は、琉球の土俗は日本とはなはだしく同じであり、これは「思うにわが薩摩州の附庸となっているからである」と述べ、さらには「慶長年間に薩摩の島津家久が兵を遣わして中山国を滅ぼし、尚寧王を捕虜にして帰り、将軍にお目見えさせた。中山王は永く附庸とならんことを請うた」と述べた。これに対して李命啓は「すでに聞いて知っている」と答えたという。[56] 同じく江戸で菅道伯は、通信使に医官として随行してきた趙崇寿らと筆談し、「耽羅国はすでに貴国朝鮮に服属しており、我が国が琉球・蝦夷を有しているようなものである」と言ったのに対して、趙崇寿はまったく疑問を呈していない。さらに趙崇寿が日本の酒について尋ねたとき、「また焼酎というものがあり、薩摩州の産物である。焼酎はもともと琉球から来ている。琉球は薩摩に隷属しているから、人々は薩摩の産物だとしている」とも述べている。[57]

一七六四（英祖四十）年通信使も同じである。この時、訳官として一行に加わった呉大齢の記録によれば、琉球国は「日本国が薩摩州太守（藩主）に討降させたものであるから、薩摩州に属し、一附庸国となっている」という。藩主が江戸へ朝する時には必ず琉球国王を引きつれて行く。琉球国の官職でポストが空くと、すべて薩摩から派遣される。薩摩から赴任して来た者はこの地で妻をめとり子を産み、これが長いこと続いている。そして「琉球国の半ばは倭人の子孫である」と断じ、「久しからずして必ずや薩摩が併合するところとなる。その謀略は何と狡猾にして深刻であることか」と憂えている。[58] 一行に書記として加わった元重挙と成大中が、琉球の置かれた国際的な情況をどのように認識していたかについては、次の第四章で記すとおりである。

通信使の一行は日本へ出発する前に、それまでに日本へ行ったことのある先輩の体験談を聴き、あるいは関連の文献を読んで来た。ここに見えるように琉球が日本に服属しているという事実は、歴代の通信使が続けて日本へ来ることによって、伝承され続け確認され続けたのである。

一六三六年以後であっても、かりに両国使節が北京で会っていれば、事実を知らないことにしてそのまま咨文を交換し続けた可能性はもちろんある。しかし偶然にもこの同じ一六三六年を境として、しばらくの間朝鮮から北京へ使節を送らなかったし、琉球も明清の交代の前後には北京へ使節を送らなかった。これが冷却期間となった。

一六三六年以降、再び朝鮮が日本に通信使を送りはじめると、朝鮮当局の要人を通じて琉球が実際には日本に服属し続けていることが継続して伝えられ、これが伝承され、国際構造の中で琉球のおかれた虚構性が暴かれてしまう危険性が大きくなった。日本の幕府が朝鮮に対してこの虚構性を隠すのに汲々としていたようにはまったくない。一六六九年まで琉球へ漂着した朝鮮漂流民を日本経由で送還していたように、この頃まで幕府は琉球との関係について隠蔽する必要があるとは、考えていなかったようである。一八世紀になっても、新井白石のような幕府の中枢にいる者にして、「琉球の文字は日本の文字と同じであり、中山王の先祖は源為朝である」と事もなげに朝鮮側に言い放っていた。老練な外交官であった雨森芳洲でさえ、申維翰の問いに対して琉球は日本と関係ないなどと答えることはなく、逆にそれが日本の服属下にあることを確信させるような応答をしていたのである。

朝鮮と琉球が清代に入ると北京で咨文の交換をできなくなったのは、清朝の問題、つまりそれが満州族の統治する国家であったからではない。日本が当時の東アジア四国の国際構造において、それをなりたたせるのに不可欠の要因となるに至っていたからである。中国が日本に対して国交を杜絶し続けたのに対し、朝鮮はこれと通信関係という国交を回復した。ここにおいて両国の対琉球外交も根本的に異ならざるをえず、朝鮮と琉球との国交も杜絶するほかなかったのである。

六　結　語

一六〇九年以降における東アジアという場での国際構造を理解しようとするとき、冊封体制という抽象概念が有効でないばかりか、そのような概念があることがかえって著しい事実誤認をも生み出すこと、以上によって明らかになったであろう。西嶋定生自身が清朝には空前の冊封体制が出現したと認識したことなど、その最たるものと言ってよいであろう。明朝が琉球に対して、時間かせぎとして十年間は入貢してくることは許さない、十年後なら入貢を許すと命じた外交政策についても、これを十年一貢制に改定したものと解釈され、これが繰りかえし繰りかえし主張されてきたのも、そこに冊封体制あるいは朝貢システムなどという概念があり、このようなシステムは永続するものであるという抜きがたい思い入れがあったからではないか。

中国、朝鮮、琉球、日本の四箇国関係は、清代において実質的には三つしかなかった冊封国のうち二つ含まれるという、当時の東アジアにおいては例外的なものであった。その珍しい二箇国である冊封国が、相互に咨文の交換すらできなかったという事実は、いわゆる冊封体制論とどのように両立しうるのであろうか。国交が杜絶していること、特に日本と中国とのそれが杜絶し続けたことが、東アジア四国の国際構造を形づくるのに決定的な契機となったのであって、これまで言われてきたように日本が東アジアの国際秩序を離脱していたわけでは決してなかった。そして日本が中国と国交を持たず、一方の朝鮮とは通信関係をもったことが、朝鮮と琉球との国交をも遮断することとなったのである。

外交とは機械によって形づくられるシステムのように、一度装置を設定すれば永続するものでは決してない。それは人間という、事実を知らぬことにできたり、また忘れてしまうことができる柔軟な「機械」が作り出すものである。したがって逆に、何かを契機にして事実が眼前に現れ、突然に思い出されたりすることがあるから、安定した国際構造はここに危機に立たされてしまう。このため皇帝、国王、将軍をはじめとして外交に関わる者たちは、事実が眼前に現れてしまわないように、時に注意をはらわねばならなかった。朝鮮国王粛宗は、琉球との咨文の交換を復活すべきではないと言った宋相琦の意見を採用したとき、彼はその理由として「意外な心配事（意外の慮）があるかも知れない」と言ったという。あるいは彼の漠然とした不安のなかには、将来において琉球が日本に「正式に」併合されてしまう可能性も含まれていたのかも知れない。隠されていたはずの事実が、何かを契機に自らの意図に反して突如として暴かれてしまうことを心配したのかも知れない。

　また外交とは、その時その時の国力に応じて変更される。これまで述べてきた東アジア四国の国際構造とは、そのような変更をも含み込んだある枠組である。たとえば我々は、一六一二年から一六三三年までにおこなわれた琉球の明朝への朝貢、あるいは明朝から琉球に対する冊封について、これを虚構の朝貢、虚構の冊封と呼んだ。しかし、情勢が変化すれば当然に虚が実に置きかわる。中国―琉球関係に即して言えば、この虚から実に転化したのは、おおよそ清朝が国力を完全に回復し、並ぶ対抗相手がいなくなった遷界令解除の頃、すなわち一六八〇年代のことと考えてよかろう。康熙二十年代に中国自ら国力が回復しただけではない。かつて敵対国であった日本もすでに鎖国に入ってから久しく、もはや鶏籠、淡水を占領できるだけの軍事力を完全になくしていたのである。

　中国では康熙二十年代以降になると、多くの人は琉球が実質的に日本に臣属したままであることをすでに忘れ去っていたらしい。ところが外交実務の最先端にいる外交官や事実認識を重視する考証学者の一部は、このことを秘かに語り継ぐか、うすうす知りうることがあった。しかしその場合でも、彼らはそれを公言したり、そうかどうかをあからさまに人に問うてはならなかったようである。

　その一例と考えられるのが、一八〇〇（嘉慶五）年に琉球冊封使副使として実際にこの地に赴いた李鼎元である。

康熙二十年代以後に編集された各種の琉球冊封使録には、琉球で用いられている文字と文章が日本のそれであることは疑いないと記され、またこの地で用いられている貨幣が日本の寛永通宝であり、この国の僧侶は多く日本に留学して帰国していると記される。ところが、それ以上に日本と琉球とが現在どのような関係にあるかについては、一切説き及ばない。自ら琉球へ赴いた李鼎元は那覇の波上寺銘文を考証して、「琉球は昔かつて日本に臣属していた」との結論に至った。臣属していたと言うのは、彼の考証によれば明末天啓年間のことである。また一九世紀中頃の考証学者兪正燮も相似た考証をした結果として、やはり明末の万暦末年から天啓年間にかけて「琉球も日本に属していたのだ」との結論に至った。

ところが二人とも、ではこの国が何時からどのようにして日本の臣属から離れたのか、一切考証しなかった。かつて一六〇九年に日本に拘われの身となった琉球国王が釈放されて琉球国に帰された時、彼は帰ることができた理由を「夷酋」「倭君」が明朝の「天威」に恐れをなしたからだと明朝側に釈明したが、福建巡撫丁継嗣以下誰もがこのような子供だましを信じることなく、この国を「〔独立〕国と見なしがたいこと明らかである」と見ていた。それから約二百年後、李鼎元にしても兪正燮にしても、「明末には琉球が日本に属していた」と明確に知るに至りながら、琉球が日本の臣属を解かれた理由として、国王尚寧がやったような子供だましを受け入れたとは到底考えられない。とすれば彼らは判断を停止し、それ以上は問わなかったと言うほかないのである。[59]

李鼎元は琉球へ赴くに当たって、『球雅』という漢琉字典を編纂する計画であり、実際に現地で琉球人の協力を得て琉球語の収集に当たったこと、その『使琉球記』にしばしば見える。ところが彼は帰国後、この『球雅』を『琉球訳』という書名に変更せざるを得なくなった。帰国直後にたまたま朝鮮燕行使の随員として北京に来ていた柳得恭に対して、「この書名変更をどう思うか」と尋ねたのだが、その書名を改めざるを得なくなった理由は「琉球国の文字は日本字である」とある友人に言われたから、というものであった。

ただ琉球の文字が日本の文字であるからといって、なぜ書名まで変更せねばならないのか。なぜ『球雅』のままではいけなかったのか。琉球の文字が日本の文字であることなどは、彼が琉球へ赴くまでに編纂された使琉球録にすでに書かれていたことであって、李鼎元はそれを知っていたはずではないか。

『球雅』はもちろん儒教経典の一つである『爾雅』をモデルとして名付けられたものである。著作に意欲満々であった李鼎元が書名変更にまで追い込まれたことは、『爾雅』が当時の中国学界でどのように考えられていたのかわからないと、よく理解できないであろう。当時の学界では、『爾雅』とはただ単に中国古代の字書である、という程度のものではなかった。考証学者の阮元によれば、『爾雅』の雅とは「正しいところに近づける」ということであった。虞、夏、殷、周という古代諸王朝の都で用いられた言葉は「正言」である。いわば標準語である。「正しい言葉（正言）はちょうど今の官話のようなものである。正しいところに近づけるとは、各省の地方の音を官話に近づけること」であると彼は言う。つまり阮元にあっては、『爾雅』とは、周王朝の時代に封建された各国の地方言葉を正しい言葉、すなわち正言に近づけ、置き換えたものであった[60]。

李鼎元が『球雅』を編纂しようとしたのも、このような「価値」を含んだ行為であったに違いない。李鼎元より一つ前に琉球冊封使として赴いた周煌は乾隆帝の命に応じて『琉球国志略』を編纂した。それは琉球国を清朝の一省なみに扱って編纂したものであった。周煌のような認識である限りは、書名が『球雅』でも問題ない。それどころか大変に相応しいものである。ところが李鼎元は周煌に比べてその立場がより自由であり、おそらくはより学者タイプの人であった。「琉球国の文字は日本字である」と友人に言われただけで、書名変更にまで及ぶとはあまりに短絡的に過ぎよう。そこに隠されている真の原因とは、次のようなものであったと考えられる。すなわち、彼は琉球へ行くことによって、そこで使われている言葉が日本語に近いというだけではなく、その国自体が清朝の一省に類したものと見なすにはほど遠い現状にあること、言い換えれば冊封を受けている諸侯国とは見せかけで、日本に臣属した情況が今でも続いたままであることを明確に意識したに違いない。それは波上寺銘文に関わる考証が示している。そうでなければ、なぜ『球雅』という価値を含んだ立派な書名をやめて、『琉球訳』という中性的な書名にあえて変更する必要があったであろうか[61]。

しかしより自由で学者タイプであった李鼎元にして、やはり柳得恭に対しては書名変更にまで追い込まれた真の原因を語らなかったし、この朝鮮知識人に対して、「琉球は現在でも日本に臣属しているのか」などと、あまりに率直には問わなかった。そのように問われたら、柳得恭も大いに返答に窮したであろうし、この対話自体が史料として残らなかった可能性すらある。これが正直に語られず問われなかったから、彼と柳得恭との問答はうまくかみ合わず、実に要領を得ないもので終わった。

また、次章で述べるところの、朝貢使節の宿舎を管理する外交官である会同館提督もその一例であろう。朝鮮の「通訳官」が、漂流した朝鮮人民を救ってくれてありがとうという感謝の言葉を伝えに、琉球使節の宿舎にやってきて門に至った。これを聞いた会同館提督は、この通訳官に対して、「君たちの方から自ら屈して入見すべきであろうか。ここまで〔琉球正使を〕呼びつけて会うので十分だ」とまったく礼を無視した注意を加えたという。これもまた、おそらくは先輩からの秘かな伝承により、彼が琉球の置かれている現状を知っていたからだと考えるほかない。彼もまた、何故そのような対応をとるべきであるか、朝鮮通訳官に具体的に説明しなかった。おそらくは暗黙の了解があったからである。

中国の外交官や考証学者が琉球の置かれている現状を知ったとしても、それを公言したりそれ以上問うてはいけなかった。なぜなら第一に、中国清朝皇帝は順治以来これまで、琉球は日本に臣属していないとして朝貢を受け付け冊封してきたのだし、琉球を中国の一省なみに見なした地方志まで乾隆帝は作らせたのだから、これを公言することは皇帝の顔に泥を塗ることであったからである。そして第二に、当時の中国・日本・琉球・朝鮮の四箇国は、それぞれに外交的に冊封、通信、そして杜絶という違った関係をとることによって、すでに東アジアでは安定した国際秩序がなりたっていたからである。これを公言することに何のプラスも伴わなかっただけではない。一歩誤れば、著しい不敬と秩序破壊を招くからであった。

第四章　朝鮮知識人による琉球の国際的地位認識

——北学派を中心に——

一　はじめに

第三章でわたしは、日本史では薩摩の侵攻などとして記される事件が、当時における中国と朝鮮の史書では多く「日本（倭）の琉球併合」と記されていること、そして少なくとも一六〇九年に起こったこの事件から以後は、東アジアという場には、中国と個々の国との間で結ばれる冊封関係を超えたところの、システムとしての冊封体制は存在しなかった、と述べた(1)。

そこでその論拠の一つとして挙げたのは、朝鮮と琉球の両国の間では国書の交換すら一貫してできなかった、つまり正式な外交関係を一貫して持ち得なかったという事実である。朝鮮政府では一七一七（康熙五十六、粛宗四十三）年に一度、自国の漂流民を救助し中国を通じて送還してくれた琉球国王に対して、明代にかつてやっていたのと同じように国書を送って感謝の意を表すべきではないか、との議論がなされたことがあった。ところが国王粛宗が下した判断は、「この問題には意外な心配事があるかもしれない」として国書を送らない、つまりは国交を再開しないというものであった。かりに東アジアにシステムとしての冊封体制というものが実際に意味のあるものとしてあったのなら、実質的には三箇国ないしは四箇国しかない冊封国のうちの二箇国、何の怨みも敵対関係もないこの両国の間で、また清朝にとっては盤石の勢いにあり両国が通謀して反抗するかも知れないなどともはや恐れる必要がないはずの一八世紀前半にあって、なぜ朝鮮側は自国の民を救助してくれてありがとうという国書すら北京で琉球側に渡せなかったのか、これが説明できないとしたのである。わたしは続く第二の論考において、朝鮮、琉球の朝貢使節が北京でいかに奇妙な接触をしていたのかを二つの事例を紹介しながら示すことによって、この主張を補強した(2)。

では実際、当時の朝鮮知識人は琉球が置かれていたこのような国際的地位についてどこまで知っていたのか、どのように見ていたのであろうか、あるいは両国にはなぜ国交がなくなったと考えていたのであろうか。燕行使や通信使の残した記録では、これについてどのように記されるのであろうか。これが本章で取りあげる問題である。

現存する朝鮮の史書に、国交が杜絶している琉球について記すことは、極めて稀である。膨大な『朝鮮王朝実録』でも琉球について記すこと自体が少ないが、一七世紀後半以降のそれとなると極端に少なくなる。国交がないうえ貿易関係もないのであるから、これは当然である。このためであろう、朝鮮知識人が一七世紀後半以降に琉球をどのように見ていたかを問うた研究はほとんどない。しかし国交のない者同士が互いに置かれた国際的な情況をどのように見ていたかを問うことこそ、この時代における東アジアの独特な構造を理解するために不可欠である。

ここで主に取りあげる北学派知識人とは、アヘン戦争以前の朝鮮にあっては、最も豊かな国際感覚と外国に対する知識を持った知識人のグループであった。従って彼らによる琉球認識は、一七世紀後半から一九世紀前半にかけて生きた朝鮮知識人の中で最も水準の高いものと考えてよいであろう。北学派という名前は一七六五（乾隆三十、英祖四十二）年に洪大容が北京を訪れ、その翌年それまでとまったく違う中国情報が彼によってもたらされると、これに刺激された朴斉家が一七七八年に北京を訪れ、帰国後ただちに『北学議』を著して「北のかた中国に学べ」と主張したところに生まれたものである。したがって彼らの多くは、燕行使の一員として北京へ行った者であった。彼らはいわゆる実学派の一派とされるが、その中でも特に外国に対して開明的であった。

通常、北学派としては洪大容、朴趾源、李徳懋、朴斉家、李書九、柳得恭の六人が挙げられる。このうち柳得恭の琉球認識については、彼が一八〇一（嘉慶六、純祖元）年に北京を訪れたおり、たまたま琉球国王を冊封して帰ってきた李鼎元と面談した時の記録『燕台再游録』をもとにして、村尾進が要を得た紹介をしているし前章でも簡単に触れたので、ここでは省く。(3) 逆に、通常は北学派人士には数えられないが、成大中と元重挙の対琉球観については、ここで取りあげる。というのは、この二人は一七六四（英祖四十、明和元）年通信使として日本へ赴き、その帰国後は北学派知識人と親しく交わり、彼らによる日本認識に大きな影響を与えたからである。また実際、彼らが示した日本観は、燕行使の一員として北京へ行った洪大容あるいは朴斉家による中国観と酷似したものがある。(4) したがってここでは、彼らをも「北学派」知識人と見なし、その琉球認識を紹介する。

先に触れた第二の論考はハングルで公表されたため、日本の多くの読者にはアクセスしにくいものとなっている。しかしそこで紹介した朝鮮使節の北京における二つの見聞は、北学派知識人たちによる琉球認識の前提を理解するうえで不可欠であるから、本章ではまずこれを簡単に紹介することから始めることにしたい。

二　一八世紀、朝鮮燕行使による三つの琉球人見聞録

まず第一の見聞である。それは一七二四（雍正二、景宗四）年十二月七日に北京で見聞したこととして、書状官であった金尚奎が帰国後、公式文書として国王へ報告したものである。旅行中見聞した事柄のうち重要なものを帰国後報告するのが、書状官の任務の一つである。それはおおよそ、次のようなものであった。

琉球国の正使と副使が訪問するとの予告もなしに、朝、突然に宿舎玉河館の中庭まで入り込んできたので、応

接せねばならなかった。衣服は清人とあまり違わないが、髪はたばねて剃り上げず、紫黄色のヒモでゆわえており、ちょうど我が国の女性とよく似ていた。話し言葉は満州族のものでも漢族のものでもなく、日本語に似ているとはいうが、はっきりはしない。

朝鮮側副使の李真儒はまず始めに「貴国琉球国とわが国朝鮮とは交隣関係にないし、使者の往来もない。今日、はからずも中国に使いして邂逅するとは、甚だ幸いである」という意味の言葉を記して示した。すると、琉球正使だという者は「自分は琉球国王の叔父である」と言い、また「尊顔を拝見できて大変うれしい、云々」と手で書いた。筆跡ははなはだうまかった。その後しばらくの間は何のやりとりもなく、突然に立ち去った。行動が常軌を逸しており、礼儀が軽率であること、極めて大いに驚くべきである。通訳の話しでは、日本人の風俗とよく似ている、とのことであった[5]。

ここで琉球正使として登場するのは翁国柱である。琉球側史料『歴代宝案』の当該箇所および『清代中琉関係档案五編』所収の清朝側史料によれば、彼は琉球国王の舅（母方の叔父）であったという[6]。

さてここに見えるように、朝鮮側は琉球とは「交隣関係にないし、使者の往来もない」、つまり国交がないと明確に認識していた。随行員はともかくとして、正使・副使・書状官は朝鮮国王の代理として北京へ来ていたから、国交がない国の使節とは打ち解けた会話をすることができなかった。いやむしろ、ここには琉球使節が突然何の予告もなしにやってきたことに対する驚きとともに、面と向かって応対せねばならなくなった当惑と怒りが表れていよう。この時、朝鮮側では正使ではなく副使李真儒が応接に出たのも、おそらくは意図的なものであったと考えてよいであろう。

この史料から読み取ることができるのはまた、清朝側は両国使節を接触させることに、特別な忌避を見せていないことである。両国使節が接触することによって、反清の謀議を交わすかも知れないとの危惧は、はるか昔のことであった。朝鮮側宿舎である玉河館では、会同館提督や門番にあたる清朝側の軍人が厳重に管理していたから、琉球の衣服を着ており一見して外国人であるとわかる者たちを許可証もなしに入館させることはなかったはずである。また琉球館で琉球人が出入りするのは朝鮮館つまり玉河館で朝鮮人が出入りするより、はるかに拘束が強かったという。(7)してみれば、翁国柱が琉球館を出る段階で、すでに清朝側に対して朝鮮館を訪問するとの外出許可をとり、しかも清朝側の者が同行していたと考えるべきであろう。このことは後に洪大容による琉球認識を見るときに再び論ずるであろう。

次に紹介するのは、その四年後一七二八（雍正六、英祖四）年の記録である。それはその前年に派遣された燕行使の随行員、国王の代理ではなく私人として旅行団に加わった姜浩溥による『桑蓬録』である。

一七二八年正月、たまたま北京に滞在していた彼らのもとに、琉球で救助された済州島の漂流民九人が琉球人の宿舎である三官廟へ到着した、との知らせが届けられた。この時、朝鮮側は使節団の正使などを送って謝意を表すのではなく、通訳官の洪万運を琉球館へ遣わし琉球使臣に謝意を伝えさせた。それは一七一七年に粛宗の前で行われた議論、すなわち正使や副使に謝意を伝えさせるのでは国王の代理であるからできない、従って国王の代理ではない通訳官に謝意を伝えさせるという議論を踏まえた措置であった。

さて正月十七日、清朝を代表する礼部尚書立ち会いのもと、朝鮮側通訳官を介して済州島の漂流民九人に対して聞き取り調査が行われた。そして二月十二日に漂流民九人が朝鮮側の宿舎に送り届けられると、ここでも朝鮮側による訊問が再び行われた。漂流民の答えは、中国側による訊問の時になされたのとほとんど同じであったが、ただ一点、彼らが漂着したときに琉球人との間で次のような対応があったと供述しているところが違っており、注目される。琉球人は彼ら漂流民に対して、何度も次のように語ったという。

我国（琉球）の者がお前の国（朝鮮）へ漂着するたびに、お前の国ではいつもこれを殺して送り還してこない。昔から今まで死んで還ってこない者は、何人になるか知れない。ところが我々はお前の国のやり方に倣うに忍びず、こうして保護し救助して送還しているのだ。

これを聞いた朝鮮漂流民たちは、「恥ずかしくて言葉も出なかった」という。[8]

この一七二八年に朝鮮ソウルへ帰還した漂流民のことは、『承政院日記』英祖四年四月六日、『備辺司謄録』英祖四年四月五日、『同文彙考』巻六六、雍正六年二月十九日、『通文館志』巻一〇、英祖四年にも簡単ながら記されており、従ってこれまでの研究でも知られていた。[9] ただし、これら国家による公式記録というべき史料にはいずれも、琉球人が済州島人に非難して語ったという言葉は記載されていない。しかし姜浩溥がわざわざ荒唐無稽な話を記したとは、とうてい考えることができない。何のためにそのような作り話を記さねばならないか、まったく理由がないからである。また済州島人がわざわざ偽りの供述をしたともとうてい考えられない。さらに言うなら、これまでの研究による限り、琉球漂流民を朝鮮側が送還した事例は一六一三年から一七八九年に至るまで、実に約百八十年間も確認されていないからである。かつて琉球人の朝鮮漂着について年表を作成した研究者たちは、かくも長期にわたって琉球人の漂着記録が現れないのは、大きな疑問であるとし、これほどの長期間、漂着がなかったとは考えられないとした。[10] 一七二八年とは一六一三年から一七八九年にかけてのまっただ中であり、この事実と彼らの言葉とはあまりに符合している。

以上二つの見聞は、すでに紹介したことがあるので、ここでは簡単に紹介するにとどめたが、次に紹介する一七七三（乾隆三十八、英祖四十九）年のものについては、やや詳しく紹介しよう。それは厳璹『燕行録』に見えるものである。[11]

厳璹は一七七三年燕行使の副使として、十二月三十日に恒例のごとく鴻臚寺を訪れ、翌年正月元旦に紫禁城で挙行される新年祝賀式のためにリハーサルとして礼儀作法を教わった。琉球からの使節が同じ朝賀の式に列席するために北京に来ているのであれば、リハーサルの席を共にするのが慣例である。この時も両国使節は一緒に礼儀を習ったのであるが、両国国王の代理で来ている彼らが親しく筆談を交わさないのも慣例であった。ところが厳璹は琉球使節と邂逅する機会は得がたいと考えたためか、日頃から抱いていた疑問を尋ねてみようと考えた。彼は述べる。

わたしはかつて、琉球が済州島でのことのために朝鮮を怨んでいる、と聞いたことがあるが、本当かどうかわからない〈もう少し近づいて琉球使節を見てみたく思ったのだが、知らんぷりして行ってしまったし、通訳を通してしばらくの間この場にとどまってくれないかと言ったのだが、やはり返答がなかった〉。今日、琉球使節がこんなふるまいをするのは、やはりわざと自分たちを避けようとしているからのようだ。一つ探ってやれと思って、書状官と謀って手紙を書いて尋ねた。

そこで厳璹は手紙を書き、あわせて朝鮮製の湖西紙と嶺南扇をプレゼントとして加え、召使いを琉球館へ送って届けさせた。使いの者が帰って来て言うには、琉球使節の三人は大いに喜んでいる様子とのこと、返信には琉球国耳目官向宣謨、正議大夫毛景成、朝京都通事蔡頤の名が添えられていたという。

問題は正月五日になって、琉球使節から正式な返礼が届いたときの記録である。返信には三人別々の名で別紙三枚が添えられており、それぞれ「手巾二すじ、茶碗二箱」、「琉球扇二箱、茶碗二箱」、「琉球紙二巻、琉球扇二箱」と書かれていた。このプレゼントを開いて見たときの感想を厳璹は次のように記している。

いわゆる手巾とは、苧で作った布で一尺余り、青いプリントで模様がほどこしてある。紙と茶碗、それに扇も箱も全部、日本の物らしい。これを琉球紙、琉球扇と言っているのは、こちらからのプレゼント品目で「湖西紙、嶺南扇」と称してあったから、これをまねして書いたものらしく、一つの笑い話とするのに十分だ。

最も辛辣な言葉が見えるのは、正月十二日の条である。この日、琉球使節の召使い五人が手紙を持ってやってきたので、すべて招き入れて食事をとらせた。見れば彼らが着る衣服や帽子はすべて清朝の制度なので、このことを尋ねたところ、福州へ着いてからもらったのだという。昨年、わたしが済州島へ入ったとき、済州島の民で中国浙江省への漂着した者に会ったことがある。彼らは清から衣服や帽子を支給されたのだが、服は着ても帽子をかぶらなかった。清人は皇帝からの下賜であるからどうしてもかぶれと言ったが、済州の民は服装にもそれぞれ国の制度があるからと言って、どうしてもかぶらなかったという。

ところが今、琉球人たちは召使いたちだけでなく、正使たち使臣でも帽子をかぶっており、これを着けて市中へ歩いて行き、自分で売買していると聞く。済州島の人々の方がずっとずっと上である。

済州島とはかつて朝鮮では僻地であったが、そこの人民ですら満州族の帽子をかぶろうとはしなかった。ところが琉球の者は使節の正使たちでさえ、何の恥ずかしげもなくこの満州族の衣服をもらって着、喜々として街中を歩いているると説明する。

さらに厳璹はこの五人の召使いと、次のような問答をしたと記している。

「おまえの国は日本とどれだけ離れているか」と尋ねたところ、彼らは頭を振りながら「日本とはどんな国なのか知らない」と答えた。また倭国について問うたところ、やはり心を動揺させて「知らない」と言う。琉球は日本に服従し事えているのだが、これを中国にはばかって言わないのだと聞いたことがある。だからこのように答えたのであろう。

さて、以上で見た厳璹の見聞の中で、彼が見せた琉球に対する辛辣さと蔑視のほかに興味深いのは、次の二点である。第一は鴻臚寺における予行演習の席で、琉球使節が厳璹らを無視したかに見えたのに対して、彼は「済州島でのことのために朝鮮を怨んでいるのではないか」と考えたことである。済州島で起こったこととは、前に紹介した琉球からこの島へ漂着した者は、すべて殺してきたという供述が本当のことで、厳璹は昨年に済州島へ行ったというのだから、これを聞いたのであろうか。あるいは琉球人の怨みとは、後に『春官志』の記事と洪大容による琉球認識のところで述べる、いわゆる琉球王子殺害事件の伝説なのであろうか。厳璹による日記からは、これ以上のことはわからない。

あと一つ重要なのは、琉球は日本に服属しているが故にこれを中国に対して隠さねばならなかったと述べるとともに、「日本とはどんな国なのか知らない」と琉球人が答えたのもこのためであると、彼が明確に述べていることである。朝鮮燕行使たちは北京で琉球人としばしば遭遇し、彼らのことを記録にとどめた。(12) ところがこれらの遭遇記では、「日本までどれくらい離れているか」などと朝鮮側がしばしば尋ねるのに対して、琉球人はよく知らないと答え、朝鮮人はこのような不明瞭な答えを得ても、それ以上突っ込んで問いを発することなく終わるのが普通である。厳璹は琉球が日本に服属していることをあらかじめほぼ確信した上で尋ねているのであるから、ほかの見聞記でもこれを知った上で、すなわち琉球側が明瞭な答えを返せないと知った上で相手の反応を見るためだけに、意地の悪い問いを発していると考えてよいであろう。

いよいよ北学派知識人たちのことを語ることにしよう。

三　元重挙と成大中の琉球認識

元重挙と成大中は一七六四（英祖四十、明和元）年、ともに書記として日本を訪れた。

元重挙にはその旅行記として『乗槎録』があり、日本研究の専著として『和国志』があるし、成大中にも旅行記として『槎上記』、日本研究書として『日本録』がある。ただこれらには、琉球について記すところはほとんどない。

我々は主に、彼らがそれら著作に引用する先行の書物から、彼らがどの程度琉球のことを知っていたかを類推するほかない。

元重挙がその著『和国志』で琉球の現状に言及しているのは、わずかに長崎について論じたところと薩摩について論じたところにおいてだけである。このうち薩摩について論じたところで、島津氏は薩摩・日向・大隅の三州を兼領しており、「また琉球国事を領している」と述べている。[13] 元重挙が自らの言葉で琉球が薩摩の、ひいては日本の実質的な支配下にあったことを記すのは、この一箇所だけであるが、さらに彼が『和国志』の他のところで引用する先行書物の名によって、彼がどの程度、琉球について知っていたかを推察できる。その先行の書物とは『倭国三才図会』（また『日本三才図会』）、李孟休『春官志』、申叔舟『海東諸国紀』であるが、このうち『海東諸国紀』は一五世紀以前の琉球情報を伝えるだけだから、ここで問題となるのは『倭国三才図会』『春官志』の二つである。

『倭国三才図会』あるいは『日本三才図会』とは寺島良安が一七一二（正徳二）年に編纂した『和漢三才図会』である。この書は、おそくとも一七四八年通信使の一員であった曹命采がすでにその著『奉使日本時聞見録』で引用しており、その後朝鮮知識人が日本を論ずる場合、しばしば用いられた。[14]『和漢三才図会』の中で琉球について記すのは、その巻一三、異国人物、琉球の項と巻六四、地理、琉球国の項であるが、より重要なのは巻一三に盛られた情報である。

そこでは「琉球」は、震旦（中国）、朝鮮、耽羅、兀良哈に次いで記されて「琉球国」とも称され、日本にとってはたしかに「異国」の一つとして扱われている。ところがそこでは、一六〇九年に琉球国王尚寧が薩摩の捕虜となったことを記すだけでなく、明確に「近年は薩摩の附庸の国となっている」と記し、さらに尚寧がゆるされて帰国してから後、「ますます毎年、貢物して怠らず、将軍家で世嗣ぎがあるときには王子が来て方物（貢物）を献上している」とも記している。さらには平安時代末期に鎮西八郎源為朝が琉球に渡り、この地の人民を安んじてのち、島民はみな日本の風俗となり、為朝は舜天太神宮としてこの地で祀られているとの伝説も記している。[15] 琉球が現に薩摩の附庸国であり、その領有するところとなっていること、つまりは「異国」とは言いながら、その実、諸藩よりも一等低い地位にあったこと、あたかも朝鮮が中国皇帝の即位するたびに祝賀の使節を北京に送っていたように、琉球も日本将軍が即位するごとに同じく祝賀のためにその王子を送っていたことなどは、元重挙ら『和漢三才図会』を読んだ一八世紀の朝鮮知識人が知るところであった。成大中もこの書を読んでいたことは、その『日本録』の書き始めの部分で『倭三才図会』の自序を引用することから、明らかである。

一方、李孟休『春官志』とは春官、すなわち中国式に言えば礼部、朝鮮では礼曹に関わる様々な情報を盛り込んだものである。それには一七四五（乾隆十、英祖二十一）年李孟休序があり、記事としてはその前年一七四四年まであるとおり、おおよそこの頃までの外交関係史料が盛られている。外交関係史料とは言っても中国すなわち清のことはほとんど記すところなく、記すのはほとんど日本に関わることだけであるが、その最後のところに琉球についてもわずかながら記され、次のような言葉をもって終わっている。

> 謹んで考えるに、琉球国は絶遠のところとはいえ、国初以来あるいは来聘しあるいは通問し、隣国としての厚誼を互いに示してきた。ある者は、仁祖（一六二三―一六四九）の末年に琉球の世子（皇太子）が耽羅（済州島）に漂着し、この地の官僚に殺害され、この後ついに関係は絶えたのだ、という。[16]

ここに見える琉球の皇太子を殺害したとは、琉球の世子すなわち皇太子が日本人の捕虜となった父国王を救おうとして財宝を船に山と積み、日本へ行こうとして済州島へ漂着してしまい、財宝に目のくらんだ地方官に殺害されてしまった、との伝説である。

しかしこの話はもちろんフィクションである。というのは、この時代に捕虜となって日本へ行ったのは尚寧王であるが、琉球側の史料、たとえば『中山世譜』によれば、尚寧王には世子がなく、尚久王の第四子である尚豊王に譲位したと伝えられるからである。[17]また尚豊王はもとより王族の誰もが、尚寧を助けんとして海へ出て朝鮮に漂着したとは伝えられない。琉球史家によっても古くから、この伝説は琉球の史実とあわず誤りであるとされている[18]。この説話は一説によれば、光海君三年すなわち一六一一年に済州島で起きた何らかの外国人漂着民を殺害した事件が基になったのではないかとされている[19]。この伝説が文学として文献に載ったのは、一七四九年から一七五一年にかけて李重煥によって編纂された『択里志』が最初であるとされるが、『春官志』は内容が簡単ながらこれより少し早い。このこととともに注意すべきは、この事件が朝鮮と琉球との間で国交がなくなった原因として、半ば礼曹の公人として『春官志』を編纂した李孟休によって取りあげられていることである。李孟休は慎重に「あるいは言う」と第三者による一説として記すが、この一説に対して論駁を加えたり、国交が絶えたことについて別の原因を挙げていない。すなわち、彼のような礼曹と深い関わりを持ち琉球と朝鮮との関係について知ることができた当時の最高の知識人にとっても、なぜかつて友好関係にあった両国に国交がなくなったのか、これを説明できる理由をこれ以外に挙げることができなかった。

『春官志』を読んでいたのは元重挙だけでなく成大中もそうであった。というのは、成大中は『日本録』のなかで、竹島（独島）問題で有名な安龍福という人物の伝を記しつつ、李孟休『春官志』がいかに優れた著作であるかと述べているからである[20]。元重挙と成大中の二人が、朝鮮と琉球の間に国交がなくなった原因として、かつて朝鮮側が琉球王子を殺害した事件があったとする説、しかも『春官志』のような半ば公的な編纂物にも載っているのだからそれが有力な説であったことを知っていたことは、ほぼ確実であろう。

元重挙と成大中の二人はまた、彼らが江戸で手に入れた荻生徂徠『徂徠集』を通じて、琉球の現状を知っていたこともほぼ確実である。彼らは日本で『徂徠集』を熟読していたし、その一部は暗記すらしていた[21]。たとえば、『徂徠集』には次のように記されている。徂徠によれば日本には四辺あるがそのうちの東は毛人（蝦夷）が隣であり、これは松前氏が治めている。南は中山（琉球）に通じており、これは薩摩藩が統括している。「これら二者はすでにわが国に臣となり妾となっている。……両方とも影国（影のような附庸国）であって、問題が起こっても一軍隊を動かして煩わせるほどのこともない。……幕府が政令をゆきわたらせようとするときでも、すべて国内と同様であり特別な文書による必要はない[22]」。

徂徠のこの文章は、対馬藩に書記として仕官し、対朝鮮外交の最前線にいた雨森芳洲を激励するために書かれたものであった。元重挙も成大中も、徂徠が朝鮮に論及するところには特別に敏感であり、この文章にも注意をはらって読んだに違いないし、ましてや雨森芳洲のことは申維翰『海游録』を通じて知っていたから、これを興味深く読んだはずである。とすれば、琉球の現状を日本側から見るなら、それは「影のような附庸国」として位置づけられていることを当然知っていた、と考えるべきである。

元重挙と成大中が先行する通信使の記録、なかでも申維翰『海游録』を通じて琉球の現状を知っていたことも、これまた確実である。元重挙はその日本旅行記『乗槎録』癸未（一七六三年）十一月三日のところで申維翰の『青泉日記』に見える記事を挙げている。また成大中『日本録』の過半は申維翰『海游録』の鈔録である。そこには申維翰が伝える琉球情報のほとんどが盛り込まれている。すなわち琉球は三年に一回日本に朝貢しており、薩摩州から上陸して江戸へ至り、行礼ののち帰国していると記し、また申維翰がある男の体験談、つまりかつて済州島付近から琉球へ漂流した男が日本経由で送還され朝鮮東萊府まで帰ってきたとの体験談まで記している[23]。成大中が生きていた時代には、すでに久しく琉球へ漂着した朝鮮人民は福州―北京ルートで帰還していたが、それから百年遡るならば、薩摩―長崎―対馬ルートで送還されていたことも知っていたのである。

要するに元重挙と成大中とは、琉球が当時国際的に置かれていた地位について、正確なところをほとんど知っていたと言ってよい。琉球が日本とは違う一国でありながらその実、薩摩の附庸国ひいては日本の属国であり、自立的なふるまいはほとんど不可能なこと、あたかも中国に朝貢するように日本にも朝貢していたこと、かつて朝鮮とは通信しあう関係にあったのだが、現在は国交がなくなっていることを知っていた。さらに国交がなくなった原因としては、済州島でかつて漂着した琉球王子を殺害したとされることが一説としてあること、彼らより一時代前には、琉球へ漂着した朝鮮人民は中国経由ではなく日本経由で送還されていたことなど、ほとんどのことを知っていたと考えられる。

四　洪大容と朴趾源、李徳懋の琉球認識

洪大容が燕行したのは一七六五（乾隆三十、英祖十一）年からその翌年にかけてであり、その刺激を受けて李徳懋と朴斉家が燕行したのは一七七八年のことであった。朴趾源の燕行はさらにその二年後のことである。

洪大容による北京旅行の記録としては、漢文本『湛軒燕記』とハングル本『乙丙燕行録』とがあるが、漢文本の方で琉球について記すのは、その巻二「藩夷殊俗」がほとんどそのすべてである。そこでは一七六六年正月二十二日のこととして、彼は琉球使節が泊まる北京の琉球館を訪れたのだが、たまたま会同館提督が来ていたため入館がゆるされなかったこと、その後、会同館大使から入館許可証を得て再び訪れようとしたのだが、使節らはすでに北京を離れてしまっていたことなどを簡単に記すだけである。ところがハングル本の日記では、正月六日と正月二十二日の二箇所で彼の琉球認識を詳しく語っている。

まず『乙丙燕行録』乾隆三十一年正月六日によれば、この日会同館の序班である傅哥が彼の部屋にやって来て琉球について問答した[24]。序班とは鴻臚寺序班とも称し、『大清会典』巻三の規定では従九品官であり、洪大容は胥吏であると説明する。朝貢使節の宿舎を管理し、外国人の行動を取り締まるのが彼らの任務である。

さて洪大容がこの日、序班の傅哥に対して「今、中国に朝貢している国はいくつか」と尋ねたのに応じて、彼は「朝鮮、琉球、安南、南掌（ラオス）、紅毛（オランダ）のおよそ五箇国である」と返答し、逆に洪大容に対して「琉球国は朝鮮と近いのだから、たがいに通交往来しているのか」と問い返した。これに対して洪大容は「昔、通交して

いたが、近年は通交していない」と答えたため、傅哥は「なぜか」と問いただした。そのあとの対応を彼は次のように記す。

そのわけは、我が国の恥ずかしいことなので言えず、「知らない」と言ったら、傅哥はうなずいて出て行った。

洪大容はさらに独白として、「朝鮮の恥ずかしいこと」とは何か、おおよそ次のように記す。

琉球は海中の国で珍宝が多く、朝鮮の全羅道から遠くない。昔はたがいに信使（通信使）を通じていたが、後になると琉球国王が漂流して倭国（日本）に生け捕りにされたため、その世子（皇太子）が珍宝を大きな船に山と積み、倭国へ持っていってこれで父を助けようとした。ところが彼も漂流して済州島へ着いてしまったのだが、済州を統治する州牧は貪欲で無慈悲な人物であったため、世子が事情を話して命乞いをしたにもかかわらず、聞き入れようとせず殺してしまった。これにより琉球は朝鮮へ通信使を送るのをやめ、また済州島人に遭遇するとこれを殺し、その怨みを晴らそうとした。こんなわけで、済州島の人々が船に乗ると、漂流を心配して誰もが自分は済州ではなく康津や海南の者である、という身分証明書を身につけて海に出ることになったのである。

これはすでに述べた琉球王子殺害事件という伝説である。会同館を管理し、したがって外国のことが多少理解できる序班にとっても、同じような朝貢国で近隣にありながら、しかもこの両国に国交がないのはなぜなのか、実に不可解であった。洪大容がその理由として考えたのはやはり、かつて済州島に漂着した琉球王子を殺したからというものであった。彼がこの伝説を本当のことと考えていたかどうかわからないが、「我が国の恥ずかしいことなので言えなかった」と記すからには、少なくとも何らかの信憑性があると感じていたのであろう。少なくとも彼には、なぜ琉球と国交がなくなったのかを説明するに足る、十分な理由を挙げられなかった。

朴趾源も『択里志』を読んで、この琉球王子殺害事件という伝説を知っていた。しかし彼はこの伝説について「証拠となる古い記録があるわけではない。世俗の流伝に過ぎない」と退けている。[25] またその燕行録『熱河日記』避暑録の中でもこの説話を紹介しつつ、中山王尚寧が北京経由で朝鮮国王に書簡を与えているのだから、その世子が殺されたことなどありえないことだとしている。[26]

このように朴趾源は洪大容に比べて、この伝説に対してより否定的な意見を持っていたことは明らかであるが、しかし彼もまたなぜ朝鮮と琉球との間で国交が絶えるに至ったのか、その答えを見つけられなかったようである。というのは『熱河日記』の中で、「明清の交代があった甲申（一六四四年）以後、両国は二度と音信を通じなくなった」と記し、国交が絶えたことを知っていたことは間違いないのだが、それが何故なのか何ら記していないからである。

あと一つ洪大容が『乙丙燕行録』正月二十二日の中で記すのは、漢文本の『湛軒燕記』にも簡単に載っている話、すなわち彼が琉球館へ行こうと企て、事実行ったのだがたまたま会同館提督が来ていたために、中に入れなかったという話である。[27] 我々はハングル本『乙丙燕行録』に記す彼の言動の中に、彼のような身軽な随行員にとっては、琉球館を訪れることは決して難しくなかったことを見て取ることができる。すでに述べたように、一七二四年に琉球の正使翁国柱が朝鮮側宿舎を訪問しようとした時ですら、清朝官憲はこれを阻止しなかった。ましてや朝鮮側随員であれば、より許可が下りやすかったらしい。『乙丙燕行録』では朝鮮館すなわち玉河館を管理するのがその仕事だったらしい人物として、プシュオルという人物が出てくる。[28] 洪大容はプシュオルに「琉球館へ行きたいが難しくないか」と尋ねたところ、彼は何の難しいことがあろうかと答え、ただ会同館の大使に知らせた後で行った方が問題はないだろう、と言ったという。やはり『大清会典』巻三の規定によれば、大使は長官である提督の下にあって正九品であるから、先に述べた序班の一つ上、これまた朝鮮館である通称玉河館や琉球館を管理するのがその仕事であった。

北学派知識人としてはあと一人、李徳懋の琉球認識についても簡単に紹介しよう。『蜻蛉国志』は彼の日本研究であるが、その記事の多くは元重挙『和国志』と寺島良安『和漢三才図会』によっている。琉球についてはその「兵戦」のところで薩摩（島津）が琉球を攻撃し尚寧を捕虜としたことなどを記し、「異国」で源為朝伝説などを記している。これらの記事がすべて『和漢三才図会』に拠ることは、両者を照らし合わせることによって間違いない。[29] 李徳懋は博学無比の人であり、また元重挙とは姻戚関係にあった。したがって元重挙が琉球について知っていたことの大半は、彼もまた知っていたと見てよいであろう。

五　一七九四年、琉球漂流民の陸路送還と朴斉家『北学議』

一七九四（乾隆五十九、正祖十八）年八月十七日、済州島に一隻の琉球船が漂着した。生存者四人は陸路での送還、すなわち中国経由で福建省福州から帰国することを望み、その後一人は死去したものの、朝鮮政府は彼らの願いをそのまま実施に移した。これより先、琉球漂流民を北京—福州経由で送還した前例は一六一二（万暦四十、光海君四）年のものが最も近いから、このたびの陸路送還は実に二百年近くなかったことの再開であった。すなわちここに、朝鮮による琉球漂流民の送還政策は一大転換を見せたと言ってよい。

漂着した琉球人との問答を比較的詳しく記すのは『備辺司謄録』十月二十二日の条であるが、我々にとって重要なそれは『朝鮮王朝実録』正祖十八年九月乙未に載っている。それは漂着の現場済州で取り調べが行われた時の問答であり、済州牧使であった沈楽洙が正祖にあてて書いた文書である。(30)

沈楽洙は大静県監からの通報を受け、部下に通訳を伴わせて現地に派遣したのだが、報告によれば、琉球人は陸路中国経由で福建省福州から帰国させてくれ、と堅く懇願したとのことであった。沈楽洙にとってこれは「極めて驚くべきこと」であった。問答の中で水路により送り還すということに話が及ぶと、琉球人は「それはやめてくれ」と手を振り頭をぺこぺこ下げて哀願した。このため朝鮮側は、「陸路による送還は国法の許さざるところである」と説得したのだが、琉球人は死んでもいやだと拒んだという。

そこで沈楽洙が国王正祖に申し上げるには、小船に乗せて琉球へ帰れと送り出すのは死地に赴かせるのと同じである、しかしそうかといって、琉球漂流民を中国経由で送還したいと北京の礼部に申し述べて送り出すのは、「必ず前例がないことであるから、決してできないことである。ついてはどのように処置すべきか、中央で決定し指示してくれるように」ということであった。

これによればどうやら、朝鮮沿岸少なくとも済州島に漂着した琉球人に対して、それまでは「陸路送還は国法が許さない」と説得し、水路で帰るように指導していたらしい。しかし、この水路による送還ですら『朝鮮王朝実録』によるかぎり、一七九〇年になって始めて現れるのであるから、[31]それ以前にはどう処置していたのかわからない。一七九〇年は一七九四年のわずか四年前、しかも正祖の治世であるから、琉球漂着民を送還する政策の大転換は、まずこの頃に始まったのかも知れない。

これを受けた正祖は陸路で送還させようと決断する。そしてできれば、間もなく出発が予定される朝貢使節、すなわち燕行使に託して彼らを中国へと送るという、自ら決断した方向を大臣に指し示して討議させた。大臣たちの合意のもと、彼ら琉球人がソウルを離れ帰国の旅に出たのは、同年十月二十九日のことである。朝鮮国王からはこれに関わる礼部への文書が作成され、乾隆皇帝もこれを難なく許可し、二百年を経て再開された琉球人の陸路送還は無事に終了した。[32]

一七九四年、琉球漂流民の陸路送還に向けて終始音頭をとり積極的であったのは、国王正祖その人であった。十月二十九日、ソウル出発を目前にした燕行使（冬至使）の三使臣が正祖に出発の挨拶をした。この時正使である洪良浩が、二百年間先例がないのだから「琉球漂流民がもし北京で阻止されるようなことでもあれば、大いに面倒だ」と心配して述べたのに対して、正祖は「皇帝は万民を我が子とされるのだから、塞ぎ止めて受け入れないといった道理があるはずはない」と答え、勇気づけたという。[33]また、済州島では琉球漂流民との通訳にあたった者が十分にその役割を果たせなかったことを知った彼は、北京に琉球使節が訪れるころを見はからい、国境の街である義州の訳官を北京へ派遣し、琉球語を学ばせせよ、との指示を発している。[34]さらに、このたびの漂流民の置かれた境遇を何かと気にかけ、彼らの様子を問い、接待と処置に不備がないようにと何度も指示を出している[35]。

では何故、正祖はここまで琉球漂流民のことを気にかけ、送還政策の大転換を行ったのであろうか。この時、済州島を管理下に置く全羅道観察使は北学派の一人の李書九であり、彼もこの事件について報告書を正祖に送っている。またこの事件があった二年後、正祖とこれに関わる問答を交わしたときに、彼は清の周煌による琉球冊封使録『琉球国志略』を家蔵していると述べているから[36]、琉球について関心を持っていたことは推測できるが、彼がどの程度、正祖の政策変更に関与したのかは明らかではない。わたしは琉球漂流民送還政策の変更には、朴斉家の『北学議』が大きく関係していたのではないかと考える。

朴斉家は一七七八（乾隆四十三、正祖二）年に中国から帰国して後、ただちに『北学議』を著し、朝鮮の技術革新と制度改革を主張した。この書には一七七八年の自序が付せられる。さらに彼は一七九三年になると、これを整理して国王正祖に奉った。帰国後ただちに書いたものと国王に上奏したものとともに、「通江南浙江商船議」が収められる。そこに見える議論は要するに、朝鮮は四百年近く海外貿易を断ってきたが、国を豊かにするためには海外貿易を再開せねばならない、と言うにある[37]。そこでは日本が海外貿易によっていかに豊かになったかなど、一七六四年通信使による見聞をも織り交ぜながら、しかし現実に通商できる相手は中国だけだと述べる。すなわち、日本人は狡猾で常に隣国朝鮮をねらっているから通商ができない、「安南（ベトナム）・琉球・台湾の属は危険なうえに遠いから通商できない、通商できるのは中国だけである」と主張する。

そこでは朝鮮の商船を中国南方に送るべきであると明確に主張するのではなく、これを言うのをはばかってか、主に中国の商船を朝鮮に来たらすべきである、と主張するにとどまる。しかし規制を無視して現在朝鮮沿岸にやって来ている中国船をもとに中国式の堅固な船を造りうるような造船技術を学ぶべきであるとし、またかつて漂流した体験を持つ者などに水路を案内させ、中国へ行ってその地の海商を招来させるべきであると言う以上、朴斉家は朝鮮人が江南すなわち江蘇と浙江地方へ船で出かけることをも想定していたこと、疑いない。

彼は海上交易をする相手国をとりあえず中国のみと想定し、琉球については安南、台湾と同じく危険で遠いから通商できないとする。しかし彼は江蘇や浙江だけでなく、後に見るように福建へも船をやることを考えていた。はたして琉球へ船をやることがそれらに比べて「危険で遠い」と本当に考えていたのかどうかは、疑わしい。朴斉家にとっては、それだけでも困難が予想される中国との海上貿易を再開するだけで、当面十分な成果であると考えたのであろう。事実、さらに彼は「ただ中国とのみ通じて海外諸国と通じないとするのは、これまた一時の権宜の策である」、つまり当面の一時的な政策に過ぎず「定論ではない」と述べる。

正祖は朴斉家の「通江南浙江商船議」を読み、将来朝鮮から少なくともまず中国の江蘇、浙江、福建に商船を送ることになるかも知れない、あるいは送りたいと考え、これまで以上に自国朝鮮の民が琉球に漂着する可能性を考えたのではないであろうか。朝鮮からは長期にわたって琉球漂流民を送還したことがなかったのに対して、琉球側はその地へ漂流した朝鮮人を何度も中国経由で送還してきていた。琉球側の朝鮮漂流民に対する救済と送還は、現代の韓国人研究者から見ても積極的であり、漂流民に対して異例なまでに友好的であった[38]。彼らが琉球で受けた好遇は、帰国後何度も語られていた。

朴斉家が北京から帰国して『北学議』を書いたのが一七七八年、翌一七七九年には李徳懋・柳得恭・徐理修とともに奎章閣の初代検書官に正祖によって任命された[39]。奎章閣がたんに文化機関として正祖の時代をリードしただけではなかったこと、彼ら検書官たちは正祖の実質的な諮問役となっていたことは、周知のところである。正祖が琉球漂流民に関わる送還政策の転換をはじめた一七九〇年頃までに、『北学議』中でも「通江南浙江商船議」を読んでいたことは十分に考えられるが、「通江南浙江商船議」の要点はいわゆる「丙午所懐」にも真っ先に記されており、少なくともこれを正祖が関心を持って読んだことは、簡単ながら彼の感想が後ろに記されているから確実である[40]。そこで朴斉家は「江浙泉漳の貨物」つまり江蘇、浙江、福建の物資を積んだ商船を朝鮮に来航させるべきであると主張している。

正祖は国交のない琉球に対しても関心を持っていた。『琉球国志略』は一七五六（乾隆二十一）年から翌年にかけて琉球国王を冊封しに出かけた周煌の旅行記録であり、これを李書九が家蔵していたことはすでに述べたが、これに関わる問答を切り出したのは正祖の方からであった。すなわち、陸路送還が再開された二年後、ソウル宮廷で李書九らと正祖が問答したおり、彼の方から「先日、琉球漂流民がやってきたとき、『琉球国志略』の記載が正しいかどうか、確かめられるところがあったか」と問うたのである。正祖による琉球漂流民送還政策の転換をもたらしたのが、かりに朴斉家の『北学議』そのものでなかったにしても、それが彼ら北学派の影響を受けてなされたものであることは、ほぼ確実であろう。

六　結　語

以上見てきたように、朝鮮北学派知識人たちは琉球が置かれている国際的な地位について基本的なところをすべて知っていた。琉球が一六〇九年に起こった日本による「併合」以後その支配下に置かれていたこと、にもかかわらずそれを中国にも朝鮮にも隠し続け、恭順な朝貢国のごとく振るまい、その使節を北京に送り続けていることを知っていた。厳璹が見せた琉球に対する徹底した蔑視は決して彼だけのものではなかった。『桑蓬録』を書いた姜浩溥は、何でも見てやろうという人物であった。琉球から送還されてきた朝鮮人が琉球人宿舎へ到着したと聞き、彼ははじめ通訳官らとともにそこへ行こうとした。ところが彼はこれを取りやめたのだが、自らの判断を「我が身を低くするように感じたから行かなかったのだ」と記している。[41]琉球館へ入るということ、そこで琉球から送られてきた自国同胞と対面するという、普通であればまたとないこと感激を伴うことでも、「我が身を低くする」ことになると感じたらしい。さらに北学派知識人の柳得恭も北京滞在中に琉球から帰国した直後の李鼎元と会った時、「わが朝鮮を琉球と同列に見下してほしくない」という意味のことを言い、李鼎元を大笑いさせていたのである。柳得恭も李鼎元も琉球に対してまことに冷ややかでしかも辛辣であった。[42]

さらに言うなら、一七二八年に漂流民を送ってくれた琉球に対して謝意を述べに朝鮮通訳官が琉球館を訪れたとき、彼がこの旨を会同館提督に告げたところ、この提督は「君たちの方から自ら屈して入見すべきであろうか。ここまで〔琉球正使を〕呼びつけて会うので十分だ」と注意したという。[43] 朝鮮の「通訳官」の方から琉球の正使に対して感謝の意を表すのに、逆に琉球の「正使」を呼びつければよいというのである。会同館提督とは礼部の官僚である。礼を以って天下を治めることを外交の基本とする国家の礼部官僚が、制度的には「同様な」朝貢国のしかも「通訳官」に対して、彼の方から感謝の言葉を述べるべき時に逆に「正使」を呼びつければ十分だ、とわざわざ注意するのは、はたして礼に背かないであろうか。会同館提督は朝貢使節を管理する部署の長官であるから、彼もまた琉球が置かれていた国際的地位について、十分に理解していたのではないかと考えられる。朝貢国であり冊封国であるというだけなら、朝鮮と同じである。また琉球がただ朝鮮より小国であり、かつ貧しいというだけで、朝鮮知識人や会同館提督がここまで徹底した蔑視の眼差しを向けたであろうか。彼らの蔑視や辛辣さは、琉球が日本の属国でありながら、これを隠して見えすいたウソをつき続けている、これを彼らが明瞭に知っていたところに生まれたのではないか。朝貢や冊封という礼にかかわる根本的な問題について、ウソをついて北京まで恭順なふりをして来ている琉球使節に対して、いかに蔑視のこもった対処をしても、礼にそむいたことにならぬであろう。朝鮮側史料でしばしばあらわれる琉球使節のあまりにおどおどした卑屈な態度も、これに由来するのではないか。

ところが『春官志』を編纂した李孟休、あるいは洪大容のような最高クラスの朝鮮知識人でも、なぜ朝鮮と琉球の間に現に国交がないのか解釈をつけることができず、あるいはかつて琉球の王子を済州島で殺害したとの伝説をもって、唯一その答えに代えるほかなかった。朴趾源だけではなく洪大容も李孟休も、この伝説を疑っていた可能性は十分にあるが、彼らはいずれもこれに代わる答えを提示できずにいた。柳得恭も李鼎元から、「あなたの国はかつて琉球と通商していたが、その後間隙ができた。今は結局どうなのか」との当然の問いを受けたのに対して、「べつに互いを嫌ったり間隙があるわけではない」と答えるだけで、これまたその原因を明瞭に言い表せなかった。(44)

しかし、伝説、説話にはこれを生み出した者も十分に気づかず、これを語りこれを読む者も明瞭に意識できない隠されたものが含まれているという。琉球王子殺害事件とは、琉球国王が日本人の捕虜となり、かの地に抑留されたのが発端とされるが、これはこの伝説、説話に隠されたものが何であるか、極めて示唆的に物語っていないだろうか。朝鮮と琉球とに国交がなくなった原因は日本という存在にあることを、この伝説は暗に物語るのではないであろうか。もしかしたら日本に抑留された父を救出するため船出した琉球王子が、済州島で殺害されたという伝説は、何の恨みもない両国が何故国交を絶やすことになったのかを説明するために生みだされ、成長していったのではないか。(45)少なくとも両国にせめて北京で国書を交換するという程度であっても国交があったなら、この伝説はここまで長期にわたって、しかもしばしば恐怖の念を伴って何度も語られ続けることはなかったであろう。

かつて漂流民を送還してくれた琉球国王に感謝の文書を出すべきであるとの議論が朝鮮の宮廷でなされた時、国王粛宗はそれをしたなら「意外な心配事があるかも知れない」と言って取りやめにしたという。前章では粛宗がこのように決断した原因について、「陰に日本があったからである」と述べた。また彼の漠然とした不安のなかには、朝鮮は中国と違って日本と国交を持っていたから、琉球が日本の属国であることを「知らぬこと」と言えなくなる日が来る心配があったこと、隠されていたはずの事実が何かを契機に自らの意図に反して突如として暴かれてしまうことを心配したのかも知れない、とした。ただ朝鮮知識人が持っていた琉球認識を以上で知った我々からすれば、ここにあと一つ、粛宗が持った「意外な心配事」とは何であったかを加えることができる。

当時の日本、琉球、朝鮮、中国の四国は、琉球が表面上は恭順な朝貢国としてふるまう一方で、その実、日本の属国であることを隠し通すことによって、東アジアの安定を図ろうとしていた点で、共同謀議していたと言ってよい。それは中国と日本に国交がないことを前提とし、暗黙の内になりたった共同謀議であった。粛宗の不安は、自らが行動を起こすことによって、すなわち朝鮮から国書を琉球に送りたいと言ったことを契機として、清朝がこの暗黙のうちに形づくられた共同謀議が崩れることを心配し、朝鮮に対して強硬な姿勢をとるに至るかも知れないという不安をも含んでいたのではないか。朝鮮と琉球が国交を持つに至れば、何かのはずみに隠されていた事実が突如として露呈してしまうかも知れない、と清朝の方でも判断する可能性を恐れたのではないか。

正祖が琉球漂流民を中国経由で送還しようと決断した時、この実施に当たった洪良浩は清朝が阻止するかも知れないと心配した。これは言うまでもなく、朝鮮と琉球の両国が反清のために手を組むに至ることを憂慮して清朝が阻止する、などというものではありえない。これまた朝鮮が動くことによって、もしかしたら清朝は共同謀議に綻びが生まれることを心配するかも知れない、というものであったと考えられるのである。これまで隠蔽工作といえば、琉球のみがやっていたように言われてきたが、決してそうではない。琉球は中国と朝鮮に対して、朝鮮は中国と琉球に対して、中国は琉球、朝鮮そして日本に対して、日本は中国に対して、四箇国がそれぞれに「知らぬこと」と暗黙のうちに隠蔽し合うことにより、東アジア四国の間での国際秩序はなりたっていたのである。

この共同謀議に日本が加わり、その属国であった琉球が「主役」である以上、ここになりたつ国際秩序を冊封体制などとは呼びえないであろう。そもそも清朝は宋朝以降むしろ例外であった明朝と違い、冊封をもとに国際秩序を構築することにはなはだ不熱心であった。ところが清朝は一方で、朝貢をもって国際関係を結ぶことを依然として基本理念としていた。中国に即して見る限り、確かにそこにはいわゆる朝貢システムが続いていたのであって、当時の国際関係に通じていた中国知識人や北京における外交担当者だけでなく、北学派を中心とした朝鮮知識人ですら、これを抜きにしては東アジアの国際秩序を解釈できなかった。日本という中国と国交を持たない国の存在を含めた国際秩序を新しく発想できなかったがゆえに、彼らはともに朝鮮と琉球との間になぜ国交がないのか、解釈することができなかったのである。

ある人はわたしの議論を聞いて、ではそれは何体制なのか、と尋ねたことがある。中国一国だけの理念ならともかく、東アジアの国際構造を説明する概念としてそれを何体制と呼ぶべきか、わたしは知らない。また現代の国際構造を含めて、いつも何々体制と呼べるものがあるのかどうか、わたしは知らない。わたしはこの何々体制に代えて、とりあえず当時の国際構造をモザイク構造として理解している。当時、日本・琉球・朝鮮・中国の四箇国は、あたかもモザイク画を構成する一つ一つのピースのごとく、ある二つのピースは相つながることがなくても、それぞれが別のピースと繋がることによってある程度安定した構図を全体として描いていたのである。しかも一つ一つのピースは紙や堅いプラスチックでできたものではなく、あたかも生きた細胞のように変形しえた。この比喩からすれば、一七世紀から一九世紀にかけての東アジア四箇国の国際秩序は、このようなモザイク構造でなりたっていたと言うことができるであろう。

日本では明治になると、一八七二年に琉球国王を琉球藩王と改めるなど一連のいわゆる「琉球処分」を始め、琉球を「正式に」日本に組み入れてしまう。これはその前年の一八七一年、日本と中国との間で日清修好条規が締結され、両国が国交を再開して二つのピースが直接接触するに至った当然の帰結であった。

第II部

一六・一七世紀、朝鮮燕行使による中国観察と中国批判

第五章　一五七四年朝鮮燕行使の「中華」国批判

一　はじめに

燕行使とは本来、朝鮮の政治・外交のための使節である。しかしそこでの文化と思想の展開に対しても、この使節ははかり知れない影響を及ぼした。たとえば朝鮮儒学の展開、なかでも朱子学の開花と成育、あるいは「北のかた中国に学べ」をスローガンとする北学派の出現、またヨーロッパの学術すなわち西学の導入とキリスト教の受容と迫害など、いずれをとっても燕行使をぬきにしては語ることができない。このためこれまで、朝鮮儒学史、朝鮮キリスト教史、朝鮮西学史などの各研究分野において、燕行使との関係が様々に指摘されてきた(1)。

しかし、燕行使を通じて中国の学術や文化がどの程度伝えられたのかについては、各時代に分けて十分に注意して見る必要がある。特に中国で明代に当たる時代に、どの程度に学術文化の交流が行われ、どの程度にそれが朝鮮に伝わったのかについては、今一度根本から問い直してみる必要があるであろう。と言うのは朝鮮儒学の展開一つを取って見てもよい。本書で後に見る洪大容と中国知識人厳誠らとの交流、また藤塚鄰によって紹介された金正喜と中国の学者翁方綱や阮元らとの交流などは、やっと一八世紀後半以降のことである。明代中国にも燕行使が数知れず派遣され、この地を訪れた朝鮮知識人が多かったのであるが、洪大容や金正喜がやった交流に類した話しはまったく聞かないからである。

これは序章で述べたとおり、第一には一八世紀の洪大容らは子弟軍官など、本来であればいわば「定員外」の肩書きを得て数多く燕行したのに対して、中国で明朝に当たる時代に燕行使に加わった知識人のほとんどは、正使、副使、書状官など正規の「定員」であったからである。彼らが派遣された目的は朝貢と外交そのものであった。さらには、北京など中国の諸都市には一貫して、日本で通信使一行に設けられたような、朝鮮の製述官、書記と日本の知識人とが学術文化の交流を行うための公的な場は設けられなかった。一八世紀後半以降に北京に現れたようなプライベートな交流の場をあらかじめ頭の中にイメージして、これを明代にも投影するとすれば、恐らくそれは大きな誤りを招くであろう。

問題を朝鮮儒学の展開のなかでも、朱子学が開花しこれが生育する過程に絞って見てみよう。朝鮮半島に朱子学が伝えられ開花したのは、周知のとおり高麗時代であった。高麗朝の知識人たちは、朱子学は世界と人間を貫く最新の普遍原理であると考え、これを自信を持って積極的に受け入れた。序章で述べたように、この時代には高麗から多数の知識人が北京に赴き、学術文化の交流は極めて活発であった。最も有名なのは、退位した高麗の忠宣王が北京に万巻堂を構え、多数の中国書籍を購入するとともに、このプライベートな場に中国の著名な学者であった姚燧・閻復・元明善・趙孟頫らを招き、さらには本国から李斉賢を呼び寄せて交流させたことである。[2] 事元期あるいは元干渉期と呼ばれる高麗朝の末期にあっては、北京での学術交流はじつに自由で開放的であった。

ところが朝鮮朝になると事態は一変する。朝鮮知識人が北京へ行くためには彼らは燕行使団の一員に加わる以外になかったし、その人員数も極めて限られたものであった。この時代に書かれた燕行録、すなわち朝天録も数多く残っている。しかしそのどれを取ってみても、かつて元朝治下の万巻堂で行われた交流を思わせるような、あるいは清朝治下に中国人の私邸で行われたような交流の姿は、そこには見られない。この間、中国を訪れた燕行使によって、

『四書大全』『五経大全』『性理大全』など朱子学関連の書籍が多数明朝から下賜あるいは購入されて朝鮮にもたらされた。明代を代表する儒学である陽明学も、王陽明の『伝習録』を伴って伝わった。しかし一面で、千回以上も燕行使が派遣されながら、朝鮮朱子学の生育は中国人との学術交流が稀薄であったため、朝鮮という一国内で純粋培養されて進んでいたかのごとくである。この傾向は一六世紀末までが特に顕著であるし、基本的には洪大容ら北学派が生まれる一八世紀の末まで続くのではないか。

では一六世紀末までに、中国を訪れた朝鮮燕行使は実際にどのような学術交流をしていたのであろうか。この地で何を見、何を考えたのであろうか。この問題を考えるとき、幸い我々は比較的詳細な体験談として一五七四（万暦二、宣祖七）年に燕行した許篈の『荷谷先生朝天記』と、趙憲の『朝天日記』とを持っている。我々はこの二つの燕行録によって、高麗朝の時代に開花した朱子学が一五七四年という時点でどのような生育を遂げていたのか、これを学んだ者がこれを生んだ中国という地へ行って何を考えたのか、さらには当時、朝鮮と中国との学術交流はどのように行われていたのかについて、これをその実態に即して知りうるであろう。

万暦二年と言えば明朝に問題は山積していたが、ちょうど張居正が登場して大改革を始めたところであった。まだまだ政治と社会はしっかりしていた。

この年は朝鮮では宣祖七年にあたる。朝鮮朱子学の泰斗、李滉は数年前に逝去していたが、李珥はなお存命中であり、朝鮮朱子学は新しい展開に入ったところであった。許篈は主に李滉に、趙憲は主に李珥にそれぞれ学んだ。もちろん、朱子学があわせもつ華夷思想をも学んだ。彼らにとって中国へ旅することは、彼らが受け入れた思想の生まれ故郷を訪ねることであり、自らの思想を試す絶好の機会でもあった。

彼らがそこで実際に何を見、何を考えるのかを述べるに先立ち、一行の旅程の概略と、許篈・趙憲という二人の若い知識人の人となりを簡単に述べておきたい。

一五七四年のこの使節は、万暦帝十二歳の誕生祝いのために派遣された。朝鮮では、明の天子の誕生を祝うために聖節使を派遣するのが毎年の通例であり、この使節に何ら特別なところはない。一行の総勢は三六人であり、これも普通と何ら変わったところはなかった[3]。一行は、五月十一日に漢陽（ソウル）をたち、六月十日に国境の町である義州に到着、六月十六日に鴨緑江を渡って明朝の領土に足を踏み入れている。遼東地方の中心地である遼東へ到着するのが六月二十三日、ここで朝貢のための事務手続きを終えて、一路、北京へ向かう。広寧から山海関にかけては、モンゴル族の跳梁におびえて足早に通り過ぎ、山海関へたどりつくのが七月十八日のことである。その後、豊潤県、薊州、通州を経て、八月四日に北京へ入城している。北京では八月十七日に宮廷へ参内し、万暦帝の聖節を祝うという主要な目的をはたしたほか、礼部が主催する宴会へ出席し、あわせて明朝の根本法典『大明会典』で朝鮮国の創始者である李成桂の家系を誤って記している記事を改正させる交渉もした[4]。また、北京の宿舎玉河館では三日間にわたり中国商人と交易を行った。いわゆる朝貢貿易である。この間、北京滞在は約一箇月である。そして九月六日に北京を離れ、もと来た道をたどって帰国する。国境の鴨緑江を再び渡ったのが十月十日、この日はすでに雪模様であった。夏の六月十六日に鴨緑江を渡って入国しているから、中国での滞在はほぼ四箇月であった。その旅程から見ても、彼らが処理した事柄から見ても、この使節に他とはちがった特徴は見られない。

ただ、この一行が他の数多い燕行使と違っていたのは、そこに許篈と趙憲という一風変わった知識人が同時に加わっていたことであった。

二　許篈と趙憲

許篈は、書状官としてこの団に加わった。書状官とは一行を監督するとともに、道中で起こった事件や見聞したことを記録し、帰国後に報告するのを仕事とする。この時、彼は二四歳であり、みずから聖節使に加えて欲しいと志願し、これが許されての旅であった。彼は、陽川許氏という名門の出身であり、父の許曄も著名な人物である。(5) 許篈はその三児の次男として生まれたが、その弟が有名な許筠であった。許篈と許筠はともにその才を恃み、常軌をはずれた言動が多かったようである。許篈はその上言によって配流され、許筠もまた謀反をはかったとの罪で処刑されるに至っている。許篈が自らを恃むのは無理もなかった。というのは、名門のうえに一五六九（宣祖二）年には一八歳という若さで首席をもって朝鮮では誉れ高い生員に及第し、さらに一五七三年には文科に及第し、その後、権知承文院副正字、芸文館検閲、礼曹佐郎と二年ほどの間に、清要の職を渡り歩いていたからである。(6) 彼は、李滉に学んでこれを尊崇し、北京へ赴く旅の途中でも李滉の夢を見、夢で『太極図説』の疑問点を問いただしているほどである（日記、七月十四日）。(7) 帰国後、弘文館修撰などになるが、のちに李珥（栗谷）を西人派にくみする者だと非難する急先鋒となり、李珥が死去した年、つまり一五八四（宣祖十七）年に党争がもとで左遷され、さらに配流されるに至っている。時の人は許篈を評して「人となりは、詩と酒で自ら楽しみ、立身出世の策がないうえに人を陥れようとする意志もない。ただ、文人の気質は必ず軽々しいものであり、許篈もまたこの気質を持つものである」と言ったといい、『荷谷先生年譜』でも「慷慨して事を論じ、国王の前とはいえ屈することがない。時にはその不興をものともせずに強く諫め、国王もこのために震え、傍の人は汗が出るほどであったが、先生は気にされなかった」と評している。(8) 彼が死去したのは一五八八（宣祖二十一）年のことであり、まだ三八歳の若さであった。

一方、趙憲は一五四四（嘉靖二十三、中宗三十九）年の生まれで、許篈より七歳先輩にあたった。(9) 一五六七（明宗二十二）年に明経科に及第し、その後、定州教授などおもに文教畑を歩んだ。許篈のように名門の生まれでは決してなく、その『年譜』に「門地卑微」といわれるように、むしろ家柄なく貧困な家庭で育ち、自ら耕し自ら薪を採り、自ら牛を放牧したといわれる。(10) その学も李滉ではなく、おもに成渾と李珥から受けたものであった。中国へ旅したのは彼が三一歳の時であり、肩書きは質正官であった。質正官とは、中国の文物風俗、なかでも官庁文書で使われる言葉の意味について、朝鮮ではよくわからぬことを問い正してくる官である。帰国後、四箇月の異国体験をもとに長文の

意見書を国王に提出するが、これは『東還封事』の名をもって知られている。(11)

帰国後まもなくして、許篈と趙憲はともに党争の渦中にまきこまれ、李珥を非難する許篈に対して、趙憲はあくまで李珥を支持する。趙憲は許篈に対して、「本性を凶険に移した者」とか、「一国を動乱させ、道に反し明を欺く」といった言葉を投げつけるばかりか、ともに中国へ旅した時をふり返り、「賢者を憎み、出世を願う心は、すでにこの時から蓄えられていた」と酷評し、その時、彼の正体を見ぬけなかったと恥じるが、(12)一五七四年の燕行の時は、その後二人の関係がそのようなものになろうとは、おそらく予想もできなかった。さらに、許篈が不遇のなかに若くしてこの世を去ること、また趙憲が壬辰倭乱（文禄の役）に際して義勇軍を率い、これまた非業の死をとげようとは、互いに知るよしもなかった。許篈が名門の出身であるのに対して、趙憲が「門地卑微」の出身であったから、同行した二人の肌合いが違っていたであろうこと、おおよそ推察できるが、疑いないのは二人とも朱子学を奉じ、自らの才を恃んで将来を期し、「中華」の実態を少しでも詳しく知ろうとする意欲を持っていたことである。許篈の『荷谷先生朝天記』と趙憲の『朝天日記』を読み比べると、やはり許篈の方により才気があふれ、評論も手厳しい。しかし、両者が観察した対象、あるいはその視点についていえば、彼らの生まれと経歴の違いにもかかわらず意外なほどによく似ていることに、誰もが気付くであろう。二つの史料をここで互いに補うものとして使うことができ、かつ当時の朝鮮知識人による典型的な中国観察、中国体験と見なしうるのは、このためである。なお、両史料とも日記のスタイルをとっているが、自らの行動や心の動きにある筋道をつけるため、帰国してから整理したり、あるいは他の文献史料を書き加えた可能性を考えねばならない。ことに、『荷谷先生朝天記』はもとから人に読ませるための作品であった可能性が強く、彼の手近にあった他の史料を書き加えた可能性が強い。しかし、二つの史料に基本的な部分で相反する記述がないこと、二人の観察、思考、体験を見るのが我々の第一の目的であることから、そうした整理や補訂があったとしても、それは大きな問題にならないと考える。

三　「礼義之邦」の人々に対する処遇

明代では、朝鮮は数多い朝貢国のなかで模範生と見なされていた。一五三七（嘉靖十六）年重修の『遼東志』巻九、外志、朝鮮には「わが朝に至るまで入貢し、最も慎み深いこと、諸国第一である」と記され、また一五八七（万暦十五）年に刊行された『万暦大明会典』巻一〇五、朝貢、朝鮮でも「諸国に比べ最も恭慎である」と記される。[13] 一五四七（嘉靖二十六、明宗二）年からは、この最も好ましい朝貢国の使節に対して、天壇と国子監へ特別の参観を許すという優遇措置をとったほどであった。明朝にとって朝鮮が好ましかったのは、日本、タタール、オイラート、安南などのように、ともすれば反抗的な態度をとり、あるいは明朝が定めた朝貢の規定にしばしば違反し、それぱかりか時には武力にうったえるといった行動がないから、というだけではない。少なくとも表面的には恭順となった政治的、外交的な姿勢だけでなく、明朝を「中華」の国として認め、「中華」の文化の神髄を学び取ろうと国を挙げてとりくんでいる姿勢が好ましかったのである。「中華」の神髄とは、人と人、あるいは国と国との交わりにおいて表にあらわれる礼であり、またより内面からそれを支える仁、義などの徳であった。明朝の人々は、朝鮮が「中華」の徳を慕い、その価値体系を国を挙げて学ぼうとしていることから、それをしばしば「礼義之邦」と呼んだ。朝鮮使節に対して、天壇の参観を許したのは、そこが天命を受けて明朝が「華」の地域を治め、また「夷」の地域をもふくめた天下を統帥する正当性を持つ証しの地であったからであり、国子監の参観を許したのは、そこが「中華」の神髄である「文」の宿るところであったからにほかならない。

では実際、「華」国は「夷」国からの使節をどのように処遇し、使節たちはそれをどのように評したのであろうか。まず六月十八日、前日に宿泊した地の一軍官が部下を差しむけ、送別の品を贈ってきた。一行はこの部下たちに朝鮮から持参した扇子と帽子を返礼として送ったところ、部下たちはそれが少なすぎると言って怒りだし、これを投げ捨てて帰っていった。ところが、しばらくすると部下の一人がたち戻り、投げ捨てたはずの扇子と帽子を拾い集め持ち帰っていった。これを見た許篈は、

廉恥の何たるかを顧みない。その名は中国であるが、その実は達子（最低の野蛮人）とかわらない。

と評した[14]。「達子」とはモンゴル族などを示し、当時としては最も相手を侮蔑した言葉である。

次に、遼東都指揮使である。遼東都指揮使は、燕行使が北京へ向かうに先だって皇帝にこのむねを報告しておく義務を負うと同時に、貢物を載せる車輛を調達するなど、接待係として重要な使命を負った。当時、この遼東地方は一省をなさずに民政では山東省の一部に属していた。広大なこの地域は特殊な軍事地域とされていたから、この地を統治する最高責任者は遼東都指揮使という軍官であった。この任にあった陳言なる人物は、一行と会うと早速、朝鮮で出版された『皇華集』、鏡面紙、糸笠を持ってくるように伝言してあったのに、何故持ってこなかったか、と詰問した。通訳が言い訳をすると、さらに「海獺皮、満花席、白布、花硯、雑色紬、整参」と紙に書き、「帽段二疋、羅一疋、大段二十疋」をも書き加え、これを持ってこいと強要した（許篈日記、六月二十三日）。趙憲は都指揮使陳言の言動を評して、

廉恥のないこと、かくのごとくである。

と記し（日記、六月二十三日）、許篈もまったく同じ表現で記している（日記、六月二十四日）。

この遼東都指揮使陳言は中国人の間でもはなはだ評判が悪かった。許篈の日記によれば、ある中国人は、「こんなに陳言が貪欲なのに、朝鮮使節はなぜ礼部に訴えないのか」と言ったという。朝鮮側は、「自分たちは外国人ですから、礼部にみだりに訴えたりできません。あなたがたこそなぜ、陳言のことを巡按の役所へ訴えないのか」と切り返したところ、この中国人は笑って、「御史もお金が大好きです。都指揮使さまとはすでに良い仲です」と答えたとい

う[15]。趙憲は遼東へ入城する前から、宿屋の主人が巡按御史を評し「遼東へやってきた時は痩蛮子（やせっぽち）だったのに、今は胖蛮子（金ぶくれ）になっちまった」と酷評するのを聞いていた。天子の命を受けて御史となりながら、貪欲残忍な知府・知州県を弾劾して罷免することができないと彼は批判しつつ、いかにも蛮子と誹られても、もっともだと記している（日記、六月二十五日）[16]。

一地方都市でこのような体験をした彼らは、「中華」の中心地、北京でも同じ体験を重ねた。今度は、彼らを接待し、随行する職責を負った鴻臚寺序班の高雲程であった。一行が北京に入城し、宿舎である会同館へ落ちついた翌日、高雲程がやってきて、自分が良い部屋へ通されなかったといって怒り出し、「誰が朝鮮のことを〝礼義之邦〟などと言っているのか」と捨てぜりふを残して去ったという（趙憲日記、八月五日）。

その後も、この鴻臚寺序班は次々とうまそうな話を持ちかけてきてたかるか、たかりが通用しないとなるといやがらせに転じた。朝鮮使節にとって気がかりだったのは、新しく編纂されようとしている『大明会典』に、彼らの要求する宗系弁誣、すなわち李氏朝鮮の成立事情がどのように書き改められるかであったが、これが朝鮮使節にとって重要問題であると察する鴻臚寺序班は、「この問題は、私の一言がどう出るかに係っている。銀三十両を自分に贈ってはどうか」と賄賂を要求した（許篈日記、八月十八日）[17]。さらに帰国に際して、皇帝から詔勅が下されるかどうかと通訳が問うたところ、詔勅についての情報を得るために内閣へゆこうとすれば、必ず門番に賄賂をやらねばならない、自分に五両を出したら聴いてきてやる、と持ちかけた。朝鮮側通訳官にはねつけられると、高雲程は立ち去った。許篈は、

　　高雲程の貪欲無忌なること、ここに至る[18]。

と日記にとどめている（日記、八月三十日）。

さらに、皇帝から使節一行に下される賞物について、「自分に賄賂をくれたら、勅による下賜品は自分が頑張って

好い品を出すようにとりはからう」と持ちかけた。趙憲もこれに対し、

その道理もなしにたかること、かくのごとくである。[19]

と記録にとどめた（日記、九月二日）。

自分の要求がことごとく却けられると、次はいやがらせにでた。使節は帰国するに際して、宮城に赴き、宮廷内で整列して万暦皇帝の玉顔を仰いだが、高雲程はその整列が不ぞろいであったと非難し、趙憲に対してここでも、

「礼義之邦」の人だなどと言えたものではない。

と言ったという（日記、九月五日）。これを許篈に話したところ、許篈はさっそく宋代の故事を語った。

宋の時、鴻臚寺官が譴責をうけることが三つあった。士人と夷人とラクダの三つが最も整列させにくかったからである。人とラクダと一緒にするなど、何とも心を痛めることではないか。[20]

もちろん、朝鮮使節に対する接待が丁重を極める部分もあり、たとえば北京では他の外国使節に対しては歓迎宴だけのところを、朝鮮使節にはこのほか送別宴も催してくれており、これには趙憲も、「丁重にされること、かくのごとくである」と率直に喜びをかくさない（日記、八月二十六日）。また帰国に際しては、験包の礼と称して外国使節たちが禁輸品を持ち出さないかどうか、礼部が一行の荷物を点検するのが例となっていたが、朝鮮使節に対しては礼義の邦の使者だからと、特別にこれを免除してくれた。許篈もこれには、「わが国を丁重にもてなしてくれること至れり」と率直に感謝の気持を日記に書きつけている（八月三十日）。

しかし、朝鮮使節とこれを接待する中国の官僚との間では、一面では熾烈な闘いが展開された。鴻臚寺序班ら接待係は、何かと言えば朝鮮を「礼義之邦」と呼んだ。もちろんそれは、礼と義が中途半端だと言わんとする、むしろ蔑

称に近いものであった。これに対して朝鮮使節は、同じく「中華」の価値である礼義とか廉恥とか華夷とかの言葉を用いて応戦した。「中華」の接待係に対して、「わたくしどもは〝礼義之邦〟に居りますから……」（趙憲日記、六月二十五日）と切り返し、明朝の官僚を「廉恥なし」とか「達子」とか「蛮子」とか呼んで逆襲していた。彼らは、すでに学んできた「中華」の価値体系をそのまま用い、「中華」の現実にたち向かい、応戦していたのである。

彼ら使節に対する接待と関連して、いま一つエピソードを紹介しておきたい。それは、八月二十五日、朝鮮使節に特別に参観が許された天壇に行った時のことである。許篈はかねて知り合いの仲であった滕季達という中国人と、天壇で落ち合う約束であったらしい。というのは、彼らが宿泊する玉河館は管理が厳重で、礼部の関係者など特別なものを除いて、立ち入りや面会が禁止されていたからである。滕季達はこれより一年前に明朝の使節に随行して朝鮮へ行ったことがあり、許篈とはこの時に知りあったと考えられる。さて、滕季達は友人とともに約束どおりやってきて許篈に会い、挨拶の礼を交わそうとしたやさきであった。見れば、礼部会同館提督の差しむけた男が許篈たちを尾行してきており、どんな会話をするのか、聞き耳をたてていたのであった。朝鮮から随行してきていた通訳は、二人の会話が漏れ聴かれるのを恐れ、中止させた。滕季達はこの事態を見て、覚えず舌を出し、「では後日、出発の時、崇文門の外でお話ししましょう」と言って、たち去ったという。現実は決して甘くはなかった。この時のことを許篈は、

中朝の法が厳重であること、ここに極れりと言うべきである。これではまったく、「一視同仁にして内外の隔てがない」という理念に欠けるところがある。歎かわしい。(21)

と記している。滕季達はこの時、約束をはたしたく思ったのであろう。許篈が宿舎へ帰る途中で待ちうけてくれていた。しかし彼は、朝鮮へ行った時のもてなしを感謝し、朝鮮国王によろしく伝えてくれるようにと言い、宗系弁誣のため『大明会典』改訂にあたっては朝鮮側のために努力すると言うと、すぐさま立ち去っていった。許篈によれば、

人に見られるのを恐れたためであった。

この時の思い出は、許篈に心深く刻まれたようである。というのは、帰国後『朝天記』を著すにあたり、後叙で特に次のように書いているからである。

そもそも華夷・内外の別は、もとより截然とはっきりしており、乱してはいけない。もしその人が旧習をすっかり洗い流し、日ごとに新しく変化を遂げ、礼義の域へ進むならば、聖帝明王は当然、一視同仁に自分の赤子を見るように視るべきであり、猜疑したり軽く扱ったりする心があってはならない。

ところが今や、皇朝がわが国をあつかうこと、これと違っている。何重にも門を閉ざして固く鍵をかけ、こうして出入を防ぐこと、まるで盗賊を見るかのようであり、ただただすこしでも勝手な振舞いがないかとびくびく恐れている。であるから、学問あり身分ある中国の方々のなかには、礼儀正しく挨拶をして宿舎の中へ入り、古典について論じ、朝鮮の風俗を尋ねようとする者がまったくないわけではないのに、天朝に禁令があるからできないのだ。何とも狭くるしいと言うべきではないか。このため、朝鮮国の人で天朝に参上する者は、耳が聞こえず目が見えぬ者と同じようなもので、かつて袋を持って出かけ、一杯収穫をつめこんで帰ってきた者を見たことがない。これは、皇朝の一大欠陥の制度であり、わが東方の恥であり、恨むべきことではあるまいか。[22]

宿舎の玉河館には何重にも鍵がかけられ、中国知識人との自由な交流は禁じられ、玉河館の外で会おうとすれば、スパイが尾行していた。一視同仁、内外一家とは、そこではまったくの見せかけに過ぎず、「天朝」と思い「中華」の徳を慕って来る者にも疑いをかけ、中国知識人とも自由に接触させなかった。「中華」の模範生は、以上のような現実を観察し、身をもって知らされ、以上のような批判を下していた。

四　陽明学、是か非か

次に、礼義、「文」と「中華」の総本山である国子監を訪れた時、彼らはそこで何を見るのであろうか。国子監への参観は、天壇への参観とともに、朝鮮使節にのみ特に許されたこと、そしてその意味するものについては、すでに述べた。たしかに、国子監は鬱蒼とした木立のなか、森閑としたたたずまいで彼らの前にたち現れた。しかし、仔細に観察すると、「学生はおらず、障壁は多く崩れさり」、五経館はそこが本来蔵書のための部屋であるにもかかわらず、「中は塵土が堆積しているだけであった」（許篈、八月二十日）。許篈はまた、「先生の方は椅子に腰をかけるだけで講義せず、弟子の方は郷里に散居している。国子監の学長たる祭酒と副学長たる司業とは、てっとり早く大官に出世することだけを考え、その学生たる監生・歳貢生は一官僚となる辞令を得ることを喜びとし、慢然として礼義廉恥の何事なるかを知らない。学校がかくまで落ちぶれているとすれば、人才が古えのようでないのも、当然のことなるかなと言うべきである」と嘆いている。[23] 趙憲にいたっては、先賢がたれた訓戒文が、誰の目にもとまらぬところに放置されているのを目撃して、これでは「どうやって学を教え、心と目を戒めようとするのであろうか。思ったとおり、中朝の人が孔子の説いたあるべき学問を尊んでいないのを知った」とまで日記に記している（趙憲、八月二十日[24]）。

さらに、国子監の学生たちをつかまえ、実際に彼らと話してみると、その礼儀のなさを知らされる。というのは、彼らの質問にいろいろと答えてくれたお礼にと、持参の筆と墨とを取り出してプレゼントしようとしたところが、学生たちはわれ勝ちにと奪いあい、争いあったからである。これを目のあたりにした趙憲は、「いったい、毎日何を教えているのだろうか」と呆れかえり、許篈は「士風が競わないこと、このような次第である」と大いに卑しんだのであった。[25] あるいは、学生が珍しい外国製品を目の前に見せられたら、それにとびつきたいのが人情だ、と人は言うかも知れない。しかし「中華」の価値を信ずる朝鮮からの使節にとって、この文の神髄の地でこのような事態を目撃しては、ほかに記述のしかたがなかったのである。

さらに、彼らがこの異国で学問の潮流と文化の動向を聴き知った時、どのように反応し、記録したのか見てみよう。具体的には王守仁（陽明）をどのように評価すべきか、との問題である。

彼らが旅した一五七四（万暦二）年の頃といえば、中国で陽明学はまさしく一世を風靡する勢いにあった。このような学問・文化の新潮流は、毎年幾度もソウル―北京を往復する燕行使によって報じられ、朱子学を学ぶ朝鮮の知識人に大きな反響を呼び起こした。(26) 李滉に学んだ許篈その人が、中国の新情勢、つまり陽明学の隆盛に最も関心を寄せていた一人であった。すでに述べたように、彼は自ら志願して燕行使に加わったが、その目的は中国の知識人たちが本当に陽明学を受け入れているのか、どの程度信奉しているのか、われとわが身で確かめることにあったのではないかと思われる。さらに言えば、王陽明が聖学の殿堂たる孔子廟に孔子の弟子として従祀されるかも知れないとの報道があるが、はたしてこれが本当のことか確かめ、自ら北京に赴くことによってその帰趨を知るというのが、彼の第一の関心であり、燕行の目的ではなかったかと推測される。

陽明を孔子廟に従祀すべしとの議論は、すでに隆慶帝が即位した直後になされたが、高拱らの反対にあって、その是非の決定はひとまず棚上げされる。(27) 陽明従祀の是非が再びやかましく議論されるようになるのは、許篈らの燕行に先立つ一年余り前からのことであった。いま、『明実録』記載の記事を中心にして議論の経過を追うと、まず礼科給事中の宗弘暹が王陽明を従祀すべきかどうか、会議せよとの上奏文を出している（『明実録』隆慶六年十二辛未）。ついで巡按浙江監察御史の謝廷傑が「孔・孟・周・程の後のいわゆる大儒の中で、陽明にすぎる者はいない」と述べ、薛瑄とともに孔子廟に断固祀るべし、とする上奏をおこなった（『万暦疏鈔』巻三五、謝廷傑「崇祀大儒以明正学疏」万暦元年正月。『明実録』万暦元年五月戊戌）。また、陝西監察御史の李頤が、胡居仁を薛瑄・王守仁と同じく従祀せよ、との主張をおこない、上奏文は礼部へ下されている（『万暦疏鈔』巻三五、李頤「崇祀真儒以培道脉疏」、『明実録』万暦丑）。

以上は、従祀賛成派の議論であるが、これに対し兵科給事中の趙思誠が反対論を上奏し、やはり礼部に下されている（同、万暦元年三月乙酉）。礼部の意見としては、賛成派と反対派では考えが異なるから、翰林院などに命じて討議させよ、と上奏している（同、万暦元年五月庚子）。さらに、南京福建道御史の石櫃によって上奏された従祀反対論が礼部に下され（同、万暦元年五月戊戌、及び七月戊子）、戸科給事中趙参魯によって上奏された賛成論も同じく礼部に下されている（同、万暦元年七月、壬寅）。工部弁事進士の鄒徳涵は王陽明を祀るべし、と論じた（同、万暦元年十一月甲申）。翌二年には、巡按浙江御史蕭廩が王陽明祀るべしと論じ、これまた礼部に下されている（同、万暦二年六月辛未）。この間にあって、この問題について最も責任を持つ礼部尚書の万士和も、やはり王陽明祀るべし、との上奏をおこなった（万士和『万文恭公摘集』巻一二、覆新建伯従祀疏、万暦二年六月から三年九月にかけての上疏）。この万士和は許篈が北京を訪れたとき、ちょうど礼部尚書であった。

このように、許篈らが中国へ足を踏み入れたのは、ちょうど王陽明を従祀すべきかどうか華々しい論戦が展開され、『明実録』によるかぎり賛成派が優勢な情況の中にあった。許篈は入国後やっと十日たったばかりの六月二十六日、遼東のある書院を訪れ、四人の生員と知り合うと、早速この問題がどうなっているのか、紙に書いて問うた。許篈の問いは、「王守仁の邪説が盛行しており、孔孟、程朱の道が閉ざされて明らかではない。これは道がまさに亡びんとしているのか」という、初めから明白な価値判断をともなったものであった。王守仁とは王陽明の本名であり、本名をもって人を呼ぶのは非礼であるが、許篈はあえて呼び捨てにしたのである。

ところが四人の生員たちは、「あなたがお聞きになったのは、おそらく昔の偽学の説に惑わされたものです」と答えた。ここで言う偽学とは、南宋時代に朱子とその一派が一時期こう呼ばれて弾圧されていたのを受けたものに違いない。すなわち彼らは、朱子学を偽学と呼んだのである。当時、一方では陽明学を邪説と呼び、また一方では朱子学を偽学と呼ぶように、朝鮮と中国の知識人の間にはここまで大きな裂け目ができていた。生員四人が、陽明の学は決して邪説ではなく、陽明はすでに孔子廟に従祀されたと答えると、許篈は陽明学はたいへんな誤りであり、彼を従祀することは王安石を一緒に祀るのと同じような誤りである、と延々書き列ねた。このような水かけ論が続き、陽明学を正しいとする四人が折れないと知ると、

わたしは、彼らが頑固な賤しいイナカ者（固滞鄙賤）であって、とうてい言ってもわからないことを知り……。

と日記に記すとおり、相手を卑しんでその場を去った。さらに宿舎に帰ったところで、

邪説が妄りに流行し、禽獣が人に逼り、人としての倫理が絶滅に至らんとし、国家はまさに乱れ亡びんとしている。

と記した。[28] ここにみえる「邪説横流、禽獣逼人」とは、言うまでもなく『孟子』に見える言葉であり、堯舜があらわれる前や紂の時のように、あるいは孔子が春秋を編纂し、孟子が墨子や楊朱のような異端者を正した時と同じであるとして、その時代の混乱を嘆き、人を異端者として排撃するとき、必ず用いられる言葉である。たとえば、仏教、陸象山、王陽明を攻撃する陳建の『学蔀通辨』には、この種の口吻が多数見られる。しかし、通常これは、「中華」の人がその時代と人とを嘆き排撃する時に用いられる。つまり、許篈はここで「中華」の人になりきり、「中華」の人を攻撃し、「中華」の文化・政治の現状を憂えているのである。

また、山海関を越え、薊州と通州へ至る途中で、葉本という国子監生と知り合ったおりも、許篈は陽明従祀問題を問いただしている。ところがまたしても、この国子監生は王陽明を良知の聖学を明らかにした人物と評価する、陽明学の讃美者であった。従祀については最終的な決着はついておらず、詳しく知りたければ『陽明文録』と『陽明年

譜』を買って調べられよ、と懇切に回答してくれたこの人物に対して、許筠がした反論は、ほとんど相手を説伏せんとするものであった（許筠日記、八月二日）[29]。

許筠はここでも王陽明が言ったとされる言葉、「我が意に合わなければ、その言葉が孔子の口から出たものだとしても、わたしはあえて本当にそうだとは思わない」との言葉、『伝習録』で正確には「心に求めて違っておれば、その言葉が孔子の口から出たものだとしても、あえて正しいとは思わない」を再び取りあげる。そしてこれをあまりに傲慢な態度であり、また古の聖人賢者のような中正で和気ある態度ではないと非難する。さらに許筠は、陽明学の根幹である良知説を取りあげる。彼によれば、「良知」というものは天理本然の妙である。ところが人が生きている以上、気質や物欲に心が蔽われ、この天理として生まれながら持っているものがはっきりしなくなる。そこで朱子の言う「居敬」という精神修養をやり、朱子が言うとおり「物に格《いた》って知を致さ」なければならない。こうして人は始めて人倫を明らかにでき、聖人の学を完成させることができるとする。

許筠の陽明学非難に対して、陽明学を信奉する葉本の反論はこうである。あなたは陽明学の「良知」だけを取り出すから仏教の禅に近いということになる。「良知」は「良能」とセットであるのに、「良能」を落として言うから間違いである。良知は体であり、良能は用である。また「我が意に合わなければ、その言葉が孔子の口から出たものだとしても、わたしはあえて本当にそうだとは思わない」というのも、道理からして自分を信じるという考えを極言したものに他ならない。孟子でも「聖人が再び生まれたとしても、必ず自分の言葉に従われるであろう」（『孟子』公孫丑上）と言っているではないか。

許筠はこれをさらに論駁する。王陽明が唱えた良知説によれば、日常的な振る舞いも古今の聖賢の書も、一切合切放置して考慮に入れない。ただただ一良知を思うだけで、忽然として一瞬の間に覚るというのだから、これでは禅ではないか。孔孟の教えとは違うではないか。朱子は先聖未発の道を拡充された方である。ところが王陽明は自分の意のままに『大学』章句を勝手に改訂し、徹底して朱子を非難している。かつ朱子の木像を刻んでこれを左右に置き、自分の考えと少しでも違うところがあると、立ち上がって木像を刑棒で叩いていたというではないか。これは何たる気性、何たる振る舞いであろうか。私は朱子を学ぼうと願いながら、まだできていない。朱子に背き自分勝手な考えを出す者のことを言うと、心が痛む。王陽明を異端だとして攻撃し少しも忌避しないのは、このためである。

中国と朝鮮における朱子学に対する考え方は、あまりに違っていた。しかし許篈が四人の生員と一人の監生にぶつけた陽明学批判による限り、王陽明の最も大きな誤りは、朱子に反対したこと背いたことであったかに見える。葉本に対する攻撃の言葉の最後に見えるように、彼が陽明学を異端であるとする力点は、それが孔子に背いていることより朱子に背いているという点にあった。

この会話がなされた翌日、次は王之符という挙人とめぐりあって問答し、やっとここで王陽明を偽学の徒として排ける人物を知る。ここに至るまでの約一箇月半、「中華」の地は彼にとって陽明学一色にぬりつぶされたものと映ったようである。許篈にとってこの挙人はよほど好もしく見えたらしく、「荒れ狂う流れにあって相手を正し、すっくと立つ柱というべきである。私は旅すること数千里、やっとこの人を得た」と日記に記した（八月三日）。

では一方の趙憲は、陽明学が盛行する中国をどう見ていたのであろうか。許篈が以上見たように陽明学を異端であるとして手厳しく批判していたのに対して、趙憲の態度はその『朝天日記』からは十分にうかがい知ることができない。しかし『重峰集』に収録された礼部提督会同館銭拱辰への質問状、すなわち「論聖廟従祀書」があることによって、彼の態度を明らかにうかがい知ることができる。それが知られるだけではなく、当時の学術交流に関わる実態もうかがい知ることができる。

八月二十日、趙憲は許篈らとともに国子監を訪れたが、そこで注目したのはその荒廃ぶりや学生たちの礼儀のなさだけではなかった。それ以上に、孔子廟にその弟子として誰が従祀されているかであった。彼は宿舎玉河館に帰ったあと、宿舎を管理する総責任者であったこの礼部官僚に対して、孔子廟で祀られる歴代の儒者について長大な質問状を提出した。『朝天日記』によれば八月三十日に提出したと記すが、それは周敦頤、程顥、程頤、朱子の祀られている地位が低すぎるのではないか、という問題提起から始まるものであって、合計十箇条からなる。

趙憲は明朝の文教政策を批判することを憚ってか、王陽明従祀の是非については一切言及しない。しかし、朱子の論敵とされながらすでに従祀されている陸象山を批判していることによって、王陽明に対する評価も判明する。趙憲はまず古代の楊朱と墨翟（墨子）を取りあげつつ、陸象山に良いところもあるが結局は「異学」であるとする。「［陸象山は］講学をまったく廃し、人の善を取らず、あまりに自分を信じた」、「良知の見だけを意固地にも守り、突然の悟りである頓悟が訪れるのを座して待ち」、「自分では異学であるとは考えないが、実のところは華夏（中華）を率いて葱嶺（仏教、西方の教え）に帰着せんとした」と批判するのだから、朱子自身による言葉をも使った形どおりの陸象山批判である。趙憲は以上のように陸象山を異端であると批判したあと、「人の目を眩まし、正しい道を塞いだ罪は、孟子の敵対者であった荀況（荀子）よりもひどいのではないか。ところが孔子廟では荀況を退けながら、陸象山を従祀される席に祭り上げたのは、一体どんな考えがあってのことか」と詰問している。[30]彼の陸象山に対する批判は、そのまま王陽明に対する論難であると考えてよかろう。

これに対する会同館提督主事の答えも付載してある。それは十箇条のうち八箇条について簡単に答えたものであった。最も興味深いのは、趙憲が陸象山ひいては王陽明を「異学」であるとして論難した問に対する答えである。

窮理と主静という修行の方法のうち、どちらか一方を捨ててはならない。陸象山の学は文字だけに頼ろうとする誤りから［人を］救おうとするものだから、当然に人を覚醒させてくれるし、その功績も小さくはない。楊朱の道と大いに違っており、同列に置いてはいけない。[31]

これによればどうやら、銭拱辰その人も陽明学を信奉する者であったらしい。ここで言う窮理と主静とは『中庸』に見える道問学と尊徳性に相当する。前者は外界にも理があるとし、これをも考究せんとする立場であり、朱子が重視したもの、後者は外界に理ありとする必要はなしとする立場で、陸象山と王陽明がこれを重視したとされる。銭拱辰は両方とも正しいとしながら、陸象山の学を高く評価し、楊朱の道と同じく「異学」「異端」と考えてはいけないというのだから、明らかに陽明学の方に加担する者であった。

ところが『朝天日記』八月三十日の条、すなわち趙憲が従祀の問題で会同館提督に質問状を提出したと記すところで、続いて次のように記している。

〔通訳の〕白元凱にこの質問状を上呈させたところ、提督は受け取って出て行った。夕方になって正使に回答を寄せてきた。正使は趙憲に対して、「〔質正官だからといって〕こんなことまで、朝鮮の朝廷がお前に質問させることか」と言った。深く自分の行為を憎む言葉であった。[32]

質正官は外交文書を作成するうえで必要な語彙について質問するのが役割であり、儒学上の問題や明朝の文教政策について質疑することは許されなかった。これは事大と朝貢を行う側からの自己規制であった。趙憲はこの質問状の前書きの部分で、次のように記している。

〔国子監から〕帰って、あなた様のところをぐるぐる回って思いますには、平生の宿願は今を失しては遂げられないのではないか、疑問に思うところを尋ねてみようということでした。あなた様、どうぞ教えてくださいますように。趙憲めはこの頃、あなた様に戦国時代楚の陳良の〔北のかた中国を学ぼうとしたのと同じ〕志を持っていると御明察いただくとともに、憐れんでいただき周代中華の制度を見せていただきましたが、従祀の制度には疑問とすべきところがございます。明確に白黒をつけていただくことによって、イナカ者の見方を正したく存じます。[33]

右の文のうち陳良とは、戦国時代のイナカ者でありながら、「北のかた中国に学ぼう」とし自ら「夷」から「華」に変わろうとした傑物であると、『孟子』で褒め称えられた人物である。この言葉が一八世紀後半に朴斉家によって使われたことにより、彼ら一類の知識人が朝鮮北学派と呼ばれること、周知のとおりである。趙憲は疑問に思うところを率直に尋ねて学ぼうとした。ところが一五七四年という時点では、朴斉家が赴かんとしたようなプライベートな交流の場は北京にはなかった。また公式に中国官僚に問いただしそれから学ぶことも、忌避され自己規制されていた。[34] 先ほど筆者は一四世紀末からの朝鮮では、儒学は純粋培養されて生育していたのではないかと述べたが、この趙憲の事例はこれを裏付けるであろう。いささか向こう見ずなところがあった許篈でさえ、陽明学是か非かを議論したのは、わずかに北京に至るまでに、沿路で偶然出会った下級知識人に対してしただけであって、北京においては公的にであれ私的にであれ、中国官僚に向かってこの問題をぶつけた形跡はまったくない。二人の知識人がこの時代、直接に中国人の口を通じて「北のかた中国に学ぼうとする」ことは、はなはだしい困難を伴ったのである。

以上、許篈と趙憲が「中華」の地の文化と学術の現状をどのような視点から観察し、どのような評価を下していたのか、陽明従祀をめぐる問題でどのような体験をしたのかを見てきた。それは、先に見た彼らへの処遇についてみせた評価と同様、極めて否定的なものであった。「夷」の地の人が中国の人を逆に「頑固な賤しいイナカ者」と評し、その時代を「邪説が妄りに流行し、禽獣が人に逼る」時代と評していたのである。

五　「中華」国の現実と批判

もちろん、四箇月の中国滞在の中で、積極的にプラスとして評価したものも極めて多かった。いま、許篈の日記に限って、そこからプラスとして「中華」の現状を評価しているものをいくつかあげると、たとえば、のちに朴斉家らが同じく評価したように、中国の城が極めて堅固な構造をもって造られている（許篈日記、六月十八日）、と見ていたことを挙げることができる。また、『詩言文集』という名の児童教育書がイナカにまで普及していること（六月二十一日)、十二歳になったばかりの子供が『大学』『中庸』を読み、朝鮮では大人ですらおぼつかないような礼儀を知っていること（七月二日)、盗賊が出没しないため、商人や旅行者は夜でも街道を通行していること（七月三日)、一介の庶民が地方官を自由に、しかも辛辣に批評しうること（七月二十九日)、さらには、貢生、挙人などが中央の政治情勢をよく知り、張居正、馮保、徐階、高拱など時の要人を実に自由に、手厳しく批判しうること（八月三日、九月十八日）など、彼が積極的に評価したものとして挙げることができる。また、万暦帝が学問と政務に励んでいることも（八月七日、八月九日、九月三日、九月七日)、北京の宮廷には西蕃、達子なども朝貢に訪れ、大一統の美が見られる（八月十七日）と評価していることも、是非とも挙げておかねばならない。

しかし、マイナスと評価したのも、以上で挙げたほかに実に多岐にわたった。その例をいくつか挙げると、関帝廟や玉皇廟などの「淫祀」がいたるところにあって「愚民」が参拝し、北京にもいたるところ仏寺が建ち、官僚すら何の不思議もなく参拝していること（六月二十四日、六月二十六日、六月二十八日、七月五日、八月十三日)、裁判官が判決を下せないとき、原告と被告とを霊験ある石から飛び降りさせ、その負傷の度合いで判決していること（七月七日)、宿屋の主人が客の品物を盗むなど、遼東から北京にかけての地は、「偷盗がうまく、争闘を喜び」北方野蛮民族の生臭い風習が今なお残っていること（七月十八日、八月四日）などを挙げることができる。また、異国の地で、彼ら使節一行の行動についても批判の目をもって観察し、北京で三日間開かれる交易会（開市）で見せる自国の者の貪欲な経済活動を批判している（八月二十三日、九月五日)。

万暦帝の問題、大一統の問題、いわゆる朝貢貿易の問題など、彼らが観察し評価したもののなかで詳しく紹介すべきものは多いが、最後に、中国の税や徭役の問題をどのように評価していたのか、という点だけを紹介しておく。

それは、七月二十九日、山海関から北京へ至るちょうど中間に位置する薊州漁陽駅に宿をとった時の見聞である。この日の夕刻、許篈は宿屋の主人である莫違忠という人物に、中国の税の多寡をたずねた。莫違忠はおおよそ、次のように答えた。

一頃とは百畝です。一頃の田を耕す者はみな、最も豊作の時には銀七、八両を納税いたします。不作のときは二、三両です。このほかさらに雑役があります。牛や驢馬を供出したり、官酒を醸造したり、太僕寺の馬を養ったりなど、あれこれ名目が多く、貧しいものは男の子を質（典）に入れ、女の子を売り、これを償います。およそ一頃を耕す者は、豊年でも収穫は二百石、まああの年で百余石、饑饉の年ともなれば、六十余石です。中流で十人家族の場合、やっと自活できるといったところですが、いま税も役も極めて重く、一頃の田では、お上の求めに応じきれません。ですから、民はみんな怨んでおります。

宿屋の主人莫違忠は、一介の庶民であったらしいが、「家はなはだ広く、贅沢である」（趙憲、七月二十八日）とあるとおり裕かな生活をしていたらしい。このような立派な家に住む莫違忠が、はたしてそんなに税や役に苦しむものだろうか、とおそらく許篈は疑問に思ったのであろう。「あなたも、この役に苦しんでいらっしゃいますか」と問いつめた。莫違忠は答えて、

わたしの親戚には官僚がおります。ですから、これらの差役はございません。

と言った。

許篈にとって莫違忠が伝えた情報は、二重にショックであった。一つは、言うまでもなく税と役そのものが重いことを知ったからであり、「中華」の国の現状は、自国朝鮮とあまり違わなかったからである。彼は述べている。

わたしはこれまで、わが国の貢額は極めて重く、人民がお上の命に堪えきれないのを憂えていた。今聞けば、中朝もこうだという。とすれば、愁恨の声は、天下を挙げてあまねくすべて然りである。そもそも華夷の内外に区別はあるとはいえ、その憂いを避け恵みを思うという本性は、四海を巡って同一である。

重税であること、人民が苦しんでいることに、華＝中国と夷＝朝鮮の間にまったく区別がなかった。いま一つショックだったのは、「中華」の地でもまったく朝鮮とかわらず重税重役であるうえに、この地でも特権を持つ者と持たざる者との差別が、厳然と存在していたことであった。

中朝では官界にある者は、その力でその親戚を庇ってやることができる。このため、富める者はいよいよ富み、貧しいものはいよいよ貧しくなる。誠に痛ましいことだ。(35)

このように記すとおり、許篈は優免特権の存在が、大きな社会的不平等を生んでゆくもとであることを見ぬいていた。官僚と郷紳の徭役免除の特権と、これによる徭役負担の不平等が嘉靖から万暦にかけての大問題であったことは、戦後日本の中国社会経済史研究が詳細に明らかにしたところである。(36) 許篈はちょうどこの時期に旅をし、この大問題を知った。翻って自国朝鮮の農民が税と役との過重に苦しんでいることを思い、制度的に不備なのは朝鮮だけではなく中国も同じであること、人民はその制度を利用して少しでも安楽な生活を求めようとする点では、中国と朝鮮ともに同じであること、に思いを致した。そしてまた、科挙と言う見せかけの平等の裏に、徭役の負担という実際問題に関わるどのような仕掛けがあるのか、確かにその耳で聴いたのであった。

六　結　語

これまで述べてきたことから、彼らが四箇月の間に観察したこと評価したことには、ある限られた方向性があったことに気づくであろう。接待係と応戦するときに、彼らは華夷、廉恥、礼義、一視同仁という言葉を用いた。国子監に出かけ、陽明従祀について中国人と話したときにも、礼義、廉恥、邪説横流、禽獣逼人という言葉を用いた。さらには、中国の税と役とを自国のものと比較するにも、華夷の区別でおこなった。言うまでもなく、それらはすべて「中華」の価値体系をなす言葉である。税と役の不公平も、この価値体系の一つと言ってよいであろう。

一五七四年に中国を旅した二人の朝鮮知識人は、すでにほとんど「中華」の人であった。現実の中華の官吏を「廉恥なきもの」と評し、彼らを達子、蛮子と呼ぶ二人は、まちがいなく「中華」の人である。一視同仁、内外一家の理念によって、現実の中国を批判する人は、すでに「中華」の人である。北京で彼らは、同じく「夷狄」の地から朝貢のためにやってきたモンゴル族やチベット族の人々に出会う。聖節の儀式の練習のために、剃髪した頭のうえに儒冠を載せ、身に藍衫を着た「達子」「西蕃」を見て、趙憲は「おかしなことだ（可笑也）!」と評した。「西蕃」が袴を脱いで、しかも「恬然として恥しいと思わない」から狗西蕃（犬の西蕃）と言われる、と許篈は述べた。[37] 国子監を訪れた時には、「中朝の人は斯学を尊んではいない」「士風が競わない」と評した。陽明学を信奉する現実の「中華」の人々を「頑固な賤しいイナカ者で、とうてい言ってもわからない」と評し、現実の社会を「禽獣が人に逼る」社会と評するに至っては、もはや「中華」の人以上に「中華」の人である。

おそらくそれは、朝鮮の建国から一六世紀後半に至る二百年近くの間に、制度、文化、思想など全般にわたる中国化が急速に進み、一部ではあれすでに中国を越えたとの自負が知識人の間で生まれていたからである。許篈の師であった李滉が、陽明学を手厳しく批判したのはその一例である。[38] またたとえば一五三七（嘉靖十六、中宗三十二）年に書状官として燕行使に加わった丁煥は、中国での喪制の乱れを指摘しつつ、すでに次のように述べていた。

彼が礼部の官庁へ赴いたところ、一国子監生が隣に座っていた。見れば白い頭巾をかぶってはいるが、その上に儒冠を着けている。おかしな事だと思って尋ねたところ、父が死去したことを聞き、これから礼部に文書を提出して急いで郷里へ帰らんとしているのだが、官庁へ勝手に出入りするのは禁止されているから、ここで座っているのだとの答えであった。丁煥は述べる。

そもそも人は父のために三年の喪に服することになると聞いたなら、その子としては悲しみで身も崩れんばかりの時に当たっているはずなのに、冠や襟をきちんと整えて衆人に対し、言貌と挙止はゆったりとくつろいだ風勢で、哀しみが少しもない。その本性を失っていること、甚だしいことだ。

おおよそ中国では喪礼の決まりが大いに壊れており、決まりに則った正しい行いは見られない。喪服を着ながら肉を食らい酒を飲み、談笑すること普段と変わらない。自分でこれをおかしな事だと疑いもせず、人もあたりまえのことだと考えている。道が行われず、民の人情が薄くなって久しいのだから、何の不思議に思うこともない。[39]

喪制は家族倫理を支える根本として、朝鮮士大夫はこれを最も重視した。彼らが行動規範とした『朱子家礼』では、その半ば以上が喪礼に関する規定で占められている。[40] 中国の喪制をモデルとして学んだ彼らは、一六世紀前半までにはこの面ではすでに中国を越えたと思ったようである。少なくとも書状官として燕行使に加わった丁煥はそうであった。彼は中国で喪制が大いに壊れている現状を目にして、これをもとに「道が行われず、民の人情が薄くなって久しいのだから、何の不思議に思うこともない」と批判していたのである。

許篈と趙憲の燕行に遅れること十三年、一五八七（万暦十五、宣祖二十二）年に燕行した裵三益も、丁煥と極めてよく似た中国批判をしている。ある日彼は紫禁城午門の前で、全国から集められた監生二五〇人ほどと出会った。福建から来たという者に尋ねたのは、まず陽明学が流行しているかどうかという問題であったが、次に彼が尋ねたのは、中国では喪制が短縮されているがどう思うか、という問題であった。この国子監生が、それは今の時代の制度（時制）であると答えたのを不満とした彼は、「ああ、現代の制度で喪に服すべき時間を短縮しているからといって、儒者として学に志す者まで世俗の風習を免れがたい。かの〔三年の喪に服さずに〕うまいものを食い綺麗な服を着る者は、三年間その父母を愛おしむということがないのではないか」と憤慨している。[41]

また裴三益が憤慨したのは許篈らと同じく国子監の荒廃ぶりであった。彼が訪れたときには、孔子廟の机の上にしゃがんで座っている者がいたと言うし、「いわゆる儒冠をかぶっている者はみな愚かで無知な者どもで、〔朝鮮の〕筆墨をほしがる者はこちらが袋を開けた途端、欲しい欲しいと言って止めない。すでにもらっているのに、どこまでも欲しがる。中華の礼義が真っ先に行われるべきところで、望ましいことではまったくない」と批判する。

このように、許篈と趙憲が燕行した前後には、思想面でも礼制面でも彼らとよく似た「中華」国批判がしばしば行われるようになっていた。高麗末期に最新の学術であるとして学び始めた朱子学は、中国と交流する機会が少ないままに生育し、朝鮮独自の展開を遂げていたと言ってよかろう。朝鮮が「小中華」となったのは、「夷狄」である満州族によってその国を破壊され、明朝を滅ぼされてから始まったとはしばしば史料に記されている。しかし決してそうではなかった。許篈と趙憲、及びその前後に中国を訪れた者はすでに小中華の人であったし、それ以後、明朝がいよいよ「中華」の国にふさわしからぬことになると、さらに現実にはない「中華」の国を探し求め、自国にそれが実現することを求めることになるのではないか。この問題については、次章で趙憲『東還封事』に即して述べるであろう。趙憲はすでに「本来あるべき儒教が尊ばれない」中国にではなく、朝鮮に真の「中華」が実現されることを期待するであろう。

そうならざるを得なかった要因の一つは、おそらく燕行使のあり方に問題があった。この国に朝鮮朝が生まれ中国に明朝が生まれて以降、燕行使が数限りなく派遣されながら、北京には両国知識人が真に意見交換をできる場がほとんどなかったからであり、これによって国内では一種独特の進展を遂げるほかなかったからである。朝鮮朱子学を代表する李滉（李退溪）と李珥（李栗谷）が死去したのは、許篈と趙憲が燕行したときから数えれば、それぞれ四年前と十年後のことであった。彼らの思想的な営為は許篈や趙憲が体験したような国際環境の中で進められたことに、思いを至すべきである。すなわち中国での陽明学の盛行に例を取るなら、朝鮮儒学界ではこれについてもたらされる噂話を頻々と聞き、またそれに関わる文献も手に入れながら、中国知識人と学術交流の場ではこれについて十分に議論できなかった。このような情況にある朝鮮儒学界にして始めて、たとえば「四端七情論争」のように東アジア儒学史の中でも特異な論争が生まれ、以後も長くこれが続いたのではないだろうか。それは確かに中華の価値の中での論争であり、儒教という枠の中で起きたものであったが、それは中国にはない独自なものであった。

「中華」の価値体系を尊ばないもの、たとえば許篈、趙憲とほぼ同時期に中国を訪れたマテオ・リッチなどであれば、またあるいは草原の民、砂漠の民などであれば、同じ処遇を受けても彼らとは別の評価を下したであろう。しかし、一六世紀末の朝鮮燕行使はそうではなかった。彼らは、「華」そのもの「内」そのものにはなりえないにしても、日々に新しく変化を遂げ、「礼義の域」に無限に接近しようとしていたからこそ、一層見せかけだけの「中華」の国を批判せざるをえないのであった。

第六章　改革方案『東還封事』に見える趙憲の中国報告

一　はじめに

趙憲は、一五七四年、朝鮮の年号で言えば宣祖七年、中国の年号で言えば万暦二年に燕行使の一員として四箇月、中国を訪れた。趙憲がそこで何を観察し、何を考えたのかについては、彼の私的な日記『朝天日記』を用いて第五章で見たところである。(1)また、その人となりについても、同じくそこで述べた。本章で問題としたいのは、彼が中国社会をどのように観察したか、ではなく、むしろ帰国後、その観察したものをもとにしてどのように報告したか、ということである。

朝鮮の知識人は中国を旅して、彼らが見聞したことをもとにしばしば改革を唱えた。中国で明に当たる時代で最も代表的なのは、『東還封事』という改革プランを作ったこの趙憲であろうし、清に当たる時代で最も有名なのは『北学議』を著した朴斉家であろう。ここではまず趙憲の『東還封事』を取りあげ、そこでは私的な日記と違って公的な文書では、中国がどのようなものとして報告されているのか検討したい。

というのはこうである。彼は中国を訪れた四箇月にわたって、彼が体験し見聞したものを詳細に日記につけたが、彼はこの日記を公にするつもりはなかったようである。実際、それは、彼が壬辰倭乱（文禄の役）に際して義勇軍を率い、真っ先に非業の死をとげるまでに公表されなかっただけではなく、それが日の目を見る契機を得たのは、彼の中国旅行から数えれば一六〇年を経た一七三四（雍正十二、英祖十）年のことであり、中国で明から清へ王朝が交代した時から数えても、すでに九十年が経過していた。彼の日記は彼の曽孫が発見するまで、古い篋の中で久しく眠っていたのであった。たまたま趙憲が義勇軍を率いて非常の死をとげた「忠義の士」であったために、国王英祖の命によってこれが刊行されたのである。(2)

一方『東還封事』は、彼が宣祖七年十月十日に朝鮮側の国境の町、義州に到着してからわずか一箇月ほどのちの十一月、中国で見聞したことをもとに国王に提出された意見書であった。もっとも、『宣祖修正実録』によれば、この時上呈されたのは時勢に切実なもの八箇条のみで、残りの根本に関わるもの一六箇条は上呈されずに終わった。すなわち、先の八箇条が宣祖によって、「中国と朝鮮とは千里も百里も隔たって風俗も違っている。もし、両者の風気習俗の違いも考えずにこれに倣おうとすれば、いたずらに世間に騒ぎをまき起こすことになるばかりで、実情に合わない」と退けられたため、もはや続けて上呈するのは無意味と知った趙憲は、これを提出しなかったのである。(3)『東還封事』という書名は、東方朝鮮へ帰国して上呈した封事（奏議）という意味であるが、この書名自体、当初からつけられていたものではなかった。一六二二（天啓二、光海君十四）年の日付がついた安邦俊の跋文によれば、安邦俊が先上八条疏と擬上一六条疏とを一つにして一書とし、これを出版しようとして名付けたものであった。(4)このように、出版されたのは旅行から五十年ほどたったのちではあったが、合計二四箇条の上呈文は、そのまま趙憲のなまなましい帰朝報告というべく、もともと公にするために書かれたものと見なして誤りない。

一つは私的に記し、久しく書篋に蔵した日記と、一つは公にするために帰国後すぐに書かれた上呈文と、この二つを読み比べてみるとき、同じ人物が同じ事物について書き記しているにもかかわらず、実際にその目で見、その耳で聴いて日記につけたものと、帰国後、これが中国の実態である、と報告したものとの間に、違いがあることに気付くる。

であろう。いったい、このような食い違いやズレは、なぜ生まれたのであろうか。先に、私的な日記に記したような中国をどのように観察したのかではなく、公式にどのように報告したのかを問題としたいと述べたのは、これである。

ひとは、彼が実際に体験したものとは違ったことをしばしば語る。それは、時に心理学の問題となろうし、時に政治学の問題ですらありうる。一六世紀の東アジアは、中国を中心として一つの文化圏を形づくっていたが、各国・各社会は、それぞれに異質であった。ある国では、中国の社会と文化を羨望し、ある国ある社会では逆に中国的社会と文化に反発を覚えた。一六世紀の朝鮮は前章で述べたように、固有な文化と社会の中で朱子学を学び、一方ではある面で中国をすでに超えたと考え蔑視しながら、しかも一方で中国の文化と社会を羨望し、これを学ぼうとしていた。

一五七四年、燕行使の一員として加わった趙憲の肩書きは質正官であった。質正官とは中国の文物・風俗特に官庁文書で用いられる言葉の内容について、朝鮮ではよくわからぬところを直接に中国へ出向き、問い正してくるのがその職務であった。このような職責をもつ官があったこと自体、朝鮮の中国文化へのとりくみ方を示している。ただ、彼らに求められる任務は、趙憲が派遣された頃には当初のものと大きく違っていた。

質正官の名は『朝鮮王朝実録』による限り、一四七七（成化十三、成宗八）年に漢訓質正官としてすでに出てくる。それはもともと中国語彙の意味、なかでも官庁文書で使われる言葉の意味を問いただしてくるのが主な任務であった。しかし一五五七年になると朝鮮国内が飢饉となったため、この任務のためだけに質正官を派遣するのは経費の無駄であるとして、書状官にこれを兼ねさせることになった。質正官が廃止されたのは飢饉による影響だけでなく、実は普通の中国語彙であれば、朝鮮側がほとんどすべて習得し終えるに至っていたからである。当時、質正官が派遣されるにあたっては、外交文書の作成を担当する承文院が質問すべき語彙をあらかじめ用意しておき、これを彼に託するだけになっていたのであって、その任務ははなはだしく形骸化していた。趙憲が質正官として派遣されたときの質問項目と中国で獲得した解答は、『重峰集』巻一二に「質正録」として二三条が掲げられるが、現代の我々にとって

「石油」以外は極めて珍しい言葉で難解なものばかりである。趙憲は八月三日、北京へ向かう途中で挙人の王之符と邂逅し、承文院から預かってきた質問項目を尋ねたが、挙人のような知識人にしてただ三語を答え得ただけであった。王之符はこのような奇妙な質問を受けて、「こんな言葉がわかる者は世間に多くない。わかるとすればきっと方術の士であろう。そんな無用なことをすべて理解しようとする者のことを、聖門では〝玩物喪志〟といい、儒教徒の中では〝博学の小人〟という」と揶揄したという。[5]

趙憲が派遣されたのは、以上述べたように質正官はもはや無用として廃止された後、一五七〇年に復活されて後のことであった。これを復活した理由は、「質正官は文字を質正してくるためだけのものではない。朝鮮は辺鄙なイナカにあるから、およそ中国の礼楽文物はすべて、何度も朝廷に赴くことによってやっと学習し見て感じ取ることができる」というものであった。[6] 質正官復活の経緯は、朝鮮における中国文化の摂取がどの程度まで進んできていたのか、これを如実に物語るものである。一六世紀末の質正官は、もはや言葉の穿鑿だけでとどまることができなかった。中国の礼楽文物全般にわたって見聞してくることが求められた。趙憲は実際の体験と見聞とをもとにして、どのような形で報告したのであろうか。以下しばらく、その公的な報告を紹介しつつ、第五章で見た実際の見聞と照らし合わせて見ることにしたい。

二　中国報告と実際の見聞（一）

趙憲は、孔子廟のあり方、中国人の服装、軍隊の規律など、様々な項目で報告したが、彼が最も強調したことの一つは、中国の政体がすぐれ、ことに官僚の選任と罷免が実に公平で実益をともなったかたちでおこなわれている、ということであった。彼は述べる。中国では毎日、六科給事中や巡撫、巡按の上奏があり、通常これらは六部に下して詳しく協議され、六部の回答と大学士の諮問を経て実施される。つまり、「天下の事は、すべて朝廷の公論に付せられ、皇帝はすこしも私意をさしはさまない」。また、「知府・知州県で賄賂をとるものがあれば、ただちに一般人民の地位に落として惜しまない。軍人で罪を犯すものがあれば、ただちに巡撫・巡按に取り調べさせ、その査問を疑わない」。このため、民は安心して暮らしており、軍人は命令に従っている。皇帝は謙虚に何でも聴き入れるから、下情は上達している（「聴言之道」[7]）。

官僚の選任についても、実に理想的におこなわれている。中国では、才能さえあれば、その門地出身に関係なく登用される。葬儀屋の子供が実際に翰林院修撰になっているし、婢妾の子供が実際に翰林院編修になっており、また進士出身ではなく挙人出身のものでも巡按御史になっている。豪富の家に生まれた子は、わがままに育てられるから、官僚としては役にたたないが、逆に寒賤の家に生まれた子は、がまん強く実際の役にたっている。また、挙人・貢士で身を起こしながら、職務を尽くし、官界で立派な地位についているものが多い（「取人之法」[8]）。

次に、実際にあるポストへ誰をつけるかを決定するのも、実に公平である。まず、六部と都察院が慎重に協議して候補者数人を定め、これを受けて吏部は二人だけを推薦する。次にこれをうけた皇帝は候補者の中から普通は第一番に書かれた人物のところにチェックをうって決定する。そこでは、皇帝の私情は一切さしはさまれない。吏部が三人を候補者として推薦しないのは、不適当なものを地方官に付けて人民に害となるのを恐れるからである。このようにしていったん決定されてポストにつくと、久しくその任にとどまり簡単に交替させられることがない。このため、「多くの官はその職を尽くし、人民もそのところを得ている」。赴任地を選定するのにも、北方の地には、たとえば陝西・山東の人を多く用い、南方の地には、たとえば浙江・江西の人を多く用いるといった工夫がなされているため、官僚の赴任や転勤にともなう旅行もあまり問題にならない。転勤の費用も官僚自らが負担して、人民に迷惑をかけることがない（「内外庶官」[9]）。おおよそ、以上のとおりである。

趙憲の中国報告は、報告のための報告では決してなく、すべてこれにかりて朝鮮の現状を批判するためになされたのであった。つまり、以上述べた中国の実情を反転すると、そのまま朝鮮の現状となるしかけである。中国では官僚の選任は公平になされ、中央官僚だけでなく皇帝も私情をさしはさまない。しかるに、わが朝鮮では官僚と国王の私情がさしはさまれる。中国では才能ある者なら誰もが登用される。しかるに、わが朝鮮では生まれが問題とされる、といった形である。ことに「取人之法」として立てられた議論は、朝鮮朝の科挙で差別待遇を受けていた庶孼の差別撤廃、すなわち妾腹の子孫であれば末代にわたって官界で差別されることを批判したものとして、有名である。このように、朝鮮の現状を批判するためになされた中国報告ではあったが、以上述べた政治制度に限っていえば、当時すなわち明末万暦年間の実態をほぼ正しく紹介したものと評してよい。というのは、趙憲が中国へ旅行したのとほぼ同じ時期、つまり八年後の一五八二（万暦十）年に中国入りしたマテオ・リッチも、「この国の政体は君主政体であると言ったが、……共和政体と非常によく似ている」と述べ、「国王が寵愛する者に金品を贈り、何かの役職に取り立てたり、昇進させたりしたいと思っても、官吏の誰かが国王に提案しなければ、そうすることができないというのは確かである」と観察しており[10]、両者の意見はほとんど完全に一致しているからである。また、科挙が極めて開かれたもので、才能とこれを発揮させるに足る財力とにめぐまれた者は、ほとんどすべて受験できたことも、我々の常識と言いうるからである。

次の問題は、ではこのような報告は、どのような体験と見聞にもとづいているのか、報告にあたって、どのような作為がほどこされたのか、である。

この報告の基になった体験は何かというと、その重要なものの一つは、趙憲らが中国旅行の途中で宿泊した宿屋の主人、莫違忠との間で交わされた会話であった。豪富の家の子はわがままに育てられるから、官僚として役に立たないと主張するとき、趙憲の脳裏には莫違忠が「おぼっちゃん（公子）」と呼んで嘲笑した薊州判官で尚書の子、おそらくは刑部尚書の子、黄喬棟のことを思い浮かべていたに違いないし、逆に、貧賤の家に生まれた子は云々と言う時、同じく莫違忠が話した薊州同知の衛某（実は衛重輝）を具体的にイメージしていたに違いない[11]。趙憲は日記で、莫違忠の言葉としてこの同知は承差の出身であるといい、これには「わが国の書吏のようなもの」と注を加えている。すなわち衛某は挙人や貢士の出身ですらなく、まさしく「寒賤の家」の出身者であった。さらに挙人・貢士が活躍していると主張したのも、かつて薊州知州となった者のなかで莫違忠が良官であると折り紙をつけた三人すべてが、ともに挙人出身者であったことに裏付けられていよう。[12] 試みに、『光緒薊州志』巻六、官秩志によって、嘉靖から万暦にかけての薊州知州の出身を見ると、ほとんどすべて挙人出身で占められており、趙憲の報告が誤っていないことを裏付けている。

このように、中国人から直接聞いたことをもとにして、正確に報告しているところがあるから、すべてがそうかというと、決してそうではない。むしろ、自らの体験と見聞をまったく無視し、それと逆のことを主張しているところも多いのである。たとえば、官僚のうちで賄賂を取るものがあれば、ただちに巡撫・巡按に取り調べさせるので、民は安心して暮らしている、と主張する箇所など、彼の体験と見聞からまったくかけはなれたものであった。前章で見たように趙憲ら一行は、遼東都指揮司使によるたび重なる賄賂の要求をうけ、これに応じないと報復としていやがらせをうけていた。しかも、こうした貪官を取り締まるべき巡按御史もが、遼東都指揮司使と内々で通じあい、一向に弾劾しなかった。治下の民衆たちは巡按もこのようでは処置なしで、ただ「赴任してきた時は痩蛮子（やせっぽっち）だったのに、今は胖蛮子（ふとっちょ）になった」などと、陰で酷評するほかなかった。これを聞いた趙憲は、「天子の命を受けて御史となりながら、貪欲残忍な知府・知州県を弾劾して罷免することができず、民に害をもたらしている」と日記で書いているのだから（六月二十日）、監察制度が十分に機能していないことを確かに知っていた。また北京でも、順天府知府の貪欲なあり様を聞き、宿舎である玉河館の館夫に、「この知府は金をほしがるのか」とたずねたところが、「今の官僚の中で、金をほしがらない者がいるか！」と、にべもない返答をえていたのであった（八月五日）。趙憲は、このような体験や見聞を正式の報告の中では、一切まじえていない。

また、中国では、いったん官僚として地方へ赴任したら久しくその職に留まる、とするが、これも事実誤認でなければ、事実を知っていながら報告しなかったのである。いまかりに、『万暦嘉定県志』巻八、官師考を例として、正徳元年から隆慶六年までの知県の在任期間をしらべると、それは平均して約二・九年に過ぎず、また『万暦杭州府志』巻一四、古今守令表によって正徳元年から隆慶六年までの在任期間をしらべると、やはり三年弱に過ぎない。さらに問題なのは、趙憲らが北京を訪れた頃、ちょうど張楚城が提案した「久任の法」を実施すべきかどうか、さかんに議論がなされていたことである。一五七四（万暦二）年四月、張楚城の提案を受けた吏部は、おおまかに言えば、内外の官員はともに両考、つまり六年の在任期間をへて昇進、転勤させるものとする、とのプランを作って回答し、これは聖旨でも「久任の法は良法である」と認められ、実施されるところであった。[13] しかし、この問題についてあまりに議論が紛々としたため、同年七月に郝維喬の反対論が出たのを契機にして、ついに本格的な実施を見るにいたらなかったようである。結局、万暦二年以後も、地方官の在任期間は三年弱と極めて短いものであった。郝維喬の反対論が出された万暦二年七月といえば、趙憲らはちょうど北京に入城し、滞在しているところであった。しかも、彼がこの時に収集して持ち帰った朝報（官報）の万暦二年七月四日の記事の中には、まさしく郝維喬の反対論と聖旨とが記載されていた。[14] つまり、「久任の法」の詳細なところまでも知りえなかったにしても、中国でも在任期間が短かすぎるという議論があったことぐらいは、確実に知っていたはずである。

以上によれば、公的な中国報告としては大枠として正確であった政治制度についても、彼自身の体験と見聞に反して、ある作為がほどこされていた。政治制度として報告したなかに、あきらかな事実誤認がいくつかあるが、ここでは触れない。さらに、明らかな作為が見られるところだけ、以下に示すことにしたい。

体験と見聞とが違った報告として、次に郷約実施についてのそれをあげることができる。郷約とは狭い地域の者が集い、善を勧め悪を戒めあうとともに相互扶助を誓うことである。朝鮮でも民衆統治と民衆教化のための一施策としてこれが大きく取りあげられ、しかも趙憲らが中国旅行をした前後には、これについて議論が熱っぽく闘わされていた。朝鮮では儒教、端的に言えば朱子学が普及するに従って、中国で宋代の呂大鈞が郷里藍田で実地した呂氏郷約、あるいはこれを朱熹が補訂した朱子増損呂氏郷約にならい、これを朝鮮でも実施すべきだとの主張が、一六世紀に入った頃からなされた。同時にそれを実施したら効果を生む前にむしろ民衆を騒がせることになる、時期尚早である、あるいは実施すべきではないとの反対論が出され、議論が盛んであった。李滉（李退溪）が郷里安東で独自な郷約を立てたのは、一五五六（嘉靖三十五、明宗十一）年とされる。趙憲の燕行に先立つこと十八年前のことである。宣祖が即位した一五六七（隆慶元、明宗二十二）年の頃になると、郷約を実施すべきかどうかが朝廷で華々しく議論された。許篈の父である許曄がそれを実施すべきであると主張したのに対して、国王宣祖が「迂闊であり俗を騒がす」としてそれを見合わせたのは、一五七二（隆慶六、宣祖五）年のことである。ところが翌一五七三年の八月二十二日になると、郷約書を国家の命で印刷発行すべきことが命じられた。九月になると礼曹、すなわち中国で言えば礼部に当たる文教担当部局が郷約実施案を提出した。ところが翌一五七四年の二月、すなわち趙憲らが燕行に旅立つ三箇月前には、李珥（李栗谷）が郷約の実施は時期尚早であると主張し、宣祖もこれを受け入れ、結局その挙行が保留されたところであった。(15)

趙憲はこのような議論の帰趨に大きな関心を寄せていたに違いない。趙憲の報告によれば、中国では郷約がうまく実施され、このため村里では礼儀が重んじられ、良い風俗が生まれている、という。山海関以西では、どの村にも郷約所がおかれ、毎日朔日と望日に約正・副正・直月らが知県や知府と会見し、彼らは知県や知府に教えられたことをもとにして、自らの村里で郷約の人々に教えていたと言う。教化の基本となっているのは、朱元璋が定めた「父母に孝順なれ」以下の六条、すなわち六諭である。この教化が功を奏し、各家族では父子兄弟がかまどを別にしているとはいえ、別々の家に住むに忍びず、姑と妻ら婦女たちも喧嘩しないし、賤しい男も女も道で会えば必ず会釈する。朝鮮はそうではないと批判し、わが国でもかくあるべしと趙憲が主張していることは、言うまでもない（「郷閭習俗」）。[16]

たしかに彼の日記によれば、趙憲は山海関を越えたあたりで、実際に郷約所を目撃していた（七月二十日）。約正や副正らが朔日と望日にここに集まり、良いことをした者を記す記善簿と悪行ある者を記す記悪簿を置いていたという。また、この日、呂氏郷約が去年の秋から巡按御史の命令で実施されている、とも聞いていた。ところが、翌々日の日記では、「雙望鋪の城中で休憩した。朱文尚というものの家である。朱は愚かな人であるのに、郷約の副正をやっているということだ。毎月の朔望に集い、人に悪行をするなと戒めているという」と記しているのである。[17]愚かな男が皆の前に立って、演説を行っているという姿を彼は確実にイメージできた。さらに臆測すれば、目の前のこの男が副正となったのでは、はたして効果があるのだろうかと疑い、さらには李珥が主張したように、郷約が効を奏する前にこれによって人民が疲弊する可能性までを思ったのではないか。しかし報告では、郷約の効果があらわれた郷村が、麗しい姿で描かれただけであった。

彼が報告した国子監の姿も、趙憲が実際に目撃したものとまったくかけはなれたものであった。国子監とは、言うまでもなく中国の最高学府であり、ある意味では「中華」を象徴するものである。「師生接礼」と題する報告では、国子監の祭酒（学長）教授・学生がいかにその身分にふさわしく、礼儀正しくふるまっているか、毎月の朔望にはいかに静粛に講義がなされるか、などといった麗しい姿が描かれる。「休日をのぞき、毎日講義がなされる」とも報告され、全国の中心である国子監がかくも立派であるから、閭巷の間でも書を読む声がひびきわたっているのだ、とも主張される。[18] しかし、彼が実際に目撃した国子監は、壁がくずれたまま、蔵書室は塵でうまり、先生は椅子に腰をかけるだけで講義をしていなかった。趙憲はこの実態を見て、「思ったとおり、中朝の人が孔子の教えを尊んでいないことを知った」と日記に記し、また学生の礼儀を欠いた態度を見て、「いったい、毎日何を教えているのだろうか」とあきれかえっていた（日記、八月二十日）[19]。日記と報告とでは、あまりに違いすぎている。

また、『東還封事』では「経筵之規」「視朝之儀」「聴言之道」など随所で、万暦帝がいかに学問熱心であるか、いかに率直に臣下の意見を聴きいれるか、いかに政治に熱心であるか、と口をきわめて讃美している。そこに描かれる万暦帝は、わずか十二歳とはいえ、ほとんど理想の皇帝である。これは、趙憲らが各地で中国人から聴いたとおりの、正しい報告であった。また、八月九日、八月十七日、九月三日と三度にわたって宮廷に参内し、時に玉顔を仰ぎ、時に朝鮮使節に「食事を取らせよ」と命ずる玉音を聴き、「感激の涙が先にしたたり零《お》ちた。太平万歳の願いがこれよりいよいよ切実なものとなった」（八月九日）などといった体験をしていた。つまり、自らの見聞と体験に裏打ちされたものであり、この意味で正確な報告と言いうる。しかし、ひるがえって考えてみれば、趙憲がその目で見た万暦帝は、実はまったくの虚像に過ぎなかったのではないか。周知のとおり、この頃の万暦帝は、大学士の張居正から帝王教育のための絵入りの教科書『帝鑑図説』を与えられ、猛勉強中であった。しかしそれは、必死になって理想の皇帝を演ずるピエロであり、張居正にしかりつけられ、あやつられる影であった。趙憲がこの時代に北京を訪れ、「理想の皇帝像」を見たのは、まったくの偶然であった。先々代の嘉靖帝が長らく金丹の術にこり、まったく視朝していないとの情報は繰りかえし繰りかえし燕行使を通じて朝鮮に伝えられていた[20]。同じく嘉靖帝がはじめ夏言を寵愛して首輔大学士すなわち宰相にまでしておきながら、後に「奸臣」厳嵩を寵愛し、夏言を拷問にかけた後処刑したことも、少なくとも許篈は旅の途中で聴いて知っていた（許篈日記、六月七日）。先代の隆慶帝も、視朝では首をのばしてあちこち見まわすだけ、言葉も弱々しく、宦官を通じて臣下たちに伝えさせるだけであった、と万暦帝との対比で趙憲自身が述べている（日記、八月九日）[21]。とすると、臆測をたくましくすれば趙憲自身、今自分は「理想の皇帝」に拝謁しているが、これはまったくの偶然ではないのかとの思いが、その意識をかすめたのではないだろうか。もっとも、万暦帝が演技をやめて自分をとりもどし、嘉靖帝と同様に視朝しなくなるのは、これから十数年の後のことであって、趙憲はその豹変を知るよしもなかったのである。

四　結　語

一六世紀末の質正官は、もはや中国語の意味を穿鑿したり、見聞したものをそのまま報告するだけではすまなくなっていた。なぜなら、朝鮮朝が始まってから数えてもすでに二百年が経過し、中国に学んだ結果として自らも豊かになっていったからである。ちょうど一六世紀後半には、李滉（退溪）と李珥（栗谷）を生み、この国では朱子学が隆盛期をむかえたところであった。朝鮮の知識人は普遍性をもつと考えた価値体系を自ら身につけ、この価値体系をもってそれを生み出した本国をも観察し、批判するまでに至っていた。中国で陽明学が盛んになり、その一派が朱子学を批判すると、彼ら中国人の考え方も批判するに至っていたし、中国では礼が守られていないと批判するに至っていた。このような時期に趙憲は中国を旅し、報告したのである。

趙憲らが現実の中国で見たものは、一面整備された道路網、堅固な城壁、体系的な官僚機構、荘厳な宮廷内部、学問と政務にはげむ万暦皇帝など、自ら学ぼうとするものが理想に近い形で実現されている姿であったが、一面これとはまったく反する姿、つまり前章で見たような賄賂の横行、学生の礼儀のなさ、一視同仁という見せかけの下での友好国朝鮮の人々への猜疑、朝鮮とことならぬ税役の過重、などであった。趙憲とこれに同行した許篈とは、ともに中国人を「野蛮人とかわらない」とか、「廉恥の何たるかを顧みない」とか、「固滞鄙賤で、とうてい言ってもわからない」、などと評していた。[22] しかし、趙憲は中国報告をするにあたって、以上見てきたような作為をほどこし、自らの体験と見聞をそのまま語らなかった。それは朝鮮の改革にあたって、現実の中国の姿を示すことがなお大いに有効だったからである。朝鮮の現状を批判するにあたって、中国を完全なユートピアとして提示するほうが効果的であったからである。たとえば朝鮮でも彼の理想とするところに従って、郷約の実施を求めようとするとき、実は中国では愚かな者が約正や副正となって善行を説いております、と言ったのでは、議論の体をなさない。

中国では朝鮮とはちがい、一王朝の創始者が定めたいわゆる祖法を超えて現状を批判しようとすれば、常にユートピアを古代に借りた。文化の中心「中華」の地に生まれたことを誇りとし、語るべき価値は自国の文化と歴史にしかないと考える人々は、常に古代をもって現代を批判した。このため、経書というテキストは様々に読みこまれ、読みかえられ解釈されなおさねばならなかった。朱子、王陽明、黄宗羲、康有為など、すべてそうである。古代にユートピアを見出そうとする彼らは、自らの理想像と食い違う記述が経書にあらわれるときには、あえてテキストを改変するほどであった。中国のユートピアが、既存の経書というある枠の中で組み立てられ、組み変えられたのは、中国文化の展開を狭める結果をもたらしたが、逆に言えば誰も実際に見ることができぬ世界にユートピアはつくられたから、自由にテキストを読みこみ、あるいは矛盾することなくテキストを整理すればすむ、という強みがあった。

しかし、一六世紀末の朝鮮では、まったく事情がことなる。つまり、朝鮮知識人が読むべきテキストは二つあったのである。一つは、言うまでもなく中国の経書そのものである。朝鮮朱子学の隆盛とともに、まず彼らは朱子の解釈に従い、これを疑うことなく読み、そこに含まれる価値体系をわがものとした。いま一つのテキストとは、現に存在する生身の中国であった。彼らが学ばんとし、その制度文物を移植しようとして赴いた、現実の中国であった。二つのテキストを同時に読む彼らは、両者に矛盾があるとき、時に現実の中国というテキストを改変したのであった。趙憲にみられる体験と報告のズレとは、実はこの二つのテキストの矛盾、ズレであった。ただ、中国の知識人がやったようなテキストの改変とことなり、朝鮮の知識人がやった改変は、現に存在しており、また多くの者が目にしうる生身の世界であったため、作為や改変は容易に見ぬかれてしまう。漢陽（ソウル）と北京は、あまりに近かったのである。

この間の事情、つまり趙憲の報告に作為があることは、『東還封事』を出版した安邦俊も、おそらくすでに見ぬいていた。彼は、その跋文で次のように述べている。

趙憲先生の志は、明朝の制度を模倣するだけにとどまらず、これを遡らせて夏殷周三代の治を回復することにあった。[23]

『東還封事』に跋文を書いた安邦俊は、明朝が決して趙憲が述べるような十全なテキストではないこと、言い換えれば彼すら趙憲の報告には作為があることをすでに見ぬいていたと考えられる。いや、さらに言えば、現実の中国が決して報告どおりのユートピアでないことをまず暗示したのは、報告者である趙憲その人であった。彼はその報告の終わりの部分で『朱子語類』の刊行を求めつつ、[24]次のように述べたのであった。

臣下趙憲が見るところでは、『朱子語類』の一書は巻数が多いとはいえ、分類ははなはだ精密であり、君主として、臣下として、一路一省の監司、節鎮として、知府・知県として、父兄師弟としてそれぞれどうすべきかが書かれており、天下の万事について書かれていないものはありません。東周の世を現に来たらさんとするのであれば、これを捨てては実現しがたいと存じます。……すなわち朱子が慨嘆しながら実行できなかったものが、東方であるわが朝鮮にて明らかとなる日が来るでありましょう。[25]

趙憲が目指したあるべき国家と社会は、朱子すらが実現できなかった国家と社会であった。彼の目指したものは、現実の中国をはるかに超えて、この朝鮮で実現されるべきであった。彼はあくまで気宇壮大であり、その射程は現実の明朝を大きく超えたものであったのである。

そこで彼が真正のテキストとして用いんとしたのは、『書経』や『礼記』など六経と呼ぶ本来の経典ではなかった。

それは中国で一三世紀に生み出された『朱子語類』という新しい経典であった。彼の目指したもののなかには、その後の朝鮮学術界を暗示するものがすでにあったと言ってよい。

彼が見た中国には、彼の身につけた価値体系から見て、あまりに多くの欠陥があった。彼が報告しその制度文物を移植しようとした対象は、朱子と自分とが経書というテキストに読み込んだ理想の姿にほかならなかった。従ってそれが実現可能であるかのごとく見せるためには、現実の明朝を改変せねばならなかったのである。

第七章　朝鮮燕行使による反清情報の収集とその報告

――一六六九年閔鼎重の「王秀才問答」を中心に――

一　はじめに

朝鮮が日本軍の侵略を受けたのは、一五九二（万暦二十、宣祖二十五、文禄元）年と一五九七（万暦二十五、宣祖三十、慶長二）年であった。韓国では前者を壬辰倭乱と呼び、後者を丁酉倭乱と呼ぶ。滅亡寸前の危機を救ったのは、明朝が派遣した援軍であった。朝鮮はこれに恩義を感じて「再造之恩」と呼び、明朝が滅亡したあとも長く思慕し続けた。

一方、朝鮮が金軍あるいは清軍の侵略を受けたのは、一六二七（天聡元、仁祖五）年と一六三六（崇徳元、仁祖十四）年であった。韓国では前者を丁卯胡乱と呼び、後者を丙子胡乱と呼ぶのが普通である。これ以後、朝鮮では清朝中国を夷狄である満州族が統治する国家として卑しみ、それまでから持っていた自らを「小中華」とする意識をいっそう増幅させた。

日本軍による二度の侵略を受けてから両国の国交は杜絶し、通信使が日本へ再び送られるようになるのは一六〇七（宣祖四十、慶長十二）年であり、しかも朝鮮側ではこれを通信使と呼ばずに回答兼刷還使と呼んだ。一方の清朝に対しては、第二次の侵略を受けた翌年から朝貢使節を送らねばならず、国交を絶やすことはできなかった。一六三七年に初めて瀋陽に向けて派遣された朝貢使節の使命は、清朝が侵略軍を引き上げてくれたので滅亡寸前のところを救われた、と「感謝する」屈辱的なものであった。

朝鮮知識人が日本人と交わることを嫌がり、また一方で瀋行使や燕行使に加わることを忌避したのは当然であった。『朝鮮王朝実録』には一六九八（康熙三十七、粛宗二十四、元禄十一）年のこととして次のような話を載せる。

釜山僉使であった李錫は釜山に赴任ののち日本人（倭人）を接待せず、職務怠慢の罪で処分されることを自ら期した。これは李錫の祖父が壬辰倭乱の時に戦死したにもかかわらず、備辺司が強制的に彼を釜山僉使に任じたからであった。一方、金時傑もその祖先が丙子胡乱の翌年に殉節したため、彼は清朝への謝恩使書状官に当てられながら燕行を拒否し続け、四度派遣の命令に違反したという。[1] 当時の朝鮮では清朝人を「夷狄禽獣」「虜人」と誰はばかることなく呼んでいたから、これを職務怠慢で処罰すべきかどうかは朝鮮朝廷でも議論が分かれるところであった。一六九八年といえば日本の侵略からすでに百年経過し、清の侵略から数えても六十年は過ぎていたが、彼らは通信使や燕行使には加わりたがらなかったのである。

ここで一つ、当時自らは望むことなく燕行使の一員にあてられた者が、中国をどのように観察していたのかを示す事例を紹介しよう。閔鼎重『燕行日記』である。一六六九（康熙八、顕宗十）年に三節年貢使また冬至使と呼ぶ最も普通の使節に加わった時の記録である。その中でも主に「王秀才問答」を紹介する。それは一七世紀を生きた一朝鮮知識人が、河北省の一生員と交わした筆談の記録である。これを他の中国史料と比較することによって、当時の中国の一地方に住んでいた一下級知識人が、国内情勢と国際情勢についてどの程度の情報を持っていたのか、どの程度のことを外国人に伝えることができたのかを知ることができる。さらに、これを朝鮮側の史料である『朝鮮王朝実録』や『承政院日記』などの関連記事と比較することによって、燕行使に加わった一知識人によってどのような情報が伝えられ、逆にどのような情報が伝えられなかったのかを見ることにしたい。

二　閔鼎重の中国旅行

「王秀才問答」は閔鼎重『老峯先生文集』（英祖十年、雍正十二年［一七三四］序刊）巻一〇の『燕行日記』に、「見聞別録」「顔知県問答」「聖殿位次」とともに付録される。閔鼎重は字を大受といい、一六四九（仁祖二十七）年に二二歳で進士となったのち湖南御史・成均館大司成などを歴任し、一六六九（康熙八、顕宗十）年に北京へ使いしたときは、工曹判書であった。(2) 彼は反清・反満の急先鋒であった宋時烈と関係が深かったから、彼自身も同じ思想傾向にあったと考えて間違いない。万東廟と呼ぶ明朝の万暦帝と崇禎帝を祀る祀廟ができたのは、一七〇四（康熙四十三、粛宗三十）年のことであったが、その機縁となったのは閔鼎重が燕行した時に得た崇禎帝の御筆「礼に非れば動かず」の四字を宋時烈が見て、これを彼の隠棲の地である華陽洞で摹刻したことであった。(3)

入燕以前から彼は様々に清朝と関わったが、どうしてもここで記さねばならないことは、一六五二（順治九、孝宗三）年に中国人を乗せた船が朝鮮沿岸へ漂着した時の彼の関わり方である。中国年号でいえば順治から康熙二十年代にかけ、一六五二年、一六六七（康熙六、顕宗八）年、一六七〇（康熙九、顕宗十一）年、一六八一（康熙二十、粛宗七）年など数次にわたって中国人が朝鮮に漂着し、朝鮮側はそのたびごとに対応に困り果てた。なぜなら、当時清朝は鄭成功や鄭経らによる反清活動を極度に警戒し、中国沿岸の住民が彼らと通謀することを恐れたからである。また、朝鮮に漂着した中国人は時として剃髪せず、彼らを清朝側へ送還すれば反清の罪で処刑されるか、重大な嫌疑をかけられることは間違いなく、かといって彼らに同情してこれを清朝へ通報せずにかくまったり、彼らの希望に応じて日本へ送ったりすれば、今度は清朝から自らが反清の嫌疑をかけられ、国家の転覆すら覚悟せねばならなかったからである。朱子学の徒であった当時の政治家たちは、道理と現実のあまりの乖離に悩みぬいたのであった。一六五二年に漂着した中国人は、二八人全員が剃髪着帽していたが、彼らの自供によれば日本へ渡っている間に明と清とが交代してしまい、いま清へ帰ろうと思って航行中のところを難破してしまったとのこと、もし北京へ送還されるならば道程が長くてとても生きては帰れないだろうから、慈悲をもって日本へ送ってくれるように、とのことであった。[4] この時、閔鼎重は上奏して彼らを北京へ送還することに反対し、「ああ、漂海の中国人はわが昔日の天朝である明の赤子ではないか。彼らを縛り上げて仇敵に送るなど、何をしのんでできるであろうか」と述べ、そのような朝鮮側の行為は「不義を行い、無実の者を殺すことである」と断じ、彼らを送還するかわりに、絶海の孤島である済州島で彼らをかくまえば、秘密は漏れぬし道義も立つと主張した。[5] 国王孝宗は理念よりも現実を重視し、結局中国人を送還することと決するが、しかし閔鼎重の訴えは彼の心を大きく揺り動かしたようで、特に彼を引見してそう決せざるを得ないことを説得した。[6] ここに見られるように、閔鼎重は当時の一般の朝鮮知識人と同等か、それ以上に反清復明の立場に立っていたのである。

一六六九年、朝鮮から北京へ冬至使が派遣されるにあたって閔鼎重は正使、権尚矩は副使、愼景尹は書状官となった。閔鼎重がこの時も反清復明の思いを胸に秘めていたことは言うまでもなく、たとえば北京の宿舎である玉河館では、中国人がすべて剃髪して辮髪となっていることを嘆きつつ、「中原はもともと皇王（明朝）の地である」、誰か反乱者が現れないであろうか、という詩を作っている。[7] 彼にとって北京へ使いすることは、一政治家としての外交任務であっただけでなく、清朝の体制がどの程度まで確立しているのか、復明の動きはないのか、親政をはじめたという康熙帝とはどのような人物であるのか、を自ら探ることであった。中国史料である『清実録』では、この時の使節について「朝鮮国王李棩が陪臣閔鼎重らを遣して冬至・元旦・万寿節を表賀し、歳貢の礼物を献上した。宴会を開き手みやげを持たせたこと、通例のとおり」[8]、とわずか三行で記すだけであるが、閔鼎重の方では太和殿での閲見においても、この康熙帝は中原の地を支配し続けることができる人物なのかどうか見定めようとして、瞳をこらしていたのであった。彼は康熙帝を、「身長は普通の人にすぎず、両眼に浮胞ができ、深い瞳は細く小さく彩がない」と観察し、「容貌を見るに別に英気といったものはない」と見定め、さらには「性は躁急にして、しばしば突然に怒り出す。

……人を用いるに際しては先にその賢否を大臣に問い、大臣がこれを推薦すればその党派に違いないと疑って用いず、かわって自分の意思で選ぶ」といった、すこぶる獰猛にして猜疑心の強い人物であると見ていた。[9] ただ、これまで官僚は賄賂がなければ何もしなかったが、刑罰が厳しくなったので、昔ほど勝手気ままに悪事ができないようになっている、とも述べている。

王秀才との問答も、その目的は中国情勢を探るためであった。王秀才とは河北省玉田県の王公濯のことであり、一行の往路には康熙八年十二月十八日、帰路には康熙九年二月一日、二度にわたって閔鼎重ら朝鮮使節に宿を提供した。閔鼎重は王公濯によほどの好意を感じたらしく、「普通、宿をかしてくれる主人は必ず御馳走を出してくれるが、いざ返礼（宿代）を求めて不十分であるとなれば、怒って罵りだす。これは沿路の悪習であるが、王公濯はサッパリしたもので、真心からの礼にかなっている」と述べている。[10]

閔鼎重の日記には、王公濯を「逸士をもって自ら処る」としか述べないが、『光緒玉田県志』巻二七、文学には幸い彼の伝記が残っている。これによれば、彼は明末に生員として科挙のための勉強に励むかたわら、詩や古文辞を作り、しばしば各地を遊歴したという。また清代に入ってから科挙の勉強をやめたが、著書は多く、『夢余草』があるとも言う。我々は王公濯を県レベルの地方志に何十人何百人と出てくる典型的な地方士人の一人である、と見なしてよいであろう。閔鼎重の記録によれば、康熙八年十二月十八日と翌年の二月一日の問答はともに、深夜まで続いたということである。

以下「王秀才問答」を先に原文どおり記し、次に各条ごとに他の史料と照らし合わせながら検討を加える。

三　「王秀才問答」の分析

王秀才問答

(1) 曾因金尚書飽聞声華。今覯清儀、令人欣瀉。
燕山逸士、過承金先生説項。慚愧慚愧。

(2) 聞主人多読古書。在今不廃挙業耶。
予之生、即値金戈鉄馬之時、更遭失業之苦。不但無志功名、抑且青緗散失、欲嗜古而不能、復何問挙子業耶。

(3) 関内士民流離乞丐於関外者、相続於道。皆云世業尽没於公家。既有天下、当慎挙措、何以白奪民田。
此非草野人所敢妄対也。

(4) 禹貢山川、尽入版籍否。
且奉朔者甚広。如安南諸国、昨始帰去也。

(5) 昨歳漂船来泊我国之境、詳伝永暦尚保南徼。此言的否。
当日所恃者、孫可望・李定国二人耳。降者降、而死者死。永暦遂為緬国所献、今已五年矣。漂泊人言不足信地。

(6) 降者是誰、緬国在何地。
降者孫可望、緬国者在交趾之南、乃海外一国也。

(7) 如宋故事耶、抑遇害耶。
為兵所追、不得已而投緬国。蓋避害而反遇害也。

(8) 詩云、商之孫子、其麗不億。今天下独無一介朱氏子孫耶。
　更名易姓者満天下、尚不止億万。其如無能為何。

(9) 孫降者做何官、尚得偸生耶。
　封為義王、今已亡矣。其子見在承襲伊職。

(10) 当今用何道駕御天下、而天下晏然乎。
　古今治道不一、今日所謂無為而治者乎。呵呵。

(11) 親政之後、政令比前何如云耶。
　覚勝于前。

(12) 天下大勢必有可聞者、略示之。
　所可訝者、爾来公令甚厳、而賄賂愈行、四海甚貧、而奢靡愈尚。

(13) 所恃者兵馬、而兵馬已衰、奢侈又甚。以天下之大、豈無崛強奮起者乎。道聞山東有盗、的否。流賊無遺類耶。
　山東自于七変後、迄今無事、流賊遺類、二十年前早已殲滅也。

(14) 今世有学問之士如許魯斎者耶。
　如謝畳山者則有。如薊州進士李孔昭者是。如許魯斎者自不乏人。但不必屈指耳。

(15) 明朝士人冠服帯履之制、可得一一見示耶。欲遵用於東方耳。
　秀才頭巾藍衫青領、袖青緑四辺、藍衫皀靴。挙人頭巾青円領、藍縧皀靴。太学生亦如之。

(16) 願聞李孔昭本末。
　以薊州人登癸未進士、甲申遭乱、清人聞其賢、三召不起、杜門老死。

回時問答

⒄入燕京、買得旧時儒巾以来。其制是否元無纓脚否。
　龍眉鳳目倶在。其制是無差也。元無纓脚。
⒅北京書肆、絶無濂洛諸書、豈世乱抛学而然耶。
　幾経兵火、典籍更甚於秦阬之烈焰。是以諸書不但不存于市肆、即故家亦寥寥矣。可歎可歎。
⒆貴郷素称多儒士、豈有周張邵全書耶。
　敝邑自崇禎已迄今四次残破、順治癸巳七年大水。邑人不能当荒年穀矣。周張諸全書、今亦少也。
⒇屏上文筆、有出仕宦人手中者乎。
　如成克鞏、世祖朝宰相、何采先朝兵部侍郎。此二人倶見在、一致仕、一為僧。
(21)致仕者為誰、為僧者為誰。
　致仕者成克鞏、林下十有余年。為僧者何采。蓋因先朝之没、即変名曰衲采、為僧幾三十年。
(22)采上人居在何処寺。
　杭州西湖上。
(23)太学啓聖廟、従享某某耶。
　敝邑啓聖廟、無配享者。太学不曽身到、不敢妄対。
(24)北京有正朝行礼鄧将軍廟之挙、鄧是何人、而能使尊奉至此。
　鄧将軍乃明朝副総兵、為清所執、不屈而死、英霊大著、遂本朝奉以祈福之神、相伝如此。然不能詳其名与郷貫也。
(25)到北京、清人在職者相対皆接話款款。漢人在職者相対不出一言。豈習性然耶、抑無興致而自簡於言語耶。
　清人則無可無不可。漢人乃避嫌疑、不敢多談、非習性也。

(26) 民間頗称朝政之善、而京裏多以宮室石役遊獵、国儲漸竭為憂。猜疑積中、以察為明、用法太酷、人人畏誅、朝紳亦有分裂之漸云。此言信否。
此俱切時弊。然宮室之役、在旗下、不在民間、雖有畋獵之苦、而廉貪屢有黜陟。独是逃人条例甚厳、且弊竇百端、乃民不聊生之大者。朝紳党附従来有之、况今日乎、非妄言也。

(27) 或云鄭経尚爾崛強、沿海三百里、清野無人居、海道不通舟船。主人亦有所聞否。
無所聞。然此人言亦不謬。

(28) 或伝遣周姓官招撫、則拒而不納。且云割一省以封則当降。然否。
差兵部尚書明珠・浙閩総督劉士猉前往撫、至今尚未成議。大抵本朝欲誘之登岸、在彼又不肯受誘、看来終不能議撫也。

(29) 鄭経尚用永暦年号云。尊奉前朝而然耶。抑或仮托而然耶。無乃挟朱氏以張其勢耶。
此則不能洞悉其隠。

(30) 南京殷盛如前朝否。
誰能更上新亭飲、大不如先太息時。

(31) 中国有便把杭州作満州之句云。可聞其全篇耶。
此乃時人戯改古詩云、山外青山楼外楼、西湖歌舞此時休、腥膻薫得遊人酔、只把杭州作満州。

(32) 以筆代舌、終不能尽所欲言、令人鬱鬱。
紙筆代喉舌、古人已言之矣。雖不能暢談、然勝於肆口者多多也。呵呵。

以下、王公濯の「常識」と、彼が持っていた情報として問題となる点だけを検討する。

(3) いわゆる圏地についての問答である。清朝は入関以後も主に河北省において大規模な圏地をおこない、中国人の土地を取りあげてこれを八旗官兵に支給した。[11] これは、満州人による中国人支配が最も露骨に表れる問題であり、土地を奪われた中国人は満州人の下で奴隷になって耕作するか、あるいは逃亡した。閔鼎重が見たのは、一六六六（康熙五）年から翌年にかけて大規模に行われた圏地の余波であろう。閔鼎重はこの最も漢満対立が顕わな問題を取りあげ、中国人の反応を見ようとしたが、王公濯はさすがに慎重であり、回答を避けたのである。

(4) 中国情勢をたずねたのに対して、王公濯は旧明朝の領土がすべて清国の領土となっただけではなく、朝貢国も多いと答えた。会典や実録によれば、一六五四（順治十一）年に琉球、一六五六（順治十三）年にオランダと安南、一六六五（康熙四）年に暹羅が進貢している。安南は一六六〇（順治十七）年、一六六四（康熙三）年などにも入貢しており、王公濯が「昨ごろ始めて」と言うのは必ずしも正確ではない。

(5) 閔鼎重にとって最も気懸かりだったことの一つは、永暦帝が他の諸情報に言うとおりにはたして捕われたのかどうか、南明政権はすでに崩壊したのか、という問題であった。『清実録』康熙元年二月庚午、『南疆逸史』巻三、永暦帝などによれば、永暦帝はすでに一六六一（順治十八）年十二月に緬甸（ミャンマー）人によって捕えられ、清軍にひき渡されたのち翌年三月に雲南府にて殺されたという。永暦帝の捕獲と南明平定はただちに清朝使節によって朝鮮へ伝えられ、朝鮮国王は特に鄭太和を北京に送って永暦帝捕獲を祝賀している。[12] しかし、朝鮮側はこのような使節を送るのと裏腹に、これをそのまま信じたのでは決してなく、この時に朝鮮を出発する直前の鄭太和ですら、「彼らが誇張して言うところで、また何で信じられようか」と言っていたし、[13] 一六六三（康熙二、顕宗四）年三月に帰国した燕行使は、河北省豊潤県で会った一中国人が、「永暦帝は死んでいない。……清人（満州人）の誇大な言葉は信じられない」と語ったと伝えられている。[14]

閔鼎重がここで持ち出している中国人の漂船とは、一六六七年の時のものであって、漂着中国人九五人は全員剃髪せず、大明福建省の者であると述べるとともに、「永暦帝はなお雷州に居り、福建、広東西・四川の三省を領有している」と語っていた。[15]

王公濯は永暦帝が緬甸国によって捕えられ献上されたということ、彼の部下として孫可望と李定国がいたことを知っていた。さらに、漂着中国人の言葉は信じられない、ときっぱり言い切っており、ともに正しい認識である。しかし問答の時点では永暦帝の捕獲から八年が経過しており、ここで五年前のこととするのはやや不正確である。

(6) 投降した者は孫可望であるとするのは正しい。[16] 緬国（ミャンマー）が交趾（ベトナム）の南にあり、「海外の一国」であるというのは当時の「常識」であったらしい。

(8) 閔鼎重は『詩経』大雅、文王を引いて、反清復明の動きを探ろうとしている。王公濯の答えは、『清実録』に「近頃、朱氏の無恥の徒がおり、姓名を変え、身を隠し逃亡している、もし、朱氏の宗族の中で姓名を変え、身を隠して逃亡している者がいれば、すべて郷里へ返させて正業につかせよ」（康熙四年十二月己未）などというとおり、正しいものであった。

(9)『清史稿』巻二四八の孫可望伝などによれば、孫可望は義王に封ぜられ、一六六〇（順治十七）年に彼が死ぬと、その子孫徴淇が襲封している。王公濯の回答どおりである。

(11) 康熙帝の親政は一六六七（康熙六）年七月に始まり、さらに一六六九（康熙八）年五月にはそれまで彼を補佐してきた権臣オボイを断罪している。彼はまた、それまでの懸案の一つであった圏地を禁止する上諭をも発している（『清実録』康熙八年六月戊寅）。王公濯が閔鼎重と問答を交わした時点は、形式上の親政の始まりからすれば二年余り、オボイの失脚から数えればわずか数箇月のことであって、清朝に対して、快からぬ心情を懐く一士人であるにもかかわらず、親政を評して「前よりは良いようだ」と答えているのは興味深い。

また、天下の大勢を聞かれた彼が、「最近、法令がはなはだ厳しく、賄賂がいよいよ行われ、全国にわたって貧しく、奢靡がいよいよ盛んである」と率直に政治批判している点も興味深い。当時の奢侈については、たとえば、『清実録』康熙元年六月丁未の条に広東道御史朱裴が「北京では華美と贅沢を競いあい、各地では奢侈を尊んでいる。一つの鞍、一匹の馬に百両を惜しまず、一つの衣服、一つの帽子のために中産階級の者が破産している、云々」と言うとおりである。

(13) 閔鼎重はまたまた反清復明の動きを問うている。しかし、王公濯の答えは率直であり、閔鼎重が期待したであろうようには答えなかった。彼がここで述べる于七の変とは、一六六一（順治十八）年の事件である。于七は山東省棲霞県の民であり、一六四八（順治五）年から「亡命を召集し、掠奪をほしいままにし」始めたが、のち招撫に応じて清軍の裨将となった。ところが一六六一（順治十八）年に弟の于九が一郷紳を殴って仲たがいをし、「清朝に対して謀反をたくらんでいる」と兵部へ通報されるに至る。これによって于七は反清運動を行う者と目され、それまで彼と名刺を通じていた郷紳ら数十家が連座する大疑獄事件となったのである。[17] 反乱そのものは大規模なものではなく、山東全省を巻き込むほどのものではなかったにもかかわらず、王公濯がこの事件を持ち出したのは、それが同じ一六六一年から一六六三（康熙二）年にかけて江南地方で起きた蘇州哭廟事件や南潯鎮荘氏明史事件と同様に、反清運動に対する、あるいは郷紳層に対する清朝の大弾圧であったからである。当時、人を誣告しようとするのであれば、南方では台湾鄭氏一派と通じている（通海）と言うか、「逆書」に関連していると通告し、北方では于七の賊党であると言うか、「逃人」であると通報し、これを持ち出さねば「事件」としてあつかわれなかったという。[18] 于七の乱は、南潯鎮荘氏明史大獄などがよく知られているのに対して、現在ではほとんど知られていないが、当時北方に住む知識人たちには大きな関心であったらしい。王公濯の住む河北省玉田県と于七の乱が起きた山東省棲霞県とは、はるかに隔たっているにもかかわらず、彼が特にこれに言及したのは、以上のような理由から彼も関心を持っていたからである。

(14) 許魯斎つまり許衡は、宋朝において朱子学を学んでいながら、元朝に仕えた者として、古来しばしば曲学阿世の徒と目される人物である。閔鼎重は無作法にも「破廉恥な曲学の徒には、今どんな人物がいるか」と問うたのである。これに対して王公濯は正面からは答えず、逆に「謝疊山つまり謝枋得のごとき者はいる」と答えた。謝枋得は南宋の人で、南宋が亡びても元に仕えず、強制的に仕えさせようとする者の手によって北京に拘送されたが、この地で絶食して死んだ人物である。[19] 謝枋得のような人物とここで挙げられた李孔昭は明朝の一六四三（崇禎十六）年進士であり、清朝になってから三度召かれたが、「生くれば順、没すれば寧」と言ってついに清に仕えなかった。[20]

「回時問答」については、四つの点を指摘するにとどめる。

まず、(24)に見える鄧将軍廟の問題である。閔鼎重は『燕行日記』康熙九年正月己丑（一日）の条でも、「天明、清主先往鄧廟。問之則明朝猛将以鄧為姓者、戦敗見執、不屈而死、仍成厲鬼、遇之者皆斃。胡人大駭懼、立祠祈禱。入燕之後、亦不敢廃、設廟尊奉云」と記し、満州人を恐れさせている鄧将軍廟に重大な関心を持った。彼が鄧将軍廟と言っているのは、『清実録』康熙九年正月元旦の条で、「上、堂子へいたり、行礼して宮へ還る」と記している堂子である。正月元旦の宮中行事として、皇帝がまずはじめに堂子へ参拝するのは長年の習わしであって、『清実録』も一年の記事のはじめを堂子行幸からはじめるのが常であった。堂子（鄧将軍廟）はこのように重要なものであるにもかかわらず、その来歴は明らかではなく、北京の各建物の来歴を述べて詳細を極める『欽定日下旧聞考』巻四九でも、「堂子は長安左門の外、玉河橋の東にある。毎年元年には天子みずからが祭る。およそ国家に征討の大事があれば、必ず天子みずからが祭り報告する」と『大清一統志』を引用して述べるだけである。徐珂『清稗類鈔』時令類、祭堂子によれば、堂子の祭典は北京の「三不問」、つまり北京で問うてはならない三つの事柄の一つであったという。

この堂子（鄧将軍廟）の問題を本格的に考証したのは、孟森であった。彼は「清代堂子所祀鄧将軍考」[21]において、堂子に祀られているのは鄧子龍将軍であると記す史料として、比較的年代がおそい史料のほかには、査慎行の『人海記』と蕭奭の『永憲録』の二つを引用している。しかし、『人海記』は一七一三（康熙五十二）年、『永憲録』は一七五二（乾隆十七）年の序を持つから、閔鼎重の報告の方がはるかに早い。王公濯の答えにみられるように、堂子に祀られている鄧将軍とは、清に執えられて死んだ明の副総兵であった、というのが康熙初年にはよく知られた「常識」であったらしい。[22]

次に(26)は、やはり閔鼎重が最も関心を持った清朝崩壊の可能性についての問いである。彼は、「民間では朝政が良いと言っている」ことを聞いていたが、清朝にとっての悪い材料をさらに聞き出したかったのである。当時、太和殿の修理や順治帝孝陵など墓陵石室の造営がおこなわれていたことは、『清実録』康熙四年三月甲午、八年正月丙辰、八年三月乙卯などに見え、石材運搬については閔鼎重自身が目撃しているし、康熙帝がしばしば北京近郊へ狩りに出かけていたことも記している。(23) しかし王公濯は閔鼎重の問いがたしかに時弊に当っているとは認めたが、さらに宮室の役は八旗の内部の問題であってそのまま民間の問題ではないと言った。また逃人問題は大きく、康熙帝はたしかに出獵好きで人民は苦しんでいるとしたが、しばしば廉官は昇進し貪官は退けられている、とも答えた。これは閔鼎重が康熙帝を評して、「苛察をもって明敏なこととみなし、法律を用いて罰することがはなはだ酷であって」大臣をも疑っているとマイナスの評価のみをしているのとは、逆の答えであった。

(28) については、鄭経討伐の事実関係にだけ触れる。王公濯が兵部尚書明珠と浙閩総督劉士㺯を派遣し、という部分、明珠は一六六九（康熙八）年に刑部尚書であり、兵部尚書となったのは一六七一（康熙十年）年のことであるから刑部尚書が正しい。また康熙八年三月から十二月にかけての浙閩総督は劉兆麒であった。この誤りが王公濯の誤りにもとづくのか、『老峯先生文集』刊行時の誤りかわからないが、かりに王公濯自身の誤りとしても興味深い。というのは、劉兆麒が浙閩総督に任命されたのは一六六九（康熙八）年三月丙辰のことであって（『清実録』）、問答した時はこれから一年も経過していないからである。また明珠が福建省方面へ派遣されたことは、一六七〇年正月までの間、実録にすら載っていない情報だからである。しかし、明珠は確かに福建へ派遣されていたのであり、一六六九年七月には鄭経問題について康熙帝に上疏している。(24) 王公濯はどのような情報ルートによったのか、明珠が特別な命を帯びて福建へ派遣されていることをも、知っていたのである。

(31) 閔鼎重は続けて反清の動きと反満感情に関わる情報を得ようとして、「中国には〝便《すなわ》ち杭州を把《も》って満州と作す〟との句があるというが、その全篇をお聞かせねがえるか」と尋ねた。これに対して、王公濯は「今の人がいたずらをして古詩を改作したものだ」と答えている。

この詩の元歌は「山外青山楼外楼、西湖歌舞幾時休、暖風薫得遊人酔、便把杭州作汴州」であり、明代史料『西湖遊覧志余』巻二に見える。これによれば、南宋の紹興、淳熙の頃になると、女真族（満州族）を追い出し金朝を倒そうという民族的気概は見られなくなり、人々は一時の豊かさに満足して遊覧を楽しむのみで、ふたたび新亭の涙を流そうとする者はいなくなった。そして、この杭州を汴京すなわち北宋時代の都と変わらないと心得ているという。ここで言う「新亭の涙」とは、六朝期東晋の名士たちが江蘇省江寧県すなわち後の南京にある新亭に集い、国家の衰退を嘆じて再び国土の回復を誓ったことを意味する。すなわち(30)に見えるのがそれである。

王公濯は替え歌の全体を次のように紹介した。

青山また青山のなかには楼《たかどの》が建ち並びはするが、西湖の歌舞はいまや止んでしまった。満州族の放つ生ぐさい臭いが立ちこめて遊ぶ者が酔いしれ、この杭州をただただ満州だとばかり心得ている。

これは典型的な反満感情を表した歌であるから、たとえば乾隆年間に編纂された『四庫全書』には見えない。これをこともなげに王公濯が書き出しているのは、我々にとっては驚きといってよいであろう。

では閔鼎重がこの反満感情あらわな替え歌をどこで知ったかというと、おそらくは朝鮮に漂着した中国人から伝わったものだと考えられる。この歌を朝鮮知識人に教えたのは、中国南明政権の者であった。李泰淵の「南京使臣黄傑等問答」によれば、一六四七（順治四）年、中国人が朝鮮に漂着した。南明政権は清朝を挟撃せんとして、何度か日本に使者を送って出兵を要請した。これを通常「日本乞師」と呼ぶ。ところがこのたびのものは、朝鮮に漂着してしまった。その船には蘇州の人黄傑と浙江の人閻九堦とが乗っており、この歌は彼らが教えたものであった(25)。閔鼎重は強い反満感情を持っていたから、おそらくこのことを知っており、またこの歌も全部知っていたに違いない。鄭経の話からかつて明の都であった南京に話しが移り、そこで王公濯の方から「新亭飲」に言及してきたから、閔鼎重はこれ幸いとばかりこの詩について尋ねたのであろう。

四　結　語

以上で「王秀才問答」についての検討を終える。総じて言えば、河北省小都市の一下級知識人は、安南諸国の来貢、永暦帝・李定国・孫可望の帰趨、于七の変、鄭経や台湾討伐の現状などについて、ほぼ正確なことを知っていた。刑部尚書を兵部尚書と取り違えるなどは、問題が兵事であるから我々でも間違える可能性が大きいし、安南の朝貢時期、緬甸（ミャンマー）の位置、鄧将軍の伝承など、若干の誤りないし不明瞭なところがあるものの、これらも当時の「常識」であったであろう。また清初の諸情勢について、「不審にたえないのは最近法令がはなはだ厳しく、賄賂がいよいよ行われている」と批判し、台湾についての軍事情勢についても、いったんは「聞いていない」と答えながら、さらにたたみ込んで尋ねられると、明珠・劉士猉（実は劉兆麒）が派遣されていると答え、「結局、和議にはならないと見ております」と加えるなど、我々の「常識」からすれば筆にするのも憚ったのではないかということも、意外なほど簡単に書いてのけている。一方ではまた、康熙帝の親政をある程度評価し、閔鼎重の期待に反して、親政以後は「前よりよくなったようだ」と答え、「廉官が昇進し貪官は退けられている」と語った。

最後に残る問題は、では閔鼎重はこれらの情報を帰国後にどのように伝えたのか、ということである。これについては、『承政院日記』『顕宗実録』『顕宗改修実録』の一六七〇（顕宗十一）年閏二月乙未（八日）に閔鼎重の報告が見える。三史料によれば、顕宗が帰国して間もない閔鼎重を引見して清国の情況はどうかと問うたのに対して、彼はまず、康熙「皇帝ははなはだ細微にわたって人の失態を取り調べる。だから彼の国の人は公然と怨み罵って少しの忌憚もない。……その容貌を見れば別に英気といったものはなく、猛々しい気を多く持った人物である」と答えた。さらにこのように清朝の宮廷では疑心暗鬼であるから、「蕭墻の患」（内部からの謀反）が起こるかも知れないと述べ、水害旱害でもあれば「土崩の患」（外部からの反乱）の危険性もあると述べた（『承政院日記』）。言うまでもなくそれらは、閔鼎重が集めた情報の中で、康熙帝およびその時代にとっての否定的な側面だけである。同行した書状官の愼景尹も玉田県の王公濯から得た情報として、永暦帝がすでに捕らえられたと国王に伝えたが、康熙親政以後は「廉官が昇進し貪官が退けられている」というもう一つの情報については、やはり語らなかったようである。つまり、閔鼎重とその同行者は、せっかく王公濯からより正確な情報を得ながら、彼らが得た情報のなかから清朝が安定してゆくのに悪い側面、いいかえれば反清復明の希望につながる側面を特に強調して取り出し、伝達したのであった。

これがどこまで意図的なものであったかは、今は問わない。我々にとって興味深いのは、このようにして朝鮮へ伝えられた康熙帝像の「常識」が、我々が普通もっている康熙帝像、すなわち聡明かつ質素で、政務に精励するというそれと大きく隔たっていることである。閔鼎重だけではなく、すでに一六六八（康熙七、顕宗九）年に帰国した燕行使も、康熙帝について国王に問われたとき、「遊宴するだけではなく甚だ奢侈であり、馬鞍や酒盃器皿はすべて黄金で作り、しばしば賄賂が行われている」と答えていた。[26] その後も一六七六（康熙十五、粛宗二）年には、「国事をうれえず、淫楽にふけること日々に甚だしい」と伝えられ、[27] 翌一六七七（康熙十六、粛宗三）年にも、「皇帝は清書（満州語）を知っているだけで、文字（漢字）がわからない。ゆえにおよそ文書については、漫然として気にもとめない」[28]と伝えられたのであった。同様の康熙帝像はその後も続き、三藩の乱が鎮圧されてからも「驕淫日々に甚だしい。遊戯を毎日の仕事としている」とか「皇帝は荒淫してとどまるところを知らず、賄賂が公行している」[29]と伝えられたのであった。つまり閔鼎重が伝えた康熙帝像は、少なくとも当時の朝鮮知識人にあっては「常識」的な、極めて普通のものであって、彼一人のものではなかったのである。この間、何度燕行使が派遣されたのであろうか。正使、副使、書状官ともに彼らは官僚として出張し、公務として中国報告をおこなったから、彼らは自らが収集した康熙帝に関わる情報の中から、朝鮮という国家そのものが望むものを選択して報告していたのではないか。彼らの康熙帝像はあまりにステレオタイプ化されている。

燕行録の中で我々の持つ康熙帝像に近いものは、閔鼎重の燕行から半世紀近くたって、一七一二（康熙五十一、粛宗三十八）に一私人として、観光目的で北京へ出かけた金昌業によるもの、すなわち『老稼斎燕行日記』が出現するまで待たねばならない。

第III部

一八・一九世紀、燕行使と通信使における学術交流

第八章　朝鮮燕行使による漢学・宋学論議とその周辺

——申在植『筆譚』と中朝文化秩序——

一　はじめに

東アジアの国際秩序という場合、それは政治的秩序か貿易的秩序を一般的に示すであろう。しかし国際関係をより広い視野で考えるのであれば、国際間における文化的秩序というのも、重要な課題である。明清中国と朝鮮の国際関係に即して、この文化秩序の問題とは何であるかを簡単に説明すれば、以下のとおりである。

朝鮮はその建国から滅亡に至るまで、前半は明朝と後半は清朝とほぼ一貫して朝貢・冊封関係にあった。朝貢・冊封関係とは、言うまでもなく第一義的には国際的な政治秩序を維持するために結ばれる関係である。そしてこれと連動し、第二義的にはその貿易を朝貢貿易あるいは宗藩貿易と呼ぶように、二国間の貿易秩序を維持するための関係でもあった。明清中国と朝鮮の間に結ばれたこの冊封・朝貢関係は、明らかな上下関係であり、宗主国である明清中国は武力を直接的に用いることなく、これによって長年にわたって朝鮮をその統制下に置くことができた。一方、朝鮮の側から見れば、これによって直接的な武力侵略や直接的な統治を免れることができた。しかもそれは両国の政治秩序と貿易秩序を大局的に維持せんとするものであったから、両国における外交交渉においては清朝が当面の利益を求めて一方的に要求を押しつけるとは限らない。むしろ具体的な問題においては、朝鮮側に有利な主張にそって結着を見る場合がしばしばあった。しかしそれが上位国である中国に都合よくできていたことは言うまでもなく、両国の根幹に関わる問題で朝鮮は究極的には上位国の目指す秩序に従わねばならなかった。

ところが中国・朝鮮間における秩序を文化的なそれとして見る時、それは政治的なものとも貿易的なものとも大きく異なってくる。第一に二国間における文化的秩序は、上下関係から来る「おしつけ」と言うべきものによって形成されるものでも、変動するものでもない。たとえば、明清中国においては朱子学が体制教学であるからと言って、朝鮮に対して一方的にこれを押しつけたようにはない。また、明が清によって滅ぼされ、満州民族が「中華の地」を統治するようになると、「中華」の人民には服従の証しとして辮髪を強要したが、朝鮮にはこれを強要しなかった。このため朝鮮では「中華」の価値は「小中華」たる朝鮮にのみ残るとし、その表象としての衣冠、すなわち辮髪・胡服ではない明朝の衣冠を使い続け、朝鮮燕行使はこの姿で北京へ出かけ、辮髪・胡服を受け入れざるを得なかった漢族に誇らしげに見せていたこと、すでに周知のことに属するであろう。[1]ところで逆に、この明朝の衣冠の制度を朝鮮がどのようにして受け入れたのかというと、それは決して宗主国から一方的に押しつけられたのではなく、むしろ朝鮮側が明朝に対して何度もそれを使用したいと申請し、やっと許されたものであった。それは李成桂による朝鮮建国直前の一三八七（洪武二十、高麗辛禑十三）年、高麗側の執拗な要求にいわば明朝が根負けするかのごとく許可されたものであり、朱元璋はこれにむしろ消極的な態度を取っていた。[2]つまり明朝＝中華の衣冠はかくして「小中華」の地で用いられるに至り、この面では両国において同質の文化的秩序が形成されるに至ったが、政治的秩序や貿易秩序のように押しつけられたものでは決してなかったのである。この点で少なくとも明清中国について見るかぎり、キリスト教国やイスラム教国にしばしば見られた周辺国への宗教、文化の強要は、基本的に見られなかった。おそらくは、これが朝貢・冊封関係というものの重要な本質の一つであろう。もちろん、政治的に明確な上下関係が厳然としてある以上、文化面での強要が時としてなされることがあったことは言うまでもない。たとえば明から朝鮮へ赴いた使節が朝鮮側の提供する接待、女楽を受け入れようとせず、中国式の儀式を強要したことがあった。[3] しかし、この事例ですらまさしく、政治的秩序の延長であったと考えるべきかも知れない。

朝鮮は政治・経済だけでなく、文化の面でも明清中国の強い影響を受けた。しかし、中国文化の受容は、政治的秩序のように中国側の強圧的な力の下に受け入れざるを得ないものではなく、朝鮮側によるより主体的な選択が可能であった。いやむしろ、朝鮮は清に対して政治的には屈服するほかになかったがゆえに、かえって文化的には清朝の秩序に従わないという方針が生まれたと言ってよい。さらに言えば、その前の明朝の文化に対してすら、少なくとも万暦初年にはすでに朝鮮知識人は大いに批判的であった。一五七四（万暦二、宣祖七）年燕行使であった許篈らは、すでに自分自身のものとした朱子学をもとに、当時中国で一世を風靡していた陽明学を「邪説横流」と批判し、陽明学を信奉する明朝人を「頑固な賤しいイナカ者（固滞鄙賤）」と罵倒していたこと、すでに見たとおりである。[4] その後も朝鮮では、陽明学に対して極めて冷淡であるばかりか、むしろそれを異端として排斥した。このように、明朝あるいは清朝の文化的秩序に参入するかどうかは選択的に行っていたのである。

本章では申在植『筆譚』という史料を紹介しつつ、具体的な問題を通して二国間における大きな文化的秩序というものをさらに考えてみたい。申在植は一八二六（道光六、純祖二十六）年の燕行使副使として北京に入り、そこで何人かの清朝知識人と交遊した。その時の筆談記録が『筆譚』である。彼ら清朝知識人は全員が当時盛んであった「漢学」の徒である。少なくとも「漢学」が儒教の神髄を捉えるうえで不可欠であると考える者である。漢学とは漢代の学術を尊ぶ学問であることから、当時そのように呼ばれたが、現在の日本では通常それは考証学と呼ばれ、中国では一名考拠学と呼ばれるものである。一方、申在植は典型的なまでに「宋学」の徒であった。宋学とは宋代に生まれた学術のことで、程朱学とか朱子学とも呼ばれる。彼らは北京における宴席で、「漢学」是か非かの大論争を展開した。一八二六（道光六、純祖二十六）年の前後と言えば、これまた燕行使の一員であった金正喜らによって清朝の漢学がまさに朝鮮に導入されはじめたところであった。この経緯については、藤塚鄰の大著によってすでに明らかにされたとおりである[5]。我々の文脈に即してごく単純化して言うなら、金正喜は清朝の新しい文化運動に自ら身を投じ、これを導入し参入することによって新しい中朝文化秩序を形作ろうとしていた、と言ってよい。一方の申在植は朝鮮における新しい動き、つまり清朝漢学の導入を目にしつつ、あえて「宋学」擁護の論陣を張って中朝文化秩序の一面での断絶をはかったのであった。

申在植『筆譚』とそこに描かれる漢学・宋学論議は、数ある燕行録の中でも珍しく、中朝文化秩序の問題を考える上で貴重な素材であるにもかかわらず、これまでこれが紹介され、論じられたことがなかったようである。藤塚鄰の大著においても、これにまったく触れるところがない。たしかにこの著書は、金正喜をめぐる中朝間の知識人で当時やりとりされた書簡を中心史料とするという、驚くべき作品であり、また当時の両国における文化交流を実にリアルに追ったものではある。しかし、金正喜らが清朝漢学を導入するにあたって、何を付随した問題として伴わざるを得なかったかを明らかにしない。つまり、清朝漢学をまさしく朝鮮燕行使という特殊な条件を持つルートを通じて導入せざるを得ないとき、どのような「制約」を伴ったのであろうか。この種の問題に対して、藤塚の著書はむしろ冷淡であるとさえ言える。我々は、この問題をも漢学・宋学論議の周辺の問題として見ることにする。

そもそも藤塚の著書では、朝鮮への「清朝文化東漸の波濤は、今や酉堂（金魯敬）の子阮堂（金正喜）の新帰東によってようやく滔天の勢いを見せ」（頁一四四）、あるいは金正喜が清朝から帰国して以後、「半島に実事求是の新学を樹立した」（頁四八一）とするが、果たしてそうであろうか。果たしてその後、清朝漢学は朝鮮に順調に普及したと考えてよいのであろうか。清朝漢学が朝鮮にどのように受容され、どのような問題をまき起こしたのか、それはどの程度の普及を見せたのかといった研究は、管見のかぎり極めて少ないようである[6]。この点では、朱子学がすでに朝鮮思想界のベースになって以後、陽明学の導入と普及の問題について多くの研究があるのとは対照的であると言ってよい[7]。中国明代を代表する学術は陽明学であり、清代を代表する学術は漢学つまり考証学であるとするのは、すでに定論であると言ってよかろう。朝鮮における陽明学の受容と漢学の受容の比較、それは実に興味深いテーマである。

また従来数多い朝鮮実学の研究においては、実学というものの定義が曖昧であることも手伝い、漢学（考証学）とそれとを混同しているものが見うけられる。両者は必ずしも一致しないだけでなく、しばしば相反するものである。本章は、これらをも視野に入れて考察を進めることにしたい。

二　申在植とその編書『筆譚』

本論に入るに先立ち、申在植という人物がいかなる人物であり、その書『筆譚』がどのような経緯で編纂されるに至ったのか、明らかにしておかねばならない。

申在植は一八二六（道光六、純祖二十六）年冬至兼謝恩使の副使として、北京へ赴いた。冬至使とは、かつて冬至節、聖節（皇帝生誕節）、正朝節（元旦節）にそれぞれ朝貢使を送っていたものを、一六四五（順治二、仁祖二十三）年に一本化し、正朝節へ列席するだけとしたが、これ以後も略名で「冬至使」の名をもって呼ばれ続けたものである。それは毎年欠くことなく送られる最も普通の燕行使である。謝恩使とはこの場合、朝鮮の漂流民を清朝政府が救助し、帰国させてくれたことに対して謝恩する目的で派遣した使節である。申在植のこのたびの燕行は、この謝恩という特別な任務を兼任しているとはいえ、最も一般的なものであった。記録によれば、正使は洪羲俊、書状官は鄭礼容であり、彼らはこの年の十月二十七日にソウルを出発し、翌年三月二十一日に復命している。(8)『筆譚』は後に述べるように、申在植が清朝知識人と北京で筆談した時の記録であり、燕行の旅程を記す日記ではない。しかし幸い、一行に加わった洪錫謨に『游燕藁』があり、このたびの燕行の旅程を詳細に知りうる。(9)これによれば一行は十二月二十六日に北京に入城し、宿舎である玉河館に到着、そして翌年の二月四日に玉河館を離れて帰国の途についている。

申在植、字は仲立、号は翠微、黄海道平山の人で一七七〇（乾隆三十五、英祖四十六）年の生まれである。一八〇〇五（嘉慶十、純祖五）年の文科出身で、燕行のためにソウルを出発したときには戸曹参判の地位にあった。中国風にいえば戸部侍郎である。燕行にあたって礼曹判書すなわち礼部尚書に相当する肩書きが加えられている。申在植の著作としては『筆譚』のほか、書目による限り『相看編』があることしかわからない。『相看編』は一八三六（道光十六、憲宗二）年に今度は正使として燕行したときの詩集である。詩集とは言っても、この時に同行した申在植以下合計八人がソウル出発から北京到着の寸前までに唱和したものを編纂したもので、道光十七年正月七日付で書かれた清朝の黄爵滋の序を付する。黄爵滋は当時、鴻臚寺卿つまり外国使節を接待する任にあり、多くの朝鮮使臣らと交遊していた。[10] つまり『相看編』は唱和詩集であるうえに北京到着後まもなくして清人の目に触れることを予測して編纂されたものであるから、時忌にわたるような言葉、あるいは真情を吐露しているのではないかと見られる言葉は一切見られない。

このように『筆譚』のほかに、側面から彼の思想や人となりを知りうる材料は少ないが、しかしないわけではない。それは彼が祖父に申韶という人物を持ったことである。申韶は幼少の時より常に慷慨し、「自分は誓って〝虜庭の陪臣〟などになりはしない」と言っていたという。虜庭とは「野蛮民族」の朝廷つまり清朝を言ったもので、陪臣とは皇帝の臣である朝鮮国王のそのまた臣下のことである。つまり申韶は清朝に朝貢を続ける朝鮮国王の臣下とならない、〝朝鮮で官僚になったりはしない〟と誓っていたのである。彼は学友と『春秋』の大義を講究し、その誓い通りに科挙受験をして官僚となるという道を捨て、その身を終えた。ある人は彼の墓誌を書き、「明の遺士」と称したという。[11] また申韶は、李珥の『撃蒙要訣』を得て感激し、その学はすべて朱子の教えによったというから、[12] 彼は当時の朝鮮知識人の中で典型的なまでの朱子信奉者にして、かつ排満尊王攘夷論者であった。これは祖父に関わるエピソードであり、申在植本人の人となりや思想に直接関わるものではない。しかし当時の朝鮮社会において、父と子あるいは祖父と孫の関係がいかに緊密なものであったかを考えれば、彼はこの祖父の影響、あるいは祖父にまつわる伝承の影響を大きく受けたと考えることが極めて自然である。というのは、祖父申韶が「自分は誓って〝虜庭の陪臣〟

などになりはしない」と言い、その言葉どおりに科挙受験さえしなかったことは、当時から有名なことであったらしく、議政府右議政の南公轍が国王を前に語り、国王すら知るところであったからである。また北京の宴席で朝鮮の学術を紹介するにあたっては、ただ李珥の学にだけ論及している。とすれば、彼自身も李珥系の朱子学を奉じ、また排満尊王攘夷論者であったと考えるのが、最も自然であろう。

『筆譚』は山東省図書館蔵にかかる鈔本である。[13] 合計わずか三七葉の小冊子である。封面つまり表紙には、左上に「筆譚」と題書され、右端には

海東申翠微手書、贈蓑友。
蓑友装背、属月汀署検。

と二行書かれる。蓑友とは後に述べるように王筠のことで、山東省安邱県の人、月汀とは李璋煜のことで山東省諸城県の人である。すなわち右の二行は、「朝鮮の申在植が手書きし、王筠に贈った。王筠が装幀し、李璋煜に題簽を書かせた」[14]ということである。山東省図書館にこれが現存するのは、王筠と李璋煜ともに山東の人であったために相違ない。

この書が編纂された機縁は、この「筆談」そのものの中に書かれている。申在植と王筠、李璋煜らは、四回にわたって会合を持ったが、初回の会合が終わりに近づいた頃、申在植は次のように切り出した。

みなさんに一つお願いがあります。中華の文人、風雅の士人の筆墨をいただいて、常に眺めて愛翫したく思います。朝鮮から持参した扇は極めて粗末なものではございますが、箱の中から探し出し、本日席をともにされた諸先生におわたしし、それぞれに御筆跡をいただきたく存じます。朝鮮に帰国いたしました後には宝蔵し、拝顔に替えるよすがとしたく存じます。

この日のホストである葉志詵がこれを許し、「各々悪筆であることを忘れ、御覧いただこうではないか」と言ったのを受けて、汪喜孫が次のように言ったという。

聚散は常なく、光陰は過ぎやすい。一緒に敢えて千秋のために人に伝えてこそ、朋友として切磋琢磨し、他山の石として自分を磨く手段とできようというもの。さあこれを今日から始めてこそ、この会が無意味なパーティーではなくなるのではないでしょうか（聚散無常、光陰易過。共勉為千秋伝人、乃為友朋切磨他山攻玉之道。今日伊始、始非虚会）。

申在植はこの提案に対し、

今日の談草はわたしがすべて持ち帰り、朝鮮に帰国したあとでおおよそのところを編集して一記録と成し、この日の交際を後世に伝えたく思います（今日筆談草紙、僕将尽為持去、東帰後、撮其大概、裒成一録、以伝今日証交於後世也）。

と言った。これに対して参会者が口をそろえて「好！」と称し、さらに李璋煜が「一書ができたら、送ってくれるように（若成一編、因便寄示也）」と確認をとった。洪大容の孫に当たる洪良厚はこの時に申在植に同行した人物である。彼の『寛居文』には、翌年の一八二八（道光八、純祖二十八）年の十月頃に書かれたこの李璋煜の手紙が収められる。この手紙は同年正月に洪良厚から手紙を受け取ったことを前提にして書かれ、この時にはすでに申在植によって編纂され終わったことを知っていた。[15] 洪良厚の手紙はその前年、つまり一八二七年十月末にソウルを出発した燕行使に託されたと考えられるから、『筆譚』はこの頃すでに編纂され終わっていたと考えてよかろう。とすれば『筆譚』は申在植が帰国後、数箇月の間に編纂されたことになる。

申在植ははじめこのような書物を編纂する意図はまったくなかった。当時の中国と朝鮮の知識人は、意思を疎通するにあたって筆談するのが通例であった。その時の筆談のために用いた用紙を談草と呼ぶ。筆談にあたった両者にとって、この談草がともにかけがえなく貴重なものである場合には、複製を取ることがあった。たとえば一八七九（光緒五、高宗十六）年の燕行使一員であった南一祐は、ある人物と筆談した際に、「同行の友人が見たがるから借りたい。翌日返す」と言って袖に入れ持ち帰り、宿舎の玉河館でこれを書き写した。[16] この談草そのものは、なかなかそのままでは後世には残りにくい。周知の洪大容『乾浄筆譚』や朴趾源『熱河日記』に見える筆談記録も、この談草そのままのものではなく、これをもとに自分で編纂したものにほかならない。この点では、申在植『筆譚』は洪大容『乾浄筆譚』や朴趾源『熱河日記』の筆談部分と何ら違いがない。違いは洪大容と朴趾源が、清朝知識人との筆談を自分と自分の周りの知識人にとって極めて重要なものであると考えたがゆえに、自らの意志で談草を整理し編纂したのに対し、申在植の場合は彼本人にもともとそのような意図はなく、むしろ清朝側の汪喜孫がこの日の筆談を記録に残そうと提案したため、彼が代わって編纂することになった点である。『筆譚』が編纂されるにあたって決定的であったのは、汪喜孫の一言、いや正確には一筆であった。

　このように見てくるなら、彼らの間で闘わされた漢学・宋学議論が記録として残ったのは、まったくの偶然によったかに見える。たしかに、汪喜孫がここで一筆書き加えなければ、『筆譚』という書はこの世に生まれなかった可能性が高い。しかし、汪喜孫の言葉を今一度見直してみよう。彼が書いた「千秋のために人に伝えよう」という口吻から、我々はその日の筆談をいかに重要なものと彼が考えていたのか、読みとることができるし、その日の筆談記録をもって自分と友人とが「切磋琢磨するための他山の石とする」との言葉からは、ほとんど求道者的なものすら感じるのである。彼は「虚会」つまり無意味なパーティーにしてはならないと言う。我々はこの言葉に、これが漢学の流行した一九世紀初頭のものであるより、むしろ陽明学が流行し、講学会（講会）が流行した一六世紀から一七世紀初頭にかけてのものではないかとの錯覚すら覚えるのであるが、さらに興味深いのは彼がここで言う「友朋」つまり朋友という言葉である。というのは、汪喜孫がここで言う「友朋」とは、彼の旧くからの友人たち、つまりその場に参集した清朝知識人ももちろん含まれるが、しかし筆談の情況を考えるなら、この「友朋」とは異国朝鮮からやってきた申在植その人、および申在植を通じて異国朝鮮につながる数多くの朝鮮知識人を指すと言ってよい。この場に参集した清朝知識人は、すべて彼ら相互に限って言えば、改めて「漢学」是か非かを討議することはまったく必要なく、これをもって互いに切磋する必要はまったくなかった。汪喜孫は国境を越えた「友朋」、すなわち文化的な差異を持つ「友朋」の間で、切磋すべきことを主張していたのである。漢学・宋学論議が国境を越えてなされたのも、実はこれに起因する。

汪喜孫がいかなる人物であったかは、後に見ることになろう。彼が金善臣なる朝鮮知識人から漢学批判の手紙を受け取ったのち、どのような行動に及ぶかも、後に見ることになろう。また本書補論に収めた、ベトナム如清使范芝香が書き記した彼の姿も参考になる。後に見るような思想、信念を持つ彼からすれば、筆談記録を残そうと提案することになったのは、極めて自然なことであった。『筆譚』は一見すればたしかにまったく偶然の産物のように見えながら、実はそうではない。汪喜孫のほかに李璋煜も彼とよく似た思想、信念を持つ人物であった。簡単に言えば彼らは自らの日々の営為にプライドを持ち、その学術を異国に伝えるに足ると考えていた人物であった。申在植がこのような人物を相手に筆談を交わし、しかも筆談の中心的なテーマが「漢学、是か非か」という、彼らにとって容易に譲れないものであった以上、それはむしろ残るべくして残ったと見なすべきである。

『筆譚』によれば、申在植は四回にわたって清朝知識人と会合を持った。四回の会合ごとに、彼はその時の出席者を下記のごとく記している。『筆譚』では、清人の名をまず号あるいは字で記すが、ここでは本名を先に掲げ、さらに面談の場所も記すこととする。また『筆譚』では二回目以降の会合については、参会者の名を記すのみであるが、彼らの字号、年齢、籍貫がわかるものについては、あわせてここに記す。

第一回　正月九日　葉志詵の自宅である宣武門外虎坊橋の平安館にて

葉志詵　字は東卿　四八歳　湖北省漢陽の人
李璋煜　字は方赤　号は月汀　三六歳　山東省諸城の人
王筠　字は伯堅　号は菉友　四四歳　山東省安邱の人
汪喜孫　字は孟慈　号は甘泉　四二歳　江蘇省揚州の人
顔懐珠　字は丹泉　五六歳　山東省曲阜の人
第二回　正月二十一日　李璋煜の自宅である小石精舎にて
李璋煜
汪喜孫
葉志詵
胡衛生　号は秋堂
張廼輯　号は冬華　七四歳　山東省済南に住む
宮塏　号は爽斎
第三回　正月二十四日　朝鮮燕行使の宿舎である玉河館にて
王筠
張廼輯
第四回　正月二十六日　宣武門外長春寺にて
汪喜孫
李璋煜
王筠
三明禅師

清朝知識人は、ほとんどが金正喜とも関係を持った人物であり、したがって藤塚鄰がすでに紹介しているから[17]、ここでは『筆譚』が生まれる重要な契機となり、申在植が議論の相手とすることとなる一人、汪喜孫についてのみ簡単に紹介しよう。

汪喜孫は漢学者、考証学者として有名な汪中の子である。汪喜孫には『汪荀叔自撰年譜』があるが、残念ながら一八二一（道光元）年までで終わっており、道光七年前後の消息を伝えない[18]。一八〇七（嘉慶十二）年に二二歳で挙人となったが、結局進士になりえなかった。進士になりえぬままで一八一四（嘉慶十九）年、知人が彼のために捐納してくれたため、内閣中書という職を獲得している。これ以後、会試に応じつつほぼ一貫して北京にいたが、朝鮮燕行使との交際については、一切自撰年譜に出てこない。彼は汪中の一人息子として、彼の期待を一身に集めて育った。自撰年譜によれば、六歳の時から家塾に入り、父から書物の読み方を教えられたという。自撰年譜の最後には次のように言う。

　本朝理学の名臣の文としては、湯斌『湯文正集』陸隴其『陸清献集』がある。経史の名儒の文としては、顧炎武『亭林文集』戴震『戴東原集』張恵言『茗柯文』およびわが父汪中『述学』がある。すべて日月に輝く不滅の書である。

これは汪喜孫が漢学・宋学を兼用する折衷学派に属する者であったこと、そして異常なほどに父汪中の顕彰につとめた人物であったことを遺憾なく表しており、申在植にもほぼこのまま語っている。

汪喜孫の生涯については、彼の子が書いた「孟慈府君行述」が最も詳しい[19]。これによれば、申在植と会った頃は、戸部河南司主稿兼貴州司主稿という職にあった。戸部貴州司は関税をも管轄する官庁であったから、彼は毎日忙しく立ち働いていた。「星を戴いて夜明け前から官庁に入り」、「自分一人で文書を書いた」ため、書吏は悪事を働くことができず、飛ぶように筆を進める彼の姿を侍立してながめるほかなかった、という。

もちろんこれは、父のために子が書いた文であるから割引いて受けとめなければならないとしても、彼が職務に精励していたことは、彼が書き残した『従政録』によってほぼ断言できる。これをより確かなものにするのは、以下のようなエピソードである。彼は一八三九（道光十九）年に河東河道総督の下で黄河の治水をすべく地方へ出、一八四五（道光二十五）年に河南省懐慶府知府を授けられた。任地にあっては、引き続き特に河道の整備に努力した。この頃、清朝はすでに衰亡に向かっており、河川の整備が行き届かないため、この地では水害と旱害が頻発していたからである。ところが彼は堤防工事のために陣頭指揮を執り、ために烈風雨雪にあたり、また仮設小屋に宿りワラ敷きで寝起きし、ために湿気を受け、脚気を患うこととなった。一八四七（道光二十七）年春には河南省城からの帰途で風邪を引き、口元からはヨダレが流れ出し、左手は麻痺するに至った。ところがこの夏、懐慶府ではまたしても旱害に苦しんだから、汪喜孫は社稷を祀って民の福を祈ろうとし、子供が制止するのも聴かずに自ら出かけ、その翌日亡くなった。彼は生員の頃から世に有用な学を講究し、ある友人に送った手紙で、「自分は身をもって国に献げ、鞠躬尽瘁し、死して後に已まんと思う」と書いたことがあったが、この予言がついに現実となってしまった、と「行述」は記す。汪喜孫が河川整備のために粉骨砕身し、ついに果てたことは、「行述」がそのように述べるだけでなく、当時から有名なことであったらしい。[20]

漢学といえば「講学をせぬ」こととされ、また一名樸学とも呼ばれ、「手っとり早く申せば、自分の部屋に閉じ籠って、書物と首っ引きをして、一生懸命に調べ物をする」学問とされる。[21] 顧炎武ら清初を生きた者は漢学の先駆者とされて別あつかいされ、この乾嘉以降の漢学者は、経世すなわち現実の政治や社会の問題をどのように解決するかとは、無縁であったかのごとく言われるのが一般的である。汪喜孫の場合、その学が「経世の学」と呼びうるほどのものであったかどうか、知らない。しかし「孟慈府君行述」で述べるように、彼は生員のころからすでに「有用の学」を志していた。このことは、何故、彼と朝鮮の申在植との間で、さらに同じく朝鮮の金善臣との間で漢学と宋学をめぐって論争が闘わされねばならなかったのかと、密接に関係しているように思う。あるいは彼は、乾嘉の時代をすでに通り越し、「骨董屋のような」考証学、[22]つまり漢学に対して反動が起こっていた時代の空気を吸っていたのかも知れない。この意味で、漢学・宋学論議が両国知識人の間で闘わされ、『筆譚』が書かれたのも、漢学全盛の時代でなく、むしろ漢学に反動が起こっている時代にして、はじめて可能であったのかも知れない。

彼は考証学者として生前においても有名な人物であり、『筆譚』で登場するのはなお四二歳になったところであったが、李璋煜から申在植に対して「経学についてはなはだ深い」と紹介されているほどである。しかし彼は、潤沢な資金にめぐまれ、豊富な書籍に囲まれて研究を続けていたのではなかったらしい。一八四一（道光二十一）年正月に『従政録』を家刻で出版せんとした時は、「易米売書」してこの書を撰定したと自ら述べる。[23]許瀚の日記では、一八四四（道光二十四）年八月二十三日付で汪喜孫が「売書吃飯」していると記している。[24]さらにこれより先の一八三七（道光十七、憲宗三）年、彼はある朝鮮知識人にあてた手紙でも「近年来、書籍を売って米に易えたためすべて琉璃廠の書店に入ってしまった」と記し、したがって金正喜が求めてきた書籍は送れない、と言っている。[25]河工のために病を得て死去したときも、遺族は貧しいがために遺体を入棺することができず、懐慶府一府の同僚と郷紳・庶民が出した義捐金つまり香奠によって、やっと葬儀をとりおこなうことができたと言う。

いささか奇矯な感のするこの汪喜孫について、最後に一つだけそのエピソードを記しておきたい。それは後に紹介する漢学・宋学論議が終わり、まもなく帰国せんとする申在植に対して再会は期しがたいとして、次のような言葉を贈っていることである。

ただ希望いたしたいのは、常に手紙で互いの消息を通じ合い、道義をもって互いに切磋琢磨しあいたい、ということです。わたしは年来、学問においては様々なことに無理なく筋道が通る〝会通〟を得んことを心がけ、教典を読んではその大義を知りたく、これで自らを治め人を治めんといたしております。順調な時は他の人と善をともにする〝兼善〟に励み、窮した時は自分一人で善を行う〝独善〟に励み、天理に背くことなく、人情にもとらず、何とかわが身をして天下に益あるものとしたいと心に期しております。今日、世道人心たるや、読書して真実に明るい儒者が自分を正しそして百官を正さなければ、善の道に進ませることはできなくなっております。伏して願うらくは、あなた様はいよいよ学識を広められ、蔚然として名臣となられ、将来これを千秋にまでお伝えくださいますように。我々二人の間に他山の石となり切磋琢磨しようとする助け合いがあるならば、今日会うか分かれるかは、言うに足りぬことです。

わたしはかつて関帝廟や城隍廟において黙禱したことがあります。それは、官僚となってことを行うにあたり、もしも賄賂を貪ったりでたらめな刑罰を加えたり、小細工を弄して自分の利益になることをするようなことがあれば、雷よ、わが身を撃て、火よ、わが家を焼け、ということです。このような一片の赤誠は、あなた様のように古来あるべきつきあい方を得たものではないかもしれません。一緒にがんばってくださいますように（惟望常通書問、以道義相切磨也。僕於年来、学問欲観其会通、読経要知其大義、以之治己、以之治人、達則兼善、窮則独善、期于不背天理、不拂人情、使此身不可無益於天下。今日世道人心、非有読書明道之儒、正己以正百官、不能駆而之善。伏願執事益広学識、蔚為名臣、将来伝之千秋。吾二人有攻玉他山之助、今日離合之故、不足言也。僕曽黙禱関帝城隍、居官行事、如有貪贓枉罰弄弊営私之事、雷撃其身、火焚其宅。一片血誠、難得古道如執事、願共勉之）。

汪喜孫がこのような言葉を吐いたのは、もうこれで会えなくなるという誰もが別れの時に懐く感傷のせいかもしれない。また、酒に酔ったせいでもあろう。しかし汪喜孫の生真面目さは彼が申在植と語った三回とも一致しており、決して感傷や酒だけでは理解できない。彼のこの言葉は、彼の死に様と完全に一致しているように思う。

なお参会した者のうち、汪喜孫とよく似た雰囲気を漂わせていたのは、李璋煜である。彼は葉志詵や汪喜孫と違って一八二〇（嘉慶二十五）年にはすでに進士に合格しており、一八二七年の頃は刑部主事であった。申在植が彼にどんな仕事をしているのかと尋ねたところ、「江西一省の大小の司法行政だけでなく、北京の裁判も兼ねてつかさどっている。休暇は一年中とることができない。刑部の官庁で仕事を終えた後も、簿書を自宅に持ち帰り決裁している（掌江西一省大小刑政、故忙迫異常。又兼京中獄訟屢屢不絶。休沐之期、終歳不得。散直後、猶携簿書、在家決之）」と答えている。李璋煜が当時刑部にあって多忙な毎日を送っていたことは有名であったようで、翌年の燕行使の一員朴思浩も、李璋煜の兄が言ったこととしてこれを記録にとどめている。[26] さらに李璋煜が王筠に与えた手紙でも、しばしば刑部の官庁内で夜ふけまで仕事をしていたことを述べている。[27] 申在植はこの度の燕行より前、すでに李璋煜と手紙を三回往復していたという。著書に『愛吾鼎斎蔵器目』一巻がある。

さていよいよ、主題である漢学・宋学論議について述べることにしたい。

三　漢学、是か非か

漢学・宋学論議がなされたのは、初回の道光七年正月九日と第四回の正月二十六日の二回にわたってであった。この二回のうちでも正月二十六日のものが最も激しく、それは論争と呼ぶべきレベルのものであったと言ってよい。正月二十六日の会合は、間もなく申在植が北京を離れるにあたり、これまで接待を受けたお礼をもかね、申在植の方で食事と酒を準備したものであった。会場は宣武門外の長春寺、この寺の住職である三明禅師も、当時広く朝鮮燕行使の人々と交流した人物である。

この送別の宴をも兼ねた会合は、やはり和やかな雰囲気で始まり、朝鮮の酒を各人が酌みかわし歓談を交わすものであったが、李璋煜が突然、「汪喜孫は袖に金善臣に送る手紙を持ってきている。これは漢儒つまり漢学を絶対に捨て去ってはいけないことを弁明するもので、関係するところ甚大である。文章家の草稿と同一視してはいけない（孟慈袖有一函書、与清山辨漢儒之必不可廃。所関甚大、不可視同詞章家草也）」と言い出した。ここで雰囲気は一変する。汪喜孫と李璋煜とはどうやら、あらかじめこの手紙をこの場で見せるべく準備し、二人で示し合わせ申在植と論争する覚悟でこの席に臨んだのであった。さらに言えば、王筠も金善臣にあてたこの論争に関わる手紙をこの日より前に書いていた。というのは、藤塚鄰がこれに関わるに違いない一通の手紙を紹介しているからである。それは李璋煜が正月二十五日、つまりこの日の会合の前日に、ソウルの金命喜あてに書いた手紙であり、その中で王筠が金善臣にあてて書いた数千言に及ぶ手紙を金善臣に転交してくれるように、と依頼しているからである。[28] つまり、この日の漢学・宋学論議は、この三人がしくんだ「共同謀議」によって起こったものと言ってよい。

では、王筠がなぜ数千言にもおよぶ手紙を書き、汪喜孫もが漢学を捨て去るべきではないとの手紙を書き、さらにこの日に論争と言うべきものが闘わされねばならなかったのか。それはこれよりさき、金善臣が一八二二（道光二、純祖二十二）年に燕行使の一員として北京を訪れ、翌年帰国してから申在植の燕行に至る間に、「漢学を棄てるべきである」と主張する手紙を汪喜孫に対して書いていたからである。漢学を攻撃する手紙を受けることもなしに、王筠が上述の数千言に及ぶ手紙を書くはずはなく、あるいは王筠も同様な手紙を受けとっていたのかも知れない。また、これらの手紙が何年何月に書かれたものか、明らかではない。しかし、一八二四年正月付で李璋煜が金魯敬に送った手紙では、金善臣の才と学とを賞讃しているだけで、後に見られるような彼への批判、非難は見られないことからすれば、[29] その前年の一八二三年十月にソウルを出発した燕行使、あるいはその前の同年七月にソウルを出た燕行使にこの問題の手紙が託されたのではないようである。金善臣一行が燕行の旅を終えてソウルへ帰着したのは、一八二三年三月十七日である。とすれば、金善臣は帰国後直ちに漢学批判の手紙を書き送ったのではなく、熟考したうえでこの手紙を書いたと考えるのが妥当であろう。

この金善臣による漢学批判の手紙の詳細がどのようなものであったのか、今はわからない。汪喜孫、李璋煜と申在植の議論では、ただ「金善臣は董仲舒と鄭玄を間違っているとし（清山以董仲舒・鄭康成為非）」「漢儒をひどく誹謗して邪説となし、董仲舒も含めて誹謗し余地を留めない（痛詆漢儒、指為邪説、并董仲舒而亦為謗訕、不留余地）」ものであったというだけである。ただ、国境を越えた漢学・宋学議論は、金善臣の手紙に対して汪喜孫、王筠それぞれが書いた返信で終わったのではなく、金善臣はさらに再批判の手紙を王筠に送りつけ、これが残っているため彼の思想と主張をその一部であれ詳細に知ることができる。[30] この手紙は一八二七（道光七、純祖二十七）年九月二十日付で書かれたものであるから、同年の冬至使、すなわち申在植が帰国してから約八箇月後の燕行使がソウルを出発するに先んじて書かれたものに違いない。書き出しの部分で、「私が漢学を喜ばないために、教誨をたまわることになった」と述べるとおり、この手紙は王筠が金善臣に与えた手紙への返信であり、再批判文であった。

それは優に三千言を越える大論文であるが、要は以下の数点にまとめうるであろう。第一に王筠が漢学・宋学という門戸を立てるべきではない、と言ったことに対して、学問の道に入るにはどの門から入るのかが大切な別れ途であることを主張する。もちろん彼は朱子学を入門の道であると主張し、朱子学こそは孔子・孟子以来の正脈であり、これは百世の公論であると言う。第二に訓詁と義理と両方とも必要であると王筠は言うが、義理を明らかにすることこそが大切であって、義理がすでに朱子によって明らかにされている以上、訓詁は必要ない。「周孔の学は訓詁を必要としない」のである。欧陽修ですら、「経のうちで、伝がなくても明らかなものは十の七、八、伝があるがゆえに明らかにならないものは、十に五、六ある」と言っているように、儒教経典は訓詁がなくても基本的に理解可能であるばかりか、訓詁がむしろ経典の理解を妨げることすらありうる。第三に王筠の主張によれば、朱子の経典解釈では鄭玄の説をもそのまま採用しているところがあると言うが、これをもって程朱の学は漢儒の説にもとづくなどとは言えない。もしそう言うのであれば、それは一条の河の水が大海に流れ込んでいるからといってこの河を大海の源であると言うようなもので、誤りである。鄭玄の学と程朱の学とはまったく別物である。第四に、王筠の手紙では、「経の中で滅びて亡くなってしまったのは、みな鄭玄の力により、現存しているのもみな鄭玄の力による」と言うが、経が秦の焚書にもかかわらず存続しえたのは、訓詁のあるなしには関わりがない。第五に、鄭玄の学に至らぬ点があることは、程朱より前に王通や欧陽修すらすでに指摘している。第六に、鄭玄が箋注で「名物」を明らかにしたことをもって、王筠は彼の大きな功績とするが、学問にとって大切なのは「明理」であり、「名物」を明らかにしたとしてそれを自ら誇っても、何の功績にもならないであろう。第七に、王筠が「明末群儒の失」に言及していることに対しても、「これはかえって程朱に関わりのないことである。〝名は儒であるが行は釈（仏教）である〟ものと程朱の学と同じと考えてはいけない」、とも反論する。ここで「明末群儒の失」というのが、金善臣の言うように、「名は儒であるが行は釈である」ことを意味するとすれば、「明末群儒」とは陽明学者を指すこと、言うまでもない。少なくとも、金善臣が一方で漢学に反対し、一方で陽明学に反対する者であったことは明らかである。

金善臣の王筠に向けた批判は、おおよそ以上の通りである。手紙の終わりで汪喜孫が自分を非難する手紙を送ってきたが、これにも一、二条弁駁を加えたものを送ったので、あわせて見ていただきたいと結んでいる。とすれば、金善臣はこれらの手紙が公開されることを自ら望み、公開されると予想して書いたと考えるのが自然であろう。ソウルと北京の間では、当時このような手紙を通じた公開論争が可能であった。事実、李璋煜は議論の発端となった金善臣から汪喜孫にあてて書かれた手紙の内容を知っていたはずであり、だからこそ、「漢学を絶対に捨て去ってはいけないことを弁明するもので、関係するところ甚大である」と言ったのである。一方、ソウルにいた金正喜も、金善臣が『古文尚書』の真偽をめぐって清朝知識人と何度も手紙をやりとりし、その中で何を主張していたのかを知っていた。[31] それはまさしく国境を越えた論争であり、かつ公開論争であった。朝鮮側はただ一人金善臣のみ、中国側は汪喜孫、李璋煜、王筠の三人である。一八二七（道光七、純祖二十七）年にこの三人の前に現れた申在植とは、彼ら国境を越える大論争で代理戦争を闘うために、たまたま居合わせてしまったと言ってよい。申在植が金善臣の親しい知人であることは、三人は彼に会う前からよく知っていた。正月二十六日になって、論争と言うべきものになったが、すでに正月九日にその前哨戦とも言うべきものが闘わされている。この日には金善臣の手紙には一切触れず、いきなり「漢学、是か非か」の論議を汪喜孫が始めているが、これを含んだものであったことは言うまでもない。金魯敬、金正喜、金命喜らの現況を尋ねたのち、李璋煜が特に金善臣の消息を尋ねているのはその現れであろう。

ではこの金善臣とは、いかなる人物なのであろうか。

金善臣、字は季良、号は清山、慶尚道善山（崇陽）の人である。兄の金善民は一八〇一（純祖元）年に進士となっているが、金善臣は小科の受験資格を持つ幼学でしかなかった。彼は日本の文化八（一八一一、嘉慶十六、純祖十一）年に来た通信使の一員として有名であり、その時の記録『通信行謄録』によれば一七七五（乾隆四十、英祖五十一）年生まれである。時に三七歳であった。対馬では古賀精里や松崎慊堂らと筆談し、文名を鳴り響かせたこと、朝鮮通信使の研究では周知のところである。[32]

通信使の一員として金善臣が対馬に滞在したときの記録から、いくつか彼の人となりや思想をうかがうことができる言葉やエピソードを拾うことができる。ここでは昌平坂学問所の古賀精里らと交わした筆談集『対礼余藻』を見ることにする。その一つは、彼が古賀精里と筆談したなかで、「豊臣ははたして猿の子か？」と問うていることである。[33]秀吉が「木下人」「猿の精」であるとは、彼の容貌のみならず木下藤吉郎という名であったことも手伝い、文禄の役、慶長の役（壬辰・丁酉倭乱）の前後に書かれた明代の史書では、しばしば言われることである。金善臣はよほど常々この問題について尋ねてみたかったのであろう。これは彼が率直にものを言う人物であったことを示すエピソードである。また彼は文禄の役の時に捕虜となり日本へ連れてこられた朝鮮人の消息について古賀精里に尋ね、別の日本人であれば諱んで答えないのに、古賀が率直に答えたため、「あなたは誠実な人だ」と言っている。これまた彼の率直さを表すものであろう。

さらに興味深いのは、日本滞在中に見せた彼の清朝学術に対する批判である。それは草場韡らが『日東州学図』を金善臣に見せたときに書いた「書日本州学図後」に見える。[34]これによれば金善臣はかつて『燕都辟雍図』を見たことがあった。燕都とは北京のこと辟雍とは国子監である。北京国子監は朝鮮燕行使が必ずといってよいほど訪れていた場所である。彼はこの『燕都辟雍図』に題文を加え、中国では学校が尊ばれず、形骸化していると批判した。「天子は学生の学力をチェックせず、群儒は礼を講じない。……学校とは名ばかりでその実を失い、祭礼の道具はそろっているが用いられない」と北京国子監の現況を指摘したうえで、「ところがわが東方朝鮮にのみ学校としては庠あり序あり、士類を養成し、敦く行義を尊んでいる」と誇らしげに言う。そして『日東州学図』を見、これを示した草場らの態度と学識を知り、朝鮮と同様に日本でも学校が尊ばれていることは喜ばしいかぎりである、と結ぶ。金善臣は自らまだ北京へ出かけていなかったが、中国の学術情勢に対してすでに批判的であり、朝鮮の現状をむしろ誇らしく思っていた。彼は朱子学を信奉する古賀精里と意気投合しており、彼自身が宋学信奉者であったことは言うまでもない。

金善臣が日本通信使として対馬まで赴いたのは一八一一（嘉慶十六、純祖十一、文化八）年である。それから一一年後の一八二二（道光二、純祖二十二）年、はからずも今度は燕行使の一員として北京に赴くことになった。彼のように日本通信使と中国燕行使とを兼ねるのは、珍しいことである。彼は一八〇五（嘉慶十、純祖五）年にすでに瀋陽までは赴いたことがあったが[35]、北京は初めてであった。今回は正使金魯敬つきの「軍官」という肩書きを帯びた。これは序章で述べたとおり、燕行使の一員として加わる以上、何らかの職務名を帯びねばならないからで、金魯敬の次男の金命喜も同じく正使軍官という肩書きを帯びて同行した[36]。ただこれはまったくの肩書きであり、通信使の一員として日本へ赴いたときには正使つきの書記という実務をともなう職を持っていたのとは異なる。軍官とはいえ何も特別な仕事をする必要はないのである。彼には『清山遺藁』（ソウル大学校奎章閣蔵）という短いながらも文集が残っており、そこでは巻頭に「正使の金魯敬の要請に応じて燕行した（酉堂金公以上使赴燕、辟余従事）」と述べるから、私的な秘書の仕事を何かしたかもしれないが、基本的には自由であった。彼が燕行使の一員に加わったのは、日本へ行ったときと同じく、単に未知な世界を知ってみたいがためであったと考えてよいであろう。彼は金命喜と仲がよく、『清山遺藁』に載せる詩文の過半は二人の間で贈答したものである。また北京の宿舎である玉河館でも、二人は部屋をともにし、炕をともにした。二人で毎日のように北京を観光してまわり、金正喜らの紹介をたよりに清朝知識人を歴訪したに違いない。金善臣四八歳のことである。

『清山遺藁』にはこの燕行の時に作った詩も載せるが、残念ながら彼の北京での行動については具体的なことをほとんど何も記さない。[37]しかしたまたま、この時の燕行使の一人が『燕行雑録』という詳細な記録を書き残している。そこでは、金善臣が葉志詵と会ってよい印象を持たなかったらしいことを記すこと、後で述べるとおりであるが、今ひとつ、彼が北京における道教の総本山である白雲観へ行ったときのエピソードも記しており興味深い。彼は、道士が瞑目安座して身動き一つせず、仙人が下凡した様をなし、その前に器をおいて銭を受けるようしてある様を見て、「世に銭を求める神仙がいようか」と言ったという。[38]怪力乱神を語らぬ点で典型的な朱子学者であるし、かつ日本でも見せた率直さを北京でも見せた彼らしいエピソードである。

『清山遺藁』では彼の燕行時における言動はほとんどわからない。しかしその燕行後、若干ではあるが彼の思想傾向をうかがうに足る材料がそこには残っている。その一つが一八四五（道光二十五、憲宗十一）年の年末に作り、親友の金命喜に送った八首の絶句である。ここでは閻若璩の『古文尚書疏証』や方以智の『物理小識』を貶めた後、さらに翁方綱を「俗儒」であると罵り、「いかに見当違いの学問的努力（枉工夫）を人にさせているか」、と非難する。[39]翁方綱は葉志詵の師であり、特に金石学において指導的立場にあった人物であった。金正喜もこれまた翁方綱を師と仰いで崇拝していた。さらに『古文尚書』の真偽については、金命喜と七、八回長文の書簡を往復させて論争しており、金命喜が『古文尚書』を偽とする見解を改めなかったため、二つの詩を作って書簡の末尾に添えた。そこでは、閻若璩や恵棟の努力は無駄な努力であり、このようなことで朱子の清明さを曇らせることはできないと主張している。[40]

このように見てくるなら、彼がその通信行から燕行を経て、一八二七年の前後に幾度も汪喜孫らと漢学・宋学論争に関わる手紙をやりとりし、そして一八四五年に至るまで、三十年以上にわたって清朝学術を批判的に見ていたことは変わらなかったようである。彼の場合、清朝学術への批判はすでに見たように朝鮮自尊の精神をともなっていたと考えられる。さらに、『清山遺藁』に載せる「芝川金公行状」では金浩天なる人物を強烈な反満反清主義者として描いている。これからすれば、金善臣が当時の朝鮮知識人の多くがそうであったように、やはり清朝を蔑視しつつ朱子学を奉ずる者であったと考えるべきであろう。

さて申在植がどのような論争をしたのかは、金善臣が王筠に宛てた手紙でどのような論争をしたのかをすでに知っている我々には、おおよそ予想することができる。汪喜孫と李璋煜これに王筠を加えた三人の主張は、宋儒の人品の高さを尊重するとともに、漢代の董仲舒、鄭玄の学問の広さ考証の確かさをも重視すべきであるという、漢学・宋学の折衷を説くものである。これに対して申在植の主張は「朝鮮の学者はみな朱子によって正しい方面を見定めるのであって、孔子以後には朱子一人がいるだけである（東邦之学者皆以朱子為南車。竊以為孔夫子以後、有朱子一人而已矣）」というものであった。つまり申在植は自国における朱子礼讃を代表するごとく、鄭玄ら漢学者を無視し去るのみか、孟子をも無視し去って、ただただ朱子をほとんど孔子と同等の位置に置こうとするものである。そこでは、朝鮮の儒者金麟厚の詩「天地中間に二人有り、仲尼の元気、紫陽の真（天地中間有二人、仲尼元気紫陽真）」を引きながら、孔子と朱子とを同列に置くことを主張する。汪喜孫は漢の鄭玄は人品においても優れているとし、朱子も鄭玄の人品を褒め、彼の訓詁をも参用しているとして漢学をも尊ぶべきことを説く。「訓詁の中に義理があることを知らず、訓詁を捨てて義理を談ずれば、それは恐らく禅学に近い（不知訓詁内有義理、舎訓詁而談義理、恐近禅学耳）」と説得する。彼はまた「実事求是の学では、同じ者と党派を組んで、異なるものを伐つ、などということをしてはいけない（実事求是之学、不在党同而伐異）」と言う。李璋煜が「後人の書を読むことは、古人の書を読むのに及ばない。孔子を去ること近ければ近いほど、真であり理である（与其読後人書、不如読古人書。去孔子愈近、而愈真且理）」とし、宋儒より漢儒の方が孔子を去ることはるかに近いと言っても、申在植は孔子の真と理を継承しているのは朱子だけである、として譲らない。また、「自分は漢儒を非難し斥けようとする者ではない。ただ朱子だけが尊い。だから漢儒の論に朱子と合わないところがあれば、自分もこれを取らないだけだ（僕非黜漢儒者、惟考亭是尊也。故漢儒之論、若有与朱子不合者、則僕亦不取之耳）」と言い、「漢儒らの注疏には程子・朱子の訓詁とどうしても一致しないものが多い。いま博学たらんとして孔子の道にも背かないようにしようとしても、それは恐らく朱子がおっしゃった〝何の役にも立たぬ多くの汨董（骨董品）を理解しようとする〟というやつに近く、難点があるのではないか（注疏多与程朱訓詁相反者。今欲博綜而無畔、恐近汨董、得無難処乎）」と応戦して、一歩も譲らなかった。彼の主張は当時の朝鮮朝あるいは一般的な朝鮮知識人の公式見解に近いものであったと考えられる。両者の議論がこのように平行線をたどり、水かけ論であるなら、それをここで詳細にたどることは、大きな意味を持たないであろう。そこで以下では、第四回目の会合において、清朝側の二人がどのような論法を繰り出し、頑として譲らぬ申在植を説得したかにかぎって説明しよう。

まず、漢学・宋学兼用のために援用されているのは、湯斌の説である。李璋煜は、湯斌が「十三経注疏論序」を作り、「漢儒は聖人の博を得、宋儒は聖人の約を得ている。もし門戸を分つなら、それは漢儒、宋儒の経であり、聖人の経ではない」と述べているとし[41]、「理学大儒の湯斌にしてこのように言っているのだから、漢学、宋学兼用論は一人の私言ではない（潜庵理学大儒而所言如此。可知非一人之私言也）」、と説得する。湯斌は康熙時代に朱子学者として著名であり、汪喜孫も「朱子の学は湯斌が最も篤くこれを信じた」と言っている。申在植は李光地の書は読んでいたが、湯斌の書は読んでいなかった。しかし確かに、朱子学者として高名な湯斌の説を出し、漢学、宋学兼用を説いたのは有効であったと考えられる。

次に汪喜孫が援用したのは李塨である。彼は李塨に数十種の著書があり、すでに四庫全書、国史館儒林伝に収められている、としてその権威をまず認めさせる[42]。これを李璋煜が受け継ぎ、次のように言った。

李塨は、大学でいう格物致知の物とは『周礼』司徒でいう郷三物の物であり、孝（父母への孝）、友（兄弟仲のよさ）、睦（父方の親戚とのつきあい）、婣（母方の親戚とのつきあい）、任（友への信）、恤（貧しい者への恵み）という六つのことである、と言っている。大変よく道理が通っている。大変よく道理が通っている。古の人にはこのような具体的な事柄を除いて、ほかにいわゆる〝理学〟などなかったのだ（李剛主謂、大学格物即周官司徒之郷

三物、孝友睦婣任恤也。甚通、甚通。古人除此、別無所謂理学也)。

さて李塨が顔元の弟子で、その学は実用を重んじ、宋学を厳しく批判する者であったこと、今では概説にも書いてあるところである。[43] これは実は当時からも周知のところであって、『四庫全書総目提要』でも李塨の『論語伝注、大学伝注、中庸伝注、伝注問』を解説して、「その経義の解釈においては多く宋儒と反している。彼の学は顔元から出、つとめて実用を主としているから、程子、朱子の〝講習〟や陸象山、王陽明の〝証悟〟など、およそ立身経世に切実でないものは、一概に空談であると言い、心性の学を排撃すること最も激しい」、と批評していた。格物致知の「物」を具体的な人間関係、あるいは具体的な礼儀である「郷三物」の物であるとする見解は、たしかに朱子の見解からはなはだ離れている。李璋煜本人も李塨の学説が漢学・宋学兼用などといったものではなく、むしろ明確な反朱子学であったことを十分に知っていたはずである。このような学を評して、彼は「大変よく道理が通っている」とし、「古の人にはこのような具体的な事柄を除いて、ほかにいわゆる〝理学〟などなかったのだ」と言った。これをかりに李塨の学について多少なりとも理解している者に言ったとしたら、これはむしろ自ら反朱子学の徒であることを表明したようなものであるが、彼は申在植に対しては漢学が必要である一事例として李塨の説を援用していたのである。

第三として李璋煜が援用しているのは、凌廷堪である。これは話題が先の郷三物に及んだのを受けて、汪喜孫が『周礼』でいう三物も、孔門の六藝も、すべて周公が教えたものだ（周礼三物。孔門六藝、皆周公所教也)」と言ったのに対して、申在植が、「朱子学でいう格物致知の物は万物に当てはまるのに、ただ三物に及びうるというのでは少なすぎるではないか（格物之義、足以該万物。但以三物言者、不亦少乎)」と反論した。これに対して、さらに李璋煜が次のように答えた。

凌仲子の名は廷堪である。『論語』でいう克己復礼の礼とは五礼のこと、つまり父子の道に対応する士冠の礼、君臣の道に対応する聘覲の礼、夫婦の道に対応する士昏の礼、長幼の道に対応する郷飲酒の礼、朋友の道に対応する士相見の礼のことだ、と言っている。この説もよく道理が通っている（凌仲子名廷堪、有以克己復礼、謂是五礼。其説亦通）。

この凌廷堪の説は、彼の『礼経釈例』巻首の「復礼」に見えるところである。凌廷堪は安徽省徽州の人で、同郷の江永、戴震の学を慕った。彼は礼学に詳しく、「礼には時世や人情によって簡略にしたり修飾したりするところや、ほどよい程度というものがあるもので、空しく理を言う者の託すべきものではない」と言っていた[44]。ここで「空しく理を言う者」が宋儒を指して言っていることは、言うまでもない。銭穆によれば、師の戴震が「理を言う」という点で宋儒を深く斥けたのに対し、凌廷堪はさらに「礼を言う」という点で宋儒を深く斥けたのだ、という[45]。格物致知の解釈についても、宋儒が格物とは個々の物に内在する理を窮めることであるとしたのに対して、凌廷堪は礼の器数儀節を考えることと見なした。すなわち凌廷堪は決して漢学・宋学兼用の学者と見なしえないのであり、むしろ宋学を罵り斥けた学者であった。もちろん李璋煜が凌廷堪を宋儒を激しく攻撃し排斥する人物であると知っていたかどうか、確証はない。しかし、李璋煜の隣で彼と申在植とが交わす筆談を見守り、時々自分の意見を書き加えていた汪喜孫は、凌廷堪が宋儒を激しく罵る人物であることを間違いなく知っていた。というのは、凌廷堪は汪喜孫の父汪中のために「汪容甫墓誌銘」を書いたことがある。ところが、そこで「汪中は最も宋の儒者を憎み、人が宋儒の名を挙げると、罵って止めなかった」と書いた。汪中に対する孝行でその名が響いていた汪喜孫は、父のためにこれを誣告であるとして弁ずる文を書き、その中で父はむしろ宋儒を罵るような人物とは絶交していたと弁じつつ、「凌廷堪は父が宋儒を罵ったことに付託して、自分自身で宋儒を罵っているのではないか」と述べているからである[46]。

汪喜孫と李璋煜とは、漢学と宋学のどちらも排すべきではないと説得するために、湯斌、李塨、凌廷堪の三人の学説を挙げたが、このうち湯斌を除く二人の学説は、その本質において宋儒を排斥する者であった。漢学が必要であると説得する材料として、二人の名前を挙げるのはよいとしても、宋学も必要であると主張する者がこれらを援用したのは、極めて不適切であったと言わざるをえない。いや、さらに言えば汪喜孫はこれより前の第二回目の会合の席で、凌廷堪の師である戴震を大いに褒めていた。人品、学術ともに優れた人物として、国初の顧炎武と乾隆時代の戴震の二人を推賞していたのであって、「その学は天人に通じ、性情は孤介にして絶俗、儒者の業において通じていないところはない（乾隆時、戴東原名震、学通天人、性情孤介絶俗、於儒者之業、無所不通）」と最大限の讃辞を贈っていたのである。戴震その人も、その代表作『孟子字義疏証』を一読したならば誰もがただちに理解するように、宋儒の言う理を完膚なきまでに否定し去った者であった。

申在植は李塨や凌廷堪はおろか、戴震の著作すら読んでいなかったようである。汪喜孫から「顧炎武と戴震の書をお贈りしたい」と言われて感謝している。かりに申在植が李塨、戴震、凌廷堪の書を読んでいたなら、このような人物の学説を援用されてどのような反応を示したのか、論争はあるいはさらに白熱化したのではないか、と興味津々であるが、申在植がなし得た反撃は、「三物であれ五礼であれ、つとめて聖人の考えに悖らないようにすればよいのだ。経義の詳しい解釈としては、宋儒ほど完備したものはない。宋儒も漢儒の書を読んでいた。孔子の時代からはるか隔った今、ただ孔子の時代に近いか遠いかで優劣を決め、漢学をもちあげ宋儒を抑えるのは不可である（無論三物与五礼、務従不悖於聖人之旨為可。解釈経旨之詳、莫備於宋儒。宋儒亦非不看漢儒之書者。今坐数百載之下、但以年代之高下、把作彼此之優劣、以為扶抑之論、則不可矣）」という、はなはだ攻撃すべき的がはっきりしない、あるいは的のはずれた一般論でしかなかった。

もちろん我々は、汪喜孫と李璋煜ともに申在植が戴震や李塨らのことをよく知らない、彼らの著作を読んでいないことを見透かした上で、彼らの名を挙げたという可能性を完全には否定できない。しかしその可能性は極めて低いと考える。というのは、すでに述べたように、汪喜孫は申在植から頼まれもしないのに、顧炎武の書と戴震の書とをお贈りしたいと好意を込めて言っているからである。またたとえば、汪喜孫が申在植の帰国するに当たって述べた言葉に見られるように、彼らが申在植と交わした言辞と金善臣との文通で見せた言動とからは、自らの学問に対する誇りと、これをまだ知らぬ異国の地へ伝えたいという熱意とを感じうるだけだからである。彼らが戴震や李塨の名前を出したのは、我々が彼らを簡単に漢学・宋学の折衷論者であるとかたづけるには、彼らはあまりに様々な要素を持つ者であったことを示すに過ぎない。

ここで問題にすべきは、むしろ申在植の側である。たしかに申在植にとっては、このたびの漢学・宋学論議は不意打ちと言うべく、何の準備もなしに反論するしかなかった。また、彼は朝鮮において特に名のある宋学者でもなかった。しかし我々が注意すべきは、彼が宋学擁護のために繰り出した学者のなかには、李瑋煜らが繰り出したような近時の学者は一人もおらず、朱子自身を除けば、一六世紀前半の金麟厚という清朝知識人がほとんど知らないであろう朝鮮の学者だけであったことである。一方、金善臣は熟考のすえ王筠に長文の手紙を書いたはずであるが、そこでも、近時の学者の説はまったく出てこない。先に示した隋の王通、宋の欧陽修、それに同じく宋の朱子、二程、陳淳の言葉が引用されるだけである。申在植は顧炎武の著作すら、ましてや閻若璩や戴震の著作などまったく知らなかった。これに対して王筠は段玉裁の『説文解字注』を申在植に推奨し、「文字を知らんとする者は、この書によるほかない（近有段茂堂先生、名玉裁、字若膺、説文鮮字注法共四函、京銭十二千可得。其書誠説文至好之本。其中有武断処、然不掩其瑜。欲識字者、非此莫由）」とまで言っている。それほど当時の両国の文化には、深い断絶があったのである。朝鮮実学あるいは北学といわれるものが始まってから、すでに半世紀が経過していたが、顧炎武、閻若璩、戴震、さらに段玉裁の著作など読んだことがない、という彼のような知識人が、当時の朝鮮で最も普通であったと考えられる。申在植ほどの知識人であれば、陽明学に対する反撃の論法は、一通り学んでいたと考えてよいであろう。ところがここで彼の前に新しく立ちはだかった漢学とは、具体的なテキストに即して「誰々はこう言っている」という、まさしく実事求是の論法、証拠主義の論法をとるものであった。

漢学に対抗するためには、漢学の手の内を知るほかなかったのである。漢学の手の内を知るためには、自ら漢学の著作を読むほかない。漢学の著作を読みその正否を判断するためには、彼自身が「自分の部屋に閉じ籠って、書物と首っ引きをして、一生懸命に調べ物をする」以外にないのである。両国の文化的な差異は歴然としていた。これをしたことのない申在植は、李璋煜から郷三物や五礼の解釈について言及されても、極めて的のはっきりしない一般論で切り返すしか、ほかに方法がなかったのである。

四　漢学・宋学論議の周辺

清朝で「漢学」という新しい学風が今流行している、それは「宋学」とは対立する学術である、と朝鮮燕行使に明確に認識されたのは、中国年号で言えばやっと嘉慶年間に入る前後のことであったらしい。朝鮮の年号で言えば、正祖の二十年代に入る前後である。その一例が一八〇一（嘉慶六、純祖元）年に再度北京を訪れた柳得恭であった。彼はこの時、清朝における学術の変化を明瞭にとらえた。彼のこのたびの燕行は、朱子の書の善本を購入せんとするものであったが、北京の書店ではそれを見いだせず、それのみか紀昀がかつて江南でこれを求めたが、やはり見いだせなかったということである、と記録する。紀昀はまた、「最近、学者の風気は『爾雅』『説文』の一派に趨いている」と語ったという。また「漢学」「宋学」「考古家」「講学家」などの分類があることを知り、これらは紀昀が提言した分類だと言っている。さらに彼は、この現況を「程朱の書が講義されないことは、すでに久しいようである。中国の学術がかくなること、まことに歎ずべきである」と評した。また陳鱣と語った時に、「朝鮮では学官として、宋儒を用いているか、それとも漢儒を用いているのか」と、宋儒、漢儒を対照させた質問をうけ、また「文字学に通じてこそ、はじめて経書を読みうる」と、まさしく漢学の神髄にせまる指摘を受けた。戴震、王念孫、段玉裁らが当代の人気者であることも、この時初めて知ったらしい。[47] これより十一年前の一七九〇（乾隆五十五、正祖十四）年に初めて北京を訪れた時には、紀昀や阮元ら数多くの清朝学者と交わりながらこの種の情報はキャッチできなかったようで、

『灤陽録』で彼は自覚したものとしては一切記録にとどめていない。彼は当時、朝鮮きっての中国学術通と言ってよい人物であったから、彼のこのたびの燕行に相前後して、朝鮮でやっと漢学の流行が明確に認識され自覚されたと言ってよいであろう。

漢学が中国で流行しているとの情報は、そのご矢継ぎ早に朝鮮にもたらされた。そして金正喜の燕行となり、ここに漢学を本格的に導入せんとするに至るのである。彼の燕行は、一八〇九（嘉慶十四、純祖九）年のことであった。彼は帰国後も清朝の翁方綱、その子の翁樹崐、その弟子であり、かつまた申在植との会合でも自宅を提供した葉志詵らと手紙を何度も往復し、漢学の導入をはかったことについては、藤塚鄰の著書に詳しい。

金正喜の燕行と相前後して、中国では漢学と宋学との間で論争が行われているとの情報も、朝鮮に入った。たとえば南公轍は一八一二（嘉慶十七、純祖十二）年に沈象奎と李光文が赴燕するに際して彼らを送る序を書き、「ただ今、中国ではたいてい程朱の学を中心としているが、時として漢儒をよしとする者が出現しており、その学は次第に盛んとなっている。宋学をよしとする者は古注を穿鑿するに過ぎないと言って漢学を退け、漢学をよしとする者は宋儒を腐儒であると決めつけ、各々自分の見解を主張しあって一致できないでいる」と述べている。[48] 南公轍自身、一八〇七（嘉慶十二、純祖七）年に燕行して多くの中国知識人と交わった。その『日記（燕行日記）』によれば、たとえば諸裕仁らと漢学・宋学について筆談した時にはすでに、「義理は朱子を主とすべきであり、訓詁については漢儒を完全に捨て去るべきではない」とする一種の折衷論を述べていた。[49]

また趙寅永も一八一三（嘉慶十八、純祖十三）年に赴燕した洪起燮のために彼を送る序を書き、中国では近年虚飾を尊ぶようになったと嘆きつつ、「その経術では注疏をノリとハサミで切り裂いて〝考訂〟などと称してはいるが、理と義がかえってわからなくなっている」と批判する。[50] 彼もまた、漢学の一面を確かにとらえていたと言ってよいであろう。さらに趙寅永が一八一五（嘉慶二十、純祖十五）年に赴燕するに際しては、今度は成海応が送る序を書き、「自分は清の学者が考証をもって事となしていると聞いている」とし、さらに「漢学は名物度数に詳しいが、理も当然ここに包摂されているはずである。宋学は天人性命に明るいが、数もこの中に混在しているはずである。ところがその門戸が別れてしまい、互いに攻撃しあってやまない」と批判する。[51]

権復仁は申在植に先んずること四年前、金善臣に先んずることわずか三箇月前の一八二二（道光二、純祖二十二）年七月に燕行の旅に出た人物である。中国学術界の現状についての彼の関心もまた、主に漢学か朱子学のどちらが流行しているかというものであった。彼は状元となり翰林修撰であった陳沆の北京の私邸を訪問し筆談を交わした。権復仁が「中国の経術は漢儒の注疏を主としているか、程朱の訓詁を主としているか」と問うたのに対して、陳沆は「専ら欽定の経義を用いている」と答えた。さらに「何時の時代に欽定されたものか」と問うたのに対して、「康熙時代である」との答え、そして「欽定のものはどの経義を用いているのか」と問うたのに対しては、「古注と程朱とを参照して用いている」との答えであった。また彼が鉄林という満州人、一八一三（嘉慶十八）年進士で刑部主事であり国史編修をも兼ねていた人物と会った時も、「中国の経義がすべて程朱の訓詁に遵っているというのは本当か」と尋ね、本当だとの答えを得ると、「古注をも参照して用いているか」と畳みかけて問うている。さらに続けて「陸王の学は今でも続いているか」とも尋ねている。彼は新しく仕入れた中国学術の動向について、漢学が今やはり盛んなのかどうかを知りたかったとともに、陽明学が漢学流行の中でどうなっているのかについても、気になったのである。[52]

権復仁が陳沆とともに龔自珍の自宅を訪問した時の筆談は、申在植のものと重なり興味深い。ここでは魏源も同席した。権復仁が龔自珍に対して「若い頃にはどの経典を治めたか」と尋ねたのに対して、龔は科挙の勉強をやったから経史をほぼ治めたと言い、さらに「生まれつき金石古文が好きだ」と答えた。さらに龔自珍は朝鮮の歴史に関心を示した後、「日本には秦の始皇帝による焚書の前の古経がある。あなたの国ではこれを見ることができるか」と尋ねた。これに対して権復仁は「わが国は倭（日本）と海で隔てられており、時に通信使を送ることはあるが、その国の風俗は軽薄剽悍でよくうそをつく。自分では徐福の子孫だなどと言っているが、昔その文字を見たところでは薄っぺらでイナカくさいものであった。古経があるかどうかは、推して知るべしである」と答えている。[53] 中国では漢学の流行の中で日本に残存すると伝えられる古経に関心が向かい、これを朝鮮知識人に尋ねていること、これに対して朝鮮知識人が日本の学術は劣ったものだと認識していると伝えたこと、申在植の場合と極めてよく似ている。

また一八二二（道光二、純祖二十二）年に金善臣と金命喜が北京へ旅立つに当たっては、李明五が次のような言葉を二人に贈った。

　徐乾学と李光地のあとは宿儒少なく、北京の文運はおそらく盛んではあるまい。[54]

徐乾学と李光地はともに、康熙年間の朱子学者として有名である。李明五は自ら燕行した体験はなかったが、中国学術界の現況をこのように捉えていた。彼の名は通信使に関わることで、本書でもう一度登場するから記憶に留めておいていただきたい。それは一七四八年通信使の一員として来日し、日本の古学者と古学が正しいか朱子学が正しいかを論争した李鳳煥の子として、また『和韓唱和集』を通じて大坂の源東郭（菅沼東郭）を知っていた人物として、また自ら一八一一年に通信使の一員として来日し、古賀精里との筆談で「日本の学術は正しくない」と主張した人物としてである。[55]

このように少なくとも北京の学術情報が最も早く入りやすいソウルでは、金正喜が燕行し帰国した前後、清では漢学が流行しており、しかもそれが宋学と対立しているとの情報は、ほぼ正確にキャッチできるに至っていた。

さて金善臣の燕行は、一八二二（道光二、純祖二十二）年のことである。それは金正喜の燕行から数えて十三年後のことであり、申在植の燕行はそれからさらに四年後のことである。金善臣も申在植も、金正喜の周りで最も近いところにいた人物である。彼らは当然、清の新しい学術の動き、つまり漢学と宋学との対立についてその燕行の前からなにがしか知っていたと考えるべきであろう。新しい学術の流行のなかで、朱子学が尊ばれなくなっているのを憂えたのは、決して金善臣や申在植だけではなかった。申在植と同じ燕行使の一員に加わった洪錫謨も、「学術多岐にして涇渭混り、紫陽（朱子学）一派は恐らく真を喪わん」と詩で中国学術の危機的情況を詠い、これに自注して次のように言った。

学術には文章家、考証家、翰墨家、金石家があるが、ただ考証家のみ道学に近いという。しかしその崇信し赴くところは各々分岐し、考証家すべてが朱子学を主としているわけではない。これはまことに世道の憂である。(56)

彼は新しい学術の動向を「世道の憂」と表現した。彼が「考証家のみ道学に近い」と言ったのは、たとえば戴震の『孟子字義疏証』などを想起し、あるいはこれまで述べてきた汪喜孫ら折衷学派を念頭に置くなら理解できるが、奇妙と言えば奇妙な表現である。というのは、真の道学を宋学であるとするなら、「考証家のみ宋学に近い」と言うに等しいからである。洪錫謨の目には、それほど北京で従来型の宋学をやる者は寥々たるもので、多くは考証学の影響を受けていると映ったのであろう。事実、清朝で朱子学が尊ばれないのは、これよりはるか前からであり、学術が多岐にわたっていたのもはるか昔からであった。一方、当時の朝鮮では学術はほぼ宋学一本で固まっており、この意味でおおよそ国内の文化秩序は安定していたと言ってよい。

またいかに隣国である清朝が、彼らにとって軽蔑すべき「夷狄」国家であったとしても、この解釈を裏付ける『春秋』の理念からすれば、そこはたまたま「夷狄」が不当に占拠しているに過ぎず、本来はあくまで「中華」の世界なのであって、自国朝鮮は「外夷」の世界なのであった。申在植ですら論議の席では、「自分は外夷である。汪喜孫さんは華人である（僕則外夷也。孟慈華人也）」と言った。申在植のこの言葉にいかに屈折があったにせよ、当時の朝鮮知識人が一般的に持った種族的華夷思想にもとづく「小中華」思想からすれば、彼が論争の相手とした人物はまぎれもない「中華」の人々なのであって、これは偽りのない気持ちであったに違いない。その「中華」の世界で宋学が衰退し、代わって漢学が流行していることは、精神世界での秩序、文化的秩序を混乱させるものにほかならず、北学、あるいは実学と呼ばれるものが始まって以来、常に「中華」の学術動向に関心を持ち、その影響を受けざるをえなかった朝鮮知識人にとっては、「まことに歎ずべき」事態であり、「まことに世道の憂」であった。

しかし管見のかぎり、金善臣ほどこの問題について果敢にまた執拗に清朝の学者に挑んだものはいないし、『筆譚』ほどその論争について詳細に記すものをほかに知らない。ここでさらに明らかにすべき問題は、なぜ金善臣がここまで執拗にして徹底的に清朝知識人を相手に漢学批判をやったのか、に絞られるであろう。彼の漢学攻撃は、汪喜孫や王筠らその後しばらくすれば当時の学術を代表することになる清朝の学者を論争に引きずり出し、反撃の手紙を書かせるほどのものであったし、彼らをして申在植を相手に論争を吹きかけさせるほどのものであった。そして国内でも、すでに述べたように親友の金命喜との間で、『古文尚書』の真偽をめぐって七、八回手紙を往復させて論争した。

しかしここで翻って考えてみれば、いかに宋学がもっぱら重視される社会であっても、彼のように漢学を全面否定するのではなく、宋学とともに漢学のよいところを取り入れるという、折衷的な立場も取り得たはずである。事実たとえば洪奭周、申綽、丁若鏞、成海応らは、それぞれ程度の差こそあれ、ほぼ同じこの時期に漢学・宋学を折衷する立場に立っていたのである[57]。先に挙げた南公轍も同じく折衷論者であり、「士の今の世に生きる者は、程朱の義理と漢儒の訓詁を合わせて読み、その意味がおちつく所を求めるべきである」と主張していた。いや、ほかならぬ漢学導入を本格的に始めた金正喜その人が、典型的な漢学・宋学の折衷論者であった。彼は「実事求是説」を書いて、漢儒は訓詁に優れ、宋儒は道学を初めて明らかにしたとする。そして両者をともに高く評価しつつ、漢学を門逕にたとえ宋学を堂室にたとえる。結論としては門逕なくして堂室に入ることはできないとし、訓詁を詳しく研究せずに聖賢の道に入ることはできないとするのである[58]。しかも汪喜孫ら清朝の知識人は、宋学を排斥しようとするものではまったくなく、宋学と漢学の両方を尊ぶべきであると言ったに過ぎなかった。何も金善臣は漢学批判をせずとも、宋学を守りえたのである。

何が金善臣を漢学の徹底批判に駆り立てたのかは、文献の徴すべきものがなく正確なことはまったくわからないと言ってよい。あるいは単に彼の人となりがそうさせた、というだけなのかも知れない。あるいは自国への誇り、清朝蔑視と朝鮮自尊の念が人一倍強く、自国のアイデンティティーを守ろうとしたのかも知れない。あるいはまた、当時にあっては珍しい日本の学術情況もわかるという国際人であったことが、逆に彼を漢学批判に駆り立てたのかもしれない。これらはそれぞれに十分な可能性を持つものであると考える。しかしここではあえて、漢学を純粋な学術理論として彼がどう考えたかではなく、彼自身が現場にいた漢学・宋学論議の周辺を見てみることにしたい。つまり、北京で漢学という学術理論をもって研究していた者を生身の人間としてどう見ていたか、また具体的に朝鮮に漢学が導入されてゆくなかで何を聴き何を見たのか、あるいはそこまで確言できないのであれば、何を聴き何を見ていた可能性があるかという観点から、この問題に迫ってみたい。このように漢学・宋学論議の周辺を見ることは、その議論がどのような情況でなされたかをさらに明らかにするだけではなく、実際に漢学が朝鮮に導入されるにあたって、どのような問題が具体的に付随せざるを得なかったかをも明らかにすることになろう。

ここで取りあげるのは、金善臣が実際に面会し、あるいは極めて頻繁にそのうわさ話を聞いたに違いない三人、すなわち一人は金正喜が自ら門を敲き師と仰ぐに至った翁方綱であり、また一人はその子翁樹崐であり、さらに一人はその愛弟子葉志詵である。

まず翁方綱である。彼は金石学や文字学、あるいは中国古代の名物については、当時を代表する学者であったが、学術の方法としては漢学と宋学の兼用を説いていた。これはたとえば、当時朝鮮知識人とも交遊のあった陳用光に与えた手紙などによって明らかである(59)。この手紙は「義理を言うのにこと寄せて考訂を斥け、ついには考訂することを邪説に等しい」と言う者に反論を加えたもので、「そのような考えは考訂ということがわかっていないだけでなく、義理と言うことさえもわからないものである。そもそも考訂の学において、何故に必ず考訂しようとするのか。それは義理を明らかにせんとするためだけである」と論駁している。義理を明らかにするとは、簡単に言えば天地人間を貫く道理と、人としていかに生きるべきかを明らかにすることである。彼は考証が考証のためにあるのではなく、あくまで義理を明らかにするという一段高い目的のためにあると主張した。金正喜に与えた手紙でも、「義理の学あり、考訂の学あり。考訂の学は漢学である。義理の学は宋学である。それら二つは大道においては一つである」とし、程朱の教えを忠実に守るべきことを説いている。[60] これまた典型的な折衷論であり、いかにももっともな言葉であるが、逆に言えば毒にも薬にもならない見解であると言ってよい。しかし彼はその言葉通り、程朱の教えを忠実に守っていたのであろうか。あるいは、朱子学で重視される実践に彼は成功したのであろうか。いやそれは本人の心構えでしかないとすれば、少なくとも程朱の学を守り実践していると見られていたのであろうか。というのは、朝鮮燕行使の一人は翁方綱について、次のように書き記しているからである。

翁方綱、号は覃溪。……財を貪って富を致し、中国の士大夫はこれを軽蔑している。その子と孫は零落し、無名となってしまった。[61]

これは一八二八（道光八、純祖二十八）年燕行使の記録であるから、申在植の燕行そして金善臣と清朝知識人との間に論争が始まった二年後のことである。翁方綱が死去したのは一八一八（嘉慶二十三）年のことであるから、その死からすれば十年後のことである。ところが十年たっても、北京では翁方綱は「貪財致富」で知られており、中国人の間で軽蔑されていたというのであり、これが朝鮮に伝えられていた。校訂に励むと同時に程朱の教えを忠実に守れ、という主張は、「貪財致富」とどのように結びつくのであろうか。我々はここで、金善臣が翁方綱を「俗儒」と評したことを想起すべきであろう。

次にその子翁樹崐である。

金正喜は朝鮮に帰国してから後も、翁方綱自身と手紙の交換をして指教を受けるとともに、世代のより近い翁樹崐と頻繁な手紙の交換を続けた。北京にある史料いや北京にしかない史料を取り寄せるにあたって、翁方綱はあまりに雲の上の存在であり、この点年齢が一歳年上なだけの翁樹崐は、金正喜にとって気軽に依頼できる便利な存在であったらしい。一方の翁樹崐にとっては、金正喜や彼の紹介で次々に彼の前に現れる朝鮮知識人は、これまた朝鮮にある文献、いや朝鮮にしかない文献を手に入れるにあたって、この上なく重宝な存在であった。

漢学とはオリジナリティーを最も重要視する学問である。オリジナリティーを出すためには、人がまだたどり着いていない見解を出すか、人がまだ出していない史料を出さねばならない。ある方向さえ誰かがすでに指し示しているなら、後者の方がはるかに容易である。翁樹崐は一人残された翁方綱の息子として、父の期待と寵愛を一身に受けつつ、このオリジナリティーを何とか出そうとした。そこで彼は、父が珍蔵するコレクションと父が開拓した人脈とを最大限に利用することによって、なお未開拓な朝鮮金石学というべき分野を開拓し、これでもってオリジナリティーを出し、その名を揚げようと考えていたらしい。その証拠の一つが、中国国家図書館（北京図書館）に現存する翁樹崐原蔵の『海東文献』である。海東とは朝鮮のことである。それは明らかに、彼が朝鮮金石学に関わる何らかの著作をなそうと志していたことを物語っている。[62]

そしていまひとつの証拠は、藤塚鄰が収集し紹介したところの、翁樹崐が金正喜ら複数の朝鮮知識人にあてて書いた手紙である。それは翁樹崐が朝鮮金石学に志していたことを伝えるだけではなく、彼の漢学、つまり研究方法がどのようなものであったか伝えて、興味深い。たとえば朝鮮の李光文にあてた手紙がある。李光文は一八一二（嘉慶十七、純祖十二）年に燕行するに際し、金正喜の紹介で翁樹崐の面識をえ、その帰国後も彼との間で手紙の交換を続けていた。同じく漢学つまり考証学に志す彼らにとっては、何より史料が大切であり、そのためオリジナルな史料を送ってくれる知人を必要とした。翁樹崐が李光文に与えたある手紙では、彼が必要とする朝鮮碑刻の拓本を自分に贈ってくれるよう、碑目一冊まで添えて強要し、「あなたは私がどういう人間であるかご存じですし、私を好いてくださってもおられます。決してこの万里を隔てた友人の頼みに背かれないはずです」とまで言って圧力をかけていた。[63]藤塚鄰はこれを、「例の金石積癖の躍如たるを見るべく」と評し受け流すが、我々はより素直に「厚顔無恥」と評すべきであろう。同じく金正喜を通じて親交を結んだ洪顕周に対しても、やはり朝鮮の碑刻・書籍を捜輯してくれるようにと依頼し、その交換としては「金正喜すらまだ持っていない拓本を贈るから、ありがたく受け取るように。

また、父が誰にも見せない秘蔵のなかの秘蔵、元人の跋文をもおりを見て全部書き写し、贈るであろう」、とも言っている。(64) 父の翁方綱はなお存命中であるから、簡単に言えば父の目を盗んで書き写してやる、というのである。さらに朝鮮古拓本を北京に送るについては、「お願いした古碑拓本は、専一にわたし翁樹崐だけに送って下されば、その拓本もその所を得るというもの、ゆめゆめ軽率にもほかの友に送って、この翁樹崐が好むところを奪わぬように気をつけて下さるように」と書き加えている。これも我々は素直に、「玩物喪志」と評すべきであろう。これらの手紙は、彼が三十歳の前後に書き送ったものである。

当時、中国の金石学界でもよほど競争が激しかったものらしい。その激しい競争の中で、さらに父からのプレッシャーの下で、オリジナリティーを発揮せねばならない。最も手っ取り早い方法は、父が開拓してくれた異国朝鮮の人々との関係を最大限に利用し、未公開の朝鮮碑刻拓本を人より一日も早く一点でも多く入手し、これを校勘のうえで公開し「研究業績」とすることである。この種の「オリジナリティー」は漢学のもつ一種の宿命と言うべきものである。ことに漢学第二世代以降の者は、暇と資金、そして彼のように恵まれた地位にあるものなら、誰でも生み出せる「オリジナリティー」であった。建前としては、漢学つまり考証学は「義理」を明らかにするためのものであったはずである。これは漢学を主張するもの誰もが主張することであり、翁方綱が弟子たちにそう説き聞かせていたこと、すでに述べた。しかし漢学に打ち込むものの一部は、この翁樹崐のように「義理」とはまったく無縁に、ひたすら「玩物喪志」の道を進んでいたのである。我々はここでも、金善臣が翁方綱を「見当違いの学問的努力を人にさせている」、と評していたことを想起すべきかもしれない。ところが金正喜はこのような人物と交際を続けるのみならず、多くの友人を次々と紹介し、見返りとして朝鮮にしかない文献を送ることによって、漢学の導入に孜々として励んでいたのであった。金正喜の最も近くにいた金善臣は、この漢学の朝鮮への導入をはたしてどのように見ていたのであろうか。

最後に葉志詵である。葉志詵はすでに述べたとおり、金石学の大家である翁方綱の愛弟子である。彼自身も金石学に関わる著書を持ち、その『平安館蔵器目』『平安館金石文字七種』などが現在まで伝わる。挙人どまりで結局進士にはなりえず、申在植が一八二七年に会った当時は国子監典籍という官位にあった。国子監での教授法について申在植に問われ、「毎日課題を与え毎月テストをして、怠けさせないようにするだけだ」と答えている（正月二十一日）。彼は朝鮮燕行使の人々と広く交際し、彼らの間で極めて有名な人物であったから、各種の燕行録には様々な彼の横顔を伝える。金善臣も一八二二（道光二、純祖二十二）年の燕行時に会ったことがあった。その面談中に「昨年、貴国の権という姓の者がここへやってきたので、これと筆談したところ、本朝の問題に話が及んだ。一座の者すべてが不愉快になり、話をやめてしまった。この後、自分は貴国の人とは会いたくなくなった」と言われたという[65]。本朝の問題つまり清朝の問題とは、言うまでもなく満州族による中国統治のことである。これを金善臣から聞いた『燕行雑録』の著者は、葉志詵を「凡庸で卑しい人間だ」と評し、我が国の人にこんなことを言うとは、心の底から憎んでおり、真底嫌う気持ちがあるからだとし、さらに「かつて葉志詵を見たことがあるが、顔つきはととのい頭は切れそうだが、軽佻なることこの上なく、決して重厚の君子ではない」と評している。また「国子監の額外助教となって十年間官位を遷っていない」と付け加えており、まるでこんな卑しいつまらぬ人間だから昇進しないのだ、と言わんばかりである。金善臣自身、はなはだ不愉快な思いを抱いたであろうこと、想像にかたくない。

別の観察ももちろんある。すなわち、申在植が葉志詵に会ったちょうど一年前、『随槎日録』という一燕行録を書いた作者は、葉志詵を目撃した。「あれが葉志詵だ」と通訳が指さしたのを見て、「人なみはずれて光っており、恰幅のよさとその気品は人の心を動かす」とプラス評価をしているのである[66]。もっともこれは、紫禁城での儀式で遠くから眺めたものである。

ところが、申在植が葉志詵と会ってからちょうど三年後、やはり燕行使の姜時永が彼の自宅の平安館を訪れたことがある。この時の印象を彼は、「葉志詵は現在五二歳であり、ヒゲも髪も白からず、容貌は円っこくのびやかに見えるが、別に文雅の気はない」と評している。姜時永によれば、彼の住む平安館はむかし紀昀の邸宅であったとも朱彝尊の邸宅であったともいうし、彼の妻は学問の師である翁方綱の女《むすめ》であるともいう。ところが姜時永は「文雅の気はない」と評した。さらに、たまたま彼が、「劉鳳誥という人物はどこの人ですか。その文章と筆翰の有名なること、雷のごとく鳴り響いておりますが」とたずねたのに対して、「たしかに有名ではあるが、酒のせいで傲慢に振る舞ったため、既に被罪革職されて郷里へもどっている」と答えた。代わりにもっぱら阮元の学術をほめちぎったので、「自分が好きな者には阿り、自分と違った者は斥ける」人物である、と評している。[67] 一見すれば目鼻立ちははっきりしており、おだやかな顔つきで押し出しも堂々としているが、近くでよく見ると何か小ざかしく軽薄で、品位といったものが感じられない、燕行使たちの観察した葉志詵とはそのような人物であったようである。さらにいえば、『筆譚』に見える葉志詵の姿も極めて印象的である。というのは、そこに記される最も重要な漢学・宋学論議の場面では、彼が一切黙して語らないからである。

「貪財致富」との評判があった翁方綱、「玩物喪志」と評するほかにない翁樹崐、そして「重厚の君子ではない」「朝鮮人を心から憎んでいる」「自分の好きな者には阿る」と評された葉志詵。このうち我々に明らかなのは、金善臣自らが葉志詵に面会し、はなはだ不快な印象を持ったらしい、ということだけである。ただ我々はさらに、当時金善臣がソウルで置かれていた情況を考える必要がある。というのは、彼が北京の各人物についていかに頻々とうわさ話を耳にし、いかに詳細に知人がどのような手紙を受け取ったのか、耳にし目にすることができる情況にあったかということである。当時、ソウルと北京の間では一年間に少なくとも二回は手紙の交換が可能であった。[68] そして数多くの朝鮮知識人が北京を訪れ、北京での見聞をソウルにもたらした。実は、申在植が北京で清朝知識人と会合をもったこと、そしてその時の記録として『筆譚』を帰国後に編纂したことは、間違いなく金正喜も知るところとなっていた。あるいは金正喜自身がその編纂に参与した可能性すらあり、そしてその編纂が完了するや、間違いなく彼もこの記録を読んでいたのである。というのは、申在植はジョークの名手であり、彼のジョークに北京平安館に集った満座の者が噴き出し、王筠が彼を「善謔」をもって称したこと、これは『筆譚』の中身を読まなければ絶対にわからないことであって、金正喜もこの部分を読んで噴き出しているからである。[69] これは、北京の情況に関心を寄せつつソウルにいる朝鮮知識人たちが、いかに頻々と書物によるのではない生きた北京情報に接していたかを物語るし、すでに述べたように両国における漢学・宋学論議が公開のものであったことを物語っている。

申在植が金正喜の近くにいただけではない。ほかならぬ金善臣もまた、翁方綱、翁樹崐、葉志詵らと朝鮮知識人とをつなぐ最も重要なチャンネルとなっていた金正喜と金命喜兄弟の最も近いところにいた一人であった。一九世紀ソウルの知識人たちは、一六世紀の許筠や趙憲らと異なり、また日本の江戸時代における知識人たちが、ほとんど無機的な書物だけから中国の学術動向を知るほかなかったのともまったく異なり、北京の生身の学者と接し、彼らにまつわるうわさ話を頻々として聞き、彼らから届いた手紙を数多く読みながらこの動向を探っていたこと、我々はこのことに想いをいたすべきであろう。金善臣が何人かの中国の知人に何度も論争に関わる手紙を送ったこと、翁方綱を評して「俗儒」と罵り、彼の学術を評して「見当違いの学問的努力を人にさせている」と表現したことに、単なる学術の是非を越えたはなはだ感情的な蔑視を感じるのは筆者だけであろうか。彼は自らの体験と身近な友人から聞く体験から、新しく出会うこととなった漢学というものに対し、その表面的なかけ声とは裏腹の、はなはだうさん臭いものを嗅ぎ取ったのではないだろうか。

この解釈は、先に挙げたいくつかの可能性と同程度のものに過ぎず、それ以上のものでは決してない。しかし、漢学・宋学論議の周辺をこのように追うことによって、これまでの研究では指摘されなかった漢学導入の実情、さらにいえば朝鮮への漢学導入にまつわる「制約」というものを明らかにできたと考える。

五　結語

宋学の衰退と漢学の隆盛を「世道の憂」としてとらえた者は、朝鮮の知識人だけではなく、もちろん「中華」の内部にも多かった。最も有名なのは方東樹である。彼は一七七二（乾隆三十七）年の生まれであり、申在植は一七七〇（乾隆三十五、英祖四十六）年の生まれ、金善臣は一七七五（乾隆四十、英祖五十一）年生まれであるから、彼らは同じ世代の人である。その主著である『漢学商兌』の自序は一八二六（道光六）年に書かれているから、これは奇しくも申在植が燕行した年にあたる。方東樹も宋学を信奉し、この立場からこの書の中で漢学をきびしく批判した。[70] 金善臣そして申在植らは、彼らの言葉を借りれば「外夷」の世界で「中華」の世界から始まった学術における変動に反応したのに対し、方東樹は「中華」の世界の内で同様な秩序の変動に対応したのだと言える。

しかし「中華」に身を置き、この世界における学術の動向に熟知している者からすれば、一八二六（道光六）年とはあまりに遅いと言ってよい。漢学をまた「乾嘉の学」というように、その最盛期はとっくに過ぎていたのであり、むしろ清末に向けて公羊学など新しい学術が始まった時代であった。方東樹自身その序文において、「漢学を行う学者が有名かつ博学で人々に重んじられるばかりか、筆鋒が鋭くあらゆる学派を串刺しにしてきたため、数十年間にわたって学問に志すものの大きな障害になってきた」と言っている。[71] さらに漢学の記念碑的な著作である閻若璩の『古文尚書疏証』がおおよそ完成した頃から数えれば、一八二六（道光六）年とはすでに百数十年がたっていたのである。このような情勢の中で、方東樹は満を持して反撃に出たと言うべく、やっと漢学が朝鮮に導入され始めたときにこれに反撃を加えた金善臣や申在植とは、意味するものがまったく違っていた。

さらに『漢学商兌』を一読すれば、そこにははなはだしい考証癖というべきものを見て取ることができる。そこではまず「凡例」をかかげることによって客観的な原則が立てられ、本論で漢学を攻撃するにあたっては、閻若璩、恵棟、戴震ら漢学者の名前を一人一人挙げ、彼らの文章を引用しながら反論してゆく。また、金善臣は閻若璩の『古文尚書疏証』が誤っているとし、七、八回にわたって友人の金命喜に論争を挑んだこと、すでに述べたが、これに対して方東樹は『古文尚書』が偽書であることは、閻若璩、恵棟の書物が出てからは「世を挙げてみな定論あるを知る」と完全に認める。[72] また、申在植のように、「孔子以後には朱子が一人いるだけだ」などといった、朱子を孔子とほとんど同等の地位に祭り上げるといった不用意なことは、一切していない。

ここにおいて我々は、漢学批判を徹底して行うためには、その研究手法そのものを借用しなければならなかったことを知るのである。つまり、漢学のモットー、「実事求是」である。金善臣や申在植らが主張した、朱子によってすでに義理が明らかにされているのだから、訓詁はもはや必要ないとか、訓詁を明らかにしようとすれば逆に義理は明らかにならないなどの主張だけでは、まったく論証にはならず、ほとんど反論にもならないのである。「誰々がこう言っている。しかし事実に即して見れば、その主張は正しくない」、あるいは「誰々の説はどこまでは正しいが、どこからは間違っている」という論法をとるほかないのである。この論法のためには、「博引旁証」が求められる。汪喜孫や李璋煜が申在植を説得するため、李塨、凌廷堪のようにむしろ宋学批判者の説をも利用できるものと見れば利用したこと、すでに見たところであるし、逆に申在植が顧炎武以後の著作をほとんど読んでおらず、的のはずれた一般論として反論せざるを得なかったことも、すでに見たとおりである。

確かに、「中華」の世界での漢学の流行は、朝鮮知識人にとって「世道の憂」ではあった。しかし、漢学批判を根底からおこなうのは、並たいていのことではなかったのであろう。おそらくこれが、清朝知識人を相手にした漢学批判が極めて少なく、『筆譚』のようなこれを記した燕行録が少ない一因である。この点ではこれより二百年以上も前、中国において陽明学が流行していると知り、これを批判したのとはまったく事情が違っていた。と言うのは、宋学の立場から陽明学を批判するのであれば、大量の書物はまったく必要ないからである。これに対して「実事求是」を批判するためには、大量の史料が必要であるが、この大量の書物をどのように入手するのか。「実事求是」を朝鮮で主張し、しかも清朝の学者と同様な問題を追及しようとするとき、では具体的な研究対象である大量の史料をどのようにして手に入れるのか。漢学とはすでに述べたとおりオリジナリティーを重視する学問である。朝鮮金石学のような分野であれば、たしかにオリジナリティーを出すことは可能であった。しかし清朝の学者と同様な問題で競うのであれば、中国の大量の史料、つまり「書物と首っ引きをする」というその大量の書物をどのようにして手に入れるのか。燕行使とこれにともなう貿易では、一部で言われるほど多くは中国書籍をもたらすことはできなかったのである。ここにも大きな「制約」があった。そこは中国のように書物があふれかえるところではなかったし、加えてその時代は、乾嘉の時代のように「太平」を謳歌できる時代ではもはやなかった。貴重な史料を手に入れるため、朝鮮の知識人がどのような手段をとらねばならなかったのか、「厚顔無恥」と称するしかない者をも相手にせざるをえなかったこと、すでに見たところである。

漢学の隆盛という中国の地で生まれた文化秩序の変動は、確かに朝鮮にも波及した。しかしその受け止め方は、中国国内とはるかに異ならざるを得なかった。これは実は当時の一部の朝鮮知識人も気づいていたことであった。成海応は趙寅永が一八一五（嘉慶二十、純祖十五）年に燕行するにあたり、清朝での漢学の隆盛を紹介しつつ次のような注意を与えている。

〔清朝人のやっている漢学では〕根拠が鮮明であり、あてにならない言葉はない。もとより朝鮮の者が及びもつかないところであり、ましてこれを軽んじたりしようか。

彼は清朝でやっているような研究は、朝鮮ではできないことだと率直に認める。彼ほど博学で多くの書物を読んだ人物にして、このように認めざるをえなかったのである。しかしこのように評価しつつも、彼は次のようにも注意する。

これは、朝鮮の者が及びもつかないところではあるが、不急の仕事（不急之務）である。[73]

「これを軽んじたりしようか」と述べ、漢学という学術の方法を意味あるものと評価している以上、この言葉は苦渋に満ちた決断によってなされたと言うべきである。彼自身が一方で考証学的手法で多くの論文を書いていることも、これを裏付ける。この成海応の言葉は、漢学という新しい学術に出会った衝撃を物語るだけではない。朝鮮を含めた東アジア各国は、まもなく「近代」に立ち向かわざるをえなくなる。たしかに「骨董屋のような」考証学は当時にあっては「不急の仕事」であったろう。しかしテキストと言語とを重視し、事実を一つ一つ固めてゆく漢学＝考証学の手法そのものを取り入れること、すなわち実事求是という精神的支柱の上に築かれる学術を行うことは、はたして本当に「不急の仕事」であったのであろうか。はたして「玩物喪志」「業績主義」という弊風を一方で伴うことなく、実事求是の精神とテキスト・言語を重視するという手法のみを採り入れるという「良いとこ取り」が可能であったのであろうか。彼のこの言葉は、その後の朝鮮を含めた東アジア各国の学術のあり方と歴史、そして現在我々が抱える学術のあり方の問題を考えるなら、その見かけよりはるかに深く重い意味を含んでいる。

第九章　朝鮮通信使による日本古学の認識

——朝鮮燕行使による清朝漢学の把握を視野に入れ——

一　はじめに

日本および韓国では、朝鮮通信使の研究が盛んである。しかしかりにその文化学術の交流に関わるものに限ったとしても、大きな問題が二つある。

一つは、そのほとんどの研究において、通信使が通信使としてのみ切り離されていることである。朝鮮国都のソウルからは日本へ通信使が送られるとともに、宗主国の中国清朝へも燕行使と称すべき外交使節が送られていた。これまでの通信使研究では、通信使のみが切り離され、この燕行使との関連に論及することはほとんどない。たとえば二つの使節が文化学術の面において果たした役割について、同じ視角からとらえようとする試み、すなわちこの二つの使節が外国でおこなった交流をもとに、朝鮮、日本、中国がそれぞれに置かれていた文化学術の位相とその変化を測ろうとする試みや、両使節によって獲得された異国の学術情報がソウルにおいてどのように交差したのかを明らかにする試みは、これまでほとんどなかった。朝鮮史料『清選考』をもとに数えると、燕行使は清朝が北京に遷都した一六四四年から日清戦争が勃発して朝貢が廃止される一八九四年までに、国王の名代として派遣されただけでも合計四五一回派遣されていた。一方、江戸時代に日本へ送られた通信使は、刷還使などと呼ばれたものを含めても合計十二回でしかない。すなわち序章でも述べたとおり、通信使の通るルートはローカル線であると言うのが実情に合っているのであって、これまでの通信使研究は、いわばこの支線ルートつまりローカル線のみを切り離した研究であったと言ってよい。

あと一つの問題は、たとえば宋学すなわち朱子学の日本への伝播、あるいは日本と朝鮮の朱子学者の交流に関する研究に見られるように、通信使といえば朝鮮文化を日本に伝えた役割のみが強調されてきたかに見えることである。そこでは、日本において朝鮮にはない異質なものが生まれたとき、来日した通信使一行がこれに対していかに反応したのか、といった視点はほとんどない。彼らはその異質なものと触れあいながらいかにこれと対峙し、あるいはいかに知的な刺激を受けたのか、さらに彼らはこれを朝鮮にどのように伝えたのかといったことに論及する研究は、これまでほとんどなかった。

本章では以上これまで述べた二つの問題を前提として、日本の儒学界で生まれた「古学」を取りあげる。日本古学は当時の朝鮮学術とはまったく異質なものであった。この古学が日本で生まれ流行するに至ったとき、通信使たちはこれにいかに立ち向かい、いかなる認識を示したかを明らかにしようと思う。日本古学の問題を朝鮮通信使の問題としてだけではなく朝鮮燕行使の問題と関連させて取りあげるのは、ちょうど日本で古学が流行していたころ、これとよく似た「漢学」が中国清朝でも生まれ、やはり一世を風靡するに至っていたからである。清朝漢学とはまた清朝考証学と言われるものである。すなわち江戸へ向かった通信使が日本で古学に出会ってから間もなくして、北京へ行った燕行使たちは中国でこれとよく似た漢学というものに出会うことになる。我々はここに、同じ視角から二本のルートの先でそれぞれの使節がどのような反応を見せたのかという問題を設定することができるであろう。

江戸期日本で生まれた古学と清朝中国で生まれた漢学が、いかに酷似したものであったかは、これまでしばしば指摘されたところであった。たとえばかつて吉川幸次郎は、伊藤仁斎（一六二七—一七〇五）、荻生徂徠（一六六六—一七二八）、伊藤東涯（一六七〇―一七三六）を生んだ日本元禄享保期の儒学と、戴震（一七二三―一七七七）、段玉裁（一七三五―一八一五）、王念孫（一七四四―一八三二）を生んだ清朝の乾隆嘉慶期の儒学とは、その動機と方法において極めて類似したものをもっているとし、さらに「国学」派の本居宣長（一七三〇―一八〇一）までを含めて「学術史の段階として、同じ箇所に位する並行線のように思われる」とした。(1) 吉川がここで動機として似たものがあるとするのは、古学・漢学のいずれも、それまでの宋明の儒者による経書解釈が恣意に流れたことを反省し、その是正を動機として起こったものであることを示す。より端的に言えば、両者とも宋代の朱子学や明代の陽明学、特に朱子学（宋学）を批判するという動機をもっていたことである。また方法において似たものがあるとするのは、いずれも古代言語の使用例を帰納綜合し、経書をその本来の意味に帰って読む方法をとったことを示す。

筆者は前章で、燕行使の一員として一八二六年に中国北京を訪れた申在植の『筆譚』を取りあげ、この朝鮮知識人と何人かの清朝知識人との間で繰りひろげられた学術論争を紹介した。そしてこの論争の火付け役となったのが、一八二二年に燕行使の一員として中国を訪れた金善臣であったことを指摘した。当時清朝では「漢学」つまり考証学が盛んであったが、朝鮮では一貫して宋学つまり朱子学が国是とされていた。金善臣は宋学の徒であり、申在植も宋学擁護で論陣を張った。申在植に同行した別の知識人も、漢学が盛んに行われ宋学がほとんど誰からも省みられない北京での学術情況を目のあたりにして、これを「世道の憂」と表現し嘆いた。彼らは宋学こそが「世界」を貫く普遍原理であると考えていたから、朱子の教えが尊ばれない中国の現状を文化的秩序の混乱の中にあると捉え、世間と世界にとってあるまじき事態である、と危惧したのである。

さらに筆者は、金善臣が執拗にも果敢な「漢学」批判を行うに至った一つの原因として、彼が燕行に先んじて一八一一年に通信使として来日したことがあり、日本の学術情況をも認識できていたことを挙げた。すなわち、金善臣は日本の「古学」と清朝の「漢学」という極めてよく似たものが朝鮮をはさんでほとんど同時に東西で生まれ盛んに行われていること、かえり見れば朝鮮のみが宋学という孤塁を守っていることを知り、彼が思い描く東アジアにあるべき文化秩序の危機であると感じたからではないか、という想定である。しかし、はたして金善臣はどこまで日本古学を認識していたのか、あるいは彼自身に即してこれを明瞭に語る史料がないとすれば、彼に先行して日本に赴いた通信使一行を含めて、彼の周りにおいてはどの程度までその流行を認識できていたのか、はたして彼らにも「世道の憂」といった同様な危機感があったのかどうかについては、これを問題として残したままであった。本章では、この問題に答えようと思う。

日本の古学に対して朝鮮通信使がどのように立ち向かったのかを問題にした研究は、管見のかぎりほとんどない。[2] いや朝鮮通信使が日本古学に対して立ち向かったということすら、これまでほとんど知られなかった。しかし幸い、この問題に関わる関連史料として、いくつかの朝鮮側史料のほかに、日本人の書き残した筆談記録が数多く残っている。[3] 我々はこれらの史料によって、古学をめぐって両国の儒者たちがいかに格闘を繰りひろげ、いかに火花を散らしていたのかを知ることができる。我々はそこに「友好」あるいは「蔑視」などという単純な評価をはるかに超えた学術交流を見るであろう。

朝鮮通信使による日本古学との接触ないしその認識は、遅くとも一七一九（粛宗四十五、享保四）年のものから始まり、最後となった一八一一（純祖十一、文化八）年のもの、すなわち金善臣が加わった通信使まで続く。しかしここでは、日本古学の把握において重要な一転機となった一七四八（英祖二十四、寛延元）年のもの、つまり日本で言う寛延通信使についてのみ考察するにとどめる。以下我々は、できるだけこの時の通信使たちが過ごした時間の流れを重視して彼らの認識が進展する過程を追い、できるだけ具体的な筆談の内容に即してこの問題に迫ろうと思う。

二　往路、大坂以西における古学情報

一七四八年すなわち日本年号で寛延元年に来日した朝鮮通信使は、前回の一七一九年のものから数えて二九年後のことである。この二九年の間に日本の儒学界では大きな変動があった。一言で言えば、仁斎学派に代わって徂徠学派が一世を風靡していたことである。

伊藤仁斎の『童子問』が一七一九年通信使の求めに応じ、彼の子梅宇からプレゼントされ朝鮮へ渡ったこと、すでに周知のところである。[4]一七四八年の通信使の何人かはこれをすでに読んで来日した。書記の李鳳煥は福山藩鞆の浦で、『童子問』を読んだことがあると述べている。後に見るように、正使随員の洪景海も朝鮮ですでに読んでいた。書記の李命啓も江戸での筆談で「『童子問』を一見したことがある」と答えている。[5]製述官の朴敬行も出発前にわざわざ申維翰に会いに行っているので、伊藤仁斎のことはひととおり知っていたはずである。申維翰はその『海游録』のなかで、仁斎の学説についてすでに論じていたからである。

一行が朝鮮釜山をたったのち、対馬藩の城下府中に到着したのは二月二十四日である。対馬に滞在する間、これから江戸まで随行してくれる対馬藩の儒者紀国瑞と、現在の日本の学術情勢について筆談がなされた。この時、書記の李鳳煥が「伊藤維楨（仁斎）には後継者がいるか。『童子問』の他に著述はあるのか」と問いただしている。[6]紀国瑞との筆談で通信使の側から話題として出された日本人の著作は、この『童子問』一書だけであったから、彼らにとってこの一書がいかに問題とすべきものであったか明らかである。その後の彼らの言動を見れば、彼らは仁斎学説を仮想敵と見なして乗り込んできたかのごとくである。

紀国瑞はこれに対して、自らは朱子学を学ぶとして仁斎の後継者には一切触れず、またその他の著述についても「知らない」として答えなかった。

残された史料によるかぎり、通信使一行に対して日本の新しい学術情況がまず伝えられたのは、山口県の赤間関においてであったらしい。赤間関は通信使一行がいよいよ瀬戸内海を航行せんとする時、まず立ち寄る港であり、ここでは萩藩の儒者たちが出迎えるのが慣例である。

その時の日本側記録としては『長門戊辰問槎』がある。これによれば、製述官の朴敬行は朝鮮を出発するにあたって、かつて享保通信使の製述官をつとめた申維翰と会い、日本の消息について話し合ったと日本側に伝えた。そして彼は、日本の学術につき「この三十年の間に誰が牛耳を執るに至っているのか。白石の門下でその後継者はいるのか、また詩文の他に性理学を研究している者はいるのか、仔細に教えてほしい」と言った。これに対して萩藩記室である小田村望之は、

四十年前には徂徠先生がおり、復古の学をもって独り進んだ。海内で彼に従って学ぶ者は雲のごとく、なかんずく戦いの嚆矢を鳴らした者として江戸に南郭（服部南郭）、春台（太宰春台）、わが藩に周南（山県周南）がおり、みな経学と文章において造詣が深い。白石などは詩文で有名なだけである。[7]

と答えた。

ここで白石などはもはや問題ではなく、明瞭に荻生徂徠とその後継者こそ、日本儒学界の指導者であると語られたのである。やはり三十年の年月は長かった。

ところが偶然にもその後、伊藤仁斎の書に話が及んだ。ある人物が朝鮮ではどのような『周易』注釈書を用いているかと問うたのに対し、朴敬行がでは日本ではどのような注釈書が通行しているのか、と問い返したからである。この人物は「日本では伊藤氏の『古義』『私説』もある」と答えた（巻中、二三）。『古義』とは仁斎の『易乾坤古義附大象解』を、『私説』とは東涯の『読易私説』を示すであろう。朴敬行はすかさず『古義』『私説』を一見したいと申し出、帰途に見せるとの約束を取り付けている。

仁斎に関わることは次に、一行が福山藩の鞆の浦へ到着したところで見える。ここで伊藤仁斎の孫の伊藤輝祖（霞台）と会い、仁斎の著作をやはり帰途鞆の浦へ来た時に贈ると約束させている。[8] 仁斎学説についての情報収集を実に熱心に行っていたのである。

洪景海の日記では、次いで四月十七日に岡山藩の牛窓に至ったところで、近藤篤（号は西厓または西涯）と筆談したことを伝える。近藤にはこの時の記録として『牛窓録』があるが、伊藤仁斎あるいは荻生徂徠に言及することはまったくなかったらしい。彼は朱子学者であったからである。洪景海と曹命采の日記でも、異質なものに触れる緊張感はまったく見られない。

一行が伊藤仁斎について新しい情報を獲得したのは、やっと大坂に着いてからであった。洪景海はソウルを出発する前、すでに『童子問』を読んでいたと言う。大坂に着くと通訳を通じて仁斎の著作を求めさせ、その『論語古義』と『語孟字義』を得た。これを読んだ感想を次のように記す。

いわゆる『古義』とは自分の見解を立てて一章ごとに注釈を加えたものである。『字義』とは心・性・情・四端・七情・誠・敬などの字について、一字一字論弁を加えたものである。絶海の蛮児、愚昧に坐して前賢を侮毀することここに至れり、である。まことに憐れと言うべきだ。[9]

心・性・情・四端等の順序は『語孟字義』の順序のとおりであるから、洪景海の仁斎評はこの書に実際に就きながら加えたものと言ってよかろう。

しかし、洪景海らの前に現れて儒学について筆談を交わしたのは、朱子学者ばかりであったらしい。朱子学者の一人三宅紹華との筆談については、曹命采の日記にも見え、主に書記の柳逅との筆談として記される。柳逅がもっぱら気になっていたのも、やはり伊藤仁斎のことであったらしく、「伊藤の学はどうか。惟貞（維楨）という名の者は、『論語』を改注し、学問をもって妄りに自任している」と批判した。これは早速手に入れた仁斎の『論語古義』に対する批判であろう。これに対して三宅が「わが国豪傑の士ではあるが、学問を我々と異にするから詳しくこれを知りたいと思わない」と答えたところ、「彼こそ程朱の罪人である。あなたが彼を排斥できたら敬賀すべきことである」と応じた。[10] 三宅はやはり仁斎についてなにも語らなかった。

伊藤仁斎こそが問題であったことは、日本側史料『和韓唱和録』に見える上月信敬との筆談によってもうかがうことができる。上月もやはり朱子学の徒であり、「貴国の儒者の中では李退溪、李栗谷、李晦斎（李彦迪）、権陽村（権近）はともに程朱儒学者の白眉であり、明の薛敬軒（薛瑄）、胡敬斎（胡居仁）に比肩すべく、丘瓊山（丘濬）、蔡虚斎（蔡清）の上である」と賞讃した。これに対して朴敬行は、「朝鮮の四賢が中国の薛、胡、丘、蔡よりも優れているものはまことにお説のとおりである。的確な御意見である」と答えつつ、「程朱学説の解説書はすでに多く、近頃の新説を求める必要はない」と答えている。このあたりの筆談には、朝鮮側の自恃が明瞭に現れており、上月との応答も意気投合して和やかである（巻上、頁一九）。

ところが筆談は朝鮮では異端の学とされる宋の陸象山、明の王陽明の学に及んだ。上月は日本で主とするのは朝鮮と同じく朱子学であるとしながら、「ただ最近、李攀龍、王世貞に学び、程朱を斥け、いたずらに明清船来の書をのみ読むものがいる」と加えた。李攀龍、王世貞に学ぶと言えば、当時日本の儒者であれば、それと明示せずとも徂徠学派であることは誰でもわかった。ところが書記李鳳煥はこれに次のように応じた。

> 貴国の伊藤氏の『童子問』や『論孟《ママ》字義』等の書は、ひたすら程朱の道に反し、その浅薄な儒学解釈がいかに公正さを欠く僻見であるかは、陸象山、王陽明の徒よりはなはだしいものがある。貴国の学者には、楊墨のごときこの仁斎を拒まんと考える者はいないのか。[11]

李鳳煥はこの時点で、徂徠学派というものについてほとんど何も知らなかったのである。上月は次のように答えた。

伊藤仁斎が程朱を論駁しているのは、ただ『童子問』『語孟字義』においてだけではない。しかしながら山崎闇斎は仁斎より先に死去したが、門人の浅見絅斎がことごとく仁斎の誤りを弁正し、一是に帰した。明の馮柯（貞白）と陳建（清瀾）とは陽明学を徹底的に弁正したと言えようが、仁斎の書を斥けた書は、一、二あるのみである。

上月信敬はここでも徂徠とその門下について言及することを避けている。相手が日本の儒学情勢に無知なのにつけ込み、誤解するに任せて話を合わせ、筆談を続けている。その頃「仁斎の誤りを弁正するもの」としては、朱子学派からのものと古学派でも徂徠学派からのものと二つがあった。徂徠自身、その『蘐園随筆』『弁道』など数多くの書の中で仁斎学説を批判した。しかも、上月が仁斎を論駁した者として挙げたのは浅見絅斎であったが、浅見はすでに一七一一年に死去している。すなわちそれは一七四八年からすれば三十年以上も前のことで、時代遅れの情報に過ぎない。彼は近時の学術界の動向に対しては、正確な情報をあえて伝えなかったのである。

留守友信もこの時に通信使一行と筆談をした一人であった。幸い彼には自分の筆談唱和集である『和韓文会』があり、この時の学術情報の交換を詳細に知ることができる。彼が通信使一行と会見したのは、やはり四月二十三日であったが、翌二十四日、製述官の朴敬行と書記の李鳳煥、李命啓に対して、それぞれ長文の手紙を送った。

留守友信はこれらの手紙の中で自ら三宅尚斎の弟子であると名のるとおり、京都の三宅尚斎に学んだ朱子学者であった。尚斎の師は言うまでもなく山崎闇斎である。朴敬行に与えた手紙で留守が主張したのはおおよそ二点、一つは山崎闇斎の宣伝であり、あと一つは朱子学者から見て異端邪説が横行するなかで、どのようにして学問をするか、の二点であった。彼は日本の学術情勢について触れ、「いたずらに文辞の巧みなことを愛するのみで、その義理に悖っていることを察せず、……〝いきなり夏殷周三代の文に遡って学ぶ〟などと言って閩洛宋儒の説は論じない。世を挙げてこちらに傾動すること、まるで夜の虫が火に飛び込むようである」と嘆いている。[12] ただこのような憂うべき情況の中でも道学を唱える者は乏しからず、代表的な者は山崎闇斎先生であり、「日本の朱子」と呼ばれていると紹介している。

ここで紹介されているのは朱子学者だけである。しかもここで留守もまた徂徠や徂徠学派の名は露ほども挙げていない。「いたずらに文辞の巧みなことを愛する」と言い、「〝いきなり夏殷周三代の文に遡って学ぶ〟などと言って閩洛宋儒の説を論じない」というのが徂徠学派であること、多少なりとも当時の日本儒学の情勢に通じていれば理解できたはずである。また彼の憂える学術の混迷が、仁斎そして徂徠から始まったことも言うまでもない。ところが朱子学者である彼は、朝鮮の朱子学者たちに実名を挙げて日本の反朱子学者たちを紹介することは避けた。この態度は、すでに見た三宅紹華も上月信敬もまったく同じであり、仁斎の名すら朝鮮通信使の方から提示されて始めて挙げたものであった。朱子学者たちは当代儒学界の新情勢について、彼らの方から正直に語ろうとはしなかったのである。

ところが通信使は意外なかたちで日本古学、特に徂徠の学問と接触することになる。それは、書記の李鳳煥がある機会をとらえて日本儒学界に挑発的な言辞を投げつけたからである。

一行が大坂の宿舎である西本願寺に到着するや、配膳係の野口某が彼の先祖たちが歴代の通信使たちから贈られ珍蔵してきた筆墨を書記の李鳳煥に見せた。おそらくは、先代までの通信使の筆墨に続けて、李鳳煥に何か書き加えてほしいと願ったのであろう。李鳳煥は野口に対して、このような場合に与えるものとしては異例な文章を与えた。

李鳳煥は、日本の山川が美しくまた人物が殷盛であるにもかかわらず、「講ぜられるところが朝鮮と日本と異なるのは残念である」とし、さらには次から次へと宿舎へたち現れる日本の儒者たちが、「ほとんど綺麗彫篆の習に倣って」、この詩文の美しさと多さをもって我々通信使と対抗しようとするとその文章の中で批判した。これに対してわが朝鮮では堯舜文武孔孟程朱が尊ばれ、詩書四子小学近思が講義され、冠婚喪祭に謹み、忠信篤敬に励んでいる。君子は道義を楽しみ廉恥を重んじ、小人は礼による秩序を犯すことを恥じ、かりにも怪しげな教えに従い末技に従う者がいれば、みな斥けて近づけない、と書いた。

これが単なるお国自慢で終わらないのは、日本ではすべてこの逆である、と誰にも理解できるほど暗示されるからである。日本には真の儒学はなお根づいていないと彼は言う。ただ幸い、先王の道はどこへでも普遍的に伝わりうるし、現に隣国の我が朝鮮では先王の道がおこなわれている。「礼楽儀文のうち燦然明白に輝くものすべては、わが朝鮮だけで独り占めするべきものではない。天下隣国に伝えるに足る」のである。日本は山川が美しいところ、必ずや開明する運気を持つに違いないし、日本の人物の殷盛なることをもってすれば、「富庶教うべき（『論語』子路篇）の機」に現在はある、と彼は述べる。(13)

李鳳煥はまるで異国へ伝道のために来たかのような気概を語った。日本はすでに人口が多く、しかも裕である。あと欠けているのは教え、つまり真の儒教である朱子学である。これを手始めに身分の卑しい配膳夫、この朝鮮文化を慕い文字を求めてきた一配膳夫に授けることから始めてやる、と言うのである。

ところで、この文章には奇妙な点がいくつかある。最も奇妙なのは、上月信敬の言葉どおりとすれば、「山崎闇斎の門人浅見絅斎がことごとく仁斎の誤りを弁正し、一是に帰して」いたはずであり、もはや李鳳煥がわざわざ野口のような人物に文章を書いてまで教える必要がなかったことである。簡単に言えば、李鳳煥は大坂の朱子学者たちの言葉をまったく信用しておらず、あえて機会をとらえて挑発的な文章を書いたのである。これは大坂を離れる二日前の四月二十九日に書かれた。李鳳煥三九歳のことである。

李鳳煥のねらいは見事に当たった。ただ上述したところから推測できるのは、彼が「怪しげな教えをする者」と睨んでその反応を期待したのは、仁斎学説を信奉する者であったはずである。ところがこの挑発的な批判文に反応を示したのは、徂徠学説を信奉していた菅沼東郭であった。これについては復路大坂のところで述べるであろう。

一行が大坂を発ったのは五月一日、彼らが対馬の府中で紀国瑞と筆談を交わしてからすでに二箇月ほどがすぎていた。ところがこの段階で、通信使の一行は徂徠学説は言うまでもなく、彼らが知りたい仁斎学説の現況についてすら、ほとんど何も知ることはできないでいたのである。

三　江戸における古学認識の深まり

大坂を発った一行が、江戸に到着するまでの沿路でどのような古学についての情報に接したのか、これについては十分によくわからない。ただ今回の通信使についていえば、三都の一つ京都では、日本人が朝鮮通信使と接触することは厳禁されていたらしい（曹命采日記、六月二十七日）。そこは往路一泊、復路一泊の地にすぎず、通信使との文化交流についてみれば、単なる一宿場町と変わりなく、ここで新情報を仕入れることは不可能であった。

一行が江戸に到着したのは五月二十一日である。三日後の二十四日、大学頭である林信充が林家一門を率いて宿舎本願寺を訪れた。林家一門にはこの時の記録として『林家韓館贈答』があるが、もちろん古学について筆談した記事は見いだせない。問題は、この時の訪問者に中村蘭林が加わっていたことである。

中村蘭林は別名藤原明遠として知られる。室鳩巣の弟子である。その随筆『寓意録』（一七六〇年自序）などを読めば、彼が朱子学を中心としたことは明らかであるが、後に見る朝鮮通信使との筆談記録などによれば、伊藤仁斎と荻生徂徠の影響を強く受けていたことも明らかである。この意味で、彼は折衷学派に近いところにあったと言うべきであろう。この時彼は五二歳であった。

初対面の通信使一行に、中村は深い学識をそなえた人物であるとの印象をまず与えた。彼の風貌を洪景海は「窮儒の態あり。必ずや読書の人である」と記し、曹命采は「面貌は痩せて峭《けわ》しく、穏やかなように見える」と記している。曹命采はまた、中村が筆談において特に朝鮮の鄭夢周（圃隠）、李彦迪（晦斎）李滉（退溪）の名を挙げ、「正大純雅の君子中で最も傑出した人物である」と誉めたたえ、「その書を読むたびに敬服している」と述べたと記している。一見すれば、中村は博学で朝鮮文化を慕う朱子学者として、むしろ好ましい人物かに見えた。

ところが中村は、曹命采に別れを告げた後で、さらに製述官の朴敬行や書記たちに会見を申し込んだ。ここに彼に対する評価は一転する。洪景海は「明遠（中村蘭林）は程朱を譏り、伊藤仁斎と同類であるということだ」と記している。[14]

では何が問題発言であったのか。これについては、洪景海の日記にも曹命采の日記にも記されない。中村蘭林の方にもこの時の記録『韓客筆語』二巻二冊があり、つい近年になるまで存在したはずであるが、ただ残念ながら今はその所蔵を明らかになしえない。[15]ところが幸い『先哲叢談』で中村蘭林を記したところに、この時の筆談の一部と考えられるものが簡単ながら収録されている。[16]

これによれば中村は通信使の者に対して「朱子の経典注釈は、最も精密をきわめて余すところがないとはいえ、その言葉は時に古訓に違っており、その解釈には時に古意を失するところがある」と語った。さらに朱子の性命道徳論についても、「高遠に失するところがある」と批判した。これは明らかに古学にもとづく朱子学批判である。まず中村は、経典の解釈は古代の言語をもってなすべきであるという。「およそ古書を読むには、須らくその時の言辞に通ずべし」という。また「宋儒は常々、近言をもって古言を解し、今意をもって古意を解している」とし、朱子を代表とする宋儒を批判した。

この経典解釈の方法は、伊藤仁斎が始め、これを荻生徂徠が研究方法の理論にまで高めたものであって、中村はこれによって朱子学を批判したに過ぎない。そこでは彼に特別なオリジナリティーは何も見られない。たとえば中村は、『大学』でいう「明明徳」の明字の解釈として朱子の集注中では、これを「虚霊不昧」のことと解釈しているが、この言葉は「これを古書に証するに、この例無きに似たり」、つまり古代の文献で見つけ出すことができないという。しかしこの虚霊不昧という語が、他に朱子学で用いられる明鏡止水、廓然大公などの言葉とともにみな老荘の書か後世の禅書から出たものであること、すでに仁斎が『童子問』（頁一八九）で指摘していた。[17]

また宋儒の性命道徳についての議論には高遠に失するところがあるという批判も、仁斎は「知りがたく行いがたく、高遠で達することができない説である」として宋儒を批判していた（『童子問』頁五七）。仁斎は『童子問』の中ですでに何度となく、このような宋儒の説は誤りであり、本来『論語』や『孟子』で教えられていることは、逆に知りやすく行いやすい「人倫日用平常行うべきの道である」(頁一九二) と述べていた。中村の説は、この面でも『童子問』で言う説を超えるものではまったくない。

これに対して通信使の側は、「あなたの議論は、伊藤仁斎に誤られたものではないか。仁斎は貴国日本にては豪傑の士、つまり誰もやらないことを始めた独創的知識人といってよかろうが、聖学を実践する点では大いに誤っている。あなたはこれを御存知か」と言ったという。またその後、中村は製述官朴敬行らに書簡を送り、『中庸』の一書は孔子の孫の子思の書ではない、と主張した。これを知った曹命采は、「やっとこの中村が伊藤仁斎の怪徒であることを知った」と記す。[18] 仁斎には『中庸発揮』があり、朱子以来定説となっていた『中庸』子思作成説を独創的な文献学をもとにすでに否定していた。『中庸』に関わる議論もその一つであった。湯浅常山『文会雑記』によれば、中村は通信使側に五つの議論を提出したといい、『中庸』に関わる議論もその一つであった。彼は『中庸』とは首尾一貫した書ではないと主張し、仁斎もこれが古楽経の脱簡ではないかと疑ったことがあると述べたという (巻一上)。仁斎の名前は、自説に先行してよく似たことを言った人物として、中村自らが出したものでもあった。

このように、中村が仁斎の影響を強く受け、自ら仁斎との関係を語ったことは間違いないが、一方で示したという「おおよそ古書を読むには、須らくその時の言辞に通ずべし」などの理論化された経典研究の方法は、明らかに徂徠のものである。それは徂徠が古文辞学を経典解釈に応用することによってうち立てた研究方法である。中村が仁斎と同じく徂徠の影響を受けていたことは疑いない。ところが洪景海、曹命采ともに、徂徠の名を記さない。これはおそらくこの時点まで、彼らが徂徠学説にまだ出会っていなかったこと、問題なのは仁斎であるとの意識を依然として引きずっていたことを示している。

しかし間違いなしに、一行はこの時江戸でそれが徂徠学説に他ならないこと、そして徂徠学説が一世を風靡していることを知ることになる。その一例が松崎観海『来庭集』に残っている。

松崎観海、本名惟時のことはおおよそ『先哲叢談続編』巻七に載っている。彼は十三歳の時に江戸へ出て太宰春台に入門した。通信使と会ったのは二四歳の時である。『来庭集』によれば、彼は二度にわたって製述官の朴敬行、書記の李鳳煥らと筆談を交わした。まず初回の席で松崎が、「日本の儒者で朝鮮にまで名が知られているものがいるか」と尋ねたところ、李鳳煥は、「山崎、浅見の文集は朝鮮に伝わっている。仁斎の書も伝わっているが、五尺の童子でも排斥すべきことを知っている」と答えた。これに対して松崎は次のように応じたという。

仁斎の没後、徂徠物茂卿がいる。実に海内第一である。自分の先師春台はその高弟である。……徂徠と春台の二人は山崎と浅見に比べれば二人とも万々倍である。もし二人の著述が朝鮮に行われていないのであれば、他日、蘭庵（紀国瑞）を通じて御覧にいれたい。あなたがたはすでにこれを御覧になったか。(19)

これに対して、李鳳煥は「ことごとくこれを見るを得たり」と答えたという。

ここで言う山崎、浅見とは山崎闇斎と浅見絅斎である。通信使一行が大坂で朱子学者の留守友信からえた情報によれば、山崎闇斎は「日本の朱子」と呼ばれて異端邪説を排撃していたし、また上月信敬からえた情報によっても浅見絅斎の努力によって仁斎の説が斥けられていたはずであった。ところが徂徠、春台の二人は、山崎、浅見に比べれば万々倍であるという。

二度目の会見の席で松崎が筆談した相手も、やはり朴敬行と李鳳煥らであった。松崎はここで再び徂徠と春台の著述について問題とした。以下、簡単にこの時の筆談を再現してみよう。

松崎　あなたは「ことごとく徂徠と春台の書を見るを得たり」とお答えになった。これは恐らく忙しさのために山崎、浅見のことと混同されたのだろう。地は東西を隔てているから、徂徠、春台の書は恐らく朝鮮にては盛行していまい。あるいは対馬からこの書を得られたのか。

李鳳煥　春台の作はまだ見ていない。
松崎　徂徠はどうか。
李鳳煥　すこぶる醇ではあるが的確さを欠くようだ。
松崎　あなたは徂徠の『弁道』『弁名』を読んだかどうか。
李鳳煥　読んでいない。
松崎　今日はこの手で持ってきたのでさしあげたいが、国禁によってみだりに日本人の著述を隣国に伝えることは禁じられている。だから堅師に託しておく。他日もしお受け取りいただきご覧いただいたなら、あなたも徂徠が千載の一豪傑であると許すであろう。[20]

李鳳煥はこの時まで徂徠の書を読んでいなかった。松崎はそれを見越してあえて問いつめ、『弁道』『弁名』をどうしても読んで欲しい、これを朝鮮へ伝えて欲しいと言ったのである。ここで松崎が言う堅師とは、対馬の以酊庵長老にして京都天龍寺の僧承堅、号翠巌のことである。彼は接伴僧として江戸まで同行してきていた。後に松崎が李鳳煥に与えた手紙によれば、彼は重ねて徂徠、春台を賞讃し、「自分はつまらぬ人物とはいえ、東方日本で文化に浴する身である。義として本朝のすばらしさが異邦に伝わらないのに忍びない」として、『弁道』『弁名』三部をすでに翠巌に託したと言っている（与李済庵書）。

さて今少し、先の筆談の続きを再現してみたい。

松崎　宋の諸老先生の立教をすばらしくないとは言わない。しかし古言を知らずに己の意で古人の言を解している。聖人の本旨を獲得できないのは当然ではないか。「明鏡」の語は仏教から出、「止水」の語は『荘子』から出ている。「虚霊不昧」は仏書の辞を切り割いたものである。聖人の教えにこんなものはない。かつ、立教や修行に観るべきものがあるとはいえ、治平の術がはなはだおろそかである。どうやって家国天下の用に供することができよう。宋儒に疑いを致さざるをえないのは、このためである。

李鳳煥　貴国の学は博いことは博いが、おおむね皆、毛を吹いて程子朱子の仕事に疵を見つけるようなアラ捜しである。伊藤氏以来、一転再転し、その弊たるや陸象山、王陽明と同様にならんとしている。論ずるところはそれぞれ異なるが、〔宋儒を〕譏る点では同じである。漢唐の箋注は記問の学、つまり他人の問難に備えて憶えておく学にすぎない。程子や朱子なしで、どうやって啓蒙するのか。後学は定められた道を遵守すべきであり、瑕瑾を譏るべきではない。「明鏡」「止水」の語が荘子や達磨に出るからとはいえ、この言葉は比喩するのによいのだから、人をもってその言葉を使わないとしてよいであろうか。(21)

宋儒の説のうちその立教や修行については観るべきものがあるが、治平の術がはなはだおろそかである、先王の道とは治国の術であると言う。ここで簡単にではあれ、徂徠学説の別の一端が紹介されている。徂徠学説の主要なものの一つに道徳と政治の乖離がある。しかし松崎はこの倫理道徳ではなく制度政治を重視すべきであるという議論については、これ以上深入りしなかった。ここで彼が宋儒の誤りとして挙げたのは、むしろ経典解釈の方法論であった。後に李鳳煥に与えた手紙ではこれを「後世の士は古文辞を修得して、はじめて古言に通じうる」と表現し、この方法によらなかった山崎と浅見は、経典解釈に誤りがあるのを免れないと述べた（与李済庵書）。中村と同じ見解であり、これらはもともと徂徠の言葉である（『弁道』頁一一・三四、『弁名』頁四一）。松崎はここで自ら春台の弟子であり、徂徠の孫弟子であると称していた。すなわち以上のような経典解釈の方法は、この徂徠、春台二人のものであると明確に述べたのである。

李鳳煥は「伊藤氏以来、一転再転し、その弊たるや陸象山、王陽明と同様にならんとしている」と日本の儒学界を批判した。陸象山、王陽明の学とは朝鮮では朱子学に反対する典型的な学説、簡単に言えば異端であることを意味する。一転再転という言葉は、仁斎から徂徠、徂徠から春台、さらに中村蘭林、目の前の松崎へというあい似た者が次から次へ生まれているという認識が、李鳳煥にこの時生まれたことを示すであろう。一七四八年の通信使一行はここに仁斎だけが問題なのではない、徂徠学説というこれまた異端とすべき学説が大流行を見せているという、容易ならざる事態が日本の儒学界に出現していることを明確に認識したのである。

六月四日、李鳳煥は朱子学者山宮維深と筆談した。山宮のことは大坂の朱子学者である留守友信からかねてより聞いていた。山宮が留守友信の弟子であることから李鳳煥は安心したのであろう、面会するとただちに「貴国の文献はすばらしいのに、ひとり経典解釈の方法（談経之道）において多く朱子に背き、毛を吹いて疵を求めるというアラ捜しをするまでに至っている」と不満をぶちまけている。[22] また六月十日に宮維翰（宮瀬龍門、劉維翰）らと筆談した時には、「徂徠先生物茂卿が崛起してから、はじめて復古の学を唱えた」と教えられただけでなく、さらに朝鮮のように人材豊かなところで「宋儒の固陋を捨てて復古の門を開く者はいないのか」、とまで攻撃された。[23] これでは立場が逆である。一七四八年の通信使は、伊藤仁斎を仮想敵として乗り込んできたのだが、日本儒学界の転変は彼らの想像を絶するはるかに激しいものであった。彼らは江戸において仁斎学説よりもさらに異端とすべき学説、徂徠学説と出会った。「礼楽儀文のうち燦然明白に輝くものすべては、わが朝鮮だけで独り占めすべきものではない」として、すでに裕かになった日本に彼らの方から教えを加えに来たはずであった。ところが逆に松崎は、「義として本朝のすばらしさが異邦に伝わらないのに忍びない」として、徂徠の『弁道』『弁名』を是非とも持ち帰って欲しいと言い、朝鮮に伝えて欲しいと言った。宮維翰は、朝鮮のように人材豊かなところで「宋儒の固陋を捨てて復古の門を開く者はいないのか」と転向を迫った。

松崎との筆談でもう一つ注目すべき点は、李鳳煥が日本古学につきこれを「漢唐の箋注」を重視するごとき学問であると捉えたことである。それはその経典解釈の方法を、短絡的に訓詁学と結びつけた不正確な理解であると言ってよい。またこの理解は、徂徠が西漢以前の古文辞を重視したことから言っても正確ではない。しかし一面、確かに日本古学の本質に迫る理解でもあった。というのは、清朝漢学がまさしく「漢学」と称するとおり後漢の鄭玄らの訓詁を学びなおすところから始まったように、日本古学も間違いなしに訓詁を重視する学問であったからである。それは陽明学とははなはだ違った方法によって朱子学を批判するものであった。李鳳煥は伊藤仁斎、荻生徂徠らと陸象山、王陽明とを同列に置き、「宋儒を譏る点では同じである」としながら、一方で彼らの朱子学批判が陸象山、王陽明とは違って訓詁学に類する方法でなされていることを理解したのである。李鳳煥らは何度も、彼らの方法が「古言」を重視するものであることを聞いた。

通信使一行はここ江戸においてやっと徂徠学説に接するとともに、日本古学の概要を不十分で不正確とはいえ認識できたのである。

四　復路、再び大坂にて

一行が江戸を発ったのは六月十三日である。朴敬行は復路名古屋で、須賀玉潤と筆談を交わした。「江戸で文士に会ったが、程朱を誹謗する者が多かった」と述べた（『善隣風雅後編』巻下、頁一三）。大坂へ戻ったのは六月二十八日である。

六月二十八日、金沢の人で本草学者の龍元周（直海）が朴敬行と筆談した。ここで龍は二十年前に徂徠という者がおり、「古言と今言とは同じではない。宋儒は今言をもって古言を解釈する」と批判したと言い、さらに今では日本の学者は徂徠を尊重し、「やっと宋儒が固陋であることを知った。今、貴国ではもっぱら宋学を主張するので、何も問うものがない」とまで言った[24]。徂徠について言っただけではない。龍はさらに宇鼎、字は士新先生という者のことを紹介し、「彼も古文を唱えたが、宋儒においてもほぼ採るところあり、古文であっても取らぬところがある」と解説した。宇鼎とは折衷学派とされる宇野明霞のことである。宇野は三年前に死去しているから、まさしくリアルタイムで日本儒学界の新情勢が伝えられたのである。朴敬行はこれに対し「徂徠の名は聞いている。人となりは豪傑というが、その学は義と理に大いに違っている。貴邦で程子、朱子を排斥するのは、すべてこの人物の罪である」と応じた。

七月三日、朱子学者の留守友信は宿舎の西本願寺を訪れ、朴敬行と李鳳煥に再会した。そのときの筆談記録がやはり『和韓文会』に収められている。この時の筆談は昼正午より四時まで及んだ。翌四日は大坂の宿舎を引き払い帰国に向けて船に乗り込むことになっていた。出発前のこのあわただしい四時間、彼らは何を話しあったのか。簡単で儀礼的な詩文の贈答の後、問題を切り出したのは朴敬行であった。

わたしは日本の学者がもっぱら程子、朱子を排斥することを最も得意とするのを見ている。仁斎以下みなそうだ。今やすでに膏肓の症、つまり治る見込みのない病気となっており、服用すれば目眩をおこすほどの強力な薬がわたしにあったとしても、何の役にも立たない。[25]

大坂に戻った朴敬行は、日本の儒学界はもはや救いがたい情況にあると認識していた。もはや彼が聖学とする宋学を教え、日本人の迷いをさますことはできないかに見えた。この認識に立って、朴敬行は同じく宋学を信奉する留守友信に対して、この情勢をどのように考え、どのように挽回するつもりなのかと問うたのである。留守の返答は次のようなものであった。

近頃この日本には伊藤仁斎がおり、その著『論孟古義』〔正しくは『論語古義』『孟子古義』〕『大学定本』『中庸発揮』などは世に行きわたり、その説は次第に溢れかえるに至った。先輩の浅見絅斎先生がその巣窟をたたき、その病根にハリをうたれたため次第に衰え、今や百に一、二を存するのみとなった。また王陽明の学を唱えるものがいたが、わが先師三宅尚斎がやむなく白黒をつけ、力を尽くしてその蒙昧をひらかれたため、その党もほぼ滅びた。

また近頃、姓は物、字は茂卿、号は徂徠という者がおり、博覧高才で文章がうまい。はじめ古文辞を学び李攀龍、王世貞を目標としていたが、さらに遡って経典を研究し、新見解を創めてうち立て、『学則』『弁道』『弁名』の三書を著してこれを「古学」と名付けた。しかしその教えるところは春秋戦国秦漢の文を模倣することにすぎない。これをもって文章を修める道としている。居敬窮理、存養省察といった実践を斥けて邪説であるとし、子思、孟子、周敦頤、程子、張載、朱子を害虫のごとく見なし、かくて世を欺き名を盗み、海内の口ばし黄色く小《こ》魚《ざ》のような者でも、少しく才のある者は靡然として徂徠につき従っている。

その徒党である太宰徳夫（春台）はその説を誇張して古学を唱え、山崎闇斎を誹謗し「道学先生」と言っている。「道学」の二字を綽号《あだな》とするのは、中国宋朝で聖学である朱子学を「偽学」と称したようなもの、その罪は徂徠をこえている。

通信使が往路大坂にあったとき、留守は朴敬行と筆談しながら、「古学」のことなどまったく語らなかった。朴敬行に与えた長文の手紙でも「〝いきなり夏殷周三代の文に遡って学ぶ〟などと言って閩洛宋儒の説は論じない」と言うだけで、徂徠あるいは春台という名前は一切出していなかった。復路、朴敬行が日本儒学界の情勢についてかなり詳しくなっていることを知り、かつ危機感をにじませる彼の問いかけを受け、留守はやっと堅く閉した口を開き、真実の情況を語り、彼自身の憂慮を述べるに至ったのである。

ここで語られているのも、リアルタイムの情況であると言ってよい。徂徠はすでに二十数年前に死去していたが、太宰は一年前に死去したところであった。その太宰は徂徠より更に罪深く、山崎闇斎を「道学先生」と呼んで揶揄していると語った。また徂徠、春台らは自らの学を「古学」と名づけている、とここで明確に伝えた。

朴敬行は留守のこの答えを聴き、一面ではお答えをたまわり霧が晴れ、天が見えたようだ、と言いながら、東の江戸にあっては、大いに苦しんで中村深蔵（蘭林）と論弁したが、防御されて打ち込めず、一分の効果もなかった。嘆かわしいばかりである。

と重ねて絶望感を述べた。

李鳳煥は留守と朴敬行の筆語を見たあとで、次のように述べた。

自分は五千里を往復する間、数百人の文士と次々会ったが、詞章記誦のテクニックばかりで人間いかにあるべきかの問題にまったく関係なしである。たまに経典学術について質問を出すが、すべて濂洛関閩つまり宋学という正しい道を老書生の決まり文句だと心得、睥睨して一顧だにしない。

李鳳煥も朴敬行とまったく同感であった。さらに彼は、「藤原明遠（中村蘭林）は大いに才識があるが、朱子学に対しては表で尊び陰で排斥している。要するに伊藤惟貞（仁斎）の余派に過ぎない」と述べた。このようにしばしば中村蘭林のことが語られるのは、博学な朱子学者であるとばかり思っていた彼ですら、なんと仁斎・徂徠の強い影響を受けていると知った時の、深い驚きと救いようのない不安を表しているであろう。一方で朝鮮文化を慕う篤実な朱子学者が、一方で朱子批判の学説に蝕まれているとは、当時の朝鮮知識人にとっては常識をはるかに超える信じがたい事態であった。そして李鳳煥は、「草野山林の間に、経典の奥義を窮め学問を講じ、程子と朱子の教えに悖らない者が、何人いるのか」、と同じく焦燥感に満ちた表現で結んだ。

さて、李鳳煥が往路大坂にあって、宿舎配膳夫の野口に対して挑発的な文章を与えたこと、菅沼東郭がこれを見てただちに反応したこと、すでに述べたところである。ここで菅沼がどのような反応を見せたのか、そしてその反応がどのような波紋を呼んだのか、見ることにしよう。

菅沼東郭（一六九〇—一七六三）、姓は源、名は大簡、字は子行、通称は文庵あるいは文誠、東郭はその号である。

江戸の人であるが大坂に住んだ。荻生徂徠に私淑し、徂徠の『論語徴』に疏をつけた『論語徴疏義』などの著書がある。野口は李鳳煥の書をただちに菅沼に見せた。彼はこれを読み、ただちにそれが日本の文士が詩文のみをこととして実学がないと譏るものであることを知った。実は彼もこれ以前に宿舎の西本願寺まで出向き、通信使と詩文の贈答をした一人であった。菅沼が李鳳煥の批判に反応を示した問題の文章は、朴敬行や当の李鳳煥に贈った詩とともにやはり『和韓唱和録』巻下に載っている。

彼の主張によれば、詩の贈答だけに止めたのは「先王の道を談ずるゆったりした時間がなかったからである。かつ朝鮮の学者は子思、孟子、程朱を深く信ずること孔子を信ずる以上である。わが国の学者は子思、孟子に弊害があり、程朱に誤りが多いことを知っているから朝鮮の学者と目を怒らせて優劣をはかり、かつて宋代に朱子と陸象山が鵝湖寺において論争した二の舞を踏みたくなかったのである。そもそも君子は争ったりしない。争えばもはや子思、孟子、程朱と異ならない。だから彼らとは本気で道を論じあわなかったのだ」と反論した[26]。ところでここで菅沼が言う「君子は争ったりしない」として、子思、孟子、程朱と同レベルの位置に自らを置かないとの主張は、徂徠『弁道』の巻頭言そのままである。菅沼は論争のレトリックを完全に徂徠から借用している。したがって菅沼の反論は朝鮮通信使を相手にした論争のスタイルをとらず、「同志」へのメッセージというスタイルをとる。

菅沼が同志に送るとするメッセージは、ほとんどすべて『弁道』に見える徂徠の説をダイジェストしたものである。そこでは、日本では徂徠が「古学」を提唱してから儒学は秦漢以来で最高点に達したこと、「先王の道」とは宋儒の言う「物理当然の理」ではないこと、孟子が心とか性とかを論じたのは、告子や楊墨と対抗するために採られた手段であり、後世の宋儒は子思やこの孟子に誤らされたこと、などを主張する。かりに通信使たちがこれを読んだら、江戸で松崎観海に教えられた徂徠学説よりはるかに「過激」なものに思えたであろう。というのは、孟子すらも貶め、さらに宋儒はこれに誤らされたのだなどとは、彼らが「異端」とする陸象山、王陽明の説にも、さらに仁斎

『童子問』にも見えない説だからである。

では通信使たちは、この菅沼が同志に送るとしたメッセージを読んだのであろうか。これに答えるためには、まず朴敬行が書いた奇怪な手紙を紹介しなければならない。

唱和詩文集『善隣風雅後編』によれば、朴敬行は接伴僧として江戸まで同行し一緒に戻ってきた天竜寺の僧、承堅に対して、七月四日付で次のような手紙を送った。

大坂の人士が出版した我々との唱和集を見たところ、自分の詩の大半は日本人の贋作である。その唱和した人も当日座中で見たこともない人物である。事は極めて奇怪である。もっとも、この書物を見ることができたのは、誰かが送ってくれたからではなく、別の者が代わって買ったので見ることができただけで、誤りを弁正する路はない。(27)

そして朴敬行は、この書物に名前がある人物のうち、大坂の留守友信のみがすばらしい人物である、彼にこれを知らせたいが、やはりその路がないのでこの意を伝えてほしいと依頼し、以下に自分の作ではない「贋作」であるとした大坂人士八人に与えた唱和詩を列記する。

ところでここに列記された「贋作」唱和の八詩を調べてみると、それらはすべて『和韓唱和録』に載っているものである。

当時、日本では通信使一行に関する書物の出版が極めて盛んで、スピーディーにおこなわれていた。この手紙を収録する『善隣風雅後編』も、留守友信の『和韓文会』も、ともにこの年出版されたものである。問題の『和韓唱和録』(京都大学附属図書館蔵)は通信使がまだ日本に滞在中に出版されたものであった。それは上下二巻二冊からなり、上巻は「延享唱和」と題して村上秀範の編集、下巻は「二邦連璧」と題して源子登の編集である。そして一冊目には「朝鮮筆談和韓唱和集 上」、二冊目には「朝鮮筆談和韓唱和集 下」と記す題箋が張られている。奥付では、「延

享戊辰年五月 大坂書林柏原屋与市、村上屋清三郎刊行」と記されるとおり、延享戊辰つまり一七四八年（延享五年、寛延元年）の五月に大坂で出版された。一七四八年の五月と言えば、通信使一行がちょうど五月一日に大坂を離れて京都に向かい、江戸に滞在していた間のことである。つまり、かりにこの奥付を信じるとすれば、『和韓唱和録』は通信使一行が大坂を離れるやいなや、ただちに出版されたのであった。しかもこの書の序文は「二邦連璧小引」と題して一冊目の巻頭に掲げられ、四月の日付で源子登が書いている。源子登とは菅沼東郭の子である。巻上には朱子学者の留守友信や上月信敬の詩文が、巻下には菅沼東郭や源子登の詩文が収められている。

ところで朴敬行が自分の詩の贋作であると列記したものを一つ一つ調べてみると、それらはすべて『和韓唱和録』に収録されている。しかも八首のうち第一人目の乾桃丘に与えた詩から第七人目の高大陸に与えた詩までは、すべて巻下に収録されたもので、その順序は朴敬行が列記したものと同じ順序である。菅沼東郭の詩も問題の朱子学批判の文も、実は「源東郭」の名でこの巻下に収録される。さらに四人目に名が挙がっている源四明こそ、序文「二邦連璧引」を書いた源子登、つまり菅沼東郭の子であった。そして八人目の管榮のみが巻上、つまりすでに述べたような朱子学者である上月信敬、留守友信らとの唱和をも収録するところに見える。

つまり朴敬行が目にした書物とは、この『和韓唱和録』上下二冊本そのものであったこと、ほとんど疑いを容れない。朴敬行は接伴僧承堅に手紙を書くに当たってこの書を目の前に置き、まず贋作が集中するこの書の巻下から順次列記してゆき、さらに巻上に戻ったのである。大坂の人士が朴敬行の言うとおり贋作の混じった唱和録を出版したとすれば、これは彼が言うとおり奇怪千万なことであり、彼らの明らかな作為を読み取るべきであろう。しかし、朴敬行のこの承堅にあてた手紙も実に奇々怪々である。第一にこの問題の書の書名が明記されない。自分の贋作が載っているという重要な証拠であるにもかかわらず、書名が明記されない。誰かから送られたものではないとして、送った者や書名をそれ以上追求する道を自ら断っている。第二に留守友信にはこれを知らせる路がないと言うが、実はすでに見たように朴敬行はこの手紙を書いた七月四日の前日、つまり七月三日に大坂の宿舎西本願寺で彼に面会し、日本の学術情勢について長時間にわたって筆談を交わしたところであった。留守友信にこのことを知らせたいのであれば、この七月三日に当然できたのである。七月四日は一行が宿舎を離れ帰国の途についた日である。この日に偶然、この書を手に入れたという可能性ももちろん否定できない。しかし、このあわただしい一日に、偶然にも別人がこの書を買ってきてくれ、さっそくそれを読んで贋作が混じっていることに気付き、ただちにその日の内に承堅に弁正の手紙を書いたのだとすれば、あまりに偶然が重なりすぎている。むしろ前日の留守友信との筆談、すなわち大坂でも徂徠学説が大流行しており、留守が防戦一方であることを知らされた筆談こそが、翌日この弁正の手紙を書かせる原因となったと考えるのが妥当であろう。第三に最も奇妙にも、「源東郭」つまり菅沼東郭の名が一切見えない。『和韓唱和録』の巻下、つまり「二邦連璧」で最も多く唱和詩が収録されるのは彼のものである。ここには先に紹介したとおりの李鳳煥による野口某に与えた日本文士を批判した文も、菅沼東郭によるこれへの反批判文も同時に収録していた。これについてはまったく黙して語らない。

「源東郭」という名が承堅にあてた手紙でまったく語られないのは、朴敬行の作為であると考えられる。もともと李鳳煥は日本儒学界を批判する文章を一配膳夫に与えたに過ぎず、菅沼東郭すなわち源東郭に与えたのではなかった。菅沼も反批判の文章を李鳳煥にあてて書いたのではなかった。それは同志へのメッセージという形式で書かれたに過ぎない。それなら源東郭という実名を出す必要はまったくない。『和韓唱和録』という書名をそのまま出せば、当然に彼らが「源東郭」による激越な通信使批判と朱子学批判の主張を読んだことになってしまう。これでは正面から反論せざるをえなくなってしまう。代わって朴敬行はあえて彼の名を黙殺し、書名も明示することなく、そこに自分の詩の贋作が載っている、自分が唱和したとされるそれらの人物は会見の席にいなかったなどという、いささか大人げないことを接伴僧に伝えることで一矢を報いたと考えられる。

朴敬行が見せたこの作為は、かえって彼らが菅沼東郭の批判文をこの時に知ったことを物語る。そこに展開された古学の主張と朱子学批判が、「陸象山や王陽明と同類である」あるいは「仁斎と同類である」という簡単な再批判を加えることで終わりにできないほど、重いものであったことを物語るであろう。

この『和韓唱和録』は間違いなく朝鮮に渡った。しかもその名が知られていたということである。戦前における日本朝鮮文化交流史研究の開拓者の一人である松田甲は、この『和韓唱和録』はまた『二邦連璧録』と称して、朝鮮で名を知られていたことを伝えている。[28]『二邦連璧録』が正しくは『二邦連璧』であること、ほぼ間違いないであろう。『和韓唱和録』は菅沼と李鳳煥の文章をのぞけば、その他の唱和集に比べて特別なところは何もない。やはり菅沼の文章こそが問題であったと考えるほかない。

さらに興味深いのは、これから六十年以上たった後、一八一一年のいわゆる文化の通信使によって、「源東郭」が再び問題にされたことである。文化の通信使には、李明五という人物が書記として加わっていた。彼は古賀精里との筆談中に、次のように語ったのである。

> むかし聞いたところでは、あなたの国の物茂卿（荻生徂徠）と伊藤維楨（仁斎）とは朱子学と力戦し、戊辰つまり一七四八年の通信使行でわが父が書記として来日したときに至って、源東郭が大胆にも大いに聖学を攻撃したとのことである。このためわたしは、常々あなたの国の学問が正しくないことを訝しく思っていた。[29]

李明五の父とは、ほかならぬ李鳳煥である。李明五は古賀精里との筆談の席で、源東郭という日本では一流でも有名でもない人物の名を何の誤りもなく、しかも菅沼東郭ではなく源東郭という名で示した。これは父李鳳煥から源東郭という名を何度も聞かされていたか、『和韓唱和録』に載っている文章を自ら読んだからとしか考えられない。

以上によって、一七四八年の朝鮮通信使はその旅程に伴って日本古学に関わる認識を深めていったこと、彼らの認識は正確ではなかったとはいえ、その概要は確かに知りえたことが明らかとなった。

ある研究によれば、通信使が来日したおり日本の儒者が朝鮮の李退溪のことを尊敬して語り、日本の山崎闇斎らを紹介した一例として、この一七四八年のものが挙げられている。[30]たしかにそこに日本と朝鮮両国の朱子学者たちの交流があったのも事実である。しかし当の通信使一行にとっては、山崎闇斎などはもはやどうでもよい問題であった。彼らから見れば、どうせ山崎など朝鮮朱子学の二番煎じとしてしか映らなかったであろう。そもそも彼らが対馬に到着するや問題にしたのは『童子問』であった。また帰路大坂に至るまでに朱子学の側がほとんど防戦一方にあることを知り、ほとんど絶望感というべき感慨を持った。日本の朱子学者がとった態度も問題である。彼らは日本儒学の現況を正直に語りたがらなかった。彼ら自身、防戦一方だったからである。むしろ上月信敬のように虚偽と評するのが相応しいこと、虚偽だというのが言い過ぎなら、自分の主観的な願望を伝えていたに過ぎない。

五　結　語

以上、一七四八年通信使が到達した日本古学の認識について明らかにした。

当時の朝鮮知識人にとって、朱子学とは朝鮮という国家の存在理由を示すものであっただけでなく、あるべき「世界」を貫く普遍的な原理でもあった。夷狄民族が支配する清朝においてすら、康熙帝が朱子学を称揚しているかに見え、陽明学の誤りをやっと覚り正道に還りつつあるかに見えた。[31]「絶海の蛮児」の地である日本においても、先行する歴代の通信使たちが伝えたところによるかぎり、朱子学の普及に励んでいるかに見えた。ところが一七四八年の通信使に至って、この地では朱子学はもはや尊ばれなくなっているということを明確に知ったのである。

朝鮮通信使が日本の学術界に対して、これだけ危惧の念や絶望感を持たねばならなくなったこと、これを彼らの主観を離れて東アジア学術界における各国の位相という高い視点に立って見れば、そこに大きな変動が生まれていたことを意味する。それまで東アジアの東端では、学術と言えばおおよそ朝鮮から日本に流れるものと決まっていた。ところが仁斎の『童子問』がいったん朝鮮に渡ると、これを無視し去ることができずに次回の通信使はこれを仮想敵として乗り込んだのであった。長い日本・韓国の学術関係から見れば、これは画期的な変化であり、学術の流れる方向の転換を示唆するものであった。先にわたしは朝鮮の朴敬行や李鳳煥と日本の松崎観海や宮維翰との筆談について、「これでは立場が逆である」と述べた。我々はそこに単なる両国の民族主義が相克せんとする姿だけを読み取るべきではない。「立場が逆である」というのは、彼ら個人や民族の立場を超えて、学術そのものの置かれていた位置がちょうどその頃、大きく逆転し変移しつつあったことをも意味している。

さらにこれを朝鮮燕行使による清朝漢学の把握を視野に入れて見直すとすれば、以下のような結論を得ることができる。

第一に、この一七四八年の段階で、日本古学が単に反朱子学という立場に立っていただけでなく、その裏付けとして「古書を読むには、須らくその時の言辞に通ずべし」という経典解釈の方法論、この清朝漢学にも共通する方法論を持っていたことが、通信使一行に何度も明確に語られた。通信使はこの古学が大流行を見せていることを知り、それを「膏肓の症」つまり不治の病となっていると慨嘆した。そこには朝鮮燕行使が見せた「世道の憂」という慨嘆とあい通ずるものがある。はじめにわたしは、金善臣が燕行ののち執拗なまでの反漢学の言辞を清朝知識人に投げつけるに至った一つの要因として、彼が燕行するのに先んじて日本古学についての認識ができていたことを挙げたが、以上によってこの可能性は一層強いものとなったと考える。この問題については、さらに一七六四年と一八一一年の通信使の場合に即して、より豊富な史料を提示することができるであろう。

第二に、一七四八年の通信行では、日本の古学を中心とした学術情報がほとんどリアルタイムで伝えられた。と言うのはこうである。

はじめに述べたように、朝鮮燕行使のルートは幹線と言ってよく通信使のそれはローカル線であった。ただ興味深いのは、この幹線が一時期正常な機能を停止していたことである。通常であれば、朝鮮燕行使のルートは、政治的なまた経済的な大動脈であっただけでなく、文化的な大動脈でもあった。燕行使たちによって限られた様式によってではあれ、様々な思想、書籍あるいは文物が北京からソウルへ運ばれた。ところが一六三六年に清が朝鮮を侵略したため、明朝への使節派遣が廃止された。一六四四年に清が北京に遷都したのち燕行ルートは再開したが、朝鮮知識人は清朝が夷狄民族である満州族の国家であるとしてこれを軽蔑し、さらにその支配下にあった漢族をも軽蔑して彼らと交わりを持つのを潔しとしなかった。ここに毎年、大量の人員がソウルから北京を往復し、政治的にまた経済的に重要な幹線が復活したにもかかわらず、文化面での流通がそれまで以上に極めて乏しいという変則的なルートが出現した。これは一七六五年の洪大容による燕行まで続いたと言ってよい。一六四四年から数えれば、実に百年以上にわたる。この間、人員の頻繁な往来と物資の大量な移動があったにもかかわらず、清朝の学術情報は政治に深く関わるもの、たとえば天文学などを除けば、極めて限られたものしか入ってこなかった。あれだけ多数の朝鮮知識人が北京を訪れながら、金昌業ら何人かの例外を除き、彼らは清朝人と交際するのを忌避していた。一七四八年通信使の一つ前、すなわち一七一九年の通信使として来日した申維翰は、京都の書店店主瀬尾源兵衛から「あなたの国は中国清朝と往来しているから、現在の中国知識人の中で誰が傑出しているか知っているであろう」と尋ねられ、

使節は往来しているが、清朝人とは交わらない。……清朝に仕えている者や儒者の文学学問については聞いたり尋ねたりしていないから、彼の地の人の情況は知らない。[32]

と正直に答えている。金善臣や申在植が清朝知識人の私邸を訪れ、彼らと自由に学術論争を行いえたのは、これより百年ほど後のことであった。

一方、日本へ赴いた通信使たちは、彼らが望まなくても日本人が多数宿舎に訪れ、様々な学術情報を提供してくれた。宿舎には次から次へと日本人が訪れ、通信使たちの詩文を求め、彼らと筆談することを求めた。それは通信使側の日記にしばしば見えるとおり、応接に暇なく疲労困憊させるほどのものであった。時に故意に真実が隠蔽され、時に意図的に虚偽も伝えられたが、通信使たちの知らんとする熱意に応じて、あるいは日本儒者たちの伝えんとする

意欲によって、学術情報はほとんどリアルタイムで伝達されたのである。この意味で、この一七四八年と次回一七六四年のものとは、本来燕行使が担うべき役割を一部代行していたのである。

第三に、これと関連して、この通信使は清朝漢学の何ものであるかをまったく知らずに日本古学と接触した。一七四八年とは中国清朝の乾隆十三年にあたる。ここでもちょうどその頃、日本の古学にやや遅れてこれとよく似た「漢学」が始まっていた。清朝考証学を代表する恵棟はこの年すでに五二歳であり、また戴震は二六歳になっていた。しかし朝鮮燕行使はこの間の事情、つまり清朝の学術情報を十分にキャッチできなかった。燕行使と通信使のうち、新しい学術動向を先にキャッチしたのは通信使の方であった。このためソウルで二つのルートが交差しながら、一七四八年の通信使は清朝の学術情報を知らぬままに日本へ赴いたのであり、そこで感じた危惧と危機感のままに熱心に「古学」についての情報を集めるほかなかった。外国からもたらされる学術といえば、まず中国から入るものであったそれまでの朝鮮の歴史から見て、この時の通信使がなそうとした日本古学の把握がいかに困難であったか、そして彼らが獲得した情報を朝鮮国内へ正確に伝達することがいかに困難であったかは、思って余りある。

一七四八年通信使が獲得した日本古学についての認識は、はたして朝鮮国内にどのように伝達され、次回以降の通信使一行の来日にどのような影響を及ぼすのであろうか。またこれに対する認識は、次回以降どのように変化するのであろうか。我々は朝鮮燕行使による中国学術の認識を視野に置きつつ、次章に進むことにしたい。

第一〇章　一七六四年朝鮮通信使と日本の徂徠学

一　はじめに

朝鮮通信使について通説のごとく言われることの一つは、それが朝鮮の先進学問や先進文化を日本へ伝えたということである。それがその役割の一つに数えられることさえある。(1) たしかに一七世紀はそうであったかもしれない。しかし日本で古学が一世を風靡するに至り、これを承けた一八世紀中頃以降になると、この通説はなりたたなくなる。日本の儒学界では朝鮮の学術文化を先進的なものとももはや考えなくなるばかりか、さらには日本で生まれた古学を逆に通信使を通じて朝鮮に伝えようと考える者まで現れた。一方、通信使一行に加わって来日した朝鮮知識人は、この地で古学が流行し朱子学が尊ばれない様を目撃して、日本の儒学界はついに不治の病にとりつかれてしまった、と著しい危機感を募らせるに至っていた。我々は前章において、このことを一七四八年通信使に即してすでに明らかにしたところである。本章はこの続編であり、一七六四年のそれに即して両国の学術関係を明らかにしようとするものである。

本章では、徂徠本人の学術だけでなく、彼の学説に即してこれを形にした弟子たちの業績をも含めて「徂徠学」と呼ぶ。「徂徠学」に的をしぼったのは、一七六四年通信使の一行にとって最も問題であった学術が、端的にこれであったからである。

朝鮮では通信使を日本に派遣するにあたって、最高級の文人をその使節の中に加えたとは、これまた通説のように言われることである。たしかに製述官と書記を通信使一行に加えた目的が、優れた中華の文化を日本に示すことであったことは、本書序章でも述べた。彼らは優秀な文人である必要があった。しかしその彼らが朝鮮にはない異質な学問に日本で触れてどのように対応したのか、帰国後それをどのように紹介したのかという問題は、これまで問題として取りあげられることすらなかった。

一七六四年通信使の一員に元重挙がおり、彼は帰国後『和国志』という歴代の通信使が残したものとしては最も詳細な日本研究書を著した。このため彼の日本認識についてはすでにいくつか研究があり、その中で徂徠学についての認識についても簡単に触れられている。(2) ただ元重挙による認識にのみ問題を限定していたのでは、当時両国の学術が互いにどのような位置にあったのかという重要な問題が消し飛んでしまう。それでは、一七六四年という段階で朝鮮通信使たちが徂徠学をどこまで知ろうとしたのか、そしてどこまで知るに至ったのかまったく解らない。さらに彼らがそれを知ったことの意味が何であったのか、問題にさえされない。日本には、日本人側が書き残した筆談記録が数多く残っている。(3) 我々はこれらを朝鮮側の記録とつき合わせることによって、彼らが当時の日本学術界で最も影響力があった徂徠学について、どの程度までどのような過程で知ったのかを明らかにできるだけではなく、彼らが異国でそれを知ったことの意味にまで迫ることができるであろう。

本論に入る前に、日本人儒者たちと筆談を交わした主なメンバー、すなわち南玉、成大中、元重挙、李彦瑱の四人について簡単に紹介する。まず製述官の南玉（一七二二―一七七〇）は、字は時韞、号は秋月、宜寧の人である。一七五三（乾隆十八、英祖二十九）年文科出身である。一七六四年に日本から帰国、翌一七六五（英祖四十一）年には庶孽清通運動によって、李鳳煥、成大中とともに特に清職に任用すべきであると国王から命令が下されている。李鳳煥も一七四八年通信使の一員であった。すなわち彼らは、朝鮮時代に官界で差別的待遇を受けた庶孼出身であり、かつそろって秀才であった。一七七〇（英祖四十六）年にこの李鳳煥とともに同じ事件に連座し、獄死している。[4] 南玉が日本に滞在したのは、彼が四二歳から四三歳にかけてであった。その時の日記として『日観記』がある。

次に正使書記の成大中（一七三二―一八〇九）、字は士執、号は龍淵、青城など、昌寧の人である。一七五六（英祖三十二）年庭試合格。日本から帰国した翌年、南玉、李鳳煥とともに清職に任用されるに至ったこと、すでに述べた。すなわち彼もまた庶孼出身であった。鄭玉子によれば、彼は老論性理学派の中で洛論系に属するという。[5] 北学思想が生まれるとこれに傾倒し、また彼自身が北学思想形成の一翼を担った。文学をもって有名となり、その文集に『青城集』（『韓国文集叢刊』第二四八輯）がある。日本の儒者たちと筆談したときは、三二歳から三三歳にかけてであった。その時の日記として『槎上記』、日本論として『日本録』がある。

次に副使書記の元重挙（一七一九―一七九〇）、字は子才、号は玄川、原城の人である。一七五〇（英祖二十六）年の生員である。日本滞在時には四五歳から四六歳であった。その時の日記として『乗槎録』、日本論として『和国志』がある。河宇鳳によれば、元重挙も老論の中の洛論系に属し、金用謙の学問に影響を受けたという。[6] 同じく河宇鳳によれば、族譜によっては確認できないものの、多くの情況証拠から見て元重挙が庶孼出身であることは確実であるという。なお前間恭作は、通信使の製述官と書記とは庶孼の独占舞台であったと述べている。[7] もしそうだとすれば、南玉、成大中、元重挙のみならず、あと一人の書記金仁謙も庶孼であったことになる。

最後に李彦瑱（一七四〇―一七六六）を紹介する。彼の字は虞裳、号は曇寰あるいは雲我、江陽の人である。[8] 代々訳官の家族に生まれ、彼自身、一七五九（英祖三十五）年の訳科に合格し、司訳院主簿となった。来日時の肩書きが漢学通事であったことからもわかるとおり、彼は日本語通訳として来日したのではない。訳官は両班出身ではなく中人という身分の者がなる。したがって上記三人が庶孼とはいえ両班出身であったのとまったく違う。来日時に内山栗斎と筆談したおり、自ら二回北京へ行ったことがあると語っている。[9] 日本滞在時に彼は二四歳から二五歳にかけてであり、帰国の二年後、すなわち一七六六（英祖四十二）年に二七歳で夭折している。

著作としては、後人が編集した『松穆館燼余稿』がある。そこに収録される六言絶句の一つに、次のようなものがあるのは注目される。「満衢の路、みな聖賢なり、ただ駆使せられて饑寒に苦しむ。良知と良能あること、孟氏取れば吾もまた取る」(10)。このうち「満衢の路、みな聖賢なり」は王陽明『伝習録』巻下、一一三に見える有名な言葉、「満街の人都《すべ》て是れ聖人なるを見たり」を踏まえたものであることは疑いないし、「良知と良能あり」云々は『孟子』尽心上に見える良知良能説にもとづくこと、これまた明瞭である。周知の通り陽明学の根本テーゼの一つはこの良知良能説、すなわち万人が外から知識を摂取せずとも、生まれながらにして良知良能という認識能力を持つというものであった。李彦瑱は王陽明の名をまったく掲げないが、「孟子が良知良能説を取っているのであるから、自分もこの説を取る」と言う。彼が陽明学の徒であったか、少なくとも陽明学に強い共感を持つ人物であったことは、疑いないであろう。

二　徂徠学認識の進展——特にその著作の獲得

一七六四年の朝鮮通信使一行が日本でどのように徂徠学に対する認識を深めてゆくのかを明らかにするにあたって、まず問題となるのは彼らが来日する以前、前回の通信使からこれについてどの程度に伝達され知っていたかである。

前回の使節と今回の使節との間で何らかの接触があったことを伝える史料としては、まず南玉『日観記』癸未七月二十四日の記事を挙げねばならない。これによれば、この日ソウルを出発するにあたって、三使・製述官・書記らが宮廷へ集められ、英祖と会った。この時、詩文をもって餞別とした者の中に、柳逅、李鳳煥、朴敬行の三人の名が見える。三人とも一七四八年通信使一行であり、なかでも李鳳煥、朴敬行の二人が古学派を中心とする日本の儒者たちの矢面に立ったこと、すでに述べたところである。

ただ、日本の儒学情勢について両者の間で何がどの程度伝えられたのかは、朝鮮側の記録、日本側の記録ともに明確には語らない。このような史料情況のなかで、重要な示唆を与えてくれるのは、元重挙が日記『乗槎録』に残したあるエピソードである。それは彼がいざ日本へ赴こうとする直前、釜山で「両友」と交わした会話である。「両友」と彼が呼ぶのは、製述官の南玉と書記の成大中であること、『乗槎録』に何度も見える両友という用例の多くが「韞執両友」、すなわち南玉（字は時韞）と成大中（字は士執）の二人の友と記されることなどから確実である。会話とは以下のようなものであった。

元重挙　日本人は程子・朱子のことを無視している。自分は程子・朱子を持ち出して日本人に対応しようと思うが、どうお考えか。

南玉・成大中　〈難色を示しつつ〉それは好いことではある。しかし彼らが無視しているのにこちらだけ一方的に話せば、必ず不都合にも齟齬してかみ合わない。『左伝』や『世説新語』を踏まえて笑い話を雑え、お抱えの道化役者のようにやるのが一番簡単だ。

元重挙　程朱の道について自分は理解できているとは思わない。しかし、これなしでは自分は話す言葉の糸口も見付けられない。わが鈍劣の才をもってすれば、たとえ散々冗談を言ってふざけあい、活発に対談しようとしても、普段からできないことを無理してできるはずがない。……わが礼と義のある朝鮮をもってして、荘敬に振る舞うとともに冠服を整え、動作と威儀の規範を失わず、程朱にあらざれば語らず、経書にあらざれば引かない、というのがむしろよいのではないか。詩文では才能が及ばないので、必ずこれをやらないでおくことにしたい。

南玉・成大中　〈笑いながら〉おっしゃることはまったく正しく堂々としている。自分たちも服膺致しましょう。ただ詩文を唱酬する席はもとより講学の時ではない。かりにこちらが程朱を持ち出してみたものの、日本人が妄りに排斥を加えたとしたなら、白黒をはっきりつけて言い負かすことができるだろうか。体面を傷つけて止めにするよりは、初めから問題を起こさない方がよい。

元重挙　座中にもし程朱を排斥するたぐいがいれば、真剣な顔付きをしてこれを斥け、唱酬にあずからなければ、何の体面を傷つけることがあろうか。しかし決してここまでは行きますまい。行くゆくしばらく観察することにしよう。

そして両友はこれに従ったという。[11]

この会話から窺うことができる第一は、「日本人は程子・朱子を無視している」というのが、出発前すでに三人の共通認識としてあったことである。日本の儒学界ではもはや宋学すなわち程朱の学をほとんど誰一人まじめにやる者はいないらしい、日本儒学者に対してその正しさを説教するのはもはやほとんど不可能であるばかりか、いったん宋学が正しいか日本で流行している学術が正しいかの論争になれば、朝鮮通信使の方が勝てない危険性がある、とまで彼らは考えていた。これは、前回一七四八年通信使からの伝達なしにはあり得ない。というのはそのもう一つ前、すなわち一七一九年の通信使であった申維翰の『海游録』を彼らは読んで来日したのであるが、そこでは「日本での性理の学は、一つとして聞くべきところがない」というように、日本の儒学は軽蔑の対象でしかなかったからである。また朝鮮李滉の『退溪集』がどこの家でも読誦されているとも記していた。[12]そこでは日本の儒学ははなはだ劣ったものであるとされ、その儒学界は朝鮮朱子学に対して恭慕の念を懐いていると書かれていたのであるから、「妄りに排斥を加え」られ「体面を傷つけ」られるという心配をする必要はなかったのである。三人の会話に見える緊迫感は、まさしく一七四八年通信使であった朴敬行および李鳳煥が日本儒学界の現状を目撃して見せたそれとあい通ずるものがある。

また元重挙が自分を「鈍劣」であると見なさざるを得なかったのも、これまた一七四八年通信使が持ち帰った筆談の記録や唱和詩文を自ら目にしたか、朴敬行や李鳳煥から日本文士の詩文の能力が急速に高くなっている、と直接に聴いたからだとしか考えられない。というのは、一七四八年の一つ前の通信使一員として来日した申維翰の記録では、やはりなお日本人の詩文がいかに劣ったものであるかが強調されていたからである。[13] 一七四八年通信使による情報なしには、彼がここまで深刻な劣等感や恐怖感を覚えるはずはないのである。

このように彼らが朝鮮を出発する以前に、日本の儒学界ではほとんど反朱子学に傾いているという認識を持っていたことは明らかであるが、その中心であった荻生徂徠の著作を彼らがそれまでに読んでいたのかどうか、彼らの記録では何も語らない。

ところが、この問題についてはいくつかの日本側史料が有力な情報を提供してくれる。まずそれは、大坂の奥田元継が残した筆談集『両好余話』である。これによれば、南玉ら一行が往路大坂にたちよったとき、奥田は『童子問』『弁道』『弁名』『論語徴』などは、すでに朝鮮に伝わり、その説の当否を議論し判定しているか」と尋ねた。これに対して南玉は、「諸々の著書は前回の通信使がすでにもたらした。これを見たことがあるが、大いに憎むべきものである」と答えている。[14] これによれば、彼らは来日前から徂徠の主要著作を読んでいたことになる。たしかに仁斎の『童子問』は一七一九年の通信使によって実際に朝鮮にもたらされていたのだから、彼がこの書を目にした可能性はある。しかしはたして、徂徠の『弁道』『弁名』『論語徴』を彼が本当に読んできたかというと、これは怪しい。

南玉、成大中、元重挙の日記、及び現存する日本人が書いた数多くの筆談記録の中で、徂徠の名が初めて現れるのは癸未（一七六三年）十二月十日である。それは博多の沖合、藍島で一行が亀井南冥と筆談を交わしたときである。亀井は徂徠学派の人である。[15] 彼の『泱泱余響』によれば、南玉が「日本では誰の文集が尊ばれているか」と問うたのに対し、「蘐園翁のものであろう」と答えている。[16] 一方南玉の日記では、徂徠の弟子永富鳳（独嘯庵）の『嚢語』を読み、そこで出てくる蘐園とは「物雙栢の一号である」と記す。また元重挙の日記でも、亀井との筆談で出てくる蘐園とは物雙栢のことであると記す。これらの記録によるかぎり、どうやら南玉も元重挙も蘐園というのが徂徠の号であることさえ、この段階まで知らなかったらしい。またここで徂徠の名が出されているのに、南玉は「蘐園の集は何巻か。大坂へ行ったら買って読むことができるか」と尋ねるだけで、『弁道』などをすでに読んだなどとは何も言わなかった。一七四八年通信使が日本へ来たときには、対馬藩の儒者に会うとただちに『童子問』の名を挙げたのと大きく違っている。

『弁道』『弁名』『論語徴』が徂徠の主要著作であることは、南玉らは往路赤間関（下関）に至ったとき、瀧鶴台から教えられた[17]。瀧も徂徠学派の人である[18]。この席でも南玉らはこれらの著作をすでに読んだなどとは、一言も言っていない。

南玉の日記をはじめとして残された史料によるかぎり、彼が間違いなしに徂徠本人の著作を読んだのは一行が江戸に滞在していた時、すなわちやっと一七六四年の三月二日のことであった。しかもそれは『弁道』『弁名』あるいは『論語徴』ではなく、『徂徠集』であった。その時のことを彼はおおよそ次のように述べている。

> 那波魯堂が白石の『停雲集』と徂徠の『徂徠集』を持ってきてくれた。……徂徠〔集〕とは物雙栢の文集のことであり、いわゆる蘐園のことである。『四書徴』を作り、余力なきまでに朱子を攻撃し、勝手放題にゆがんだ淫らな言葉を述べたて、一国の人々をけしかけてこれに従わせており、彼ほど声望ある者はいない。……李攀龍を知ってのち、始めて古経、修辞、立言とは何であるかを知ったといい、説明は求めようがなく、道理からほど遠い。その詩はその文に及ばず、わが朝鮮人を譏る言葉が数多く見える[19]。

彼の日記では、いかなるものであれ徂徠の著作を読んだと記すのは、これが初めてである。徂徠の文集を手に入れることは、博多沖合で亀井からその名を聞いて以来、彼の念願であった。彼はこの書を大坂においても手に入れることができなかった。彼は大坂から一行に随行してきていた那波魯堂に代わって買ってきてくれるよう頼んでいたところ、やっとこの日にプレゼントしてくれたのである。[20] ただここでは『論語徴』と言うべきところを『四書徴』と間違えて記している。

南玉が三月二日に『徂徠集』を手に入れたことは、彼だけでなく成大中と元重挙にとっても大きな収穫であった。三日後の三月五日、江戸の官医である山田正珍、号宗俊が宿舎を訪れた時、成大中がちょうど『徂徠文集』と『春台文集』を読んでいるのを目撃した。山田が「徂徠の文章はどうか」と尋ねると、成大中は「徂徠の言葉使いは〝日東の巨匠〟と言うべきだが、学術は大いに誤っている」と答えたという。[21] これは南玉が『徂徠集』を手に入れたので、彼も早速回し読みしたものと考えられる。

元重挙の日記では、『徂徠集』を読んだという記事は三月十日に見えるから、彼もまた南玉が得たものをまわし読みしたに違いない。実は元重挙も那波魯堂に対して『徂徠集』を読みたい、とかねてから漏らしていた。日頃から程子・朱子のことしか言わない元重挙が、なぜ『徂徠集』を読みたいと言うのか、那波には訝しかった。元重挙が『徂徠集』を読むに至って、那波がその感想を尋ねたので、彼は「奇才、奇気。惜しむべし、哀れむべし」と答えたという。[22] この口吻からすれば、元重挙もやはり江戸まで来て始めて徂徠の著作を読んだのであり、しかもそれは『徂徠集』だったと考えられる。

さらに成大中が帰国の途次に赤間関で萩藩の瀧鶴台と再会したとき、徂徠の全集と『弁道』『弁名』はすでに読んだが、その随筆と『論語徴』および『学則』はまだ見ていない、何とか読めないものかと尋ねている。[23] これは帰国間際のことである。彼は『徂徠集』のほか、『弁道』『弁名』はこれまでに手に入れたようであるが、随筆すなわち『蘐園随筆』と『論語徴』『学則』とはこの段階でなお手に入れていなかったのである。以上によって見れば、彼らが徂徠の著作として読んだのは『徂徠集』が初めである。南玉は往路大坂で奥田元継の問いに対して、『弁道』『弁名』『論語徴』をすでに読んで来たかのような様子を見せたが、このうち『論語徴』については帰国間際になっても読むことはできなかったらしい。

一方、李彦瑱は訳官、しかも中国語の通訳官であったから、両班出身の南玉らとは筆談の席を共にしなかった。実は彼は、成大中が帰国間際になっても手に入れられなかった『学則』を遠の昔に、江戸ですでに手に入れていたらしい。宮維翰（宮瀬龍門・劉維翰）は三月十日、彼の友人宮田明（金峰）が李彦瑱にプレゼントするためにこの書を持ってきたと記すからである。(24) 三月十日と言えば、南玉が『徂徠集』を手に入れた直後であったが、彼の日記にも元重挙の日記にも『学則』のことはまったく出てこない。さらに言えば、彼は『徂徠集』をも南玉よりも早く手に入れていたらしい。これより先の二月十八日、伊予大洲藩の儒者で宿舎の接待係であった滕資哲と筆談したおり、『徂徠集』を読んだと語り、これを読んで彼を奇士であると評価しているからである。(25) 李彦瑱と南玉らとは身分がまったく異なり、それぞれが得た学術情報を交換することがなかったらしい。

以上によって、彼らが朝鮮を出発するにあたって徂徠自身の著作を何一つ読むことなしにやってきたらしいことは、ほぼ断言できる。また往路大坂で奥田元継に対して南玉が言った答えも、それが虚勢から出たものであることもおおよそ断言できるところである。逆に以上によって、一七六四年通信使のメンバーが来日以来、徂徠の著作を手に入れようといかに熱心であったかが明らかとなった。『徂徠集』『弁道』『弁名』の三書を獲得したことが、彼らの徂徠学に対する認識を飛躍的に高めたことも、ここにほぼ断言してよいであろう。

南玉は帰途に赤間関において、瀧鶴台に対して「私は『徂徠集』および『弁道』『弁名』を熟読した」と述べている。(26) 彼が三書のうち少なくとも『徂徠集』を熟読したことは、帰国後に対馬について論じた次の一文から明らかである。それは、「徂徠の文章によれば、朝鮮には九世代たった後でも〔日本に〕必ず復讐してやろうという意志があるし、人参は海内生霊の命に繋わるから、和を絶やしてはいけない。対馬は両国に介在しているから、処遇を良くせざるを得ない、と書いている」というものである。(27) 実はこれは、『徂徠集』巻一〇、「贈対書記雨伯陽叙」の関連箇所を要約したものであって、決してそのまま書き写したものではないが、用語は多く徂徠が用いたものである。(28) このような文章は『徂徠集』を座右に置いて書き写したのではないとすれば、よほど熟読した者でなくては書きうるものではない。

成大中や元重挙も、少なくとも『徂徠集』は熟読していた。成大中は瀧からその師山県周南の名前を出されると、即座に「その名は『徂徠集』の中で見たことがある」と応じた。確かにその名前は『徂徠集』に何度も見える。さらに瀧から伊藤仁斎と東涯の名前を出されると、即座に「東涯とは徂徠が言う〝西京に伊原蔵あり、関以西に雨伯陽（雨森芳洲）あり〟というそれか」と問うている。[29] これは『徂徠集』巻二七「答屈景山」に出てくる「洛に伊原蔵あり、海西に雨伯陽あり、関以東には則ち室師礼（室鳩巣）あり」を踏まえたものに違いない。筆談で即座になされた返答であったにもかかわらず、このようにほとんど同じ構文であったことは、『徂徠集』をよほど熟読している者でなくてはあり得ない。

元重挙も同様である。日記『乗槎録』には江戸を離れる頃に書いたと思われる彼の日本論が載っている。そこでは医学論を展開しつつ、『徂徠集』で徂徠は「人参は海内生霊の命に係わると言っている」と述べている。これもすでに述べたとおり、『徂徠集』「贈対書記雨伯陽叙」に「人参は海内生霊の命に繫わる」とそのままあるから、彼はこの書を座右に置いて書き写したのでなければ、正確に読んでいたことが理解できる。また彼は帰途、博多藩の朱子学者井上周道（魯垌）と筆談したとき、その師である竹田春庵の話が出た。彼はそこで、「『徂徠集』中にある与春庵論学書を読んで、春庵の門路が正しく、名声でも実力でも蔚然として徂徠という外敵から護る堅城であることを知った」と述べている。[30]『徂徠集』巻二七には確かに「与竹春庵」二通が収められ、それらは竹田が宋儒を擁護し明の王世貞・李攀龍を攻撃したことに対し、徂徠が反批判を加えた書簡である。元重挙も『徂徠集』を熟読し、その内容を理解していたと見てよい。

以上によって、彼ら三人は徂徠の著作を手に入れるのに極めて熱心であり、かつ三人とも日本を離れるまでに『徂徠集』を熟読していたことは大よそ証明できたと考える。

三　徂徠学派校勘学と古典籍復刻に関わる知識の進展

次に問題となるのは、山井鼎や太宰春台ら徂徠の弟子らが始めた校勘学の業績、および日本伝存の古典籍を用いた中国古典の復刻について、彼らがどのような関心を示し、どこまで知ったのか、という問題である。

山井鼎は足利学校所蔵の宋版『五経正義』などを底本とし、三年かかって『七経孟子考文』を編纂した。徂徠の弟である物観がこれに補遺を加え、徂徠の序文を付して出版したのは一七三一（享保十六）年であった。太宰春台が孔安国伝『古文孝経』を校勘のうえ音注を付して出版したのは、その翌年の一七三二（享保十七）年のことであった。さらに同じく徂徠の弟子、根本遜志がやはり足利学校の底本をもとに、皇侃『論語義疏』を刊行したのは一七五〇（寛延三）年であった。これらが長崎経由で中国に渡り、清朝考証学に影響を与えただけでなく、その後『四庫全書』に収録されたこと、周知の通りである[31]。この徂徠の弟子たちが始めた日本伝存古典籍の復刻について、これに関連したことが初めて朝鮮通信使に伝えられたのは、一七四八年のことであった[32]。

一七六四年通信使になると、これに関わる情報はさらに詳しく、さらに各地で幾度も伝えられた。これに関わる筆談記録としては、まず次のようなものがある。

石金宣明　かの中国にもない書物が、〔わが国には〕しばしばある。経では宋版の『七経』『孟子』や『古文孝経』のたぐいであり、伝注では皇侃『義疏』『孟子直解』などである。これらはかの中国では現在なくなっているという。その他、子・史・伝奇もすべてである。『通典』『文献通考』、通史・通記などは、学者が朝夕に習誦しており、どの家にもある。

南玉　今お示しになった書目は、〔中国から〕船で送られてきたものか。最近送ってきたものか。

石金宣明　いやそうではない。船で中国から来た書物は、ほぼ万暦・嘉靖の刻本である。その中、〔汲古閣〕毛晋所蔵の『十三経』『十七史』『漢魏叢書』『津逮秘書』といったものは、日本江戸時代初期の慶長以来、送ってきたものである。わたしがお答えした宋版とは、中古以来我が天朝の秘庫に蔵されてきたものであり、地方の学校に蔵されるものもあって、字体は一字一字きっちりして明版と大いに異なっている。(33)

石金宣明の名前は、南玉『日観記』では二月二十五日のところで石宣明として登場する。陸奥の人であるが、江戸で学塾を開いていた。筆談に加わっていたのは、南玉、成大中、元重挙の三人である。この筆談は南玉が「旅の途中でたまたま『通典』を見た。お国日本はまことに書物に富む。あらゆる奇書の書目をお聞かせいただけないか」と記したことへの答えとして、石金が幾つか書名を挙げたものである。南玉が石金の示した書目について、「船で送られてきたものか。最近送ってきたものか」とピントのはずれたことを問うているのは、この筆談がなされた段階では彼はなお、『徂徠集』を読んでいなかったからだと考えられる。と言うのは『徂徠集』には「七経孟子考文叙」が収められていたから、もしこれをすでに読んでいたなら、石金から宋版「七経孟子」と聞いただけで、ただちにこれと関係した話であることは理解できたはずであり、このようなピントのはずれた問いかけをすることはなかったはずだからである。また山井鼎・物観『七経孟子考文補遺』、太宰春台『古文孝経』、根本遜志『論語義疏』がすでに出版されたことも、またそれらの著作が日本伝存の古典籍を底本としていたことも、彼はこの段階では知らなかったらしい。

江戸ではさらに三月十日、次のような筆談もなされた。

宮維翰　皇侃『論語義疏』孔安国注『古文孝経』王粛『孔子家語注』などの書はすでに刊行された。これらは中国ではなくなり、まったくわが日本にのみ現存しており、好古の学者らが尊んでいる。……あなた方は宋学に心酔しているから、これらの書を貴いものとは考えないであろう。

元重挙　そのとおりだ。これらの注解があったとしても、『大学』で教える正心・誠意を実践するために無益であるなら、我が国では必要ない。[34]

宮維翰はやはり徂徠学派の人である。[35] 朝鮮側で同席したのは、元重挙、南玉、成大中、それに金仁謙であった。ここでは明確に、皇侃『論語義疏』以下の諸書が日本で刊行されていることが伝えられた。宮維翰の言葉がいささか挑発的であったためか、元重挙は朱子の教えに役立たぬならばそれらは必要ない、と答えたのである。さらにその後、皇侃『論語義疏』とはどのような書物か、そこにはどのようなことが書かれているのか、彼らは帰途大坂で知ることになった。筆談の相手は那波魯堂の実弟奥田元継である。

奥田元継　皇侃が義疏を加えた『論語』には、全篇にわたって也・矣・焉などの字が朱子の集注本よりも多く用いられている。ほかに文字がやや異なるものとしては、集注本で「貧而楽」（学而篇）とあるところ、「貧而楽道」となっており、「久而敬之」（公冶長篇）とあるところ、「久而人敬之」となっているなどである。また公冶長が鳥の言葉を理解できたと皇侃『論語義疏』には詳しく載っている。ところが、朱子の『論語集注』では「公冶長とはどんな人物であったかわからない」としている。朱子のように博覧なものでも、皇侃の書を見なかったようである。

元重挙　朱子は孔子の後わずか一人聖脈を伝えられたお方であるから、識らないところがあろうはずがない。『四書』のごときは、道は天地の大を貫き、理は山海の深を極めている。我々がとやかく申せるであろうか。あなたの言葉はデタラメである。[36]

皇侃は梁の人であり、『論語義疏』とは何晏『論語集解』に疏を付けたものである。後に書かれた『四庫全書提要』で、この書は南宋時代にすでに散佚していたという。従って元重挙らがこの書の名前を知っていたのかどうかもわからない。しかしここにおいて、この書によれば『論語』のテキストに異同がある、と伝えられた。さらには朱子ですらも『論語集注』を著すにあたって、この書を見ていなかったらしいと具体的な事例をもとに示唆された。間違いなしに皇侃『論語義疏』がいかなる書であるか、伝えられたのである。

もちろん元重挙は、「朱子が識らなかったなど、ありえない」と反駁した。ここで見るかぎり、元重挙の態度、簡単に言えば彼の固陋さは、江戸でも復路大坂でも一貫していたかに見える。ところがそうではなかった。元重挙は奥田の弟子に対しては、『古文孝経』を見せてくれないか、と懇願しているからである。

奥田の弟子である衢貞謙は、漢の孔安国が『古文尚書』序で述べたとされる言葉、すなわち漢代に孔家の壁から『古文尚書』のほか伝『論語』『孝経』が出てきたという有名な話しをとりあげ、ここでいう伝『論語』伝『孝経』とはどのような書物なのかと尋ねた。元重挙との問答は次のようであった。

元重挙　本伝（『論語伝』）は見たことがない。『孝経伝』はお国日本へ伝わっているというが、本当なのか。

衢貞謙　太宰春台がすでにその家塾で出版し、音注を付けた。わが国の知識人でいやしくも学に志す者は、皆まずこれを読んでいる。

元重挙　一見したく思うができない。もしお持ちであれば、しばらくお示しいただけないか。[37]

江戸において石金宣明や宮維翰らと交わした筆談によって、元重挙は孔安国伝『古文孝経』と称するものが、日本に伝わり現存していることを知るに至っていた。大坂に来ると、それが太宰春台によって音注が付せられすでに公刊されていることも教えられた。さらには、江戸では朱子の教えを実践するのに役立たなければ必要ないと言った元重挙ですら、彼の方から『古文孝経』を一目見たい、と食指を動かすに至っていたのである。

成大中が帰途に赤間関で瀧鶴台と再会し、『徂徠集』『弁道』『弁名』はすでに読んだと言い、さらに『論語徴』『学則』などを読みたいと申し出たこと、すでに述べた。この時の筆談記録によれば、これに先んじて成大中は瀧と次のような問答を交わしていた。

成大中　足利学校の古経と紀州の山君の著述の如きは海外の異本であるが、自分が一玩すらできないのは大いに残念だ。帰国の支度で忙しく、買って帰ることができないのは、最も嘆かわしい。君は旅の携帯物のうちに持って来てはいまいか。一覧したいものだ。

瀧　古経はなお刊行されず、『考文』も冊数が多い。自分は携帯してきていないので、お見せできない。残念だ。(38)

この段階で、成大中は足利学校に古経が現存すること、そして「紀州の山君」すなわち紀州の山井鼎がこれをもとに『七経孟子考文』を著したこともすでに知っていた。『徂徠集』所収の「七経孟子考文叙」では、宋学が隆盛を極めて以後、中国では散佚してしまったにもかかわらず日本に伝存してきた古経を今なぜ重視しなければならないのか、語っていた。『徂徠集』は南玉以下三人がともに大いに関心を寄せ熟読した書物であった。彼らは徂徠のこの序文をも読み、内容を理解し得たと考えるのが自然であろう。少なくとも成大中は理解できたと考えるのが自然である。大坂における奥田元継との筆談には彼も加わっていたから、彼は皇侃『論語義疏』には『論語』本文に異同があるらしいこと、朱子もどうやらこの書を読まなかったらしいことを理解できた。それら古典籍が日本では一部復刻され、日本人であれば容易に買って読むことができることをも知っていた。また徂徠によるこの序文では、鼎という名の男が三年かけて古経と古注の校訂作業を行ったこと、そのために精力を使い果たし瀕死の病を得るに至ったことが記されていた。成大中には一人の男が命をかけた仕事の意味をある程度は理解できたと考えるのが、自然であろう。これらを理解できたればこそ、彼は帰国間際になってまで、徂徠自身の著作だけでなく、「古経」も山井の著作も手に入れようとしていたのである。

以上によって、一七六四年通信使の一行が徂徠学の何であるかを十分に理解できる彼自身の主要著作を手に入れただけではなく、日本人儒者と筆談を交わす過程で、徂徠の弟子たちによってなされた校勘学に関わる業績と古典籍の復刻についても知ったことが明らかとなった。それらを知り獲得しようとして、彼らがいかに熱心であったかが明らかとなった。そこに我々は、朝鮮学術とは異質なものに対する彼らの強い好奇心と、極めて旺盛な知識欲とを見て取ることができる。この点で、彼らが日本の新しい学術に対して取った態度は、先回一七四八年通信使がそれを排斥することにのみ熱心であったのとは、まったく違うものであったと評価することができる。

四　帰国後における徂徠学の紹介

ではこのような熱心さで獲得した徂徠の諸著作や日本儒者との筆談で得た諸情報をもとに、彼らは徂徠学について帰国後どのように紹介したのであろうか。

まず南玉『日観記』では次のように記される。

〔徂徠は〕朱子が経典を誤って解釈しているとし、李攀龍の文集を得て、聖人の作られた経典の主旨はここにある、経典の解釈はこれを捨ててはあり得ないという(39)。

〔彼は〕華音つまり中国音で読書することを教えている。

次に成大中は『日本録』において、大よそ次のような評価を下した。

京都の伊藤仁斎は『童子問』を著し、その道は陸学つまり陽明学に近い。江戸の荻生徂徠はその文章の俊麗なること、ほぼ日本一であるが、学術はねじけて正しからず、孟子以下にすべて侮蔑を加えながら、自分では王世貞・李攀龍のおかげで道を悟ったと言っている。文辞でも王李を喜び、王李を先生としている。その見識の卑しさはかくのごとくである。

仁斎は『論語註《ママ》』を作った。徂徠は『論語徴』を作り、論駁は仁斎から朱子に及び、才能のある者は靡然として従っている。たまに程朱を尊崇する者がいたとしても、みな老学究であり、力弱くして自立不能である。(40)

最後に元重挙は『和国志』において、徂徠を次のように論じた。

〔徂徠は〕のち王世貞・李攀龍の文集を長崎の中国船から得、その詩文を慕うのみならず、これを正学であるとして学び、自ら王李の学と名付けた。自ら『論語徴』を著し、孟子以下をすべて侮辱し、程朱に対しては最もひどい。……一国の人は波濤のように徂徠に赴き、〝海東夫子〟と称するほどである。

しかし仏老が性や徳とは何かと論ずるような奇抜さはなく、陸象山・王陽明が論じた良知良能とは何か、といったことをほとんど論じない。ところが、その尊崇する王世貞・李攀龍とは、これまた天下すべてがみな嘲笑する人物ときている。

また華音（中国音）をもって韻書を学生に授け、華音が解るようになってその後、書を授けている。(41)

さて、三人による徂徠学の紹介で共通しているのは、第一に徂徠が朱子学に猛烈な攻撃を加えたということ、そして第二に、彼は明の王世貞・李攀龍の影響を強く受けたという二点である。また、華音で読書作文せよと教えていると紹介する点で、南玉と元重挙が一致し、孟子をも非難するという点で、成大中と元重挙が一致している。徂徠の学術を誤った正しからざるものとして紹介する点では、もちろん全員一致している。

以上示したような徂徠学についての紹介は、朝鮮において初めてなされたものであった。その意義は徂徠学が初めてこの国で詳しく紹介されたというだけではない。すでに一七一九年通信使によって仁斎の『童子問』が持ち帰られ、ある限定された範囲であれこれは読まれていた。またそれは徂徠の説と同様、朱子に背く異端の説であるとして紹介されてはいた。しかし、徂徠という日本の一儒学者の説がここまで様々な角度から詳しく紹介されたのは、おそらくこの国始まって以来、初めてのことと言ってよいであろう。我々はこのことに十分に注意すべきである。

しかし三人が少なくとも『徂徠集』を熟読したこと、南玉一人について言えばさらに『弁道』『弁名』をも熟読していたらしいことから見れば、右のような彼らによる徂徠学の紹介は、あまりに貧弱ではないだろうか。少なくとも、これで徂徠学の中でもその核心部分を紹介したことになるのであろうか。この点を検証するため、我々は以上の三著作に盛られた徂徠学の核心と言うべき数点を掲げてみることにしたい。そしてこれと対照することで、彼ら三人は何を紹介し何を紹介しなかったのか、明らかにしてみたい。私見によれば、徂徠学説の要点は以下の数点である。[42]

(1)　徂徠によれば、朱子ら宋儒による経典解釈の誤りは、彼らが「皆、今言をもって古言を視る」という研究方法をとったところにある（頁三四、五一二上、五三七下）。すなわち、古代先王の道を把握するためには、たとえば宋代の言語「今言」をもってしては不可能であり、代わって西漢以前に使われた古文辞の用例を把握し、「古言」つまり古代言語をもって始めて解釈できるとする（頁三五）。

(2)　徂徠は、政治と道徳を切り離し、政治が道徳より優位にあると主張する。「先王の道は天下を安んずるの道なり」「民を安んずるの道なり」である（頁一二、四九八下）。先王の道は聖人が作為したものとされる。ここにおいて、道とは事物がそのようにあるべき理であるとする宋儒も、孝悌などの道徳を道であるとする仁斎もともに否定される。仁とは心の問題つまり個人道徳ではなく、民を安んずるために政治を行うことであるとされる。

(3)　陽明学や仁斎学も、朱子学と同じレベルで批判される。陸象山、王陽明、伊藤仁斎は、ともに心の問題を朱子と同様に心で解釈しようとしたからである。それらは「ただ其の心をもって心を言う」にすぎない。先王の道を求めながらそれを示す確実な根拠を「辞（古文辞）と事（具体的事実）に求めない」（頁五三〇上）。徂徠は心という曖昧で万人においてそれぞれ異なるものを探究する代わりに、六経に記される具体的な事実、すなわち聖人が定めた詩書礼楽という把握可能な事実を探究すべきことを主張する。そしてこれを修得することこそが学問であるとする（頁三〇、五四二下）。

(4) 孔子と孟子を切断する。孟子は楊子や墨子と同じレベルにまで地位が引き下げられ、しばしば非難される。その性善説も、諸子との論争に勝つために一面を強調した説であるとして斥けられる（頁一三九、五一七下）。また「気質を変化させ」、「学んで聖人になる」ことは不可能事であるとされる（頁一〇、一六、二四、五三八上）。

(5) 明代李攀龍・王世貞が提唱した古文辞学に賛同する。この文学理論としての古文辞学を文学の世界に止めず、経学研究に応用する。「古言」を識るために古文辞を学ぶべきだとする。宋代の文学、欧陽修と蘇軾を代表とするそれに著しい嫌悪を示す。古文辞学の主張に則り、議論のための文章を避け、また叙事のためには修辞が必要であるとする（頁五〇三上、五二九上、五三七下）。

(6) 漢文を読み書きするためには、倭訓すなわち日本式の訓読は捨てよと主張する。華音（中国音）を学び、華音で読み書きすべきことを主張する（『徂徠集』巻二九、一―九）。

(7) 宋学者による注釈を排斥し、宋学が隆盛になる以前のテキストや注釈に着目すべきことを主張する（頁四九〇下、五三〇上）。

徂徠学は極めて広汎であり、もちろん上記の七点に要約できるものではなく、またこの七点も相互に密接な関係をもつ。しかし南玉らが徂徠学をどのようなものとして紹介したのかを考察するためには、以上で十分な比較の対象となろう。先に三人による紹介の共通点として、第一に徂徠が朱子学を猛然と攻撃している点を挙げた。しかしここで見直してみるなら、彼らは徂徠が宋学のどこを間違っていると言っているのか、ほとんど何も語っていないことがわかる。経典研究のあるべき方法を主張し、同時に朱子学を攻撃した(1)について、三人はともに何も語らない。「古言」「今言」というキーワードについて一人も紹介しない。また道徳と政治を切り離し、後者が優位にあるとする(2)についても、三人はまったく何も語らない。朱子学だけでなく陽明学をも攻撃した(3)についても、三人は何も語らない。

三者が共通して徂徠の誤りとして具体的に挙げているのはわずかに(5)、すなわち徂徠は明の王世貞・李攀龍の大きな影響を受けたという点のみであると言ってよい。我々は彼らが徂徠学のどこが間違っていると考えているのか、その紹介からはほとんど読みとることはできない。彼らによる徂徠学の紹介は、いずれも核心を外していると言ってよいのである。

とすれば、これは三人が徂徠の著作を手に入れるのに極めて熱心であり、『徂徠集』を熟読したらしいことと大いに矛盾するのではないか。あるいは彼らがそれを熟読したという我々の考証が、誤っていたのであろうか。徂徠の三著作を熟読したと南玉が言ったのは、これまた虚言だったのであろうか。

しかし今一度、彼らによる徂徠学の紹介を見てみよう。そこでは幾つかの点が注意されるべきである。第一に南玉の紹介において、徂徠は「李攀龍の文集を得て、聖人の作られた経典の主旨はここにある、経典の解釈はこれを捨ててはあり得ない」と主張したと述べられることである。さらに言うなら、江戸で『徂徠集』を読んだ時にただちに書いた日記でも、「李攀龍を知ってのち、始めて古経、修辞、立言とは何であるかを知った」と言っている、と彼は述べていた。成大中もまた、「徂徠は王世貞・李攀龍のおかげで道を悟ったと言っている」と紹介していた。

これらの紹介は、徂徠が王李二人の影響を文学理論の面で受けたというだけでは決してなく、これを超えてそれを古経の解釈に応用したことを彼らが理解していたことを示している。たとえば徂徠は、「李王の心は良い歴史叙述家になろうとするところにあっただけで、六経にまで心がまわらなかった。自分こそが古文辞を六経に用いたのだ、ここが二人とは違っている」（頁五三七下）と誇り、「李攀龍と王世貞とは文章の士に過ぎない。自分こそは天の寵霊によって、六経の道を明らかにすることができた」（巻二二、頁五、与富春山人第七簡）と王李を超えたと誇っていた。南玉も成大中も、徂徠が王李古文辞学の単なる祖述者でなかったことを十分に知っていたのである。

第二に元重挙は、徂徠は「陸象山・王陽明が論じた良知良能とは何か、といったことをほとんど論じない」と紹介していた。これは彼が、徂徠学が陸王の学とは違う異端であることを正確に理解していたことを示している。

第三に、成大中は『徂徠集』巻二七「答屈景山」に見える伊原蔵（伊藤東涯）と雨伯陽（雨森芳洲）の名前をほぼ原文の構文を用いて筆談の席で引用したこと、すでに見たとおりである。この「答屈景山」には「古言」「今言」という彼の方法論のキーワードが記されていた。彼の方法が、王李の古文辞学を経典解釈に応用したものであることも書かれていた。宋儒たちは一人一人が違う心に理を求めるだけでこれを古代聖人の作為が現れている「事」と「辞」に求めない、とも非難して書かれていた。この「心をもって心を言う」点では、陽明も仁斎も宋儒と同じであるとも糾弾されていた。この一文の中には、徂徠学の神髄というべきものが数多く詰め込まれていたのである。重要な一文であったればこそ、『徂徠集』だけでなく彼の生前中に刊行された『学則』にも収録されたのであった。成大中がこの一文の中で、「古言」にも「今言」にも目をとめず、宋儒のどこが間違っていると明確に指摘している所にも目をとめず、さらには陽明、仁斎をも批判しているところを読み飛ばし、ただ伊原蔵と雨伯陽について書かれたところのみを読んで記憶していたなどとは、まったくあり得ないことである。もしそのように考えるなら、彼の読書能力を完全に過小評価することになるであろう。この書簡は難解なものではまったくない。同じく元重挙も『徂徠集』収録の「与春庵」を間違いなく読んでいた。ところがこの一文でもやはり、「程朱は古言がわからない」と非難しつつ、古言を理解できない程朱が作った注釈に頼って古典を解釈しようとすることは、「華言（中国語）を朝鮮に求めるようなものだ」、とのうまい比喩をしていた。元重挙が「程朱」のどこが間違っているのかと記した部分を読み飛ばし、「朝鮮」という文字に対しても無頓着だったとは、これまた到底考えがたいところである。

このように見てくるならば、南玉らはやはり『徂徠集』を詳細に読んだと考えざるを得ないのであって、彼らが日本でそれを熟読して理解したことと帰国後に紹介したものとの間に、あまりに大きな落差があることを認めざるをえないのである。帰国後彼らが紹介した徂徠学は、いずれも隔靴掻痒と言うべきものでしかない。あるいは彼らは徂徠学を紹介するにあたって、言ってよいことと悪いこととを無意識にか意識的に慎重にか、選択したのではないか。

いったい彼らは本当のところ、徂徠学をどのように考えていたのであろうか。この点を明らかにするため、我々は今一度日本にもどり、この地で彼らが交わした筆談記録によりながら、彼らの徂徠学への対応をもう一度見直さなければならない。

五　筆談記録に見える徂徠学への対応と評価

今、徂徠学に対する彼らの本当の考えを聞くため、日本人との筆談記録を見直してみようと言った。しかしそれをそこに明瞭な形で見出しうるかというと、そう簡単にはいかない。彼らは日本でも至る所、異口同音に「朱子が正しい。朱子に背く者は異端である」と語っていたからである。その発言の一部はすでに見たとおりであるから、ここではすべて省略する。ところが我々は、これら公式見解のような発言に混じって、なぜ彼らが徂徠学について本当に考えるところを率直明瞭に語らなかったのか、の答えを見出すことができるのである。その答えによって、彼らが帰国後、徂徠学について言って良いことと悪いことを弁別したのではないかという先に出した疑問に対しても、答えを出すことができる。

三月十日のこと、江戸の宮維翰は元重挙らと筆談した。やはり異口同音に「朱子学をやれ、格物窮理をやれ」と言われたので、これに閉口した彼は席を換えて李彦瑱を相手に、「本当のところ、あなたはどう考えているのか」と問いかけた。これに対して李彦瑱は次のように答えたという。

朝鮮の国法では、宋儒によらずに経典を説く者は厳重に処罰される。この問題については言いたくない。文章について論じようではないか。[43]

李彦瑱は直截明瞭に答えた。彼は「異端児」と言ってよい人物である。彼が陽明学の信奉者であるか、少なくともこれに強い共感を寄せる人物であったことは、すでに見たところである。日本では訳官であるという身分の気楽さがあったし、南玉らとは筆談の席を別にしていた。だからこそ直截に物が言えたのであろう。彼が一行に加わっていなければ、我々はこんな明快な答えを決して聞くことができなかったであろう。その彼にしてなお、儒学について率直に語ろうとしなかった。より正確には自由に語れなかった。そして話しを文学の方に換えてくれと言ったのである。

これより先の三月四日、滕資哲は南玉等に対して、日本では近年、宋儒を批判する風気が強まっていると紹介しつつ、「お国朝鮮では程朱の教えを尊び、異説を尊ばないと聞いたことがある。お国でも近年また卓識を備えた人がいて、宋儒を批判するに至った者がいるか」と率直に尋ねた。これに対して南玉は一読しただけで一語も答えなかったという(44)。

同じく江戸の儒者、渋井太室も本当のところを聞いてみたい一人であった。彼は宿舎本願寺で通信使一行に面会した後、別れを惜しんで沢田東江らとともに彼らを品川まで送り、ここで夜遅くまで筆談と唱和を交わした。彼は別れに際して日本の儒学情況を紹介した長文の手紙を携えてきており、これに答えを求めた。これに対して南玉はやはり「徂徠学は間違っている。朱子学が正しい」という公式見解で答えた。渋井はこれに不満であったのか、旅先の一行に次のような手紙を送った。

ただ聞くところでは、諸公は江戸で徂徠の『論語徴』と文集（『徂徠集』）を求めて読んだとか。ゆえにどのような御意見なのか質問したのであって、決して試そうとするつもりではなかった。

ところが南玉は、今度は金仁謙、元重挙、成大中との四人連名で、次のような返事を送った。

『徂徠集』はおおよそ見おわった。……あなたが「決して試そうとするつもりではない」との言葉で、徂徠についての考えを我々に求めるとは、よくよく考えればその間に深い意図がかくされていることがわかる。この言葉は果たしてあなたの本心に適うものかどうか……。[45]

渋井としては親しくなれたと思ったから、ここまで率直に書いたのであろうが、南玉は毅然として答えることをはねつけた。徂徠学説について考えるところを率直に答えようとはしなかった。渋井に対する返答には、彼らが最も問題にされたくないことを問題にされた困惑と怒りを読みとることができるであろう。

我々はここに至って、南玉らが帰国後になした徂徠学説に対する紹介が何故あんなにも隔靴搔痒なものでしかなかったのか、ようやく答えを出せるに至ったと言ってよい。簡単に言えば、彼らは考えるところを正直に語ることができなかったのである。「朝鮮の国法では、宋儒によらずに経典を説く者は厳重に処罰される」のであるから、彼らもできれば「この問題についてては言いたくな」かったのである。そもそも「古言」「今言」という徂徠学の方法論は明らかに朱子のそれと抵触するものであったから、このような「異端」学説を詳しく紹介すること自体、大いに問題であった。さらにはこれを言うことは、朱子の方法論に対して自ら疑問を呈することになるかもしれなかった。自らが「異端」であると間違われないためには、徂徠の論法を撃破できるだけの論法を自ら提示できなければならなかった。さらにもし徂徠が朱子学だけでなく陽明学をも批判していると紹介するのであれば、彼が何を根拠にして陽明学をも批判するのか説明せねばならなかった。ところが当時の朝鮮知識人の常識によれば、朱子学を批判するものと言えば陽明学に決まっていた。だからこそ、仁斎や徂徠の学説を非難する時、彼らは「それは陸王の学に似ている」と表現したのである。それが最も簡単な説明であり「異端」に対する批判であった。ところが徂徠は陽明学をも朱子学とともに批判するのであるから、これをどう紹介しどう説明したらよいのか。朱子を護りながらそれを説明するのがいかに困難なことか、我々にも容易に想像することができる。

彼らが共通して徂徠学が間違っているとしてあげた論拠を思い出してみよう。それは、徂徠が朱子に背いているという同義反復のような論拠を除けば、わずかに明の王世貞・李攀龍による古文辞学の影響を受けたものである、という点だけであった。しかし元重挙がいみじくも述べたように、当時の朝鮮では「王世貞・李攀龍とは、これまた天下すべてがみな嘲笑する人物」と見なされていた。従って彼らは徂徠学の誤りをそれ以上論証する必要がなかった。王世貞・李攀龍の名前を出せば、最も安全確実に「その見識の卑しさ」を「論証」できたのである。

徂徠学に対する率直明瞭な論評を避けようとした点では、日本滞在中も朝鮮帰国後も一貫していた。さらに言えば、南玉、成大中、元重挙三人が朝鮮を出て日本に向かうにあたり、日本人と正面きって儒学論争をすることは避ける、程朱一本でゆくとの合意は、終始一貫して保持されていたのである。従って我々は、三人が『徂徠集』を得て以降をも含めて、彼らが日本で徂徠学についてどのように述べていたのかを見ることは、まったく無駄な作業であると言ってよい。たとえば元重挙は復路駿河の吉原においてさえ、「貴国日本の文士は、その学問において明儒が陸象山を祖述する説を尊んでいる」と非難していた[46]。また名古屋でも相変わらず彼は、「宇宙中間に両人有り。仲尼（孔子）の元気、紫陽（朱子）の真、とはこれである」と述べていた[47]。江戸において獲得した『徂徠集』から得た知識を彼はまったく生かしていない。彼はこのように日本人を論難し、信じるところを述べていたのである。

ただ一つだけ、彼らの徂徠学への見方を窺うに足る筆談を紹介しよう。それは、一行が帰途立ち寄った赤間関において、瀧鶴台と交わしたものである。瀧は歴とした徂徠学派の人であったが、元重挙はその日記で「海外の華人である」と評したように、その人となりと学識には高い評価を与えていた。ここで元重挙は、瀧鶴台が徂徠の徒であることを遺憾であるとし、「朱子の道は太陽が中天にあるように公明であり、孔子の後わずかに一人だけである」と論じて説伏を試みた。瀧は元重挙による批判があまりに抽象的にすぎるとして、これに対して次のように答えた。

徂徠の学は、古言をもって古経を解するものであり、その明らかなること火を観るがごとくである。朱子の「明徳」に対する解釈は『詩経』『左伝』と合致せず、仁を心の徳とみなしている。……古代にあっては詩・書・礼・楽を四教・四術といい、士君子が学ぶものはこれだけであった。「本然気質」「存養省察」「主一無適」など程朱が言うような種目があったであろうか。[48]

瀧はここで徂徠学の神髄として、我々が先に挙げた要点の⑴⑵⑶を挙げたのであった。「古言をもって古経を解する」を「古言をもって古経を証す」と往路でも言っていたから、徂徠の方法論を言うのはこれで二度目である。ところが元重挙も他の二人もこれに対応する答えを出さなかった。かわりに元重挙はただ、あなたは徂徠の良い部分（明処）は理解されているが、間違った部分（暗処）は取捨選択すべきであると抽象的な批判を繰りかえすのみであった。『徂徠集』で何度も出てくるこの「古言」にもとづく朱子学批判のどこが間違った部分（暗処）なのか、あるいは古代聖人の時代には「本然気質」などの種目はなかったと指摘したのがどこが間違っているのか、まったく説明しなかった。瀧は、あなたがたは「ただ空虚に徂徠をけなすだけで、その教えが先王や孔子の道と食い違っているというところを明挙しない」と論評した。この瀧の論評は、彼らが帰国後なした徂徠学に対する批判がまったく核心を突いたものではないとした我々の見解と、完全に一致している。

ところが成大中はこの席で注目すべき次のような発言をした。

徂徠の誤りはその才能があまりに高すぎ、弁論があまりに痛快すぎ、識見があまりに奇抜であり、学問があまりに博すぎるところにあって、その文華の力量たるや、実に簡単には排斥できないものがある。後学はその師とすべき点を師とし、その捨てるべき点を捨てるなら、それでこそ善く徂徠を学ぶと言うことができ、徂徠もまた後世に補うところがあるであろう。[49]

これは徂徠に対す貶辞なのであろうか讃辞なのであろうか。「徂徠の誤りは」と言うのだから、形式的には彼を非難した形になってはいる。ところが実質においては、これは徂徠に対する讃辞になっているのである。[50]

南玉も帰国後これとよく似た評価を下した。それは徂徠を秀吉になぞらえるというものである。秀吉と言えば朝鮮では大悪党に決まっていた。ところが彼は、日本にとって誰よりも大功と大罪をもたらした人物として徂徠を秀吉と同列においた。一方、朱子学者である留守友信については、「やや正しくはあるが固陋である」とプラス評価をしたかに見えてその実マイナス評価をしていた。南玉は留守からその著作『朱易衍義』三冊をプレゼントされたが、日本でそれを読んで彼を「頗る学に志すところがある」と評価した。(51) しかしこの評価もまた、六十歳にもなるこの大坂の朱子学者をまるで子供扱いにしたものと言ってよい。折衷学派の南宮岳についても、「博学ではあるがねじけている」とほとんど眼中におかなかった。南宮が博識にも明代儒者の言葉を多く引用しつつ、漢儒をも宋儒とともに尊重すべきであると主張し、南玉と書簡のやりとりをしたことは、彼の『講余独覧』に詳しく記されているし、『日観記』にも簡単に見える。南玉はまた「朱子を攻撃する者は俊才である者が多く、朱子を守る者は庸劣である者が多い」、とも評した。これらからすれば、南玉の徂徠評は貶辞では決してなく、むしろその大胆不敵なところが気に入ったとする最大の讃辞であったと考えるべきである。

日本思想界に即して言えば、当時はすでに徂徠学の時代は終わり、折衷学などの時代になっていた。しかし一七六四年通信使に加わった朝鮮知識人にとって、良くも悪しくも問題であったのは徂徠であった。そして彼らは徂徠に対して貶辞と讃辞の入り混じった評価を贈りながら、日本滞在中から帰国後に彼を論評した文章を書くまでずっと、徂徠に対する決定的な反撃の論理をなお構築できずにいたのである。

六　結　語

以上によって、一七六四年通信使が日本の学術の何を問題にしていたのか明らかになったと考える。徂徠学についての認識は前回のものに比べて飛躍的に進展した。しかし進展したがゆえに、かえってまた朝鮮には正確に伝えられなかったのである。外国へ出た者がその地の学術文化に大きな関心を寄せながら、国内事情によってそれをそのまま伝えないことは、現在我々が生きる世界でもしばしば目にするところである。

元重挙が当時朝鮮の学術界で最も優れた人物の一人であったかどうかは知らない。しかし南玉と成大中は間違いなく一流の学識をそなえた人物であった。李彦瑱がこの一行に加わったのはまったくの偶然であったが、彼もまた一流の学識をそなえた人物であった。彼らはそれぞれに日本で生まれ朝鮮のものとは異質な学術に興味を覚え、旺盛な知識欲でそれが何であるか知ろうとした。学識が高かったがゆえに、知識欲も旺盛であったと言うべきであろう。

一七四八年通信使においては、朝鮮知識人たちは日本の古学に強い反発を覚え、その流行を危惧する言葉のみが日本人との筆談で現れた。しかし一七六四年のそれになると、彼らは徂徠学に異常なまでの関心を示し、これに関わる情報の収集に熱心であった。彼らの関心は、徂徠の弟子たちが成しとげた業績にまで及んだ。我々はここに両国の学術関係がすでに大きく転換していたことを見るべきである。

しかし一七六四年通信使一行は、日本の学術をそのまま受け入れなかったし、それを帰国後そのまま伝えなかった。その原因の第一が、「宋儒によらずに経典を説く者は厳重に処罰される」からであること、すでに述べた。その原因としてあと二つを挙げうる。

その一つは、その学術がほかならぬ日本、つまり彼らが「絶海の蛮児」の地と考えていたところで生まれたからである。この言葉はすでに見たように、一七四八年通信使の一員として来日した洪景海が発したものである。日本を交隣すなわち恩恵を与えるべき対象とする考えは、一七六四年になっても基本的に変わらなかった。実際この国では有史以来、日本の学術を受け入れた経験など一度もなかった。元重挙がもっていた文明史観は、これに関わるものとして興味深い。彼によれば、「天地の気は北から南に」流れるものと決まっていた。日本がこれほどまでに文明が闢けたのも、北にある朝鮮から秀でた気が南に流れたからであって、これとは逆に南から北へ気が流れることは、朝鮮の文化と社会が混乱し破滅することを意味していた。[52] このような文明史観を持つ者が、南で生まれた学術を自ら受容することはあり得ないし、それを北へ積極的に伝えることもあり得ない。

第二には、当時の朝鮮は自ら小中華と称し、夷狄民族が支配する清朝中国をも蔑視していたからである。これまた有史以来と言ってよいほどに中国から学術文化を受け入れてきたこの国にあって、当時はちょうど朝鮮的華夷観念が最も強く支配していた時であって、中国の学術文化すら受け入れることを拒絶していた。朝鮮にとって当時の中国は、政治的にはやむを得ず事大せざるを得ないにしても、文化的に事大すべき対象ではなかったからである。そのような時代に、日本のそれを受け入れるはずはない。徂徠学を中心とした日本の学術がこの時に伝わらなかったのは、朝鮮国内の諸事情によるのであって、学術文化そのものの優劣とまったく関係がない。

日本の学術が目に見える形で影響を与えるようになるのは、この朝鮮的華夷観念が一部打ち破られ、清朝漢学が導入されて以後のこと、つまり一七六四年から約半世紀も後のことであった。清朝漢学の導入に熱心であった金正喜(阮堂)は、最後の通信使すなわち一八一一年のそれが持ち帰った日本の学術成果にも強い共感を示した。[53]またある研究によれば、丁若鏞はその『論語古今注』(一八一三＝純祖十三年)において、伊藤仁斎の説を三回、荻生徂徠の説を五十回、太宰春台の説を一四八回引用しているという。[54]

しかし文化的な鎖国状態に大きな風穴を開けた決定的契機が洪大容の燕行であり、それが一七六四年に通信使が帰国した翌年なされたものであったことは、はたして偶然だったのであろうか。確かに徂徠学そのものはその時点で明瞭な形で影響を与えなかったかもしれない。しかし通信使一行がキャッチした日本の新しい学術情況や豊かな文化情況は、時にプラス評価なのかマイナス評価なのか曖昧な表現をとって、また時に明らかな危惧と明らかな羨望の言葉となって、確かに帰国後伝えられたのであった。

我々は一七六四年通信使の一行が、南の日本で新しく生まれた学術を熱心に知らんとした精神と、文化的な鎖国状態を打ち破ろうとして燕行使の一員として北へ向かった洪大容の精神とには、南北の違いはあれ、どこか一致したものを見るのである。

第一一章　朝鮮通信使と日本の書籍
――古学派校勘学の著作と古典籍を中心に――

一　はじめに

朝鮮後期はほぼ日本の江戸時代にあたる。江戸幕府が続いた一六〇三年から一八六七年までの間、朝鮮から日本へは刷還使などと呼ばれるものを含めて合計十二回の通信使が送られた。これら通信使の側が残した記録、あるいは日本人儒者たちがその一行と交わした筆談記録には、しばしば彼らが日本で見聞した書籍の話しが出てくる。それら書籍の中には、中国から輸入されて間もない書籍や朝鮮書籍も含まれるが、ここで取りあげようと思うのは、古学派儒者の著作、特に徂徠学派による校勘学のそれと、彼らによって新たに注目されるに至った日本伝存の古典籍について、彼らは何を筆談したのかという問題である。そしてそこに見られる学術情報の交換と、一朝鮮知識人が清朝考証学を導入して以後になしたこれらへの評価とを通じて、日本、韓国、中国の学術がそれぞれに当時どのような問題を抱えていたのか、考察することにしたい。

二　一七四八年における日本の古典籍に対する態度

日本古学派儒者の主な主張は、朱子学は間違っているというものである。彼らは朱子学すなわち宋学を否定しつつ、中国古代の言語の用例に即して経典を解釈すべきであると主張した。一方そこでは、儒教教典のテキストそのものにも関心が向かった。というのは、宋学が流行するに伴って多くの古いテキストや注釈が亡びてしまったので、この古いテキストには一体何がどのように書かれていたのか、新たに関心の的となったからである。

前章でも見たように山井鼎が『七経孟子考文』を著し、これに物観らが補遺をおこない、『七経孟子考文補遺』として出版したのは一七三一（享保十六）年のことである。その後この書は長崎経由で中国に渡り、清朝考証学者たちに大きな影響を与え高く評価された。[1] 山井鼎は徂徠の弟子、物観は徂徠の弟である。徂徠は出版に先んじて「七経孟子考文叙」を書き、その中で次のように言った。

> 宋代以後、人々は新説を喜び、古い注疏は用済みとされて倉庫に放りこまれ、これを読むことができるものはほとんどいなくなってしまった。[2]

朱子以前の儒教教典のテキストや注釈を求めんとした時、幸い日本には中国から伝来した数多くの宋版とともに、平安・鎌倉時代から日本で伝写されてきた鈔本が数多く残っていた。山井鼎が校勘するにあたって底本として用いたのは、室町時代一五世紀前半に再建されて以後続いていた足利学校の蔵本である。

朝鮮通信使に対して、初めて彼らの業績と伝存古典籍のことが伝えられたのは一七四八（英祖二十四、寛延元）年のことである。この時の通信使が日本古学派の儒者と交わした議論は、この世紀における両国の学術関係の転換を示唆するものとして重要であること、すでに前章と前々章で見たところである。古学派が注目して以来、脚光を浴びるに至っていた日本伝存の古典籍およびその復刻版について、たとえば江戸の一儒者は通信使の一員李鳳煥と、次のような筆談を交した。

安子帛（東海）　我が国はちっぽけな国ではあるが、観るべきものもある。これを申そう。『十三経注疏』善本・『孔子家語』善本・『古文孝経孔安国注』・皇侃『論語義疏』・『東観漢記』・『孝経鉤命訣』等の書籍は、すべて宋代以前に日本にもたらされたものである。中国では今亡くなっているということだ。自分のように才能がないものであっても、朝夕これらの書籍を学び朗唱できるのは、幸せである。

李鳳煥　わが国の制度や礼制はすべて『大明集礼』に倣ったものである。世界中で先王の制度と道徳規範を実際に守っているのは、わずかに一隅の朝鮮だけである。『十三経注疏』以下の諸書は、我が国にもすべてである。ただこれらの書籍は程子・朱子の取捨選択を既にへたので、倉庫にしまい込んで時々参考にしているだけである。(3)

この筆談を隣で見ていた淵好凱は、次のような感想を記録にとどめた。

安子帛が中国にはない書籍を伝えたところ、李鳳煥は朝鮮には全部あると答えた。ありもしないデタラメを言っている。程子や朱子が『東観漢記』を読んで取捨選択するようなことがあろうか。李鳳煥が見たのも宋代以後の書に過ぎず、彼が古注を知らないこと、これからも分かる。笑止である。

この時の筆談は、日本側は安子帛と淵好凱ほか三名、朝鮮側は李鳳煥（済庵）と李命啓（海皐）、それに朴敬行（矩軒）であった。安子帛、号は東海、淵好凱ともに、いかなる人物か不明である。

筆談の内容は、安子帛（東海）が日本に伝存する中国の古典籍が豊富なことを自慢したのに対して、李鳳煥が『十三経注疏』以下の諸書は、すべて朝鮮にもある。しかし程子・朱子がこれらの書を取捨選択して『四書集注』などを編纂したので、今では用済みの書物として倉庫に収蔵してある」、と答えた。これに対して淵好凱は、「李鳳煥はデタラメなことを言っている。『東観漢記』は宋の時すでに散佚していたのだから、程子・朱子が取捨選択しうるはずがない」と嘲笑した、というものである。

この座に同席した宮維翰（宮瀬龍門）も、この時の筆談につき以下のように記している。

安子帛は我が国の典籍を中華にないと自慢して言ったが、李鳳煥は『十三経注疏』は倉庫にしまってあり、すべて程朱の取捨に従っていると答えた。彼は程朱に心酔し、豆と麦との区別もつかないほどになっており、それ以上聞きたくなかったのだ。(4)

宮維翰（宮瀬龍門）は劉維翰とも称し、徂徠学派の人である。

ここで安子帛が言う『十三経注疏』善本とは、正しくは宋版『周易注疏』、『尚書正義』、『毛詩注疏』、『礼記正義』、『春秋左伝注疏』のことであり、通常これらを総称して宋版『五経注疏』あるいは宋版『五経正義』と呼ぶ。いずれも足利学校の所蔵であり、山井鼎が『七経孟子考文』を編纂するにあたって用いたものである。宋版『尚書正義』『毛詩注疏』『礼記正義』『春秋左伝注疏』の四種はいずれも一四三九（永享十一）年に足利学校へ入ったものであり、宋版『周易注疏』も一四五四（享徳三）年以前に入ったとされる。(5)

『孔子家語』善本とは、たとえば『群書治要』巻一〇所収本がそれであり、これは鎌倉時代の鈔写本とされる。もと金沢文庫蔵で現在は宮内庁書陵部に蔵される。(6) また、中国元朝の王広謀『孔子家語句解』朝鮮古刊本が室町時代に日本に将来され、その鈔本が一五一五（永正十二）年に足利学校に入っている。しかし、『孔子家語』が江戸時代に有名になったのは、何と言っても一七四一（寛保元）年に京都の岡白駒が諸本を校勘のうえ出版し、また翌年の一七四二（寛保二）年、徂徠の弟子太宰春台が同じく諸本を校勘のうえ増注し、江戸で出版してからである。これらはともに一六三八（寛永十五）年に京都で出版された木活字本を底本としたとされる。そしてこの寛永刊本は、宋版を底本として出版された元和（一六一五—一六二四年）古活字本を復刻したものとされる。[7]

『古文孝経孔安国注』とは孔安国伝『古文孝経』のことである。この書の鈔本は日本では古くから数多く伝わっている。たとえば京都大学附属図書館現存のそれは、一二四一（仁治二）年の跋文が付せられたものである。ほかに鎌倉時代・室町時代の鈔本が十数点残っており、足利学校所蔵のものは室町時代中期以後の鈔本とされる。[8] 一五九三（文禄二）年に『古文孝経』が銅活字を用いて出版されたとされ、さらに一五九九（慶長四）年に木活字でも出版された。さらに一六〇二（慶長七）年にも木活字版が出ている。そして一七三二（享保十七）年には太宰春台がこれら諸本を校勘し、音注を付して孔安国伝『古文孝経』を出版している。[9]

皇侃『論語義疏』も日本に数多く鈔本が残っており、たとえば一四七七（文明九）年に鈔写されたものが現在でも龍谷大学図書館に伝存している。[10] 山井鼎が『七経孟子考文』を編纂するときに用いたのは足利学校蔵本であり、おそらく一六世紀前半に鈔写されたものとされている。やはり徂徠の弟子である根本遜志（根遜志）が一七五〇（寛延三）年に皇侃『論語集解義疏』を刊行した時、底本として用いたのもこれである。[11]

いかに安子帛の言葉に誇張と自慢があったとしても、宋版『五経注疏』は中国でも当時極めて得がたいものであったことは間違いなく、古鈔本も当時の中国ではなかなか得がたいものであった。しかし、『東観漢記』と『孝経鉤命訣』が江戸時代に伝存していたことは、寡聞にしてまったく聞かない。

三　一七六四年における日本古典籍獲得の熱意

すでに見たように、一七六四（英祖四十、明和元）年通信使が来日したのは、一七四八年のそれから数えて十六年後のことである。一行には製述官南玉、書記成大中と元重挙、それに訳官として李彦瑱が加わっていた。彼らはいずれも日本についての様々な知識を得ようとして熱心であった。[12]

学術の面で特に関心を持ったのは、荻生徂徠のそれである。南玉が徂徠自身の著作のうちで初めて読むことができたのは、管見のかぎり『徂徠集』であり、江戸においてであった。三月二日、随行の那波魯堂が代わって買い南玉にプレゼントしてくれたからである。[13]成大中と元重挙もただちにこれを回し読みしたらしい。李彦瑱一人はこれより早く『徂徠集』を手に入れていた。そこには徂徠の「七経孟子考文叙」が収録されている。そこでは、朱子学を批判しつつ、古注疏やこれを記す古典籍を何故今ここで再び尊重しなければならないか主張していた。またそこでは、日本の下野の国（現在の栃木県）には参議小野篁が数百年前に建てた学校が残っており、紀伊の国の人、名は鼎、字は君彝という徂徠の学生が根遜志という人物とともに、ここに蔵される宋版『五経正義』や皇侃『論語義疏』などの価値を発見して校勘をおこなったこと、三年間この作業に没頭したために精力を使い尽くし、病気になって瀕死の状態になったこと、などが記されていた。[14]徂徠の序文は典雅な漢文で書かれているため、著者の山井鼎あるいは山重鼎という姓名がわずか名鼎、字君彝としてしか記されず、野参議の遺址といえば当時の日本の儒者であれば誰もが足利学校であることが分かったが、これも明記されていない。しかし朝鮮通信使たちがもしもこの時、徂徠による反朱子学の主張のみならず、さらにその主張の奥にある中国古典に対する考え方にまで関心を広げることができていたのなら、日本の学術界では古典籍に対してどのような態度をとり、それらを利用してどのような研究をしようとしているのか、徂徠のこの序文からおおよそ知りえたはずである。

南玉・成大中・元重挙らは、江戸と大坂で日本の儒者から古学派学者による校勘学の業績とこれに関連した伝存古典籍について、しばしば情報を与えられた。これについては今ここで省略する。ただここでは、彼らが帰国する直前、赤間関（山口県下関）で、萩藩の儒者瀧鶴台と成大中との間で交わされた筆談、および詩の贈答を紹介するに止どめる。

瀧鶴台は徂徠の弟子である山県周南に学び、さらに江戸へ出て服部南郭に学んだ。明確な徂徠学派の人である。[15]その筆談および詩の贈答は、一行が帰途赤間関に立ち寄ったとき、すなわち五月二十一日に交わされた。「贈成龍淵」と題する詩の一部で瀧鶴台は次のように詠った。成龍淵とは成大中である。

更に東毛の古経の在る有り、君に憑って異方をして伝え使めんと欲す。[16]

この詩に対して彼はさらに注をつけているが、これをそのまま成大中に伝えたのかどうかは、明らかではない。成大中に贈った詩の中で、「東毛」の古経というのが注に見えるとおり下野国にある足利学校を示すことは言うまでもない。最も注目すべきは、瀧鶴台が「憑君欲使異方伝」と言っていることである。すなわち、『七経孟子考文』『古文孝経』皇侃『論語義疏』がすでに数十年前に清朝中国へ伝えられたように、今度は更に通信使が帰国するに際して朝鮮でも伝えて欲しいものだ、と述べているのである。成大中は「東毛古経」というのが足利学校所蔵であること、著述をなしたのが紀州の山某であること、徂徠の「七経孟子考文叙」を重ね合わせれば間違いなしにそれが山井鼎であることを知っていた。と言うのは、すでに見たように次のような筆談がその時なされたからである。

成大中　足利学校の古経と紀州の山君の著述のごときは海外の異本であるが、自分が一玩すらできないのは大いに残念だ。帰国の支度で忙しく、買って帰ることができないのは、最も嘆かわしい。君は旅の携帯物のうちに持って来てはいまいか。一覧したいものだ。

瀧　古経はなお刊行されず、『考文』も冊数が多い。自分は携帯してきていないので、お見せできない。残念だ。[17]

すなわち成大中は山井の著作や足利学校の古経が「海外異本」であることをよく理解することができていたのであり、それらを一目見たいと願った。徂徠の「七経孟子考文叙」と、江戸と大坂での筆談から得た情報などとを総合すれば、日本儒者がなしとげた校勘学の業績と伝存古典籍の意義について、彼らはなお漠然としたものであっただろうが、帰国までにある程度は理解できたはずである。

四　朝鮮への日本古典籍の伝播

結果として、一七六四年通信使は『七経孟子考文』、皇侃『論語義疏』、孔安国伝『古文孝経』などを持ち帰ることができなかったようである。また日本の校勘学や古典籍についても、彼らはほとんど朝鮮の学界へ伝えることがなかったらしい。彼らの日記にこれに関わる顕著な記述が見られないだけではなく、通信使が著した日本研究として最も詳細な元重挙『和国志』ですら、山井鼎の名も『七経孟子考文』皇侃『論語義疏』『古文孝経』の名も一度も挙げない。これらに関する情報のうちでは、南玉が帰国後「我が国では見ない書籍」として挙げた孔安国『孝経伝』梁皇侃『論語疏』唐魏徴『群書治要』宋江少虞『皇朝類苑』が、わずかとはいえ最もまとまったものであろうが、これすら一七四八年にもたらされた情報にもとづくと考えられる。[18]

南玉が挙げた書物のうち、孔安国『孝経伝』梁の皇侃『論語疏』についてはすでに述べた。唐の魏徴『群書治要』も、鎌倉時代中期の写本が金沢文庫にかつて蔵され、現在は宮内庁書陵部に蔵されていること、すでに述べた。これをもとにして、一六一六（元和二）年に銅活字で出版され、その後木版でも出版された。[19]『皇朝類苑』は『皇朝事宝類苑』あるいは『皇宋事実類苑』とも呼び、一六二一（元和七）年にやはり銅活字で出版されている。[20]

このように日本における校勘学の著作と古典籍に関わる情報は、極めて限られたものしか朝鮮に伝えられなかったようである。元重挙と姻戚関係にあり、朝鮮一八世紀後半を生きた知識人の中では最も博識な一人であった李徳懋ですら、彼の著述の中でほとんど何も記していない。『青荘館全書』巻五八に見える「日本文献」もほとんどすべて一つ前の一七四八年通信使によって伝えられた情報でしかない。また、彼の著作とされる『蜻蛉国志』には、明らかに一七六四年通信使がもたらした情報が多く記されるが、「日本書籍不可殫記」以下に列記される多数の書籍について見ても、日本伝存古典籍や校勘学の著作を掲げない。秦始皇帝が日本へ派遣したとされる徐福について記したところで、元重挙が博多の儒医亀井南冥に対して「古文の六経は徐福が日本へ齎したのか」と尋ね、これについての問答が記されるが、これは古くから朝鮮通信使が持っていた関心であって、当時流行していた校勘学やこれと関連した古典籍とはまったく関係がない[21]。

『七経孟子考文補遺』『古文孝経』『論語集解義疏』が長崎経由で中国にわたり、後二者は『知不足斎叢書』に収録され、さらに三者とも『四庫全書』に収録された。朝鮮の学者の中で『七経孟子考文補遺』を初めて見たのは金正喜(阮堂)であるとされ、それは一八一〇(嘉慶十五、純祖十、文化七)年、北京において阮元から見せられたとされる[22]。金正喜が燕行して以後は、中国を訪れた朝鮮知識人と清朝知識人との間で、これら日本書籍のことがしばしば話題にのぼったであろう。その一例としてここで掲げるのは、申在植が一八二七(道光七、純祖二十七)年、北京で汪喜孫(甘泉)、李璋煜(月汀)と交わした筆談である。

汪喜孫　日本には皇侃『論語義疏』があり、中国にはないものである。お国朝鮮にはこの書がありますか。
李璋煜　日本は近頃、はなはだ学問好きになっており、出版される書物が大変多いと聞きます。
申在植　日本は海を隔て、通信使もめったに行きませんので、詳しいことは分かりません。しかし数年前ちょうど使節の往来がありました。そんなに高明ではないと聞いております[23]。

申在植がここで数年前に通信使が往来したというのは、一八一一(嘉慶十六、純祖十一、文化八)年のそれである。ここに見えるように、清朝知識人は皇侃『論語義疏』などについてより詳細な情報を得られないかと、燕行使節に問いただしていたのである。申在植が汪喜孫の問いに答えていないのは、朝鮮には皇侃『論語義疏』がまだ入っていなかったか、彼がこのような書物に関心を持たなかったことを示すであろう。思想家として有名な龔自珍も、これより五年前にやはり日本に伝存する古経について朝鮮燕行使の一人に聞いていた[24]。

しかし確かにこの頃、おそらくは対馬経由ではなく北京経由でそれは朝鮮に入った。そしてこの皇侃『論語義疏』を読みこれを贋作であると断じた人物がいた。誰あろう、成大中の子成海応である。彼は「題倭本皇侃論語義疏後」を書いて、次のように論じた。

　倭人は素もと贋作を好む。近頃また書籍がだんだんと多くなるにつれ、その偽りもひどくなった。皇侃『論語義疏』が海外中国に伝わったのも、まったく不思議ではない。『論語義疏』の中で何晏の文章と異なる部分は、すべて偽撰である[25]。

四庫提要において清朝考証学者は『論語義疏』について、「これは確かに古本であって仮託ではないことがわかる」と判断していた[26]。すなわちこの書は近年の偽撰ではないと判断したのである。成海応はこれに対して逐条論駁を加えている。彼はこの書を手に入れていたに違いない。その研究方法は証拠主義である。清朝考証学が論拠としてあげた証拠は十分な証拠ではないとするものである。それは清朝考証学の方法を応用したものであり、また山井鼎のとった方法とよく似ている。ところが彼は、『論語義疏』は書籍が日本で多量に出回っているという情況を背景にして、日本人が近年作った贋作であると断じた。さらに返す刀で、「その計り知れないほどに狡猾詐妄なること、かくのごとくであるにもかかわらず、これを真本であるといっている」と四庫提要の説を非難した。すなわち清朝考証学者の考証も誤っていると断じたのであった。

五　結　語

朝鮮通信使が日本人と交わした古典籍に関わる「書籍情報」は、我々に重要なことをいくつか教えてくれる。朝鮮知識人がその後、中国清朝から導入することになる「書籍情報」をこれに加えて考えるなら、当時日本・韓国・中国がそれぞれに置かれていた学術の情況と位置とをよく理解できる。それぞれの情報が意味するものについて、以下でいくつか考察を加えたい。

まず初めに、一七四八年に安子帛と李鳳煥との間で交わされた問答を思い出してみたい。すでに述べたとおり、『十三経注疏』善本、『孔子家語』善本、『古文孝経孔安国注』、皇侃『論語義疏』について安子帛が伝えたのは、日本伝存の古典籍と当時を遡ること三十年の間に日本儒学界が達成した業績の一部とをほぼ正しく伝えたと言ってよく、彼が誇らしく語ったことも我々は理解できる。しかし、それらの書物とともに挙げた『東観漢記』と『孝経鉤命訣』については、当時伝存していたようにはない。少なくとも彼が伝えたのは正確ではない。『論語義疏』はこの筆談があった二年後にようやく復刻出版されたのであるし、また『東観漢記』『孝経鉤命訣』は復刻出版されたようにないのであるから、彼が言うように「朝夕これらの書籍を学び朗唱できる」ような情況にはその時なかった。では何故ここで『東観漢記』の名が出されたかと言うと、おそらくは『日本国見在書目録』において、『東観漢記』一四八巻が奈良時代に遣唐使吉備真備によって将来され現存する書物として著録されているからであろう。『日本国見在書目録』は平安時代に作成された目録とされている。[27] しかしもしこのような珍しい書物が一八世紀に日本に現存していたら、中国で乾隆年間に『永楽大典』などから遺文を集めて『東観漢記』を復元する前に、誰かがそれを出版していたであろう。『孝経鉤命訣』も『日本国見在書目録』に、『孝経勾命決』六巻、宋均注と著録される。両者とも現在、日本に伝存してきた書籍からこれらを復元することはほとんど不可能であり、当時にあっても伝存していた可能性は極めて低い[28]。当時の日本の儒者は、日本古学が朱子学を越えたと認識し誇っただけではなく、古典籍の伝存と復刻においても中国を越えた、少なくとも一部は越えていると認識し誇っていた。当時、中国には既になくなっているとして長崎から中国に誇らしげに送り出した、あるいは送り出そうとした古典籍の復刻本は、決して太宰春台の『古文孝経』と根本遜志の『論語義疏』だけではなかった。これより先、太宰春台が『孔子家語』を校訂出版するに際しても、彼が底本とした寛永古活字本と当時中国で出版された汲古閣本『孔子家語』とを比較してみたところ、その本文がほとんど同じであったので、「日本の書物がもしかしたら中国へ流伝し、汲古閣毛晋がこれを重刻したのではないか、と自分は思った」と述べている[29]。このような意識がただちに『東観漢記』が現在でも残っているという「伝説」と結びついたのであろう。学術の急速な進展の中で、いつの間にか「伝説」を「事実」と考えるようになっていたらしい。安子帛はこのような学術情況の中で誇張して語ったのであり、結果的には部分的には虚偽の情報を伝えたのである。

ところが李鳳煥は安子帛による書籍情報の一部が虚偽の情報であるとは知らずにこれに乗せられ、これに対するにやはり虚勢から来る虚偽の情報を以てした。淵好凱が『東観漢記』を例に挙げてその虚勢と無知を嘲笑したこと、すでに見たとおりである。日本に多数の古典籍が伝存していたこと、及び当時、日本の学術が急速に進展していたことは事実である。しかし彼も安子帛も、『古文孝経』などが日本伝存鈔本を底本としつつも、朝鮮から掠奪して来た銅活字を用いてかつて印刷されたらしいこと、この銅活字による印刷が木活字によるそれをうながし、日本の学術の発展に一定の役割をはたしたことに対しては、まったく無知であったのか、あるいは故意によるのか、李鳳煥には言わなかった。

宮維翰は、李鳳煥は程朱に心酔しているから耳を掩ってそれ以上の問答を避けたと解釈した。たしかに朱子学一辺倒であった朝鮮の学風が、このような応対をとらせたと解釈することもできる。しかしおそらくはそれ以上に、朝鮮は文化的にはるかに日本より高いレベルにあるはずだとする誇り、すなわち「過信」があったことともに、より客観的な条件として、当時の朝鮮には「書籍情報」があまりに少なかったことが、このような対応をとらせた根本の原因であったと考えるべきであろう。

一七六四年通信使になると、成大中と瀧鶴台との筆談に見たように、朝鮮知識人は山井鼎の著作に関心を示すに至っていた。古典籍にも関心を持つに至っていた。しかし『七経孟子考文』を手に入れて帰国できなかっただけではなく、日本の古典籍について帰国後ほとんど情報を伝えなかったようである。これは彼らの日記に見られるように、荻生徂徠の学術に見られる反朱子学と古文辞学の要素については詳細に記し、これを帰国後も伝えたことと顕著な違いである。

成大中の子、成海応が日本古学派の業績、特に『七経孟子考文』『論語義疏』『古文孝経』に関心を持ったのは、中国清朝から考証学の影響を受けて以後であった。彼は「倭人は素もと贋作を好む」という先入観と、日本では「近頃また書籍がだんだんと多くなっている」という通信使によって伝えられ、あるいは北京経由で燕行使によって伝えられた情報をもとに、『論語義疏』を近年日本人が巧妙に捏造した贋作であると断じた。しかし彼は、『論語義疏』が日本には遅くとも一四七七年に鈔写されたものを含め、一五世紀・一六世紀に鈔写されたものが数多く現存していたことを、恐らく知らなかったであろう。もしもそれを彼が知ったならば、その段階で彼の「考証」はもろくも崩れていたはずである。というのは、彼の証拠主義を貫こうとすれば、一五世紀という中国ですらそんなに書物が多量に出回っていなかった時代に、日本には大量の中国書籍が流入していたこと、しかもこの種の贋作を作りうるほど高い学力を備えた日本人が当時すでにいたことを、証明する必要があったからである。この点で、彼は明らかに誤っていたと言ってよい。

実はこの点では清朝考証学者も同じような過ちを犯している。孔安国伝『古文孝経』が偽書であること、現在では定説となっているといってよい[30]。これは当時から疑われていたことであり、日本の山井鼎も「その真偽をはっきりさせることはできない」と記してその真本であることを疑った。清朝考証学者たちも四庫提要においてこれを偽書であるとほぼ断定している。問題は彼らが日本から何故清代になってやっとそれが中国へ伝えられたのか、について解釈したところである。彼らはこれを「おそらくは海外貿易がおこなわれ、〔日本人が〕中国の書籍を頗る多く獲得し、桀黠で文章の意味を理解できる者が諸書に載っている孔安国の伝を拾い集めて勝手に作り、自ら書物の豊富であることを自慢したのではなかろうか」と解釈した。[31] 彼はまたこの書で用いられる言葉が「唐宋元以前の人の言葉に似ていない」として、中国では明にあたる時代以後の贋作であると考えた。すなわち、彼らもまた、孔安国伝『古文孝経』が日本には遅くとも鎌倉時代の一二四一年以前まで遡ることができるものがあることを、恐らくは知らなかったのである。彼らも成海応と同じように、「桀黠で文章の意味を理解できる者」が近年に巧妙に偽作したと考えた。日本に対する先入観、それに型どおりの中華意識が誤りを導いたのである。成海応が『論語義疏』に対して示した判断には、清朝考証学者たちが孔安国伝『古文孝経』に下した判断と何がしかあい似たものがある。

その頃、自国への誇り、民族の一員としてのプライドが、東アジア三国の学術をそれぞれ大きく進めていた。しかし一方、当時にあってはこれがまた誇張と虚偽を生み、さらに誤認を生む要因でもあったのである。

第IV部

東アジアにおける洪大容燕行の意義

第一二章　一七六五年洪大容の燕行と一七六四年朝鮮通信使

——両者が体験した中国・日本の「情」を中心に——

一　はじめに

朝鮮燕行使は国都ソウルから、北に向かって中国北京へ至り、朝鮮通信使は南へ向かって日本の江戸に至る。両者が赴いた国が異なるため、これらに加わった旅行者の異国体験、異国観察も当然にして異なっている。事実、同じ頃に一方は燕行使の一員として、他方は通信使のそれとして外国へ赴いた者の旅行記を同時に併せ読んでも、注目するに足るようなあい似た体験あい似た観察に出会うことはほとんどない。

ところが唯一例外と言ってよいものがある。それは一七六五（乾隆三十、英祖四十二）年に燕行した洪大容の体験および観察と一七六四年に日本から帰国した通信使一行のそれとである。なかでも洪大容が中国人たちと筆談したときの記録である『乾浄筆譚』あるいは『乾浄衕筆談』と、一七六四年通信使の一員であった元重挙の日本旅行記『乗槎録』とを併せて読む者は、そこに著しく類似するものを見出し、一驚を禁じえないであろう。

優れた外国旅行記は、旅行者が赴いたその国のその時の情況を余すところなく活写すると同時に、その裏面において彼自身が生きた自国のその時の情況をも活写する。このため旅行記に記された彼らの体験と観察をもとにして、当該の二つの国が当時おかれていた情況につき、政治、社会、文化など様々な側面において二つの国の位置を測ることが可能となる。さらには一方では燕行使の一員が書き残した記述と他方で通信使の一員が書き残したそれとを同時につき合わせることによって、朝鮮を基軸として中国、日本という東アジア三国が当時置かれていた位置を探ることが可能となる。

我々はすでにこのような研究方法をとることを前提にして、一七四八年と一七六四年朝鮮通信使が日本で新しく生まれた「古学」特に「徂徠学」に対して、どのような認識を示したのかを見てきた。[1]本章では一七六五年に北京に旅立った洪大容による中国観察と、その前年一七六四年に帰国した通信使一行による日本観察との類似性を示し、当時置かれていた上記三国の文化、なかでも実生活における精神の位置というべきものを探ってみたい。ここで特に問題にするのは、北と南へ向かった旅行者が、それぞれ別の地で同じく体験することになる「情」である。

洪大容については、これまで朝鮮北学派の先駆者として、また自然科学に造詣が深い実学者として、数多く論じられてきた。[2]ところが管見のかぎり、洪大容による中国体験、観察を通信使によるそれと対比して論じたものはまったくないようであるし、彼が中国で体験した「情」について論じたものもまったくないようである。洪大容の燕行が朝鮮（韓国）史上「画期的」というべきものであったことは、すでにしばしば述べたし、またのちに詳しく見るとおりである。しかし一方、彼の体験をその前年に日本から帰国した者がそこで体験したものとつき合わせるならば、彼の個人的なそれを朝鮮史の中でより広く一般化して位置付けることが可能となる。さらには、彼の燕行が当時の東アジア全体で占める意味をも、明らかにすることが可能となるであろう。

本章で主に用いる記録は、洪大容『湛軒書』所収の『乾浄衕筆談』二巻である。『湛軒書』は洪大容五代の孫である洪栄善がもと一五冊の稿本を編集しなおし、一九三九年に出版されたという。[3]このほかこれと内容にやや出入のある鈔本『湛軒燕記』六巻本所収の『乾浄筆譚』二巻本などがある。[4]洪大容は北京から帰るとただちに筆談記録を整理し、これを『乾浄衕会友録』三冊と名づけた。この『乾浄衕会友録』がもともとどのようなものであったか、それが

『乾浄筆譚』と『乾浄衕筆談』とどのような関係にあるのかについては、次章で詳しく検討するであろう。次章で見るように『乾浄衕筆談』は問題の多いテキストであるが、『乾浄衕会友録』は三冊のうち一冊しか現存を確認できないし、また『乾浄筆譚』に比べるとその内容は豊かである。したがって本章ではしばらく、テキストとしては『湛軒書』所収の『乾浄衕筆談』に拠ることとし、この三つの書名については、情況の中で適宜使い分けることとする。

二　洪大容燕行の目的と国内での衝撃

洪大容が中国で体験し観察したものと、一七六四年通信使の一行によるそれとの類似性を見る前に、確認しておかねばならぬことがある。それは、洪大容は何を主な目的として燕行の旅に出たのかという問題である。そして彼は帰国後、朝鮮の知識人にどのような点で最も衝撃を与えたのかという問題である。これを問題とせざるを得ないのは、彼の著作全体の中で占める『乾浄衕会友録』の意義を確定するためである。洪大容が韓国では極めて有名であるにもかかわらず、これまでこれら重要な問題が正面から論じられたことがなかった。またこれまでは洪大容を実学者であると位置づけるのに大きな努力がはらわれてきたため、彼が北京の天主堂を訪れたことやヨーロッパの学問、なかでも自然科学への関心を深めたことが特に強調されるだけであった。

洪大容が燕行の旅を終え彼の郷里へ帰り着いたのは、一七六六（乾隆三十一、英祖四十二）年五月二日のことである。そして早くも六月十五日には、厳誠、潘庭筠、陸飛と邂逅した始末、彼らとの筆談、および彼らとの往復書簡を整理して三冊とし、これを『乾浄衕会友録』と名づけた。[5] 朴趾源が洪大容からの依頼に応じて、この書のために「会友録序」を書いたのは、この書の整理修纂が終わってから間もなくのことであったと考えられる。[6] 朴趾源はそこで洪大容の燕行こそ、満州族が中国を征服して以来、韓民族が自ら設けてきた精神的な鎖国状態を打ち破ったものであるとして高く評価した。彼は述べる。

洪大容君はかつて一朝、一騎を走らせ、燕行使節に従って中国へ至った。街市の間を彷徨し、裏長屋をうろついたあげく、やっと杭州から来た遊士三人を得た。ここにおいてこっそり旅館へ出かけ、歓然たること旧知のごとくであった。……始めはたがいに「知己」をもって許し、終には兄弟の契りをかわした。

ここで「知己」というのは、『乾浄衕筆談』に何度もあらわれる言葉であり、それが国際的な友人関係であることから「天涯知己」と表現されることがより多い。洪大容と中国知識人との交遊を示すキーワードである。『乾浄衕会友録』は洪大容のもとからソウルを中心とする知識人の間に伝わり、密かに読まれていった。彼が中国人と肝胆あい照らし「天涯知己」と称する友人をつくって帰国したというニュースは、朴趾源のように「画期的なことをやった」として高く評価する者がいる一方で、「信じられぬことをやった」「恥ずべきことをやった」として、激しい非難をあびせる者がいた。その一人が十数年にわたって兄事してきた先輩、金鍾厚である。彼は中国を「腥穢の讐域」つまり朝鮮としては復讐をはたすべき野蛮民族が統治する地と呼びなし、厳誠・潘庭筠ら満州族統治者に事えんとして科挙のために北京に来ている漢族知識人を「剃頭挙子」つまり辮髪のために頭をそり上げた挙人と呼んだ。彼は述べる。

そなたが剃頭挙子のやからと兄弟のごとき交わりを結び、何でも話しあうまでになったと聞くに及び、我もなく驚嘆しなすすべをなくしてしまった(7)。

この金鍾厚の手紙は、洪大容が帰国した年の秋に書かれたものである。洪大容が『乾浄衕会友録』を編纂しおえたのが六月十五日のこと、すなわち夏の終わりのことであったから、洪大容が中国で友人をつくり親交したということが、いかにスピーディーにソウルの知識人界に伝わり衝撃を与えたか、これを金鍾厚の手紙は教えてくれる。しかも洪大容の手紙によれば『乾浄衕会友録』をあえて金鍾厚には送らなかったと言う。[8] これに対して、金鍾厚の手紙ではこの書はすでに広く伝わっていたといい、自分にもこれを読ませてくれるようにと求めている。[9] 以上は『乾浄衕会友録』の出現から数えて、わずか二・三箇月の間のことである。

さて洪大容はその『乾浄衕筆談』の書き出しのところで、彼の燕行の目的を次のように述べた。

乙酉（一七六五、乾隆三十、英祖四十一）年の冬、わたしは叔父に随って北京へ行った。鴨緑江を渡ってから見たもののなかに、創めて見たものがないわけではなかったが、大願とするところは一人の優れた秀才にして心のわかりあえる人物をえ、これと劇談せんとすることであったから、沿路でこれを訪ね探すことに大いに努力した。[10]

すなわち、彼の言うところを信ずるとすれば、彼の燕行の目的はわかりあえる中国人と心ゆくまで劇談することであったという。翌年の二月四日、厳誠と潘庭筠の二人が初めて宿舎玉河館（南館）を訪れた時には、「今回中国へ来たのには、別に意図はない。ただ天下の奇士に会って、一度でいいから胸の内を述べあってみたかっただけである」と語っている。また二月五日づけで厳誠と潘庭筠に送った手紙でも、これまで自分は中国の書を読み、また中国の聖人を敬仰してきたので「一たび中国へ行き、中国の人を友とし、中国のことを論じてみたかった」という。[11] 潘庭筠が書いた「湛軒記」でも、洪大容は中国聖人の化を慕い、一度でも中国の奇士を友としたいと思い北京へ来たのだと記している。[12]

はたして洪大容が中国人に語り、その筆談記録に記したとおり、彼の燕行の目的が中国で友を探し出しこれと劇談することにあったのかどうか、その発想が余りに突飛すぎるだけに、我々はまずこれを疑ってかからざるをえない。ところが洪大容自身がとった行動とその書き残したもの、及び彼の先輩金鍾厚が書き残したものから見ると、我々もやはりこれを承認せざるを得ないようである。

と言うのは第一に、彼が厳誠と潘庭筠に邂逅するまでにとった行動が奇妙だからである。たとえば呉湘と彭冠という二人の翰林官と意図的に面識を得ようとしたのがそれである。正月元旦に紫禁城で行われた正朝の儀に出席した彼は、そこで呉湘と彭冠という二人の翰林官が朝鮮の衣冠に注目し、これを話題にしていることを耳にし、あえて彼らに語りかけて面識を得る糸口を探った。彼は彼らが翰林官であるのを知ると、さっそく庶吉士館へ人をやって二人のことを探らせ、また『縉紳案』（『縉紳便覧』）をわざわざ購入して二人のことを調べあげた。そしてついに彭冠の家を探しあて、その家を訪問して筆談するに至っている。[13] 奇怪にして執拗な行動と言うべきである。これは厳誠、潘庭筠と「劇談」するに至る約一箇月前のことである。

第二には、洪大容が北京に旅立つ前に、金鍾厚が彼に一通のこれまた奇妙な手紙を送っているからである。それは送別の手紙でありながら、その実、中国へは行くなと制止するものであった。そこには次のようなことが書かれていた。

そなたが今、中国へ旅立たれるのは、何のためでしょうか。国王に関わる仕事があるわけでもないのに、猛烈な風や沙を受ける万里の苦しみを犯し、満州族という臭くて野蛮な仇敵が住む地（腥穢の讐域）を踏もうとなさるのは、朝鮮にいては視野に限界（目之局）があり、これを豁然と広くしたいと思われるからなのでしょう。視野に限界があるといって、これを広くしたいと思っておきながら、心の限界（心之局）についてはこれを広くしたいと思わなくてよいでしょうか。況やこの心を広くしたいと思うのであれば、風や沙を受ける苦労や臭くて野蛮なものに触れる苦労をなめずにすみ、仇敵が住む地を踏むという屈辱を味わわずにすむではありませんか。

そして金鍾厚は、洪大容の「心の局」とは彼が一人イナカに引きこもって自分たちとつき合わないことによって生まれたものである、と指摘する。手紙は次のような文章で終わっている。

今、そなたがその視野の狭いことを心配して遠遊されんとするのであれば、そなたの視野は狭いままでは終わらないでしょう。どうして自分〔の心〕はなお狭いのだという点に注意を加えられないのでしょうか。お互いこの上なく心配しあうという間柄でありますため、気が狂ったように勝手放題なことをかくまで申しましたが、ご寛恕いただきお察しいただけませんでしょうか(14)。

このようにこれは送別の手紙でありながら、実際には燕行を制止する内容となっている。金鍾厚の主張は要するに、視野の限界より心の限界を打破する方が重要である、しかしこの心の限界を打破するためには、苦労ばかり多く価値のまったくない「腥穢の讐域」へ行く必要はない、いま君が住むイナカからソウルへ出てきて自分たちとつき合うだけで十分である、と言うにある。ところが彼の手紙には最も重要なことが明言されていないから、われわれ第三者にはその真意がどこにあるのか、はなはだわかりにくいものとなっている。

その最も重要なこととは何かと言うと、「中国人と親しくつき合うな」ということである。これは洪大容が実際に「中国の人を友とし」「劇談して」帰国したあと、金鍾厚がこれを非難しつつ、北京へ出かける前に送った手紙では「ただ腥穢の讐域などとあれこれ言っただけで、〔北京での〕行動規範や外界との接し方について言及しなかったのは、自分の罪であった」、と率直に書くに至ったことによって、やっと明らかとなる(15)。北京での行動規範や外界との接し方とは、彼のその手紙が「剃頭挙子」つまり辮髪をした漢族挙人と洪大容が親しく交わったことを激しく非難したものであることから、何を意味するのか明瞭である。つまりは「中国人と親しくつき合うな」ということである。金鍾厚が心配したのは、洪大容が天主堂などを訪れて自然科学に関わる新知識に触れたり、琉璃廠へ行って中国書を購入したりすること、つまり視野の限界（目の局）を開くことではまったくなく、中国人と親しくつき合うことによって、自分たちとは関係ないところで、「心の局」を豁然として開いてしまうことであった。百数十年にわたって彼らが護り続けてきた精神的な鎧を、これによって簡単に打ち砕いてしまうことであった。これを明言することを避けるため、彼はあえて「腥穢の讐域」などという刺激的な言葉を用いたのである。おそらく洪大容はそれまででも、「彼なら苦しい旅をしてまで、中国へ友を探しに出かけこれと親しくつき合いかねない」と周囲のものに感づかせるような発言と行動をしていたのであろうし、金鍾厚の方ではそれと察しながら、それがあまりに禁忌に触れかつ破天荒なことであるため、それと明言することを避けたのであろう。

洪大容燕行の目的がそれであったことは、第三に彼が北京で厳誠と潘庭筠に与えた手紙があることによって、確実なものとなる。この手紙は厳誠の死後に編纂された『鉄橋全集』に収録されている。またそれは一部、『乾浄衕筆談』にも二月九日付けで送った手紙として掲げられている。ところが両者を比較すれば、『乾浄衕筆談』に掲げるものは実際に彼らに与えた手紙から重要な部分、すなわちいま我々が問題にしている彼の燕行の動機を語ったところを大幅にカットしたものであることがわかる。『乾浄衕筆談』掲載の手紙では、北京で偶然にも二人に遇って親しく語らうことができた喜びを語り、「ああ、会心の人を得て会心のことを語ることは、もとより人生の至楽であります」と書き、これに続けて「今、私たちは万里を隔てた地からあい集まり、心腹を披瀝し数日間交際したことこそ奇とすべきであります」となっている。ところが実際に与えた手紙では、「人生の至楽であります」の後には、次のような文章が続いていた。長文であるから、ここではその一部を示すのに止めよう。

　このため旅行用の弁当を包んで馬にむち打ち、わが足跡はほぼ国中に及びました。会心の人を得て会心のことを語らんとすること、中途半端なものではありませんでしたし、これを求めんとする努力も怠ったわけではありません。ところがこちらの気持ちを訴えるたびに、それは相手の怒りを招くことになり、言葉にできないほどの苛立ちが昂じた結果、これを国外に求めんとするに至りました。(16)

洪大容は燕行に先立ち、その心腹を披瀝できる友を求めて朝鮮国内を遍歴したと言うのである。ところが国内では誰も彼の話しを聞いてくれるものがなく、話せばかえって怒りを招き、その苛立ちが昂じた結果として中国で会心の人を求めることになったのだと明言している。この言葉は『乾浄筆譚』『乾浄衕筆談』ともにきれいに消されているが、もとの『乾浄衕会友録』に書かれていたのかどうかは、今となってはわからない。しかしこれを帰国直後に公表したならば朝鮮全国のほとんどすべての知識人を敵に回しかねず、あまりに危険であったと考えられる。やはり始めから意図的に削ったと考えるべきであろう。[17] 我々は彼のこの言葉を疑うに足るいかなる材料をも持たない。かえって彼のこの言葉は、金鍾厚が彼の燕行直前に送った手紙と見事なまでに対応している。というのは、彼は洪大容がイナカに引きこもって自分たちとはつき合わないから、彼の「心の局」は開かれないのだと非難したが、それは実は、洪大容からすればまったく逆であった。彼らにその心を訴えかけても苛立ちが募るばかりであったからこそ、イナカへ引きこもらざるをえなかったからである。かくして金鍾厚が心配したとおり、彼は中国へ出かけてまで会心の人を見出そうとしたのであった。我々は洪大容燕行の目的について、あらかじめ彼を実学者として位置づけたところから推測するのではなく、より素直に当時の社会の情況と彼の心の軌跡を読み解くところから考えるべきである。

もちろん彼は、中国に対する強い憧れを早くから持っていたに違いない。また天主堂へも行きたかったに違いない。しかし、中国に対する強い憧れを持っていた、あるいは中国の様々な事物を見てみたいという動機から燕行した朝鮮知識人は、当時すでに多かった。事実、洪大容自身が、彼の燕行以前に「使行子弟従者」「大人子弟」「公子」すなわち燕行使正使、副使、書状官の子供などがしばしば「遊覧観光」を目的にして北京に来ていたことを記している。[18] また天主堂を訪れることは、当時の観光ルートの一つに組み込まれていた。

さらに言うなら、北京へ行って中国人と親しく筆談を交わした、あるいは中国人と親しい関係を持ったというだけなら、洪大容が燕行する直前にすでにいくつか事例があった。一七六四年通信使の一員であった成大中は、江戸からの帰途品川において沢田東江らと筆談を交わし、その中で朝鮮人柳宿雲という人物に言及している。成大中は柳宿雲が刻したという印章を沢田らに見せながら、「柳宿雲は中国杭州の人である本裕と国を超えた神交をなした。本裕は〝天涯相隣、海外知己〟と刻した印章を柳宿雲に贈った」と言ったという。[19] 本裕とは林本裕のことであり、呉三桂の書記をしていたという。彼の名は篆刻の名手でかつて朝鮮知識人と交遊した人物として知られていたようであり、洪大容も知っていた。[20] また「天涯」「知己」の語がここでもすでに表れている。

また一七六〇（乾隆二十五、英祖三十六）年に燕行した李商鳳の事例もある。彼の『北轅録』によれば、彼も洪大容と同様、書状官となった父に随って燕行した。そしてこれまた洪大容が邂逅することになる厳誠らと同様、やはり会試を受験するために北京へ来ていた挙人、胡少逸と親しく交際した。胡少逸は江西省撫州府金谿県の人であり、彼の従兄が燕行使節の宿舎を管理する胥吏であったことから李商鳳らと関係が生まれ、何度も宿舎までやって来て筆談を交わした。李商鳳は胡少逸との間で手紙をやりとりしただけではなく、一七六一（乾隆二十六）年二月五日には彼の寓居を訪問するまでに至っている。[21] 彼の行動は洪大容のそれと極めて近いと言ってよい。

しかし明末清初に生きた林本裕のことが、それから百年経った洪大容や成大中の時代でも有名であったことは、逆に両国知識人の親密な交流が当時極めて乏しかったことを物語っている。また李商鳳の場合でさえ、胡少逸の方がその縁故により偶然一行の宿舎に来ていたことから交際が始まったものであって、洪大容の場合と全然違っている。洪大容がこれらと決定的に違っていたのは、彼が国内で友を得られぬ結果として「中国の人を友とせん」とするに至ったことである。これを主な目的として燕行し、その実現に大変な努力をはらったことである。その達成のため、彼は中国へ入るとできるかぎり中国語に慣れることに努め、十二月八日に瀋陽で拉助教（拉永寿）と会話した頃には、すでに筆談を用いぬまでになっていたという。[22]

洪大容が中国から帰国すると、これが朝鮮国内で一大センセーションを巻き起こしたこと、すでに述べたとおりである。金履安が書いた「華夷辨」という論文も、おそらくは彼の帰国に触発されて書かれたものと考えられる。彼はこの論文の冒頭で「来客の中に洪子がこんなことを言っていると言うものがいる、云々」と述べており、ここで言う洪子とは恐らくは洪大容その人である。[23] この金履安の父は金元行であり、彼こそ洪大容の尊敬する師であった。金履安はまた洪大容が渾天儀を安置するために建てた籠水閣のために、「籠水閣記」を書いた人物である。

一方、洪大容の燕行は朴趾源に大きな影響を与え、その燕行をうながすことになるが、より深甚な影響を与えたのは、より若く多感な朴斉家と李徳懋に対してであった。朴斉家の解釈によれば、洪大容は「知己と逢って死なんことを願い（願逢知己死）」、燕行の旅に出たのだという。[24] 朴斉家は洪大容と「天涯知己」となった潘庭筠に後に手紙を送り、「自分は洪大容さんともともとつき合いがありませんでした。あなたや厳誠先生、陸飛先生と天涯知己の契りを結んで帰られたことを聞き、わたしの方から洪大容さんのところへ行って交際をもち、その筆談や唱酬の詩文を全部もらって読み、これらを愛撫しておかず、来る日も来る日もこれとともに寝起きしておりました。ああ、ぼくはあなたの〝情人〟です。目の中にあるのはすべてあなたのお顔、夢に見るのはあなたの御郷里で遊ぶ姿、これまでもあなたに手紙を書いて自分のことを知らせようと思ってやめてきたこと、この手紙をご覧になればわかるはずです」と述べる。[25] また彼はある友人に洪大容の『乾浄衕会友録』（会友記）を送り、次のように述べた。

『会友記』をお送りします。ぼくはいつも中国のことを思慕しておりました。この書を読むに及んで、気がふれて狂ったかのごとく、御飯を食べんとしてスプーンを忘れ、顔を洗おうとして洗うことも忘れるほどでした。[26]

まさしく『乾浄衕会友録』を読んだ朴斉家は、狂わんばかりであり、その衝撃によって茫然自失たる有様であった。また李徳懋もその後、わざわざ『天涯知己書』と名づけたノートを作ってまで、洪大容の体験を追体験しようとした。

以上によって洪大容の燕行の主な目的が、「腥穢の讐域」に行ってまで「奇士」を求め、彼らと劇談するという破天荒かつ突飛なものであったことが明らかとなった。その決定的な動機は、それを朝鮮国内では求められなかったことであった。当時朝鮮が置かれていた精神的な鎖国状態は、このような個人的体験を持ったまさしく一人の奇士によって、その風穴が開けられたのである。洪大容自身、自分の燕行の最も核心的な部分がここにあると考えたからこそ、帰国後何よりまず『乾浄衕会友録』を編纂したのであった。

いよいよ以下、この『乾浄衕筆談』に見える彼の中国体験、中国観察と一七六四年通信使一行が日本で体験し観察したものとの類似に、話を進めることにしたい。

三　洪大容と通信使元重挙らによる中国人・日本人観察の類似性

元重挙は一七六四年通信使の一員である。彼が日本から朝鮮へ帰り、そしてソウルに到着したのは一七六四（乾隆二十九、英祖四十）年七月八日であった。洪大容が燕行の途に旅立つのは、その約一年後のことである。彼には詳細な日本旅行記『乗槎録』と、歴代通信使の人員が著したものとしては最も詳細な日本研究書『和国志』がある。[27]元重挙が洪大容『乾浄衕筆談』に類するものを読んだのは一七七二（乾隆三十七、英祖四十八）年のことである。ただそれは『乾浄衕会友録』ではなく『乾浄筆譚』であった。彼はこの二冊本を洪大容本人から借り、これを返却するにあたってこの年五月十三日づけで次のような跋文、すなわち読後感想文を記した。それは『湛軒燕記』六巻本の巻末に付せられている。

癸未（一七六三、乾隆二十八、英祖三十九）の年、わたしは書記に充てられ、通信使に従って日本へ行った。……〔日本では多くの文士と交わり〕その中には必ずや傑物もいたのであろうが、わが鑑識眼からしてみれば、『左伝』に言う晋の叔向が鄭に使いした時、一目見てへりくだったような人物はあまりいなかった。ただその眼中に宿る風情がその胸の内をありありと映し出す者といえば、寥々たるものであり、竺常大典・瀧鶴台・近藤篤・細合斗南などわずか数人であった。空のはて雲のはてを想うたびに、ああもっとつき合えたらと残念に思い、次いでは慕わしく思って悲しまないことはなかった。

この『乾浄筆譚』二冊は、洪大容先生が北京で記したものである。……わたしがこの書を読んでいると、雲をはらんだ船の帆を落とし、車を走らせていた様が恍惚として思い出されてきて、竺常大典や瀧鶴台を背中にして潘庭筠や陸飛と対座し、にっこり笑いながら書斎や茶室の中で筆をふるっているかのごとき錯覚におちいる。思うに、潘庭筠や陸飛の気性が正しく嘘いつわりないことと、竺常大典や瀧鶴台が沈着荘重であることとは、各おのその軌を一にし、その肝胆を吐露し真心の愛にあふれてなごやかなことは、ほとんど同じである。その別れに当たっては涕を揮い、暗澹たる思いで情に牽かれ、各々自然と恋しく結ばれるのは、天の南天の北においてこれまたそっくりである。(28)

このように元重挙は、洪大容が北京で体験したものと自らが日本で体験したもののなかに、極めてよく似たものがあることを『乾浄筆譚』のなかに嗅ぎとった。そして、自らの体験を洪大容のそれと重ね合わせながらこれを読んだ。さらに彼は、日本の知識人との邂逅そして筆談を甘美な思い出として、帰国後十年近くにわたってずっと持ち続けていたのである。

洪大容と元重挙による記述の中で最もよく似ているのは、第一に中国人と日本人ともにその品性と学問において頗る高いとする評価と、第二に中国文化と日本文化ともに極めて高いとする評価である。以下我々は、このうち第一の類似点にだけ問題をしぼり、元重挙の思い出を十年近く前に遡って検証しつつ、さらに洪大容による相似た記述を追ってみよう。

元重挙が『乾浄筆譚』跋文で特に取りあげているのは、京都の僧侶竺常大典と荻藩（現在の山口県）の儒者瀧鶴台の二人である。竺常大典は顕常大典ともいい、僧侶ではあったが儒学に関わる知識も含め、学識が極めて高かった。彼は通信使一行が帰路大坂に至り、宿舎に帰り着いた四月五日、商人木村蒹葭堂（木世肅）とともに初めて訪れ、筆談を交わしている。彼は合計六回にわたり通信使一行と会ったといい、その時の筆談記録として『萍遇録』二冊を残している。この『萍遇録』には、朱子学是か否か、あるいは徂徠学是か否かという議論は一切見えない。逆に数多い朝鮮通信使との筆談記録の中で、両国知識人の交情の細やかさと相互の敬愛とを感じさせる代表的なものと言ってよい。元重挙はその『乗槎録』四月六日のところで、次のように記す。

僧侶で竺常、その号を蕉中道人という者がおり、年は四五歳、自ら言うには山中に居ること数年であったとのことである。通信使一行の先生方がこれまで日本人に応対するのに誠実であったと聞きつけ、このために来て筆談に及んだとのことである。文辞に熟練しているというだけではない、偉人と言うべき者である（不但老於文辞、蓋偉人也）。

その翌日七日、日本人が通信使の一員である崔天淙（崔天宗）を殺害する事件が起こった。犯人は鈴木伝蔵であったとされる。この幕府をもゆるがした大事件の渦中にあって、竺常が沈着誠実に一行に対応したことが、元重挙の彼に対する評価をより高めたと考えられる。竺常は事件の顚末を「書鈴木伝蔵事」と題して記し一行に与えた。[29] 元重挙『乗槎録』四月二十九日では、「かの国の僧徒はたいてい文章ができて巧黠であり、身分は高くはないが権力を持っている。……後に通信使の任に当たる者は、よくよく注意されるがよい。竺常は心を持つこと極めて純正であり、もともと名利を求める俗僧ではない（竺常持心極純正、本非名利俗僧）」、と評した。

あと一人の瀧鶴台は、往路は十二月二十八日から三十日にかけての三日間、赤間関（山口県下関）で、復路は五月二十一日に同じく赤間関で一行と筆談している。彼は歴とした徂徠学派の一人であり、一行と朱子学あるいは古学さらに日本で当時出版されていた様々な書籍をめぐって様々な議論をおこなったこと、すでに紹介したところである。[30] 彼にはこの時の筆談集『長門癸甲問槎』がある。確かに徂徠学派の者と朱子学派の者との筆談ではあるが、両者ともに自由闊達であり、これまた数多い通信使関連の筆談記録の中でその白眉に属するものの一つとなっている。元重挙は瀧鶴台を「海外の華人」と評し、また同じ『乗槎録』五月二十二日で「彌八（鶴台）の立派な身のこなしは、ゆったりとして重厚であり、辺鄙な海外の地に生まれた人らしからぬところがある。その文学面での知識も該博である（不似海外人。其文識又贍博）」と記している。

『乾浄筆譚』跋文を書くときに思い出したのは、ほかに近藤篤と細合斗南であった。近藤篤は岡山藩の儒者であり、一七四八年通信使とも詩文の交換をした。『西涯館詩集』がある。細合斗南は合離とも合麗王とも称する。大坂の儒者である。

元重挙は日本から帰国する直前の六月十八日、対馬に停泊する船の中では次の四人を優れた日本人として挙げている。

蕉中（竺常大典）は禅門界の白楽天である。那波孝卿（那波魯堂）は俗事から身をひいた子産である。瀧彌八（瀧鶴台）は海外の華人である。岡田宜生は日本の唐詩である。わたしは海中において四人を得ただけである。

このうち那波魯堂とは、同行した成大中によっても博多の亀井南冥とともに「日本二才子」の一人として挙げられた人物である[31]。彼は初め大坂の古学派学者岡白駒に学んだが、のち朱子学に転じた。京都聖護院で学塾を開いていたが、朝鮮通信使が間もなく来ると聞きつけて京都から大坂に出かけ、本隊より一足早く大坂に到着していた先遣隊の者から朝鮮語を学び、一行を待ち受けたという。当時、対馬藩の儒者たちと接伴僧と呼ぶ接待係の僧侶のほかは、通信使一行と何日間にもわたってつき合えなかった。そこで那波は接伴僧を護衛するという名目をえ、「僧侶の徒や雑役夫に足を雑じえ」「風雨の山河を跋渉する苦労を憚らず」、大坂—江戸を往復したという[32]。通信使との唱和集として『東遊篇』がある。岡田宜生は号を新川と言い、名古屋藩の儒者である。通信使との唱和集として『表海英華』が残っている。

次に彼が「その別れに当たっては涙を揮い、云々」と記すとき、おそらく彼の脳裏には、江戸の知識人たちと品川および藤沢で別れた時のこと、および大坂で帰国のために船に乗り込むため、この地の知識人たちと別れた時の情景が描かれていたに違いない。

元重挙は日本から帰国した直後、上陸の地朝鮮釜山で次のように記していた。

江戸の名士たちが品川で涙を揮い、大坂の才士たちが茶店で声を呑んでいたことなど、今思い出しても心が痛む。那波魯堂がその時その時に見せた赤心、竺常大典が一言一言に見せた道理、瀧鶴台が謹厳実直で飾り気がなかったこと、亀井南冥が余すところなく真心をいたしたことなど、その人となりは古人に及ばないとはいえ、以上の点から彼らのことを言うなら、春秋時代斉の晏嬰や晋の叔向が国外で遇った者のごとき遺風があると言えるのであって、わたしは無情でありうるだろうか。[33]

まず品川での別れは、次のとおりであった。江戸の知識人である今井兼規、山岸蔵、木村貞貫（木貞貫）、渋井孝徳（太室、井平）、沢田東江（東郊、平麟）、中川天寿（韓天寿）ら十人ほどは、江戸の宿舎本誓寺で一行と別れるのに忍びず、わざわざ次の宿場である品川まで来て、再び夜おそくまで筆談を交わした。三月十一日のことである。[34]ところが中川天寿と平瑛の二人は、なおこれでも別れ難く、次の宿場である藤沢までついて来たという。『乗槎録』三月十二日で元重挙は、「中川天寿と平瑛は雨を冒し泥を衝いてついて来た。その言によれば、もともと一行と別れて江戸へ帰ろうと思ったのだが、西をはるかに望むと腸もはり裂けんばかりとなり、かくてまたついて来たのだ、とのことである」と記し、翌日十三日の条には「朝、中川天寿は別れるにあたり、涙が口に入り声を出せなかった。一行が轎に乗るのを見るや、また嗚咽し、ほとんど大声を発する寸前であった。情にほだされるのがもはやひど過ぎ、変である」と記している。[35]

次は大坂でのことである。五月六日、一行は帰国のために大坂の宿舎を出て、河口に待つ船に乗りこもうとした。崔天淙殺害事件の直後であったから、警備は厳重を極め、彼らは別れの挨拶を親しく交わすこともできなかった。その時、見送りに来た竺常らの様を、元重挙『乗槎録』では次のように記す。

木村蒹葭堂は大いに驚き、なすところを知らなかった。細合斗南は天と地に指をさし、心をなでてなげき、「この天地の間、この心は化わらない」と言っているかのようであって、嗚咽によって涙が顔を被っていた。竺常は黙々と見つめるだけで声なく、涙をはらはら流して襟もとをぬらし、身のこなしには一層すばらしいものがあった。(36)

彼はさらに帰路対馬で、彼が見た日本人を次のように評している。

文士はどうかというと、毎日かの国の文人韻士や豪傑の流と筆談したり詩文を唱酬したのだが、物欲や人欲が動くということがまったくない。また対馬以外のかの国の人は、たいてい多く柔善にして慈悲深く誠実であって、「婦人女子の仁」がある。こちらが彼らと誠心でうちとけ、決してわざとらしい気持ちを示すことがなければ、日本人はみなとことん赤心をいたし、誠実さを吐露する。(37)

元重挙に同行した成大中も、これと極めてよく似た観察をしていた。金在行は北京でしばしば洪大容と一緒に厳誠・潘庭筠ら中国知識人と筆談を交わした人物である。金在行が中国知識人から受け取った文章を読みつつ、成大中は次のような感想をもらしている。

中国の人は意気を重んじる。意気に感じるものに出会えば、自分との関係が深いかどうか身分が高いかどうかを顧慮することなく、真心を通わせ交わりを結んで終身忘れない。これが中国の大国たる所以である。わたしはかつて日本を観たことがあるが、その人も交遊を重んじ信義や誓いを尊んでいる。別れに臨んでは涙をボロボロと流し、宿場を通り越しても帰ろうとしない。日本人は狡賢いなどと一体誰が言うのか。我々朝鮮人が日本人に及ばないことが恥しい。大国である中国の人であれば、なおさらでないか。(38)

成大中の日本観察と中国観察が元重挙のそれと酷似しているだけではない。朝鮮人、日本人、中国人三者の心性と感情表現の比較についても、彼らはほとんど同じであると言ってよい。さらに彼らの観察は、以下に見る当時の三箇国の人々における「情」の現れについての我々の観察と、これまた同じである。このことはまた、現代から見る観察が、決して恣意的で一方的なものではないことを物語るであろう。

と言うのはこれから二年後、洪大容が元重挙や成大中も見たものと極めてよく似た情景を北京で目にすることになるからである。その第一は、二月四日、洪大容にとっては厳誠、潘庭筠と二度目に筆談した日のことである。二人が燕行使一行の宿舎玉河館を訪問し、いざ帰ろうとした時であった。潘庭筠はすでに涙を出していたが、洪大容が「ただただ天下の奇士に会い、一度でいいから心のたけを語りたいと思って中国へ来た。しかし帰国の時期がせまり何の目的もはたさずに帰るほかないと思っていたところ、偶然二人に会って大願をかなえることができた。本当に志ある者はそのことを成しとげるものである。ただ恨めしいのは疆域にへだてられていること、二度と会うことはできない」と書いた。すると「潘庭筠は読みおわると、顔を掩ってよよと涙を流した。厳誠も痛ましく思うのみであった」と言う[39]。

さらにその翌五日、洪大容は厳誠と潘庭筠に手紙を送った。手紙を託された使いの者が宿舎玉河館へ帰り、厳誠と潘庭筠がその手紙を読んだ時のあり様を報告したことについて、洪大容は次のように叙述している。

〔使いの者の言うところでは〕潘庭筠先生は手紙を読んでまだ半分までゆかないところで、また涙をボロボロと流し、厳誠先生も痛ましいほどに感じてやまなかったという。私の手紙には、別れが凄惨なほどに苦しくなごりおしいというような言葉は一句としてなかったのだから、二人がこのようであるのは、誠に不思議である[40]。

また別れが近くなった二月二十六日、厳誠、潘庭筠に陸飛を加えて筆談した時のことである。筆談を終えて洪大容が帰ろうとする頃、厳誠は感極まり、次のような様子であった。

厳誠は、「惨極（これ以上つらいことはない）」という二字を大書し、またその下に無数の点を打った。この時、厳誠は嗚咽し惨然として人色なく、我々も顔を見あわせ悲しみにたえなかった。……厳誠は、千言万語も結局のところ「終に一別に帰す」の四字にほかならない、しかし、この情をどうしたらよいのか、と言った。……。

自分は潘庭筠と会話をおえて、門の内のところまで来て別れた。厳誠は涙をうかべ顔をしかめながら、手をもって心を指さし示しただけであった。[41]

ここに、一七六四年に元重挙が日本で体験したものと、一七六六年に洪大容が北京で体験したもののなかで、まったく同じものを見出す。それは日本人と中国人がともに誠愛に溢れて率直であり、止まらないほどの涙を流したこと、まさしく元重挙が後に『乾浄筆譚』跋文で記したように「肝胆を吐露し真心の愛にあふれなごやかなことは、ほとんど同じである」ということである。さらに日本人の細合斗南が通信使一行と別れるに際して、「天と地に指をさし、心をなでた」とは、中国の厳誠が洪大容と別れるにあたって、「手をもって心を指さし示した」とあるとおり、両者の動作までも酷似している。

日本知識人の人品と学問に対する高い評価が、元重挙だけではなく同じく通信使に加わった南玉と成大中にも見られること、それだけではなく彼らの日本文化に対する高い評価と洪大容の中国文化に対する高い評価が、これまた一致すること等々、ここで詳しく述べる余裕がない。ただここでは、通信使製述官であった南玉が大坂で帰国のために船に乗りこむ間際、那波魯堂が見送りに来ており、自分たちの姿が帆影に隠れて見えなくなるまでずっと見続けていたのを、「その心は透明で濁りがない（其心無所染也）」と記していること、成大中が「日本の文学は昔日の比ではない」と指摘しつつ、自分一人で自国を「華国」だと考えている朝鮮知識人を戒めていること、元重挙が日本を「海中文明の郷」と高く評価しつつ、日本人が「聰明にして純朴であり、義を慕い善を好み、勤勉で仕事に精を出す点では、わたしは我が国の人が逆に彼らに及ばないのではないかと恐れる」とまで言っていること、そしてさらに洪大容が、厳誠らがいかに人品が高いかと述べつつ、「隠然として〝中華〟をもって自ら居すわっている」尊大な朝鮮知識人を強く批判している点でまったく同じであること、を指摘するにとどめる。(42)

四　洪大容と元重挙が体験した中国・日本の「情」

以上、元重挙ら通信使の一行による日本人に対する観察と、洪大容による中国人に対するそれとが、あまりにも酷似していることを指摘した。以下ではさらに問題をしぼり、一方で洪大容が中国で観察し体験することになる「情」と、他方でその二年近く前に元重挙らが日本で観察し体験した「情」との類似性に焦点を当ててみよう。

すでに述べたように、両者は一方で日本で、他方で中国で、その地の知識人たちが深い情を持ち、しばしば情が極まって涙することに注意している。そして両者ともそれが「赤心」「誠愛」「誠心」から出たものと解釈した。

しかし次のような記述があるのは注目される。それは二月四日のこと、すでに紹介した洪大容が厳誠、潘庭筠と宿舎玉河館で筆談し、いざ彼らが帰ろうとした時のことである。この時、潘庭筠は涙を流してとまらなかった。これを目撃した朝鮮人側の対応を、洪大容は次のように描写している。

　この時、身分ある者もない者も傍観し、驚いて顔色を変えない者はなかった。ある者は心が弱いからだと言い、ある者は多情だからだと言い、ある者は〔反満州族の〕慷慨有心の士だからだと言うなど、各人の意見はそれぞれであったが、要するにこれら全部が一緒になってこうなったのである。(43)

潘庭筠が泣きくずれ、厳誠も惨然たる様を見て、朝鮮人全員は驚きをもって見守ったのである。この叙述の前に『湛軒燕記』所収本によれば、洪大容は泣き出した潘庭筠をただちに諫め「別れに際して泣くのは、昔からあることです。しかし〝哀しみて傷《やぶ》らず〟であるべきです」と『論語』八佾に見える孔子の言葉を用いて過度に哀しんではいけないと諭したという。さらに洪大容は、二人を戒めて次のように述べた。

古い言葉に「泣きたくなるようでは、女と似たようなものだ」と申します。潘庭筠さんがかく感泣されるのは、ひど過ぎる（太過）のではないでしょうか。(44)

洪大容は『史記』宋微子世家に見える故事を引用しながら、潘庭筠の感情表現を節度を過ぎている、「太過」であると注意し、泣くのは大丈夫ではなく婦人のやることだと戒めたのである。

さらに洪大容は潘庭筠が別れが辛いと言ったので、「丈夫は凄絶なまでに苦しいなどと言ってはなりません（丈夫不須作凄苦語）」と言って戒めた。また二月六日づけで厳誠、潘庭筠の二人に手紙を送り、次のように述べた。

交際して道を修め、欠点を補い益を受けるという正しいあり方を知らず、一時の情愛からだけでつき合えば、これは婦人の仁（婦の仁）であり、商売人の交わりです。(45)

ここでいう「婦の仁」とは、やはり『史記』韓信伝に見える言葉である。

この二月四日から翌々日にかけての洪大容と厳誠、潘庭筠の交流の中に、朝鮮および中国で「情」「情愛」「人情」に対する見方、これに対する対処の仕方において大きな違いがあることに目をとめるべきであろう。洪大容が「情」「情愛」の現れを制御できる「丈夫」「大丈夫」であることを知識人の理想としていたのに対し、厳誠、潘庭筠はそれを制御することにはなはだ不器用であったようである。いやこの二人の中国人は、「情」「情愛」のそのまま現れることをむしろ重視する世界で生きていたと言うべきではないか。というのは、厳誠はこのような情況で涙を流すのは当然であり、「情ある人」なら当然これがわかるはずだと主張しているからである。二月六日づけで洪大容が厳誠に手紙を送り、天涯知己としての交際は、「婦人の仁によるものであってはならない」と説得したこと、すでに述べた。

これに対して厳誠は、同日づけの返信で、大丈夫が天涯知己としての交わりをするのは、女子供のようであってはならない、そしてさらに潘庭筠は確かに心が軟かく気が弱いことはおっしゃるとおりである、としながら、彼が泣いたのは「その心が激発し、禁じえなかったからである」と述べ、さらに、「ああ、天下の情ある人なら、黙っていてもこの気持ちを当然わかるべきです（天下有情人、固当黙諭此意耳）」と反論しているからである。厳誠は洪大容にむしろ「有情人」であることを求めている。両者は違った精神世界で生きていたとすべきであろう。

両者の単なる個性を超えて、このような精神世界における差異を感じさせるのは、その二年前の通信使も極めてよく似た体験をしていたからである。元重挙らが江戸を離れた時、中川天寿らが別れるのに忍びず、次の宿場の品川までついて来たこと、彼と平瑛とはそれでもなお別れがたく、次の宿場である藤沢までついて来たこと、すでに述べた。中川天寿がなお別れがたく、大声を出して泣きさけばんばかりになったのを見て、元重挙は「情にほだされるのがもはやひど過ぎ、変である」と記録にとどめた。元重挙もやはり日本人があまりに「情」のままに泣くことに対して、すでに節度を過ごしたこと、奇怪なこととしたのである。ここに我々は、二年後の北京で二月四日、潘庭筠が涙を流したのに対して「身分ある者もない者も傍観し、驚いて顔色を変えない者はなかった」こと、中国人が「情」のままに泣く様を見て朝鮮人一同が同じく驚き、一体なぜこの中国人はこんなにも泣くのか、あれこれその原因を推測しつつ訝ったことを想起すべきであろう。さらに言えば、洪大容も潘庭筠のような感情表現を「泣きたくなるようでは、女と似たようなものだ」あるいは「婦の仁」と評し去った。その二年前、元重挙も日本人を評して「婦人女子の仁がある」と記していた。これまたあまりによく似た表現と言わねばならない。元重挙もまた「情」「情愛」は努めて制御されるべきであるとする世界に生きていたようである。

では、この「情」「情愛」は努めて制御されるべきであるとする精神とは何か。それは朱子学的精神であったと考えられる。

朱子学あるいは宋学といわれる世界においては、情には『孟子』にいう仁・義・礼・智に対応した惻隠、羞悪、辞譲、是非という四端の情のほか、喜怒哀懼愛悪欲という七情があるとされる。李徳懋は後に『天涯知己書』を書いたとき、洪大容や潘庭筠において問題になっている別離の「情」とは、四端のうちの惻隠の情と七情のうちの哀がそれであると解釈している[46]。もちろん朱子学でも「情」はそれ自体、かならずしも悪いものではない。問題となるもの、制御されるべきであるとされるのは、七情である。それは本源である「理」そのものでも「性」そのものでもないから、これらの情が発する前あるいは発する時に、それが相応しい現れ方をするよう十分にトレーニングを重ねておき、発したときには自然と過と不及（不足）のない中正なものとなるようにしなければならない。『中庸』首章には、「喜怒哀楽の未だ発せざる、之を中と謂う。発して皆な節に中《あた》る、之を和と謂う」という。すなわち、喜怒哀楽であっても過不足のない節度あるところにピタリピタリと的中しているのであれば、「和」であると肯定される。朱子学では特に、情が未発の段階、つまりまだ喜怒哀楽として表れていない段階で修煉を積んでおく必要があると強調された。これを「涵養」「存養」という。『近思録』存養篇で程頤（伊川）は、「久しく涵養を積んでおけば、喜怒哀楽が発したとき自然と節に中る」ようになると言っている。そしてこの涵養を行うためには「敬」という精神集中が必要であるとし、これを実践することを「居敬」「主敬」などと呼んだ。同じく『近思録』で程頤は、「涵養には敬を用いる必要がある」と述べている。

洪大容も元重挙も中国あるいは日本へ旅立つ前には、この涵養につとめ、居敬という修錬を相当に積んだ人であったらしい。というのは、潘庭筠が涙したときに「潘庭筠さんがかく感泣されるのは、ひど過ぎる（太過）」とただちに批判しているからである。彼はその後李徳懋によって「惻隠」あるいは「哀」という感情表現であると肯定的に解釈されるに至ったものを、「節に中らない」ものと見た。元重挙は江戸の中川天寿が涙でのどをつまらせ、大声で泣きさけびそうな様を見て、「情にほだされるのが、もはやひど過ぎる」と記した。これまた「節に中らない」ものと見なしたのである。

ところが彼らがいったん母国を離れて異国へ至ると、筆談する相手が同じく儒教を信奉する者であったにもかかわらず、そこはこの「敬」や「涵養」に対する考えかたがまるで違う世界であった。いくつかエピソードを紹介しよう。

元重挙が日本の至るところで「窮理居敬」を説いたことは、彼の『乗槎録』及び日本人が残した数多くの記録に残っている。往路の九州博多沖合の藍島（相の島）で、亀井南冥と筆談を交わした時がその一例である。彼は亀井が才能に優れ奔放ではあるが、沈着端正なところが少ないと思い、これを諫めようと思って「これを治すにはどんな薬が必要か」と問うた。亀井はこの問いを茶化して「修心湯」という薬が必要だと答えた。これに対して元重挙は「修心の二字で十分だ」とたしなめつつ、さらに「聖門における千言万語も、すべて〝敬〟字から生まれ出たものである」と説教した。[47] これは『朱子語類』巻一二にいう「聖賢の千言万語は、大事も小事も〝敬〟にもとづかないものはない」に拠った発言であろう。ところが亀井は一層茶化して、自分の薬籠中の治療薬を開けて教えて進ぜようと言い、「敬」とはまるで関係のない自分の修業方法を滔々と述べた。

一方洪大容は、次のような記述を残している。二月八日、彼は厳誠、潘庭筠の泊まる旅館へ出かけて終日筆談した。筆談の主な相手は厳誠である。厳誠は決して朱子学一辺倒の人物ではなかったが、『近思録』を読むことを好むと言っていた。その彼が当時の中国における知的雰囲気を紹介しつつ、「世間では聡明な人であっても『近思録』を眠気を引き出す書物と見なしている」[48] と語ったという。

さらに話題は「敬」の問題に移った。この時、洪大容が「〝敬〟の字は儒者の陳腐な話題となっている」と述べたのに対して、厳誠はさらに輪を掛け「もし我々が人に向かって〝主敬〟の二字を言い出すなら、人は皆んな、こんなことを聞くのも厭だと言う」と述べている。[49] 洪大容が言ったように、確かに朝鮮においてすら「敬」を言うのは儒者の陳腐な話題となっていた。しかしそこでは決してこれを聞くのが厭だなどと言ってはならなかった。そこでは「敬」は朱子学の根底として権威を持ち続けていたのであり、事実、当時の朝鮮知識人が残した文集には、この「敬」

の一字が溢れかえっている。一方の中国では、「主敬」の二字を話題とすることさえ嫌われていたのである。

厳誠は『近思録』が睡眠薬と見なされ、「主敬」「居敬」などと言い出すのも恥ずかしいような世界に生きていた。そのような彼にとって洪大容とは、朱子学者として厳粛に「涵養」「主敬」を重ねていると見えた点で、畏敬すべき対象であったらしい。洪大容が北京を旅立つ二日前の二月二十八日、厳誠からの長文の手紙が届いた。それは厳誠自ら「常日頃から人情に徇い過ぎ、優柔寡断である」と反省するものであったが、さらに洪大容を評して、

あなた様は常にわたくし厳誠が〝過情〟なことを賞讃し許容している、といって不満に思っておられます。わたくし厳誠は振る舞いは軽率であり、あなた様が方正厳粛であられること、まことに敬って見ならうに足るものであると思っております。[50]

と言っている。厳誠にとって洪大容とは、自分を「過情」であると言って忠告する驚嘆すべき実践的な朱子学者であったらしい。彼はこの手紙の中で、洪大容を評して「古風高義を再び今日に見る（古風高義、更見今日）」と表現しており、これに類した評価が二月十二日の筆談でも「古義敦勉の人（古義敦勉之人）」と表現されている。これらは、たんに社交辞令として相手を「古風」「古義」があるとほめたのではない、まさしく六百年も七百年も前の宋代人、宋代におけるような「丈夫」が時を超えて忽然といま目の前にいる、と感じたからであろう。

洪大容にとって厳誠や潘庭筠は、自国朝鮮の知識人社会で決して許容されることのない「過情」な人々、「節に中らない」情の表出をする人々であった。一方厳誠や潘庭筠にとっての洪大容とは、泣くというのが「自ら禁ずるあたわざる」ものであることがわからない者、人情というものがわからない人と見えた。両者は、異なった環境の中で育ってきたのであり、「情」をめぐる彼らの筆談と体験とは文化と文化の衝突であったと言ってよい。

ここでもう一つ、筆談中になされた「情」に関わるエピソードを紹介しておこう。それは泣くというような個人的な問題を越えて、はるかに社会的な問題であった。二月十二日のこと、話題は家族問題に及び、さらに寡婦の再婚問

題に進展した。一人の男に貞節を守り通し、夫亡き後も再婚しないのが「婦人の義」であろうと主張したのが洪大容、これに対して厳誠と潘庭筠は寡婦の再婚に対してははるかに寛容であった。未婚で守節する「貞女」、つまり正式な結婚式をあげないうちに婚約者である男が死去した場合でも、今はなき婚約者への節を守って「再婚」しない「寡婦」について、洪大容は「納幣つまり女性側の家が結婚の申込みに同意したら結婚したことになる。だから〝再婚〟しないのだ」と主張した。これに対して潘庭筠は、「それはかえって情から見ても義から見ても正しくない」と強く反論している。彼は、『礼記』曽子問に見える孔子の言葉を挙げながら、「廟見」つまり夫家の宗廟にお参りする儀式を終えて、始めて「婦」となるのであるから、納幣を終えたがいまだ嫁ぎもしない段階で、婚約者が死んだからといって再婚しないことに強く反対した。

さらに寡婦が再婚しない場合、若くして寡婦となった者がこっそり男を作るという弊害が現れないか、と問題になった。これについて洪大容は、そのようなことは千に一つもない、発覚すれば寡婦は必ず自殺する、と朝鮮の実情を紹介した。さらにそのようなことがあれば父兄や近親に迷惑がかかり、官界での出世に妨げとなる、とも言った。これに対して潘庭筠は、「ひど過ぎる（太過）。父兄に何の罪があるのか」と驚いている。[51] 厳誠も潘庭筠の意見にほぼ同意していたようである。「ひど過ぎる（太過）」というのが、かつて潘庭筠が泣いたときに、洪大容が責めた言葉であったこと、想起すべきである。何が「過」であるのか、両者の間ではまるでその基準が違っていたのである。

彼らが筆談した一七六六年とは、程子や朱子など宋代の「丈夫」「大丈夫」たちが生きていた時代からすれば、すでに六百年、七百年が過ぎていた。明末になって陽明学が現れると、特にその左派では敬はもはやほとんど説かれることがなくなっていたという。[52] 時代は清朝中期になってもこれは変わらなかった。たとえば代表的な考証学者である戴震の主要著作『孟子字義疏証』一つをとってみても、ほとんど「敬」に説き及ぶところがない。

戴震にあっては「敬」がほとんど言われないのに比べ、「情」の位置が飛躍的に高くなっている。彼にあっては「聖人とは天下の情を通じ、天下の欲を遂げる」者のことであった。これに対して宋儒とは「人倫日用を捨てて、無欲であることを篤行であることと勘違いしている」者たちであった。さらに彼は、朱子による「理」の解釈に真っ向から反対し、情こそが人間存在の中心であるとし、「理とは情に違わず情を失わないことである、情を得ていないのに理を得ているということなどありえない」とし、「我の情をもって人の情を絜《はか》る」こと、すなわち情という社会を生きる者がほぼ共通して持つ基準で自分と他人の情を計測してこそ、情はその標準を得られるとする。このような標準的な情を彼は特に「常情」と呼んでいる。つまり戴震にあっては、社会がなりたつために必須な与件にまで「情」の地位が引きあげられている(53)。

以上は中国の情況であるが実は日本でも同じであった。伊藤仁斎は『童子問』で、「礼と義をもって節制するのであれば、情はそのものとして道であり、欲はそのものとして義である。何の悪《にく》む必要があろうか」と主張する。さらにこれに続けて、朱子学者たちが「曲がっているものを矯めて、まっすぐにし過ぎる」ならば「藹然たる至情は一斉に絶滅する」とまで言っている。過度に情を抑制するならば、本来そのものとして道である情を殺してしまうと言うのである。そして朱子学者たちとは、努力に努力を重ねて「必ず情を滅し無欲にまで至らせなければ止まらない」者たちであると非難する(54)。「敬」についても、宋儒たちの考え方に真っ向から反対する。その『語孟字義』で彼は「敬」を解釈して、これをかりに宋儒たちのように解釈するのであれば、「聖人の千言万語はみな無用の長物となってしまう」という。朱子や元重挙と同じく敬に関わる言葉として「千言万語」という言葉を使いながら、その主張がまったく異なったものとなっているのが興味深い。

情の重視という点では、徂徠学派も同じであった。太宰春台はその「読朱氏詩伝」において朱子の『詩経』解釈を批判し、「甚しいかな、朱子が詩のことがわからないことよ。詩とは何なのか、それは人情が言葉という形になったものである」と述べ、さらに『荘子』に見える恵子の言葉を引用して「人にして情をなくせば、何でこれを人だと言えよう。情なる者は実《まこと》である。偽りがないということである」と主張している(55)。

国学者本居宣長は、江戸の中川天寿や大坂の細合斗南らと同世代に属する人物である。彼が「もののあわれ」論という主情主義を唱えたことは有名であるが、さらに「女童の言めきてみなはかなきもの」こそ『詩経』三百篇の本質であるとし、「男らしき」詩をかえって詩の本質よりの逸脱であるとしたと言う。[56] 通信使は国学者らとはほとんど筆談を交わしていないが、宣長の文芸論と中川あるいは細合らが流した涙とに通底したものがあることは、ほぼ誰もが認めるところであろう。

さて、潘庭筠が初めて涙を流したのは二月四日、中国では『近思録』が睡眠薬と考えられているとの話が出たのは二月八日のことである。ところが翌二月九日になると、この「情」についての考え方で、洪大容自身に変化が起こってきている。彼はこの日、厳誠、潘庭筠に与えた手紙において、前日宿舎へ帰ってから枕につき、二人と談笑していることを思いうかべ、「ほとんど朝になるまで眠ることができなかった」と告白する。何とか思いをふりはらおうとして、いったん別れてしまえばもうソウルと北京は七千里離れているのだから、もう懐かしいなどと思わずにすむ、これは何とうまい考えかと一人言を言い一人で笑っていたのだが、たちまちにして「情魔」が襲い来たり、このうまい考えはたちまちに霧散してしまったと述べる。[57] 数日前には潘庭筠の「情」の表現を「ひど過ぎる」と批判した彼自身、「涵養」「居敬」のかいもなく、自らの内に自然とわきあがる「情」を何ともコントロールできなくなっていたのである。

二月十二日にも洪大容らは終日筆談を交わした。ここで洪大容は「聞くところでは、君子の交わりは義が情に勝り、小人の交わりは情が義に勝る、といいます。わたくしは近日来、別れのことが気にかかり、ほとんど寝食もままなりません。義が情に勝るとは、おそらくこんなことではないのでしょう。あるいは人情とは、このようであるしかないのでしょうか」と逆に厳誠らに問い、あるいは自らに問うている。これに対して厳誠は、「これも情がその正を得たものであり、聖賢の言われる理や義に反したことにはなりますまい」と答えている。[58] 李徳懋が問題の「情」とは四端のうちの惻隠と七情のうちの哀である、と書き記したのはこの条においてである。我々はここに至って、洪大容において自国朝鮮で行ってきた修錬の成果が大きく揺らいでいるだけではなく、「情」そのものに対する考えでも、それまでの自分の考えに疑いを持つに至った姿を明瞭に見て取ることができる。

そしてついに別れの時が至った。二月二十六日、洪大容は厳誠らの住む旅館を訪れた。会ったのは、厳誠、潘庭筠それに陸飛を加えた三人である。別れに際して厳誠が嗚咽し、「惨極」の二字を大書したこと、そしてついには雨のごとく涙を流し、手で心を指さしたこと、すでに述べた。二十七日、二十八日は厳誠、潘庭筠そして陸飛と何度も手紙を交わした。二十九日、出発を明日にひかえた洪大容は、厳誠に一つの手紙を書いた。厳誠『鉄橋全集』に収められるそれによれば、そこには次のように書かれていた。

これよりお別れです。手紙はもう通じません。これを悲しまずにおれましょうか。今日には時間を見つけておうかがいし別れを告げようと思っておりましたが、昨日、陸飛先生のお手紙をいただき、〈はじめてあなた方の考えがわかり、五臓六腑は驚愕して張り裂けんばかりでした。あなた方は何て薄情な人たちかと思いましたが、しばらくしてやっと〉、その情誼の厚いこと、その悲しみの切なること、この上ないにもかかわらず、もう自分とは会わない、と決断されたことがわかってきました。〈かくして簾をおろして一人坐すと、涙は汪々として流れおちました。昔は潘庭筠さんが過情であると責めました。今わたしもまた禁じえません。〉どうお考えでしょうか。[59]

洪大容は一人簾を下ろし、薄暗い部屋で「汪々と」涙を流したのである。

実はここのところでも、『乾浄筆譚』『乾浄衕筆談』で引用する彼自身の手紙は大幅に書き換えられている。すなわち、「はじめてあなた方の考えがわかり、……しばらくしてやっと」と「かくして簾をおろして一人坐すと、……今わたしもまた禁じえません」という二箇所がすっかり削り取られ、巧妙に前後が接合されている。自分自身も泣いてしまったなどとは、一言も言っていない。しかしまた、彼がこの「情」の問題に最後の最後までこだわっていたことがこれによってわかる。

前後の事情を勘案すれば、『乾浄筆譚』を執筆するに当たって彼自身が巧妙に書き換えたと考えるのが、最も自然であろう。彼の理想とする「丈夫」「大丈夫」としては、その感情表現はやはり軽薄に思えたのかも知れない。あるいはただ、自分も泣いたと朝鮮の人に言うのが恥かしかっただけかもしれない。(60) かつて潘庭筠が泣いた時には、その感情表現を「ひど過ぎる」「女みたいだ」と言って責めた彼ではあったが、わずか一箇月足らずで、今度は洪大容自身が「過情」の人であることを禁じえなくなっていたのであった。

五　結　語

以上によって、洪大容が燕行したことの意義の核心部分が『乾浄衕会友録』ひいては『乾浄衕筆談』に盛られていること、さらにそこに盛られた体験や筆談の中で最も重要な問題の一つは「情」の問題であったことが、おおよそ明らかとなったと考える。「情」の問題こそ、この一書を貫く主旋律の一つである。以下ほかに明らかになったいくつかの点を整理すれば、次のとおりである。

その第一は、一八世紀後半の中国及び日本ともに、知識人の実生活においては相似た「情の世界」にあったことであり、これに対して朝鮮ではそうではなかったことである。朱子学的世界にあり、宋代の「丈夫」「大丈夫」を理想とする元重挙あるいは洪大容からすれば、「おかしなことだ（可怪）」「誠に不思議である（誠可異）」「婦人の仁」「ひど過ぎる（太過）」と感じられたことについて、中国人や日本人は必ずしもそのように感じなかったらしい。彼らはむしろ、人は「有情人」であるべきだと考えていた。

反朱子学としての日本古学、さらには日本国学が、情欲に対する寛容ないしは肯定からその積極的な主張に至るまで、朱子学的な厳格さを排除する点において一貫していることは、これまですでに明らかにされてきたところである。[61]またたとえば、日本の伊藤仁斎と中国の戴震とがその思想においていかに酷似しているかなども、これまでに指摘されてきたところであった。[62]さらに今回、洪大容と元重挙らというほぼ同じ年に外国へ赴いた朝鮮知識人の旅行記を対比し、外国人の目を通すことによって、これら学術よりもより奥にある精神、あるいは彼らの実生活での心情においても、酷似したものがあったことが明らかになったと考える。もちろん日本では儒教、なかでも朱子学が知識人の精神界にとり込まれていた期間は、中国と朝鮮に比べてはるかに短く、三国における「情」の表れについても同日に語れるものではない。しかし少なくともここで間違いないのは、一八世紀後半という一時点を取るなら、「情」の表出において中国と日本は非常によく似ており、朝鮮はこれと大いに違っていたことである。

その第二は、第一の点と関連して、厳誠ら中国知識人の「情」に対する意味づけが、清朝を代表する考証学者、戴震のそれと通底するものであったことである。戴震の『孟子字義疏証』が生まれたのは、洪大容らが筆談を交わしてから十年後のことであった。[63]この意味で、『孟子字義疏証』とは『近思録』が睡眠薬代わりとなっていた時代を反映したものであり、厳誠や潘庭筠らが持っていた心情を思想として結晶させたものにほかならなかったと言うことができる。

また同じく考証学者であった汪中が、婚約者が死んだからといって再婚しない「貞女」を強く非難したことは、一種の女性解放論を唱えたものとしてよく知られている。[64]汪中のこの議論は、彼の子汪喜孫によれば一七七六（乾隆四十一）年のことという。[65]それは洪大容と潘庭筠らとの間で議論されてから、これまた十年後のことである。汪中がその論拠として挙げたもの、たとえば『礼記』などに見える典拠は、潘庭筠が洪大容との議論の時に挙げたものとほとんどすべて同じである。してみれば、これまた潘庭筠が生きていた時代には一部の知識人の間ではすでに常識的になっていた考え方を、汪中はより厳密な考証学という手法を用いて論じたに過ぎないことになろう。もちろん朱子学はこれ以後も長く維持されたし、寡婦再婚についての議論でも、汪中らのそれに反対するものも長く続いた。そもそも汪中の議論を女性解放論と呼ぶことも、問題であろう。またもともとは汪中によって、その母が寡婦として生きたような苦労を解消できたらという動機で構想された貞苦堂が、「節婦」「貞女」を賞讃しつつ彼女たちを閉じ込めておくための施設に変貌したかたちで建てられ始めるのも、これからさらに後のことであった[66]。このように寡婦の再婚問題についての議論は、簡単には決着がつかなかったが、潘庭筠が洪大容に語ったような考え方が、一部ではあれ知識人の実生活において常識となっていたことは、以上によって承認され得ると考える。

その第三は、この「情」は当時の国際社会で著しい感染力を持っていたということである。初めはあれほど中国人の「過情」を責めた洪大容自身、一箇月足らずの間に「過情」の人となってしまった。彼が帰国後ただちに自らの体験を『乾浄衕会友録』としてまとめると、これを読んだ者の中にたちまちこれに共鳴する者が現れた。その代表が朴斉家であり、李徳懋である。李徳懋はその『天涯知己書』を著した時、潘庭筠が涙を流したのに対して朝鮮人側のだれもが驚きをもって見守ったというところで、次のようなコメントを加えている。

朴趾源先生は「英雄と美人は涙が多い」とおっしゃった。自分は英雄でも美人でもない。しかし『乾浄衕会友録』を一読すると、涙が汪々と溢れてくる。もし本当にこの人に逢ったら、ただあい対して嗚咽するばかりで、筆談をする暇などないであろう。これを読んで巻を閉じて傷心しないのは、人情ではない。友とはできない[67]。

李徳懋もまた厳誠や潘庭筠が涙する情景を想像し、彼も大いに涙するのであった。彼によれば、惻隠の情と哀の情とは、「まさにこの時のために準備してある」ものであった。また厳誠が「天下の情ある人（有情人）なら、黙っていてもこの気持ちを当然わかるべきです」と洪大容に反論したところでは、「わたしでも今、黙っていてもこの気持ちがわかる。洪大容だけではない」との感想を記している[68]。李徳懋も厳誠の求めたように「有情人」になっている。

それだけではない。李徳懋は洪大容らが寡婦の再婚問題を論じたところに論評を加え、「わが国の士大夫の家では寡婦の再婚がない」、と現状に対しては洪大容と同じ認識を示しながら、むしろその主張では潘庭筠のそれを完全に支持し、朝鮮のこのような習俗は「正しい経典に見える道理ではない」とはっきり言うに至っている[69]。洪大容をすでに簡単に超えている。

朴斉家も同様である。彼はある友人を「忍人」つまり人情を理解できない残忍な者であると非難しつつ、自分のことを「多情で気質の弱い学生（多情弱質之友生）」と描写している。[70] 潘庭筠に与えた手紙でも「ああ、わたしは〝情人〟です（僕情人也）」と記していた。中国で肯定され積極的に主張されるに至った情は、著しい国際的な感染力をもったと言うべきであろう。

これまで洪大容を先駆とする北学派は、「実学派」の一グループであるとされ、彼らの持つ自然科学への関心や実用への関心のみが強調されてきた。しかし東アジアにおける学術交流という場でこれを見るなら、違った解釈が可能となる。以上によって理解できるのは、洪大容、朴趾源、朴斉家、李徳懋ともに「有情人」であった、あるいは有情人に変貌した者たちであったことである。元重挙も帰国して釜山に上陸したときには、品川や大坂での別れを回想しつつ「無情であり得るだろうか」と言うに至っていた。元重挙はその後に北学派というべきグループが生まれるところに大きく接近し、その思想形成の一翼を担った。とすれば、北学派とはまず何よりも、国際的接触によってまず「情」に目覚めた人たちであり、その実生活の基盤として人間としてあたりまえの「情」を重視するに至った人々のグループであったと言うことができよう。

第一三章　洪大容『乾浄衕会友録』とその改変

――一八世紀東アジアの奇書――

一　はじめに

朝鮮洪大容の『乾浄衕会友録』と『乾浄筆譚』とは、一八世紀東アジアが生んだ奇書である。それはたしかに、洪大容という朝鮮の一知識人が北京においてわずか一箇月足らずの間、三人の中国知識人と繰りひろげた交遊記録、筆談記録でしかない。そこには事実であるかどうか一見して疑わせるような誇大な見聞譚は一つもないし、波乱に富む冒険譚もまったくない。ましてや胸をときめかせるような女性は一人として出てこないのであるから、その種の奇譚もまったくない。筆談の席にいま一人ときどき登場するのは、四九歳にもなるがいまだに朝鮮で一官職にもありつくことができず、日々の憂さを酒でまぎらわせている金在行という男だけである。

現在我々は、世界に残された数多くの外国旅行記を読むことができる。朝鮮時代だけをとってみても、数百種類に及ぶ燕行録すなわち北京旅行記が残された。しかし、外国人同士でここまで数奇な出会いがあったことを記すもの、中国知識人の生態と心情をここまで生々しく記録したものはほかにないであろう。ここまで涙の話が何度も出てくる交遊記録はほかにないであろうし、冗談を言いあいともに大笑いをしたかと思うと、底意地の悪い質問が時々洪大容の方から挿入され、これをめぐってまた議論が展開するという筆談記録もほかにないであろう。洪大容が中国に赴くまで、約百年以上の間、いや大きく時代をとれば高麗時代から約四百年間、両国知識人による面と面とをつき合わせた学術交流は極めて乏しかった。この意味で彼らの接触は一種の異文化接触であったと言ってよい。ところが彼らはともに儒教徒であり、かつ中国古典を媒介にして筆談がなされるがゆえに極めて奥の深い討論がなされた。しかもそれぞれの議論が発言者の個性の違いと彼らが担う文化の違いによって、ここまで生彩があり面白いものは、燕行録の中では空前にして絶後であろう。前近代の漢文文献という範囲に広げてみても、このような特色を持つ筆談記録は空前にして絶後であるに違いない。

洪大容は中国から帰国すると、ただちに北京での交遊と筆談の始末を整理して一書とし、これを『乾浄衕会友録』と名づけた。すでに前章で述べたとおり、この書はソウルを中心とした知識人の間で密かに読まれていき、彼らに大きな衝撃を与えた。李徳懋がその一人である。彼はこの書の中で中国人が涙するシーンが出てくると、しばし書を伏せてともに涙を流した。そしてこの書の中で最も感動した部分、あるいは問題となる部分を抜き書きし自らの意見も加え、これを『天涯知己書』と名付けた。この読書ノートの最後の部分で彼は、この書のことを「まことに奇書であり、普通ではありえないことである」と記している。(1)時に李徳懋は二十代の後半であったと考えられる。『乾浄衕会友録』は当時の鋭敏な青年にとっては奇書であり、このような書が出現したことは普通ではありえないことであった。

同じくその場に居合わせ、これまた強烈な衝撃を受けたのは朴斉家である。これまたすでに述べたとおり、彼は『乾浄衕会友録』を読んだ時のことを「気がふれて狂ったかのごとく、御飯を食べんとしてスプーンを忘れ、顔を洗おうとして洗うことも忘れる」ほどであったと記している。(2)朴斉家は李徳懋より九歳若いから、これは彼が十代後半あるいは二十代の初めの出来事であったと考えられる。この書にはげしく心を揺すぶられた彼ら二人が、洪大容と同じような体験をしてみたいと思って北京へ旅立つのは、『乾浄衕会友録』の出現から数えて十二年後のことである。朴趾源が同じく北京に赴き、『熱河日記』を著すのはさらにその二年後のことである。彼らはのちに北学派と呼ばれる一グループを形成し、朝鮮に新風をもたらしこの国の歴史を大きく動かした。

『乾浄衕会友録』が出現したことはこの国にとって歴史的な大事件であった。朴趾源の『熱河日記』にもその影響が色濃く投影されている。そこで登場するのはほとんどわずか男五人に限られ、描かれる期間は一箇月足らずであるにもかかわらず、それは現在の我々にとって、一八世紀の東アジアの人々の精神世界を理解するためのかけがえのない奇書であるだけではなしに、当時これを読む青年をして「まことに奇書である」と叫ばせ、あるいはまた食を忘れるほどに心震わせるものであった。

ところが残念なことに、『乾浄衕会友録』のテキスト研究はほとんど進んでいない。この書のテキスト研究が必要なのは第一に、これまでこの書は現存しないとされ、これに代わって利用されてきたのがその後身である『乾浄筆譚』と『乾浄衕筆談』でしかなかったからである。ところが両者の内容は大きく異なっている。三者がどのような関係にあるかさえも、まったく分かっていない。『乾浄筆譚』は写本二冊本として韓国、日本それにアメリカのいくつかの図書館に伝えられるもので、朝鮮時代の知識人たちはもっぱらこれを読んだ。[3] 一方の後者は、やっと一九三九年になって、洪大容の五代の孫であった洪栄善が家蔵の稿本をもとに編纂し活字版で出版したものである。それは洪大容『湛軒書』の一部である。[4] 現在もっぱら流布し用いられているのはこの『乾浄衕筆談』であり、二〇一〇年には中国上海で標点本が出版された。[5] 一方の『乾浄筆譚』は『乾浄衕筆談』が出版されてからは、ほとんど誰一人として用いることがなくなった。洪大容の日記であるハングル本の『을병연행록（乙丙燕行録）[6]』は早くから知られていたが、これが注目されたときはすでに『乾浄筆譚』はほとんど誰にも顧みられぬようになっている時代であった。したがって学界では、漢文本の『乾浄衕会友録』『乾浄筆譚』『乾浄衕筆談』の三者がどのような関係にあるのかさえ、今もって定説を見ない。三者は同じものだと考えられるためか、正しくは『乾浄筆譚』の名を挙げるべきところをしばしば

『乾浄衕会友録』または『乾浄衕筆談』の名が挙げられている。[7] さらには『乾浄衕筆談』に載せる記事をもって、『乾浄衕会友録』にはこう書いてあると今もって述べる論考すらある。おそらくは『乾浄衕筆談』が洪大容の子孫が家蔵本をもとに編纂したものだということで、ほぼ『乾浄衕会友録』そのものであるだろうとするのが、おおよその現状であると言ってよいであろう。

『乾浄衕会友録』のテキスト研究が必要な第二は、一部とはいえこの書の原本が発見されたからである。わたしはこれまで『乾浄筆譚』と『乾浄衕筆談』にあまりに大きな出入があること、および後者には著しく杜撰な誤りがあることに注意していたが、これらの問題がなぜ生まれたのかを確認しようにも、それらがもとづいた『乾浄衕会友録』が現存すると伝えられないことを遺憾としてきた。ところが幸い、わたしは二〇一二年三月十四日と十五日の両日にスンシル大学校韓国キリスト教博物館（ソウル）で史料調査を行った結果、『乾浄衕会友録』の一冊を発見した。それはもと全三冊からなっていたと考えられるものの一冊でしかないが、これはおそらくは洪大容本人が手を入れた私家本であり、しかもこれをもとに改訂版『乾浄筆譚』が編纂され、さらに二〇世紀に入って『乾浄衕筆談』が編纂されたときにも、後人が主にこれをもとに編纂したことはほとんど疑うことができない。この書の発見によって、筆者がこれまで推測してきた『乾浄衕筆談』は杜撰な編纂物であり、かつ『乾浄衕会友録』とは違うものであることが確認された。

本章は『乾浄衕会友録』『乾浄筆譚』『乾浄衕筆談』三者のテキスト研究を中心とする。叙述のためにあらかじめ結論の一部を先取りすれば、『乾浄衕会友録』は非公開を前提とする秘本としてこの世に現れた。『乾浄筆譚』は『乾浄衕会友録』の改訂版として、洪大容の意識としては定本として公開を前提に編纂しなおしたものであった。一方『乾浄衕筆談』はやっと一九三九年になって出現したものに過ぎないし、現在のところ洪大容自身がこの書名を付けたという論拠を見出し得ないでいる。確かにそれは『乾浄筆譚』に比べて内容は多いが、はなはだ杜撰な編纂物である。ところが今回発見した『乾浄衕会友録』は洪大容の私家本であり、『乾浄衕筆談』は主にこれをもとに編纂しながら洪大容の意図したものとはまったく違うものとなったことが明らかとなった。

本章では以上のことをテキストに即して述べるであろう。そしてさらに、『乾浄衕会友録』と『乾浄筆譚』『乾浄衕筆談』とにおける内容上の改変の一部をも紹介し、最後に洪大容が『乾浄衕会友録』という書名をなぜ『乾浄筆譚』に改変したのかという問題をも考察することにしたい。

二　改変作業の始まりと潘庭筠の対応

洪大容が中国知識人と筆談を交わしたのは、一七六六（乾隆三十一、英祖四十二）年二月の一箇月足らずである。場所はほとんどが乾浄衚衕と洪大容が呼ぶ路地にある旅館であった。時に洪大容は三六歳であり、燕行使の随員の一人として北京に来ていた。彼とともにしばしば筆談に加わった金在行についてはすでに述べた。筆談の相手は前年に行われた郷試に合格し、北京礼部での会試を受けるため浙江省杭州から来ていた三人の挙人である。このうち厳誠は洪大容と同様に求道者的な風貌を持つ男で三五歳、潘庭筠はいささか軽薄なところがある二五歳の青年で、ハンサムであったとも好色漢であったともいう。途中から筆談に加わる陸飛は芸術家肌の人物で四八歳、しかも前年杭州でおこなわれた郷試でトップの成績を収めていた。

さて洪大容がソウルの南、天安郡寿村にある自宅へ帰ったのは五月二日である。帰国後はじめて潘庭筠に与えた手紙によれば、五月十五日には北京で三人からもらった手紙を四帖に表装し、これを『古杭文献』と名付けた。さらに六月十五日には、筆談と交遊の始末および往復書簡を全三冊（三本）にまとめあげ、これを『乾浄衕会友録』と名付けたという。(8)

李徳懋はその『天涯知己書』の中で、この『乾浄衕会友録』は「秘本」であったと述べていること、すでに記した。秘本とは公開を前提とした書物ではもちろんないが、私家本として著者一人が蔵して用いるものでもない。洪大容が帰郷後これだけの書物をわずか二箇月足らずの間に完成させたことは、この書に対する彼の並々ならぬ自負と情熱を物語っている。彼は北京で自分が体験した交遊と筆談を少しでも早く、知人たちに伝えたかったに違いない。

このようにして『乾浄衕会友録』は暫定的に秘本としてこの世に出現したのだが、洪大容にとってみればこの書に大きな問題が二つあった。より多くの人に公開し読んでもらうためには、削るべき部分が多くあったためである。より広い範囲の読者を相手に公開するとすれば、北京で交換された手紙や筆談の内容には公開を憚るべきことがあった。何をどこまで削るか、これが大きな問題であった。また煩瑣に過ぎると思う箇所が多く、ここも削る必要があった。

第二の問題は削るのとは逆に、増補する必要があったからである。『乾浄衕会友録』は中国人と交換した手紙と筆談したときにテーブルの上に置いて直接書いた用紙、つまり談草とを基礎資料として編纂された。ところがこのうち肝心の談草は潘庭筠に多く持って行かれてしまい、洪大容の手元に多く残っていなかった。彼によれば、二月二十六日のみは筆談を終えて帰るとき、ちょうど潘庭筠に来客があり外へ出ていたから彼に持って行かれずにすみ、自分が持ってきた談草はすこぶる多かった。しかしそれでもなお、三分の一は手元になかったと言う。(9) 彼にとっては是非とも潘庭筠から談草のコピーを送ってもらい、これを増補する必要があった。

ここではまず、増補に向けた改訂のとりくみを述べよう。

洪大容は帰国後初めて潘庭筠に送った手紙で、『乾浄衕会友録』をすでに完成させたことを告げたが、さらにその数箇月後、二度目に送った手紙でも、「前にお知らせした『会友録』では、あなたの冗談話を完全には削ることはできませんでした。云々」と伝えている。(10) これは同じ年の九月か十月頃に書いた手紙と考えられる。

いよいよ潘庭筠に対して談草のコピーを送ってくれないかと率直に要求したのは、その翌年一七六七（乾隆三十二、英祖四十三）年のことである。これは同時に送った『海東詩選』をこの年の朝貢使節が出発するのに間に合うように編纂したというから、やはり九月中あるいは十月中旬までに書かれたと推測される。文面は次のようであった。

前にお知らせした『会友録』三冊（三本）は暇なときに開けて読むたびに、うっとりとしてまるで乾浄衕衕においてさし向かいで議論していた時のようであり、万里を隔ててあなたを思う苦しさを十分に慰めてくれます。ただあの時の談草は貴兄が多く持っておられるため思い出すことができず、この中で編纂し順序をつけたのはわたしが持っております談草によるものだけでした。このため憶えておらねばならぬところが多く漏れ落ちているうえに、文章の脈絡も始まる部分や終わりの部分が欠けており、何とか思い出しては補っているのですが、何とも本来の姿をなくしてしまっています。実に残念です。

お持ちの談草そのものが今なお手元にあるのでしたら、その中で記載すべきものをお選びいただき、たがいに交わした問答をコピーして見せていただけないでしょうか。こちらの三冊をあなたが見てみたいと思われるなら、すぐにお送りしてお見せします。[11]

これに対応する潘庭筠の返信は、その翌年、すなわち一七六八（乾隆三十三、英祖四十四）年正月から二月にかけて書かれたもので、これは『燕杭詩牘』にも収録されている。[12] 返事は次のようであった。

むかし北京の寓舎にて筆談いたし、このときには問答や冗談話しがあれこれ飛び交いましたが、あなたは古紙（談草）をもとにこれを集録されました。これは昔の出来事を忘れまいとされるからでしょうが、言葉に順序がありませんから、大雅の君子に譏りを残すことになるでしょう。その支離滅裂でデタラメなところを删去していただければ幸いです。

潘庭筠は談草のコピーがほしいという洪大容の求めをこのような言葉で断った。洪大容は『乾浄衕会友録』について手紙を送るたびに言及し、三度目の手紙ではこれを開いて読むたびに北京で筆談を交わしていた時のことを恍然と思い出し、遠く離れて会えないあなたを思う慰めとしているといい、より完全なものにするためそちらにある談草をコピーして送ってくれないかと求めた。これに対する回答が、談草を古紙と呼び換え、人が読んだら脈絡がないから譏られる、むしろ削ってくれというものであった。

このようにして洪大容が『乾浄衕会友録』を改訂するに当たって抱えた二つの問題のうち一つは、潘庭筠が談草のコピーを送らないと返事したことによって、それ以上解決することは不可能となった。したがって我々は、洪大容が本格的に『乾浄衕会友録』の改訂編纂にとりかかったのは、潘庭筠からはもはや談草のコピーは送られてこないとはっきりした段階、すなわちこの手紙を受け取った一七六八（乾隆三十三、英祖四十四）年四月以降のことであったと考えてよいであろう。

では『乾浄衕会友録』の改訂はいつ終わり、いつ『乾浄筆譚』という名で再び世に出たのであろうか。わたしが知るかぎり、『乾浄筆譚』にはそのいずれにも一七七二年（壬辰）五月に元重挙によって書かれた跋文が付けられている。跋文によれば、元重挙は『乾浄筆譚』（『乾浄筆談』）二冊を洪大容から借りて読み、跋文はこれを返す時に書いたと言う。[13] これによれば『乾浄衕会友録』を編纂してから六年以内、つまり一七七二年五月までに洪大容が自ら改訂版を作っており、このときにはすでに『乾浄筆譚』という書名に改められていたことは確実である。また『乾浄筆譚』として世に現れたときには、三冊ではなく現行本のようにすでに二冊になっていたことも確実である。のちに中国人に与えた二通の手紙の中で、いずれも洪大容は『乾浄筆譚』を三人の中国人に送ったと書いており、ここでも『乾浄衕会友録』という書名はもはや用いられない。[14] 二通とも一七七九（乾隆四十四、正祖三）年に書かれたものと考えられる。一通では『乾浄筆談』を送ったと書かれているが、譚と談は同じ音で通用され、現に元重挙の跋文でも『乾浄筆譚』と記すものと『乾浄筆談』と記すものとがある。とすれば、遅くとも元重挙の跋文が書かれた一七七二年までに改訂作業が終わり、『乾浄筆譚』が出現していたと考えてよいであろう。

以上によって、『乾浄衕会友録』の改変は主に、一七六八（乾隆三十三、英祖四十四）年四月以降始められ、遅くとも一七七二（乾隆三十七、英祖四十八）年五月までには終わっていたと考えてよいであろう。また以上によって、『乾浄筆譚』という改訂版では、『乾浄衕会友録』に比べて新しい内容が盛り込まれることは少なく、削除のみが多くなったと考えられるのである。

三　『乾浄衕筆談』のテキストとしての問題

では一方の削る作業はどのようになされたのであろうか。これを述べる前に、『乾浄衕筆談』というテキストについて簡単に説明しておく必要がある。

『乾浄衕筆談』は一九三九年になって、洪大容の五代の孫、洪栄善によって編纂され出版されたものである。その編纂が杜撰であることはすでに述べたが、その杜撰さとは次のようなものである。

『乾浄衕筆談』を『乾浄筆譚』と対照させて読むなら、後者にはある二月二十一日の記事が前者にはまったく欠けていることに容易に気がつく。もう少し詳しく見るなら、後者で二月二十一日のところに収められる手紙が、前者では二月十九日のところに収められている。どちらが間違っているかといえば、明らかに『乾浄衕筆談』の方である。と言うのは、『乾浄衕筆談』二月十九日には、厳誠が洪大容に送った手紙を収め、その中で洪大容に会って談笑できなかったから憂鬱さが増しただけではなく、「この二日間そちらからの使者もやってこなくなった（両日以来、僕人亦復絶跡）」と言っているが、これは前後の情況とははなはだしく矛盾しているからである。彼らが前回談笑したのは十七日であった。そしてこの厳誠の手紙は、洪大容がこの日に使者を送り手紙を届けさせたことに対する返信であり、この使者に持って帰らせることを前提に書かれたものであった。ところがその使者が目の前に来ているにもかかわらず、十九日だとすれば十七日から数えて二日目であるにもかかわらず「二日間、使者が来なかった」というのは、おかしな話だからである。なぜ二日間にわたって洪大容は外出できず、使者さえ送れなかったのかについては、『乾浄筆譚』にはその説明があるが、『乾浄衕筆談』には説明がないから、これでは前後の繋がりがさっぱりつかない。

『乾浄筆譚』によれば、二月十九日の記事に繋げて、「この日から二十日まで、宿舎の門禁が極めて厳しく、小使いさえも門を出ることができなかった（自是日至二十日、門禁至厳、下輩亦不得出門）」という。さらに二月二十一日、この日にやっと使者を送り手紙を持たせたと記し、その後で厳誠へ与えた手紙を引用して「数日間、宿舎はまるで牢獄のようでした。自分が訪問のために出られないだけでなく、手紙すら送れませんでした」と記しており、これでやっと厳誠の返信と矛盾なく繋がる。なぜこのようになってしまったのかと言えば、恐らくは洪栄善が『乾浄衕筆談』を編纂する時、十九日の記事に続けて本来二十一日として記すべき内容の記事をそのまま繋げて書いてしまったからであろう、とわたしは推理した。

『乾浄衕筆談』の編纂が杜撰なのは、ここだけにとどまらない。たとえば二月三日には、潘庭筠が厳誠とともに尊敬する呉潁芳（西林）が高潔であり、地方官ともつき合わないことを紹介したくだりがある。『乾浄筆譚』では次のように言う。

> 世を捨てて道を修め、何か必要なことでもなければ杭州城内や役所に出かけません。身分の高い官僚が会いたいと言ってきても、必ずこれを峻拒されます。侍郎の荘存与、通政司の官僚である雷鋐、侍郎の銭維城がともに呉西林の家の門まで行って著書を見せてくれるよう求めましたが、ついにできませんでした（蘭公曰、隠居修道、無事不入城府、有達官来見者必竣拒之。荘存与侍郎・雷鋐通政官・銭維城侍郎皆先造門求観著書、而終不得）。

ところがここのところ、『乾浄衕筆談』では「必ずこれを峻拒されます」の後ろは、「一人は侍郎の雷鋐、通政司の官僚である銭維城とともにみな、云々（一人与侍郎雷鋐、通政官銭維城皆云々）」と書かれている。『韓国文集叢刊』所収本でも二〇一〇年に上海で出版されたものでもこのように標点しているが、これでは何のことかさっぱりわからない。我々は現在、『清史稿』や地方志など中国側の史料によって『乾浄筆譚』に見える荘存与はたしかに礼部侍郎となったことがあり、[15] 雷鋐は雷鉉の誤りで通政司の官僚となったことがあること、たしかに一七五〇（乾隆十五）年には浙江省督学として杭州に赴任したこと、[16] 銭維城は刑部侍郎であったことを確認できる。[17]『乾浄衕筆談』で「一人与侍郎」と記すが、正しくは「荘存与侍郎」であることは明らかである。『乾浄衕筆談』の編纂者あるいは校正者たちにとっては、改訂版『乾浄筆譚』を手にすることは容易であったはずである。ところが両者をつき合わせるという、簡単な校勘すらなされなかったらしい。

いま我々の見る『乾浄衕筆談』と『乾浄筆譚』とをその数量だけで比較してみるならば、前者が六万四千余字であるのに対して後者は五万五千字である。すなわち後者は前者をもとに計算するなら、十二パーセント減少している。では、はたして、『乾浄筆譚』は『乾浄衕筆談』をもとにしてこれを削ってできあがったのであろうか。それとも逆に『乾浄衕筆談』の方が『乾浄筆譚』に書き足し、そこで書き落としたところを補ってできたものであろうか。これについては、両者を比較させるだけでは、正しい答えは出てこない。両者がそれぞれ『乾浄衕会友録』とどのような継承関係にあるのかを見る必要がある。

幸い『天涯知己書』には、わずか一箇所だけであるが、この三者の文章構造を比較できるところがある。それは二月四日、前章で論じたことのある潘庭筠が朝鮮側宿舎を出ようとして涙を見せたシーンである。まず『天涯知己書』によるなら、『乾浄衕会友録』は次のような文章であった。

潘庭筠は「御厚誼に感服し、泣かされます」と言い、すぐさま両方の目から激しく涙を流し、筆を放り投げておじぎをし、大あわてで門を出た。傍観する者はみな傷ましい気分になり驚きの声を上げた。湛軒（洪大容）は潘庭筠の衣をひいて、もう一度お座りくださいと言った。厳誠は「わたくしどもは嘘偽りのない気性の者ですが、今まで本物の知己に出くわしたことがありません、云々」（蘭公曰、感服高誼、令人涕泗、即盪下双涙、擲筆作

揖、蒼黄出門。傍観皆黯然嗟異。湛軒挽衣請復坐。力闇曰、鄙等至性之人、未遇真正知己、云々)。[18]

なおこの文章は李徳懋『清脾録』でもほぼ同じである。[19]

さてこの部分、『乾浄筆譚』では「感服高誼」と「傍観皆黯然嗟異」との間は、「泣かされますと言い、すぐさま涙をこらえて辞出した（令人涕泗、即忍涙辞出）」と書きかえられている。一方『乾浄衕筆談』では、「感服高誼」と「傍観皆黯然嗟異」との間に「令人涕泗」の四字がなく、代わって「おじぎをして力闇（厳誠）とあわてて門を出た（作揖、与力闇蒼黄出門）」と書かれている。またその後は『天涯知己書』で「湛軒挽衣請復坐」と記すところ、『乾浄筆譚』では、「わたしがもう一度わたしの炕にお来しくださいと言い、座が定まると（余復請到余炕、坐定）」と作るのに対して、『乾浄衕筆談』では「余即趨出挽衣、復請到余炕、坐定」となっている。

この三者の文章を比較して明らかなのは、『乾浄筆譚』が先にあってこれをもとにして『乾浄衕筆談』が書かれたのでもないし、逆に後者が前者をもとに書きかえられたのでもないことである。なぜなら、『乾浄衕会友録』にあった「令人涕泗」は『乾浄筆譚』にのみ引き継がれている一方で、もとあった「作揖」「蒼黄出門」は『乾浄衕筆談』の方にだけに引き継がれているからである。これはわずか一例であるが、『乾浄筆譚』と『乾浄衕筆談』とは同じく『乾浄衕会友録』をいわば父とした兄弟関係にあることを示すであろう。また一方が他方をベースにしこれを削ったものでも、逆に一方が他方をベースにして補充してなったものでもないことを示すであろう。そしてこの事例はまた、父の原貌を探るためには、兄弟両方に継承されたものをともに考慮することによって、初めて可能になることを示すであろう。すなわち、一方にのみ受け継がれた「令人涕泗」と、また他の一方にのみ受け継がれた「作揖」「蒼黄出門」の両方を待って、はじめて『乾浄衕会友録』の原貌に近付きうるのである。

ある研究者は『乾浄筆譚』と『乾浄衕筆談』との関係を『乾浄衕会友録』を介在させずに論じ、これにより『乾浄衕筆談』は『乾浄筆譚』をもとにそこでぬけ落ちていた部分を追加し補完してなったと結論づけるが、この推論は以上によって従えない[20]。従えないのは『乾浄衕会友録』を介在させて考えれば、そのようなことはありえないからである。

スンシル大学校韓国キリスト教博物館で『乾浄衕会友録』の一冊を見出す前に筆者が『乾浄衕筆談』の杜撰さに気づき、そこで行った推理とその結果下した結論とは大よそ以上の通りであったが、この推理は次に見るように、洪大容が『乾浄衕会友録』を改変しその内容を削る過程を明らかにすることによって、完全に証明されたと言ってよい。

四　『乾浄衕会友録』原本と『乾浄筆譚』『乾浄衕筆談』

スンシル大学校韓国キリスト教博物館『韓国資料解題』（二〇一〇年十二月三十日発行）頁二五八によれば、『乾浄録』と題する史料があり、その内容は二月十七日、十九日、二十三日の三日間の筆談記録であるという[21]。十七日、十九日、二十三日の記事しか載せないのは、すでに述べた『乾浄衕筆談』と同じである。では、『乾浄筆譚』の方にはある二月二十一日の記事は『乾浄録』ではどうなっているのか、そして以上で述べた推理は正しいのかどうか、これを確かめこの推理を補強する材料を求めて、『乾浄録』コピー本を閲覧した。

この『乾浄録』と名付けられた書は一冊であり、表紙（封面）には外題として「乾浄録　二」の四文字が書かれている。線装が四箇所からなっているのは、中国式である。問題は内題、つまり漢籍目録として採用する場合に原則として第一に採用すべき、第一枚目第一行に記された書名である。そこには『乾浄●●●録』と記されていた。もと『乾浄□□□録』と六文字であったものが、真中の三文字のみ黒く塗りつぶされて見えず、結果として解題で書名は『乾浄録』と名付けられていたのである。

では墨筆で塗りつぶされた三文字は何か、つまり本来この書はどのような名前であったのか。筆者は一見してこの三文字は「衕会友」に違いない、本来の書名は『乾浄衕会友録』であったに違いない、と考えた。ところがコピー本ではこの三文字が何であるか確定できず、これを確定するためにはどうしても原本に就いて見る必要があった。はからずも筆者には博物館館長から特別に原本を閲覧する許可が与えられた。ただ結果としては、筆者を含めて三人で目をこらして見たのだが、三文字を確定することはできなかった。三文字の内で一番上の字の真ん中が小文字で「衕」の口らしく見えること、二字目の上の部分が「會」の字の「八」らしいこと、三字目は「友」の右下部分であろう、わずかであるが●をはみ出し右下斜めに突き出て見えること、以上によってこの書は九十パーセント以上は『乾浄衕会友録』であると推測できるが、これ以上確定はできなかった。

一方、この『乾浄録』と題する書の内容を『乾浄筆譚』『乾浄衕筆談』のそれと対比すると、次のことをほぼ確実なこととして言うことができる。第一に『乾浄録』第二冊すなわち『乾浄衕会友録』の一部には、もとあった文字の上に●や■をつけて塗りつぶしてある部分が何箇所かあり、この部分はコピー本ではもちろんのこと、原本に拠ってもまったくと言ってよいほど判読不可能であり、『乾浄筆譚』『乾浄衕筆談』ともにこれらを採録しない。この部分は『乾浄筆譚』が成立するまでに消されていたに違いない。第二に『乾浄録』では青筆によってもとの文字の上に、丶、丶、丶と打点したところ、あるいは青筆でもとの文字の上に縦線や横線を引いたところ、あるいは青筆で囲んだところは『乾浄筆譚』で消されている。これは広範なスペースに及んでいる。逆にもとの文字を消して右横に青筆で書き加えられた部分は『乾浄筆譚』で採録されている。第三に、●で塗りつぶしたものとは違い、べつに墨筆で○○○と丸を打った部分が数多くあり、この部分は『乾浄衕筆談』ではすべて消去されている。最も簡単に言えば、『乾浄録』で青筆が加えられた部分は『乾浄筆譚』ですべて消去され、○○○が付けられ消去された一部が書き加えられて『乾浄筆譚』という名の改訂本となったのである。また○○○と丸印がつけられた部分をすべて消去し、同時に青筆によって削除された部分を復活させたのが『乾浄衕筆談』である。したがって青筆も○印も加えられない部分は、『乾浄筆譚』『乾浄衕筆談』ともに採録されて文章が一致するところであり、逆に青筆と丸印が重複してつけられている文章は両者ともに削除されている。すなわちここにおいて、『乾浄筆譚』と『乾浄衕筆談』とはどちらかがどちらかをベースにしてこれを一部削除するか書き加えてなったものではなく、推理したとおり『乾浄衕会友録』を同じく父として生まれた兄弟というべきものであることが明らかになった。ここにおいてまた、スンシル大学校韓国キリスト教博物館蔵『乾浄録』第二冊とは、『乾浄衕会友録』二月十七日から二月二十三日の部分にほかならないことが、内容の面からいってほぼ百パーセントの確率で確かなことになった。とすれば、『乾浄衕会友録』は洪大容が潘庭筠に送った手紙で述べていたように、間違いなしに全三冊からなっていたと言うことができる。第一冊は始まりである二月一日から二月十六日まで、第二冊は二月十七日から二月二十三日まで、第三冊が二月二十四日から終わりの二月二十九日までであったと推測できる。現存する『乾浄筆譚』をもとにそれぞれの期日のページ数を計算してみると、以上の三つの期日に従って三分冊とすれば三冊ともページ数がほぼ等しいからである。さらにこの『乾浄録』こそが、洪大容が自ら『乾浄衕会友録』の改訂版として『乾浄筆譚』を編纂したときに用いた原本であり、かつまた一九三九年に『乾浄衕筆談』が洪栄善によって編纂されたときにも、主に原本として用いられたものであることが明らかとなった[22]。

次に実例を問題の二月二十一日の記事に即して挙げ、紹介と説明を加えよう。

『乾浄録』すなわち『乾浄衕会友録』には二月十九日の記事に続けて、二月二十一日の記事が確かに存在する。十九日の終わりから二十一日初めにかけては、次のように記される。

吾未敢言矣。

徳裕（伻）回言又有客撓、草々裁答云。力闇書曰、別後起居何如、念々。……〇〇〇。自是日至二十日、以鄧哥買売事大生葛藤、門禁至厳、下輩亦不得出門。

二十一日、作書、送徳裕、書曰、

日間僉履方相、数日間一館殆同牢狴、既不得躬候、尺紙亦無由寄去、這間悶鬱、一筆難尽。弟等行期姑未完決、而事機如右、不得抽身、豈不爾思、室是遠而、古人已先獲之矣。茲探近候。不宣。

徳裕（伻）回、力闇有両度書。其一前此書置者。書曰、

上の文のうち、○は墨筆で丸印が打たれた削除マークであり、――と、は青筆で記された削除マークである。⦶と記したところの一行目三字は、墨筆と青筆が重なって判読できない。

さて、『乾浄衕筆談』ではこの部分が「吾未敢言矣。伻回、力闇書曰」となっている。これは上で引用した第一行（吾未敢言矣）と、最終行（（伻）回）との間にもとあった長い文章、すなわち『乾浄衕会友録』（『乾浄録』）では一六行にも及ぶ長い文章のすべての文字に○が付されているため、編纂の原則に従ってこの部分をすべて削除し去り、第一行と最終行とを機械的に繋げてなったものであることは明らかである。『乾浄衕筆談』を一九三九年に編纂するにあたり、編纂者は内容を一切考慮することなく、削除マークである○がついている部分をすべて削除する方針をとった。このため、二十一日の始まりの文章も削除されて日付けがなくなり、結果として十九日の「吾未敢言矣」と二十一日の「伻回、力闇書曰」が不自然に繋げられてしまったのであった。これにより結果として、本来は二十一日付の記事も十九日の記事になってしまった。『乾浄衕筆談』は杜撰な編纂物であると先に言ったが、これはその編纂者が愚直なまでに○印が付いておればこれをすべて削除する方針をとったことによって、もたらされたものであった。

一方、『乾浄筆譚』では青筆で削除マーク――と、などが記されたところだけを削除した結果、青筆が加えられず○印だけがつけられた部分は当然生き残った。右の文章に見える徳裕とは洪大容の召し使いであり、『乾浄衕会友録』ではもと固有名詞で記されていた。ところが、これには青筆、が打たれて消され、その右に「使いの者」を意味する伻の一文字が加えられ、『乾浄筆譚』ではこちらが採用された。

以上によって、一九三九年版『乾浄衕筆談』は『乾浄衕会友録』で黒い○印をつけられた部分を機械的に削ってなったものであることが明らかになった。また朝鮮時代に読まれてきた『乾浄筆譚』はおおよそ『乾浄衕会友録』を大幅に削除してなったものであり、削除された部分は青筆で記されたところであったことも明らかとなった。青筆であれ○印であれ、削除マークを入れたのが洪大容本人であったこともほとんど疑いを容れない。

最大の問題は、洪大容が改訂版である『乾浄筆譚』を編纂するにあたり、『乾浄衕会友録』の上に削除マークとして○を打ったのが先か、それとも青筆で、や——を入れたのが先かという問題である。この問題が重要であるのは、かりに○が先に打たれ、その後に、や——が青筆で加えられたものとすれば、洪大容は改訂版を編纂するにあたって二段階の改稿作業を行ったことを示すからである。二段階もの過程をとらねばならなかったことは、その後『乾浄筆譚』となる書を編纂するにあたって、洪大容はいかに慎重を期したかをも示すであろうし、これはまた彼がこの書を公開を前提として編纂しなおしたこと、彼の意識としては定本を作るべく改訂作業を行ったことをも示唆するであろう。この場合、洪大容は第一段階とし○印を付けたところを消去すべき第一候補とし、さらに第二段階で○印の部分を削除すると確定したところには重複して、か——を青筆で加え、青筆を重複して加えなかったところは復活させる方針をとったに違いない。逆に青筆が先に加えられ、後で○印がつけられたものとすれば、彼は『乾浄筆譚』という名の改訂版を公開したあと、さらに大幅に改訂していたことになり、この場合には『乾浄筆譚』を彼の意識としては定本とすべく編纂したと見なすのは、はなはだ不適切だということになろう。

筆者はこの二つのうち前者、すなわち先に○が付けられ、その後で青筆が加えられたに違いないと考える。そのように判断するのは、以下のいくつかの理由からである。

最も大きな理由は、現存する『乾浄衕会友録』すなわち『乾浄録』第二冊を古文書として見た場合、青筆の入れ方がすでに○で削除指定をおこなったところを避けるようになされているところが、二月十七日の記事に何箇所かあるからである。このような青筆の入れ方は、先に○が打たれたあとで青筆が加えられたとしか考えられない。

第二に同じく『乾浄録』第二冊を古文書として見た場合、長文にわたって青筆で消去した部分と○で消去した部分とが完全に一致するところがある。かりに先に○印を付けて削る予定としたところを青筆で確定したとするなら道理に合うが、すでに『乾浄筆譚』で削除ずみのところをなぜ再び消去せねばならないのか、合理的な説明がつかないからである。

第三にかりに我々が推測するように洪大容は公開を前提として『乾浄筆譚』を編纂したとすれば、いったん二月二十一日の記事を正しく記しながら、後に改めてこの部分を削除してわざわざ誤ったものにすることは、まったく道理に合わないからである。『乾浄衕会友録』の編纂あるいはその改訂版の編纂のために彼がいかに情熱を注いでいたかは、新発見の『乾浄録』そのものが最も雄弁に物語っている。洪大容は『乾浄衕会友録』を大幅に削除して改訂版を作ろうとして、初めに誤って二十一日の部分にも○を付けて削ったのだが、もう一度点検しつつ青筆を加えたときに洪大容はここを削ってはいけないと気がつき、復活させたと推測する方がはるかに自然である。『乾浄衕会友録』(『乾浄録』)『乾浄筆譚』『乾浄衕筆談』の三書を対比すれば、洪大容は何度も改訂作業を行ったことを見て取ることが出来るが、大きなものはこれら二次にわたるものであったと考えられる。

第四に『乾浄衕会友録』二月十九日には、洪大容が厳誠に与えた手紙として次のような文章がある。古文書学の観点と前後の文章の繋がりから、そう判断せざるを得ないからである。

　徳行本也、文芸末也。知所先後、乃不倍於道。尊徳性・道問学、如車之輪如鳥之翼、廃其一、不成学也（道徳品行が根本で、文芸はその次である。どちらが先でどちらが後かを知ってこそ、道から外れない。「徳性を尊ぶ」と「問学に道《よ》る」とは、車の車輪、鳥の両翼のようなものであって、一方をなくしたら学問は完成しない）。

この部分にはすべての文字に○印が付けられているから、当然『乾浄衕筆談』には載っていない。逆にこの部分には青筆を加えて削除せよと指定されていないから、すべてそのまま『乾浄筆譚』には採録されている。本引用で○を付けなかったのは、読みやすさを考慮したために過ぎない。ところが『乾浄筆譚』でこの部分は、「乃不倍於道」で一行が終わり、「尊徳性」以下は別の一行となっている。そこで、『乾浄衕会友録』（『乾浄録』）のこの部分を見直すと、「道」と「尊」との間に赤色で横線が入れられ、「尊徳」の横には青でもない、かといって○印の黒でもない黒色の草書体で「別行」、つまり「別の行に移せ」と書き込まれている。すなわち『乾浄筆譚』ではこの指定どおりに改訂されていたのである。かりにこの部分で○印が青筆よりも後に打たれたとすれば、「別行」の二文字にも当然○という削除マークが打たれたと考えるべきであるが、打たれていない。

さらに言うなら、『乾浄筆譚』でも『乾浄衕筆談』でもいずれもこの箇所のすぐ後ろで厳誠が洪大容に与えた手紙を収録し、洪大容から送られた手紙にある「徳行と文芸、徳性と問学の語は、重病の病根を適切に言い当てたものである」と述べている。この文章は「徳行本也（道徳品行が根本で）、云々」が先にあってはじめて呼応する。かりに○印が後に加えられて削除指定がなされたとすれば、これまた前後が呼応しなくなってしまう。洪大容はおそらくここでも『乾浄筆譚』として公開するための改訂作業を行う過程で、第一段階としてまず○という削除マークを付けたのだが、削除せよと指定したのが誤りであったことに気づき、最終的には「徳行本也、云々」の部分を復活させたものに違いない。

以上によって○印が先に付けられ、さらに第二段階で青筆を加えて確定したことはほぼ確実であるから、洪大容が『乾浄筆譚』を定本とすべく改訂したことは、ほぼ間違いないであろう。

五　改変事例その一——削除部分

以上述べたことにおおよそ誤りないとすれば、洪大容は後に『乾浄筆譚』と名付けることになる書、すなわち改訂版を編纂するにあたって極めて慎重な態度をとったことになる。彼は削れる部分、あるいは削らねばならぬと考えた部分を大幅に削除した。現存する『乾浄録』第二冊すなわち『乾浄衕会友録』二月十七日から二月二十三日の部分とこれに対応する『乾浄筆譚』の部分とを比較するなら、前者が約二万三千字であるのに対して、後者は約一万五千字であるから、洪大容は改訂にあたって約三五パーセントも削ったことになる。では、どのような筆談部分あるいは手紙を削ったのか。●が付けられたところ、あるいは■が付けられたところは読めないから問題から省く。以下に○印が付けられその上に青筆による削除マークが付けられたもの、すなわち第一段階と第二段階ともに削除とされ、結局『乾浄筆譚』にも『乾浄衕筆談』にも載っていないものを一箇所だけ紹介しよう。

それは次のようなものである。○印つまり第一段階においてつけられた削除マークがあるにもかかわらず、おおよそ次のように読みとることができる。したがってここでは○を省いて記す。

二月十七日。……蘭公曰、承示東国大略甚善。聞東方官宦到任、不携妻妾、到任後即有所轄之地之女充御、離任後亦不携去。如有子亦必贖帰、其信然耶。余曰、外官皆携妻妾、惟辺遠只許率妾。充御云々是官妓也、有子皆贖帰。但貧者以其費銀、故或不能為之耳。蘭公曰、士人則不得近官妓、何寛于貴官而厳于士人耶。力闇曰、好色之人、語不離宗。皆笑。余曰、於士亦非不許、特自好者不為之。（潘庭筠は「承りましたところでは、朝鮮は大よそのところで非常によいようです。聞くところでは朝鮮の官僚が地方へ赴任するとき、妻や妾を連れて行かず、赴任した後で統治下の女に夜とぎをさせ、離任の後は現地の女を連れて帰らないと申します。子供が生まれたら、必ずお金を払って連れて帰るということですが、本当でしょうか」と尋ねた。わたしは「地方官はみな妻や妾を連れて行きます。ただ遠辺の地でだけは妾を連れて行くことを許します。あなたがおっしゃる夜とぎをさせる云々とは、これは官妓です。子供が生まれたらみな金で買いもどして連れ帰ります。ただ貧しい者は費用がかかるため、時にはこれができないことがあります」と答えた。潘庭筠は「士人であれば官妓を近づけることが出来ぬとは、何とまた高級官僚に寛大で士人に対しては厳しいことでしょう」と言った。厳誠が「好色な者の言葉は、いつもこればっかりですね」と言うと、みんな笑った。私は「士人でもやっていけないことはないのですが、自分の品行に気をつける者はしないのです」と言った）。

上の文章ではもと筆者が拠ったのがコピー本であったため、遺憾ながらいくつかの文字は判読できなかったが、原本について読むならばこのように百パーセント判読可能である。ましてや洪大容本人すなわち著者自身であれば、かつて自分が書いたのであるからすべての文字がわかったはずである。筆者がこの書が洪大容にとっては私家本であったと考えるのは、彼にとって墨筆の○の部分は青筆の——の部分と同様に、何が書かれているのか容易にわかったと考えられるからである。

さて、洪大容が上の筆談を公開予定の『乾浄筆譚』から削ったのは、何故だろうか。朝鮮の事情であれば読者はみんな知っている、だから必要ないと考えたのかもしれない。また単純に瑣末な問題だと考えたからかも知れない。しかしわたしは、恐らくこの種の朝鮮国内の事情を外国へ行って漏らすことが当時一般に禁忌されていたからだろうと思う。このような国内事情を外国で漏らしたことが彼に対する非難の口実となることを恐れ、この部分を意図的に削ったのではないか。これに類した国内事情に関わるところで第一段階と第二段階ともに削除されているところは、他に数箇所ある。

すでに述べたように、洪大容は改訂にあたって削れるところは出来るだけ削る方針を立てていたらしい。煩雑であるとして削ったと考えるほかない部分も数多い。金在行が関係するところも意識的にできるだけ削ろうとしたらしい。しかし朝鮮の事情を漏らすことになると考えられる部分や、ここでは詳しく紹介する余裕がないが、いささか軽薄なところがある潘庭筠が満州族について語ったところや、文字の獄に引っかかりそうなところは、意識的に削ったようである。たとえば潘庭筠は銭謙益（銭牧斎）を高く評価していた。『乾浄衕会友録』では、潘庭筠が銭謙益を「牧翁」つまり銭謙益先生と敬称をもって呼んでいるところも二段階とも削除している。銭謙益は乾隆帝から「弐臣」

すなわち明朝と清朝の両朝に仕えた不道徳な人物であると烙印を押された人物であり、彼を高く評価していることが表沙汰になれば、極刑は免れなかった。洪大容がこの部分を削除したのは、当時清朝で吹き荒れていた「文字の獄」から潘庭筠を守ろうとしたと考えられるのではないか。とすれば、洪大容はその後実際に行ったように、『乾浄筆譚』を中国に送ることまで視野に収めてこの書の改訂に当たったことを、これは示唆するであろう。

六　改変事例その二――許蘭雪軒についての書き換え

以上では洪大容が『乾浄衕会友録』を改訂するにあたり、もとあった文章のどこを削ったのかその一部を示した。このように『乾浄筆譚』および『乾浄衕筆談』でともに削られるに至った箇所がもともとどのような内容であったかは、ある程度復元することが出来るが、これに対して削除ではなく改訂した箇所がもとどのような内容であったかを示すのは容易ではない。なぜならそこのもとの文字には黒丸あるいは四角の墨筆が加えられ、コピー本をもとにして判読することはまったく不可能だからである。さらに言うなら、内容を改変したのではないかと疑われる部分は、多くは『乾浄衕会友録』第一冊と第三冊にあったのではないかと考えられるのであるが、残念ながらこの二冊が現存することは確認できず、従ってどのように改変したのか確認できないからである。

ところが幸いなことに李徳懋『天涯知己書』があることによって、ほんの一部ではあれ『乾浄衕会友録』のもとの文章が何であったかを知ることができ、これを『乾浄筆譚』および『乾浄衕筆談』と対比することによって、洪大容が何をどのように改変したのかを明らかにすることが出来る。ここでは最も興味深い書き換えを一つだけ示すことにしよう。

二月八日のことである。『乾浄筆譚』『乾浄衕筆談』によれば、この日潘庭筠が朝鮮の女性のうちで詩をよくする者がいるのかと問うたことを契機として、女性が詩文を作ることの是非が議論された。この時、潘庭筠は朝鮮の有名な女流詩人である許蘭雪軒を話題に出し、「お国の景樊堂という許篈の妹（許蘭雪軒）は、詩ができるというのでその名が中国の詩選の中に入っております。幸いなことではありませんか」と言った。これに対する洪大容の返答は次のようであった。

針仕事のかた手間に、書物や歴史にも通じ、むかしからある教訓を習いおぼえ、自分の部屋で自分をみがくことこそ、婦人の高尚なところです。文章をあれこれ飾り、詩ができるということで有名になるなどは、結局のところ正しいあり方ではないでしょう。[23]

以上は『乾浄筆譚』によるが、『乾浄衕筆談』でもいくつかの語句の違いはあるものの、趣旨はまったく変わらない。ところがこの部分、『天涯知己書』によれば洪大容はもともと次のように返答していた。

この婦人（許蘭雪軒）は詩はうまいが、その徳行ははるかにその詩に及びません。その夫の金誠立が才能と容貌ともに揚がらぬため、彼女は「この世では何とか金誠立と別れ、あの世へいったら長《とこ》しえに杜牧と一緒になりたい」という詩を作りました。ここにその人物がいかなるものであったか、見てとれます。[24]

洪大容は蘭雪軒が夫と別れて晩唐の詩人である杜牧と一緒になりたいなどという、当時としてはただ「不徳」な詩を作った女だとして、彼女を非難したのである。これに対してハンサムな潘庭筠は、「美人のつれ合いの顔がまずい作りというのでは、怨みがましいことをいうのもあたりまえではないですか」と混ぜかえしたという。

許蘭雪軒（許楚姫）は朝鮮第一の女流詩人として名が高く、その詩集『蘭雪軒詩集』は現代の『韓国文集叢刊』第六七輯などにも収録される。[25]彼女の詩集は明の朱之蕃が一六〇六（万暦三十四、宣祖三十九）年に勅使としてやってきた時、兄の許篈、許筠から贈られて中国へ渡った。[26]銭謙益編『列朝詩集』閏六には、彼女の詩が十七首採録されており、これはそこに採録された朝鮮詩人の中では飛び抜けて多い。銭謙益が彼女の詩を紹介しつつ、愛妾柳如是の言葉をわざわざ引用し、許蘭雪軒が中国詩人の詩を多く剽窃していると非難の指摘をしており、これはおそらく潘庭筠も知っていたであろう。

問題は洪大容が『乾浄衕会友録』で彼女が作ったとされる詩を挙げて彼女を非難したことであり、後に書き換えたことである。許蘭雪軒が歌ったとされる「あの世へいったら長しえに杜牧と一緒になりたい」との杜牧とは、いわずと知れた晩唐の詩人杜牧、字は牧之、号は樊川である。彼は感傷的で耽美的な詩を多く作り、中でも遊女との恋仲を歌った詩を多く残した。この点で中国の伝統的士大夫、正統派知識人にははなはだ芳しからぬ評判を持つ。洪大容その人がこの正統派知識人の一人であり、『乾浄筆譚』『乾浄衕筆談』ともに潘庭筠が好色であることを戒める言葉の中で、杜牧がかつて遊郭の女と浮き名を流したと歌う詩をそれとなく引用しつつ、軽薄才子となるべからずと注意している[27]。

一方、蘭雪軒の室号とされる景樊堂も、当時の朝鮮では杜牧の号樊川を慕うところから名付けたものだ、との風評があった。その夫金誠立の風采が揚がらないこと、蘭雪軒との仲が悪いことも有名であった。洪大容はこのような風評をもとに、二月八日の筆談の席で彼女が作ったという詩を挙げながら非難を加えたこと、これが『乾浄衕会友録』にはそのまま記されていたことは、ほぼ動かすことができない。もちろんこの詩は『蘭雪軒詩集』には収録されておらず、彼女のような才女を、しかも中国にまでその名が知られた女を憎む誰かがでっち上げたものに違いない。

李徳懋は『天涯知己書』の一条で『乾浄衕会友録』に記す以上の箇所を引用しつつ、次のような意見を書き加えた。

むかし、景樊という号は蘭雪軒自らが付けた号ではなく、つまらぬやからが彼女を攻撃しこきおろさんとしてつけたものだ、と聞いたことがある。洪大容もこのことが分からなかったのだろうか。中国では許景樊と蘭雪軒を二人として分けて書いている。またその夫は日本が朝鮮へ侵略した時に節を立てて死に、そのご蘭雪軒は女道士となって生涯を終えたと言われるが、これまたひどい言いがかりである。潘庭筠が将来、もし詩話を作って洪大容のこの言葉をそこに載せたなら、それは蘭雪軒にとって余りに重ねがさねのぬれぎぬではないか。[28]

『乾浄衕会友録』が密かに読まれるようになると、洪大容は許蘭雪軒が作ったとされる問題の詩は彼女の作ではない、と誰かから注意を受けたのであろう。あるいは李徳懋自身からの指摘であったのかも知れない。『乾浄衕会友録』の改訂版というべき『乾浄筆譚』が編纂されたのは、すでに述べたとおりそれから二年以上のち六年以内の間であったから、冷静にそして常識的に考えなおせば、あのような詩をいかに「不徳」な女性でも作るはずはないと洪大容も気がついたのであろう。『乾浄筆譚』だけではなく、彼の手元にだけ留めておく予定の私家本でもこれを改訂したのである。

『乾浄衕会友録』には改変後のものに比べて、以上のようなより生々しく荒けずりな形での記載があったこと、疑いない。さらに言えば、この日に許蘭雪軒のことが話題になった時には、後のものに見えるものとは別のことを語っていたのだから、『乾浄衕会友録』にはもともとこれに関わるもっと多くのことが記されていた可能性がある。と言うのは、ハングル本『乙丙燕行録』によれば、潘庭筠が「美人のつれ合いの顔がまずい作りというのでは、……」と混ぜかえしたのに対して、洪大容は次のようなことを言ったと記すからである。

あなたの言葉は大いに間違っております。人が出会うかどうかには、それぞれ運命があります。貧しい士（ソンビ）の妻と弱い国の臣下とは、身体に苦しみをかけて思いを世の中に広げることもせず、自分の運命のことを考えずに違った思いを抱き、三綱（君臣・親子・夫婦としてのあるべき道）の重きことを忘れるならば、どうして天下の大罪悪とならないでしょうか。[29]

ここに洪大容の女性観、社会観、国家観、総じて言えば彼の社会思想が率直に表明されており、彼とその思想を語るうえで重要である。少なくとも、中国から帰国するまでの彼の思想を語るうえで、重要である。韓国での洪大容評価は極めて高く、彼の女性観についても彼が近代人そのものであるかのごとく論じられることがあるが、ここでは立ち入らない。問題は彼の思想を知る上でこのように重要な発言が、現在我々が持つ『乾浄筆譚』と『乾浄衕筆談』に記載がないことである。そして『乾浄衕会友録』にはもともと、この発言も記されていた可能性が高いことである。なぜなら、彼のこの発言は、当時の朝鮮社会にあってもまた中国社会にあっても、何ら禁忌に触れるところがないからである。現にこれを受けた潘庭筠ですら「あなたの議論は極めて正大であり、失言したことをおわびします」と言っている。談草では許蘭雪軒が作ったとする詩を書きあげた続きに、この議論が書かれていたに違いないから、この部分のみを『乾浄衕会友録』で初めから落とした、削ったとは、およそ考えられない。おそらくは、後に『乾浄筆譚』として改訂版を編集するに際して、許蘭雪軒の詩であるとするものを削り取って書き換えたことにより、潘庭筠の「美人のつれ合いの顔が……、怨みがましい気になるのもあたりまえではないか」という言葉が対応しなくなってしまったため、しかたなく潘庭筠の言葉とともに洪大容自身の続く発言もすべて第一段階と第二段階でともに削り去ったのであろう。

七　書名の改変——〝乾浄〟の意味するもの

『乾浄衕会友録』の改変という問題のうち、最後に残る最も大きな問題はなぜ書名の改変がなされねばならなかったのか、にもかかわらず「乾浄」の二字だけは維持されたのはなぜかという問題である。今回発見された『乾浄衕会友録』が『乾浄録』という書名に変更され、なぜ『乾浄筆譚』という書名で記されないのかは、現在のところよく分からない問題である。おそらくは『乾浄筆譚』という名で公開するにあたって洪大容は自らの私家本では書き改めず、その公開後も自らの私家本を書き改めなかったからであろうが、ここでも「乾浄」の二字が維持されていることは注目される。

乾浄とはもともと汚れがないことを意味し、衕とは衚衕の略で横町あるいは狭い街路を意味する。洪大容は『乾浄筆譚』の中で乾浄衚衕あるいは乾浄衕という名の路地が北京に実際あるという前提で話を進めているし、後に中国人に与えた手紙でも、乾浄衚衕に厳誠らが宿泊していた旅館があり、ここで筆談が交わされたからこの書を『乾浄筆譚』と名付けたと明言している。[30] このことはつい近年になるまで誰も疑わなかったようで、韓国の研究者たちもこれまで、古書店や文房具店が建ち並ぶ北京琉璃廠の一角に乾浄衚衕があり、そこで筆談はなされたものと考えてきた。

ところが乾浄衚衕などという名の街路は、地図によっても地方志によっても北京のどこを捜しても見あたらない。『乾浄筆譚』で乾浄衚衕があるとされるあたりにそれらしいものとしてあるのは、わずかに甘井衚衕（胡同）だけである。現代中国では衚衕のことを胡同と表記する。このことに初めて気がついたのは、二〇〇〇年当時に北京に留学していた韓国人学生であった。彼女は乾浄（gānjìng）とほぼ同音の甘井（gānjǐng）胡同こそが筆談の場所であったのではないかと考えた。[31] たしかに甘井胡同は『乾浄筆譚』で記される情況とぴったり一致する。洪大容が記す乾浄衚衕が実際には甘井衚衕であったことは、まず間違いない。ちなみに琉璃廠は甘井胡同から一キロほども離れた別のブロックにある。自ら北京を訪れた朴趾源ですら、洪大容のために墓誌銘を書いた時には「厳誠らと琉璃廠で遇った（遇陸飛・厳誠・潘庭筠於琉璃廠）」と記していた。[32] 洪大容の孫の洪良厚も北京を訪れたことがあるが、彼もまた洪大容は厳誠・陸飛・潘庭筠と「琉璃廠の乾浄衚衕で出会った」と記している。[33] しかし彼らが琉璃廠で出会ったことは一度もないし、乾浄衚衕というところもなかった。大げさに言えば二百年以上にわたる誤解は、ここにやっと解けたと言ってよいであろう。

洪大容は『乾浄衕会友録』を完成させるとただちに潘庭筠に知らせた。これを受けた潘庭筠は、またただちに陸飛に知らせた。これを受けて陸飛が洪大容に向けて手紙を書いたのは翌年すなわち一七六七（乾隆三十二、英祖四十三）年の正月七日のことであった。ところが彼はその手紙の中で次のように記した。すなわち、「乾浄衕という名は格好のいいものではない（不雅）。『京華筆譚』と名を変えてはどうか[34]」。つまり、洪大容がおそらくは多少の気負いを込めて「清浄な路地でなされた交遊記録」と名付けたものに対して、書名としてふさわしくないとクレームをつけたのである。

洪大容らが筆談を行った一八世紀の後半でも、甘井衚衕は甘井衚衕と表記され乾浄衚衕とは表記されていなかったこと、ちょうどこの頃北京に住んでいた銭大昕がそのように表記しており、そこには甘井つまり質のよい水がわき出る井戸があったらしいことから間違いない[35]。とすれば洪大容が乾浄衚衕と書いたのは、勘違いをしてそのように思い込んでいたのか、あるいはそれと知りながらあえて同音の乾浄の二字をもって代えたのかのいずれかである。そのいずれであったとしても、陸飛は乾浄衕の三字は書名に用いるには不適当だとアドバイスしたのである。おそらくは乾浄の二字がもともと俗語であり、語録などで口語として用いられることはあっても典雅な文章の中で用いられることはほとんどない言葉であることと、衕のフルネームである衚衕も、もともとモンゴル族が支配した元の時代から使われ始めた言葉であることから、この三字を「雅びではない」、格好良くないとしたのであろう。

たしかに洪大容はアドバイスの一部を取り入れて筆譚の二字を新しく用いた。しかし一方で、典雅なタイトルではないと言われても、彼は乾浄の二文字を用い続けた。年齢にして十歳以上も先輩に当たり、しかも浙江省でおこなわれた郷試でトップ合格を果たした秀才中の秀才、陸飛のアドバイスをあえて採用しなかった。それは乾浄の二字に、彼がよほど強いこだわりを持っていたからであると考えられる。彼はウソで固められた朝鮮国内では誰一人として正直に話せる相手を見つけることができず、代わってこれを中国に求めんとして北京まで来ていたのである[36]。したがって彼にとっては筆談する場所も、筆談の内容にふさわしい清浄なところである必要があった。清浄なところを意味する「乾浄の去処（乾浄去処）」という表現は、厳誠らと初めて筆談をしたときにも、またそれに先んじて翰林院の官僚であった呉湘と彭冠と筆談したときにも、筆談がなされるべき場所として現れる。[37] 彼は書名を改変するに当たっても、この書に託する自分の思い入れを大切にしたのであろう。

八　結語

洪大容という人は、はなはだ名利に恬淡としたところがあったらしい。著作を世に出して名声を博そうという気持ちが彼にはなかったようである。彼は存命中に自分の個人文集を出版しなかったし、写本としてすら世に出さなかった。朝鮮時代に彼の著作として知られ伝写されていたのは、ほとんどわずかに『乾浄筆譚』をその中に含めた彼の燕行録だけであった。

そのような彼が、北京での筆談記録については秘本と称すべきものだけでなく定本と称すべきものをも作ったこと、さらにはこの二つとも違う私家本をも作っていたこと、書名にこだわり二度も改変したことは、注目に値する。現在はハングル本として残っている『乙丙燕行録』という名の日記を含めるならば、大きく違うものだけでも四種類のテキストを作っていたことになる。これは、彼がそれらに記される北京での体験をいかに自分にとって大切なものと考えていたかを表すだけではなく、北京で彼がなしたような筆談の記録はかつてなかったとして、公表するに足るという強い自負を持っていたことを表している。

洪大容は『乾浄筆譚』を厳誠の兄ら三人の中国人にも送ったという。しかし現在のところ、この三人であれ別の者であれ、この『乾浄筆譚』を中国で見たことがある、読んだことがあるという証言やこれを明瞭に示す史料をわたしはいまだ見出しえないでいる。現存する『乾浄筆譚』は『乾浄衕筆談』に比べて満州族による中国支配の問題については、はるかに簡略化されその多くが削られている。しかしそれでもなお、もしもこのままの形で洪大容が中国人に送ったとすれば、それはあまりに思いやりに欠けた行為と言わざるを得ないし、これを受け取った者もはなはだ困惑したに違いない。これを蔵しておくことも読んだと明言することも、ともに危険であったであろう。少なくとも、乾隆三十年代以降における禁書あるいは文字の獄の厳しさを知っている我々からすれば、そう判断せざるをえないのである。『湛軒書』と『燕杭詩牘』さらに次章で主に用いる『乾浄後編』『乾浄附編』に含められた往復書簡による限り、一七八〇（乾隆四十五、正祖四）年以降になると、中国人が洪大容にあてた手紙はほとんどぱったりと途絶えている。これはその前年に彼が『乾浄筆譚』を送ったことに原因があったのではないか。これは今後我々が究明すべき、重要な課題であろう。

『乾浄衕会友録』『乾浄筆譚』の出現は、高麗時代以来約四百年にわたって途絶えていた韓国・中国の知識人が面と面をつき合わせておこなう交流の復活を告げるものであった。この意味で、これらはもちろん韓国史上の奇書である。東アジアという場をとってみても、すでに述べたとおりこれらは一八世紀が生んだ奇書である。さらに言うなら、この奇書が中国で二〇一〇年に出版されるまで、筆談がなされたこの国でほとんど読まれた形跡がないこともまた、ここ数世紀にわたる東アジアの国際関係がいかに複雑なものであったかを示すであろう。これがまた、これらの書を奇書とするに足る一つの要因となっている。

第一四章　洪大容『医山問答』の誕生

——帰国後における中国知識人との文通と朱子学からの脱却過程——

一　はじめに

洪大容は実学思想家、自然科学者として、韓国ではなはだ有名である。そして彼の思想を語る場合、それを高く評価するにしても逆に高い評価を疑問視するにしても、必ず取りあげられるのが彼の『医山問答』である[1]。わたしが『医山問答』に関心を持つのは、これまで彼の思想を評価するときの中心課題であった彼の地転説、すなわち地球自転説の主張や華夷観の否定、あるいは人間と動物とは等しいという主張がそこに見えるからではない。そこにはたとえば次のような言葉が見えるからである。

古代の周王朝以来、王道は次第に失われ、仁義を口実にする者が皇帝となり、兵力の強い者が王となり、知恵を用いる者が高い地位につき、上手いこと媚びる者が栄華を楽しんでいる。君主と臣下とは一面ではたがいに疑いながら、一面では共謀して私欲を遂げている。

君主が支出を倹約し税金を免除するのは、人民のためではない。賢者を尊び能力ある者を登用するのは、国家を思ってのことではない。反乱者や罪ある者を討伐するのは、暴力を禁じようとするからではない。中国が外国にわずかな物を朝貢させ、お返しとしてたっぷりプレゼントを持たせるのは、諸外国をいたわるからではない。ただただすでに獲得した地位を保全したいがためである。自分が死ぬまで尊ばれ栄華を保ち、これをどこまでも子孫たちに伝えようとして、そうするのだ。これこそが賢明な君主と言われる者がうまくやりおおせることであり、忠臣のうまい謀りごとである。(2)

これはまた大胆なことを言ったものである。そもそも『孟子』では「仁に仮りる者は覇、……徳を以って仁を行う者は王」（公孫丑上）とあるとおり、仁義を口実とする者が覇者であり、王者とははっきりと区別される者であった。ところが洪大容は王者と称する者も覇者と同じであり、ともに兵力が強い者に他ならないと言う。これは『孟子』を否定したのと同じである。

さらには、そこでは現実の中国は完全に否定されている。清朝だけではなく明朝も否定されている。そこには、中国清初の黄宗羲が『明夷待訪録』で主張したような、民本主義的な君主論をはるかに超えた過激な国家論と君臣論が展開されている、と言ってよいであろう。

しかし一方、「仁義を口実にする者が皇帝となり、兵力の強い者が王となる」と言い、皇帝そのもの国王そのものを否定するのであれば、中国の皇帝だけではなく李成桂が打ち立てた朝鮮国そのものをも否定することになりはしないか。無欲で人民思いの君主はあり得ない、と彼は言う。「君主が支出を倹約し税金を免除するのは、人民のためではない」と言う。とすれば、彼が仕える「賢明な君主」、朝鮮の正祖その人をも否定することになりはしないか。『医山問答』はこのような重大な問題をはらんでいるのである。

ではいったい、この『医山問答』は洪大容のいかなる思想遍歴の過程で生み出されたものなのか。どのような思想情況の中で書かれたものなのか。そもそも『医山問答』とはいったい何なのか。実はこの問題は、これまで『医山問答』が大きく取りあげられながら、そしてそれが今述べたように重大な問題を孕むにもかかわらず、ほとんど明らかにされなかった。『医山問答』は虚子と実翁という二人の問答で話が展開する。この虚子について、「隠居し読書すること三十年」、その後「西のかた北京に入り、中国の紳士たちと交遊し談話した」と記すところから、一七六五（乾隆三十、英祖四十二）年に三五歳で燕行し、翌年帰国した直後までの若き日の洪大容その人が戯画化されたものである、とされる。一方、実翁とは大いに変貌を遂げた後半生の彼、すなわちこの書を著したころの彼自身であるとされる。ところが洪大容の思想を論ずる場合、この変貌すら無視され、前半生の彼と後半生の彼を混同して論じることが現在でも続いている。あるいは彼が書き著した作品がそれぞれ何時書かれたものであるかを論ずることなく、論者の都合に合わせて自由自在に勝手放題に切り貼りして論じられる。

これは洪大容が帰国後、つまりその後半生においてどのような思想的な遍歴をたどったのか、これまでまったく論じられなかったからである。さらに言うなら、彼の思想遍歴から見て『医山問答』がいつ頃書かれたものであるのか、推定を試みることとすらなされなかったからである。

この『医山問答』がどのようにして誕生したのかという問題が、これまで問題にすらならなかったのは、その答えを見いだそうにも、ほとんど材料がないからであった。史料をもとに答えを出すのが、ほとんど不可能だからであった。と言うのは、洪大容あるいはその思想を論ずる場合、これまで彼の著作集『湛軒書』をほとんど唯一の史料としてきたからである。それは彼の五代の孫、洪栄善が編纂し一九三九年に出版されたものである。そこに収集された洪大容による著作あるいは手紙には、何年何月のものか記されない。さらには収録された手紙が極めて少ないのであるから、彼が思想的な変遷をどのように遂げたのか、ほとんどつかめなかったのである。

ところがスンシル大学校韓国キリスト教博物館（ソウル）には『乾浄後編』二巻と『乾浄附編』二巻が蔵される。前者には洪大容が帰国した後、北京で筆談を交わした厳誠、潘庭筠、陸飛に送った手紙とその返信を主に収録する。後者には彼が帰国の途次に知り合った孫有義、鄧師閔、趙煜宗三人との往復書簡を主に収録する。それらの書簡にはそれを発送した年月を、または受け取った年月をほとんどすべて記している。しかも『乾浄後編』『乾浄附編』には『湛軒書』には収録されない多数の書簡を収録する。『湛軒書』に収録される中国人との往復書簡は、両者の約三分の一程度でしかないであろう。『湛軒書』は両者を底本として編纂されたに違いないが、重要な書簡を収録しないだけではなく故意にやったと考えるほかない書き換えと削除のほか、大きな錯簡さえある。わたしはすでに『湛軒書』外集、杭伝尺牘に巻二、巻三として収録される『乾浄衕筆談』がいかに杜撰な編纂物であるか、前章で述べた。『湛軒書』外集、杭伝尺牘、巻一は中国知識人との往復書簡からなるが、後に述べるとおりこれまたさらに杜撰な編纂物である。『湛軒書』だけに頼っていては、彼の思想的な変遷過程を明らかにできるはずはない。

洪大容の思想遍歴を東アジア思想史の中で位置づけるなら、後に見るようにその一つはやはり朱子学からの脱却過程として位置づけることができよう。ところが洪大容の思想についてこれまで様々に論じられてはきたが、朱子学からの脱却過程として彼の思想遍歴を捉えたもの、実際の文献にもとづいてその過程をたどるものはなかったようである。周知の通り朝鮮後期には朱子学が正統学問に祭り上げられたばかりか、これを批判するものは異端視され手ひどい攻撃を受けた。したがって中国における王陽明や日本における伊藤仁斎、荻生徂徠のように、それぞれ個人の思想遍歴に即して朱子学からの脱却を見ることができる思想家はほとんどいない。この中にあって、洪大容は文献に即してこれをたどることができる稀有な例だと言ってよいであろう。それは国内の知人に対しては書けなかったことも、外国人に出す手紙では書けたからである。そして洪大容が当時、外国にも多く知人を持つという東アジアという場で見ても稀有な存在だったからである。

さて洪大容がどのように朱子学から脱却して行くのか、『医山問答』に何が書かれているのかを考える上で、注意しておくことが二つある。その一つは、彼の書いたものの中に朱子による言説、また朱子学の前提となった程顥、程頤らの言説に対するあからさまな批判を探そうとしてはならないことである。彼が生きた一八世紀朝鮮では、朱子に対する批判はまったく許されなかった。一七六四年に日本へ来た異端児李彦瑱は、陽明学の徒であるか少なくともこれに強い共感を持った人物であった。ところが彼が日本へ来て、徂徠学派の者に「朱子学について本当のところ、あなたはどう考えているのか」と問いかけられても、彼は「朝鮮の国法では宋儒によらずに経典を説く者は厳重に処罰される」と答えるほかなかった。彼自身が朱子学を本当のところどう考えるのか、これを朝鮮ならぬ日本においてさえ一切語ることを避けたのである。[3] そこは朱子が孔子と同格な者として併称される世界であって、日本の伊藤仁斎や荻生徂徠らが、また中国の戴震らがそうであったように、朱子の言説を直接取りあげてこれに完膚なきまで批判を加えるなどありえなかった。当時において朝鮮で朱子学を批判することは、中国で満州族を批判したり、日本でキリシタン支持や尊皇討幕を表明するのと同様、「厳重に処罰され」たのである。このような情況の中では、朱子をあからさまに批判しその説を否定する言葉は語られないし記されない。たとえば洪大容『桂坊日記』は後に国王となる正祖が皇太子の時代に、その教育係となった時の日記である。そこには、彼の後半生にあたる一七七四（乾隆三十九、英祖五十）年から翌年にかけて、彼が東宮で見聞きしたことや皇太子との問答を記している。しかし、その中で彼が朱子学にもとづき経書を皇太子に講じ、『詩経』を解釈していたとしても、この時期の彼が朱子学者であったと決して判断してはならない。彼は俸給を得て生きんがために東宮へ出仕していたからである。

注意すべき第二のこと、それは『湛軒書』に収録される洪大容の論説や手紙のうち、それが何年頃に書かれたものか明らかでないものについては、さしあたり考察の対象から外さねばならないことである。我々は『乾浄後編』と『乾浄附編』とを主な材料として、まず彼の思想的な変遷過程を確定し、その後各年代について類似した思想傾向をもつ論説や手紙を探り出し、これをもとにして始めて年代不明のものがいつ頃書かれたのかを類推する必要がある。『医山問答』がいつ頃書かれたのかについても、我々はこのような方法を取ることによって、はじめて推定が可能になるのである。

二　朱子学からの脱却の契機——厳誠の遺言書

洪大容が燕行をはたした一七六五年の時点で、彼が典型的なまでの朱子学者であり、朱子信奉者であったことは、北京での筆談交遊記録である『乾浄筆譚』から見て疑いを容れない。これについては、彼が「情」という問題についてどう対処しようとしたのかという問題に即して、すでに明らかにしたところである(4)。

洪大容が典型的なまでの朱子学者であったことは、帰国してからも変わらなかった。これを示すのは第一に一七六六(乾隆三十一、英祖四十二)年十月に陸飛にあてて書いた手紙である。彼はここで朱子の格物窮理説に則り、王陽明の心即理や致良知を批判し、さらにそれが仏教に近い性格を持つことを攻撃する。「陽明は俗を嫉《にく》んで致良知を唱えるに至った」と一方では高く評価しながら、しかし結論としては、「陽明は荘子と同じく異端である」と断じている(5)。

洪大容は厳誠にもこれとまったく同じ論調の手紙を送った。それは四千字近くにもなる長大なものである。それは北京で別れてから、厳誠のことを思い焦がれ、月日がたてばたつほど苦しいと訴えつつも、自分は夏以降に憂いと病が重なり、焦って奔走するばかりで一字の書も読めなくなっている、と歎く。しかし、実践的な朱子学者たらんとするところは、北京で見せた彼の言動とまったく同じである(6)。

この手紙には長大な論説が加えられている。それは陽明学を断固として斥けず、仏教に親近感を表明した厳誠に対する一つの論戦でもあった。彼はまず、古学こそが実学であり正学であるとしつつ、「正学を扶《たす》けて邪説を息む」ことこそ重要であり、これこそ厳誠や自分たちの任務であると言っている。ここで言う正学とは朱子学そのものであり、邪説とは陽明学及びこれに近い仏教であること、明らかである。厳誠と潘庭筠が郷里杭州の隠士呉西林（呉穎芳）先生を尊敬して語ったのに対して、洪大容は彼が仏教信者である点で強く批判する(7)。

ところが洪大容は、朱子学者としての立場から、厳誠の姿勢を批判する一方でそのような批判に自ら疑問を感じたらしい。というのは、手紙に添えて「発難二条」と題する大問題大疑問を発し、厳誠の返答を仰いでいるからである。その一つは、儒教、道教、仏教三教は、あい近いものではないか、という大疑問である。あと一つは、仏教を排斥するのに厳であった名儒たちが、老子思想や仏教思想を持つ者をも高く評価したのは何故か、という大疑問である(8)。それは朱子学一辺倒に対する疑問というよりは、儒学のほか仏教や道教にも真理があるのではないか、という疑問であって、彼がその後、荘子などに傾倒して行く萌芽を自らの内に宿していたことを示す点で興味深い。

さて厳誠は北京で洪大容と分かれた後、会試に失敗し郷里の杭州へ帰った。そして父親の命により生活の資をかせぐため、福建提督学政の招へいを受け、塾師となって福建省都福州へ行った。ところが厳誠は福州へ赴任した直後に病気に罹ってしまう。洪大容の四千字に及ぶ手紙を受け取ったのはこの時であった。厳誠は洪大容にあてた返信中で「瘧《おこり》を病むこと二箇月余りになるが良くならず、毎日寒気と高熱が交互におこり、筆を執っては手がふるえ、まともな字にはならない」と言うとおり、病床にあった。彼が死去するのはこの年の十一月五日、わずか三六歳であった。

一方、洪大容の方はちょうど同じ頃に父を亡くした。十一月十二日のことである。厳誠が病床で書いた手紙を受け取ったのは、その翌年つまり一七六八（乾隆三十三、英祖四十四）年五月のことであった。この手紙を洪大容は、厳誠の死を伝える潘庭筠らの手紙と同時に受け取った。彼はこの年の春から、自宅から二十里はなれた墓所の近くに廬を置き生活していたから、その最中のことである。

厳誠からの手紙も、三千字に及ばんばかりの長文であった。それは洪大容を暖かく励ますとともに、彼の北京での発言や今回の手紙に照らして、彼の思想の一面的なところや行き過ぎのところを厳しく批判するものであった。「湛軒の持って生まれた性質はまったく問題ない」としながら、「その見解は拘泥にわたる」つまり一面的な考え方をしすぎて堅すぎるとするものであった。

反論はおおよそ四点にわたる。第一は洪大容が詞章・訓詁・記誦すべてを害になるとしたのに対する反論である。

なかでも「漢儒訓詁の功はもっとも偉大である。あまりに非難することは、おそらく間違いだ。訓詁に引っぱられることがよくないだけだ」というのは、当時、中国江南地方を中心に勃興し始めた漢学、すなわち考証学の影響を伝える言葉として、注目される。(9)

第二は宋儒・道学・陽明学に対する評価である。「ただ我々の胸中で、始めから道学の二字にやみくもに取りつくことは、断じて不可である」とする。また「道学先生なんてものは、一体何だ。王陽明が新説を唱えたのは、まことに恨むべきことではあるが、今や陽明学の残り火はすでに消えさって久しい」とも言う。これは朱子学に凝り固まる洪大容に注意を与えるとともに、陽明学は今や中国ではほとんど問題ではない、と中国学界の現状を伝えたものである。清朝政権が中国で誕生してから洪大容の燕行に至るまで、朝鮮知識人と中国知識人との学術交流はほとんどなかった。このため洪大容もまた、陽明学という「邪説」が中国で明末以来ずっと流行していると思い込んでいた。北京で筆談したときも、ソウルから書き送った手紙でも、彼は陽明学を過度に問題とした。それと察した厳誠は、陽明学を重く捉えるのは今や時代錯誤である、と冷水を浴びせたのである。(10)

第三には仏教評価である。厳誠によれば、これまで偉大な人物はしばしば仏教信者であった。「道学を講ずる先生方には、天にも地にも明らかな彼らの偉大な事業を弁別できない、まさにこれが心配だ」、そして「わが洪大容さんが人を知り世を論ずるに際して、いま少しその拘泥の見を破ってくださらないか、切に望む」という。

厳誠による仏教評価は、洪大容が佞仏であるとして批判した杭州の隠士、呉西林に及んだ。厳誠によれば呉西林とは「博雅好古にして隠居し自分一人で喜んでいる君子にすぎず、その日常生活でも大いに見るべきものがない人物」であった。世間に何の影響力もないのだから、彼が仏教信者であろうとなかろうと、問題にもならない、と言うのである。北京で筆談したときには、厳誠は潘庭筠とともに呉西林の高雅で絶俗なところ、特に杭州へ赴任してきた高官が訪問することすら拒絶すること、音韻学や文字学に打ち込むその姿を絶讃していた。しかし内実はもう少し複雑であり、厳誠はむしろこのような考証学にのめり込む人物を小バカにしていたのである。(11)

第四には老子と荘子に対する評価である。厳誠はこの二人を高く評価し、「老子・荘子は二人とも天から受けた資質がなみはずれている。……〔彼らが発した言葉の〕大半は、時を憤り俗を嫉むがため、こらえ切れずにそう言ったに過ぎない」、「目をうつろにし心を痛めた究極として（蒿目傷心之至）」人を驚かすような過激な発言をしたに過ぎない、と言った[12]。また「正学を扶ける、邪説を息む、人心を正すことは、我々にその責任があるとはいえ、根本的なところを考えず、このような言説をなさんと自負するのであれば、大言をもって世を欺くのに近いのではないか、これが心配だ」と言う[13]。要するに、朱子学以外にもっと寛容になれ、偏狭に他の思想を異端であると決めつけて語るのは、むしろ世を欺くに近いと言うのである。

洪大容はこの逐条にわたる反論の手紙を読んで、これは厳誠が自分一人にあてて書いた遺言状であることをただちに理解したであろう。その手紙には「筆を執るも手がふるえ、字をなさない」と記されるから、恐ろしく字の乱れた手紙であったと考えられるが、それがまた洪大容にとって衝撃であったに違いない。

ちょうどそれから一年後、洪大容は陸飛からの返信をも受け取った。それは、厳誠の死去を悼むとともに、先に洪大容が荘子と陽明とを異端であるとして論じた考えに対して、次のように記すものであった。

> 陽明先生について論じられた別語については、白黒をつける時間がありません。わたくし思いますに、良知であれ致知であれ、まじめにやってゆき、根本のところに立脚できるのであれば、天下の理を全部が全部窮めつくせないとしても、正しい人となるのに問題はないと考えます。そうでなければ、その弊害は浮ついた文章遊びよりひどいものがあります。もし煩悩を除去し生死を同じく空と観じようと欲するならば、荘子の斉物が近か道でありましょう。わたくしめは、儒を逃れて墨に入ろうとしております。洪大容さんはいかがお考えでしょうか[14]。

ここで言う「儒を逃れて墨に入る」の墨とはその前で煩悩や一空生死、あるいは荘子の斉物に言及していることから明らかなように、墨子その人やその思想とはまったく関係ない。要するに儒教を逃れて仏教あるいは荘子思想のような「異端」に即くことである。これまた寛容を説くものであった。

中国の思想界の動きを伝える二つの手紙は、朝鮮の空気とあまりに違うものであった。厳誠が求道者的であり、陸飛がより高踏的であるという違いはあったが、ともに洪大容の姿勢と考えをあまりに堅すぎる、朱子に対してであれ陽明に対してであれ、あまりに拘泥しすぎている、という点では完全に一致していた。洪大容はこの二つの手紙、なかでも厳誠のそれから大きな衝撃を受けた。これらの手紙はその後彼が思想的な変貌を遂げる大きな契機となった。以上に紹介した厳誠と陸飛の言葉は、その後洪大容の書いた文章の中に何度もリフレインのごとく登場するから、記憶にとどめていただきたい。

洪大容が二つの手紙を受け取った前後に書いた手紙が残っている。それは、明らかにこれらの手紙から大きな影響を受けたに違いないことを示すものである。『湛軒書』内集、巻三に収録する「与人書二首」がそれである。それは金鍾厚にあてた手紙二つを一緒に収録したものである。

金鍾厚の『本庵集』には、この時に洪大容にあてて書いた手紙が収録され、己丑（一七六九、乾隆三十四、英祖四十五）年に書かれたと記される。これを「与人二首」と照らし合わせると、まず金鍾厚が礼書を研究すべきこと、特に礼書の研究にあたってこれに関わる古訓を研究すべきことを洪大容に教える手紙を与え、これに対して第一の手紙をもって反論したことが明らかである。これに金鍾厚は『本庵集』に収録する手紙をもって反論した。これに対して洪大容が再度批判したのが、第二の手紙である。第一の手紙は、その内容から見て一七六八年の夏以降に書かれた。つまり、厳誠の手紙を受け取ったのが一七六八年五月のことであったから、ちょうどこの頃である。この第一の手紙が厳誠の手紙を受け取った前か後かはわからないが、そこには厳誠の手紙から影響を受けたとみられるところはまだ一つもない。

ところが第二の手紙になると、これには明らかなその影響を読み取ることができる。その内容から推して、これが一七六九年春に書かれた金鍾厚の手紙、すなわち洪大容の反論に対して論駁を加えたものを受け、この年の夏以降に書かれたものであった。金鍾厚の主張によれば、人が牛馬ではない以上、礼なしには生きられない。「礼に則っておこなうべき階段での上り下りの一つ一つ、相手に対する挨拶の一つ一つがすべて天理である」から、礼の研究が必要である。自分は実際の生活で礼の一つ一つをどうやるのが正しいかわからないので、『朱子家礼』を見てみるのだが、『朱子家礼』は『儀礼』なしでは読むことができない。ところが『儀礼』で言う各々の礼については諸説紛々であるから、その注疏を読まねばならない。ところがこの注疏を読むためには、これに対する徹底的な研究が必要である、というものである。[15]朝鮮では朱子学をそのままにした点ではまったく違うものの、ここでも様々なテキストをもとにして注疏まで徹底して研究をすべきだとする点で、この頃から中国で全盛を迎えることになる考証学と極めてよく似た動きがあった。洪大容の第二の手紙はこれに全面的な反論を加えたものである。三千字以上にのぼるその反論は、礼の研究をむしろ有害であるとし、またそのような必要もないことをするのは、結局のところ売名行為ではないかと激しく非難するものであるが、そこに次のような一節があるのが注目される。

　ああ、孔子の直弟子七十人が死んでから、大義とは何かわからなくなった。荘子は世を憤り、養生を説き斉物を説いた。朱子の末学どもが師匠の説に拘泥して抜け出せなくなると、王陽明は俗を嫉んで致良知を説いた。ただ二人の賢者にして、自分の方から門戸を分かち、甘んじて異端となったのだろうか。彼らもその憤嫉の極みとして誤りを正してあまりに率直すぎただけである。わたしのような庸劣な者が言えることは、何もありませんが、生まれつき気が変なほどに頑固で世に媚ることができませんから憤嫉するところあり、荘子と陽明が勝手気ままに議論したことに対して、実にわが意をえたりと不遜にも考え、心ひかれて見つめ、ほとんど儒を逃れて墨に入らんと欲するばかりです。[16]

さて、この文章ほとんどは、一七六六年十月に陸飛にあてて書いた手紙と同じであることは誰にもわかる。ところが決定的に違うところがある。それは、一七六六年十月の段階では荘子と陽明とは結局のところ「迂儒曲士」と同じであり、「同じく異端である」と断罪していたものが、一七六九年夏以降に書いた手紙になると、荘子と陽明の言葉をわが意を得たりと考えるに至り、さらには「ほとんど儒を逃れて墨に入らんと欲するばかりである」と述べるように、むしろ肯定的に述べるに至ったことである。「逃儒而入墨」が陸飛の言葉をそのまま用いたこと、ほとんど疑いを容れない[17]。洪大容がこの陸飛の手紙を受け取ったのが、この年の五月であったから、彼はただちにこの言葉を転用したのである。『儀礼』に見える礼の一つ一つがどうかなどという小さな問題に齷齪する金鍾厚に対して、「纏繞拘泥」と批判する「拘泥」という語も、もしかしたら厳誠が自分を評し批判した時に用いた言葉をここで転用したのかもしれない。

洪大容は北京での筆談で中国の友人、なかでも厳誠の影響を大きく受けただけではない。彼は帰国後も、彼からの手紙を通じてその後半生を決定するような大きな影響を受けたのである。

三　〝中国人を説服した〟との伝説

ところがこの厳誠の遺言書とも言うべき重要な手紙が、『湛軒書』には収録されない。洪大容は一七六八（乾隆三十三、英祖四十四）年十月の燕行使出発に合わせて、陸飛に手紙を書いている。そこには「厳誠は福州から手紙を寄こしたが、これはその死のわずか数箇月前のことである。病気で体が震え困憊する中、なお手紙は数千字に及び、わずかな点も漏らしておらず、心力は絶人、処事の真実なること、ますます人をして痛恨せしめ、心を折れさせる」と記してあった。洪大容がどんな気持ちで厳誠の手紙を読んだのかは誰もが理解できよう[18]。しかもこれは『湛軒書』にも収めてある。

ところが『湛軒書』には、この厳誠が洪大容にあてた重要な手紙を収録しない。おそらくこれは、洪栄善ら二〇世紀の編纂者たちが故意にやったことである。洪大容と厳誠は無二の親友であり、国境を越えて影響し合った。これは『乾浄筆譚』に見える北京滞在時から洪大容が死去する直前に書いたものまでを読めば、誰にも理解できた。ところが二〇世紀の編纂者にとっては、二人のうちどちらがより大きな影響を受けたかと言えば、洪大容ではなく厳誠の方であった。どうやら彼らにとっては、より影響を与えたのは洪大容の方でなければならなかったようである。そうでなければ、何故こんな二人の関係を示す重要な手紙を収録しないことがあろうか。彼らをそのように導いたのは、おそらく彼らの持つナショナリズムであったと考えられる。

ところがこのナショナリズムは、もう少し根が深いようである。と言うのは『湛軒書』には洪大容の従父弟つまりいとこにあたる洪大応が書いた思い出の記が収録される。その一条によれば、洪大容は朝鮮人の著作の中では李珥(李栗谷)の『聖学輯要』と柳馨遠の『磻渓随録』とが経世有用の学である、と語っていた。中国杭州の学者厳誠が朝鮮儒学者の性理学に関わる書を求めたので、洪大容は『聖学輯要』を贈り、ついには厳誠をしてその尊崇する陸象山・王陽明の学を棄てさせ、正学に帰らせたと言う。[19]

しかしこの話には、いくつかの誤り、あるいは絶対にあり得ない部分が含まれる。まず厳誠は特別に陸王の学、つまり陽明学を尊崇してはいなかった。この点については、すでに紹介した洪大容に与えた最後の手紙に明瞭に記されているから、多くを語る必要はない。厳誠が陽明学を尊崇しているとしたことは、洪大容が厳誠の遺言書を受け取るまで考えていた誤解であったが、これがそのとおり『乾浄筆譚』に記されているから、中国の学者は朱子学でなければ陽明学を信奉しているとする朝鮮知識人の当時の一般認識も手伝って、この誤解が洪大応にも共有されていたらしい。厳誠が陽明学を尊崇しているとの話は『湛軒書』所収『乾浄衕筆談』の最後に収める「乾浄録後語」にも記されているから、これを読んだ者はいよいよそれを信じて、疑わなかったであろう。これはその文面から見て、洪大容が書いたに違いないからである。しかしこの「後語」は、実は一七六六(乾隆三十一、英祖四十二)年九月以前に書かれたものであった。[20]すなわち「後語」は彼が『乾浄衕会友録』を書いた直後につけられたものであって、当然この段階では洪大容自身が厳誠は陽明学信奉者だとばかり思っていたのである。厳誠の遺言書を受け取った一七六八年以降であれば、洪大容はこんなことを語ったはずはない。

最も大きな誤りは、洪大容が陽明学信奉者の厳誠を説服して朱子学に帰させた、とする点である。この誤りは厳誠の最後の手紙を読んだ我々からすれば、明々白々である。厳誠は朱子学に帰らなかったばかりではなく、朱子学一辺倒の洪大容を逆に「拘泥している」と最後の最後まで批判して死んでいった。さらに言うなら、『聖学輯要』を厳誠に送ったのだが、これを受け取る前に死んでしまった、だからやむなくこの書を厳誠の兄厳果に代わって受け取ってくれるように、と洪大容自身が手紙を書いているのだから、こんな話を洪大応に語ることは決してありえないのである。[21] おそらくは中国知識人が朝鮮朱子学に敗北した話として、これは洪栄善ら近代朝鮮の知識人の間で語り継がれていただけではなく、洪大容が生きたのと同じ時代、あるいはその死からしばらくして、すでに伝説として生まれていたのであろう。

洪大容にとっては中国人と論戦して勝ったかどうかなど、これまで見てきたところからしてどうでもよい問題であったに違いない。ところが朝鮮知識人の世界においては、これは重要な問題であった。それは洪大容という個人を超えた問題であった。なぜならこの物語は朱子学が陽明学より優れているということを証明してくれるからである。洪大容が燕行した前後、朝鮮では「小中華」思想がそのピークにあったから、これは大いに歓迎すべき物語であるとして、伝説となりやすかったと考えられる。

一七六八年とその翌年に厳誠と陸飛から続けて手紙を受け取ったのが、彼が朱子学から脱却することになる決定的な契機であったことは、以上によって明らかである。これ以降、少なくとも、彼が比較的率直に彼の思想や精神情況を語りえた中国人に対する手紙の中には、彼が一七六六年に北京で語ったような、あるいは帰国後に厳誠や陸飛に与えた手紙にあるような、硬直した朱子学讃美、朱子学擁護の言葉は見えなくなるし、硬直した朱子学的な修養を語る言葉も見えなくなる。『医山問答』にも朱子学的な考え方はまったく見えない。これとともに、彼の変貌と苦闘が始まることになる。

四　荘子思想への傾倒

さて喪が明けたのは、一七七〇（乾隆三十五、英祖四十六）年春のことである。彼はこの間、天安郡寿村（長命里）の自宅から出て、墓所の近くに廬を建てて生活していた。彼は国内外の知人に書き送った手紙で、しばしば父の死、あるいはこれを契機とする疲労困憊が彼の人生を変えたかのごとく語る。もちろん父の死も大きな原因であったであろうが、ちょうど喪に入って間もなくして受け取った厳誡の手紙こそが、彼が変貌する大きな契機であったと考えるべきであろう。先に挙げた金鍾厚にあてた二つ目の手紙は、一七六九年の秋から冬にかけて書かれたと考えられるが、そこでは「すでに別人となった」と記している。[22] あるいは、この廬にあったことが、彼が新しく思想形成を遂げるための格好の時間と場所を提供したのかも知れない。一七六八年秋に中国の知人孫有義に送った手紙でも、父の死にもかかわらず自分は死なずにいる、廬での生活が哀しく苦しいと訴えながらも、「自分は廬に居り、窮郷にあって紛華から遠ざかり、朝晩『論語』『孟子』の諸書を取り誦読している」と書いている。[23] おそらく一から勉強し直さなければならないと考えたのであろう。

彼が喪中の間、科挙を受けなかったことは言うまでもないが、喪が明けるとともに科挙を捨て去ることを決断する。一七七〇（乾隆三十五、英祖四十六）年秋に、これまた中国の知人趙煜宗（梅軒）に送った手紙では、「幸い先祖が残してくれた数頃の田土があるからこれで食っていける」と記す。かつまた、「暇な日には古訓に努力し、大丈夫たる者が本来持つべき豪雄さに心を遊ばせている」と記している。喪が明けても、猛然と勉強を続けていたのである。[24]

このような手紙を読む限り、彼は外界と遮断された環境の中で、新しい自分を求めて、闊達にそして潑剌として邁進していたかに見えるが、実はそうではなかった。

後年一七七四（乾隆三十九、英祖五十）年十月に、やはり中国の知人鄧師閔（汶軒）にあてた手紙では、この頃の自分を回想して、次のように記している。

自分は有名にならんとする野望を捨て、科挙受験のための勉強をやめ、門をとざして琴をひいたり書を読んだりし、政治問題は口にせず目にも耳にも入らない。他人がこれを見たなら、淡然として静寂なことだときっと思うに違いない。しかし、その心中をよくよく見るなら、あるいは愁いや憤りが心を焦がすことを禁じ得ぬのであって、このためこれを詩句に発し、強いてひまな無駄話をしているのである。[25]

では、このように新しい情況の中で、彼はどこにたどり着いたのであろうか。その一つは、荘子思想であったと考えられる。

『荘子』秋水篇に見える河伯と北海君との問答が、『医山問答』における虚子と実翁との問答のベースになったとの説がある。[26] これは卓見であると思う。というのは、洪大容は燕行する以前から一貫して『荘子』を愛読していたからである。虚子とは普通、真実を悟った実翁に対して、虚妄の世界に生きる人物として捉えられている。しかし実は、虚子はすでに『乾浄筆譚』の中に、洪大容自身が「拘墟子（拘虚子）」と呼ばれて登場する。この「拘墟子」とは『荘子』秋水篇に出て来る「虚（墟）に拘《こだわ》る」に由来する言葉である。

「拘墟子」の語は『乾浄筆譚』（『乾浄衕筆談』）二月十七日に登場する。この日に先んじて、洪大容は郷里においた別荘および庭園のすぐれたところ八箇所について、「八景小識」という小文を厳誠に送っていた。八景につきそれぞれ、これに因んだ詩を作ってくれるよう求めるものであった。八景の一つは「玉衡窺天」と題するもので、小識には籠水閣に渾天儀すなわち天文機器を設け、そこで天体観測をしていると書かれていた。この「玉衡窺天」にちなんで

アインシュタインの時計 ポアンカレの地図　ギャリソン著　松浦訳
〈驚異〉の文化史　山中由里子編
文学熱の時代　木村洋著
接触造形論　稲賀繁美著
統語意味論　上山あゆみ著
アジア経済史研究入門　水島司他編
病原菌と国家　小川眞里子著
記録と記憶のアメリカ　和田光弘著
幻の同盟［上］　小野沢透著
幻の同盟［下］　小野沢透著
近代アジア市場と朝鮮　石川亮太著
現代中国の産業集積　伊藤亜聖著
現代ロシア経済　安達祐子著
現代アメリカ選挙の変貌　渡辺将人著
物性論ノート　佐藤憲昭著

刊行案内

＊

2015.11
〜
2016.2

＊

名古屋大学出版会

■お求めの小会の出版物が書店にない場合でも、その書店に御注文くだされればお手に入ります。
■小会に直接御注文の場合は、左記へお電話でお問い合わせ下さい。宅配もできます（代引、送料２３０円）。
■表示価格は税別です。小会の刊行物は、http://www.unp.or.jp でも御案内しております。

⊠第37回サントリー学芸賞『対華二十一ヵ条要求とは何だったのか』（奈良岡聰智著）５５００円
⊠第27回アジア・太平洋賞大賞『対華二十一ヵ条要求とは何だったのか』（奈良岡聰智著）５５００円
⊠第27回アジア・太平洋賞特別賞『人民解放軍と中国政治』（林載桓著）５５００円
⊠第10回樫山純三賞『現代インド政治』（近藤則夫著）７２００円
⊠第２回フォスコ・マライーニ賞『公共善の彼方に』（池上俊一著）７２００円

〒464-0814 名古屋市千種区不老町一 名大内 電話〇五二(七八一)五三五三／ＦＡＸ〇五二(七八一)〇六九七／e-mail: info@unp.nagoya-u.ac.jp

ピーター・ギャリソン著　松浦俊輔訳
アインシュタインの時計　ポアンカレの地図
―鋳造される時間―
A5判・330頁・5400円

時代の焦点で発火した思考――。相対性理論の核心にある「時計合わせ」のアイデアが、世界標準時論争や規約主義の展開、電気時計や海底ケーブルなど、時代の政治・哲学・技術の焦点に位置していたことを明らかにし、「孤高の天才」とはほど遠い二人の立役者の活躍を浮彫りにする傑作。

978-4-8158-0819-8

山中由里子編
〈驚異〉の文化史
―中東とヨーロッパを中心に―
A5判・528頁・6300円

アレクサンドロスが征伐した伝説の巨人から女だけの島まで、たえず人々の心を魅了してきた〈驚異〉。旅行記や伝承が語り、彫刻や写本絵画が示すその姿は、人間の飽くなき好奇心について何を教えてくれるのか。中世の「黄金時代」以来の精神史を細やかかつ大胆に描き出す。

978-4-8158-0817-4

木村　洋著
文学熱の時代
―慷慨から煩悶へ―
A5判・320頁・5400円

政治の季節が終わり、蘇峰が新たな理想を求め、独歩が無名の人民の経験を「記憶せよ」と呼びかけるうちに、文学は切実な営みとして「発見」された。内面の告白や青年の煩悶をひとたび正面から受け止め、経世の世にあって人生を問いかけていった知識人の挑戦を、端正に描き出す力作。

978-4-8158-0821-1

稲賀繁美著
接触造形論
―触れあう魂、紡がれる形―
A5判・484頁・5400円

「触れる」ことで作品は紡がれ、「接触」によって思想や文化が「写り／移り」を遂げる。彫刻・陶藝などの立体作品から建築、さらには翻訳の領域まで、異質なるものが触れあうときに何が生まれるのか。「接触造形」の視点から近現代の藝術や文化を探究し、未踏の領野へと歩み出す。

978-4-8158-0831-0

上山あゆみ著
統語意味論
B5判・302頁・5400円

意味と構造は同時に決まる！　文の意味とは何か、それはどのように生まれるのか。日本語を例に、統辞構造と意味が一体として産出されるシステムを初めて体系的に記述。テニヲハから否定形や疑問形まで、日常言語と計算可能性をつなぎ、言語研究にブレイクスルーをもたらす画期的著作。

978-4-8158-0822-8

水島司／加藤博／久保亨／島田竜登編
アジア経済史研究入門
A5判・390頁・3800円

アジア経済の今日の興隆を導いたものとは何か？長期・広域にわたる経済社会の展開を知るための重要文献を平易に解説、多様性と共通性をともに浮かび上がらせ、アジア経済再興の歴史的淵源を考える。第一線の執筆陣が初めてその全体像を描き出した最良の入門書。

978-4-8158-0816-7

小川眞里子著
病原菌と国家
―ヴィクトリア時代の衛生・科学・政治―
A5判・486頁・6300円

再帰する感染症に抗して、一九世紀に相次いで産声を上げた公衆保健と実験医学。イギリスでは、前者は数々の施策を経て国家医学から帝国医学へと至り、後者は病因探求の中で進化論を組み込みながら独自の展開を遂げた。本書はその全体像を初めて示し、社会と医学の関係を問い直す。

978-4-8158-0826-6

和田光弘著
記録と記憶のアメリカ
―モノが語る近世―
A5判・526頁・6800円

事実史と記憶史の統合――。貨幣や懐中時計から、エフェメラ・古文書、そして記念碑まで、植民地期・革命期の歴史や英雄像を紡ぐモノ史料と、歴史研究に新しい知見をもたらすデジタル史料。大西洋史の視点も踏まえ、両者を駆使した画期的なアプローチにより近世アメリカ像を再構築する。

978-4-8158-0827-3

小野沢透著
幻の同盟［上］
―冷戦初期アメリカの中東政策―
菊判・650頁・6000円

一九五〇年代初頭、西側世界の同盟相手として中東は再発見された。盟友イギリスの思惑や、勃興するアラブ・ナショナリズムと交差しつつ、米国はいかにして中東政治への関与を深めていったのか。膨大な一次史料を読み解き、知られざる地域構想の運命を鮮やかに描き出した一大叙事詩。

978-4-8158-0829-7

小野沢透著
幻の同盟［下］
―冷戦初期アメリカの中東政策―
菊判・614頁・6000円

分裂と対立のやまない中東の政治情勢や、産油国と石油産業の抵抗を前に、アメリカの「同盟プロジェクト」はその限界を露呈していく。挫折と迷走を経て、米国の政策決定者たちはどのように舵を切ったのか。今日にまでつながる歴史の転換を精緻に描き、現代史を書き換える画期的労作。

978-4-8158-0830-3

石川亮太著

近代アジア市場と朝鮮

―開港・華商・帝国―

A5判・568頁・7200円

中国・日本に続く朝鮮開港がアジア経済に与えたインパクトとは。いち早く開港場ネットワークを作り上げた華商の重要性を新たな資料から解明、徹底した実証により朝鮮経済をグローバル・ヒストリーに位置づけるとともに、在来経済との関係、植民地化の過程にも新たな光をなげかける。

978-4-8158-0832-7

伊藤亜聖著

現代中国の産業集積

―「世界の工場」とボトムアップ型経済発展―

A5判・232頁・5400円

中国経済の急成長をもたらした真の強みとは。各地に叢生した産業集積の圧倒的な役割に着目、「百均のふるさと」義烏などを徹底的に踏査して、その競争力の源泉を摑み出す。安易な中国経済終焉論を斥け、絶え間なく生まれ変わっていくダイナミックな姿を鮮やかに捉えた俊英の力作。

978-4-8158-0823-5

安達祐子著

現代ロシア経済

―資源・国家・企業統治―

A5判・424頁・5400円

ソ連解体からエリツィンを経てプーチン体制へ、未曾有の経済危機から新興国へと成長したロシア経済を、資源のみならず、独自のガバナンスの重要性に着目して包括的に叙述、移行経済におけるインフォーマルな国家・企業間関係の決定的意味を捉え、ロシア型資本主義の特質に迫る。

978-4-8158-0828-0

渡辺将人著

現代アメリカ選挙の変貌

―アウトリーチ・政党・デモクラシー―

A5判・340頁・4500円

アメリカ政治は選挙で動く。コンサルタント主導のメディア戦略では手の届かなかった多様な人々をいかにして摑んでいくか。オンライン技術とともに新たな潮流が展開する選挙民対策の現場から、デモクラシーの進展と分裂の可能性をともに孕んだアメリカ選挙の現在を浮彫りにする。

978-4-8158-0824-2

佐藤憲昭著

物性論ノート

A5判・208頁・2700円

今度こそ納得! 振動・波動の基礎から、磁性や超伝導などの多体効果に至るまでを、大胆な構成と、類書にはない記述で解説。物理系や電気・電子系、物質・材料系学生など、初学者のつまずきに対する絶妙なフォローで、物性論の精髄をマスターする一冊。

978-4-8158-0825-9

厳誠が作った詩の一節には、次のようにあった。

> 狭苦しいことよ、かの外界を知らないお方（拘墟子）は。終身、井戸の中に座って天を見てござる。[27]

洪大容はこの「拘墟子」が『荘子』秋水篇にちなむものであることを、ただちに理解できたはずである。と言うのは、彼はこの『荘子』秋水篇をよくよく読んでいたからである。同じく『乾浄筆譚』（『乾浄衕筆談』）二月二十六日に潘庭筠が別荘愛吾廬を訪ねたいと言ったのに対して、洪大容は「お来しになりたいとは言っても、鼈《すっぽん》の膝がひっかかるでしょう」と言ってまぜかえし、潘庭筠に大笑いさせているからである。この「東海の鼈」の話も『荘子』秋水篇に出てくる。井戸の底の蛙が東海に住む鼈に対して、井戸から飛び出る快感を語り一度入ってごらんなさい、と言った。スッポンは井戸の中に入ろうとしたが左足が入らないうちから右膝がつかえてひっかかり、そこで、大海原である東海の楽しみを語って聞かせた、という話である。東海とは朝鮮に掛けてある。筆談の席で即妙に「鼈膝」の語を出せたのは、よほど『荘子』秋水篇に親しんでいなければありえないことである。とすれば、『医山問答』に出て来る虚子とは自分の若い頃のあだ名である拘墟子、実翁とは彼をからかった厳誠であると見ることもできよう。このほか『乾浄筆譚』の中には、「天機」（二月十二日大宗師篇）、「越人無用章甫」（二月十二日、逍遥遊篇）、「芻狗」（二月二十三日、天運篇）、「魚相忘於江湖」（二月二十四日、大宗師篇）など、いずれも『荘子』にちなむ言葉を洪大容自身が使っている。燕行以前から彼はよほど『荘子』に親近感を持っていたらしい。

しかし、彼が荘子に傾倒と言ってもよいほどあこがれを持っていたことを示すのは、一七七三（乾隆三十八、英祖四十九）年七月に孫有義にあてた手紙に見える「乾坤一草亭小引」であろう。この文章は『医山問答』との関わりで重要である。

洪大容はその前年、ソウルの竹衕に転居し、その西園に一間の草屋を設け、乾坤一草亭と名付けた。小引はこの時つくられたものである。それは次のような文句で始まっている。

「この世界で秋の獣の毛先ほど大きなものはなく、泰山ほどちっぽけなものはない（『荘子』斉物論篇）」とは、荘子が憤激して言ったのである。今わたしは、天地（乾坤）を一本の草と同じようなものだと見なす。わたしは荘子の学をなさんとしているのだろうか。三十年の間、聖人の書を読んできたのに、わたしは儒から逃れて墨に入ったりしようか。風俗が衰えた世にあって父を亡くし、目をうつろにし心を痛めた究極の果てに、こんなことを言うのである。ああ、物にも自分にも成（生、完成）と虧（滅、毀損）があることも知らずに、なんで貴賤や栄辱を論じようか。生まれたかと思えば死んでゆくのだから、蜉蝣が朝生まれ晩には死んでゆくのよりひどいではないか。逍遙としてこの草亭に寝そべり、この身を造物者に還すことにしよう。(28)

「乾坤一草亭小引」とはもと「乾坤（天地）の間に一つの草亭」という杜甫の詩にちなむ。しかし洪大容はこの杜甫の詩を用いながら、万物斉同を説く荘子によりながら、この草屋に「乾坤すなわち天下は一本の草にほかならない」という意味を寓して名付けた。この小引には『荘子』に見える言葉が数多く散りばめられている。彼はここで「三十年の間、聖人の書を読んできたのに、わたしは儒から逃れて墨に入ったりしようか」と言う。ここでの「墨」も墨子ではなく、端的に荘子であることは言うまでもない。

自分が乾坤一草亭と名付けたのは、荘子がこの世を憤激して斉物論を書いたのと同様、自分も憤激し傷心のあまりこのように名付けたのだという。「蒿目傷心之極」とは、かつて厳誠がその遺言書で老荘の言葉を「蒿目傷心之至」と記したそのままである。あれからすでに五年ほどたっていたが、その言葉は洪大容の心に深く刻まれていた。確かに洪大容は、自分は荘子の徒ではない、あくまで儒者であると言ってはいる。しかしこの小引からは、彼がこの一七七三年の頃にいかに荘子に傾倒していたかを読み取りうるだけである。そして『医山問答』を同時に仔細に読むならば、そこには憤激する彼の思いをここかしこに読み取ることができるであろう。先ほど、『荘子』秋水篇に見える河伯と北海君との問答が、『医山問答』における虚子と実翁との問答のベースになったとの説を卓見であると言った。

それは『医山問答』が『荘子』とよく似た相対主義で貫かれているからというだけではない。また虚子が『荘子』の「拘墟（虚）」に由来するからだけでもない。『医山問答』が『荘子』と同じく、憤激の書であると考えられるからである。洪大容その人の言葉を借りて言うなら、「『医山問答』とは洪大容が憤激して作った」ものと考えられる。

五　憤激の書『医山問答』

『医山問答』が『荘子』と同じく憤激の書ではないかと思うのは、そこに甚だしい常識的な見方に対する反発と否定があるからである。初めに挙げた、「仁に仮りる者は王」とは、もともと『孟子』に見える「仁に仮りる者は覇」を大胆にも借用しながら、これとまったく違う価値を盛り込んだものであった。これは当時の常識を逆なでするかのようである。清朝だけではなく、明朝をも否定する論理を持ち込んだのは、常識的な考えに慣れた者をあざ笑うかのようである。さらに言えば、朝鮮国をも否定する論理を盛り込んでいるのは、尋常の沙汰ではない。しかしそれでいて、すべて道理が通っている。そこには『荘子』に見えるのと同じような哄笑が聞かれる。『医山問答』には単なる相対主義を超えた、『荘子』との類似性が見られる。それは洪大容自らが言う時代に対する憤激である。

「乾坤一草亭小引」が書かれた一七七三年の頃から、中国の知人にあてた手紙には、自分は腹を立てているという言葉が幾度となく現れるようになる。これは『医山問答』の誕生と深い関係があるであろう。もちろん洪大容は一七六九年に金鍾厚に宛てて書いた手紙に見られるように、彼はこの時でも腹を立てていた。いや、厳誠の遺言書を受け取った頃から、のべつ腹を立てていたと言ってよいようである。しかし『乾浄後編』と『乾浄附編』による限り、彼の腹立ちは一七七三年頃から顕著になり、一七七六（乾隆四十一、英祖五十二）年にピークを迎えたかのごとくである。その後は収まったかに見受けられる。たとえば一七七四年十月に孫有義に送った手紙では、自分は元々狂狷などころがあるが、「さらに貧乏暮らしで鬱屈し、時に憤慨をたくましくし、病気であるのに分に安んじて養生できないでいる」、と語る。[29] 彼はどうやら体質的に体が弱く、しばしば病気にかかっていた。この体調不良から来る不快感もあったであろう。一七七三年十月に鄧師閔にあてた手紙では自分は最近重い風邪にかかって「病気で十分に睡れない」と語る。[30] さらには、家族と団欒しているときも憂いや怒りがこみあげ、周りに当たりちらしていると語る。そこではもはや情に過不足が生じないようにと、存心居敬にはげんでいた燕行前の朱子学者としての面貌をまったく見いだすことができない。

彼が時にイライラし時に怒りを爆発させていたのは、この体調不良のほか思想上の問題が大きく作用していた。中国人の知人鄧師閔は次のような手紙を洪大容に書き送っている。すなわち「あなたと交際を始めてから以後、いただいた手紙をつらつら観るなら、常に不平の中に抑鬱の思いが見えかくれしている。盛世に冤民なしと言うから、よくよくお気をつけてください[31]」。

では洪大容は何によって鬱屈し、何に腹を立てていたのか。すでに一七七〇（乾隆三十五、英祖四十六）年に書いた「雑詠十首」の一つで、彼は次のように詠う。


真の文章を得んと欲すれば、須らく真の意見あるべし。賢聖人とならんと欲すれば、須く賢聖の事を作すべし。

聯編として富麗を誇り、燦然たり班馬の字。危言もて瞻視を矜り、儼然たり程朱の位。

傀儡もて真態を假り、綵花に生意なし。人を欺き以て自ら欺けば、俯仰して能く愧ずるなし。

須らく知るべし、名外の名こそ乃ちこれ利外の利たるを。憧々たり隠微の間、安排すれば陰秘するに足る。

褊心たりて実に忍びざれば、中夜に驚悸を発す。安んぞ真実の人を得て、ともに真実の地に遊ばん。[32]

この一首全体が怒りの固まりである。彼が何を怒っていたのかは、ここにおいて明らかである。真実を隠すこと、假を真のごとく見せかけること、人を欺き自らをも欺くこと、これである。「賢聖人とならんと欲すれば、須く賢聖の事を作すべし」とは、口先だけで聖賢のことを言うが内実が伴わない形骸化した当時の朝鮮儒教を言うであろうし、「危言もて瞻視を矜《ほこ》り」とは、政治の諸問題について、いかにも我が身の危険を顧みずに侃々諤々と正論を吐いているかのごとく見せかけながら、実は虚栄に駆られてやっている当時の政治家を批判したものであろう。「儼然たり程朱の位」とは、美辞麗句をもって次から次へと文章を作る者が決まって典拠にするのが程子と朱子の言葉であること、あるいは危言を吐く政治家が相手を倒すために論拠として持ち出すのが、これまたいつも冒しがたい程子と朱子の名前であったことを言うに違いない。「儼然たり程朱の位」という表現に、程子と朱子の名前が常に虚偽を隠すための隠れ蓑に使われていることに対するいらだち、さらに言うならば程子と朱子に対する反発と嫌悪感をも我々は読み取るべきであろう。程子と朱子の地位は揺るぎなく、誰もが批判できなかった。洪大容はこれに腹を立てていた。このため夜中でも心臓が激しい動悸に見舞われることがあった。「真実の人を得てともに真実の地に遊ばん」としても、これができないところに彼の抑鬱の根本原因があったのである。

また「贈元玄川帰田舎二首」は一七六四年通信使に書記として随行した元重挙に贈ったものであるが、おそらく一七七三（乾隆三十八、英祖四十九）年の作と考えられる[33]。そこでは、伊藤仁斎を鳳挙すなわち鳳鳥であるとして褒め、荻生徂徠を鴻儒すなわち大儒として褒めるばかりか、その返す刀で「韓人は狭い心を誇りとし、むやみやたらと異端だとして誹る」と当時の朝鮮学術界を批判する。

異端に対して寛容であれという主張は、一七七六（乾隆四十一、英祖五十）年に中国の孫有義に与えた手紙に最も詳しく見える。それは「異端擁護論」と言うべきレベルのものである。ここではただ一点だけ、『医山問答』との繋がりを暗示する部分だけ紹介しておこう。それは放伐に関わる問題である。

『医山問答』では初めに問題とした「仁義を口実にするものが皇帝となり、兵力の強いものが王となる」と述べるに先立ち、殷の湯王、周の武王による桀紂の放伐を論じている。そして、「ここで初めて人民が下剋上でお上を犯すようになった」と述べる。洪大容は、殷の湯王、周の武王による放伐とは弑殺であったとし、何ら擁護も正当化もしない。なかでも武王が殷の紂王を殺すことによって成立した周王朝について、「天下を利益として我がものとしようとする心がなかったなど、ありえようか」と喝破している。洪大容にとっては、儒教にあっては伝統的に聖人とされてきた周の武王も、まさしく「兵力の強い者が王となった」一例に過ぎなかった。紂が極悪な国王であったかどうかなどは、そこではまったく問題にされず、やはり自分の利益のためにこれを弑殺したのではないかとするのである。

ところで孫有義に与えたこの「異端擁護論」でも、異端には流弊が現れるという正統の立場に立つ者がする非難に対して、何にでも流弊は付きものであるとしたうえで、「放伐の流弊は弑つまり下剋上である」と明言する。ではこの明々白々な弑殺にほかならない事実を小賢しい輩がどうするかというと、聖人の不偏不党な正義を口実にして正当化してしまうと言う。放殺つまり放伐とは悪を討伐する正義の行為であるはずであるが、その実、それは下克上である弑殺を隠す口実となっていると言う。[34] まさしく「仁義を口実にするものが皇帝となる」のである。『医山問答』に見える論理と同じものが、この一七七六年に書かれた手紙に見える。

さらにこの手紙と『医山問答』との繋がりを示唆するのは、「異端擁護論」の最後につけられた次のような言葉である。

世間の儒者たちのうち学問に志す者は、必ず異端を排撃することを真理の道に入るためまずやらねばならないことだと考えている。わたしはこれに対して口ではうまく表現できないほど、怒りが積もりに積もっている。

これまた、『医山問答』の冒頭で見せる実翁が虚子に対して発する怒りと同じではないか。自分が虚飾の世界にいるにもかかわらずそれと気づかず、自らが正しいと信じ込んで誇り、異端攻撃を当然のことだとする虚子たちに対して、彼がぶつける腹立ちと同じではないか。実翁はこれを「道術の惑」と語っている。「道術の惑」とは「周孔の業を尊び、程朱の言を習い、正学を扶《たす》けて邪説を斥け、仁以って世を救い、哲以って身を保つ」ことを儒者のなすべきこととして考え、何の疑問も感じないことである。[35] 一七七六年の頃、このような「道術の惑」に対する怒りが、ちょうどピークにあったらしい。

この手紙を書いたのと同じ一七七六年、鄧師閔に対して次のような手紙を送った。洪大容がちょうど司憲府監察となり、翌年に泰仁県監という地方官となって転出する頃である。

ただ間もなく県の地方官となりますから、軍民のことに努力し、国王正祖のご恩に報い、あわせて地方官としての俸給をいただき食べていこうと思います。かつ紙代と筆墨代とを得て、これまで見聞したところを書き記し、後世の人を待とうと思います。あと二十年借りられれば、ついに事業は完成し、志願を遂げることができます。[36]

彼は「あと二十年欲しい、あと二十年かけて著述を完成させたい」と述べている。時に洪大容は四六歳、その死去まで七年を残すのみであった。

『医山問答』は短編であり、とても二十年かけてやっと成るようなものではない。洪大容ほどの高い能力をもってすれば、数日間で完成するであろう。少なくとも我々が目にしているものはそうである。我々の目にする『医山問答』には論文としての結論がなく、唐突に終わっているとの印象はいなめない。このことからすれば、それは未完成の原稿であるか完成原稿の一部である可能性もある。ただ彼がこの頃、怒りをその胸にたぎらせながら、あと二十年かけて著作を完成させようとしていたこと、それは当座の公開を目的とするものではなく、後世の人に伝えようとするものであったことは、この手紙から見て間違いない。『医山問答』もはじめに述べたように、たとえばその国家論や君臣論を取ってみれば、はなはだ過激なものであった。それが『荘子』と同じく現世を批判するための寓話であったとしても、公開するにはあまりに危険であった。とすれば、『医山問答』とは二十年かけて完成させようとしていた著作の一部であるか、その習作であった可能性が強いのではないか。習作であるとすれば一七七六年より前の著作であったかも知れない。しかしそれは洪大容の憤激の書であった。とすれば、彼の怒りが顕著になる一七七三年、すなわち「乾坤一草亭小引」を書いた頃から、その怒りがピークに達し、さあこれから大きな著作をなそうとしていた一七七六年までの前後に、『医山問答』が誕生したと考えることが、最も合理的であろう。

六　結　語

洪大容のいとこ洪大応は、そのエピソードとして次のような話しを伝える。洪大容が次のように語ったことがあるという。

中国では朱子に背き、誰も彼もが陸王の学すなわち陽明学を尊崇している。ところが、これをもって正統学問に反しているということで処罰された者がいるとは、聞いたことがない。思うにそれは中国が広大なため、公平に観《なが》め何でも抱擁できるからである。狭い場所に拘《とら》われた（拘墟）者が、狭い見方しかできないのとは違う。(37)

ここでもまた「拘墟」の二文字が登場する。

しかし、中国では誰も彼も陽明学の徒であるなどと、洪大容は語るはずがない。少なくとも後半生の彼がそのように語るはずがない。当時の朝鮮における学術界の偏狭さ、異端に対する排撃の強さに腹を立てていた洪大容は、あるいは洪大応などにはわかりやすくこのように語って、中国では異端に対して寛容であることを述べたのかも知れない。

洪大容を陽明学派の人物であったという説がある。(38)彼が王陽明個人を高く評価していたことは間違いない。しかし彼が書いたもののなかには、彼が陽明学に心酔していたことを窺わせるものは片言隻句もない。我々は彼においてどのような過程で朱子学から脱却したのかを見てきた。その過程において、陽明学が彼の変貌を大きく促したようにはまったくない。一七六八年に受け取った厳誠の遺言書でも、中国ではいまや陽明学は重大な問題になっていないと冷や水を浴びせるとともに、何者にも拘るなと教えていた。彼が最も近づいた思想はと言えば、『荘子』からもたらされるものであったと考えられる。陽明学とは後半生の彼にとって、学術で自由な中国の象徴的な存在でしかなかったであろう。

また、『医山問答』に現れる人と動物とを同じだとする見方の淵源を、朝鮮で闘わされた湖洛論争のうちの洛論に求める考え方がある。(39) その主な論拠とされるのは、『湛軒書』に収める「心性問」であるが、洪大容の後半生において朱子学的概念である心、性、理、気などの諸概念をもって事物を論じた文章があることを、わたしは知らない。この「心性問」あるいはこれに類する「答徐成之論心説」などは、彼の燕行後の思想遍歴からすればこの時期に書いたとは考えられず、必ずや燕行以前であるか、遅くとも燕行直後の作である。(40)『医山問答』に洛論の影響を見るべきではないであろう。

洪大容の華夷論についても、これまで彼の燕行以前と燕行以後とが混同して論じられてきた。(41) この問題についても、彼の思想遍歴に即して捉え直す必要があろう。

洪大容という人はおそらく、剛直な心を持つ一方ではなはだ柔らかな心をもあわせ持つ人であった。朝鮮国内では本当のことを語りあえる友達を見つけることができないからといって、紹介状も持たずに朝鮮を飛び出し、北京という人海の中へ入ってでもこれを探そうという勇猛果敢さ、あるいは燕行を止まるようにと必死に説得する先輩金鍾厚に逆らって出かけた向こう気の強さ、帰国後もあるいは満州族統治下で漢族と交流するのが是か非かをめぐって、あるいは朱子学を前提とする考証学は必要かどうかをめぐって、彼と交わした激烈な論争は、この剛直な心から生まれたと言ってよいであろう。一方で、北京で厳誠や潘庭筠と交わるにつれ、日々に胸の内で高まり行く「情」を鎮めることができず、どうしたらよいのかと厳誠に問いかけ、ついに帰国する前日には自ら涙する人に変貌してしまったことは、彼が柔らかな心をも合わせ持つ人であったことを表していよう。すでに北京において涙したことが、その帰国後に彼が変貌する第一段階であり、朱子学を脱却することになる予兆であったのかも知れない。

彼が持つこの二面性は、彼の晩年の思想傾向を知る上で最も重要な手紙の一つ、「朱朗斎（文藻）に答える書」にも現れている。それは彼の死に先立つ五年前、一七七九年に書かれたものである。そこではかつて厳誠の遺言書にいかに深い衝撃を受けたか、その訃報をいかに受け止めたかを記しつつ、「ああ、文藻さま。我が心は石に非ず（『詩経』柏舟）です。頑然として無感覚でいられましょうか。家に入れば壁をぐるぐる回り続け、外に出れば天に向かって叫ぶばかりでした」とまさしく情の人であることを一方で示しながら、一方では「心を実にし事を実にし、日々実地を踏んで行けば」、「主敬し知を致し、己を修め人を治める手段が、そこでやっと役に立ちます」と言うとおり、燕行前と同様、気まじめな儒者であり続けようとしていた。さらに続けて、「〔厳誠を〕悲しい恋しいと思い慕う情に至っては、ちょうど女子供の私事のようなものだと言っても、必ずしも過言ではありません」と述べている[42]。ここでも「主敬し知を致す」という朱子学的な言葉がまた使われている。しかしこの文章が厳誠への悲恋を自然なものであるとして受け入れるばかりでなく、異端を攻撃することにのみ急な「近世の道学」、簡単に言えば朝鮮独特な朱子学を「誠にはなはだ厭うべし」として批判するものである以上、この言葉には彼が燕行する以前あるいは帰国直後まで持っていたような硬直した朱子学とはまったく違う意味合いが含められていたと考えねばならないであろう。そこにはむしろ、朝鮮独自の朱子学から脱却した姿、主体的にそれをもう一度捉えなおした姿を見るべきである。

この意味からして、彼が燕行の旅に出たことは中国と日本が東アジア思想史において達していた位相を見つけるとともに、自らを変える上で、決定的契機であったと考えられる。

第V部

朝鮮燕行録と使朝鮮録

第一五章　日本現存朝鮮燕行録解題

一　はじめに

朝鮮朝時代にその首都ソウルを出発し、明清中国の首都であった北京までの間を往復した者が書き残した旅行記は、一般に燕行録の名をもって知られている。中国では明朝が統治していた時代、そのなかでも朝鮮が丙子胡乱によって清朝の支配を受ける以前の時代にあっては、これら旅行記は一般的に朝天録あるいは朝天日記などの名をもって呼ばれていた。ところが中国で清朝が支配するようになると、朝鮮ではこれを「天朝」と呼ぶのを嫌い、その旅行記も「燕行録」あるいは「燕行日記」と称することが一般化した。現在では、朝天録や朝天日記なども含めて、これら一類の旅行記をすべて「燕行録」と称することがすでに定着していると言ってよい。

燕行録あるいは朝天録などと称される旅行記の史料的価値は、学界の一部ではつとに知られるところであった。史料集としては『燕行録選集』（上下二冊）、『国訳燕行録選集』（一二冊）、『朝天録』（四冊）が早くから刊行されており、韓国史を研究する者のみならず中国史を研究する者に対しても大きく貢献するところがあった。しかし、『燕行録全集』（百冊）と『燕行録全集日本所蔵編』（三冊）がともに二〇〇一年に刊行されるに及んで、燕行録そのものの研究、及び燕行使の研究は、まったく新しい一段階を迎えたといってよい。さらに近年では『燕行録選集補遺』（三冊）が刊行され、中国でもこれに類した史料集

が刊行されるに至っている。(1)

朝鮮燕行録は世界の旅行記のなかで、特異な位置を占める。というのは、燕行使そのものが世界の外交使節史の中で特異な位置を占めるからである。約五百年間、さらに遡ればそれ以上の長きにわたって、相似た目的のためにソウル―北京という同じルートを使節は往来した。これまでの世界史の中で、外国への使節がかくまで頻繁に同じルートを往復し、かくまで類似した旅行記を多数書き残したことがあったであろうか。五百年以上にわたって極めて多くの類似した外国旅行記が作られ、一つのジャンルを形作っているのは、世界史の中で極めて特異である。

数多い燕行録の中でも、すでによく知られた許篈『荷谷先生朝天記』、金昌業『老稼斎燕行日記』、洪大容『湛軒燕記』あるいは朴趾源『熱河日記』などを読む者は、そこに示された作者のみずみずしい感性を感じるとともに、彼らの現状に対する怒り、未来に対する希望をも容易に理解しうるであろう。北京や熱河を初めて訪れた者の喜びをも共有しうるであろうし、またそこに記された明朝あるいは清朝統治の生々しい実態を知って驚くであろう。さらに新しいものに目を向けつつ、それらを批判的に摂取しようとする彼らの態度も興味深いし、また前近代東アジアにおいて、洪大容の旅行記に見えるような親密な国境を越えた交流があったことを知り、我々はこれだけでもこれら記録の意義を思うのである。

しかし、一方で燕行録という一類の史料をまとまった数量で読む者は、そこに見られる固定化した内容やマンネリ化した観念に、うんざりすることになる。ほぼ同じルートを一年のほぼ同じ時期に通過し、同じ北京の宿舎に住み、同じ儀式に参加し、ほぼ同じ北京観光をするのだから、これは当然である。沿途の各地で詠う詩歌も、ほぼ主題が定まってくる。姜女廟や山海関は、燕行録に収録されるほとんどの詩歌の主題として登場する。燕行録に収録される北京観光案内記のごときものも、屋上に屋を重ねるごとき相似たものが、次から次へと書き継がれる。少しでもオリジナルな燕行録を旅行者は何とか生み出そうとするが、多くはいたずらに微に入り細をうがつか、屋上に屋を重ねるに過ぎない。外国人が書いた外国旅行記として、かくまで相似た内容のものが書き継がれたことでも、世界史から見て極めて特異ではないであろうか。かくまで詳細に、かくまで同じような記録をつけることに限りない精力を使ったことを思えば、それは悲劇的ですらあるし、多くの「朝鮮燕行録」とはその実、外国旅行記の中の畸形ではないかとすら思うのである。この傾向は、中国年号で言えば嘉慶、道光年間以降に書かれた燕行録において、特に甚だしいようである。

先に述べた「一年のほぼ同じ時期に」というのは、燕行録として最も多く書かれ、また現存しているものが、ソウルを十月下旬の頃に出発して、北京には十二月下旬に到着し、そして翌年正月一日に紫禁城でとりおこなわれる正朝の儀に参加した者が書いたものだからである。これは後の「解題」の〔旅程〕の項を見れば、一目瞭然である。清代の場合、北京滞在は四十日と定められている。したがって帰国の途もほぼ同じ時期となる。北京観光案内も兼ねているのではないかと考えられる燕行録では、先行する先輩が書いたものを転用ないしは一部修正のうえ採録することが、当然のごとく行われる。この先輩が書いた燕行録を再利用する傾向がさらに進むと、自らの毎日の行動を記する日記すら、日付などを書き換えるだけで、自分が書いたかのごとく、他人のものを勝手に転用するものまで現れる。

一例を示そう。

それは鄭徳和撰『燕槎日録』である。これは「解題」31・で詳しく紹介するように、一八五四（咸豊四、哲宗五）年の旅行記である。そしてここで「盗用」されているのは、撰者未詳『随槎日録』（「解題」22・）で、これより二五年前、一八二九（道光九、純祖二十九）年の旅行記である。たとえば往路に鴨緑江を渡る日のことを、鄭徳和『燕槎日録』では次のように記す。

二十五日（庚寅）、雪、辰時渡江。

昨日副房行具、輸入本府東軒。本倅与幕裨捜検後、踏印着標、入置運餉庫。渡江日出給、以為禁物防奸之地云。

『随槎日録』では渡江の前日のこととして、次のように記す。

二十五日、晴、留湾。

三使臣行具、並輸入本府東軒。府尹与書状捜検後、踏印着標、入置運餉庫。渡江日出給、以為禁物防奸之地云。

渡江の日は一日ずれているが、同じ十一月二十五日の日記である。一方が「雪」で一方が「晴」であるなど若干の違いはあるが、極めてよく似た叙述であること、誰にも明らかであろう。もちろん、渡江に当たって似たような作業をするのであるから、似たような叙述になることは当然考えられる。しかし、はたしてそんな単純なことであろうか。次のような叙述もある。

鄭徳和『燕槎日録』では、鴨緑江を渡った同じ二十五日に行った野宿の様について、次のように記す。

至温水坪。……坪之一名湯池子云。此為宿所。自湾府預送軍校、掘地窩深、爇榾柮、上覆横板、外遮蘆簟、仍設幕取煖。而三使臣入処、即三幕也。余則布幕、毎一幕僅容二人、訳員分排入処。其外駅卒露処、争附棚火。又自初更、号令軍卒、終夜吹角、以防虎患。彼人売酒者、自柵門逆至行中、争相買飲。試嘗其味、甚不合胃。

一方の『随槎日録』では、翌日の二十六日の条で、次のように記す。

温水坪、此為宿所。自湾府預送軍校、掘地窩深、爇榾柮、上覆横板、外遮蘆簟、仍設幕次取煖。而三使臣略為加意、余則布幕、毎一幕僅容二人、其外駅卒露処、争附棚火。又自初更、号令軍卒、終夜吹角、以防獣患。彼人売酒者、自柵門逆至行中、争相買飲。試嘗其味、甚不合胃。

「獣患」を「虎患」に書き換えるなどしているが、柵門の側から中国人が酒を売りに来たことを同じく記し、更に「試嘗其味、甚不合胃」あたりの叙述になると、これはもはや「盗作」と言うべきもので、これでは自分の行動なのか他人の行動なのか、はなはだあやしくなる。

さらに、中国側の国境の町、柵門でのこととして、鄭徳和は次のように記す。

二十八日（癸巳）、晴、留柵。

北有関帝廟、使伴倘諸人往観、路傍有小車十余両。制度堅緻、蓋弓半規、緊裹黒色洋布、裡面則用錦緞囲帳、其中華侈者左右貼琉璃。毎一両臥駕二騾、騾亦健肥。毎趂使行入柵時、等待以售貰直、而千里外至者且多云。

一方の『随槎日録』では、
二十八日、晴、留柵。

北有関帝廟、与諸同行往観、……路傍有小車十余両。制度堅緻、蓋弓半規、緊裹黒色洋布、裡面用錦緞囲帳、其中華侈者左右貼琉璃。毎一両駕二騾、騾亦健肥。毎趂我国使行入柵時、等待以售貰直、而千里外至者亦多。

『随槎日録』は同行の者と一緒に自分で関帝廟へ行き、自らの見聞したことを記しているのに対して、鄭徳和は「伴倘諸人に行かせて」、その見聞したことを代わって書いていることにしているが、これは二五年前のある人物に「行かせ」て見物させているのである。

鄭徳和『燕槎日録』の多くの部分は、このように「二五年前」の他人の体験と見聞である。北京入城の情況なども、ほとんど同じ文章であるが、最後に十二月二十四日、北京に入城して宿舎の玉河館に到着し、少休止の後、朝鮮国王の文書つまり皇帝に対する表文と礼部に対する咨文を礼部にとどけに行ったシーンについて記す。

少憩、通官来告、三使着黒団領、又以表咨文先導、乗馬詣礼部。漢侍郎文清率郎官出、受表咨文。三使臣行三跪九叩頭之礼、分捧表咨黄紅槓子、転伝侍郎郎官等、各叙礼而罷。還館所。

ここのところ、二五年前の記録では、これを十二月二十六日のこととし、次のように記す。

少歇。通官来告、三使着黒団領、又以表咨文先導、乗馬詣礼部。漢侍郎楊繹曽率郎官出、受表咨文。三使臣行三跪九叩頭之礼、分捧表咨黄紅槓子、転伝侍郎郎官等、各叙礼而罷。還館所。

なんと、純祖二十九（道光九）年には漢侍郎の楊繹曽らに表文、咨文に届けたのに対して、哲宗五（咸豊四）年に礼部に赴いた鄭徳和は、同じ漢侍郎ではあるが文清らに届けているが、まったく同文である。つまり、ほかの叙述はすっかり先人のものを用い、日付や固有名詞のみ塡め換えているのである。もっとも、十分に注意をはらわなかったのか文清は本来、満侍郎であったにもかかわらず、漢侍郎のままにしている。(2)

二　解題作成の目的

燕行録を歴史史料として用いる時、いかに注意が必要であるか、いかに史料批判が必要であるか、以上の事例で理解できるであろう。しかし、いかに史料批判が必要であるとは言っても、かりに撰者未詳の『随槎日録』という書が現存していなければ、我々はまんまと鄭徳和に騙されるところであった。彼の燕行録を読むものは、何かおかしいと感じながらも、読み進むしかないであろう。現在我々は、鄭徳和『燕槎日録』を歴史史料としてそのままに用いることができない。彼が燕行した一八五四（咸豊四、哲宗五）年の歴史史料としてこれをそのまま用いられないことは、現在断言できるところである。もっともこれを、韓国文学史の中で位置づけるのならば、これは極めて重要で興味深い事例であろう。筆者は寡聞にして、韓国文学史研究の上でこのような事実の指摘がなされていることを知らない。燕行録という一群の史料についての、基礎的研究が必要である所以である。

このように、十分に注意すべき点があるものの、燕行録が韓国文学史の研究のみならず、韓国史を含めた東アジア史全体の研究にとって、重要な歴史史料であることは言うまでもない。一部の燕行録は、これまで朝鮮実学の研究のため、重要な史料として用いられてきた。また、燕行使たちは北京において、そこを訪れた東アジア各国の使節と会い、各国使節の情況とともに彼らを派遣した各国の情況を聞き出し、これを記録に留めている。ヨーロッパ諸国が北京に公使館をおいてからは、彼らのことも記している。中国史研究にとってさらに重要であることは、これまた言をまたない。そこに盛り込まれた情報は、汗牛充棟と言うべき中国国内で書かれた史料の中でも、まったく出てこないものが多い。ことに一般庶民や下級知識人らがどのような生活をしていたか、何を考えどの程度の政治情報を持っていたのか、といった問題を明らかにするためには、燕行録はまたとない情報を我々に提供してくれる。(3) また、たとえば本解題1．で紹介する柳思瑗『文興君控于録』などは、豊臣秀吉による丁酉倭乱すなわち慶長の役に関する貴重な史料であるというだけでなく、むしろ中国の当時の政治情況を伝えるものとしてさらに重要な史料であるといってよい。またたとえば36．李裕元『薊槎日録』は、江華島事件（雲揚号事件）の勃発直後の朝鮮外交を記す史料として、極めて重要である。これらのことは、本解題を読めばただちに理解できるであろう。

ところが燕行録についての基礎的研究と言うべきものは、現在のところまったくない。それどころか誤った書誌情報が満ちあふれ、その中で研究者は研究を進めることを余儀なくされている。近年、林基中編『燕行録全集』（本解題、凡例、一の(4)）、林基中・夫馬進編『燕行録全集日本所蔵編』（本解題、凡例、一の(5)）が刊行され、燕行使研究および燕行録研究はまったく新しい一段階に入ったこと、すでに述べたとおりである。これらはまことに膨大な史料集である。『燕行録全集』は百冊からなる。『燕行録全集日本所蔵編』も仮に『燕行録全集』と同じ装幀で出版されていたら、全一五冊となっていたはずで、これらが学界に裨益するところ、極めて大きい。ところが遺憾ながら、両者ともここに収録されている諸史料について、解題が付されていない。後に本解題においてみるように、『燕行録全集日本所蔵編』に収録した諸史料は、すべて鈔本であり、そのほとんどにおいて撰者名すら明記されていない。燕行録を歴史史料として用いる場合、それらが何年の燕行使の史料であるのか、そして撰者が誰でどのような人物であるかなど、最低限の書誌情報が必要である。

『燕行録全集日本所蔵編』については、共編者である筆者（夫馬）が内容に即して撰者を確定し、どうしても撰者を確定できないものについては撰者未詳とした。この史料集には、歴史研究者の便宜を考えて、北京へ行った燕行使の記録である燕行録だけでなく、瀋陽へ行った瀋行使の記録である瀋行録も含めてある。それら諸史料の撰者を確定しただけではなく、それらが何年の燕行あるいは瀋行の時の記録であるのかをも確定してある。確定できなかったものについては未詳としたほか、ある程度まで確定できるものについては（ ）を付して推定年次とした。しかしそこでは、何を根拠として収録した諸史料に撰者名も書かれていないのに撰者名を確定したのか、燕行あるいは瀋行の年次も書かれていないのに何を根拠に確定あるいは推定したのか、まったく示していない。本章の第一の目的は、これら根拠を示すことである。そして第二の目的は、さらに諸史料の内容をも紹介し、利用者の便宜を図ることである。また『燕行録全集日本所蔵編』の編纂時点では、撰者未詳あるいは推定年次とせざるをえなかったもののうち、一部は本章において確定を試みるであろう。

林基中編『燕行録全集』にも、解題が付されていない。この編纂物は確かに膨大な史料集であり、すでに述べたとおり学界に裨益するところ大きいことは疑いないが、どのような編纂方針をとったのかすら明らかではない。さらには、一つ一つの燕行録や瀋行録の撰者、そして燕行と瀋行年次についてあまりに誤りが多く、利用者を困惑させること甚だしい[4]。多くの利用者は十分な韓国史・中国史にかかわる工具類もないままで、自分自身で撰者、燕行・瀋行年次を確定するほかない。氏はさらに『燕行録研究』（本解題、凡例、一の⑽）を公表され、そこには『燕行録全集』と『燕行録全集日本所蔵編』に盛り込まれた研究成果、すなわち書名、撰者名、燕行あるいは瀋行年次の推定をもとに一覧表を掲載し、統計さえ加えている。しかし、一つ一つの史料に自らあたることなく、あるいは簡単に調べられる作業も怠り、自らの誤認や先人の誤りのままに作られたこれら「確認された韓国と日本所蔵本のあらゆる燕行録燕行年代順排列」あるいはそこに付された「統計表」など、まったく信を置くことができない[5]。林基中氏は編纂者として何故当該史料をそこに収録したのか、そこに収録した諸史料の撰者をどのように確定したのか、さらに燕行あるいは瀋行の年次をどのようにして確定したのか、その根拠を利用者のために示すのが研究者としての当然の義務であろう。本解題のごときものを公表され、利用者の便に供されることを、切に願う。

ここで解題を加えるのは、次の諸資料である。

〔書名〕	〔撰者〕	〔燕行・瀋行年次〕	〔所蔵機関〕
1.『文興君控于録』	柳思瑗	一五九六（万暦二十四、宣祖二十九）年	駒沢大学図書館蔵
2.『松溪紀稿（瀋陽日録）』	未詳	一六三六—一六四五（崇徳元—順治二、仁祖十四—二十二）年	天理図書館蔵
3.『瀋陽質館同行録（瀋中日記）』	未詳	一六三七—一六三九（崇徳二—崇徳四、仁祖十五—十七）年	東洋文庫蔵
4.『瀋行録』	未詳	一六八二—一八〇五（康熙二十一—嘉慶十、粛宗八—純祖五）年	京都大学附属図書館蔵
5.『燕行日記』	李沢	一七一四（康熙五十三、粛宗四十）年	天理図書館蔵
6.『帰鹿集（瀋行日記）』	趙顕命	一七四三（乾隆八、英祖十九）年	京都大学附属図書館蔵
7.『悔軒燕行詩附月谷燕行詩』	趙観彬・呉瑗	一七四五（乾隆十、英祖二十一）年	東洋文庫蔵
8.『燕行日記』	尹汲	一七四六（乾隆十一、英祖二十二）年	駒沢大学図書館蔵
9.『丁亥燕槎録』	李心源	一七六七（乾隆三十二、英祖四十三）年	東洋文庫蔵
10.『燕行記著』	未詳	〔一七八二（乾隆四十七、正祖六）年〕	天理図書館蔵
11.『入瀋記』	李田秀	一七八三（乾隆四十八、正祖七）年	石川武美記念図書館蔵
12.『燕行日記』（欠巻一）	金箕性	一七九〇（乾隆五十五、正祖十四）年	天理図書館蔵
13.『燕行日記』	呉載紹	一八〇一（嘉慶六、純祖元）年	天理図書館蔵
14.『燕行詩（薊程詩稿）』	李海応	一八〇三（嘉慶八、純祖三）年	静嘉堂文庫蔵
15.『日記（燕行日記）』（欠冊一）	南公轍	一八〇七（嘉慶十二、純祖七）年	石川武美記念図書館蔵
16.『中州偶録（入燕記）』	未詳	一八〇七（嘉慶十二、純祖七）年	関西大学図書館蔵
17.『燕行録』	李敬卨	一八〇九（嘉慶十四、純祖九）年	天理図書館蔵
18.『薊程録』	未詳	〔一八〇三—一八一九（嘉慶八—嘉慶二十四、純祖三—十九）年間〕	東京都立中央図書館蔵

19.『薊程散考』　金学民　一八二二（道光二、純祖二十二）年　天理図書館蔵
20.『随槎日録』　未詳　一八二五（道光五、純祖二十五）年　東北大学附属図書館蔵
21.『游燕藁』　洪錫謨　一八二六（道光六、純祖二十六）年　京都大学文学部図書館蔵
22.『随槎日録』　未詳　一八二九（道光九、純祖二十九）年　天理図書館蔵
23.『燕雲遊史』　洪敬謨　一八三〇（道光十、純祖三十）年　石川武美記念図書館蔵
24.『燕槎酬帖』　曹鳳振等　一八三三（道光十三、純祖三十三）年　天理図書館蔵
25.『燕槎続韻』　洪敬謨　一八三四（道光十四、純祖三十四）年　石川武美記念図書館蔵
26.『玉河日記』　金賢根　一八三七（道光十七、憲宗三）年　京都大学文学部図書館蔵
27.『燕薊紀畧』（欠巻二）　趙鳳夏　一八四二（道光二十二、憲宗八）年　京都大学附属図書館蔵
28.『燕行録』　朴永元　一八四六（道光二十六、憲宗十二）年　天理図書館蔵
29.『燕行日記』　黄道淵　一八四九（道光二十九、憲宗十五）年　東洋文庫蔵
30.『燕行日記』　李啓朝　一八四九（道光二十九、憲宗十五）年　天理図書館蔵
31.『燕槎日録』　鄭徳和　一八五四（咸豊四、哲宗五）年　天理図書館蔵
32.『燕槎日録』　金直淵　一八五八（咸豊八、哲宗九）年　東京都立中央図書館蔵
33.『遊燕録』（燕行日記）』　成仁鎬　一八六九（同治八、高宗六）年　東洋文庫蔵
34.『北游日記』　姜瑋　一八七三（同治十二、高宗十）年　静嘉堂文庫蔵
35.『燕行録』　沈履沢　一八七四（同治十三、高宗十一）年　天理図書館蔵
36.『薊槎日録』　李裕元　一八七五（光緒元、高宗十二）年　天理図書館蔵
37.『乙亥燕行録』　李秉文　一八七五（光緒元、高宗十二）年　京都大学附属図書館蔵
38.『燕記』　南一祐　一八七九（光緒五、高宗十六）年　東洋文庫蔵
39.『観華誌』（欠巻三、四）　李承五　一八八七（光緒十三、高宗二十四）年　京都大学附属図書館蔵

次に凡例を掲げる。

凡　例

一、本解題で書誌情報として主に参考としたのは、以下の図書である。本文では略名を掲げることがある。ハングル表記のものは、便宜的に中国語訳、あるいは日本語訳でも掲げる。

(1)『燕行録選集』ソウル、成均館大学校大東文化研究院、一九六〇—一九六二。
(2)『국역연행록선집［国訳燕行録選集］』古典国訳叢書九五—一〇六、ソウル、민족문화추진회［民族文化推進会］、一九七六—一九七九。
(3)『朝天録』中韓関係史料輯要二、台北、珪庭出版社、一九七八。
(4)林基中編『燕行録全集』ソウル、東国大学校出版部、二〇〇一。
(5)林基中・夫馬進編『燕行録全集日本所蔵編』ソウル、東国大学校韓国文学研究所、二〇〇一。
(6)『燕行録選集補遺』ソウル、成均館大学校大東文化研究院、二〇〇八。
(7)中村栄孝「事大紀行目録」(『青丘学叢』第一号、一九三〇)。
(8)崔康賢『韓国紀行文学研究』ソウル、一志社、一九八二。
(9)金栄鎮「夫馬進『燕行使と通信使』書評」(『東洋史研究』第六七巻第四号、二〇〇九)。
(10)임기중(林基中)『연행록연구［燕行録研究］』ソウル、일지사、二〇〇二。
(11)『同文彙考補編』巻七、使行録(『同文彙考』［韓国史料叢書第二四、ソウル、国史編纂委員会、一九七八］)。
(12)『朝鮮人名辞書』ソウル(京城)、朝鮮総督府中枢院、一九三九。
(13)『清選考』蔵書閣貴重本叢書第二輯、ソウル、文化財管理局蔵書閣、一九七二。
(14)『今西博士蒐集朝鮮関係文献目録』東京、書籍文物流通会、一九六一。
(15)『増補東洋文庫朝鮮本分類目録』東京、国立国会図書館、一九七九。
(16)『韓国古書綜合目録』ソウル、大韓民国国会図書館、一九六八。
(17)李相殷編『古書目録』ソウル、保景文化社、一九八七。
(18)『奎章閣韓国本図書解題　続集　史部二』ソウル、서울(ソウル)大学校奎章閣、一九九四。
(19)李顥錬編『韓国本別集目録』ソウル、法仁文化社、一九九六。
(20)李霊年・楊忠主編『清人別集目録』合肥、安徽教育出版社、二〇〇〇。
(21)藤本幸夫『日本現存朝鮮本研究　集部』京都、京都大学学術出版会、二〇〇六。

二、書名は内題（巻頭第一葉に書かれるもの）を優先し、外題（封面に書かれるもの）を参考とした。この点、『燕行録全集日本所蔵編』所収史料の書名と異なるものがある。この史料集では、『燕行録全集』との統一性を考え、共編者の林基中氏が外題を第一とし内題を副題として採る方針にかりに従ったが、本解題では漢籍目録作成の原則に従う。

三、燕行年次あるいは瀋行年次とするのは、撰者がソウルを出発した年次であることを原則とする。

四、排列は燕行あるいは瀋行の年次の順とする。複数年にわたるものについては、燕行あるいは瀋行に関わる記事がより早い年次のものを先にする。

五、燕行あるいは瀋行年次を確定できないものは、〔 〕を付して推定年次を表す。『燕行録全集日本所蔵編』で（ ）を付してあるものである。

六、本解題で対象とするのは、『燕行録全集日本所蔵編』に収録した史料のみであることを原則とする。例外として6．趙顕命撰『帰鹿集（瀋行日記）』、11．李田秀撰『入瀋記』、15．南公轍撰『日記（燕行日記）』、23．洪敬謨撰『燕雲遊史』、25．洪敬謨撰『燕槎続韻』、37．李秉文撰『乙亥燕行録』、39．李承五撰『観華誌』とを加える。これらを加えたのは次のような理由による。

6．趙顕命撰『帰鹿集（瀋行日記）』について。『燕行録全集日本所蔵編』の編集を始めたとき、共編者から筆者に送られてきた『燕行録全集』に収録予定の燕行録リストには趙顕命撰『燕行録』はなかった。趙顕命撰『帰鹿集（瀋行日記）』は本解題で記すように、京都大学附属図書館蔵本そのものに『帰鹿集（燕行日記）』と記してあったため、わたしはこれを燕行録であると勘違いした。韓国に所蔵される文集収録の燕行録については、これをすべて『燕行録全集』に収録していただく予定であったため、筆者は林基中氏に『帰鹿集』が韓国にも蔵されることを知らせたが、氏の希望によって『帰鹿集（瀋行日記）』をも『燕行録全集日本所蔵編』に収録した。原載の「解題」では個人文集収録の燕行録には解題を加えないことを原則としたので、これには解題を加えなかった。ところがその後、『帰鹿集（燕行日記）』というのは誤りで正しくは『帰鹿集（瀋行日記）』であることがわかった。また出版された『燕行録全集』第三八冊に趙顕命『燕行録』が収録されていたが、これを『帰鹿集（瀋行日記）』と比べてみると、両者はまったく別のものであることがわかった。しかもその内容は極めて重要なものを含んでいる。また現在のところ、他に現存することを確認できないため、重要と考え解題を加えた。

11．李田秀撰『入瀋記』、15．南公轍撰『日記（燕行日記）』、23．洪敬謨撰『燕雲遊史』、25．洪敬謨撰『燕槎続韻』について。筆者が『燕行録全集日本所蔵編』を編集した当時、この四書を所蔵する石川武美記念図書館（旧御茶の水図書館）がたまたま移転のため閲覧できず、このためこれらの史料を収録し、解題を加えるのを断念せざるを得なかった。その後閲覧が可能になったので、これら四書についても解題を加えた。

37．李秉文撰『乙亥燕行録』、39．李承五撰『観華誌』について。これら両書については『燕行録全集日本所蔵編』の編纂後に、また原解題の出版後にその現存を確認したからである。李秉文撰『乙亥燕行録』については、慶北大学校教授張東翼氏が京都大学附属図書館に蔵されることを教えてくださり、かつコピーをくださった。張東翼教授に心より感謝する。

七、『燕行録全集日本所蔵編』で収録したものでも、次のものについては解題を加えない。
　洪淳学撰『연힝녹（燕行録）』は韓国にも現存するし、『燕行録全集』第八七冊から八九冊に収録される。同じく林基中氏の希望に従って、こちらにも収録したものである。さらに洪淳学およびこの書については、本解題、凡例、一の⑽、頁二八五以下にすでに紹介されている。

八、日本に現存するものであっても、個人文集の一部に含められている燕行録は、原則として本解題では取りあげない。また、単体の燕行録であっても、調査の結果すでに本解題凡例、一の⑴⑵⑶⑷⑹の五史料集にすでに収録されるものは、解題を加えない。なお⑵⑹には、簡単ながらそこに収録する諸史料に解題が付せられており、利用者には便利である。
　『大阪府立図書館蔵韓本目録』（大阪、大阪府立図書館、一九六八）頁一三に、『燕行記』写本、四巻一冊、李百亨等記（乾隆五十五年……の紀行）というものがあるが、これを調査したところ、徐浩修『燕行記』四巻であることが判明した。すでに、本解題、凡例、一の⑴⑵⑷ともに収録されているので、原則に従い解題を加えない。

　また、『東京大学総合図書館蔵阿川文庫朝鮮本目録』（『日本所在韓国古文献目録』第二冊、ソウル、驪江出版社、一九九〇）頁一〇に、撰者未詳『燕行日記』巻二至巻六、写本、五冊というものがあり、同じく原本について調査したところ、これは金昌業『老稼斎燕行日記』の一部であることが判明した。これも、本解題、凡例、一の⑵⑷に収録されるので、解題を加えない。

九、解題項目は、〔テキスト〕〔撰者略歴〕〔旅程〕〔内容〕の四項目とする。これは夫馬進編『増訂使琉球録解題及び研究』（宜野湾、榕樹書林、一九九九）の解題項目にほぼ準じたものである。ただし〔旅程〕はソウル・北京（瀋陽）発着時と、鴨緑江を渡った往復の日時のみ記す。一行人員数についてわかるものは、ここで示す。また『増訂使琉球録解題及び研究』で一項目とした〔目次〕〔時代背景〕は必要に応じて〔内容〕に収める。

一〇、年号については、燕行使など朝鮮に直接関わる年次についてはたとえば一八五四（咸豊四、哲宗五）年などと表記する。中国国内の事件については一八五四（咸豊四）年、朝鮮国内の事件については一八五四（哲宗五）年などと表記する。陰暦から陽暦（西洋暦）への換算は、特別な事件を追う場合を除き、原則として機械的な換算に従う。

三　解　題

1.『文興君控于録』一巻　柳思瑗撰　駒沢大学図書館蔵（濯足文庫）

〔テキスト〕

鈔本、一冊。内題で「文興君控于録」と題し、外題（封面）で「控于録」とする。封面の見かえしには、「寄贈　金沢庄三郎殿」「大本山永平寺蔵書章」「永平寺寄託　濯足文庫　駒沢大学図書館　昭四九・十一・十二」等の印章がある。本書第一頁に「金沢蔵書」の印章がある。もともと金沢庄三郎旧蔵。撰者名を明記しないが、柳思瑗撰として誤りない。

『文興君控于録』はこの駒沢大学図書館蔵本のほかに、奎章閣にその所在を確認できる。またこの書については、すでに『奎章閣韓国本図書解題　続集　史部一』頁七九に的確な解題がなされている。ただし、撰者を柳思援とするのは柳思瑗のミスプリントである。駒沢大学図書館本と奎章閣本を比較すると、内容はほとんど同じであるが、駒沢大学図書館本には誤字が目立つ。たとえば巻頭で奎章閣本では「書状官臣柳　　謹啓」と二字分を空白にするところ、「書状官臣柳思遠謹啓」と誤って填めている。また、明人の人名で奎章閣本には「佟起鳳」と正しくあるところ、駒沢大学図書館本では「終起鳳」と誤る。奎章閣本の方がより良いテキストであることは明らかであるが、ただ駒沢大学図書館本はこれをもとに鈔写したものではないようである。

〔撰者略歴〕

柳思瑗、一五四一（嘉靖二十、中宗三十六）年―一六〇八（万暦三十六、宣祖四十一）年、字は景晤、文化の人。『国朝人物考』所収の李恒福による「墓誌」がある。彼の人生にとって最も大事件であったのは、まさしく『文興君控于録』を書き残すことになった事件、すなわち日本の豊臣秀吉の軍が再度朝鮮を侵略する、とのニュースをいちはやくキャッチした朝鮮の朝廷が、中国に援軍要請をおこなう使節を派遣し彼がこれに同行したことであった。帰国後、この時の功績によって文興君に封ぜられている。

〔旅程〕

渡江の日から書き始め、義州に帰還するまでを記す。

一五九六（万暦二十四、宣祖二十九）年
　十二月六日　渡江
　十二月十三日　遼東（遼陽）着
一五九七（万暦二十五、宣祖三十）年
　正月十四日　北京着
　二月十五日　北京発
　三月十三日　義州着

〔内容〕

本書は、豊臣秀吉の再度の出兵準備をいち早くキャッチした朝鮮朝廷が、明朝に援軍を要請した時の記録である。奏聞使は鄭期遠であり、書状官は本書の撰者柳思瑗であった。書状官は燕行つまり赴京し帰国した後、「聞見事件」というタイトルで報告書を作成し、これを承政院に提出するのが義務であった。恐らくは本書第一頁第二行にある「丙申使行聞見事件」あるいは「聞見事件」が原タイトルであり、一行目の「文興君控于録」は後人が付けた書名である。控于とは、本史料中に「控于天朝」「控于仁覆之天」と見えるように、天朝と仰ぐ明朝に援軍の必要なことを控《うった》えるという意味である。

本書はいわゆる「丁酉倭乱＝慶長の役」に関わる第一級史料であるにもかかわらず、これまで日本、韓国、中国の学界ではともに十分に利用されてきたようにない。特に、柳思瑗自身が北京で目撃した兵部尚書石星らの動き、石星の和平論に対して主戦論を唱える給事中らいわゆる言官の動向などは、汗牛充棟ともいうべき多くの関連史料があるにもかかわらず、リアルさを伝える点ではこれに勝る史料はおそらくないであろう。またここに引用される明朝官僚の上奏文は、ほとんどが明側の史料でも見あたらないものである。それはもともと、「中朝九卿科道官上本中、事渉於発兵征倭者、日下書録為白乎矣、皆因通報伝謄」と柳思瑗自身が記すとおり、『通報』つまり官報（邸鈔）に掲載されたものであったが、現在その『通報』が伝わらず、この書に見える上奏文のほとんどが『明実録』や『万暦疏鈔』あるいは『万暦邸鈔』等に見えないものである。

ここに見える上奏文のいくつかについて、そのタイトルと上奏者を記すと、下記のとおりである。まず「兵部覆本」がある。朝鮮国王が万暦帝に援兵を請う上奏をなしたのに対し、万暦帝が「兵部知道」つまり「兵部で検討せよ」と命じた。これはこれを受けた兵部から皇帝への覆奏である。この時、兵部尚書の石星は楊方亨と沈惟敬らを日本に派遣し、秀吉を日本国王に冊封しようと工作しつつあり、これが成功しつつあるかのような情報を得ていた。すなわち彼は主戦論ではなく和平論を唱える中心人物であり、朝鮮に対しては中国に頼ることなく、あくまで自力で防衛すべきことを求めた。ここには自力で防衛しようとしない朝鮮に対する強烈な批判、非難が見られるので次に引用する。

一則曰従前未有費兵餉而代外戍者。凛凛天語、中外聞知。屢経臣等申飭、又不啻至再至三。今彼此講封、已越五載、罷兵省費、又復三年。曽不聞該国君臣痛加振励、積餉練兵、以為預備之計。乃一経虚喝、便自張皇馳報。今如該国所請、不知練兵、長〔おそらくは常または専〕以中国之兵為兵、不自積餉、長〔常？専？〕以中国之餉為餉、己享其逸而令人居其労、己享其安而令人蹈其危。即小邦不能得之于大国、況属藩可得之于天朝乎。

ここには朝鮮側の態度に対するあからさまないらだちと、怒りとが表現されている。これは自らの和平工作を妨害することへの怒りでもある。ほかに「徐成楚上本」「劉道亨一本」「兵部因劉道亨参論覆題一本」「周孔子教一本」「大小九卿六科十三道尚書楊俊民一本」「黄紀賢一本」「兵部一本東封事、石星発明表文」「張正学一本」「文華殿中書趙士楨一本」など、おそらくは主に官報（邸鈔）から書き写したと考えられる貴重な上奏文がある。また、朝鮮側から呈出した「呈兵部文」、そして兵部からの回答である「兵部発兵回咨」なども重要である。

柳思瑗自身が目撃した記録は、さらに貴重である。以下は二月三日の記録である。

臣等進往六科衙門、衙門皆在闕内、六科給事各坐本衙。吏科門外書掲劉道亨（亨）参論石尚書文、兵科門外書掲徐成楚参論石尚書文、若榜示者然。人多聚読、亦有謄書者。

当時、六科給事中は主戦論で固まり、和平論を唱える兵部尚書石星と対立していた。(6) 吏科と兵科では、石星批判文を誇らしげに門前に貼り出していたのである。六科給事中ら主戦論を唱えるものがいることに力をえ、柳思瑗らは六科給事中には「呈六科文」を提出して石星の議論に反論する一方、石星本人への工作も行う。次の引用は二月五日に石星の私宅に朝鮮の通訳官を差し向けた時の記録である。石星は次のように返答したという。

尚書曰、爾等不知天朝文体。我当初題覆之意、亦非全棄爾国而不救。文体自不得不如是也。今則已行文与督撫作速議定具奏矣。前主封是我、今主戦是孫老爺。我之主封者、是保全爾国、羈縻日本。三年中使爾国便於修守練兵積餉、以待不虞。

石星は、情況が変化しつつあることを敏感に感じとり、先に「兵部覆本」でみせたような朝鮮に対する怒りは、上奏文という文体上やむを得ないことであったと弁明する。さらに、自分が和平論を唱えたのは、決して朝鮮を見捨ててやったことではなく、むしろこの三年の期間に朝鮮に軍備を増強させるためであった、と弁解している。

次に引用するのは、二月九日、情況を心配する柳思瑗が宮城内の午門へ偵察に行き、かつ都察院に文書を提出しようとした時の記録である。

初九日庚午、晴。留玉河館。臣等早往午門外、俟都察院入朝房。臣等立于戸外、使下人入送呈文、則披見還給、曰呈于諸会処。尋巳科道諸官一時来到。臣等進前跪伏泣訴、科道等官曰起来。臣等不起、愈叩頭、使李海龍畢陳情理。科道等官曰、今日会議正為此事云。臣等起立、科道等官過、向兵部朝房而去。有頃、石尚書自其朝房変服出、向闕外去。問其故、則人皆曰、科道対面切責。且曰、今日所議事也、尚書何敢得与云、故去也。九卿以下斉会于五鳳楼下、左右序立将入門。臣等進前、手持呈文、叩頭号泣、令李海龍畢陳悃迫之状。九卿以下互相論議、使下吏受呈文。答曰、今日会議政為此事、爾等伺候于兵部。

ここに見える李海龍とは、石星の私宅へも出かけた朝鮮通訳官である。柳思瑗らは六科給事中と都察院の官僚つまり科道官に懇泣した後、意外な事態を目撃した。それは、これから大会議を開き大議論が始まろうとする直前、主役であるはずの兵部尚書石星が科道官らに面罵され、「今日の会議にお前など出席できるか！」としかりつけられ、変装して兵部朝房から逃げ出す姿であった。

このように、この史料は中国政治史史料としても極めて貴重である。

2.『松溪紀稿（瀋陽日録）』一巻　撰者未詳　天理図書館蔵（今西文庫）

〔テキスト〕

鈔本、一冊。巻頭第一行目に「松溪遺稿巻之」と墨書されるうち、遺の上に紀を書き加えて「松溪紀稿巻之」と記し、第二行目に「瀋陽日録」と記す。漢籍書目作成の原則に従い、『松溪紀稿』を主題でとるべきである。

『今西博士蒐集朝鮮関係文献目録』（頁五二）でも、『松溪紀稿』を書題としてとり、撰者名を記さず、「手記云〝(松溪集ノ内)瀋陽日記　稿本〟」と記す。ただ現在は、この手記は見あたらない。「今西龍」の印があるのみである。この手記が今西のものであるとすれば、「『松溪集』の内」というのは何かの勘違いであろう。というのは、もし仮に麟坪大君李㴭撰の一部であるというなら、『松溪集』に収録されるのは『燕途紀行』三巻であって、この『松溪紀稿（瀋陽日録）』とはまったく別物だからである。『増補東洋文庫朝鮮本分類目録』（頁三三）に至っては、この写真本について『松溪瀋陽日録』を書題とし、「手記」を参照したのであろうが撰者を「麟坪大君李濬《ママ》」と定めている。これは誤りである。本文中に何度も麟坪大君と出てくるので、彼本人の日記ではありえないし、昭顕世子とは別のところに彼が居たはずなのに、昭顕世子の行動を詳しく記すからであり、撰者が麟坪大君李㴭ではありえないのである。

本書には欄外にしばしば注がつけられている。たとえば第一葉表の「江都陥没」のところには「陥没二字、家乗云失守」などという『家乗』をもととした校訂がなされている。またしばしば紙が張りつけられ、たとえば書き出しの「丙子十二月十四日、賊兵到畿甸」の「丙子」の下には「詳公瀋陽事蹟云」と書かれている。これらは撰者を確定するための材料かも知れないが、現在のところ未詳とするほかない。

〔撰者略歴〕

撰者未詳。

〔旅程〕

一六三七（崇徳二、仁祖十五）年
　二月八日　ソウル発
　四月十日　瀋陽着

〔内容〕

昭顕世子に扈従した人物が、昭顕世子の瀋陽拘留中の行動を中心に追った日記、ないしは後述の『瀋陽日記』などをもととした編纂物である。この点、数ある『瀋陽日記』の中では世子を中心に記録している撰者未詳『瀋陽日記』（東京、満蒙叢書刊行会、満蒙叢書第九巻、一九二一、また『燕行録全集』第二四・二五冊）に近い。この書については満蒙叢書本に内藤虎次郎「瀋陽日記解題」がある。本書はこの『瀋陽日記』に拠ったとしか考えられない部分が多く、同文が多い。しかしこの『瀋陽日記』に比べると節略が甚だしく、史料的価値は劣る。『瀋館録』（『遼海叢書』第八集所収）とも近い。

内容は、一六三六（崇徳元、仁祖十四）年十二月十四日の「丙子胡乱」、すなわち清朝軍によるソウル陥落からはじまり、一六四五（順治二、仁祖二十三）年二月に清が北京を得て昭顕世子を帰国させ、さらに同年三月、進賀正使として麟坪大君がソウルを出発し、その後瀋陽に留められるところまで記す。

3.『瀋陽質館同行録（瀋中日記）』一巻　撰者未詳　東洋文庫蔵

〔テキスト〕

鈔本、一冊。封面の右側に「瀋陽質館」、左側に「同行録」と外題を記す。印章は「樂浪書斎」「東洋文庫」の二つのみである。合計一二葉、これに「上言草」と題する横長一葉の啓文が加わっている。

『増補東洋文庫朝鮮本分類目録』（頁三三）では本書を『瀋中日記』（『瀋陽質館同行録』）という名で採っている。本書第一葉には書名に当たるものがなく、第四葉表に「瀋中日記」とあることによったと考えられる。しかし、本書の内容から見て『瀋陽質館同行録』で採る方がよりよいと考える。

〔撰者略歴〕

撰者は明らかでない。

〔旅程〕

一六三七（崇徳二、仁祖十五）年
　二月八日　ソウル発
（三月三十日　渡江　『瀋館録』によって増補）
　四月十日　瀋陽着
一六三九（崇徳四、仁祖十七）年

五月二十二日　瀋陽に留まる。

〔内容〕

丙子胡乱の結果、仁祖の二子、すなわち後に孝宗として即位する鳳林大君と麟坪大君（号は松溪）は、瀋陽に人質として取られる。本書はその時の記録である。

まず「同行録座目」には、鳳林大君以下合計十五人の同行者名が、官職、生年、籍貫、字号、科挙及第年などとともに記される。

次に崇禎甲申後再癸丑すなわち一七三三（雍正十一、英祖九）年初秋日の日付をもつ、尹鳳九が書いた右の同行者名簿についての感想が見える。これは節略されたもののようで、「此乃尹屛溪（屛溪は尹鳳九の号）之書、而初書欽多。未謄」と注が書かれている。「同行録座目」と同じ書体であるから、これは尹鳳九の自筆ではないばかりか、「同行録座目」もよほど後世の鈔写である。

尹鳳九の書と同じ書葉に「瀋中日記」と題され、丁丑（仁祖十五年）二月八日に世子一行がソウルを旅立ったことを記す。以下、仁祖十七年の五月二十二日まで書き列ねられるが、毎日切れ目のない日記ではなく、節略が多い。先に示した2.『松溪紀稿（瀋陽日録）』とほぼ同じ文章も見られるし、『瀋館録』（『遼海叢書』所収本）とほぼ同じ場合もある。しかし、両者に見られない文章もある。

最後に「上言草」と題し、京畿抱川幼学某による六世祖、おそらくは同行した李時楷のために褒贈を請うた啓文が付録される。

4.『瀋行録』不分巻　編者未詳　京都大学附属図書館蔵（河合文庫）

〔テキスト〕

鈔本、一冊。巻頭第一行目では「瀋使啓録」とするが、第六二葉で「瀋行別単」とし、両者は同格である。したがって外題（封面）で記す「瀋行録」を書名とすべきであろう。封面「瀋行録」の右に、癸亥、甲戌、戊戌、癸卯、乙丑、丁亥、と横に並記し、丁亥の下あたりに「行瀋　甲」と記す。あるいは本来、二册、三册からなっていたものの第一册かも知れない。

〔撰者略歴〕

編者はまったく不明である。

〔旅程〕

普通の燕行録あるいは瀋行録と異なり、編纂物であること、次の内容で記すとおりである。

〔内容〕

「瀋使啓録」と「瀋行別単」とからなる。「瀋使啓録」はすべて瀋行使によって発せられた状啓である。したがって、すべていわゆる吏読体の文章である。瀋行使であれ燕行使であれ、使者は途次の各地各地から、現状とその後の予定をソウルの宮廷に報告する義務があった。この瀋行録に収録されたのは、すべて問安使によって発せられたものである。問安使とは清朝皇帝が先祖の陵を参拝するなどの目的で瀋陽に行幸したとき、ご機嫌をうかがう使節である。「瀋使啓録」は「癸亥問安使趙」「甲戌問安使兪」「戊戌問安使李」「癸卯問安使李」「乙丑問安使李」からなる。各年次と正使の名、および状啓が書かれ発せられた場所を記せば、次の通りである。（ ）は推定を著す。

癸亥（一七四三、乾隆八、英祖十九年）正使趙顕命

七月八日	平壌
七月十八日	平壌
七月二十二日	（平壌）
八月六日	郭山雲興站
八月八日	義州
八月十一日	義州
八月十六日	義州
八月十七日	（義州対岸）渡江後
八月十九日	（柵門）
九月三十日	瀋陽

十月十一日　義州
甲戌（一七五四、乾隆十九、英祖三十年）正使兪拓基
七月二十五日　黄州
七月二十九日　平壌
八月五日　安州
八月九日　義州
八月十三日　（義州対岸）渡江後
八月十五日　柵門
八月二十八日　瀋陽
九月十七日　瀋陽
九月二十七日　義州
戊戌（一七七八、乾隆四十三、正祖二年）正使李溵
七月五日　黄州
七月八日　平壌
七月十五日　安州
七月二十四日　義州
七月二十七日　（義州対岸）渡江後
七月二十九日　柵門
八月十四日　瀋陽
八月二十九日　瀋陽
九月十一日　義州
癸卯（一七八三、乾隆四十八、正祖七年）正使李福源

他の部分と違い、六月十三日ソウル発から九月四日の瀋陽における乾隆帝との会見、十月十五日復命までの簡単な日記である。朝鮮国王に提出したものと思われる。

乙丑（一八〇五、嘉慶十、純祖五年）正使李秉模

閏六月二十二日　黄州
閏六月二十五日　平壌
七月一日　安州
七月九日　義州
七月十七日　柵門
七月十九日　（義州対岸）渡江後
（八月十一日　瀋陽）※九月一日の状啓で言及
九月一日　瀋陽

さらに七月二十一日から九月二十七日復命までの簡単な日記、盛京礼部回咨、行在礼部原奏を加える。

右のうちで一七四三（乾隆八、英祖十九）年瀋行時の旅行記として、趙顕命『瀋行日記』（『帰鹿集』所収本）一巻があり、『燕行録全集日本所蔵編』に収録するし、後に本解題6．でも紹介する。また一七八三（乾隆四十八、正祖七）年瀋行時の旅行記として、李田秀『入瀋記』二巻があり、本解題11．で紹介する。

「瀋行別単」は以下の年次に以下の人物がなした報告である。いずれも、瀋陽においてキャッチした情報聞見を記す。

壬戌（康熙二十一年、粛宗八年）正使閔鼎重
戊寅（康熙三十七年、粛宗二十四年）書状官尹弘离
戊戌（乾隆四十三年、正祖二年）書状官南鶴聞
癸卯（乾隆四十八年、正祖七年）書状官尹䕋
癸卯（乾隆四十八年、正祖七年）首訳張濂
乙丑（嘉慶十年、純祖五年）書状官洪受浩

乙丑（嘉慶十年、純祖五年）首訳尹得運

なお林基中『燕行録研究』頁四三で、本書の「燕行年代」を粛宗八年＝康熙二十一年＝壬戌とするのは、誤った情報ないしは不正確な情報である。

5．『燕行日記』一巻　李沢撰　天理図書館蔵（今西文庫）

〔テキスト〕

鈔本。『両世疏草』巻一「晋平府君疏草」所収、「燕行日記附　従行軍官生員李柱泰所録」とあるのがこれである。『両世疏草』は巻一、晋平府君疏草、巻二、咸陵府君疏草からなる一冊本である。韓国の各種図書目録には見えない。

本書は撰者名を明記しない。封面裏面は「信城君、子ナシ。福城君嵋ヲ立テテ後嗣トス。福城君ノ子ヲ晋平君瑚トス。晋平君子ナシ。光遠ヲ以テ後トセントス」との、恐らくは今西龍自身の書き付けがある。今西は暫定的に晋平府君＝李瑚としたのであろう。しかし巻二「咸陵府君疏草」の「乞推恩本生疏」に「先臣晋平君沢」とあり、晋平府君は李沢である。さらにこの『燕行日記』の書き出しで、

余素以多病之人、曽於丁亥年往来燕京。

とあり、丁亥＝一七〇七（康熙四十六、粛宗三十三）年の燕行使の一員であった。粛宗三十三年の謝恩兼三節年貢使の正使は晋平君李沢であった（『同文彙考補編』巻七、使行録）。また本『燕行日記』は甲午＝一七一四（康熙五十三、粛宗四十）年の燕行録であり、この時の正使は晋平君李沢、副使は礼曹判書権愭、書状官は兼掌令兪崇であった。したがってここに言う晋平君とは李沢であり、これを撰者として間違いない。

内容は、正使李沢が書き付けた日記のスタイルをとる。とすれば、すでに述べたように、「従行軍官生員李柱泰所録」とあるのは、何を意味するのか。日記の中では李柱泰本人がしばしば登場する。たとえば十二月十四日の条では「李柱泰・趙玩と同じく往ってその家に宿泊した」と記し、十二月十九日には「李柱泰に命じて（望海亭に）行って見させた」などと記すから、李柱泰の日記ではありえない。李沢は彼に清朝の機密書類を書き写させ（二月十九日）、石碑を模写させ（三月二日）、水汲みに行かせるなどをしており（十二月二十九日）、李柱泰は宗室の李沢の個人的な従者であったと考えられる。この日記はも

ともと李沢個人の備忘録という性格が強い。とすれば、李柱泰十一月二十四日の条で諜報活動に当たっていた朝鮮通訳官がもたらした寧古塔（ニングタ）将軍にかかわる情報、つまり上奏文とこれに対する康熙帝の諭旨について、

故謄之日記、且兼録瀋陽将軍康熙三十五年題請、以備参考。

と言っている。李柱泰はおそらくは李沢の日記や記録整理にも当たり、あるいは李沢になり代わってこの日記を書いたため、「李柱泰所録」と書かれたのであろう。

〔撰者略歴〕

晋平府君と称する宗室の一員であった。

〔旅程〕

一七一四（康熙五十三、粛宗四十）年

十一月二日　ソウル発

十一月二十六日　渡江

十二月二十七日　北京着

一七一五（康熙五十四、粛宗四十一）年

二月二十五日　北京発

三月二十三日　渡江

四月四日　ソウル着

〔内容〕

一行が朝鮮から清に向けて、国境に設けられた柵内を入ったとき、入柵人数を八二五名、馬七二一匹と記録する。入柵人数八二五名というのは、少なくとも記録に残るかぎりで言えば、朝鮮燕行使一行の数としては最も多い部類に属するだろう。

本燕行録にはまた、訳官たちの旺盛な商業活動を伝える。また、柵門に近い清朝側の国境の都市である鳳城で、礼単（ワイロリスト）が少ないと言う城将、甲軍らと争いになり、結局帰国時に輸出禁止の弓角を荷車の中に発見した。これを発見した甲軍は、手をたたいて歓声をあげたという。

6．『帰鹿集（瀋行日記）』一巻　趙顕命撰　京都大学附属図書館蔵（河合文庫）

〔テキスト〕

鈔本、一冊。封面では左端に「帰鹿集」二十と記し、右端に「燕行日記」と記す。第一葉第一行に「帰鹿集」とのみ記すから、これを正題とする。「燕行日記」とあるから北京へ行った記録であると誤りやすいが、内容は瀋陽へ行ったときの記録である。外題（封面）は趙顕命本人ではない後人が、内容を確かめず無責任に書きつけたものに違いない。したがって本解題では「瀋行日記」を副題とする。

印章は「京都帝国大学図書之印」と大正七（一九一八）年十二月十六日の受入れ印があるだけである。本書はソウル大学校奎章閣韓国学研究院蔵『帰鹿集』二〇巻二〇冊（『韓国文集叢刊』第二一二・二一三輯）には収録されず、貴重である。『韓国本別集目録』によれば、『帰鹿集』は韓国では奎章閣の他に国史編纂委員会が蔵するが、ここに記されるとおりこれも二〇巻二〇冊本であるとすれば、これにも収録されないのではないか。

京都大学附属図書館（河合文庫）蔵『帰鹿集』二一冊については、藤本幸夫がすでに解説を加えている。[7] ただこの『帰鹿集（瀋行日記）』を外題どおりに「燕行日記」であると誤解したらしく、解説には混乱が見られる。

〔撰者略歴〕

趙顕命の字は稚晦、号は帰鹿、豊壌の人である。一六九一（康熙三十、粛宗十七）年—一七五二（乾隆十七、英祖二十八）年。一七一九（康熙五十八、粛宗四十五）年文科及第。官は領議政すなわち宰相にまで至っている。前述の奎章閣本『帰鹿集』巻二〇、「自著紀年」は詳細な自訂年譜である。

〔旅程〕

一七四三（乾隆八、英祖十九）年

七月六日　ソウル発

八月十七日　渡江

八月二十四日　瀋陽着

十月三日　瀋陽発

十月十日　　渡江
十月二十七日　ソウル着

〔内容〕

この時、乾隆帝が瀋陽へ行幸したため、趙顕命は問安使としてご機嫌うかがいに赴いた。清朝皇帝が瀋陽へ来たときに問安使を派遣することはすでに一六七一（康熙十、顕宗十二）年から行われており、慣例化していた。本解題4．を参照されたい。すでに〔テキスト〕で述べたとおり、この書は「瀋行日記」である。『帰鹿集』（『朝鮮文集叢刊』第二一二輯）巻四には、「燕行録」を収め、林基中編『燕行録全集』第三八冊にもこれが収録される。ただし、この「燕行録」は詩のみで構成され、「瀋行日記」の内容とまったく異なる。林基中がこの「燕行録」が作られたのは一七四三（乾隆八、英祖十九）年であるとするが、正しくは一七四九（乾隆十四、英祖二十五）年の燕行時である。

九月二十四日に乾隆帝が瀋陽へパレードしてきたときの模様を記し、「皇帝面長鼻端直、色黄、微有痘痕、無鬚髯、要似秀抜有骨気、而遠望不可詳也」とこの皇帝を描写する。彼自身は九月二十四日に乾隆帝と面会し、通訳を通して会話している。

この『帰鹿集（瀋行日記）』が他の「燕行録」と決定的に異なり、また他の「燕行録」と比べてみても貴重であるのは、そこに彼の自由な観察、即ち反満意識にとらわれない観察が見られることと、瀋陽という一地方都市ではあるが、この地の生員層すなわち下級知識人と何度も筆談を交わし、これが記されるからである。趙顕命が瀋陽に滞在していたのは、八月二十四日から十月三日までであるが、ここに到着した当日、孔毓貴という生員と偶然知り合った。彼は山東省の人で孔子の子孫だと名のり、瀋陽へ来てから二代目だという。彼らが瀋陽に来ているのは、山東省では科挙での合格が難しいからであること、のちの筆談で見える。彼は八月二十六日、二十七日、九月四日、六日などに趙顕命の宿舎を訪れ筆談した。八月二十七日には孔毓貴が他の生員や同学をつれて宿舎を訪れ、趙顕命と筆談していたところ、一人の甲軍（ウクシン、警備兵）が突然入ってきて彼らを逮捕し、宿舎を管理する提督のところへ連行したことを伝える。「被拿時、箇箇面色如土、戦慄失魂、積威所圧可知、良足憐也」と記し、生員らを「憐れである」と言いながら、乾隆初年のこの時代の統治がしっかりしたものであることも、読み取っている。

趙顕命と生員たちとは、まったく先生と学生の関係のようであり、学力の差は歴然としていた。趙顕命が筆談の席でしばしば話題としたのは、朱子学と陽明学を中心とした清朝現在の学術情勢であった。たとえば、九月十一日には魏廷熙という生員と次のような筆談をしている。

余問、今天下任程朱嫡伝者誰。答曰、北直人陸龍猉（陸隴其）是也。所著困得録行於世。余問、聖祖皇帝表章朱子、又聞浙江李霈霖発明朱注。意謂、今天下無復為王陸之学者。昨見臨川李紱所葺朱子晩年全論、其意欲援朱子入王氏、必朱王之闋、方生而未已也。答曰、李霈霖家巨富、招延博学能文之士、刊書以要利。非有学問発明朱子之学。仍斥王陸為虚寂。余曰、王陸之学誠有弊病、而謂之虚寂即過矣。

明末に北京へ燕行使が行っていた時代、すなわち多少の知識人交流があり中国の学術情況がリアルタイムで朝鮮に伝わっていた時代から、一七四三年といえばちょうど百年が過ぎていた。陸隴其は康熙年間を代表する有名な朱子学者であったが、陸龍猉と誤って記すところから見れば、朝鮮の最高級の知識人ですら彼のことを知らなかったらしい。逆に浙江の李霈霖などは『明史』『清史稿』に一度として登場しない人物であるが、『四書異同条弁』という書を作り、朱子の注に関わる書物を著したというだけで、朝鮮文献ではしばしば現れる人物である。趙顕命も彼を有名な学者と考えていたらしい。また康熙帝が朱子学を推奨したので、中国では王陸の学すなわち陽明学をやる者はいなくなった、と思っていたという。朝鮮知識人からすれば、中国では康熙年間になってやっと朱子学が推奨され、これによっていち早く一貫して陽明学を批判して来た朝鮮学術の優秀さが証明されていたはずであった。陽明学はここでも根絶され、朝鮮の方が文化的には中国より正しく、一歩進んでいることはすでに証明ずみのはずであった。ところが李紱の朱子晩年全論を読んでみたところ、趙顕命には依然として朱子学と陽明学との論争が続いていると見えた。これは翌々日に文廟を訪れてここで府学教授をしていた高晅との筆談に、より詳しく見える。趙顕命にとっても、明末から百年たった乾隆初年においても朱子学と陽明学のどちらが正しいかが問題であり、中国でも依然として論争が続いているように見えたのである。

ただ趙顕命の場合興味深いのは、彼がむしろ陽明学に親近感を持っていたらしいことである。それは、彼が述べたように「王陽明・陸象山の学にはまことに弊病があるとはいえ、それを虚寂であるとして斥けるのは誤りである」という言葉からも知られるが、これに先だって八月二十六日に生員孔毓貴とおこなった筆談で、彼が次のように言ったことにより注目すべきである。彼が孔毓貴に対して、科挙の学のほかに孔子淵源の学が何であるか知っているかどうか、と問うたのに対して、孔が文章を読み八股文を作るという受験勉強をしているだけだ、真の学問をやる暇はないと答えたのに対して、彼は次のように述べた。

問、爾肚子裡有一箇夫子心、能做便做、何云未暇。答曰、終日在学、先生叫念何書即念何書、叫写何文即写何文、所以未暇也。問、爾一箇聖人心在爾肚裏、試一喚醒、即此而在、不必問先生、只求之爾肚裏足矣。答曰、逐日功課、若辦的不好、先生尚要責治、豈得任己意。問、爾先生似是老学究、試以吾言喚起這一箇聖人心、能做得聖人、雖不服周乗殷、便是聖人。

「おまえの腹には聖人の心がある。心でできると思ったらやる。暇があるかどうか、関係ない」と言い、「おまえの先生はどうやら老書生らしい。〝自分という一聖人が心で聖人になりうると思ったら、周の衣服や殷の乗り物などなくても聖人なのだ〟、というわが言葉を伝えて、彼の心を呼び醒ましてくれないか」というのは、陽明学そのものではないか。

趙顕命が瀋陽を離れ帰国の途についたのは十月三日である。その前日孔毓貴は宿舎まで別れの挨拶に来た。趙顕命は彼と別れの挨拶を交わしながら、「流涕汍瀾」つまり涙がとまらなかったという。自分の心の動きを観察して、「自分の方でも心が動き顔色を変えたのも、また人情である」と記す。燕行録なかでも一七世紀中頃以降に書かれたそれは数多いが、このような記述は滅多に見ない。趙顕命が当時朝鮮でごく一般的であったような朱子学者ではなかったことは、これからも窺うことができよう。涙の意味については、本書第一二章で取りあげる洪大容の場合を参照されたい。

趙顕命『帰鹿集（瀋行日記）』には、以上のような生員クラスの者との何度にもわたる筆談、朝鮮知識人と陽明学との関係など、極めて興味深い記事があるが、彼の中国観察も当時一般のそれよりはるかに自由であり、興味深い。たとえば、彼が見た乾隆初年の中国社会を次のように記している。

遼野無一片閑土、秋穀蔽之、人民之盛、可知也。皇帝今行、用賞銀四百万両、錦段称之、財用之足、可知也。諸王大臣、平日居養必厚、而万余里駆馳、風餐露宿而略無疲困色。馬雖痩敗、一見鞭影、騰突如矢、士馬之精強、可知也。自柵門至瀋陽、八九百里之間、挟大道植柳、其直如弦。蓋聞通天下皆然云、法令之斉一可知也。宴時殿上下粛然無声、諸王自外入班、時刻差晩、遑遑疾走如不及、朝綱之厳粛可知也。人民盛、財用足、士馬精強、法令斉一、朝綱厳粛、自外面見之、可謂昇平磐石之固也。……一日宮車晏出、天下事有不可勝憂者、而遠不過数十年耳。中原有事、海西之黄唐舡・江辺之偸山賊、有朝暮欄出之憂、而蒙古諸部中、鳥珠穆伈最倔強、而去瀋陽為四百里、乗時竊拠如反掌之易。若然則天啓後、水路之行将復有之。東人不可復安枕矣。

乾隆初年の中国を「昇平盤石の固」として、この国が安泰であることを高く評価し、乾隆帝の統治能力を高く評価しつつも、彼が死去したならばいったいどうなるのかと心配し、蒙古諸部族の中でも鳥珠穆伈が最も強力である、とのこのたびの瀋行で自ら得た情報をもとにして、これが反旗を翻して満州（瀋陽）を占拠することは極めて簡単であるとし、そのようなことでもあれば、かつて明末に満州族によってこの地を占拠されたために、海路燕行したようなことになるかもしれないと心配する。そして満州族の力が衰えれば、「東人（朝鮮人）は再び枕を高くして眠れなくなる」と結論づける。満州族が統治する中国が弱体化すればよいという願いではなく、むしろ弱体化することを心配するに至っている。

7.『悔軒燕行詩』一巻　趙観彬撰　附『月谷燕行詩』一巻　呉瑗撰　東洋文庫蔵

〔テキスト〕

鈔本、一冊。前間恭作旧蔵。前間恭作編『古鮮冊譜』（東京、東洋文庫、一九四四、のち釜山、民族文化、一九九五影印）第一冊頁一二五に簡単な解題がある。乾隆中写本とする。呉瑗『月谷燕行詩』を同じ筆跡で付録する。『悔軒燕行詩』は趙観彬『悔軒集』（『韓国文集叢刊』第二一一輯）巻七に同じものが見える。呉瑗には『月谷集』木活字本があるが（『韓国本別集目録』頁四六三）、未見であり異同を確認していない。『増補東洋文庫朝鮮本分類目録』で呉煖撰とするのは誤記である。

〔撰者略歴〕

趙観彬、一六九一（康熙三十、粛宗十七）年—一七五七（乾隆二十二、英祖三十三）年、字は国甫、号は悔軒、楊州の人。一七一四（康熙五十三、粛宗四十）年に文科に登り、礼曹判書をへて判中枢に至った。二憂堂すなわち趙泰采の子である。

呉瑗、一七〇〇（康熙三十九、粛宗二十六）年—一七四〇（乾隆五、英祖十六）年、字は伯玉、号は月谷、海州の人。呉斗寅の孫。一七二八（英祖四）年庭試第一となり文名が揚がった。官は吏曹参判、大提学に至った。

〔旅程〕

『悔軒燕行詩』『月谷燕行詩』ともに詩集であり、ともに旅程はわからない。ただ、『同文彙考』によれば、趙観彬が正使となった冬至使は一七四五（乾隆十、英祖二十一）年十一月一日に辞階し、翌年三月二十八日に復命している。また呉瑗が書状官となった一七二二（雍正十、英祖八）年冬至使は、十月二十九日に辞階し、翌年四月二日に復命している。

〔内容〕

特に記すべき詩歌は見当らない。

8．『燕行日記』二巻　尹汲撰　駒沢大学図書館蔵（濯足文庫）

〔テキスト〕

鈔本、二冊。印章として「海平」「近菴」「尹汲」「景孺」「一丘一壑」「進士初會壯元庭試重試乙科親臨文臣庭試入格」「金澤藏書」がある。このうち景孺は尹汲の字、近菴はその号、海平はその本貫である。本書は尹汲の自蔵本と考えられる。第一冊封面に「燕行日記　乾」、第二冊封面に「燕行日記　坤」と記す。金沢庄三郎旧蔵。ところどころ、すでに書かれた墨が消され、また数字分あるいは一字分切り取られ、修改のうえ貼り替えられている。

〔撰者略歴〕

一六九七（康熙三十六、粛宗二十三）年—一七七〇（乾隆三十五、英祖四十六）年。南公轍『帰恩堂集』巻九に「吏曹判書兼弘文館提学謚文貞尹公墓誌銘」がある。これによれば、尹汲は字は景孺、号は近菴、海平の人である。一七二五（雍正三、英祖元）年に進士となった時、両場ともに壮元であった。同年、庭試文科に中り、侍講院説書となった。一七三七（乾隆二、英祖十三）年、重試に登っている。これらは前に記した印章にも示されている。尹氏は西人老論派に属し、彼自身、英祖の蕩平策に批判的であり、少論派を攻撃した。官は吏曹判書となった。「筆法精麗」で、人々は彼の尺牘を得て競って倣ったという。その書体は尹尚書体と呼ばれた。

〔旅程〕

一七四六（乾隆十一、英祖二十二）年

十一月六日　ソウル発

十一月二十八日　渡江

十二月二十八日　北京着

一七四七（乾隆十二、英祖二十三）年

　二月十五日　北京発

　三月二十七日　渡江

　四月十六日　ソウル着

中国側の国境の町柵門で、一行の従者は三三五人、馬は二二五四であったとする（十一月三十日）。

〔内容〕

一七四六（乾隆十一、英祖二十二）年、尹汲が冬至使副使として燕行した時の記録である。時に戸曹参判であったが、吏曹判書を結銜（加銜）されている。日記のほかに、「渡江状啓」ほか計六つの状啓・封啓、収集した情報報告書である「別単」、さらに清朝に提出した表咨文のリスト「表咨状数」、貢物リスト「方物数」からなる。なお、状啓は副使が書くことになっていたようである。[8]

反満感情は依然として強い。呂留良『呂晩村文集』を持っているかと中国人に二回尋ねている（十二月二十一日、二十五日）。呂留良は一七二八（雍正六）年頃から一七三二（雍正十）年にかけて起きた曽静事件のとき、大問題となった反満民族主義者である。この時はすでに死去していたが、その反満民族主義を許し難いとする雍正帝によって、棺を発いて屍体をさらし首にされた人物である。[9]

9.『丁亥燕槎録』一巻　李心源撰　東洋文庫蔵

〔テキスト〕

鈔本、一冊。巻頭に書名を記さず、封面に丁亥燕槎録と記す。主に草書体で記す。別本の現存を確認できない。前間恭作旧蔵。

〔撰者略歴〕

一七二二（康熙六十一、景宗二）年―一七七〇（乾隆三十五、英祖四十六）年。本名がもと李仁源であったところを李心源と改名する。『国朝榜目』によれば、李仁源、字は宅之、延安の人で、一七五〇（乾隆十五、英祖二十六）年文科及第。父は李徳輔。燕行出発に当たっての英祖との問答で、祖が都承旨、父が参奉であったと述べる。『朝鮮王朝実録』によれば、李心源は大司諫などを歴任している。

〔旅程〕

一七六七（乾隆三十二、英祖四十三）年
　十月二十二日　ソウル発
　十一月二十五日　渡江
　十二月二十七日　北京着
一七六八（乾隆三十三、英祖四十四）年
　二月十二日　北京発
　三月二十六日　渡江
　四月十一日　ソウル着

〔内容〕

一七六七（乾隆三十二、英祖四十三）年、冬至使副使として燕行した李心源の日記である。日記は詳細でかつ生彩がある。中国における物価にも心をとめている。二月一日の条には、三〇数種の書物の価格を記している。数両から数銭のものが大半であるが、この中で十両以上のものとして、次の書名が掲げられる。

『皇明全史』一二両　『一統志』四五両　『十三経注疏』二〇両

北京から瀋陽へ帰る途次で、何度も清人に一家の田土可耕面積や所有面積、さらに納税についての満人と清人の区別について尋ねている。少し前に燕行した尹汲に比べると、反満感情は少なくとも表面に表れず、むしろ二年前の一七六五（乾隆三十、英祖四十一）年に燕行した洪大容らの実学に近いものを感じる。ただし洪大容らと違って、北京知識人との親しい交際は見られない。帰国途次の永平府撫寧県で、進士であった故徐鶴年の子で生員である徐昭芬と親しい筆談を交わしている。

10．『燕行記著』一巻　撰者未詳　天理図書館蔵（今西文庫）

〔テキスト〕

鈔本、一冊。印章として「今西龍」「今西春秋」「今西春秋図書」「春秋文庫」「天理図書館蔵」「今西文庫」、それに昭和四十六年八月受入れの「寄贈天理大学」印があるのみである。

五言や七言の詩の中に、いくつか一字が空白になっている。本書が拠った原本から鈔写するとき、判読できなかったものと考える。最後の十葉ほどは燕行時の作ではない。誰かの個人文集の一部か、と考えられる。

〔撰者略歴〕

撰者未詳。燕行年も撰者も明記しない。しかし、本書は一七八二（乾隆四十七、正祖六）年の冬至行の時のものであり、撰者は正使、副使、書状官のいずれでもない、ただの随行員であったと推測する。理由は以下の通りである。

まず「皇都雑詠」と題する詩で、

　喇嘛僧満雍和宮、錦帽貂裘抗貴公、乾隆蓋是英雄主、賺得蒙蕃尽彀中。

と詠う。乾隆年号は本書で合計三回登場するのに対し、その他の年号は一度も登場しないことにより、このたびの燕行が乾隆時代のものであったことがうかがわれる。

では何年であるかというと、巻頭に「壬寅十月」と記すことにより、これが壬寅年十月にソウルを出発した冬至行のものであることがわかる。壬寅に該当する乾隆年間以降としては、一七八二（乾隆四十七、正祖六）年と、一八四二（道光二十二、憲宗八）年の二つだけであるが、先に記した理由によってこれが一七八二（乾隆四十七、正祖六）年の燕行時のものである蓋然性が強い。

正祖六年使行の三使は、正使が鄭存謙、副使が洪良浩、書状官は洪文泳であった。このうち洪良浩は文集として『耳溪集』があり、その巻六に『燕雲紀行』も収録するが、両者を対照させるとまったく別のものである。つまり撰者は洪良浩ではあり得ない。しかし帰国時に通常と違って柵門に十日間も逗留していること、『燕行記著』の「留柵十日」、および洪良浩『燕雲紀行』の「後車不至、淹滞一旬遣悶」ともに共通している。また、ともに後続車が柵門でそろわなかったためであると述べる。二人が同じ旅行団に加わっていた可能性が強い。つまりこの燕行録が正祖六年時のものである蓋然性は、さらに強くなるのであって、『燕行録全集日本所蔵編』でこの書を〔正祖六（乾隆四十七＝一七八二）〕と〔 〕を付し、推定年代としたのはこのためであった。

しかし、北京滞在中に詠った「煤山志感」という詩の一節で、

琉球人気弱、稍欲尚文風、捲髪如東俗、冠裳制頗同。

と、この年に琉球使節も朝貢のため北京へ来ており、撰者が目撃していたことがわかる。そこで琉球使節が何年に来ていたか確認してみると、一七八三（乾隆四十八）年に琉球使節は元朝つまり元旦の儀式に参加しておらず、かえって一八四三（道光二十三）年の元朝には参加しているのである[10]。したがって、本書が一八四二（道光二十二、憲宗八）年時のものである可能性も大きい。しかし詩に含まれる雰囲気からはたしてアヘン戦争の後の燕行時のものであるか、やはり疑問を感ずるので、とりあえず〔 〕を付してここに収める。利用者は注意されたい。

では、撰者は誰であろうか。正使あるいは書状官であろうか。これについては「留関雑絶」と題する次の一絶が参考になる。

書生一夜忽高官、金帯横腰鶴頂丹、端重太和門外路、北人皆以貴人看。

「留関雑絶」の関とは玉河館のことであり、北京滞在中の様々なことを詠った絶句をここに集めている。「書生一夜忽高官」というのは、元朝が行われる太和殿には、書生と自称するごとき一般の随員の参賀入庭は制限されたから、彼らは朝鮮人員の中で入庭する資格を持つ者の衣冠を一時的に借りて、つまり「一夜にして高官」に化け、「金帯」を腰にして混れ込むことになっていた。これを詠ったものと考えられる。「北人皆以貴人看」も同じであり、中国人が「高官」の衣冠を借りてきている撰者を見て、「貴人」と見てくれた、と述べたものである。従って、撰者は随行員の一員であり、三使臣ではありえない。

あるいは、撰者の姓は「李」であったのだろうか。「留関雑絶」に次の一絶がある。

雑貨東西価極些、百般要売向人誇、不知我是空空的、欸洽争呼李老爺。

ただ、中国商人は朝鮮人と見れば誰をも「李老爺」と呼びかけていた可能性があるので、これ以上は明らかにならない。金栄鎮は正使鄭存謙に『燕行日記』（韓国、個人所蔵）があり、そこに随行員名単が記載されているという。金栄鎮はこの書の著者を正使の随員である李喜経、あるいは副使の随員である洪樂汶であろうと推定する。

〔旅程〕
まったく記されない。
〔内容〕
全篇すべて詩からなる。すでに触れた「留関雑絶」のいくつかは、燕行使一行の生態を示すものとして興味深い。

11.『入瀋記』不分巻　李田秀撰　石川武美記念図書館蔵（成簣堂文庫）

〔テキスト〕
鈔本、三冊。表紙（封面）に外題として「入瀋記」と記し、その下に小文字で「天」と記す。二冊目は「地」、三冊目は「人」。内題も「入瀋記」。印章としては「蘇峰」の印があるのみである。徳富蘇峰旧蔵。

第一葉は行中座目からなり、聖節兼問安正使　李□□と欠名で記し、その下に副使　呉載純、書状　尹曮と記す。さらにその後に、「進士　李□□」と記し、その二行後に「伴倘閑長　李田秀」と記され、李田秀の上には紙が一部糊付けされて名前が隠されている。この紙を捲ると、その下に李田秀の三文字が現れる。

撰者の稿本であり、随所に抹消した墨書のあとがある。一冊目と二冊目は日記を主とし、手紙や唱和詩も含む。三冊目は宮室、衣服などテーマ別に見聞きしたものを記す。癸卯（一七八三年）瀋行したその年に起草し、丙午（一七八六年）に脱稿したと記す。

一冊目の凡例で、「是書草稿元有西遊記・万泉録二種。西遊記乃吾所草也。自渡江後、記日用凡事者。万泉録即仲兄所草也。自逢張裕昆後、記往来酬酢者。今此所録、合以一之」と記す。

〔撰者略歴〕
〔テキスト〕で記したように李田秀の姓名の上に紙が糊付けされ、それをはがせばその名が分かるようになっており、彼が撰者に違いない。日記八月二十三日、張裕昆との筆談で、仲兄の答えとして、「僕是進士、那兄弟是秀才」と記し、甲辰（一七八四年）に張裕昆が朝鮮に帰った撰者たちに送った手紙で、「長為進士李君成仲、次為従弟秀才君稷」と記す。従って撰者は伴倘（随人）閑長（閑良軍官の長？）という肩書きで瀋行した李田秀である。

李田秀については、この『入瀋記』に正使李福源が彼の伯父、つまり父の兄であったと記すほかは分からない。李福源は延安の人である。先に述べた君稷とは彼の字であろう。

〔旅程〕

一七八三（乾隆四十八、正祖七）年
　六月十三日　ソウル発
　七月十八日　渡江
　七月三十日　瀋陽着
　九月二十三日　瀋陽発
　十月一日　渡江
　十月九日　ソウル着

「行中座目」によって数えれば、一行人員は六九人であった。

〔内容〕

一七八三（乾隆四十八、正祖七）年八月、乾隆帝が熱河避暑山荘から盛京（瀋陽）へ先祖の墓参りに来たため、ご機嫌伺いのため聖節（誕生祝い）の祝いをも兼ねて、正使李福源らが瀋行した。李田秀が日記の書き出しのところで「上之八年云々」と記すのは七年（正祖七年）の誤り。公式な記録は、本解題4．『瀋行録』に見える。

撰者の李田秀とその従兄《いとこ》の二人は正使のつてで随員に加わり、まったくの観光目的で瀋行した。洪大容と同様、筆談交遊が大きな目的であったようである。日記には楽しさがあふれている。

渡江以降は多く華語を用いると自らが記すとおり、華語つまり中国語俗語を多く用いている。この点、数ある燕行録と瀋行録では珍しい。瀋陽の各地を巡りながら随所で筆談を交わしている。相手はほとんど下級知識人である。八月十八日に奉天府孝子廟へ出かけて筆談していた時、突然酒に酔った男が闖入してきて筆を奪いとり、「問曰、柳・朴・李（柳得恭・朴斉家・李徳懋）諸人安否、及戊戌年往三義廟与使臣筆談之事」と書いたという。戊戌年とは一七七八（乾隆四十三、正祖二）年であり、まさしく朴斉家と李徳懋が燕行した年である。

李田秀らが筆談した下級知識人の一人が張裕昆である。八月二十三日に初めて筆談交遊してから数度会った。原籍は山東省登州の人で五七歳である。当時の学術情勢について問答しているほか、簡単ながら乾隆年間後半に咲き荒れた文字の禍（禁書）についても言及している。張裕昆は『吾妻鏡』を読んだことがあるかと尋ね、これに対して「這是日本国史書。只知其名、未見其書」と答えたという。彼らが帰国した翌年にも、張裕昆から手紙を受け取っている。

12.『燕行日記』二巻（欠巻一）　金箕性撰　天理図書館蔵（今西文庫）

〔テキスト〕

鈔本、一冊。もと巻一、巻二の二冊からなっていたが、現在は巻一を欠く。本稿を二〇〇三年に公表の後、京都大学へ留学中の盧京姫さんを通じて、金栄鎮教授から金箕性『燕行日記』巻上のコピーを贈られた。原本はソウル大学校中央図書館所蔵であるという。巻一、巻二両本の書体は同一と考えられ、これで完本となしうる。金栄鎮によれば、この書に押された蔵書印「頤軒」は金箕性その人の号（頤吉軒）であるという。とすれば、この書は彼の自蔵本である。

本書は「辛亥正月十七日」に円明園へ行くように、との礼部主客司の文書を受け取ったところから、三月七日にソウルの宮廷に復命したところまで記す。撰者名も記されないが、内容から見て、一七九〇（乾隆五十五、正祖十四）年の冬至兼謝恩使の記録であり、撰者は正使の金箕性であることは明らかである。巻一を欠き、内容は一七九一（乾隆五十六、正祖十五）年のものであるから、『燕行録全集日本所蔵編』の目次ではこの年代を表記したが、体例（凡例）を尊重すれば、正祖十四年燕行使の記録とする方が、より適切である。本解題はこの考えに従った。

〔撰者略歴〕

金栄鎮によれば、金箕性は一七五二（乾隆十七、英祖二十八）年―一八一一（嘉慶十六、純祖十一）年。彼はこの燕行時に光恩副尉であった。宗室の関係者である。

〔旅程〕

欠巻一の部分は『同文彙考』によって補う。

（一七九〇［乾隆五十五、正祖十四］年）

（十月二十一日　　ソウル発）
一七九一（乾隆五十六、正祖十五）
正月二十六日　北京発
二月二十七日　渡江
三月八日　　ソウル着

〔内容〕

内容は日記を中心とするが、北京逗留最後の日である正月二十五日の条の後ろに、「明当回還起程、而略有所見聞、恐或日久而失。茲録之下方」として、「燕京形便城闕制置」「聞見雑録」「習俗法制」「清主源流」「道里山川識」を付載する。「燕京形便城闕制置」は明らかに様々な先行資料を参考にして書いているが、自分の体験をもしばしば混える。「聞見雑録」も同様である。観察及び叙述が詳細でかつ具体的であるのは、いわゆる実学の風気があったのかもしれない。反清感情が表れることは稀薄である。円明園での宴会に参列したときも、「今番則皇帝恩遇尤鄭重」と記す。満人との会話についても、もちろん通訳を通してであるが、特別なこだわりは見られない。鉄保、和珅、阿桂、王傑福、それに駙馬の豊紳らが登場する。「聞見雑録」においても『日下旧聞』を引用しながら、風俗の乱れを記しつつ、

然則其自来遺風、而非以陸沈薫染之故耶。

と、風俗が悪くなったことを満州族の中国統治と無関係なこととしている。

中清朝貢貿易に関わる史料も豊かである。また、朴斉家がこの旅行団の一員として参加しており、しばしば登場する点でも重要である。乾隆皇帝が朝鮮使臣による元宵詩を見たい、と言ってきた時、

余本詩思鈍拙、非但難於応卒、朴君以能詩擅名、故使之製出。

とあるように朴斉家に代作をたのんでいる（正月十八日）。

13.『燕行日記』一巻　呉載紹撰　天理図書館蔵（今西文庫）

〔テキスト〕

鈔本、一冊。封面では「燕行日録」と書すが、本文第一葉第一行目に「燕行日記」と書すところから、「燕行日記」とすべきである。

撰者については、本文の前の一葉に「純祖王元年辛酉　呉載純燕行日記　龍」とあるところから、天理図書館のカード、『今西博士蒐集朝鮮関係文献目録』頁一二三およびこの影照本を蔵する東洋文庫の『増補東洋文庫朝鮮本分類目録』頁三四とともに、呉載純撰とするが、誤りである。

本文第一葉一行目、二行目にもと印章があったと思われる部分が、切り取られている。三行目に一つの印章の左半分が残っており、「載紹」と判読できる。もう一つの印章の左半分は判読できない。呉載紹自蔵本と考えられる。

〔撰者略歴〕

呉載紹は一七三九（乾隆四、英祖十五）年―一八一一（嘉慶十六、純祖十一）年。字は克卿、号は石泉、海州の人。呉載純はその兄である。その子、呉熙常による「先考判敦寧府君行状」（『老洲集』巻一九）によれば、一七六八（乾隆三十三、英祖四十四）年の進士、一七七一（英祖四十七）年の文科及第である。官は判敦寧府事に至っている。文集の類は現存しないようである。

本書、純祖元年八月二十三日の条によれば、呉載紹の高祖にあたる呉䎘は、仁祖二年すなわち一六二四（明朝天啓四）年に副使として航海により燕行している。この時の燕行録として洪翼漢『花浦先生朝天航海録』があり、呉䎘の名も登場する。また曽祖にあたる呉斗寅も、一六六一（順治十八、顕宗二）年に書状官として、さらに一六七九（康熙十八、粛宗五）年に副使として赴燕し、父の呉瑗も書状官として一七三二（雍正十、英祖八）年に赴燕している。なお、先に解題した東洋文庫蔵の趙観彬『悔軒燕行詩』付載の『月谷燕行詩』（本解題7.）の撰者は、この呉瑗である。兄の呉載純も、一七八三（乾隆四十八、正祖七）年に瀋行している。

〔旅程〕

一八〇一（嘉慶六、純祖元）年

八月二日　ソウル発
八月二十四日　渡江
九月二十四日　北京着
十月二十九日　北京発
十一月二十七日　渡江
十二月八日　ソウル着

〔内容〕

一八〇一（嘉慶六、純祖元）年、嘉慶帝の皇后に冊封が下されたとの頒詔のため、清朝から勅使が派遣された。この燕行の目的は、皇后冊立に対する進賀と、勅使派遣に対する謝恩であった。呉載紹は時に戸曹参判であったが、礼曹判書の肩書きを帯び副使として赴燕した。

呉載紹が赴燕したこの年は、干支では辛酉と称し、天主教大弾圧で知られる年である。いわゆる「辛酉の邪獄」である。このたびの天主教弾圧は、周知の通り燕行使と密接な関係を持っていた。また李承薫、丁若鍾らキリスト教徒が処刑されたのは、呉載紹らのソウル出発に先立つ数箇月前、この年の正月であった。そして、いわゆる黄嗣永帛書事件という朝鮮統治者を震撼させた謀反計画が発覚し大捜査がなされたのは、おおよそ呉載紹らが北京に到着し、滞在している頃のことであった(11)。ところが旅の途次でも北京滞在中でも、天主教のことはまったく出てこない。黄嗣永帛書の真本ではない偽帛書を帯びて北京に向かう一八〇一（嘉慶六、純祖元）年の三節年貢使（冬至使）一行については、呉載紹が帰国の途次、朝鮮と清の国境に当たる遼寧省柵門外に至った十一月二十六日の条で、「我国冬至使一行人馬織路塡咽、停轎就幕、与上使曹允大・副使徐美修・書状李基憲相見、略聞京中新報而別」と記すのみである。「京中の新報」の中心が、黄嗣永帛書事件であったことはほぼ疑いない。

呉載紹の『燕行日記』で最も顕著なのは、反満感情と朝鮮自尊の言辞である。燕行すなわち朝貢とは本来、宗主国である清に対して服従することを示す儀礼にほかならないが、彼によれば彼の先祖および自分自身の燕行は「顧以大東衣冠、従事於皮幣之間、原隰皇華、雖不敢告労、而亦奚以遊覧為哉」（八月二十三日）であった。皮幣とは古代にあって贈答品とした毛皮と繒帛、つまり朝貢物品のことで、『孟子』梁恵王下には「之（大国）に事うるに皮幣を以ってせるも、免るるを得ず」とある。大東の衣冠とは、夷狄民族の統治する清ではすでに見られず、大東つまり朝鮮にのみ残るところの中華の礼制を具えた衣服と冠である。明朝の時代に朝鮮に伝えられた中華の礼服を朝鮮ではことのほか誇りにしたこと、すでに周知のところである。原隰皇華とは『詩経』小雅、皇皇者華の「皇皇者華、于彼原隰」にもとづく。原つまり高い所、隰つまり低い所、君主の命を受けて出使すれば、このようにいずれの所にも煌煌たる中華の光を輝かせねばならない。「皇皇者華、于彼原隰」とは本来、周代であれば周王が諸侯に使いを派遣する時、または後代であれば中華である中国から外国へ出使する時に使われる言葉であるが、この場合、朝鮮から清に出使し、清に中華の光を輝かすのだ、としている。この「皇皇者華、于彼原隰」をもとした表現は、清国の属国であった朝鮮時代の燕行使を表現する言葉として、しばしば他でも用いられる。しかし、呉載紹のこの文章に端的に表現されるように、朝鮮から「朝貢」することに借りて、朝鮮の持つ「中華」の輝きを野蛮な清におし広め輝かせようというのであって、はなはだ精神的に屈折していると言わざるを得ない。このような大業をなさんとしての出使であるから「苦労がないとは云わないが、しかし遊覧を目的となどしようか」というのである。実際、この燕行録に遊覧を記した部分は少なく、平常の燕行使なら必ず見物にゆく北京西北郊外の名所、西山や円明園にも行っていない。反満感情が昂じて反漢感情もしばしば現れる。現にある中国、漢民族を含む実際の中国に対する蔑視である。漢人の知識人すら、彼の方から訪問してまで会おうとせず、もっぱら玉河館へ訪ねてきた者と会うのみである。北京各地の様子についても、そこを見物した彼の族侄から伝聞するのみであった。

彼らが着る朝鮮の衣服、彼らの誇る「中華の衣冠」について、中国人がどのように評価しているか、を記したところも、当然のごとくに辛辣にしてかつ屈折している。「漢人見東国衣冠、莫不称羨、自傷其変夏。独遼人相随譏笑、夷狄視之。甚矣哉、俗之淪陥於異類也」とは、遼寧省遼陽へ入る直前の言葉である（九月一日）。清の入関後すでに一世紀半が過ぎた当時にあっては、朝鮮人の着た明朝の衣服は、演劇の俳優が舞台で着る奇妙なものでしかなく、清朝人からすれば蔑視とからかいの対象でしかない場合があった。遼東地方ではこれが著しかったらしく、朝鮮衣冠を「夷狄視」していたのであった。呉載紹は逆にそのような遼人に対し、真っ先に満州人に投降した者として、「胡騎一至、不戦而降。其楽為犬羊之民、而不知有先王文物、久矣」と非難する。

九月二十七日の朝、朝鮮三使は恩慕寺・恩佑寺から北京宮城へ帰還した嘉慶帝を西安門内の路傍で跪坐行列し、出迎えねばならばかった。嘉慶帝は彼らから五・六歩離れたところを馬で通り過ぎた。「ことに英彩なし」と嘉慶帝を評する。この時、嘉慶帝は通り過ぎてから振り返り、朝鮮使臣を一瞥した。

緩驅而行、既過猶回首流眄、想必怪我輩衣冠也。

呉載紹によれば、ふり返ったのは自分たちの着ている衣冠を奇怪なものと思ったからに違いなかった。

最も興味深いのは、彼が文天祥の廟である文山廟を修復しようとくわだて、清人に働きかけたことである。文天祥とは言うまでもなく、元に捕えられ屈せずして死刑となった漢民族の英雄である。十月一日、国子監参観ののち、柴市にある文山廟に謁した。堂寺は荒廃していたが、見れば「嘉慶庚申（五年＝一八〇〇）に刑部郎中にして江西の劉珏、廬陵の欧陽慎ら及び南中人士三四十人が捐俸醵銀して、ともに重修した」と書かれた石版がある。嘉慶五年とは彼の訪問からちょうど一年前のことである。荒廃した様を見て、彼はこれでは重修になっていないと言う。四日後の十月五日、文山廟の真の修復をはたさんとした彼は、書状官鄭晩錫と相談のうえ、朝鮮人の馬引きである鄭観に銀二十両と手紙を持たせ、石版に名前の見えた劉珏の邸宅に行かせた。馬引き（馬頭）は何度もソウル―北京間を往復し、中国語会話ができたからである。劉珏はあいにく出張中であったので、更に欧陽慎の邸宅に行かせ、その意図を通ずるとともに彼らの倡義をほめたたえさせた。ところが欧陽慎は「聞之驚恐、初不敢拆書。瞠然却之曰、元無是事、非我所知。往伝于郷賢祠教官、可也」と答えただけであった。「このことを聞いた欧陽慎は驚愕して恐れ、まったく手紙を開きもしないで目を丸くしてつき返し、『そんな事はまったくなかったことだ！自分とは関係ないことだ！　郷賢祠を監理する教官のところへでも行って伝えればよいことだ！』と言い、鄭観に対しては「速く立ち去れ」と命じた、というのである。

我々は今、清朝統治下の漢人が「小中華」の意識をもつ朝鮮使臣の部下の訪問を受け、文天祥という漢民族の民族的英雄の祠廟を修復しようではないか、と突然に持ちかけられたときの驚愕を容易に想像することができる。しかしこの時に呉載紹が下した評語は、「欧陽慎のようなやつは、ただめし食いをして保身をはかる奴隷下才であり、穴の鼠とどこが違うか！（若慎者、偸禄保軀奴隷下才。其与穴中鼠、奚以異也）」というものであった。

当時北京にいた最高の文化人、紀昀に対する評価も当然のごとく厳しい。当時、燕行した朝鮮知識人の多くは、紀昀と面識をもつのを最も栄誉としていた。ところが呉載紹は十月二日、宮廷西安門内で嘉慶帝を出迎した時に紀昀を見かけ、その様を次のように記す。

昀年老矣。道遇一満宰尊貴者、趨而捧其手、甚慇懃焉。満宰唯唯而已。

また十月十四日、玉河館での生活に退屈を覚えた彼は、「聞紀昀所著灤陽消夏録為近世説部之冠」として、書店に人をやって借りてこさせたが「皆捜神記之類也、不経之甚」と吐いて捨てる。

14.『燕行詩（薊程詩稿）』一巻　李海応撰　静嘉堂文庫蔵

〔テキスト〕

鈔本、一冊、計七三葉からなる。封面では「薊程詩稿」と題するが、巻頭第一行目では「燕行詩」と題する。後に述べるように、この書は一八〇三（嘉慶八、純祖三）年の燕行録である撰者未詳『薊山紀程』（『燕行録選集』上巻、『国訳燕行録選集』巻八、『燕行録全集』第六六冊所収）のうち、詩の部分のみを編纂したものである。

〔撰者略歴〕

撰者を李海応であるとしたのは、金栄鎮による。李海応は一七七五（乾隆四十、英祖五十一）年—一八二五（道光五、純祖二十五）年、字は聖瑞、号は東華、韓山の人、五一歳で生員試に合格した。著書に『東華遺稿』三巻（韓国国立中央図書館蔵）があるという。

〔旅程〕

ソウル発からソウル帰還に至るまで、旅程はまったく記さない。

〔内容〕

すべて詩であり、しかも何年の赴燕であるのか、記さない。しかし、〔テキスト〕で述べた撰者未詳『薊山紀程』と対比すると、本書は『薊山紀程』の一部であることが判明するから、これは一八〇三（嘉慶八、純粗三）年燕行の時のものであることは、明らかである。『燕行録全集日本所蔵編』では燕行年次を一八〇一—一八〇三（嘉慶六—八、純祖元—三）年間と推定したが、これは両書の関係を知らぬ段階で書いたからである。この推定に誤りがなかったことを、今は幸いとする。参考にまず、このように推定した根拠を記す。

まず詩の一つに、「次韻嘉慶御製詩」と題するものがあるから、嘉慶以降の赴燕である。さらに「訪暁嵐不見」と題する詩では「城南病臥老尚書」という。つまり、朝鮮から北京を訪れた者にとって、あこがれであった紀昀と面会しようと思って宣武門外に住む彼を訪れたところ、病気のために会えなかった、と言うのである。紀昀は嘉慶十年二月十四日に八二歳で死去している。(12) つまり、このたびの燕行使が紀昀生前のものであることは疑いない。「元朝拈韻」と題する詩があることにより、彼が正月元旦に太和殿でおこなわれる元朝の儀式に出席していることがわかる。つまり、撰者は冬至使の一行の一人として赴燕したことは間違いない。冬至使として赴いた朝鮮燕行使が北京を離れるのは、二月の上旬から中旬にかけてである。この詩の作者がまさしく死期の近づいたこの年に紀昀を訪れようとしたという可能性もあるが、仮にそうだとしたら、山海関に至る頃までに、必ずやその死去のニュースを聞き、何らかの感慨を盛った詩を作っているのが自然であろう。とすれば、彼が赴燕のためにソウルを出発したのは、紀昀の死の前年の嘉慶九年であったとも考えられるが、さらにその前年の嘉慶八年にまで絞っておく方がより自然であろう。

これで作者の赴燕は、嘉慶元年から嘉慶八年までと絞りうるが、さらに「書楼遇佟翰林貽恭」と題する詩があることによって、嘉慶六年以降の赴燕であることを確定することができる。それは書楼で翰林官と遇ったことを記すが、その一節に「少年人做翰林官」とあることによって、佟貽恭なる人物が若くして進士となり翰林官となったことがわかる。そこで『明清進士題名碑録索引』で乾隆末年から嘉慶十年までの佟姓の進士を見ると、嘉慶六年の進士で佟景文がいるだけである。佟景文については「佟敬堂先生墓表」（『続碑伝集』巻七十一）があり、一七七六（乾隆四十一）年の生まれで確かに一八〇一（嘉慶六）年進士合格ののち、翰林院編修となっている。佟景文の字は敬堂または艾生といい、貽恭という字号は出てこないが、佟貽恭とは佟景文にほかならないと考える。一八〇一（嘉慶六）年には二六歳であり、けたはずれに若いわけではないが「少年」の部類に入るであろう。以上が、燕行年代を推定した根拠である。

なお、『燕行録選集』『燕行録全集』ともに、『薊山紀程』の撰者を徐長輔とするのは誤りである。というのは、本書に「和秋陽守夜絶句」などがあり、秋陽とは徐長輔の号だからである。『国訳燕行録選集』所収本では、撰者未詳とし、さらに解題を付しており有益である。

詩の中で特に個性的と感じるものはない。たとえば「皇都」と題するものの中で、次のように歌う。

居民雑満漢、服人徒威力。胡命亦能久、一理難推識。脅令東方人、歳述侯甸職。

15.『日記（燕行日記）』不分巻（欠冊一）　南公轍撰　石川武美記念図書館蔵（成簣堂文庫）

〔テキスト〕

鈔本、二冊。

徳富蘇峰旧蔵本であり、第一葉に「蘇峰学人」の印がある。印章はこれだけである。

表紙（封面）には左上に「日記」とのみ記す。タテ二八・五センチ×ヨコ一一・五センチ。朝鮮本らしく五針眼訂法である。「成簣堂所蔵朝鮮本目録」（徳富猪一郎『修史余課』東京、民友社、一九三二）で「燕行日記」と題するのは、恐らくは第二冊最終葉にある以下の書後を参考にしたものであろう。

余家有旧蔵燕行日録二巻、蓋三巻而逸其首巻矣。未知誰人所述。其於攷古義、叙風土、写景状、頗贍悉可観、尤於詩文一道、自詡甚夸。今歳仲春、余在家少事、偶取而閲之、始知南太史金陵氏之録也。書貴細繹者、其信矣乎。既是金陵之録、宜乎其贍悉也。夸詡于詩文、亦無怪矣。然其全稿、余嘗覧之、誠有志乎古人体裁、実末窮古作者堂奥矣。唯茲録亦浮誇而少精要、然而以其贍悉、故中州景状亦可以得其概矣。首巻之見逸、殊可惜也已。　戊寅仲春晦日、嚮園題。

この書後によれば、この「燕行日録」が南公轍のものであることがわかったのは、戊寅（一八一八年または一八七八年）のことであったという。この段階ですでに三冊のうち第一冊欠であった。南公轍のものであるから詳細な叙述があるのも当然だとするが、内容から見てこれが南公轍のものであることは疑いない。版心には「延暉堂蔵版」の五文字が印刷されている。右に示した嚮園による書後も「延暉堂蔵版」と印刷された原稿に記される。

〔撰者略歴〕

南公轍は一七六〇（乾隆二十五、英祖三十六）年—一八四〇（道光二十、憲宗六）年。字は元平、号は思穎や金陵、宜寧の人である。一七九二（乾隆五十七、正祖十六）年文科及第で、官としては領議政つまり宰相にまで登りつめた。著書として『金陵集』『穎翁続藁』『帰恩堂集』などがある。『金陵集』（『韓国文集叢刊』第二七二輯）によれば、北学派の朴趾源、李徳懋と親しく成大中とも交際があった。同書巻四には燕行詩を収録しており、『日記（燕行日記）』を読む時には参照する必要がある。正祖の文教政策に大きく関与したらしい。

〔旅程〕

テキストで述べたとおり、冊一欠であるから完全な旅程はわからない。彼は燕行にあたって正使であったから、ソウル出発時と復命時は『同文彙考』に記すとおりであろう。

また次の16・『中州偶録』は南公轍の随員であったから、これらをもって補えば次の通りである。補ったところは、（）で記す。

一八〇七（嘉慶十二、純祖七）年

（十月二十九日　ソウル発）

（十一月二十五日　渡江）

（十二月二十四日　北京着）

一八〇八（嘉慶十三、純祖八）年

二月二日　北京発

三月三日　渡江

三月二十日　ソウル着

〔内容〕

南公轍は一八〇七年、判書という現職にあり、判中枢を加銜されて謝恩使兼三節年貢使正使として燕行した。

第二冊は北京滞在の二日目である十二月二十六日から始まる。記述は先に紹介した書後で言われるとおり、極めて詳細である。文章家として朝鮮国内で有名であるとの自負があるからか、『金陵集』を公刊するにあたって中国の文人曹江、李林松、陳希祖に序引を書いてくれるよう求め、その交渉には「南生」なる人物を使っている。彼らの序引は『金陵集』の巻頭を飾る。

「南生」が『金陵集』再続藁巻二、「燕京筆談序」でいうこの書の作者南良師であることは疑いない。この序文は一八二五

（道光五、純祖二十五）年以後に書かれたものであるが、文面から見て南良師『燕京筆談』はこの一八〇七年燕行時のもののようである。

彼は自分の詩文に自信があったらしく、曹江が自分の文藻を読んで、「金陵公詩文、均造大家境地、為鄙土人所罕見」と南良師を通じて言ったとか（正月七日）、同じく「以余之文為今世欧陽子之文矣」と言ったとか（正月十三日）、自慢話しを書き記す。書後はここを批判したのであろう。

一方彼は、中国で朱子学が劣勢になっていることも気がかりで、漢学についての考えを記し、中国人貢生である褚裕仁を「褚生」と記しつつ、彼に漢学宋学折衷（漢宋兼採）が正しいと主張している（正月六日、また本書第八章、頁二三五参照）。

満州族に対する評価は低く、皇帝が帰朝した臣下と抱き合う風習に驚いている（十二月二十九日、……皇帝之近臣或有出外而還者、入覲時亦前抱而揺之、謂之抱見礼云。君臣之間、豈容如是、尤為可駭）。モンゴル族に対する評価はさらに低い。十二月三十日に紫禁城の保和殿で、「近之、覚有腥膻之臭」であったと記し、また「与禽獣不遠。清人視蒙古亦不以人数。戟手相辱者、必曰忘八羔子蒙古一様、蓋鄙之也。而皇帝待之如彼、以其畏之也」と記す。彼は当時の多くの朝鮮知識人が中国に生きる人すべてを蔑視するのには反対で、満州族とは付き合わず、漢人とのみ付き合えと主張し（『金陵集』巻一〇、与李元履）、「来諭以満漢同称夷虜、恐甚固陋。満人固匪類、漢人是明人遺裔。……我人入中国、与漢人交可、与満人交不可」と述べる。彼らが誇りとする朝鮮の衣冠は明の衣冠であるとする考えを彼も持つ。俳優が舞台で見せる衣冠について、「若有王者起、必取法於此」と俳優の衣装が用いられることになるであろうと述べる（十二月二十九日）。

次の16.『中州偶録』は南公轍の随員として燕行した人物の作であり、『日記』と重なる記事があるものの、両日記をつき合わせてみても結局、その撰者が誰か確定できなかったのは遺憾である。奇妙なのは『中州偶録』十二月二十七日に記す琉球使節を紹介した記事が、ほとんどそのまま『金陵集』巻一四、「記琉球人語」（『韓国文集叢刊』頁二六三上）で記されることである。

『中州偶録』では、次のように記す。

琉球使臣姓名梁邦弼、官三品、年五十八、鬚長尽白、風度偉碩。黄錦為冠、如我国金冠而無梁円。……其従人一人清通官之子、甚習漢語。……三年一次科挙、試経義策論。官制有国相一人、亦有金紫大夫正義大夫之名。……国中有孔子廟、冠婚喪祭、一遵朱文公家礼。……余見其衣冠、頗好聞其言、可謂海外礼義之邦、特殊可嘉也。故記之特詳焉。

長文であるからこれ以上引用しないが、この文が『金陵集』所収「記琉球人語」とほとんど同じであること、一目瞭然である。南公轍の『日記』にも、十二月二十六日と二十七日とに琉球人について記すが、これとは別である。どちらかがどちらかを「剽窃」したものに違いないが、『中州偶録』の撰者が南公轍から声をかけられ随行したことからすれば、主人である彼の方が「記琉球人語」を書くにあたってこれを利用したと考える方が、より道理に近いであろう。

16.『中州偶録（入燕記）』一巻　撰者未詳　関西大学図書館蔵（内藤文庫）

〔テキスト〕

鈔本、一冊。封面（外題）に「中州偶録」、巻頭第一葉第一行に「磬山雜著」、第一葉第二行に「入燕記」、同じ行の下に「未定初本」と記す。しばらく『中州偶録』をもって書題とし「入燕記」を副題とする。

内藤湖南の旧蔵であるから、彼が死去した一九三四（昭和九）年までに入手したものと考えられる。この書の存在およびコピーは、かつて富山大学人文学部教授であった藤本幸夫氏より教えられ、与えられた。ここに記して感謝する。

本書には本書とは内容的に無関係な二枚の書き付けが挿入されているが、残念ながら撰者を特定するのに役立たない。

〔撰者略歴〕

撰者未詳。後に見るとおり、本書は、一八〇七（嘉慶十二、純祖七）年の冬至使行の記録である。正使は南公轍、副使は林漢浩、書状官は金魯応であった。

ソウル出発の日付で、次のように記す。

余平生欲一見中原、而齎志未果。至是礼部尚書金陵南公（南公轍）充冬至正使、謂余当偕往、万里附驥、庶不負男児四方之志也。

すなわち、撰者は正使の南公轍の勧めに従って、随員として燕行したものである。ただ南公轍『帰恩堂集』『金陵集』、また南公轍のこの時の日記、前の15.『日記（燕行日記）』を調べたが、撰者を確定できる記事はないようであるし、本書に登場する何人かの朝鮮人名からも、撰者を類推できる手掛かりは捜せない。

十一月二十四日の条で、

今日即生朝也。憶余自五六年来、館食東南、毎歳逢此、愴想交中、今又天涯、旅館蕭瑟。

という。撰者はおそらく官位にない不遇な人物であった。

〔旅程〕

一八〇七（嘉慶十二、純祖七）年

　十月二十九日　ソウル発

十一月二十五日　渡江

十二月二十四日　北京着

一八〇八（嘉慶十三、純祖八）年

　二月二日　北京発

三月三日　渡江

（三月二十日　ソウル着『同文彙考』）

〔内容〕

本書の撰者もまた、中国で多くの知識人と交わった。陳用光、鄧廷楨、陳希祖、呉崇梁、褚裕仁、李林松（李林崧）、程偉元、万徹、蔡炯、呉思権、高揚清、張青雲（青雲は号か？）らが登場する。朴斉家の『貞蕤藁略』が書店にならんでいたことも目撃している（正月十八日）。

撰者は多少の中国語会話ができたようである。中国へ入境して、早速「乾酒」「清心丸有啊」「煙有啊」を聴き取っている（十一月二十六日、十一月二十八日）。さらに興味深いのは北京滞在中、白允青という馬頭つまり馬引きとともに楊某の経営する磁器舗にゆき、馬頭と楊某の掛け合いを白話文で記していることである（正月二十四日）。何度も北京—義州の間を往復している馬頭は、随行する通訳官とともに中朝間のコミュニケーションになくてはならぬ存在であった。撰者本人が磁器舗の主人と会話しているわけではないが、あとで馬頭から会話の内容を確認したのか、白話文でその場を再現しているのである。

17.『燕行録』一巻　李敬卨撰　天理図書館蔵（今西文庫）

〔テキスト〕

鈔本、一冊。外題では『燕行日記』とするが、内題では巻頭に「燕行録」とあり、すべて詩である。続いて「燕行日記」と記し、赴燕の日記を記す。一冊すべて同じ筆跡で十二行からなるにもかかわらず、巻頭の一葉のみが十三行である。つまり第一行目「燕行録　月城李敬卨玄之、周衣翁著輯」と記すのは、この書が完成した後で、この一行を加えたものと考えられる。

〔撰者略歴〕

巻頭一行目に「燕行録　月城李敬卨玄之、周衣翁著輯」とあることにより、撰者は李敬卨である。李敬卨はここで記されるように、月城の人で字は玄之、周衣翁とは号であると考えられる。金栄鎮によれば、李敬卨は一七五六（乾隆二十一、英祖三十二）年—一八三三（道光十三、純祖三十三）年、李恒福（白沙）の庶子李箕男の五代孫という。彼の弟子金平黙に「周衣李先生伝」（『重庵先生集』韓国国立中央図書館蔵）がある。なお周衣翁の周衣とは朝鮮語で、周防衣ともいう。外套の家庭着で常民階級が着るものである。

一八〇九（嘉慶十四、純祖九）年冬至使は、正使朴宗来、副使金魯敬、書状官李永純であったから、李敬卨は三使のいずれでもない。また、「燕行日記」に記される彼の行動から、訳官など何らかの任務をおびて赴燕したものとは考えられない。随員として参加したと考えるのが至当である。詩の中で、三使のいずれも唱和していないし、「燕行日記」の中でも三使の誰かについて、具体的な記述はない。おそらくはよほど身分の低いものであったと考えられる。詩の一つ「路上漫咏」で、

　非文非武職無名、進壮称号愧実情。

と自嘲している。別の詩「離家」で、

　五十窮儒万里行、家人親戚以為栄、青衫白鬢能馳馬、何似放翁夢北征。

と、これまた自嘲して詠うように、彼は五十歳前後の窮儒であった。おそらく進士及第ははたしたものの、文科及第をはたせなかったのであろう。

李敬卨が何を目的として赴燕したかは、「家人親戚以為栄」とあるにもかかわらず、よくわからない。

〔旅程〕

一八〇九（嘉慶十四、純祖九）年
　十月二十八日　ソウル発
　十一月二十四日　渡江
　十二月二十四日　北京着
一八一〇（嘉慶十五、純祖十）年
　二月三日　北京発
　三月四日　渡江
　三月十九日　ソウル着

〔内容〕

この時の副使が金魯敬であったこと、すでに述べたとおりであり、彼の子金正喜もこの一行に参加していた。(13) 金魯敬は四四歳、金正喜は二四歳であったが、彼らのことは残念ながらまったく出てこない。清人との交わりについても、日記の正月一日の条で、「漢人の張青雲なる者と徒歩で正陽門外に出て」戯場へ行ったことを記すのみである。張青雲の名はこの二年前の記録である『中州偶録』に何度か出てくる。山東省武強県の人で、しばしば玉河館に出入して朝鮮使節と交際をしていた。『中州偶録』の撰者は張青雲から眼鏡をもらった、と記している。

「皇明」の一字上を欠字にして記すことから反満意識の強い人物であったことは明らかであるが、特にこれは詩の部分に表れている。朝鮮側の国境都市、義州を発っていざ渡江というところで作った詩「寄家書」、すなわち家族への手紙で、

　自此無由復寄信、渡江騎馬下燕京。

と「燕京に下る」という表現を用いている。

また「偶吟」では、

　黄衣遍道路、鞘韃半皇都、天意終難測、如何任一胡。

と嘆きつつ、「鞘韃とは蒙古の別号で、皆黄衣を着る」と自ら注する。

「燕行日記」では一般的な記述が多いが、しばしば記す中国特に北京の風習には、興味深いものがある。

18.『薊程録』一巻　撰者未詳　東京都立中央図書館蔵（市村文庫）

〔テキスト〕

鈔本、一冊。市村瓚次郎旧蔵。印章としては、市村より寄贈を受けた「東京都立図書館蔵書」「東京都立日比谷図書館」「市村文庫」の押印があるだけである。

〔撰者略歴〕

撰者はまったくわからない。

〔旅程〕

まったく記さない。

〔内容〕

通常の燕行録と異なり、日記や詩はまったくない。内容は以下の項目である。

　道里、山川、城闕、宮室、衣服、飲食、器用、舟車、風俗、科制、畜物、言語、胡藩、貢税、行総、報単、官衙、歳幣、賞賜、食例、公役

いくつかの燕行録では、日記の部分と項目別記述の部分の二つを合体させてなる。本書はこの項目別記述の部分を独立させたものである。したがって、日記の部分が存在する可能性もあるが、これはわからない。

では、本書は何年の燕行時に書かれたものであろうか。結論を先に記せば、一八〇三（嘉慶八、純祖三）年から一八一九（嘉慶二十四、純祖十九）年の間の冬至行の時の記録と推定される。

冬至使行であることが推定されるのは、「道里」で爛泥堡について記したところで、

　當春氷解之時、泥濘如海。余亦経此患焉。

と自らの体験を記している。この種の記事は冬至使の帰国時に見られること、また「歳幣」の項で、万寿聖節進賀御前礼物、冬至令節進賀御前礼物、正朝令節進賀御前礼物が書かれることから、この使行がいわゆる三節年貢使であり、一名冬至使であ

ることは明らかである。

正確に何年の冬至使であるかは明らかでない。ただ、一八〇三（嘉慶八、純祖三）年以降のものであることは「胡藩」の項で、

農耐国、安南之附庸也。其君長阮福暎攻滅安南、上表請錫封、願以南越名国。部臣議駁、以越字冠于上、封為越南王。是癸亥（嘉慶八年）皇暦賫咨官手本中所録也。

とあるからである。では、遅くとも何年までの冬至使であるかといえば、嘉慶帝が死去した嘉慶二十五（純祖二十）年七月以前のもの、つまり前年の一八一九（嘉慶二十四、純祖十九）年以前のものと考えるのが妥当であろう。というのは道光帝がまったく出てくることがないばかりか、「城闕」において、

乾清之東有奉先殿、而其両間有毓慶宮、即嘉慶帝潜邸也。
霊寿宮在奉先之後。乾隆伝位後、時々所御。

と記し、これらの記事が嘉慶年間に書かれたことを推測させるからである。

中国人の名としては、「風俗」で陳希曽が登場する。しかし、問題の『薊程録』の年代確定の決め手とはならない。内容は他の燕行録ではほとんど見られない記事が散見する。たとえば清代では府境や県境に、そこが境界であることを示す「交界碑」つまり道路標識が立っていたこと、「道里」に記されていることによって、解題者は初めて知った。

自寧遠始有交界牌、架木為牌門、以木板加簷、而或二門或三門焉。書其扁曰某県某站。

また、「言語」では満州語をハングルで次のように表記している。

嘗於鴻臚演儀及元正朝見聞、臚唱之声亦能清遠、響振殿庭、而蓋唱進曰이버라、跪曰냐쿠라、叩頭曰허귀러、退曰버드러、清訳輩粗解矣。

先行する燕行録を参考にした部分も多いが、撰者自身の見聞にもとづく珍しい記事も多い。

19.『薊程散考』一巻　金学民撰　天理図書館蔵（今西文庫）

〔テキスト〕

鈔本、一冊。印章としては「今西龍」「今西春秋図書」「天理図書館蔵」「今西文庫」印のほかに「稚叙」「金学民章」印がある。稚叙は後に示すとおり金学民の字であり、これは自蔵本であると考えられる。印章の判読には藤本幸夫氏の協力を得た。巻頭第一葉一行目に『薊程散考』と題し、この種の燕行録では珍しく「江陵金学民著」と撰者名を明記する。

〔撰者略歴〕

巻頭に「江陵金学民著」とあり、江陵の人である。本書から、金学民がいかなる人物であったかは、把握しにくい。ただ、同じ燕行時の記録である撰者未詳『燕行雑録』内篇、第一篇、三使以下渡江人員に、

金学民（字稚瑞、副使従姪）

と見える。(14) この時の副使は金啓温で字は玉如、号は窹軒。一七七三（乾隆三十八、英祖四十九）年に生まれ、正祖戊午科つまり一七九八（嘉慶三年、正祖二十二）年に及第している。金学民は副使軍官という肩書きで燕行した。同じく金啓温の従姪金学曽も同じ副使軍官という肩書きを帯び燕行した。

金学民のことはやはり『燕行雑録』内篇、日記、純祖二十二年十一月二十日の条に、

副房軍官金学曽字稚三、金学民字稚叙、皆為副使堂姪、李泰緒字汝林、為副使戚従姪。人品皆佳而且詩。

と出てくる。金栄鎮によれば、金学民は一七九二（乾隆五十七、正祖十六）年―一八六九（同治八、高宗六）年であり、吏曹判書であった金尚星の曾孫で、おそらくは庶子の子孫であろうとする。

〔旅程〕

一八二二（道光二、純祖二十二）年

十月二十日　ソウル発

十一月二十五日　渡江

十二月二十四日　北京着

一八二三（道光三、純祖二十三）年

二月四日　　北京発
三月三日　　渡江
三月十七日　　ソウル着

〔内容〕
このたびの燕行使は冬至使であり、正使は金魯敬であった。この旅行団には、その子の金命喜と知人である金善臣とが加わっており、金学民との詩の贈答も見られる。
日記を主とし、しばしば詩を交える。ただ日記について言えば凡庸な観察が多く、詳細さの点で『燕行雑録』日記にはるかに及ばない。詩についても、特に印象に残るものはない。『燕行雑録』を補う史料としては、使用し得る。また、旅行時に宿泊した民間人の姓名あるいは姓のみを几帳面に記す。両者を比較すると、朝鮮国内の旅程で両者は数日間ことなる。おそらくは副使一行が先行し、三使（書状官）一行が後行しているためである。
巻末に「治郡要訣」九葉を載せる。これは朝鮮における地方官としての心得、すなわち官箴書である。このようなものを付載する点でも珍しい。

20.『随槎日録』一巻　撰者未詳　東北大学附属図書館蔵

〔テキスト〕
鈔本、一冊。甲子（一八六四、同治三、高宗元）年三月の日付をもつ撰者の子が書いた跋文によれば、撰者は乙未（一八三五、道光十五、憲宗元）年に死去した。遺稿として詩文数百篇とこの随槎録を得たが、同治三年に清書したという。すなわち本書は撰者の子が鈔写したものであり、これが拠った原本があったはずであるが、その存在を確認できない。本文の最後に、
燕行雑絶百首及与諸中朝士往復詩札、以偏重故別載於詩文集中焉。
とあるのは、この子が書いたものに違いなく、たしかに本書には燕行時に作った詩文のたぐいは収録していない。
李晩圃（晩圃は号）が丙戌一八二六（道光六、純祖二十六）年九月に書いた「随槎録序」が付せられている。この時の燕行使は純祖二十六年三月に帰国しているから、帰国の熱気がまださめぬ間に、撰者は日記を整理したものと考えられる。

〔撰者略歴〕

撰者は未詳である。ただ〔テキスト〕の項で述べた撰者の子が書いた跋文によれば、一八三五（道光十五、憲宗元）年に四五歳で死去したというから、撰者は一七九一（乾隆五十六、正祖十五）年生である。金栄鎮は閭巷人（中人階級）である金祏孫である可能性があると指摘する。

跋文によれば、撰者の家は恩津にあり、貧しかった。平壌の巨儒、金正中（一翁、自在庵）にソウルの科挙試験場で遇ったのが機縁で、平壌にある金正中の家塾で教えたようである。ここで観察使として赴任してきた李尚書の知遇をえた。李尚書はその臨終に際して、その弟の李晩圃に托したという。撰者は李晩圃の秘書のような仕事をしていたようである。李晩圃が燕行するに際して、やはり随行させた。李晩圃「随槎録序」にも撰者が同行したことを述べる。またこの「随槎録序」によって、撰者の号は杞泉であったことがわかる。

では李晩圃とは誰であろうか。一八二五（道光五、純祖二十五）年冬至使の正使は李勉昇、副使は李錫祜、書状官は朴宗学であったから、李勉昇か李錫祜であることは間違いない。本書でしばしば「使爺」と出てくるのが撰者の随行した主人であることは間違いなく、さらに「使爺与副三房云云」としばしば表現しているから、「使爺」とは正使の李勉昇をおいてありえない。李晩圃は李勉昇である。ただ李勉昇には文集がなく、これから撰者の特定に迫ることはできない。

撰者は科挙に合格することなく、本文中の中国人との筆談の中でも、「以布衣従事、原無官職」というとおり、随行時には官位になかった。その子の書いた跋文から見ても、死ぬまで科挙に合格せず、官位につくことはなかった。

〔旅程〕

日記は往路に渡江した日から始まり、復路に渡江した日で終わっている。『同文彙考』を参考にして、ソウル発着を加えると、次のごとくである。

一八二五（道光五、純祖二十五）年

（十月二十六日　ソウル発）

十一月二十六日　渡江

十二月二十四日　北京着

一八二六（道光六、純祖二十六）年
　二月二日　　北京発
　三月三日　　渡江
　（三月二十二日　ソウル着）
一行の人員は「数百余人」としか記さない（三月三日）。
〔内容〕
本書は、撰者名を記さないだけでなく、燕行の年も明記しない。「乙酉十一月二十六日己酉、晴。自義州渡江、云々」と書きはじめるのみである。しかし、この乙酉が一八二五（道光五、純祖二十五）年であることは内容から見て疑いを容れない。本書はこの年の冬至使正使李勉昇の従者による燕行録である。
　撰者とともに随行した人物として、玄対と雨村（雨邨）という両名がしばしば登場する。金栄鎮は玄対とは李敬天であり、雨村は南尚教（一七八三―一八六六）であって、このうち南尚教は著名な詩人であったという。撰者は中国語会話をなしえず、中国人との交流はもっぱら筆談によったが、玄対と雨村は出発前から中国旅行にそなえて、中国語会話の練習をしていたのであろう。初めての燕行であったにもかかわらず、
　入柵数日、雨邨・玄対頗学漢語。招来主人、故作答問茶飯数句語、酬酢如流。主人怪問、公子此行凡幾塘、云々（番日塘）。
と入柵後間もない頃の情況について記し（十一月二十九日）、また三箇月後には、
　玄対・雨村舌根柔輭、聞輒伝誦、誦輒不訛。舌訳家皆服其聡敏。
という能力であった（三月三日）。
　この日記には、異国北京で中国人と交際し、各地を観光する喜びがあふれている。撰者の息使いが聞こえるようである。不遇な分だけ解放感があったのであろうか。彼および一行人員が交流した中国人として、曹江、呉思権、周達、薛仍、李徳隅、方某（挙人）などが登場する。ここでは、玉河館すなわち北京を出発する前々日の一月三十日、撰者が画舗で遭遇した挙人、李徳隅に送った詩の一部を転載する。

我生東海表、藐然若礧空、心眼不自広、文字詎能工、猶有遠遊志、足迹徧西東、
譬如处井蛙、跳踖楽在中、一渡鴨緑水、弊貂臨北風、壮観亦有因、従我晩圃公、
愧乏書記才、翩々若赴戎、秦城萬里遠、遼野一望空、上観天子都、包海以為雄、

正使、副使、書状官に随行した者が、このように書記の任を帯びたこと、これから分かる。

21.『游燕藁』三巻　洪錫謨撰　京都大学文学部図書館蔵

〔テキスト〕

鈔本、三冊。表題については、第一冊巻頭で「游藁上」とするが、第二冊巻頭で「游燕藁中」、第三冊で「游燕藁下」とする。封面に題字はない。

『韓国古書綜合目録』頁一二〇四によって韓国国立中央図書館にも洪錫謨撰『游燕藁』三冊が蔵されることを知りうるが、未見。したがって京都大学文学部図書館本との優劣、異同は判断できない。京都大学文学部図書館本は、明治四十二年（一九〇九）十二月二十日の受入れ印があり、虫食いが甚だしい。

〔撰者略歴〕

洪錫謨は一七八一（乾隆四十六、正祖五）年—一八五七（咸豊七、哲宗八）年。本書巻二、「奉贈曹玉水中書江」の自注で、洪錫謨自ら辛丑年（一七八一）生であると言う（正月二十四日）。

洪錫謨の祖父は有名な洪良浩であり、彼も一七八二（乾隆四十七、正祖六）年と一七九四（乾隆五十九、正祖十八）年に冬至使として入燕し、燕行録もその文集『耳溪集』巻六に「燕雲紀行」として、巻七に「燕雲続詠」として収録される。紀昀は『耳溪集』に序を書いて贈るほど交遊が深く、洪良浩は帰国後も紀昀との書函の往復を続けた。彼は紀昀と往復書簡を編纂し『斗南神交集』と名付けたという（正月十三日）。洪良浩の子洪羲俊は父の燕行に随った。そして洪羲俊が一八二六（道光六、純祖二十六）年に冬至使正使となって燕行するにあたり、今度はその子の洪錫謨が随行することになったのである。このこと、ソウルを出発する日のところで記す。

金栄鎮によれば、洪錫謨は一八〇四年に生員試に合格している。しかし『国朝榜目』にその名を見いだすことが出来ず、文

科には及第しなかったらしい。本書は、彼が四六歳から四七歳における燕行の記録であるが、彼が何らかの官職についていたようにない。

彼の文集として『陶厓集』不分巻八冊があり、その原稿本は蔵書閣に蔵される。ほかに、『黄潤郡邑誌』などの著述があること、各種書目に見える。

〔旅程〕

一八二六（道光六、純祖二十六）年
　十月二十七日　ソウル発
　十一月二十七日　渡江
　十二月二十六日　北京着
一八二七（道光七、純祖二十七）年
　二月四日　北京発
　三月四日　渡江
　（三月二十一日）　ソウル着（『同文彙考』）

〔内容〕

洪錫謨が冬至使正使である父に随い、一八二六（道光六、純祖二十六）年に燕行したときの記録である。ちなみに副使は申在植、書状官は鄭礼容であった。申在植にはこの時の筆談記録として『筆譚』があること、本書第八章。

体裁は毎日書き付けた詩を中心とし、詩題と詩そのものに詳細な自注をつける。歴史史料としては、こちらの自注の方が重要である。

沿路での観察、北京での観光、ともに特色といったものは見られない。ただ、清朝文人と数多く交わっているのが、洪錫謨及びこの燕行録の特徴である。祖父の洪良浩と紀昀とに交わりがあったのはすでに述べたが、その縁によって紀昀の孫、紀樹蕤の宅を訪問している（正月十三日）。紀樹蕤は紀昀の第五孫で生員、宣武門外虎坊橋の東の故宅に住んでいたという。このほか、彼が交わった清人として、曹江、戴嘉会、張祥河、徐松、陸継輅、熊昂碧、蔣秋吟（本名わからず）、陳延恩、陳孚恩、蔣鉞、劉玟、賈漢、張深らの名が出てくる。

22.『随槎日録』不分巻　撰者未詳　天理図書館蔵（今西文庫）

〔テキスト〕

鈔本、存一冊。印章は「今西龍」「天理図書館蔵」があるのみである。

内容はソウル出発の一八二九（道光九、純祖二十九）年十月二十七日から、北京滞在中の同年十二月三十日までであり、肝心の北京滞在の中心部分と帰国の部分が欠けている。これは本書が本来二冊あるいは三冊からなっていたことをうかがわせる。

なお林基中編『燕行録全集』第五九冊には、洪景海撰『随槎日録』を収録する。あるいは本書の撰者を推定する手掛かりにならないかと思い、見てみたところ、この書の「燕行年代」を編者は一七四七（乾隆十二、英祖二十三）年とするが、これは燕行使ではなく日本へ行った通信使の記録である。もちろん本書とはまったく内容が異なる。

〔撰者略歴〕

撰者は今のところ、まったくわからない。往路の渡江の時に詠った歌で、

　誰知碌碌老書生、遽作戎装出塞行。

と詠う（十一月二十五日）。したがって相当に年をとり、官位にない人物が撰者であったと考えられる。正使柳相祚の随行員として燕行した。

詩に多く游荷という人物に贈った、あるいは唱和したものがある。游荷行台と記すところからすれば、游荷とは書状官であった趙秉亀の字号であると考えられる。

なお、同じく同行した趙秀三という人物について、

　趙芝園秀三随書状行、今年為六十八、而七赴燕京、文詞気力、老健可喜。

と記し、さらに、

　陽斎姜子鍾在応亦随書状行、文士也。

と記す（十一月十八日）。趙秀三（芝園）の名は、本解題14・『燕行詩（薊程詩稿）』でも登場しており、彼の七回の燕行のうちの一回が純祖三年（嘉慶八年＝一八〇三）の時のものであったことは疑いない。彼らはともに書状官の随員であった。ただ、撰者にとっては「一見中原猶宿願」とその詩に言うように（十月二十八日）、今回の燕行が初回であったようである。金栄鎮によれば、趙秀三（一七六二—一八四九）は有名な閭巷詩人（中人）であるという。文集に『秋斎集』（『韓国文集叢刊』第二七一輯所収）がある。この文集には清人との交流を示す多くの詩文を収めるほか、その巻五、明実録歌では、この時に同行した李錫汝という人物が『明実録』を購入して帰り、これを朝廷に献上したことを伝える。

〔旅程〕

すでに述べたように、本書は北京到着までしか残っていない。

一八二九（道光九、純祖二十九）年
　十月二十七日　ソウル発
十一月二十六日　渡江
十二月二十六日　北京着

〔内容〕

冬至使一行の記録である。毎日の日記を中心とし、時おり詩歌を混える。他では見られない記述がしばしば見られる。なお、姜時永『輶軒続録』（『燕行録全集』第七三冊所収）は、純祖二十九年の冬至使に遅れること三日の十一月一日に追ってソウルを出発した進賀兼謝恩使の書状官、姜時永が書いたものである。二つの燕行使は、北京で同じく玉河南館に逗留した。

23・『燕雲遊史』八巻　洪敬謨撰　石川武美記念図書館蔵（成簣堂文庫）

〔テキスト〕

鈔本、八冊。一冊目封面（表紙）左上に「燕雲遊史」と大書され、右に「遼野記程一」と墨書され、その右に「珍籍可愛惜蘇峰秘笈」と朱書される。徳富蘇峰蔵。封面（表紙）裏には「明治四十四年十月念二、於京城韓人古董肆楼上群籍乱堆之裡獲焉。　蘇峰学人」と記し、さらに行を変えて、「予未詳是書著者也。今読書中文筆峰記、始知為耳溪洪良浩之孫洪敬謨之著

也。予昨日獲敬謨自筆燕槎続韻十七冊、併存于成簣堂中。聊爰誌奇遇云爾。　四十四年十月念六夕。　蘇峰又記」と記す。

以上によって、徳富蘇峰がこの書を得た由来は明らかである。一九一一（明治四十四）年十月二十二日にソウル（京城）の骨董屋で古籍が山積みされていたが、この中に『燕雲遊史』八冊があったので購入した。ただ、誰の撰であるかはその時わからなかったが、読んでみて洪良浩の孫、洪敬謨のものとわかった。ところがその翌日、洪敬謨自筆の『燕槎続韻』十七冊を得て成簣堂に蔵し、ここに奇遇を記す次第であるという。これを記したのが明治四十四年十月二十六日であり、次の24・『燕槎続韻』を得たのを十月二十五日のことと記すのと一致する。これによれば、蘇峰が『燕雲遊史』の撰者を洪敬謨であると知ったのは『燕槎続韻』を購入した後である。内容から見て洪敬謨撰であることは間違いなく、適確な指摘である。

第八冊の最終葉には、蘇峰の筆で「明治四十四年十月念六日於愛吾廬、蘇峰学人一読了」と記される。

〔撰者略歴〕

洪敬謨は一七七四（乾隆三十九、英祖五十）年—一八五一（咸豊元、哲宗二）年。字は敬修、号は冠巌、豊山の人。蘇峰が記すとおり、洪良浩の孫である。一八〇九年文科及第で吏曹判書などを歴任した。『冠巌全書』（『韓国文集叢刊』続第一一三輯）などがある。

〔旅程〕

この書の第一冊は「遼野記程」と題するが、十一月二十一日に渡江したとしか記さない。『同文彙考』によって旅程を補うなら、次のとおり。

一八三〇（道光十、純祖三十）年

（十月三十日　ソウル発　『同文彙考』）

十一月二十七日　渡江

一八三一（道光十一、純祖三十一）年

（四月十日　ソウル着『同文彙考』）

〔内容〕

洪敬謨はこの時、戸曹参判であり、三節年貢使の副使として礼曹判書の肩書きを加えられて燕行した。

この書は日記を中心とする普通の燕行録とはまったく異なり、旅行沿路と北京とを中心とした地方志といった方がわかりやすいであろう。八冊の構成は、第一冊・第二冊が「遼野記程」と題され、第三冊から第八冊まで「玉河渉筆」と題される。玉河とは北京の朝鮮宿舎を玉河館と言うように、この場合は北京の雅名である。第一冊第一葉は燕雲遊史前編（局）という題の後ろは「渡鴨江記」から「盧龍塞記」までのテーマ別目録が記される。全八冊、燕雲遊史前編（局）と題する目録がある。第二冊は広寧県記から高麗堡記まで、第三冊は燕京形勝記や京城記上・下など、第四冊は宮室記から玉河まで、第五冊は西山苑囿記一の楽善園から先蚕壇二まで、第六冊は祀廟記から白雲観まで、第七冊は賓館志の玉河館から内府書籍記の四庫全書まで、第八冊は太学記から外省までである。

燕行録の中には北京に関わることについて詳細を極める記述があるものがしばしばあるが、この書はその代表である。第七冊に普済堂記があり、北京育嬰堂とともに記すが、これは燕行録では珍しい記述である。その次の天主堂記も詳細である。

第七冊の琉球館一では洪敬謨自身が太和殿の左門貞度門外で琉球人に遭遇したことを記す。すでに本書第三章などで何度も述べたように、両国には国交がなかったため両国の正使や副使は正式に筆談を交わせなかった。洪敬謨は指で地に字を書いて相手の姓名を問うたところ、やはり指で字を書いて、「自分は副使の王丕烈であり、正使は向国壁（『歴代宝案』によれば向国璧）、都通事は紅泰熙である」と答えたという。その詳細は「傾蓋叢話」にあると言う。「傾蓋叢話」とは解題25・『燕槎続韻』で紹介する洪敬謨『燕槎彙苑』の一つ『傾蓋叢話』であろうが、残念ながら現存を確認できない。

彼の清朝観を伝えて興味深いのは、第三冊に収録する「清開国記」である。これは当時朝鮮でなお優勢であった排満攘夷からする清朝観ではまったくなく、清朝を最大限で褒めて讃美している。以下若干を引用する。

〔清〕大公至正、扶綱植常、自古今以来、亦未知或聞也。且其政謨法制専尚于簡、文治武略各得其要。至於薙天下之髪、左天下之衽、不変我家制度者、亦是宏謀遠略、殆不可以外夷論之、而苟非上天所置之命吏、豈能若是之盛矣。是知天之生是人也不偶、而不偶則必有以相之者、其所以相之者、即天之所命也。天之所命、不在於華夏夷狄、而監于有徳也、明矣。

ここに見えるように、満州族が中国の支配者になったのは天命を受けているからだとして、「天の命ずるところは中華であるか夷狄であるかに関係ない、徳があるかどうかである」と述べる。

24．『燕槎酬帖』不分巻　曹鳳振等撰　天理図書館蔵（今西文庫）

〔テキスト〕

鈔本、二冊。晩悟、慎菴、憲秀の三人が燕行時に互いに応酬し交わした詩を、おそらく帰国後に整理したものである。たとえば巻頭には「鴨江餞席共賦」と題があり、次に右記の三人が作った同じ「千」字で終える七言絶句がならぶ。文字の上からしばしば直接書き直し、つまり修改を加えている。誰がこの整理に当たったのか決め手はないが、晩悟すなわち朴来謙である可能性が最も高いと考える。印章としては、「今西龍」「天理図書館蔵」の印があるだけである。

〔撰者略歴〕

この『燕槎酬帖』には、これが何年の燕行時のものか、そして晩悟、慎菴、憲秀の本名が何か、まったく記さない。内容から、この燕行が通常と同じ冬至使のものであることは明らかである。正月元旦に太和殿でおこなわれる元朝について記すのも、このためである。

結論を先に言えば『燕槎酬帖』が作られた燕行は、一八三三（道光十三、純祖三十三）年、謝恩兼冬至使として行ったときのものであり、正使は曹鳳振、副使は朴来謙、書状官は李在鶴であった。

決め手は次の諸点である。まず、中国人で葉志詵の自宅を訪問した詩がある。（「葉東卿〔志詵〕宅後子午泉、烹茶味香、要余一詩」）。葉志詵は乾隆末年から道光年間に広く朝鮮知識人と交遊した人物である。

第二に「回到湾上、呈謝恩三价（使）」と題する詩がある。これは帰途に義州に至ったところで、これから謝恩使として北京に行こうとしている燕行三使に贈ったものであるが、上使洪景修、副使李景服、行台（書状官）金九汝と人名が記される。このうち、金九汝の本名は金鼎集、九汝はその字であること、『朝鮮人名辞書』によって知られる。金鼎集が書状官として燕行した年次を『同文彙考』で調べると、一八三四（道光十四、純祖三十四）年の進賀兼謝恩使をおいてありえない。正使は洪敬謨、副使は李光正であり、李光正の字は景服であるから、これも確証となる。このたびの燕行は、その前年のものをおいてありえない。

さらに「演礼鴻臚寺、見緬甸国使」と題する詩があり、この時の燕行使は鴻臚寺において緬甸国からの使節と遭遇している。『清実録』道光十三年十二月乙丑の条には、朝鮮使臣の曹鳳振ら三人と緬甸国使臣四人が午門外で道光帝に見えたとの記事があり、確かに緬甸からの使臣が入朝していたことがわかる。『燕槎酬帖』はこの年のものであること、疑いを容れない。

では、晩悟、慎菴、憲秀とは一体誰なのか。この時の燕行使正使は曹鳳振、副使は朴来謙、書状官は李在鶴であった。このうち曹鳳振の字は儀卿、号は慎菴であったことから、慎菴が曹鳳振であることはまず間違いない。さらに晩悟という人物は、「入瀋陽」と題する詩において、「再到瀋陽界」と詠い、「萬泉（瀋使時寓萬泉寺）如有待」と歌い、さらに「五載又天涯」と歌い終えている。晩悟はこの年の四年前に瀋行使として瀋陽に来た人物であった。『同文彙考』によれば、純祖三十三（道光十三）年の四年前の純祖二十九（道光九）年の問安瀋行使以外にありえない。この瀋行使は正史が李相璜、書状官が朴来謙であった。とすれば、晩悟とは道光九年瀋行使書状官であり、かつまた道光十三年燕行使副使となった朴来謙である蓋然性は極めて高い。朴来謙に道光九年瀋行の記録『瀋槎日記』がある（本解題、凡例一の⑴⑷所収）。

なお金栄鎮によれば、憲秀とは閭巷詩人として有名な崔憲秀であるという。

〔旅程〕

本書は酬帖であるから、旅程は記さない。『同文彙考』によれば、

一八三三（道光十三、純祖三十三）年

　十月十七日　ソウル発

一八三四（道光十四、純祖三十四）年

　三月十八日　ソウル着

であった。

〔内容〕

内容はすでに〔テキスト〕などで述べた。渡江すなわち往路に鴨緑江を渡って野宿したところから酬詩が始まり、復路に義州に至ったところで終える。

25.『燕槎続韻』不分巻　洪敬謨撰　石川武美記念図書館蔵（成簣堂文庫）

〔テキスト〕

鈔本、一七冊。帖装本。タテ二五・五センチ×ヨコ一八・五センチ。徳富蘇峰旧蔵。彼がこの『燕槎続韻』を得た由来については、23.『燕雲遊史』参照。彼は『燕槎続韻』を一九一一（明治四十四）年十月二十五日に得た。その封面には「朝鮮名士耳溪洪良浩先生使燕記行自筆之詩、間以写生画、真観風之好資料也。又臥遊之好伴侶也。　明治四十四年十月念五夕。蘇峰主人」と記す。どうやらこの書を得た段階では、これを洪良浩の撰と誤ったらしい。そして翌日、『燕雲遊史』を再び見るに及んで誤りに気がつき、『燕雲遊史』の封面に正しい書誌情報を書き加えたようである。「蘇峰学人徳富氏愛蔵図書記」の印章がある。

後に記すとおり洪敬謨自らの印章があるから、自蔵本であるに違いない。

一七冊すべて帖装されており、時に書画（写生画）を混える。帖装本であること、書画を混える点では、筆者が知るかぎり日本現存朝鮮燕行録の中ではこれが唯一であるし、韓国現存のそれの中でも極めて珍しいようである。当時の燕行の様子を示す史料としては、『燕行図』（スンシル大学校韓国キリスト教博物館蔵、二〇〇九年に同博物館より出版）が最もよく知られているが、『燕槎続韻』はその作成年代が明らかなものとして貴重である。

〔撰者略歴〕

23.『燕雲遊史』参照。

〔旅程〕

記さないが『同文彙考』によりソウル出発と帰着時のみ左に記す。

一八三四（道光十四、純祖三十四）年

（二月十二日　ソウル発）

（七月七日　ソウル着）

〔内容〕

洪敬謨はこの年正使として判中枢の肩書きを加えられて出発した。すでに述べたとおり、一八三〇年に続く二度目の燕行である。

彼の文集『冠巌全書』冊一二「燕槎彙苑総叙」にはおおよそ次のように記す。

一八三四年の燕行については以下の記録を作った。上篇は『槎上韻語』『日下続詠』『帰軺剰言』『槎上続韻』『玉河渉筆』『茶墨余香』『傾蓋叢話』。中篇は『周京旧制』『燕都総攷』。下篇は『駟汎日乗』『行厨新嚼』『輶軒瑣綴』。以上三篇を総称して『燕槎彙苑』という。

本書『燕槎続韻』とはここで言う『槎上続韻』であろう。かりに『燕槎彙苑』が現存しておれば、これは壮観であったに違いなく、おそらく数ある燕行録の中でも最大級の一つであったに違いない。それは中国や北京に対する朝鮮知識人の憧憬を最もよく示すものとなっていたであろう。

本書第一冊には一面から四面にかけて「燕」「槎」「続」「韻」、二冊目には「燕雲万里」、三冊目には一面から八面にかけて「清」「麗」「江」「南」「管」「轄」「関」「西」などと大書される。『燕槎続韻』は旅程の各所各所にしたがって帖冊が分けられている。大書は洪敬謨の自筆であろう。第一冊第七面から洪敬謨自身の字でこの書の由来が記される。一八三〇年に燕行したときには『燕槎韻語』という紀行詩集を作ったが、これはその続篇である。祖父の洪良浩も燕行のあとで『燕雲続詠』と名付けたと言う。実際、洪良浩も二度燕行しており、初回の時は『燕雲紀行』を二回目の時は『燕雲続詠』を著している。最後に「後甲午粤三年丙申初夏、槎上旧行人続書」と記し、洪敬謨自身の印章を押してある。自蔵本であるに違いない。甲午とは燕行から帰国した年、丙申とは一八三六（道光十六、憲宗二）年であるから、帰国後三年ほどたってからこの書を編纂したのであろう。

『燕槎続韻』で最も貴重なのは、すでに述べたように写生画がある。しかしこれらの絵の多くはおそらく、洪敬謨あるいは中国の友人が描いたものを文斎という人物が模写したもののようである。また中国の友人からもらった詩文も、ここに収録されているのは真筆ではなく模写である。というのは、中国人の印章そのものが模写だからである。

彼に詩文を贈った人物としては、紀樹蕤（紀昀の孫）、陸慶頤（字菊人）、陳延恩（号登之）、帥方蔚（『左海交游録』の撰者）、葉志詵（本書第八章参照）、潘世恩らがいる。

26.『玉河日記』不分巻　金賢根撰　京都大学文学部図書館蔵

〔テキスト〕

鈔本、三冊。印章は、「京都帝国大学図書之印」と明治四十三年（一九一〇）の受入れ印があるだけである。他本の現存を確認できない。随所に書き込みや削除の迹があり、撰者自身の稿本であることは疑いない。虫食いが甚だしく、判読できない部分がある。

〔撰者略歴〕

金賢根は一八一〇（嘉慶十五、純祖十）年―一八六八（同治七、高宗五）年。明温公主の駙馬であり、東寧尉であった。父は金漢淳、祖父は金履陽。この時の燕行の主な目的は、純祖が死去し、憲宗が即位して三年の喪が明け、王妃の冊立を奏請することであった。このような特別な燕行の時は、李朝宗室関係者が正使となる。金賢根が正使となったのは、彼が国王の駙馬であったからにほかならない。なお副使は戸曹参判でこのとき礼曹判書の肩書きを加えられた趙秉鉉であった。また金賢根自ら金尚憲の子孫であると述べ（五月二十一日）、名族安東金氏の一員であることがわかる。

〔旅程〕

一八三七（道光十七、憲宗三）年

四月二十日　ソウル発
五月十三日　渡江
六月十三日　北京着
七月六日　北京発
七月二十七日　柵門着
（八月十五日　ソウル着）

一行人員数は不明であるが、七月二日に下賜の金物をもらいに午門外へ行った時の記録で、主客司の移文には下賜品が賞与されたのは三使以下、大通官、押物官、得賞従人、無償従人の計二〇八人であったとする。

〔内容〕

一八三七（道光十七、憲宗三）年燕行時の記録である。ソウル出発から帰途、中国側の国境の町である柵門に到着したところまで記す。通常の燕行録と異なり夏期の燕行記録であるから、遼寧省瀋陽の南、渾河下流の爛泥堡の付近で「泥濘如海」き様にあい、難渋する様を記す。貢物と乾糧を運搬する車が遅れに遅れて北京に到着したのも、遼陽、瀋陽以西で連日の大雨にあったためであり、荷車が到着した日は六月二十七日であった。もっとも金賢根の観察によれば、

蓋大車之行、本自重遅、而馬頭輩陰締幹車的、添載私貨、故発最後、而行亦滞。其奸弊已久、阻雨者托辞也。

であった。馬頭とは朝鮮から随行した馬引き、幹車的とは干車的とも書き、中国側の車夫である。北京での暑さも耐えがたく、

及到京、瘴熱尤劇、単衫露坐、汗不禁流。

と記す（六月二十九日）。

貢物を載せた馬車が遅延したところに記したように、その観察はその叙述とともに詳細である。一行に副房裨将の朴思浩が加わっていたことについて書かれたところがあり、重要である（七月五日）。朴思浩にはすでに有名な燕行記『心田稿』（『燕薊紀程』『留館雑録』『応求漫録』）がある（本解題、凡例、一の(1)(2)(4)所収）。もっとも『心田稿』は道光八年の旅行記である。朴思浩は裨将であり身分は低かったが、彼と交友を持った中国人の洪齢孫の朴に対する態度を、

甚慇懃属情如是。中原人之愛好人倫、殊可欽也。

とする。副使が周濂渓の後という二三歳の周循と面会した時も、

大抵中国人士之待我者、其所礼貌之愛好之形於辞色、而我人乃反驕傲粗踈、自露其醜、不独文辞而已。

と記す。ここに見えるように、金賢根の観察、批判は、中華の礼は東国朝鮮にのみ残る、とする空虚な観念論からするものは少ない。むしろ、中国人の方が朝鮮人より礼儀正しいとほめる（六月二十二日）。反満感情はもとより皆無ではないが、目立たない。

また中国では法令が厳格かつ明らかであり、上下ともによく守っていると言う。しかし一方、次のようにも言う。朝鮮人と中国人との交易は会同館の内部で行うべきであり、外で行うことは禁止されている。また朝鮮人が玉河館で宿泊せず、城外や

館外で宿泊することはすべて法令で禁止されている。ところが当時の実態は次のようであった。

而従人之出館交易、略無顧忌、詞人之交遊寄宿、視同郷里。非独東人有冒犯之失、彼人亦恬不為惧、至有折簡相招、遣車以邀。豈中国之設禁、亦不免為文具而已耶（六月十九日）。

すなわち中朝文人たちの交際が盛んとなり、朝鮮人は中国の友人の家で外泊し、中国人の方もまったく恐れぬようになっていたという。

27.『燕薊紀畧』四巻（欠巻二）　趙鳳夏撰　京都大学附属図書館蔵（河合文庫）

〔テキスト〕

鈔本、三冊。一幀に三冊が入っており、京都大学に入った時点（大正八年＝一九一九年の受入れ印あり）ですでに一冊欠であったと考えられる。なお林基中編『燕行録全集』（第九八冊）に『燕薊紀畧』を収録し、年代・撰者ともに未詳としており、あるいは趙鳳夏のこの燕行録の欠巻部分かと思って調査したところ、これは一八七六（光緒二、高宗十三）年謝恩兼歳幣行の時の記録であり、撰者は副使の李容学であること、明らかである。趙鳳夏のものとは無関係である。現在のところ、他本の現存を確認できない。

〔撰者略歴〕

趙鳳夏は人名辞典の類では出てこない。蔵書目録によるかぎり、他の著作の現存を確認できない。しかし、彼の父は本文中に「丁酉（一八三七、道光十七、憲宗三年）秋に奏請副使として赴燕した」と記すから（十月二十八日）、父が趙秉鉉であることは疑いない。趙秉鉉は豊壌の人で吏曹判書趙得永の子。一八四七（道光二十七、憲宗十三）年に巨済に謫流され、翌年死を賜っている（『国朝人物志』）。祖父を「文忠公」と呼び、趙秉鉉の父趙得永の謚が文忠公であるから、趙得永の孫であることはさらに疑いない。『朝鮮王朝実録』憲宗六年十月辛巳によれば、趙鳳夏は奎章閣待教であった。

〔旅程〕

一八四二（道光二十二、憲宗八）年

　十月十九日　　ソウル発

十一月二十二日　渡江
十二月二十日　北京着
一八四三（道光二十三、憲宗九）年
二月六日　北京発
三月十一日　渡江
三月二十九日　ソウル着

「入柵報単」（巻四）で人二六七人、馬一六一四、包一二五〇包とし、「使行到京咨」でも合計二六七人とする。

〔内容〕

普通の冬至使であり、旅程等に特別なところは見られない。ただこの一行が赴燕した一八四二（道光二十二）年は、アヘン戦争勃発の二年後のことであり、南京条約が締結された年である。アヘン戦争がようやく終息したことは、往路この年の十一月二十八日に北京から帰国途中にあった皇暦賫咨官から「暎咭唎近幸講和」と聞き、「意外得此信」と記している。また、巻四「聞見別単」では、次のように記す。

大抵近来満漢文武大官益不相能、而漢人之投入於暎夷者無数。戦闘之時、陰護漢人。故皇帝転生疑慮。東南大官、専任満人、則乗時貪賂、見賊逃避、猶或逭罪。漢人雖殫誠效力、為満人所節制、不能尽意防禦、輒未免於禍敗。且漢人之老成有声望者、居多黜免。……漢大臣王鼎治河而帰、引見時、条陳暎難守禦之得失、因請用漢人、語多不諱。退搆遺疏、極言時事、即夜呑金而歿。其子沆遂畏約、不敢呈其疏、至今年皇帝仍不補缺、是白斉。

清朝側の敗北とは必ずしも把握されていないこととともに、満漢の対比がことさらに強調されている点が興味深い。叙述は詳細であり、生彩に富む。明の勅使を天使と称し、一字上を欠字にする。金昌業『嫁斎燕行日記』朴趾源『熱河日記』『侍講院日記』『瀋館日記』『輶軒日記』『日下旧聞』などをさり気なく引く。第四巻に関連文書を記すほか、第三巻に記す雑録は中国（北京）の風俗を知るうえで大いに有用である。

趙鳳夏はすこしばかり中国語会話ができたようであり、漢音を聞き分けることができたようである。「余問做甚麼業、則答以父子兄弟皆做商業」（十二月六日）などとある。またしばしば漢音をハングル表記する。たとえば、「石山站시싼잔与十三山

시싼산同音」などがそれである（十二月七日）。巻三の雑録で特に多くハングル表記が見られ、たとえば「言語」の項で、「東人之不暁漢語者、輒以不懂（漢音부둥、蓋謂不通）答之、則彼必相看笑曰、爾們的話頭、吾們的不懂、吾們的話頭、爾們的不懂云矣」とある。もっとも、彼が漢音をハングル表記したものについては、あるいは方言（口音）によるのか、時代にともない変化したのか、現在の「普通話」と一致しないものがある。

28.『燕行録』不分巻　朴永元撰　天理図書館蔵（今西文庫）

〔テキスト〕

鈔本、三冊。内題で『燕行録』とし、外題では『燕行日録』とする。現在のところ、天理図書館本のほかに現存を確認できない。

具注暦および『周礼』刊本の廃紙（紙背）に楷書、行書、草書三体を混えて鈔写している。全巻で三百葉をはるかに越えており、燕行録の中では比較的大部なものである。

〔撰者略歴〕

撰者名は明記しないが、この赴燕が一八四六（道光二十六、憲宗十二）年進賀兼謝恩使としてのものであり、しかもその正使が撰者であるから、朴永元のものであることは明らかである。ちなみに副使は趙亨復、書状官は沈熙淳であった。

朴永元は一七九一（乾隆五十六、正祖十五）年―一八五四（咸豊四、哲宗五）年、字は聖気、梧墅と号す。高霊の人。純祖十三年司馬に中り、一八一六（嘉慶二十一、純祖十六）年に殿試丙科に中る。

礼曹判書であったとき、判中枢の肩書きを帯びて赴燕している。時に五六歳であった。右議政、左議政をも歴任し、六四歳で死去している。謚は文翼。文集に『梧野遺稿』二六冊、鈔本があり、梨花女子大学に蔵する。

〔旅程〕

一八四六（道光二十六、憲宗十二）年

　三月十二日　　ソウル発

四月三日　　渡江

五月二日　　北京着
五月二十八日　北京発
六月八日　　渡江
六月二十六日　ソウル着

入柵時に、人二〇六人、馬一一五匹と記す（四月四日）。

〔内容〕

少なくとも解題者には、面白いと思うところが少ない日記である。特別な緊張感は感じられない。三跪九叩頭についても、事実を記すのみであり、何らかの感想は記さない（五月二日・九日）。中国人との筆談が少ないこと、あっても簡略であることも、この日記を面白くないものとしている要因である。目で見た事実、それに各所の来歴を詳しく記すだけである。たとえば、国子監にある石鼓文について、各家の考証をも含めて詳細に記す。

各所の来歴を記すに際しては『大明一統志』『大清一統志』『通文館志』『東国輿地勝覧』『春明夢余録』などのほか、『燕雲遊史』を最も多く引用する。『燕雲遊史』については、本解題23．を参照。ほかに『北轅録』もしばしば引用される。これは李商鳳による一七六〇（乾隆二十五、英祖三十六）年の燕行録であり、『燕行録選集補遺』に収録されている。このような書物からの引用が多いことも、叙述に間のびしたものを感じさせる一因となっている。

29．『燕行日記』一巻　黄道淵撰　　東洋文庫蔵

〔テキスト〕

鈔本、一冊。第一葉に方形の印があるが、あまりに不鮮明であるため、筆者には判読できない。『増補東洋文庫朝鮮本分類目録』では、黄恵翁撰とする。これは、『燕行日記』巻頭に掲げられた崔日奎撰の序文の中に「是時、同僚黄司果恵翁亦以太医特蒙天恩、駅馬華蓋、原隰駪駪」と記すところに拠ったと考えられるが、通常、この種の序文で本名を書くことはありえず、恵翁は字であるか号であると考えられる。なお、中村栄孝「事大紀行目録」には、

燕行日記　黄恵菴　写　一冊　憲宗十五・道光二十九・一八四九　藤塚城大教授

というものがあり、おそらくはこの『燕行日記』と同一のものと考えられる。もと京城帝国大学教授であった藤塚鄰の旧蔵書、あるいはその鈔写本であろう。撰者が医官であったことは明らかであるから、『医科榜目』（天理図書館蔵）を調査したが、黄恵翁、黄恵菴に該当する者は見出せなかった。また『朝鮮王朝実録』を検索したが、黄恵翁、黄恵菴ともに見出せなかった。撰者を黄道淵としたのは、金栄鎮の判断による。

〔撰者略歴〕

黄道淵は一八〇七（嘉慶十二、純祖七）年—一八八四（光緒十、高宗二十一）年。恵翁、恵菴はその号、昌原の人。金栄鎮によれば、彼は有名な開業医であり、『医方活套』などを著したという。

〔旅程〕

巻末に「己酉七月十七日燕行往還路程記」と題する詳細な路程を記す。

一八四九（道光二十九、憲宗十五）年

七月十七日　ソウル発
八月七日　渡江
九月九日　北京着
十月十七日　北京発
十一月十六日　渡江
十二月一日　ソウル着

〔内容〕

一八四九（道光二十九、憲宗十五）年の燕行録である。正使は朴晦寿、副使は李根友、書状官は沈敦永であった。目的は憲宗の死去を報告し、承襲を請うことであった。撰者の黄道淵は、「太医」として随行した。この『燕行日記』は、八月七日の渡江から書き始め、日記自体は十月二日に貢物を納入しに宮城にあがり、太和殿について記したところで終わっている。その次に、太学、蘆溝橋、風俗、所産、燕台八景の項目を立てて記す。風俗の項は特に生彩がある。次に正使朴判府事晦寿以下、合計二二人の一行の名簿を記す。ただし、自らについては記さない。医官としては「医員金僉正相羲」のみ記す。なお玉河館内では、著者は金相羲と同炕であった。最後に先述の「己酉七月十七日燕行往還路程記」を付する。

この燕行録は、随員の医官が書いたものとして珍しい。中国領内の柵内において、山東人の王匯川なる人物が、撰者が医術を知ることを聞き、「子供がまだないが、子供が出来る処方箋を教えてくれ（無子。請教求嗣之方）」と求められ、「君試加味八味元、内内則（彼人称妻曰内内）試附益地黄元。必有庶幾之望」と答え、「遂録授而帰、彼合掌而謝矣」（八月八日）、と記している。また北京琉璃廠の書店を訪れたときも、

余入於街北第三家、求本草、景岳、保元、以銀三両交貿。

と珍しい記述を残している（九月十四日）。

この撰者にとって燕行は、その巻頭で、

以太医特蒙天恩、是随行大臣之礼、而亦余之所平生願一大観者也。

というとおり、一生の願望であり、その実現であった。山海関に至ったところでは、

児時読史記、至秦皇築万里長城、西至臨洮、東至遼東之篇、以為絶遠難見之地。今匹馬来見、男児事固不可知也。

と感慨を記す（八月二十九日）。叙述が生彩に富み、他では見られない記事が多い。北京旅行を楽しんでいるためであろう。

なお、道光二十九（憲宗十五）年の燕行録として林基中編『燕行録全集』第九〇冊には撰者未詳として『燕行日録』を収録する。ただこれは清朝の上奏文や上諭を編集したものであって、いわゆる燕行録ではない。したがって本書の考証には役立たない。あるいはこの史料の来源は邸報であろうか。またこの『燕行日録』は、一八四九（道光二十九、憲宗十五）年の冬至使行として行った者が獲得した情報であると思われる。

30.『燕行日記』一巻　李啓朝撰　天理図書館蔵（今西文庫）

〔テキスト〕

鈔本、一冊。『今西博士蒐集朝鮮関係文献目録』によれば、「燕行日記（道光二十九年十月）李啓朝　昭和六年七月上旬李聖儀ヨリ購求」との今西龍の手記があるというが、今はなくなっている。印鑑は、「今西龍」「今西春秋」関連のものがあるのみである。

〔撰者略歴〕

李啓朝は一七九三（乾隆五十八、正祖十七）年―一八五六（咸豊六、哲宗七）年、字は徳叟、桐泉と号す。慶州の人。一八三一（道光十一、純祖三十一）年文科及第。大司成、吏曹判書などを歴任（『朝鮮人名辞書』）。彼の文集は現存しないようである。『韓国古書綜合目録』では、今西龍所蔵としてこの『燕行日記』を記すのみである。

彼が李恒福の子孫であること、その一五九八（万暦二十六、宣祖三十一）年の燕行録である『朝天日乗』を引用することから判明する。また後に紹介する『薊槎日録』の撰者である李裕元の父である。

〔旅程〕

一八四九（道光二十九、憲宗十五）年

十月二十日　ソウル発

十一月二十二日　渡江

十二月二十二日　北京着

一八五九（道光三十、憲宗十六）年

二月十二日　北京発

三月十三日　渡江

（三月二十七日　ソウル着『同文彙考』）

北京入城時の人員として、礼部に報告したものによれば、合計三〇五人の旅行団であった。

〔内容〕

李啓朝はこの年、冬至使正使として赴燕した。山海関を越えるあたりまでは、何の変哲もない旅日記である。むしろ先祖の李恒福『朝天日乗』の山海関へ至った部分を引用しつつ、これまで『朝天日乗』のこの所を読むたびに、自分も一見したいものだと思っていたが、今この地を踏んでいる、幸せと言うべきではなかろうか、との余裕を見せている。ところが、北京入城直前に思わぬ事件に遭遇する。それは道光帝の皇太后の死去のニュースに接したことである。北京入城の十二月二十二日、彼は「正朝朝賀、諸処観光、無由得見、鎖在館中。甚是欝悒」と、せっかく北京まで来ながら観光をすることなく帰国せねばならない憂鬱を正直に記す。年が明けて道光三十年の正月初一日にも、帰国が迫っているにもかかわらず玉河館内に閉じこめられ、新春の北京の情景を見られないことを、副使、書状官とともに嘆く。正月五日には膈痰の病気に加え、歯痛が大いに起こり、「終日不省人事」と言う。まさしく泣きっ面に蜂である。

ところが、正月十四日になると、さらに驚くべきニュースが入る。道光帝本人がこの日の正午に死去した、とのニュースである。続いて二十六日には咸豊帝が紫禁城の太和殿で即位することになり、はからずも祝賀の席に立ち会う。さらには、他の燕行使はめったに目撃することのない天安門上から金鳳を下す儀式をも目撃することになる。

出天安門外、観頒詔節次、而門楼上読詔書後、千官於金水橋前行三拝九叩礼、自楼上金鳳啣下彩縄、詔書随下。

そして、李廷亀が明朝泰昌帝の即位の儀式に加わったことを自らの体験と重ね合わせ、

衣冠物彩、非旧日様子。然盛挙則非尋常朝賀之比也。

と思わぬ偶然に喜んでいる。思わぬ事態に急転したおかげで、円明園にも行くことができ、簡単ながらも蘆溝橋、五龍亭（中南海）、雍和官、国子監などへの観光もすませて帰国している。

文中で、一箇所だけであるが、金昌業『稼斎燕行日記』が引用されている。

31.『燕槎日録』不分巻　鄭徳和撰　天理図書館蔵（今西文庫）

〔テキスト〕

鈔本、三冊。印章は「今西龍」「今西春秋」「春秋文庫」「天理図書館蔵」それに昭和四十年（一九六五）十月八日天理大学図書館の受入れ印のみである。『今西博士蒐集朝鮮関係文献目録』等で、撰者未詳とする。

欄外にいくつか書き込みがある。たとえば瀋陽の「孝廟所処館舎」に圏点が付けられ、欄外に「孝宗所在館、孝宗丙子在館所、下ニ記事アリ」というカタカナ混じりの書き込みがある。

〔撰者略歴〕

撰者名は明記しないが、聖上即祚五年冬の冬至使で、正使は判府事の金鐥、副使は戸曹参判の鄭徳和、書状官は司僕正の朴弘陽という。一八五四（咸豊四、哲宗五）年燕行使であることは明らかである。

ただ「はじめに」ですでに述べたように、本書には撰者未詳『随槎日録』（一八二九、道光九、純祖二十九年＝燕行、本解題22．）を剽窃した部分が多く、撰者の確定には注意が必要である。決め手は、『随槎日録』にはなく本書にのみある記事である。たとえば、十一月十日の記事で「宣州に留まる」とした後に、

飯後上倚剣亭。与上使・書状同観鴻門宴項荘舞。蓋此舞邑府之遺俗、而妓工之長技。云云。

と述べる。『随槎日録』では十一月十五日に宣川に到着したところで、

是日、倚剣亭詩曰、云々。

というだけで、正使、書状官と観舞したことはまったく記さない。このほかにも正使あるいは書状官と何かしたと記すところで『随槎日録』には見えないことがいくつかあることから、本書の撰者が副使の鄭徳和であることは間違いない。もっとも、鄭徳和になりかわった者が書いた可能性が強い。本解題5．のように、『燕行日記』は李沢撰とするほかないが、彼の従者がなりかわって日記を書いたと考えられ、この『燕槎日録』でもその可能性が大きいからである。いずれにしても、目録上は鄭徳和撰とするほかない。

『朝鮮人名辞書』付載の『国朝榜目』によれば、鄭徳和は字は醇一、一七八九（乾隆五十四、正祖十三）年の生、草溪の人である。純祖十七（嘉慶二十二）年庭試及第。燕行時には戸曹参判にあり六六歳であった。本書中、自作の詩において「白髪元非求富貴」と記すのは、このためである。このような高級官僚でしかも高齢の者が、剽窃まがいのことをやるのは不自然である。あるいは、彼になりかわって日記を書いた者が、安直に仕上げて主人の目をごまかしたのかもしれない。文集等、他の著作の現存を確認できない。

〔旅程〕

一八五四（咸豊四、哲宗五）年

十月十四日　ソウルにて、戸曹参判として歳幣・方物をチェック。

十月二十一日　ソウル発

十一月二十五日　渡江

十二月二十四日　北京着

一八五五（咸豊五、哲宗六）年
　二月二日　　北京発
　二月二十九日　渡江
　三月十八日　　ソウル着

〔内容〕

はじめに「両界図説」三葉があり、「尹鍈之此図、曽在備局」と自注する。東三省（満州）と朝鮮の歴史地理を概観したものである。

日記はまず当日の行動を二行ほどで簡単に記す。さらにその日の行動や見聞きしたこと、当地の歴史・文物などについて、注のような形で詳細に記す。さらに最後に、その日に作った詩を載せる。注のごとき部分には『随槎日録』からの剽窃がなされていること、すでに述べたとおりである。さらに自分が行ったわけではない、たとえば正月二十五日に侄が行った白雲観およびそこでの出来事について、詳細に記すが、自分はこの日、正使・書状官とともに西山に遊覧に出かけていた。

北京観光案内とも言うべき部分は、彼が北京に入城した十二月二十四日の条の注の部分に詳細に記される。もちろんこの部分も、大半が他書においても見られるものである。哲宗五年の最後の日である十二月三十日の後に、「沿路拾遺」としてそれまでに書き漏らしたことを入れる。

第三冊目はじめ、すなわち日記のうち帰途で渡江した後に、「行中凡例」「総録十八省地方道里賦税地丁漕運銀穀数」「文職官階品級頂服俸禄」などを記載する。この後、また三月一日に義州での行動を記し、ソウルでの復命まで日記体が続く。最後に「路程記」としてソウルから玉河館までの道里を記す。

このように本書の構成は複雑であり、この点で珍しく、叙述は詳細であるが、目新しいと考えられる記事や特異な観察は極めてまれである。むしろ、何故このような剽窃まがいのことをやったのか、興味深い。ただ、正月四日からほぼ一日おきで『京報』の一部を抜粋し、一行が北京を離れる前日の二月一日まで続いているのは珍しい。これによって当時の大事件であった太平天国の動向について、鄭徳和あるいは彼になりかわった者も大いに関心を持っていたことをうかがいうる。

32.『燕槎日録』三巻　金直淵撰　　東京都立中央図書館蔵（中山文庫）

〔テキスト〕

鈔本、三冊。封面では三冊をそれぞれ燕槎日録天・地・人と記すが、巻頭ではそれぞれ燕槎日録上・中・下と記す。戦時下における特別買上文庫の一つであり、中山久四郎旧蔵にかかる。金栄鎮によれば、金直淵の後裔の家から彼の文集『品山漫録』（全二十冊）と『연행녹』（ハングル本三冊）が二〇〇七年に発掘公開され、『品山漫録』にも漢文本『燕槎録』二冊が収録されているという。

〔撰者略歴〕

金直淵は、一八一一（嘉慶十六、純祖十一）年―一八八四（光緒十、高宗二十一）年。北京で自らの年齢を問われ、四九歳であると答えている（正月二十二日、正月二十七日）。『国朝榜目』で一八一一年生まれとするのと一致する。字は景直、清風の人、父は金鍾岳、一八四六（道光二十六、憲宗十二）年庭試及第と記す。さらに本書で、清人葉名澧（潤臣）から受け取った手紙を転載し、「品山先生閣下」と記すから、その号は品山であったと考えられる。

〔旅程〕

一八五八（咸豊八、哲宗九）年
　十月二十六日　ソウル発
十一月二十六日　渡江
十二月二十五日　北京着
一八五九（咸豊九、哲宗十）年
　二月四日　北京発
　三月三日　渡江
　三月二十日　ソウル着

「別単」では一行の人員を人三一〇人、馬一〇五疋とする。

〔内容〕

一八五八（咸豊八、哲宗九）年、謝恩兼冬至使の書状官として金直淵が燕行したときの記録である。

金直淵にはこの燕行録を公表するに足る紀行文とする意図があったかに見える。金昌業『老稼斎燕行日記』および朴趾源『熱河日記』にそれぞれ複数回言及している。恐らくはこれら先行する優れた燕行録を意識したのであろうが、結果としての出来映えははるかに違っている。金昌業のように、時として漢語の俗語で会話を記録し、また漢人が朝鮮人の乗った車を指していう言葉を、

曰「是加吾里也。勿犯也」相戒而謹避之。華音高 gao 曰加吾 ka-o、麗 li 曰里 ri。故称高麗曰加吾里也。

などと記す（十二月七日）。ただ、漢語をほとんど聞き取ることが出来なかったようである。金昌業、朴趾源を目指しながら、金直淵は頭が少し硬かったようである。中国人との筆談で興味深いものは、金昌業や朴趾源のものほど多くはない。わずかに、帰途の二月七日、玉田県に至った時に生員（優貢生）にして儒学訓導となる資格を持つ呉佩芬（称紉）、三四歳と交わした筆談ぐらいではあるまいか。

呉佩芬は金直淵が持つ清心丸をもらいたくて近づいたようである。二人の間では、太平天国（長髪賊）、捻匪、青皮賊などについての筆談が進むが、次のような部分が見える。

問、「青皮賊如所謂赤眉黄巾之類、而此賊亦擾河南耶」。曰、「是江南福建土人跟随粮船拉縴者。近日粮船阻塞、該土人用度不足、故従而変賊」。問、「所謂長髪賊、似聞賊魁已死、余党自可指期勦滅耶」。曰、「如果如此、天佑其命。究不知天竟若何、命竟若何奈。老大人帰路経関外奉省一帯、亦遍地是賊。云云」。……問、「如有此患、自官府亦難追捕耶」。曰、「我清官府多是尸位素餐、不肯認真辦理。語雖傷時、勢且如此。我清皇帝皆是好皇帝。真能匹美於有商賢聖之君六七作。但臣下無面目見皇帝耳」。

太平天国はなお完全には消滅しておらず、清朝の危機を随所で記している。

西洋に対しては、断固たる排外の姿勢を示す（正月二十六日、二月五日）。しかし、排満感情も依然として甚だしい。明や皇明の文字の上一字は欠字にする。ソウルを出発するにあたって、彼は言う（十月二十六日）。

惟余生于偏邦、常有大観天下之願、今行庶可少償。然猶不覚黯然自傷。夫所謂天下者、普天之下也。中国者九州之中也。

中国之於天下、已不足以尽之。而一州之於中国、又不足以当之也。燕乃天下之北鄙也。……是謂之観中国則未也。況可謂大観天下乎哉。

これは、一九世紀中葉朝鮮知識人の燕行や「世界」に対する一見識を示すものと言ってよい。ところが、さらに現実に観んとする中国そして北京は、「夷狄」の支配するところであった。

今清因旧而都之、薙天下之髪、左天下之袵。衣冠文物非復旧時、則吾何足以観乎哉。黙然良久。

円明園の焼き打ちは一八六〇（咸豊十）年であり、金直淵はその二年前の様を目撃し叙述する。付録する「見聞別単」「見聞雑識」とともに、中国咸豊年間の様子が記される。

33.『遊燕録（燕行日記）』一巻　成仁鎬撰　東洋文庫蔵

〔テキスト〕

鈔本、一冊。封面で『遊燕録』と記す。巻頭第一行で「燕行日記」と記すから、原則に従って『燕行日記』と書題で取るべきであるかもしれないが、後述するようにこの書を編纂した（成）楽淳は「遊燕録序」を書いている。したがって『遊燕録』を正題とする。前間恭作旧蔵。前間の蔵書印あり。

『燕行録全集』第七八冊には、成仁浩（一八一五—一八八七）撰『遊燕録』を収録する。東洋文庫蔵本とこれとを対照すると、前者が日記を前に記し（「燕行日記」）、詩を後に分けて記す（「行中雑詠」）のに対し、後者は詩を日記の中に入れ込んでいる。叙述は後者の方が比較的詳細である。

『燕行録全集』所収本が、何を根拠にして成仁浩の撰としたのか未詳である。所蔵者あるいは所蔵機関を一切記さず、何を根拠としたのかを知る手掛かりを持たない。『燕行録全集日本所蔵編』は筆者とともに林基中氏が編纂者であるが、東洋文庫蔵『遊燕録』（「燕行日記」）を筆者の目録作成に従って一八六九（同治八、高宗六）年の燕行時のものと記しながら、何故か撰者を「未詳」とする。これも夫馬の作成した「撰者未詳」とする目次をそのまま用いたからである。自分が編纂した『燕行録全集』所収本と対比してみるという極めて簡単で、また共同編纂者として当然取るべき手続きも取られなかったようである。金栄鎮は撰者を成仁鎬とする。今これに従う。

『燕行録全集』所収本には、巻頭に「遊燕録序」があり、「光武九年乙巳（一九〇五）九月下澣、不肖孫楽淳謹書」と記される。この序によれば、この年の秋に偶然、書篋から『遊燕録』と題された竹澗公が己巳年（同治八年）に李承輔（号、石山）と趙寧夏（号、恵人）に従って燕行した記録を見つけ、自ら整理したのだという。本文の中に明らかに（成）楽淳の文章が雑っている。

東洋文庫本がどのような経緯でこのような構成になったのか、明らかでない。

〔撰者略歴〕

金栄鎮によれば成仁鎬は昌寧の人で、有名な成大中の子孫である。前掲「遊燕録序」では、撰者五五歳の時の旅行記であると記すから、撰者は一八一五（嘉慶二十、純祖十五）年の生まれであると考えられる。

〔旅程〕

一八六九（同治八、高宗六）年

　十月二十二日　ソウル発

　十一月二十九日　渡江

　十二月二十六日　北京着

一八七〇（同治九、高宗七）年

　二月十五日　北京発

　三月十五日　渡江

　四月二日　ソウル着

〔内容〕

この燕行録が、いわゆる冬至使行のときのものであることは明らかであるが、巻頭第二行目に「己巳十月二十二日、発行」と書かれるだけで、己巳が正確に何年かは書かれない。しかし、附載の「行中雑咏」の西山と題する詩の一句に、

　洋人焚其殿閣、余存者無幾。

と自注をつけていることから、この燕行が一八六〇（咸豊十）年にヨーロッパ侵略軍が行った円明園焼燬の後のものである

ことは明らかである。そこで『同文彙考補編』「使行録」と対照させてみると、己巳とは一八六九（同治八）年であることが確認できる。辞階が十月二十二日で復命が翌同治九年四月二日であり、この「燕行日記」の記載と一致する。このこと、『燕行録全集』所収本「遊燕録序」で確認できる。『燕行録全集』所収本では、しばしば副使の趙寧夏（恵人）と行動を共にしていることが記される。おそらく撰者は趙寧夏の随人として入燕したのであろう。

この燕行録には、特別に興味深い記事は見られない。反清感情も、また北京はすでに円明園を焼き打ちされ、洋務運動のさなかにあったが、特別な反洋人感情も見られない。少なくとも文字には表れていない。東洋文庫の蔵本では、清人との交遊を日記中で記さないが、『燕行録全集』所収本では、たとえば正月二十日の記事では、副使の趙寧夏とともに王琛（鶴蓀）の家を訪問し、詩の贈答をするなどの記事がある。交際相手の清人として、李文田（翰林）、卓丙炎（秉炎、友蓮）、馬蕃康（筱谷、小谷）、段秀才、法雲大師などの名が見える。

34．『北游日記』一巻　姜瑋撰　静嘉堂文庫蔵

〔テキスト〕

鈔本、一冊。静嘉堂文庫のほかに、その所蔵は知られていない。この書が韓国学文献研究所編『姜瑋全集』（韓国近代思想叢書所収、ソウル、亜細亜文化社、一九七八）にも収録されていること、『燕行録全集日本所蔵編』の刊行後に知った。李光麟『姜瑋全集』解題」によれば、この静嘉堂文庫本は姜瑋の自筆本であろうという。なお『姜瑋全集』はその解題で静嘉堂文庫本であることを明記したうえで、巻頭に押された「静嘉堂蔵書」の印は削られており、興味深い。「秋琴」の印がある。秋琴とは姜瑋の号であるから、これは自蔵本であると考えられる。ところどころ文字が訂正されている。

『燕行録全集日本所蔵編』の目次において姜瑋撰『北遊日記』としたのは、私の校正ミスである。謹んで訂正する。

〔撰者略歴〕

姜瑋は一八二〇（嘉慶二十五、純祖二十）年―一八八四（光緒十、高宗二十一）年。姜瑋の伝記については彼の文集『古歓堂収草』（姜瑋全集所収本頁三七一）収録の李重夏撰「本伝」および前掲、李光麟「姜瑋全集解題」に詳しい。一九世紀後半期、韓国における代表的な開化思想家の一人である。

これらによれば、彼の字は仲武、堯章、韋玉、号は秋琴、聴秋閣、古歓など、晋陽（晋州）の人である。一五一九年の己卯士禍以来、彼の先祖は文科に応ずることができず、彼の父の代まで武科を経て武官になる者が多かった。彼自身、社会的に恵まれなかった。閔魯行および金正喜に学び、若い頃から実学研究に没頭した。フランス軍艦が江華島を侵犯したいわゆる丙寅洋擾が起こると大いに関心を持ち、申櫶に従って燕行して国際情勢について見聞を広めたのち、一八七六年に江華島条約が日朝間で締結されたときは、全権大臣であった申櫶を補佐した。さらに、一八八〇年に金弘集が修信使として日本を訪れたときも、彼は書記として随行した。この時、朝鮮では壬午軍乱が起こったため、長崎経由で上海へ渡ったという。

すでに述べたとおり、彼は開化思想家の代表的人物の一人である。『古歓堂収草』『東文子母分解』など彼の著作は、前掲『姜瑋全集』に収録される。

〔旅程〕

一八七三（同治十二、高宗十）年
　十月二十四日　ソウル発
　十一月二十八日　渡江
　十二月二十六日　北京着
一八七四（同治十三、高宗十一）年
　二月十二日　北京発
　三月十二日　渡江
　三月三十日　ソウル着

〔内容〕

一八七三（同治十二、高宗十）年、冬至使正使鄭健朝（字は致中、号は蓉山）に随い、燕行した時の記録である。

姜瑋はその略歴ですでに述べたとおり、実学派の系譜に属する人物であり、当時の開化思想家の一人として有名であるが、しかしこの燕行録には、緊張感のごときものは必ずしも顕著ではない。清朝のことを「中国」とよび「中州」とよび、北京を「上都」「神京」と呼び、見えた同治帝の顔を「龍顔」と表現している。皇帝に対する三跪九叩頭についても特別な感情を記さず、中華＝清に親和感を持っている。北京での自由な観光を楽しんでいる。この時代がいわゆる洋務運動の時代にあたり、また彼のその後の活躍からすれば、むしろ不思議な思いすらする。当時の北京に列強各国の公使館が建てられ姜瑋もヨーロッパ人を見ている。正月一日に内城へ登った時、ヨーロッパ人の男二人と女二人も登っていた。この時見た様を「真如画中曽所見者、而顔髪被服不似人類、自然愕眙」と描写する。そして彼らを「狂蛮」「狂賊」と呼ぶ。一八六〇（咸豊十）年にヨーロッパ列強によって焼燬された円明園の遺跡を訪れたのは、正月二十三日のことであり、「咸豊辛酉（十一年）洋夷焚焼、瓦礫荊榛、蕭然満目」と記す。そしてその翌日作った詩は次のごときものである。自注は（　）を付した。

満目榛荒閲刧灰、臨風不覚罵奴才、……狂蛮何与風流事、山翠湖光領不来（天上仙区燼於辛酉洋擾。余立瓦礫中、大罵狂賊没韵事。聞者大笑）。

この日記の中でむしろ特徴的な部分は、モンゴル王族・モンゴル人との交際がしばしば見られることである。モンゴル人の普景璞は一八六九（同治八、高宗六）年の冬至使正使李承輔および副使趙寧夏とすでに知り合いであり、正月三日には玉河館に訪ねてきた。正月十四日には再び玉河館への来訪があり、同日今度は姜瑋らが蒙古館を訪れ、回謝している。モンゴル人との交遊を記す箇所は極めて多く、彼らはともに中華文化のなかで漢文を用いて交際している。

清人との交遊ももちろん頻見する。なかでもしばしば登場するのは、刑部員外郎（主事ともいう）の張世準である。張世準、字は叔平、号は梅史あるいは五溪、時に四九歳であった。ちなみに姜瑋はこのとき五五歳であった。張世準は琉璃廠巷内に住んでいた。鄭健朝とともに姜瑋はここをしばしば訪れている。その時の筆談記録が『北游談草』（『姜瑋全集』所収）にほかならない。この筆談は鄭健朝と張世準との問答であるが、姜瑋が談草をもとに整理したものと考えられる。後に李裕元『薊槎日録』（本解題36・）でも言及する御史の呉鴻恩とも会っている（正月二十六日—正月二十八日）。なお『古歓堂収草』巻一二、北游草および巻一三、北游続草はこの燕行時に作った詩であり、当然『燕行録』である。本来ならばこれも『燕行録全集』に収録されてしかるべきである。そこには、張世準や呉鴻懋らとの唱和が多く、『北游日記』を読むに当たって、当然参考にされるべきである。

35.『燕行録』二巻　沈履沢撰　天理図書館蔵（今西文庫）

〔テキスト〕

鈔本、二冊。封面にそれぞれ乾・坤と記す。二冊目巻頭でも燕行録と題書する。印章は「今西春秋図書」「春秋文庫」「天理図書館蔵」「今西文庫」それに昭和四十年六月八日付の「寄贈天理大学」印があるのみである。

本書には、数箇所文字の塡っていないところがある。これは原本を鈔写するにあたって、原本そのものの文字が判明しなかった部分と考えられる。したがって本書が拠った原本があったはずであるが、現存を確認できない。

撰者名は明記されないが、甲戌の年に副使として燕行したと言い、正使は李会正、書状官は李建昌であったと言うから、これが一八七四（同治十三、高宗十一）年燕行時のもので、撰者が沈履沢であること、疑いない。

〔撰者略歴〕

一八三二（道光十二、純祖三十二）年—一八九二（光緒十八、高宗二十九）年。『国朝榜目』によれば、沈履沢は字は稚殷、青松の人、哲宗八年庭試及第である。本書十二月十二日の条、中国人との筆談で「四三歳で官は礼曹判書」であると自己紹介しており、純祖三十二（道光十二）年生であることは間違いない。ただ礼曹判書であるとするのは、燕行に際して結銜（加銜）したものを言ったもので、本来は戸曹参判であった。

本書十一月十七日の条、義州において、「余於壬戌秋八月、尹茲西土」と述べる。哲宗十三年に義州府府尹に任じられたことがあったようである。

〔旅程〕

一八七四（同治十三、高宗十一）年
　十月二十八日　ソウル発
　十一月二十九日　渡江
　十二月二十五日　北京着
一八七五（光緒元、高宗十二）年
　二月十五日　北京発

三月十八日　　渡江
四月二日　　ソウル着

〔内容〕

冬至使の記録である点、他の多くの燕行録と変わりはないが、本書はいくつか清末の世相を記す点で異なっている。第一に、清朝の財政悪化を燕行使に対する接待そのものに即して記す。通常、冬至使の北京逗留は四十日間と決まっている。ところが、このたびの冬至使は五十日間逗留するという異例のものとなったが、その原因は朝貢使節一行に下賜されるべき賞銀を、期間内に準備できないからであった。沈履沢は記す。

蓋使行之留関（玉河館）是四十日、即伝例也。而今則以賞銀未辦之故、使之加留十日、始乃貸銀於廛人、以頒送之。中国之財竭何至此極。令人可慨（二月十五日）。

清朝は下賜すべき賞銀をとりあえず商人から借りて用立てた、というのである。燕行沿途も騒然としていた。当時、遼寧省一帯を荒らしまわっていたのは响馬賊である。响馬賊については、この前年に燕行した姜瑋の『北游日記』（本解題34.）、その翌年に燕行した李裕元の『薊槎日録』（本解題36.）にも出てくるが、本書の方がはるかに詳しい。往路の十二月十三日、瀋陽の西、閭陽駅付近の石山站に宿をとった沈履沢は、そこの主人である李恩綸と筆談を交わした。民人とはいうが、生員となったことがある三五歳の人物であり、かつて順天府司獄司の正八品の官を勤めたことがあるという。筆談の一部を記す。

恩綸曰、貴邦年景若何。地面要必安浄。敝地屢受賊擾、亦有所聞乎。余答曰、弊邦年形稍康、民生安業。山川険固、国内寧静。而貴境賊撓、未知何賊乎。無或是响馬賊之出没村閭掠人銀銭者乎。恩綸答曰、賊任意擾民、官不知戢、兵不敢捕。時世若此、良可慨也。余曰、上国之威、何故至此也。弊邦則元無賊擾、設有踰墻鑽穴之潑皮、各其官即地捕捉、断不容貸。故行路無滞留之歎。恩綸答曰、化行俗美、良宜。若近来奉天賊匪、猖狂之極、而民無安枕矣。

「お国の世情はどうですか」と問われ、「朝鮮では治安が保たれ、盗賊の出没がない」と沈履沢が答えているのは、相手が朝鮮の実情を知らないということを知った上での虚言である。当時、朝鮮国内で反乱が頻発し、世情が極めて不安であったことは、周知のところである。

復路の三月十日、すでに瀋陽を過ぎて甜水河に至った一行は、响馬賊が店里の小銭万余吊（小銭一吊は朝鮮の常平銭一両六銭にあたること、本書、十二月十一日に見える）を掠取し、一行がこれから赴こうとする連山関へ賊も向かった、と聞いている。物情騒然たる中を旅行していたのである。

同治十三年十二月五日、同治帝は死去した（『清史稿』穆宗本紀）。沈履沢がこれを伝え聞いたのは、十二月十五日、先に述べた石山站からさらに北京に近い連山駅においてであった。彼はこの情報を諺文にてソウルに知らせている。同治帝の死去にともない、太和殿における元朝の儀には出席できなかったが、代わって光緒帝の即位儀式に参加している。すでに解題30．で述べた李啓朝と同様、登極詔を天安門の上から金鳳が口に啣えて下ろす儀式も目撃している。この日の見聞を沈履沢は、

　今日所経真是天上、非若人間、始覚皇帝之尊耳。

と記し、感嘆の念を隠さない（正月二十日）。

反満民族主義、満州族の風俗に対する嘲笑の言葉が依然としてみられるが、さらに憤慨の情を露わにするのは、「洋酋」すなわち西洋人に対してである。一方で彼は『中西聞見録』を宿舎の玉河館で読んでいたが（正月四日、七日）、西洋人が北京に居をかまえるのを清朝が許している情況を、

　噫、以天下之大皇帝之尊、断一酋魁之頭、駆其脅従於闉外、放之荒服之外、此特数百騎之事、而反容此至重之地、豈非慨歎乎。

と記す（正月五日）。

以上のごとく、本書はすでに世情が騒然とし始めた中国を旅行したときの記録であるが、総じて言えば沈履沢は北京の雄壮さ華麗さに驚きを隠さない。陳福綏、張楓廷、賈璜、呉鴻恩、徐郙、張家驤、李有棻、張世準らとも交遊している。叙述は詳細である。

36．『薊槎日録』一巻　李裕元撰　天理図書館蔵

〔テキスト〕

鈔本、一冊。書名については、天理図書館カード、『今西博士蒐集朝鮮関係文献目録』、およびこれにならった『増補東洋文庫朝鮮本分類目録』『韓国古書綜合目録』ではすべて李裕元『燕槎日録』とする。本書は基本的にすべて草書体で書かれ、第一行第一葉の表題も草書体で書かれているため、「薊」の草書体を「燕」と読み誤ったものと考えられる。本書原本に即いて調査してみても、どうしても「燕」と読むことはできず、「薊」と読むべきであると考える。

この鈔本が、李裕元その人の鈔写によるものであるか、他の人が書き写したものか、今のところ判断できない。鈔本中にいくつか書き加えた部分、書き改めた部分があり、李裕元本人でないとこれはできないと考えられる一方、欄外には李裕元の詩に対する批評がしばしば見られ、これは李裕元本人のものと考えられない。たとえば「北鎮廟」と題する詩には、「写得如画、兼以雄渾」との批が加えられ、「周侍郎寿昌題詩、於便面贈之以致殷勤。故依韵和之」と題する詩には、「中国人亦応伝誦」との批が加えられる。批と本文とは同一人物による鈔写と考えられる。朝鮮国王にかかわる語の前は若干スペースをあけ、御製という語については改行抬頭し、欄外から書き始めている。

〔撰者略歴〕

李裕元は一八一四（嘉慶十九、純祖十四）年―一八八八（光緒十四、高宗二十五）年。字は景春、号は橘山、墨農、謚号は忠文、慶州の人。すでに紹介した『燕行日記』（本解題30．）の撰者である李啓朝の子であり、さらに遡れば中国では明代にあたる時期に生きた李恒福つまり李白沙（一五五六―一六一八）の九世の孫である。李恒福にも燕行録として『朝天記聞』『朝天日乗』があり、ともに文集『白沙集』に収録される。一八四一（道光二十一、憲宗七）年に壮元で文科に及第し、官は領議政に至った。彼は政治家として歴史上での有名人物であり、閔氏と手を組んで大院君を失脚させた。後述するように、一八七五（光緒元、高宗十二）年の燕行を契機に中国清朝の李鴻章と関係を持つに至った。これは朝鮮近代の外交史上で極めて重要なことであるばかりか、後に彼の政界における一時的な失脚と配流にもつながった。さらに、一八八二（光緒八、高宗十九）年には、全権大臣として日本との間で済物浦条約と修好条規続約を調印している。

学者としても有名であり、その著『林下筆記』（ソウル、成均館大学校大東文化研究院、一九六一、影印本）によって、その博

識さを知ることができる。文人として名が高く、中国にまで知れわたっていたことは、この『薊槎日録』そのものが最も雄弁に物語る。文集としては『嘉梧藁略』（『韓国文集叢刊』第三一五・三一六輯）。他に『橘山文稿』一六冊が奎章閣に蔵される。

〔旅程〕

一八七五（光緒元、高宗十二）年
　七月三十日　ソウル発
　八月二十七日　渡江
　十月一日　北京着
　十一月二日　北京発
　十一月二十六日　渡江
　十二月十六日　ソウル着

〔内容〕

一八七四（同治十三、高宗十一）年二月、閔氏は高宗の長男を生んだ。後の純宗であり、最後の朝鮮国王となり、さらに大韓帝国皇帝となった人物である。翌高宗十二年、彼を世子（皇太子）として冊封することを奏請するため、当時領中枢府事であった李裕元が正使となり赴燕した。通常の冬至使であれば正使は宗室関係者でない限り判書クラスの者があたったが、李裕元は領議政つまり総理大臣でありかつ領中枢府事を兼ねていた。このような政界でのトップが自ら出使したのは、冊封世子を請うという重要案件のための出使であっただけでなく、特にこの時期には対欧米諸国および対日外交をどう進めるのか、焦眉の課題であり、中国情勢を詳しく探る必要があったからであった。ソウル出発に際して、高宗と李裕元ら三使は問答を交わし、その様子が詳細に記される。「可聞之事、詳探以来也」と高宗は命じ、北京から中国人を雇ってでも早く伝達せよと注意し、書状官には「覘国」つまり国情探察こそその責務であると特に注意している。いわゆる江華島事件、つまり日本軍艦による江華島沖での測量とこれに伴う朝鮮側の砲撃および日本側の応戦は、陰暦八月二十一日（陽暦九月二十日）、李裕元がソウルを出発し国境の都市である義州に滞在中に起こっている。このニュースの詳細は、彼が中国瀋陽で北京に向けて出発せんとする九月七日の朝に受け取ったのではないかと考えられる。この日の日記に、義州から転送された京札、つまりソウル宮廷から八月二十二日、二十三日、二十四日、二十五日付で発せられた手紙を集中的に受け取っているからである。ただし、この事件については、日記は完全に口を閉ざしている。十二月十六日の帰朝報告にともなう国王との対話も、詳細を極める。同じ記事は『日省録』にも見える。おそらくは宮廷書記官が書いた記録を、そのまま鈔本して自らの日記に加えたものと考えられる。

李裕元はこれより三一年前の一八四五（道光二十五、憲宗十一）年、書状官として赴燕したことがあり、副使として出発した金始淵も四一年前の一八三五（道光十五、憲宗元）年に父に随って赴燕したという。憲宗元年に赴燕した三使のなかで金姓の者は八月六日に謝恩行正使として出発した金鑢のみであるから、彼の父は金鑢であろう。

さて、この『薊槎日録』は主に毎日の簡単な行動記録と、当日に作った詩とが交互に記される。このうち詩の部分は『嘉梧藁略』と重なるものが多いが、文集にないものも多く、また両者で文字が違うものもある。

この燕行録で貴重であるのは、李裕元が中国清朝人と詩文を媒介にして交流している点である。登場する中国人としては、以下の数人を挙げることができる。

游智開　字は子代、号は天愚、蔵園、湖南省新化県の人。当時は直隷省永平府知府。『清史稿』巻四五一および『清史列伝』巻六三に伝があり、また李来泰『蓮龕集』巻一五に墓誌銘がある。もともと、曽国藩の人脈に属した。咸豊元年挙人。游智開の方から李裕元に近付いたこと、この外交史上の意味については後述。その詩集『蔵園詩鈔』一巻は、まず一八八三（光緒九）年に朝鮮活字排印本として出版されて、その後いく度か刻本として出版されたようである（『清人別集総目』頁二二八八）。

呉鴻恩　当時は御史。号は春海、四川省銅梁県の人。同治元年進士。呉鴻恩の方から、玉河館に滞在中の李裕元を来訪し、李の自宅への来訪を要請している。その弟であった呉鴻懋が兄のつてで面会に来ている。呉鴻懋の号は春林、この時二二歳であった。一八七三（同治十二、高宗十）年の燕行使一行の一人であった姜瑋『北游日記』には、しばしば呉鴻恩の名前が見えるほか、朝鮮知識人とよく交遊した。

周寿昌　当時は戸部侍郎。湖南省長沙県の人。道光二十五年進士。『清史稿』巻四八六、文苑伝、『清史列伝』巻七三に伝があり、『続碑伝集』巻八〇に行状がある。著書に『後漢書注補正』『三国志注証遺』ほか、文集として『思益堂詩鈔』がある。彼も朝鮮知識人とよく交遊した人物である。李裕元が玉河館に滞在中、周寿昌の方から名帖を送り面

周棠　会を求めた。その後、二人には詩の贈答が続いた。

一八〇六（嘉慶十一）年―一八七六（光緒二）年、字は少伯、号は蘭西、浙江省山陰県の人。『清画家詩史』『国朝書画家筆録』に伝がある芸術家である。『周少伯書詩稿』が中国国家図書館（北京図書館）にあり、他に文集として『少伯公遺稿』不分巻、光緒二十七年鉛印本がある（『清人別集総目』頁一四四二）。李裕元と周棠との関係は、李裕元が一八四五（道光二十五）年に書状官として入燕して以来のものである。道光二十五年時には李裕元は三二歳、周棠は四十歳であり、今回の入燕時には、李裕元は六二歳、周棠は七十歳であった。周棠は李裕元が今回入燕していることを知らなかったので、李裕元の方から三詩をそえて知らせたのだが、周棠はすでに耄碌しており会えなかった。このことを李裕元は「歎ずべし」としている。

ほかに崇実、銘安、李湘石、李嵩申、徐郙らの名が見える。

このように李裕元は、国際的な有名人であった。游智開、呉鴻恩、周寿昌すべて、彼らの方から李裕元に接近し、詩の贈答を求めていることは注目すべきことであろう。南一祐『燕記』（本解題38．）でも、南一祐が宋家庄を訪れたとき、そこの主人から「李裕元（李橘山相国）と面識があるか」と尋ねられている（十二月二十四日）。さてこれら中国知識人との交際のうち、外交史上で最も重要なのは永平府知府の游智開とのそれである。李裕元はこの赴燕時に游智開と関係をもち、これが機縁で李鴻章と書簡の往復が始まり、朝鮮外交に大きな転機が訪れたことは、すでに周知のところである[15]。ところが管見の限り、従来の研究では李裕元『薊槎日録』が引用されることはなく、したがって李裕元と游智開の交際がどのようにして始まったのかは、不明のままであった。

李裕元と游智開の関係が初めて日記に表れてくるのは、往路、一行が永平府城に至った九月十八日のことである。一行がこの地の明遠楼に登ったときのこととして、次のように記す。

知府四品、姓游名智開、号天愚、湖南人。家居洞庭南五十三灘上、為人豪放慷慨。聞余登楼、送茶果、鋪陳屏床。与副使書状玩賞、有逢見之意。余以官府無公幹不得入、書状往見致謝。回至店舎、知府躬来、見之、筆談而去。

すなわち、知府である游智開の方から李裕元に接近せんとしかけ、また彼の方からわざわざ旅館に面会に訪れたという。この時、帰還の時に再会せんことを約したといい、翌十九日には、李裕元から詩が送られたことに対して、游智開の方から「愚小弟游智開頓首」とする答書が送られている。游智開が誰から李裕元のことを聞いていたのかは記されない。

次いで北京入城三日前の九月二十七日、李裕元一行は遵化州の玉田県に滞在していた。二十一日にすでに玉田県に到着しながらもなお逗留を余儀なくされたのは、たまたまこの時、光緒帝と皇太后が東陵を参拝しており、皇帝一行の行動が優先されたためである。この情況を知ったからであろう、游智開から李裕元のもとに橘樹が贈られてきた。橘が贈られたのは、李裕元の号が橘山であることにちなむものであるが、游智開が家居する洞庭湖が橘で有名だからでもある。また、これに伴う詩の贈答があった。

次いで北京滞在中の十月十三日、李裕元の手紙に対する游智開の返書が届き、これに対して李裕元の答書が書かれている。次いで十一月七日、北京から帰途にあった李裕元は永平府城に宿をとった。游智開は詩とともに彼の著書四冊を送った。李裕元の次韻「次送游知府韵」の詩三首、游智開の「蔵園游智開拝呈請　教正」でしめくくる原韻三首が掲げられている。

以下は、この時李裕元が記した日記である。

太守欲出来、徒御已満云。故約以踏月相会。是夜与副使書状会于観音院。供帳甚豊、劇談劇飲、酒名一品紅、聞是家醸。乗隙托願交李中堂鴻章、太守最親於中堂故也。太守問其故、余満道日本相関事、如或有国事之可議、非此中堂、莫可為之。屢々言之。太守首肯曰、非久、有保定之行矣。作書送之、我当袖伝云。翌日使金寅浩袖送此札之意約束。太守贈私稿一冊、別贈一詩。

本書巻末には、帰国後における高宗との談話と赴燕に対する賞典および辞賞典箚のほか、以下の文献を付載する。

(一) 丙子（光緒二年）初二日進香使回便出来札

李大人橘山叔啓　　永平付游寄

これは、光緒元年十一月七日永平府で游智開が李裕元に会い、李鴻章との連絡を託されてから、この報告のために李裕元に送った手紙である。以下の文章が見える。

貴従事金寅浩来署、具述雅意欲納交於我中堂伯爺。旋於翌晨、送到一篋。弟臘月有保定之役、当即面呈、我中堂随具復書、嘱弟転寄。我中堂勳業夙著、偉畧遠猷不分畛域、常拳々然以東国為念。……茲謹将我中堂復書托李君秉文寄上。伏乞鑒収。

すなわち、李裕元の李鴻章にあてた書簡は游智開が保定へ行った時に、彼から李鴻章に直接手渡された[16]。李鴻章らは当時直隷総督として河北省（直隷省）保定に駐留していた。李鴻章から李裕元への返書として周知の「覆朝鮮使臣李裕元（光緒元年十二月十四日）」は、実際には進香使が帰国するに際して託され、翌光緒二年三月二日李裕元の手元に届いたのである（本解題37・）。「日朝修好条規」つまり江華条約はこれよりちょうど一箇月前、二月二日にすでに締結されていたのであって、李裕元と李鴻章の交渉は一見すると無意味であったかに見える。しかも李裕元の李鴻章への手紙、これへの李鴻章の返事ともに、まったく国事に直接触れていない。もっとも李裕元が李鴻章にあてた書簡とこれに対する李鴻章の返書は、彼らの個人的交際をはるかに離れたものであり、光緒元年十二月二十三日に「論日本派使入朝鮮」という総理衙門にあてて書かれた公牘にて、早くも李鴻章から北京の総理衙門に通知されていたのである。李鴻章はこの公牘において、総理衙門を通じて朝鮮に対し（由鈞署迅速設法密致朝鮮政府一書）、日本には「勧其忍耐小忿、以礼接待」すべきことを勧誘して欲しいと述べた（『李文忠公全書・訳署函稿』巻四）。そして実際、これは総理衙門から礼部を通して朝鮮に伝えられた（『同文彙考』原編続、倭情、第六葉以下）。

(二) 金石霞叔啓　　　愚弟游智開拝手

前の李裕元に対する手紙と同時に、游智開が金石霞なる人物に送った書簡である。金石霞は金寅浩をおいて考えられない。以下の文章がある。

石霞仁兄大人閣下。乙亥至月初七日、貴国丞相李公奉使東帰、道出永平、相会於蕭寺、始識兄面、旋承両次来署、具述貴丞相雅意。……貴丞相致我李中堂書、已於臘月、在保定府面達、並取有復書。

(三) 李大人（官印）裕元台啓（朝鮮使臣）　　　合肥李鴻章　拝。乙亥十二月十四日文華殿大学士粛毅伯

すなわち、従来から知られている李鴻章から李裕元への返書であり、『李文忠公全書・訳署函稿』巻四で「覆朝鮮使臣李裕元」（光緒元年十二月十四日、附）と題する。返書原本には、李鴻章の官印が押されていたのである。

(四) 同月二十三日、冬至使回便出来札

李大人台啓　　瀋陽署部書械　　丙子二月二十五日、崇実拝。学士将軍

瀋陽将軍の崇実とは、光緒元年十月十九日に李裕元は会った。これは、光緒二年にソウルへ冊封のために出使した清朝使節

が、李裕元の手紙を帰国したときに崇実に届けたのに対し、これに対する返書である。すでにいわゆる「日朝修好条規」が結ばれたことを崇実は知っていた。

㈤ 都京礼部咨文、馬上飛递

　天津保定府李中堂与倭使森有礼問答記

光緒元年十二月二十八日に李鴻章と森有礼との間で交わされた問答であり、すでに『李文忠公全書・訳署函稿』巻四に収録されるほか、『同文彙考』原編続、倭情にも「光緒元年十二月二十八日、日本使臣森有礼署使鄭永寧来直隷総督署内、晤談節略」として収録される。光緒二年二月三日付で北京礼部が朝鮮国王へ飛咨した文書に付せられた数多くの関連文書の一つであることがわかる。朝鮮宮廷には二月二十一日に到着したもののようである。当時、清朝からの咨文をただちに入手できた李裕元は、これを特に重要な資料と考えたからか、特に李鴻章に関係するものとしたからか、これを彼の燕行録の一部に加えたのであろう。

最後に、㈥「北征篇」と題するこの度の燕行を詠う長編の五言詩でしめくくる。

37.『乙亥燕行録』一巻　李秉文撰　京都大学附属図書館蔵

〔テキスト〕

鈔本、一冊。封面に乙亥燕行録（単）と記す。印章は京都帝国大学の所蔵印と大正六（一九一七）年の受入れ印があるだけである。

〔撰者略歴〕

『朝鮮人名辞書』国朝榜目によれば、李秉文の字は徳汝、一八二六（道光六、純祖二十六）年の生まれ、完山の人、一八四八（道光二十八、憲宗十四）年文科及第。父は李憲球。本書十月七日のところで、一八四五（道光二十五、憲宗十一）年に父の忠簡公（李憲球）が三節年貢使として燕行したという。李憲球はこの時正使であった。一八八四年死去。

〔旅程〕

一八七五（光緒元、高宗十二）年

十月七日　　ソウル発
十一月三日　　渡江
十一月三十日　　北京着
一八七六（光緒二、高宗十三）年
正月二十二日　　北京発
二月十六日　　渡江
三月二日　　ソウル着

〔内容〕

一八七五（光緒元）年二月、同治帝の皇后が前年十二月に死去した皇帝のあとを追うようになくなった。李秉文は陳慰進香使正使として燕行した。

特に興味深い記事は少ない。いくつか気のついた点は以下のとおり。

北京到着の翌日の十二月一日、咨文を上呈しに礼部へ行った。そこで三拝九叩頭の礼を行わねばならず、「以我堂々礼義之国、拝稽於穹廬之下、豈不忿嘆哉」と記している。清の侵略を受けてから二四〇年ほどが過ぎていたが、依然としてこれは屈辱であった。

一方でヨーロッパ列強が北京に入り占拠していることを、「噫、以天下莫強之国、不能掃滅洋酋、藉其所欲居、接於城内、勅建天主堂於闕内。行貨於中国、稀貴之物尽是洋夷之所造、遍満長安、豈不痛惜哉」（十二月十一日）と記して歎く。

帰途の正月二十七日、本解題36・李裕元『薊槎日録』で述べた永平府知府の游智開の希望で、彼と面会し筆談している。『薊槎日録』「㈠丙子（光緒二年）初二日進香使回便出来札」には李秉文の名前が見えるから、李鴻章からの手紙はこの時ここで受け渡されたに違いない。

38・『燕記』五巻　南一祐撰　東洋文庫蔵

〔テキスト〕

鈔本、五冊。東洋文庫蔵本で昭和九年（一九三四）の受入れ印がある。

第一冊封面に「燕記　金　出疆録　渡江録　盛京随筆　自己卯十一月初七日至己卯十二月十九日」、第二冊封面に「燕記　木　関内随筆　玉河随筆　自己卯十二月二十日至庚辰正月二十日」、第三冊封面に「燕記　水　玉河随筆　自庚辰正月二十一日至庚辰二月十四日」、第四冊封面に「燕記　火　回轅走草　専対録　自庚辰二月十五日至庚辰四月初二日」、第五冊封面に「燕記　土　聞見雑議」と題書する。印章は「東洋文庫」「宜寧潜窩」の二印があるのみである。

本書には撰者名を明記しないが、この燕行が一八七九（光緒五、高宗十六）年の冬至使行のものであり、しかも彼は副使として出てくるから、撰者が南一祐であることは間違いない。日記中で清人と筆談する時の自己紹介から見ても、撰者が南一祐であることは疑いない。

本書はその印「宜寧潜窩」から、南一祐本人の稿本でありつつ自蔵本であったと見て、ほぼ誤りないようである。南一祐は宜寧の人であり、かつ潜窩は彼の号であったと考えられるからである。この点については、次の〔撰者略歴〕を参照されたい。本書を南一祐自身の稿本であると考える理由の一つは、本書は基本的に正確な楷書で書かれているが、十箇所程度の所に朱書による書き加えが見られるからである。

〔撰者略歴〕

南一祐については『朝鮮人名辞書』などで記さない。実は今のところ、本書『燕記』で何人かの清人と筆談した時の自己紹介が、最も有力な史料である。彼は自らを「宜寧の人、己未（咸豊九年、哲宗十年）出身」と言い（正月十二日）、また「もと南一愚という名であったが、朝令によって愚を改め南一祐とした」と言い、字は愚堂であるという（十二月二十四日、正月十八日）。そこで『国朝榜目』を見ると、確かに「南一愚、字は伯卿、宜寧の人、丁酉（一八三七、道光十七、憲宗三）年生、哲宗己未増広乙科」とする。丁酉の生まれと言うのは、光緒六年の段階で現在四四歳であると自ら言っているのと、ピッタリ合う（正月十八日）。没年は金栄鎮によれば一八八六（光緒十二、高宗二十三）年。自ら南龍翼の子孫であると言う（十二月二十四日）。南龍翼は乙未（一六五五、順治十二、孝宗六、明暦元）年通信使の従事官となり、また一六六六（康熙五、憲宗七）年燕行使の副使となっている。十二月二十四日、燕行使がしばしば訪れた玉田県の宋家庄を彼も訪れている。宋家庄とは清王朝が入関した時、城に立てこもって、投降がやや遅れたため、重い罰金を課せられたことで有名である。その子孫の宋舒恂（字は小坡）と筆談を交わし、「壷谷先祖奉使時、過此一絶詩」を書示され、「自分と君とは幾世代にもわたる交わり（世交）である」と筆談で言われている。

南一祐はまた、中国人との筆談で、「以戸部侍郎、猥叨使卿、今権礼部尚書」と言い（正月二十七日）、また「以戸部侍郎、今権礼部尚書」とも言う（正月三十日）。これらは彼が戸曹参判という官位にあり、燕行に当たって礼曹判書を加銜されたことを示している。

〔テキスト〕の項で印章として「宜寧潜窩」とあり、潜窩とは彼の号であったと考えられる、とした。このように考えるのは、本書の中に王維珍（蓮西）なる清人（前通政司副使）と交遊を結び、帰国するに際して彼から「潜窩」の二字と「春者亭」三字、「忍堂」二字の揮毫をプレゼントされているからである。

〔旅程〕

一八七九（光緒五、高宗十六）年

　十一月七日　ソウル発

　十二月一日　渡江

　十二月二十六日　北京着

一八八〇（光緒六、高宗十七）年

　二月十五日　北京発

　三月十三日　渡江

　四月二日　ソウル着

〔内容〕

「出疆録」は使行の命令が下ったところから義州滞在まで、「盛京随筆」は瀋陽出発から山海関到着まで、「関内随筆」は山海関出発から北京玉河館への到着まで、「玉河随筆」は北京滞在期間、「回轅走草」は帰国のために玉河館を離れたところから四月二日の復命までを記す。「専対録」はこの時の燕行使が皇帝に奉った謝恩表や礼部へ提出した咨文、さらに礼部からの回咨や礼部告示など、関連文書を収録する。「聞見雑識」は皇城、宮殿などの項目別に、中国の様々な制度や風俗、さらに官制や中国各地の府県名・地丁銀両数などを記す。

本書が五冊からなっていることに示されているように、叙述は詳細を極める。ただ「聞見雑識」にはオリジナルな観察は必ずしも多く見られない。官制を記したところなどは、必ずや何かを書き写したものである。

本書には金昌業『老稼斎燕行日記』、朴趾源『燕巖日記』（熱河日記）『通文館志』『大清一統志』『東国輿地勝覧』（輿覧）、『日下旧聞』など、本書が拠ったと考えられる書が挙げられている。

39．『観華誌』一二巻（欠巻三、四）　李承五撰　京都大学附属図書館（河合文庫蔵）

〔テキスト〕

もと一二巻六冊であったところ、第二冊（欠巻三、四）欠で現在は一〇巻五冊からなる。鈔本。

韓国の所蔵書目では、他本の現存が確認できないが、『燕行録選集』下巻および『燕行録全集』第八六冊に李承五『燕槎日記』を収録する。いずれも所蔵機関を明記しないが、おそらくは金庠基所蔵本と同じ系統のものであろう。『燕行録全集』頁二一九に「金庠基氏考証」という一枚が挿入されているのは、これを裏付ける。『燕行録選集』『燕行録全集』所収本は四巻からなり、その巻一から巻二は『観華誌』巻一、巻二と同じ内容である。したがって、これによって『観華誌』の欠巻部分、すなわち巻三、巻四（第二冊）をうめて完全なものとすることができる。また林基中『燕行録研究』頁四五、韓国所蔵未蒐集本燕行録の一つに、『燕槎随録』李三隠（?—?）一冊（巻三—四）燕行年代未詳、とするものがある。三隠とは後に示すように李承五の号であると考えられる。また後に示すように『観華誌』巻五から巻八までが「随録」と題されることから、おそらくはこの「随録」部分が『燕槎随録』ではないかと考える。いずれにしても、林基中著書には、各本の所蔵図書館がまったく明記されず、また書物そのものの内容を自ら読んで目録を作ったように考えられないから、これ以上の考証は出来ない。なお、韓国書誌学会編『海外典籍文化財調査目録——河合文庫所蔵韓国本』（ソウル、韓国書誌学会、一九九三）頁七〇において「観華日誌　李三隠著」と記すのも不適切である。自序は高宗二十四年すなわち彼が燕行した年のものであるが、数多い序の中に

「崇禎紀元後五癸巳」すなわち一八九三（光緒十九、高宗三十）年のものがある。

京都帝国大学の所蔵印と大正八年（一九一九）の受入れ印のほか、印章はない。

〔撰者略歴〕

李承五、一八三七（道光十七、憲宗三）年—一九〇〇（光緒二十六、光武四）年、字は奎瑞、本書にしばしば現れる三隠とは、彼の号であろう。韓山の人。一八五八（咸豊八、哲宗九）年文科及第。李穀（稼亭）・李穡（牧隠）の子孫である。先祖の李台重（号は三山、諡は文敬）は一七四六（乾隆十一、英祖二十二）年に書状官として燕行し、父の李景在（諡文簡）も一八五〇（道光三十、哲宗元）年に咸豊帝登極の進賀使正使として燕行している。燕行時には、判中枢府事の肩書きを帯び燕行した。時に父の帯びた肩書きと同じで、燕行時の年齢も同じく五一歳であった、と自序にいう。彼の文集等は現存しないようである。

〔旅程〕

一八八七（光緒十三、高宗二十四）年

四月二十二日　ソウル発
閏四月二十七日　渡江
五月二十六日　北京着
八月八日　北京発
九月五日　渡江
九月二十九日　ソウル着

〔内容〕

光緒十三年正月十五日、光緒帝は太和殿に御して親政朝賀の礼を受け、頒詔した。この時の燕行の主目的は、光緒帝親政に対する進賀であり、日記の五月二十七日の条に北京の礼部に至り、三拝九叩頭の礼を行うとともにこの時に進呈した「親政進賀表」ほか、「親政進賀礼部咨」なども載録する。時たまたまイギリスが朝鮮巨文島の占領を解いた直後にあたり、これを清朝の圧力によるものとして感謝する「巨文島永完先通称事」と題する礼部への咨文も載録する。

内容は巻一から巻四が「日記」、巻五から巻八が「随録」、巻九から巻一〇が「詩鈔」（「観華誌詩鈔」）からなる。日記は一般に観察が凡庸で面白みに欠ける。義州に設けられた電報局（電線局）に驚いている（閏四月十二日、二十日、二十四日）。電線局の主任と筆談していたところ、中国の鳳城から電報が入り、「遄来之頃、不過一瞬、機巧之制、終不可究」と記している。

随録は、道里、山川、宮闕、祠廟、璽宝、官制、武職、頂服俸禄、各省、賦税、科制、選格、兵制、田制、衣服之制、屋宇之制、炕、飲食之制、城郭之制、煙台、亭堠、駅撥、風俗からなる。中国案内記、北京案内記であるが、ほとんど先行の何かを下敷きにしているようである。ただ、風俗には、李承五自身の観察が見られる。

詩鈔は燕行途次の作詩あるいは、清人との唱和詩からなる。巻四に清朝文人との交遊が記される。

以上をもって、解題を終える。すべて鈔本である一類の書籍に解題を加えるのは、筆者にとって初めての体験である。日本現存の朝鮮燕行録でここで解題を付した三九種のうち8・尹汲『燕行日記』、11・李田秀『入瀋記』、12・金箕性『燕行日記』、13・呉載紹『燕行日記』、19・金学民『薊程散考』、25・洪敬謨『燕槎続韻』、34・姜瑋『北游日記』、38・南一祐『燕記』の八種は、撰者の自蔵本であることが明らかになった。他にいくつかは、明らかに撰者自身の稿本である。これは、燕行録という史料そのものの一性格を物語ることかも知れない。

史料調査に不備な点があるのではないかと深く恐れる。出来るだけのことはしたつもりであるが、本解題にはなお誤りや不十分なところがあろう。燕行使および燕行録に関心を寄せる諸士の御批判を切に仰ぐ。

第一六章　使琉球録と使朝鮮録

一　はじめに

使琉球録という一群の史料は、これまで冊封使録と呼びならわされ、琉球の対外関係史料として、あるいは明治政府によって琉球が完全に日本に組み込まれる以前の風俗、民情等を記す史料として、『歴代宝案』とともに重要視されてきた。その個々のものについては、それらが何時、誰によって書かれたのかを中心にして研究がなされてきたし、『増訂使琉球録解題及び研究』(宜野湾、榕樹書林、一九九九) においても、合計十二種にわたってそれらの生み出された時代背景などが詳細に論じられている。(1)

しかしこれまでの琉球史や中琉関係史の研究者たちにとっては、おそらくそれらは初めから目の前にあるもの、「所与」のものとして考えられてきたのではないか。つまり、これらが一群の史料として書き残された意味や、それらが全体として持つ特質といったことについては、まったく問題にすらされなかったのではないだろうか。琉球史を東アジア史全体の中で把握すべきであるとは、早くから主張されたことでありながら、それら研究がもとづくべき肝心の史料群については、前近代の東アジア史料全体の中で位置付けられることは、おそらく絶えてなかったと考えられるのである。そこに見られるのは史料についての比較史の欠落であり、琉球史を東アジア世界全体の中でより構造的に把握しようとする姿勢の弱さである。使琉球録がこれまで主に「冊封使録」として呼ばれてきたこと、およびこの「冊封使録」とは旅行者の復命書ないしはこれをもととして書かれたものである、などといった説がこれまで定説のごとく見なされてきたのも、類似した漢文文献全体の中でそれらがどのような位置を占めるのか、まったく考えられることがなかったことがおそらくその大きな原因である。

ここで使琉球録をより客体化するために比較の対象としたのは、使朝鮮録である。明清時代にあって、中国側から最も多くの使節が派遣された外国は朝鮮である。その回数は、他を圧倒的に凌駕するものであった。琉球に何度も皇帝の使者が派遣されたのと同じく、いや回数においては琉球とは比べものにならないほど、何度も中国から朝鮮に対して使臣が派遣された。彼らの一部は、これまた当然に旅行記を書き残した。本章は彼らの書き残した史料を「使朝鮮録」と総称し、これに簡単な解説を加えることによって、「使琉球録」と対比することを目的とする。

使琉球録についてはこれまで数多くの研究があるのに対して、使朝鮮録についての研究は、中国史研究と朝鮮史研究の両分野において、董越『朝鮮賦』についてのものを除けば皆無と言ってよい情況であった。使朝鮮録について整理した研究があること、それらについての解題がなされていることを、筆者は寡聞にして知らない。使朝鮮録と呼ぶべき史料全体についての研究がないのであれば、それらを漢文文献全体の中で位置付ける作業がなされなかったのも、言うまでもない。したがって、本章は使琉球録をほかのものと比較することによって客体化すると同時に、使朝鮮録をも客体化し、その特質を指摘することをも目的としている。

二　「冊封使録」と「使琉球録」

すでに述べたように、使琉球録はこれまで普通「冊封使録」と呼びならわされてきた。そしてこれは、使節の復命書ないしはこれに手を加えたものであるとするのが、一種の定説であった。たとえば『那覇市史・史料篇第一巻三・冊封使録関連資料(原文編・訓読編)』(那覇、那覇市役所、一九七七)の解説、島尻勝太郎「冊封使録について」では、次のように述べている。「冊封使は、その使命を果たして帰国すると復命しなければならない。その報告書を板行したものが冊封使録である。けれどもこの原報告と、板行した使録とがまったく同一の内容であったか否かについては、多少の疑問もある」。つまり、島尻は「冊封使録」を復命書であるとした前提に立ったうえで、この復命書＝原報告と出版され我々が読んでいる「冊封使録」との内容がまったく同一であるかどうかは、なお疑問であるとしている。このような見方は、『冊封使——中国皇帝の使者』（那覇、沖縄県立博物館友の会、一九八九）の解説でもほぼそのまま踏襲され、「冊封使録」を皇帝に提出した復命報告書であるとしている。この種の見解は『沖縄大百科事典』（沖縄タイムス社、一九八三）のような辞典にも見えるもので、琉球史研究者のあいだで久しく定説化してきたかのごとくである。

これに対して近年、孫薇によって異論が提出された。彼女は冊封使録＝使琉球録は従来考えられてきたような皇帝に報告する復命文書ではなく、明代のものについていえば完全に冊封使個人の責任感から執筆されたものであり、清代のものについても琉球に関する冊封使たちの記録に過ぎない、としたのである。(2) 冊封使録＝使琉球録が復命書であるかそうでないかという問題に限っていえば、筆者は彼女の見解に全面的に同意する。

孫薇の論考は、このように従来の見方に修正をせまるものであるが、しかしこの論考においても従来冊封使録と呼ばれてきた史料を、広く東アジア世界に関わる漢文文献の一つとして位置づける方向は見られない。というのは、冊封使は何も琉球にだけ派遣されるものではなく、あるいは国内の諸王・諸王妃らを冊封するために派遣されたし、あるいは琉球以外の諸外国の国王や世子らを封ずるためにも派遣されたからである。従って、彼らが書き残した旅行記はすべて冊封使録である。事実、たとえば明代の都穆『使西日記』二巻（北京図書館古籍珍本叢刊二〇、書目文献出版社、所収）は冊封使録である。都穆は一五一三（正徳八）年、礼部郎中であったとき冊封副使に当てられ、寧夏に置かれていた慶王府の寿陽王の王妃を冊封するために旅をした。その時の旅行記が『使西日記』である。つまり、これも間違いなく冊封使録である。

以上は中国国内において冊封使が派遣された場合であるが、当然、外国の諸王を冊封するために派遣された者の旅行記もある。たとえば黄虞稷『千頃堂書目』には、銭溥『使交録』一巻と、潘希曽『南封録』一巻が著録されており、ともに明代に安南国王を冊封しに出かけた時の旅行記である。(3) まず銭溥『使交録』は一四六二（天順六、黎朝光順三）年、翰林院侍読学士である銭溥が黎灝を安南国王に封ずるために正使となり一品級を賜わり、副使の礼科給事中王豫とともに安南に旅した時の記録である。(4) それは、一四七五（成化元）年の序を持つといい、『浙江採進遺書総録』が編纂された一七七四（乾隆三十九）年頃までは刊本として伝わっていたと考えられるが、これが現存していることを確認していない。

潘希曽『南封録』も、やはり冊封使録と呼ぶべきものである。潘希曽は一五一二（正徳七、黎朝洪順四）年から翌年にかけ、刑科右給事中として冊封副使となり、翰林院編修で正使の湛若水とともに安南国王を冊封する目的で使いしている。[5]『南封録』とは、そのときの旅行記である。しかしこの書もまた、鈔本のみとしてあったのか刊本となったのか明らかではないし、現存することを確認できない。ただ潘希曽には文集『竹澗集』があり、そこに彼自身が書いた「南封録序」があるので、おおよその内容を知ることができる。[6]これによれば、その内容は、安南で作った詩歌二二首、北京に帰ってから上った奏疏（回京奏疏）一通を手録し、安南国王の詩二首、書二通、陪臣つまり安南国臣下の詩五首を巻末に綴ったものという。詩歌二二首と上奏文が含まれていることから推測すれば、後に述べる使朝鮮録のうち、たとえば張寧『奉使録』と相似たものではなかっただろうか。またここで回京奏疏というのは、同じく潘希曽『竹澗奏議』に収める「求封疏」と同じものであろうと考えられる。[7]「求封疏」と題されてはいるが、この上奏文の最後で「もといただいた詔書を入れる筒と使節の目印である節（旗じるし）とを慣例に従って返却いたします」と述べていることからすれば、これが帰国して上った回京奏疏にほかならないし、まさしく復命書である。

以上の銭溥『使交録』と潘希曽『南封録』は、使安南録と総称すべきものに属するが、同時に冊封使録というジャンルに入る。ところが『千頃堂書目』に今一つ著録される黄諫『使交録』は、冊封使録ではない。一四五七（天順元）年、明では土木の変によって退位していた正統帝（英宗）が復位し、同時にその子の朱見深を皇太子に立てた。この時、黄諫は尚宝卿であったが、翰林院侍講を兼任し、英宗復位を知らせるために詔を持って安南国へ行った。[8]『使交録』はその時の記録であるから、使安南録ではあっても冊封使録ではありえない。

また、李仙根『安南使事紀要』四巻（『四庫全書存目叢書』史部第五六冊所収）も、皇帝の使者の記録ではあるが冊封使録ではない。一六六八（康熙七）年、康熙帝は正使として内秘書院侍読の李仙根、副使として兵部職方司主事の楊兆傑らを安南国に派遣した。その頃ベトナムでは、清朝が安南国王に冊封した黎維禧と、同じく清朝が安南都統使に任命していた莫元清とが、ともに正統王朝であることを主張して抗争し、莫元清は国内の根拠地である高平府を奪われ、中国の広西省南寧府に落ちのび匿われていた。康熙帝は莫元清によってなされた救援の願いを聞き入れ、李仙根らを遣わして高平府を割譲返還させるべく、黎維禧と交渉させた。『安南使事紀要』はこの時の記録である。李仙根が国境である鎮南関を越えたのが一六六九（康熙八、黎朝景治七）年正月八日、鎮南関を再び越えて帰国したのが三月十九日であり、首都のハノイに滞在したのは正月十七日から三月十一日の間であった。この記録は、冊封—朝貢関係にあった二国においても、国土・人民の割譲といった大問題をめぐっては、いかに交渉が困難を極めたか、双方でいかなる駆け引きがなされるかを教えてくれる。ハノイでの滞在が、普通の冊封使と違って二箇月近くに及んだのは、このためである。それは臨場感溢れる外交交渉記録であり、詔勅を開読することの意味、外交における『大清会典』の意味などをも教えてくれるものであって、ベトナム史研究のみならず前近代の東アジア国際関係史・外交史の研究にとっても、必読文献であると言ってよい。つまり、この『安南使事紀要』も、使安南録であっても冊封使録ではありえない。

このように見てくるならば、使琉球録を「冊封使録」と今後も呼び続けるのであれば、どうしても二つのことを了解しておかなければならない。第一は、言うまでもなくそれが「琉球」冊封使録であるに過ぎないことである。そして第二は、明代中期以後に中国から琉球に派遣されたのは、わずかの例外をのぞき、あとはすべて冊封使ないしは諭祭を兼ねた冊封使だけであったことである。これは明清中国と諸外国の交渉往来のなかでは極めて特異なことである。つまり「使琉球録」がイコール「冊封使録」であったのは、そのこと自体、明清中国と琉球との関係の特殊性を現すものであり、東アジアの漢文史料全体から見れば、まったくの偶然でしかなかったのである。

三　使朝鮮録解題

以上述べたことは、使朝鮮録との対比によってさらに明らかになる。明清両代を通じて、中国が最も多くの使節を送ったのは朝鮮である。今かりに野口鐵郎『中国と琉球』によって、南明政権を含め明一代を通じて何らかの形で琉球へ使節が来ているのを数えると三四回であり、このうち国王冊封使として来ているのは十六回である。(9) 一方、明一代を通じて中国側から朝鮮へ送られた使節の数は、今かりに李鉉淙による統計によれば、合計一八六回を数える。(10) なおこの統計は朝鮮史編修会『朝鮮史』（京城〔ソウル〕、朝鮮総督府、一九三二―三八）をもとに数えたものであるといい、『朝鮮王朝実録』『明実録』『承政院日記』などに直接依拠したものではないし、朝鮮国が成立した一三九三（洪武二十六、太祖二）年から取った統計である。つまり明代初期に高麗国へ送られた使節は数えられていない。かりに高麗時代に明から送られた使節などを加えるならば、優に二百回を越えるであろう。

清代についても同様に野口鉄郎『中国と琉球』によるならば、清一代を通じて合計十回の使節が送られ、このうち国王冊封を目的とするものは八回である。一方、清一代を通じて中国側から朝鮮へ送られた使節の数は、今かりに全海宗による統計によれば、清の崇徳元（一六三六、明崇禎九、仁祖十四）年つまり太宗ホンタイジが清と国号を定めた時から数え始め、一八八〇（光緒六、高宗十七）年までで合計一六九回である。[11]なおこの統計は『同文彙考』の「詔勅録」をもとにしたものであって、詔勅をもたらした使節つまりいわゆる勅使だけを数えたものであるから、前の李鉉淙の統計には勅使でないものも含まれるのとは性格を異にする。つまり勅使としてではなく来た使節をも含め、『朝鮮王朝実録』『承政院日記』などの基礎史料により、さらに日清戦争（一八九四、光緒二十、高宗三十一年）の頃まで範囲を広げるならば、その数はこれより大きく膨らむであろう。いずれにしても、清代に朝鮮へ中国側から送られた使節の数は、同じく清代に琉球へ送られた使節の数に比べて、まさしく一桁違うものであった。

それでは、かくも多数清朝から朝鮮へ派遣された使節のうち、何人が旅行記ないしは朝鮮に関わる書物を書き残したかとなると、それは驚くほど少ししか残っていない。各種漢籍目録によって調べるかぎり、明代のもので現存するものでは倪謙・張寧・董越・龔用卿・黄洪憲・朱之蕃・姜曰広のものしか残っていない。清代に皇帝が派遣した使節のもので、現存するものも、現在のところ柏葰・花沙納・魁齡・崇礼など数人のものしか確認していない。検索漏れがたとえあったとしても、使朝鮮録は使琉球録に比べ、それぞれの使節の回数との比率で言うならば、圧倒的に少ないと言ってよい。従来のように琉球「冊封使録」とは帰朝報告をもとにしたものであるとしたなら、使朝鮮録は使節回数に応じて極めて多く残ったはずである。この使朝鮮録の圧倒的少なさは、どのように説明されるのであろうか。

出使回数との比率において、使朝鮮録が使琉球録と大きく異なるだけではない。それぞれそこに書かれた内容も、そして出版事情も大きく異なっている。そこで以下にまず、それぞれの使朝鮮録に簡単な解題を加え、そのあとで全体として使琉球録とどこが異なるのか考察することにしたい。書名の次に付した（ ）は、筆者が用いた版本を示す。

倪謙『朝鮮紀事』一巻（遼海編所収本、紀録彙編所収本、玉簡斎叢書所収本、国朝典故所収本）**『奉使朝鮮倡和集』一巻**（玉簡斎叢書所収本）

これは一四五〇（景泰元、世宗三十二）年、前年に景泰帝（景帝）が即位したことを知らせる目的で、詔勅を持って使したときの記録である。正使は翰林院侍講の倪謙、副使は刑科給事中の司馬恂であった。(12) これまで明皇帝の即位の詔を朝鮮に頒布する使節は、符宝郎・都察都僉都御史・左通政・礼部郎中など様々な官職のものをもって正使にあてていた。今回のように翰林院という文苑の府しかも侍講というかなり高位の官を派遣するのは、倪謙がはじめてである。倪謙は一四三九（正統四）年に第一甲第三名、すなわち探花という高成績で進士となった人物であり、当時からすでに文名が高かった。後には礼部尚書にまで至っている。(13)『皇華集』という、朝鮮へ派遣された中国使臣と歓迎係である朝鮮官僚との間で応答された詩文集が朝鮮で出版されたのは、倪謙から始まり、以後明末まで歴代続けられる。(14) 倪謙の『朝鮮紀事』が生まれる以前に、中国使臣による中国紀行文が書かれた可能性はもちろんある。しかし、この書が明代に生まれた朝鮮旅行記の中で最も古いものとして現存するのは、倪謙が有名な文人であったからにほかならない。

『朝鮮紀事』は簡潔な日記体で書かれており、たとえば『紀録彙編』所収本でいえば、わずか一二葉からなるのみである。同じく『紀録彙編』に収められる陳侃『使琉球録』は四九葉からなっているので、約四分の一である。それは、景泰元年正月十日の遼陽出発から書き始め、二月三日に帰国の途中で鴨緑江を渡ったところで終わっている。正月十五日に鴨緑江を渡って入国しているから、朝鮮滞在は合計四七日間である。さらにこの間、ソウルに滞在したのは二十日間である。

『遼海編』四巻は倪謙の子倪岳が編纂したものである。『朝鮮紀事』はその巻三に収められる。『遼海編』は現在、『使朝鮮録』上冊に収録される。(15)

『奉使朝鮮倡和集』は、倪謙と彼を歓待した朝鮮高官、申叔舟・鄭麟趾・成三問とによる倡和詩文集である。『朝鮮紀事』『奉使朝鮮倡和集』ともに、倪謙が帰国した当時に単独で出版されたことはなかったようである。少なくとも各種漢籍目録による限り、単独刊本のあることを確認できない。

これは、礼科給事中の張寧が正使、錦衣衛帯俸都指揮の武忠が副使となり、皇帝の勅を帯びて朝鮮国王を問責しに出かけたときの旅行記である。

当時、朝鮮北方の豆満江上流あるいは中流に住む毛憐衛の女真族（満州族）と、朝鮮との間で争いが生まれていた。朝鮮側は毛憐衛都督僉事の浪孛兒罕（郎卜兒哈）やその子供ら十六人をおびきだして殺害した。浪孛兒罕の一族は朝鮮領内の会寧に侵入して報復を図ったが、同時に同じく女真族であった建州衛都指揮、毛憐衛指揮らが明朝に使いを送ってこの情況を通報した[16]。明朝は殺害された浪孛兒罕が毛憐衛都督僉事という朝廷の官職を受けているにもかかわらず、朝鮮がまったく相談することなく彼をとらえ殺したこと、その結果として女真族と朝鮮族との間に殺戮が続くであろうことを問題とし、ただちに問責の勅を持った使節を派遣したのである。錦衣衛都指揮という武官が副使となっているのは、おそらくこのような武力問題があったからである。張寧の記録によれば、一行は天順四年二月三日に北京の朝廷を辞し、二月十八日に遼陽の遼東都司をたち、三月二日は漢城（ソウル）で勅書を読み上げて問責、十日にははや漢城をたって帰国の途についている。平壌には三月十五日着、三月二十二日には中国領の鳳凰山に至っているから、鴨緑江を渡ったのは三月二十日の前後であったろう。旅程から推測すれば、往路で鴨緑江を渡ったのは、二月二十四日の頃と考えられているから、朝鮮滞在は一箇月足らず、漢城滞在はわずか十日間ほどである。

『奉使録』上巻には題本三通と朝鮮へ与えた文書一通、および中国国内の北京近くの豊潤県から遼陽に至るまでの詩数十首と、遊鳳凰山記を収める。鳳凰山は遼陽から鴨緑江に至るまでにある山である。題本三通はすべて中国国内で書いたもので、うち一通は「朝鮮国回還復命題本」と称するとおり、まさしく復命書である。これに対し、巻下に収められる詩文は、すべて『皇華集』、つまり張寧と彼を接待した朝鮮官僚との贈答詩文集の再録である。はじめに皇華集（朝鮮刊本）と書かれているとおり、朝鮮で編集され刊行された[17]『庚辰（天順四年）皇華集』をもとにして、そこから朝鮮官僚らの詩文を削り、張寧のみの詩文を書き抜いたものである。上巻・下巻を合わせると、題本と詩からなっていると言うことができる。さきに潘希曽『南封録』を張寧『奉使録』に類したものと述べたのは、このためである。ただし、この書には序文や跋文がまったくない。現在我々が張寧『奉使録』に接することができるのは、明代の『塩邑志林』などの叢書や『四庫全書』所収の張寧の文集『方洲集』に、これを上下二巻で収めるからである。日本静嘉堂文庫所収の鈔本『方洲先生集』にも、『奉使録』を上下二巻で収めるが、やはり序文、跋文ともにない。すなわちこれはもともと単行本として出版されたものではなかった、と推測される。

董越『朝鮮賦』一巻（朝鮮総督府拠朝鮮嘉靖十年刊本影印本、国朝典故所収本、四庫全書所収本、豫章叢書所収本、日本正徳元年刊本、日本享保二年刊本）**『朝鮮雑志』一巻**（玄覧堂叢書所収本、四庫全書存目叢書所収本）**『使東日記』一巻**（正徳九年刊本）

右春坊右庶子兼翰林院侍講の董越は一四八八（弘治元、成宗十九）年、弘治帝が即位した詔をとどけに朝鮮へ使いした。『朝鮮王朝実録』成宗十九年二月癸亥の条によれば、接待の総責任者である遠接使の許琮は二月二十五日に董越と会い鴨緑江を渡ったと言うから、この日に董越は朝鮮に入国したと考えられる。また『（戊申）皇華集』題申汎翁文集後は、董越が帰国の途次、四月四日に朝鮮側の国境の都市義州の義順館で書いたものである。とすれば、四十日前後朝鮮国内に滞在したことになる。この間、漢城（ソウル）に滞在したのは三月十三日から三月十八日のわずか六日間であった。

『朝鮮賦』の賦とは韻文の一形式である。ただこの書は韻文のフレーズごとに自ら注を加えており、この注こそが朝鮮の様々な事物を説明する中心となっている。そこでは朝鮮の自然、風俗、人情、衣食住、制度などが実に要領よく記述されている。また簡単ではあるが、一行の行動をも記している。ただ日を追った日記ではないので、これから彼らの日程を知ることはできない。

董越はその序文で、朝鮮で毎日見聞したものはその日の夜に簡単に書き付け、遼東に帰ってから副使の工科右給事中王敞の記すところを参考にし、この賦を作ったという。また制度などについては、彼らを接待した朝鮮吏曹判書の許琮がもたらしてくれた『風俗帖』を参考にした、と文中で述べる。

『朝鮮賦』は使朝鮮録全体のなかで、例外的にいくつかの解題ないしは研究がある。[18] さらに遡るならば、それは『欽定四庫全書』にも収められ、四庫提要に適確な解題がなされている。そこでは、董越自らの見聞と『風俗帖』だけでこのような周到な朝鮮紹介ができるかどうかは疑問であるとし、出発前にあらかじめ『図経』を参考にし、帰国後さらに典籍によって明らかにしたのだろう、と推測している。『図経』とは地方志のことであって、この解題を加えた者は特定の書名を明示しない。しかし『図経』とここで言うのは、恐らく宋の徐兢『宣和奉使高麗図経』そのものを指すであろうし、近代の研究者も四庫提要を引用しつつ、『高麗図経』をも参考にして『朝鮮賦』を完成させたと推測している。確かに、この推測を誤りであるとはっきり退けることはできない。しかし、これまで述べてきた倪謙『朝鮮紀事』、張寧『奉使録』、そしてこの董越『朝鮮賦』、そしてさらに次に述べる龔用卿『使朝鮮録』（一五三七＝嘉靖十六年、出使）、黄洪憲『朝鮮国紀』（一五八二＝万暦十年、出使）、姜曰広『輶軒紀事』（一六二六＝天啓六年、出使）のいずれを取っても、この書の名前が出てこないことからして、現在のところこの推測を疑問視せざるをえない。少なくとも明代中頃の弘治年間に、『宣和奉使高麗図経』は中国知識人たちの間でポピュラーなものであったとは考えられない。

一方『風俗帖』を贈った許琮は、この時、兵曹判書で遠接使を命ぜられ、正使の董越と副使の王敞を接待する総責任者の地位にあった。『（戊申）皇華集』は、成俔の詩が十二あるほかはすべて董越・王敞とこの許琮の三人の詩によって構成されており、使節二人が朝鮮国内に滞在した一箇月以上の間は、彼がべったり同行し、最も親密であった。(19) とすれば、『朝鮮賦』に見える詳細な朝鮮紹介は、董越自身の見聞と王敞のメモのほかに、許琮『風俗帖』ないしはこれに類するものと、彼から直接聞き出したものによっていると考えてよく、『宣和奉使高麗図経』を持ち出す必要はまったくないのではないか。そもそも『朝鮮賦』の中に見える具体的な内容を『宣和奉使高麗図経』のそれと対比しても、明らかに一致するものを見出すことは困難である。

このような瑣細な疑問を持ち出すのは、『朝鮮賦』という明代に朝鮮を紹介した史料としては最も詳細なものが、どのように誕生したのかという大きな問題に関わるからであり、陳侃の『使琉球録』など明代に琉球を紹介した史料群との対比に関わるからである。『朝鮮賦』が生み出された経緯は、『朝鮮王朝実録』と『朝鮮賦』序文によれば、おおよそ次のとおりであった。

まず『朝鮮王朝実録』には、成宗十九年＝弘治元年三月己巳（三月五日）の条に、許琮から董越らの動静について国王へ報告した記事が載っている。そこで許琮は「『大明一統志』を見るに、わが国の風俗を載せ、〝父子が一緒に川で水浴する（父子同川而浴）〟とか、〝男女がたがいに相手を好きになって結婚する（男女相悦為婚）〟とか述べているが、これはみな古史の言で、現在わが国にこのような風俗はない」とし、『大明一統志』のこの種の誤った記事をどうしたらいいのか、と言ったところ、副使の王敞は、董越はちょうど先帝の実録の編纂に当たっているところであるから、これを書き改めるのに難はないと答え、董越自身、朝鮮の今の風俗を書くべきであって古史の言を踏襲すべきではない、朝鮮のうるわしい風俗をあなた方がすべて自分に書いてくれたら、自分が『実録』を編纂するときにこれを載せてやる、と言ったという。これは義州から平壌にいたる間で博川江を渡る時のことであるが、これに対応する記事はソウルでの行事を終え、一行が帰国の途につこうとする三月壬午（十八日）に登場する。董越らに同行してソウルを発つ許琮は、国王に対し次のように進言した。董越が実録を編纂しているからといって、彼が朝鮮の風俗をそのまま書きつけてくれることは自分は信じていない。しかしこれを機に朝鮮の美風良俗が中国に伝播されるとしたら幸いである。喪制、職田、再婚した婦人の子孫は科挙から排除するなどのことを関係官庁に全部書かせて、自分に送らせてほしい、自分は董越らと閑談するときにこれを伝えようと思う、と。国王はそのようにせよ、と命じた。さらに翌日にもすでにソウルを出た許琮は、国王に対して次のような文書を書き送った。董越がソウルの成均館を訪れた時、「学令」を書いて持ってきてくれと言っていたので、これを与えたところ、副使とともにこれを読んで大いに讃嘆した。また副使の王敞は、「朝鮮の風俗をすべて書き付けて董先生に出すべきである、このことをすでに言ったのに何故まだ書いてこないのか。董先生が帰国し実録を編纂される時には、必ず皇帝に上奏し、史書に書いてくださる。先生は正直な方だから二言はない。このことをあなたがソウルへ帰ったなら国王に伝えてほしいと言った」と。さらにその翌日、国王から許琮に対して「わが朝の良法美俗をここに書き送る。お前の言ったとおり、これを使臣董越らに伝達せよ」との命令が下された。

これによれば、この時の詳細な朝鮮情報が国家がかりで準備されたものであったことは、疑いない。たしかにそれは、草卒の間に準備されたものであった。しかし朝鮮の制度、風俗についての詳細な記事が朝鮮国王の側で用意され、これが許琮を通じて董越に伝えられたことは確実である。朝鮮側が用意した朝鮮情報がそのまま『風俗帖』であったかどうかは、なおわからない。しかし、董越が詳細な朝鮮情報を手にしていたことは、間違いないところである。『四庫全書総目提要』の撰者は『朝鮮王朝実録』を読まずに『朝鮮賦』の提要を書いたため、董越が見た可能性の少ない『図経』を持ち出してくるほかなかったのである。

このことは、陳侃の『使琉球録』と比較すると、両者の視点の置き方や著述の態度の違いが明瞭となる。[20] 陳侃がいかに激しく『通典』や『大明一統志』の誤りを指弾しているかは、ここで再述しない。董越『朝鮮賦』でも『文献通考』や『大明一統志』に記述されたものと現実に今の朝鮮にあるものとの違いが指摘される。しかしそれは、どうやら許琮ら朝鮮側の人々が、中国人に対して朝鮮の再認識を求め、彼に提出した情報をもとにしたものらしい。『大明一統志』の朝鮮記事に誤りがあること、さらに言えば朝鮮が昔の朝鮮とは違っていること、漢化＝中国化さらに端的に言えば文明化をとげたことは、遠接使の許琮の方が指摘し、言いだしたことであった。今回の使節として文名高い董越があてられたことは、彼が北京を発つ前から朝鮮にニュースとして伝えられていた。あるいはこのニュースが伝えられた時から、許琮にはこの機をとらえて新しい朝鮮情報を中国に流したい、という考えが起こっていたのかも知れない。董越らが中朝国境を越えて一週間ほどたった頃、やおらこの問題を話題にしたのは、董越らにまず一週間ほど実際のところを見せておいて、その後『大明一統志』の誤りを持ち出し、彼らに間違いない事実であるとしてそれを確認させるねらいを、あらかじめ持っていたからではないか。

許琮のねらいは見事に当たり、『朝鮮賦』では「いわゆる〝父子が一緒に川で水浴する（川浴同男）〟とか〝駅伝での労役はすべて寡婦があたる（郵役皆孀）〟、などといったことを始め聞いていた時は驚いていたが、これらが改められていることが今わかった」、と董越の言葉をもって語られるに至った。そして『朝鮮賦』は中国で広く読まれたようである。その弘治三年（一四九〇）刊本は書目によるかぎり少なくとも上海辞書出版社図書館に現存し、正徳十六年（一五二一）刊本も天一閣に現存する。[21]また明万暦間刊本の叢書『国朝典故』にも収録されている。この書の普及にともなって、当時の中国知識人の朝鮮認識に大きな影響を与えたと考えられる。これから三百年以上経った一八二八（道光八、純祖二十八）年に燕行した朴思浩は、北京の清朝知識人から朝鮮の官職と服制との関係を尋ねられたとき、董越の『朝鮮賦』に見える記事をも話題として答えている。[22]この点では琉球認識に大きな影響を与えた陳侃『使琉球録』と比肩することができる。さらにこの書は『新増東国輿地勝覧』本を含めれば朝鮮で三度にわたって印刷され、日本でも朝鮮版をもとに少なくとも二度にわたって出版された。[23]

しかし、このように版が重ねられた『朝鮮賦』が、もともと董越本人の意思によって出版されたものではなかったことは、諸々の使琉球録との対比で注意すべきである。それは一四九〇（弘治三）年の欧陽鵬「朝鮮賦引」、および同年の王政「朝鮮賦後序」からうかがうことができる。これらによれば、董越が一四八八（弘治元）年五月に帰京した後、『朝鮮賦』はただちに彼自らによって出版されたのではなかった。一四八九（弘治二）年の秋に董越が郷試総裁のために南京へ出張したおり、たまたまテストの採点の手伝いに来ていた泰和県訓導で挙人であった王政が、この原稿を見て出版させてくれるように願い出、かくして一四九〇（弘治三）年に王政によって出版されることになったのである。したがって董越自身による序文はない。つまり董越がたまたま有名な文人であったため出版されたのであって、この点では倪謙、張寧と同じである。これに比べ陳侃は琉球から福州へ戻るとただちに自ら序文を書き、『使琉球録』を自ら出版するとともに、史館に備えられることを願った。郭汝霖も『重編使琉球録』を自ら出版し、後に琉球へ使いする者がこれを参照してくれることを心より願った。[24] これらの著作態度と董越のそれとは、はるかに異なっている。

『朝鮮雑志』は『朝鮮賦』の自注の部分を中心に抜き書きし、これを整理したものに過ぎない。『四庫提要』地理類存目で、好事者が鈔出別行し、勝手に名前をつけたもので、董越自身に別にこの書があるわけではないと述べる。筆者もこの解釈をとる。『使東日録』は一五一四（正徳九）年刊本が国家図書館（台北）と上海博物館に現存する。本書は計四七葉からなり、日録とはいうがいわゆる日記ではまったくなく、遊葱秀山記など五つの文章を除きほとんど全篇が詩であり、うち一五葉は中国国内で歌ったものである。したがって当時の人々の朝鮮認識を深めるのには、あまり大きな役割をはたさなかったと思われる。

龔用卿『使朝鮮録』二巻（民国二十六年江蘇省立国学図書館陶風楼用嘉靖十六年序刊本景印本、静嘉堂文庫蔵朝鮮活字本）

龔用卿は一五三七（嘉靖十六、中宗三十二）年、翰林院修撰で正使として朝鮮に使いした。これはその時の旅行記である。目的は嘉靖帝に皇太子が誕生したことを告げ知らせることであり、この時対象として選ばれた外国は朝鮮と安南の二国のみであったが、結局安南へは使節が派遣されなかった。中国側の『明実録』、安南側の『欽定越史通鑑綱目』、ともに見えないからである。[25] 正使は龔用卿、副使は戸科給事中の呉希孟であった。ただ朝鮮での具体的な旅程は、この旅行記では記さない。

龔用卿のこの旅行記が『使朝鮮録』と題して一五三七（嘉靖十六）年に出版されたことに、陳侃『使琉球録』がその三年前の一五三四（嘉靖十三）年に出版されたことが何らかの影響を与えたのではないか、と筆者は考えている。というのは、龔用卿が三年後によく似た名の書物を出版したということのほかに、彼が福建省懐安県の人だからである。[26] 懐安県は万暦初年まで侯官県の北西にあった県で、万暦八年に侯官県に合併された県である。侯官県は閩県とともに福州城を構成する。簡単に言えば、龔用卿は福州の人であった。龔用卿の詩文集『雲岡選稿』二〇巻（『四庫全書存目叢書』集部第八七冊所収）には、鼓山や烏石山など福州城内外の名勝へ出かけた詩や文章のほか、福州へ赴任した官僚に与えた詩や文を数多く見出すことができる。彼が福州の動向には敏感であったと考えてよい。福州と密接な関係にある陳侃『使琉球録』が彼の朝鮮行の三年前に出されたこと、さらに陳侃の『使琉球録』が皇帝の命によって史館に保存されるまでになったこと、そしてこれは『明実録』にも記されるほどであるから、当時の官僚たち、少なくとも翰林院や国史館のような文苑史籍の府の官僚たちには、よく知られていたであろうとも考えられる。朝鮮へ使いしたこの時、龔用卿は翰林院修撰、経筵国史館であり、まさしく陳侃『使琉球録』が収蔵された官庁にいたのである。

さらにこの推測を確かなものとする点として、その文集『雲岡選稿』巻一二に、「送大行東玉高君奉使還朝序」を収めていることを挙げることができる。文章から察するに、この文章は嘉靖十三年に冊封副使として陳侃と同行した高澄が帰国し、これから北京へ帰ろうとする時、まさしく還朝せんとする時に作った送別文である。どこでの作かは不明であるが、彼がたまま帰省しており、この福州の地で作ったと考えるのが、最も自然であろう。とすれば、陳侃が『使琉球録』序を書き、高澄が後序を書いた頃である。高澄あるいは陳侃が『使琉球録』のことを何らか龔用卿に語ったと考えることは、極めて自然である。ちなみに龔用卿と陳侃は、一五二六（嘉靖五）年同年進士の関係でもあった。前者が状元つまりトップ合格であったのに対し、後者は第三甲一八名という成績であったが、知り合いであった。『使朝鮮録』には陳侃『使琉球録』への言及は一切ないが、情況証拠としてはそろいすぎている。[27]

本書は二巻よりなり、はじめに龔用卿「使朝鮮録序」（嘉靖十六年四月望日）と呉希孟「使朝鮮録後語」が載っている。これによってこの書の著述の目的と著述の過程をほぼ理解することができる。これによれば、彼らが北京から命を帯びて朝鮮へ出発する前、朝鮮の故事を諸先輩にたずねたが、関係する書物はないということであった。呉希孟は一五二一（正徳十六、中宗十六）年に副使として登極の詔をもたらしに朝鮮に赴いた史道にたずねたが、わずかに儀礼の順序を両国の間で打ち合わせたときの「儀注」を得ただけで、著述は散失していたという。さらに遼東へ至って前例をたずねたが、関係する官庁にそんなものはないという答えであった。そこで後に朝鮮へ使いとして行く者のために参考資料として書き残した、という。つまり一五三七（嘉靖十六）年に朝鮮に使するにあたって、彼らには何ら参考にすべき文献が残っていなかった。実際、この『使朝鮮録』には先人によって書かれた記録が一切あらわれない。わずかに先人の文章が登場するのは、「遊翠屏山記」で言及される董越の「遊葱秀山記」と、倪謙の一、二の詩だけである。

このように一五三七年に使節として朝鮮へ旅行するにあたって、彼ら二人に何ら参考になる先人の文献がなかったということは、その数年前に陳侃と高澄が琉球へ旅するにあたって何ら参考とすべき文献がなく、このため後人への便宜のためを第一の目的として『使琉球録』を著したことを想起させる。呉希孟「使朝鮮録後語」では先例を記した文書や先輩の書き残した記録がないので、「これが太史雲岡先生（龔用卿）が著作した所以である」と明確に記している。龔用卿「使朝鮮録序」では、この書の編纂はまず龔用卿本人によってなされ、これを呉希孟が校訂したという。またこの書が完成すると、呉希孟は「この書が完成したからには、後人が参考になるものができたことになる。伝えるべきである」と述べたという。これもまた、陳侃が自らの書を後人に役立ててもらおうと、史館に保存することを願ったことを彷彿させる。もっとも呉希孟がこの書を後世に伝えたいと言うのに対して、龔用卿は「必ずしも伝えることを必要としようか」とコメントを加えているが、これはむしろ謙辞と考えるべきであろう。というのはこれに続けて、「後の者に対して参考とするところを与え、天子の名代として使いする仕事に失敗することをなくさせられるであろう。とすれば多少の助けにはなる」と述べるからである。ここに陳侃が実用性をねらって『使琉球録』を著した動機と、極めて近い動機があったことを、我々は知ることができる。

ただ結果としては、龔用卿『使朝鮮録』と陳侃『使琉球録』とはずい分違う内容のものとなった。まず大きく見れば、『使朝鮮録』の前半は㈠朝鮮国内での行事の箇条書きと義州—ソウル間の宿舎・名蹟・距離、㈡宴会における国王との問答および龔用卿・呉希孟がこの時書いた文書などからなり、後半は北京—ソウルの間に龔用卿が作った詩と文からなる。前半㈠はさらに出使之礼、邦交之儀、使職之務の三項目に分けられている。「出使之礼」は、迎詔之儀、沿途迎詔之儀、開読之儀、謁廟之儀からなり、使節が行う重要な儀式のプロセスを記す。これは、郭汝霖『重編使琉球録』巻下の「礼儀」や夏子陽『使琉球録』巻上の「礼儀」に相当すると考えてよい[28]。ただ一連の使琉球録に比べて、龔用卿のそれは叙述が極めて詳細であり、これを書くにあたって朝鮮側の接待係ととりかわした儀注、つまり行事式次第をそのままベースにしたのではないかと考えられるほどである。確かに次に朝鮮使節に当てられた者は、北京を出発するにあたってこれを読み、式次第を知っておけば、「君命をはずかしめることなく」無事に行事を終えることができると安心できたであろう。「邦交之儀」は国王茶礼之節など計八項目からなり、それぞれの接待の順序次第を述べたもので、「出使之礼」と極めてよく似ている。第三の「使職之務」は道里之距など計五項目からなる。そこでは義州入国以後の宿舎の名と宿舎間の距離や、各地で出迎えにあたる朝鮮側の官職名、それに朝鮮軍士がどの駅で順番に交代し護衛に当たるか記す。最後の朝鮮国王との問答も、次回に朝鮮へ使いする者にとって、貴重な参考資料となったに違いない。

龔用卿・呉希孟が発した文書のうち、一つは彼らが国境の鴨緑江北岸、つまり中国側の最終地点まで達したとき、遼東都司にあてて書いたものであって、朝鮮国内にては婦人によるもてなしは受けたくないこと、巡按に文書を送り、朝鮮側にこの旨しかと通知してほしい、と求めたものである。婦人によるもてなしとは、朝鮮側ではその習俗にしたがい、婦女による舞踊つまり「女楽」をもって中国使臣を接待したからである。第二の文書は、成化・弘治・正徳・嘉靖の間にこれまで翰林院・六科給事中の者が朝鮮へ使いした時の文書を郵送せよ、と求めたものである。第三の文書は、朝鮮入国に際して家人・書吏・儒士ら合計十人を従者として同行させるから、このむねあらかじめ朝鮮側に伝えておいてほしい、と求めたものである。

呉希孟『使朝鮮集』一〇巻

以上、龔用卿『使朝鮮録』を紹介したが、これとともに是非紹介する必要があるのは、このとき副使として同行した呉希孟が、『使朝鮮集』一〇巻を著していることである。すでに述べたように、呉希孟はこのとき戸科給事中であった。薛応旂「使朝鮮集序」によれば、この書は内外に分けて一〇巻からなり、制詔、章疏、贈言致詞、山川、建置、迎候、礼儀、風土、習尚を述べたものという。[29]一〇巻という分量と、薛応旂が述べている叙述の項目からすれば、龔用卿のものよりはるかに詳細なものであったに違いない。彼は「体例は森厳にして、意義は周悉である」とも評している。かりにこの書が現存しておれば、明らかに徐兢『宣和奉使高麗図経』に比肩しうるか、これをうわまわる内容のものになっていたに違いなく、また使琉球録との対比にさらに役立つであろうが、残念ながらいまだ見出すに至っていない。さらに言えば、これが出版されたのかどうかもわからない。

『朝鮮王朝実録』には龔用卿と呉希孟が帰国した翌年、聖節使として北京に赴いた許寛の報告として、次のような話を載せる。許寛は呉希孟から朝鮮の始末をつぶさに記した法帖を受けとった。そこには義州からソウルに至る宿舎や駅の名、宰相や三品堂上の名、『及第榜目』つまり朝鮮科挙の合格者名簿、宣慰使・遠接使・従事官が誰であるか、通訳官の名前から花草の名に至るまで、記載してないものはなかった、という。[30]ただこれが、『使朝鮮集』とどのような関係にあるかは、なおよくわからない。

許国『朝鮮日記』三巻

この書は、『千頃堂書目』に許国撰三巻（版本によっては二巻）と著録されているが、現存することを認識できないでいる。許国は一五六七（隆慶元、明宗二十二）年、隆慶帝即位の詔を伝えに朝鮮へ使いした。正使は翰林院検討の許国であり、副使は兵科左給事中の魏時亮であった。許国は朝鮮へ使いした使節のうち、清廉であった人物として張寧とともに伝えられている。(31) 許国には文集として『許文穆公全集』二〇巻（天啓五年刊本）があり、国家図書館（台北）などに現存している。そこには朝鮮王挽詞四首（以下倶出使朝鮮詩）として、約三〇首の詩を載せるが、『朝鮮日記』は含まれない。『国朝献徴録』巻一七に王家屏撰による彼の墓誌銘があるが、ここでも『朝鮮日記』の存在にふれない。つまり、少なくとも当時、出版されたようにない。

黄洪憲『朝鮮国紀』一巻（学海類編所収本、碧山学士集所収本）

黄洪憲は一五八二（万暦十、宣祖十五）年、皇太子誕生を知らせる頒詔のため、翰林院編修で正使として朝鮮へ旅行した。副使は工科右給事中の王敬民であった。(32)

『朝鮮国紀』は周代に箕子を国王に封じてより、万暦三年に宗系弁誣のための請願を中国明朝におこなったまでの朝鮮簡史である。(33) 使朝鮮録というよりは、その朝鮮行を契機に書かれた歴史書である。一八三一（清代道光十一）年序の叢書『学海類編』に収録されている。

黄洪憲には文集『碧山学士集』があり、その巻一九が使朝鮮稿と題されている。(34) 朝鮮に使いした時に作った詩が大半を占めるが、ほかに書箕子実紀後、恭題高皇帝御製詩章後、与遠接使帖、朝鮮国紀が収められる。この朝鮮国紀と『学海類編』本のそれとを対比してみると、両者に文字の異同が若干あり、『学海類編』本では清朝の諱字があるほかは、まったく同じであることがわかる。『碧山学士集』はもちろん明版であるから、『学海類編』本は『碧山学士集』所収のもの、あるいはこれに類するものをもとにしたのではないか、と推察できる。どうやら、『朝鮮国紀』も単行本として明代に出版されたことはなかったようである。そこに序文も跋文もないことが、この推察を強めるものである。

黄洪憲はもともと朝鮮の歴史に関心があったようである。許筠『鶴山樵談』には次のようなエピソードを載せている。

彼の父である許曄が許筬・許篈・許筠の三兄弟に対して、常づね朝鮮の歴史を知らねばならないと教えさとしていたので、みな『東国通鑑』を読んだ。しかし若い頃は、「読まねばならない書物は多いのだから、こんなものを読むことはあるまい」と思っていた。ところが黄洪憲がソウルの宿舎である太平館に至ったとき、宿舎の接待係の鄭惟吉に対して高麗と辛禑について尋ねたが、鄭惟吉は答えられなかった。兄の許篈が代わって入り、これに答えることができたということである。そこで初めて父の見識がいかに高かったかを知った。[35]

許篈は黄洪憲が朝鮮を訪れたとき接待係の一人であった。黄洪憲は許篈の文章に感服し、別れに際して詩を求めたところ、即座に求めに応じたので、「中国に生まれていたら翰林院のトップになっていたであろう」と讃嘆したという話も残っている。その弟、許筠が伝えるエピソードであるから、これはおそらく本当にあったことである。黄洪憲が朝鮮の歴史に関心を持っていたと考えてよいであろう。『朝鮮国紀』が偶然になったものとは考えがたい。

ここで『朝鮮国誌』一巻（南京図書館蔵明刊本）について付記する。『中国古籍善本書目（史部）』（上海、上海古籍出版社、一九九三）頁一〇八〇、地理類では、「朝鮮国誌一巻（明黄洪憲撰）箕子紀実一巻（朝鮮李珥撰）明万暦刻輶軒録本　清管庭芬跋、南京図書館蔵」とするからである。このため南京図書館に赴いて調査したところ、『朝鮮国誌』は黄洪憲の著作ではなく、撰人未詳『朝鮮志』と同じものであることを確認した。『朝鮮国誌』は鄭惟吉撰「皇華集序」（万暦十一年正月二十五日、四葉）と李珥撰「箕子実紀」（五葉）とともに一冊をなし、四二葉である。封面に「この書は明の槜李（浙江省嘉興府）の人である黄洪憲が朝鮮に使いして帰り、編集したところの『輶軒録』の第一種である。後ろに『皇華集』三巻を付すが、すでに佚失している」とし、一八三八（道光十八）年に周竹泉なる人物より譲り承けた、との管庭芬の識語がある。たしかに『朝鮮国誌』には[36]第一葉第一行に輶軒録と刻し、第二行に朝鮮国誌と刻し、第三行以下に「檀君肇国、箕子受封、皆都平壌」より始まり「右平安道」で終わっている。このうち、「檀君肇国、……右平安道」の全文は『朝鮮志』とまったく同じ文であり、『四庫全書総目提要』でもこれを撰者不詳であるが朝鮮人の著作であるとするように、黄洪憲の撰ではありえない。「箕子実紀」は朝鮮刊本の李珥『栗谷全書』巻一四所収のものと照らし合わせてみると、文字の異同が時に見られるほかは、まったく同文である。ただ明刻本では第五葉ウラからはなくなっている。

先に見たとおり、黄洪憲『碧山学士集』巻一九、使朝鮮稿には彼の撰になる「書箕子実紀後」が収録されており、明刻本

「箕子実紀」との関連を窺わせる。黄洪憲が朝鮮に使いしたとき、李珥はその接待に当たり、『(壬午=万暦十年)皇華集』でも詩の贈答を行っている。[37] 鄭惟吉撰「皇華集序」も、『(壬午=万暦十年)皇華集』に収められ、一五八二(万暦十、宣祖十五)年に黄洪憲を接待したときのものである。また黄洪憲に『輶軒録』という名の編纂物があったことは、同じく朝鮮の許筠『惺所覆瓿藁』巻一三「使東方録跋」に、「倪謙に『遼海篇』(『遼海編』)があり、龔用卿に『朝鮮録』があり、黄洪憲に『輶軒録』がある」と述べていることからほぼ確かであるが、[38]『碧山学士集』などによっては今のところ確認できない。『碧山学士集』に収める「使朝鮮稿」が即ち『輶軒録』の一部なのであろうか。また管庭芬が、何を根拠にして『皇華集』三巻がもとは付せられていたというのかわからない。

『朝鮮国誌』つまり『朝鮮志』は中国の地方志に似て、必ずしも地方志そのものとは言い切れない。というのは、たとえば国都(京都)を紹介した部分では、各官庁についてしばしば政治制度に関わる説明が簡略に施されている。またこの書は朝鮮全土のことを記すが、たとえば『八域誌』のように詳細には記さないし、人物をも紹介しない。それはあたかも、朝鮮を簡単に紹介するための書であるごとくである。書の中で、一四八八(弘治元、成宗十九)年の中国からの使者董越が出てくること、さらに一五二一(正徳十六、中宗十六)年の使者、翰林院修撰唐皐および兵科給事中史道の名が出てくることから、この書が一五二一(正徳十六、中宗十六)年以後の編纂物であることは間違いない。さらに言えば、この書は一五八二(万暦十)年以前のものであることも疑いない。というのは、王国維『伝書堂蔵善本書志』には『朝鮮志』二巻(明鈔本)が著録されており、「序跋および撰人の姓名はなし。天一閣の蔵書である。前に題記があり、〝万暦十年五月、蘇州の劉鳳(子威)のところから借りた〟という。これは侍郎であり天一閣主人であった范欽の手筆である」と述べるからである。[39] この書が万暦十年以前に存在していたことは、疑いない。

それではこの書は、誰がどのような事情で編纂したのであろうか。『四庫全書総目提要』では撰人未詳であるが朝鮮人の作とすること、すでに述べたとおりであるが、『京都大学人文科学研究所漢籍目録』などでは、明闕名撰とする。このうち、明人の作とするのは、朝貢国の者をも宗主国名で呼ぶという体例でなければ、その内容から見て明らかに誤りであるが、朝鮮人の作とする『四庫全書総目提要』でも撰者は不明とし、その編纂の経緯についても語らない。

この問題については今のところ、朝鮮の人である蘇世讓が一五三九(嘉靖十八、中宗三十四)年に、翰林院侍読の華察が朝鮮に使いしたとき、彼に手みやげとして渡すため国家の命令を受けて編纂したものではないかと考えている。このように考えるのは、『浙江採進遺書総録』すなわち四庫全書を編纂するに当たって浙江省から集めた書物を解説した目録で、そのように述べるからである。[40]『朝鮮志』二巻が上で述べたように一五二一（正徳十六、中宗十六）年以後、一五八二（万暦十、宣祖十五）年までの間に編纂されたものであること、内容が地方志に似てそうではなく、朝鮮という国を簡単に紹介するものであることも、この考えを補強する。ただ現在のところ、蘇世讓の文集である『陽谷先生文集』などでは、このことを確認することができず、確度の高い推測として止めておくほかない。またこの書と黄洪憲との関係も、依然として明らかではない。

いずれにしても、『朝鮮志』二巻が編纂されたこと、そしてそれが『朝鮮国誌』という名で明代中国で出版されたことは、中国—朝鮮間の冊封使行すなわち燕行使行をめぐる文化交流の貴重な資料であることは疑いない。朝鮮側が中国使節の来朝をとらえて朝鮮情報を意図的に流そうとしたことは、すでに董越『朝鮮賦』の成立事情を記したところで紹介したが、『朝鮮志』は『朝鮮国誌』と名を変えて、ついに中国で出版されるに至ったのである。

朱之蕃『奉使朝鮮稿』一巻（四庫全書存目叢書所収本）

朱之蕃は一六〇六（万暦三十四、宣祖三十九）年、その前年に万暦皇帝の皇太子に初めて男の子が生まれたことを知らせるため、詔勅を持って朝鮮に使いした。[41]北京を二月十六日に出発、三月二十四日に鴨緑江を渡って義州に到着、四月十一日にソウルに到着しその日のうちに頒詔の儀を行っている。ある詩の中で、ソウルには十日留まったと言う。『明実録』によれば、七月七日に復命している。正使は朱之蕃で時に翰林院修撰であり、副使は梁有年で時に刑科左給事中であった。ちなみに朱之蕃は、一五九五（万暦二十三）年の状元である。

『奉使朝鮮稿』は彼が北京を出てからソウルへ赴き、ソウルから北京へ帰るまでに作った詩文を収める。上海図書館原蔵で明万暦刻本とする。そのうち「朝鮮重修明倫堂記」は豊臣秀吉の侵略時に焼かれた明倫堂が再建され、そこに赴いたときに、堂額とともに書いたものである。「題陽川世稿」は接待係であり朱之蕃と詩の贈答をした許筬と許筠兄弟に頼まれ、陽川許氏、すなわち父の許曄、中兄の許篈、妹の蘭雪軒（許楚姫）の遺稿を見せられ書いたものである。「蘭雪斎詩集小引」は許氏蘭雪軒の詩集を見せられ、許氏兄弟に贈ったものである。[42]また「遼東新修路河記」は、ソウルから帰途の万暦三十四年五月、遼東の広寧から三岔河に至るまでの道路と河川が新たに修理されたことを述べたものである。このような重要な文章もあるにはあるが、大半は詩であって、日記ではないしまた当時の朝鮮を紹介しようとするものでもない。

付録として、このとき遠接使、つまり義州からソウルに至る往復の接待係であった議政府左賛成の柳根の撰『東方和音』を収める。これは朱之蕃の詩に応じた複数朝鮮人の贈答詩である。したがって『奉使朝鮮稿』『東方和音』に収める詩は、多く『(丙午＝万暦三十四年) 皇華集』に収めるものと重なる。(43)

なお梁有年には『使東方録』があったことが、先にも掲げた許筠「使東方録跋」によって知られる。許筠が跋文を書いた書物こそ、梁有年の『使東方録』にほかならない。ただし、これが刻本としてあったのか単なる鈔本であったのかは、明らかではないし、これが現存しているかどうかも確認できない。「使東方録跋」では「使節としてやって来た時に作ったものを編集し、朝鮮の人が唱和したものを付け加えたもの」と言うから、朱之蕃『奉使朝鮮稿』とよく似たものであったと考えられる。つまり、朝鮮における日記や朝鮮を紹介した書ではなく、主に詩を収めたものであったと考えられる。

姜曰広『輶軒紀事』一巻（豫章叢書所収本）

撰者の姜曰広については、『明史』巻二七四に伝がある。江西省新建県の人で、一六一九（万暦四十七）年の進士である。そこでは、一六二六（天啓六）年に朝鮮に使いしたとき、中国の一物をも携えて行かず、朝鮮の一銭をも取って帰らなかったため、朝鮮人は「懐潔之碑」を立てたと特に記す。翌年には宦官にして時の最高権力者であった魏忠賢の一派によって東林党人であると目され、官僚身分を剥奪されている。その後、崇禎の初めに再び官位につき、特に明朝滅亡後に南京に置かれた南明政権において活躍した。彼の名は『東林列伝』『東林党人榜』などの東林党人リストに登場しないが、彼が東林党と極めて近い人物であったことは、その死に至るまでの行動から見て疑いない。(44) このことは、『輶軒紀事』を読む時に注意すべき点である。

『輶軒紀事』は姜曰広が翰林院編修であったとき、皇太子誕生を知らせる詔を朝鮮に頒つための正使として使した時の記録である。副使は工科給事中の王夢尹であった。この『輶軒紀事』が他の使朝鮮録と大きく異なるのは、他のものがすべて陸路朝鮮へ旅行した時の記録であるのに対して、これが海路朝鮮へ旅した時の記録である点である。これについては、当時の時代背景を説明する必要がある。一六一九（万暦四十七、天命四）年、満州後金国のヌルハチは宿敵の明軍とサルフにおいて戦ってこれに勝利し、さらに一六二一（天啓元、天命六）年三月には、瀋陽、遼陽を相継いで陥落させた。この年のうちに遼河以東の地、すなわち遼東半島をはじめとして遼陽から朝鮮との国境の川である鴨緑江までの交通ルート（東八站という）は後金国の手中に入った。朝鮮―明の朝貢ルートがここに遮断されたのである。このため、たまたま北京に来ていた朝貢使節は海路帰国せんことを請い、明朝側も彼らを護送するための船を用意した。この護送船は、この時たまたま天啓帝が即位したことを知らせる詔勅を頒ちに朝鮮へ行っていた中国使臣を回送するためのものでもあった。(45)

海路、北京―ソウルを往復するようになると、各使節の旅は極めて危険なものと化した。まず、天啓元年四月、急遽海路をとることになり、北京から帰国途上にあった朝鮮使臣が鉄山嘴（旅順付近）で海難に遭い、使臣や書状官らが相継いで溺死した。これより人々は北京へ使いするのを規避するようになり、多く賄賂を使って行くことを免れるようになったという。(46) 一方、天啓帝即位の詔勅をもたらした明の使臣も、たまたま朝鮮朝貢使節とともに帰国の途についたが、彼らも海難に遭い旅順口へ漂着した。この時正使である劉鴻訓は身一つをもって救われたが、溺死した中国人は数知れなかったという。このような情況下にあって、明の使臣も朝鮮行きをはばかるようになった。(47) 明使臣の琉球行と同じく朝鮮行とが、ここに極めてよく似た情況になったと言うことができる。

翰林院編修の姜曰広が正使に選ばれ、工科給事中の王夢尹が副使に選ばれたのも、誰も行きたい者がいないという中での人選であった。前年の一六二五（天啓五、仁祖三）年には仁祖李倧を朝鮮国王に冊封する使節が送られたが、これは慣例に従い宦官であった。危険な海路を承知で朝鮮へやってきたのは、朝鮮で銀や人参をむしり取るためであると朝鮮人は認識していた。事実、宦官一行は貪欲の限りをつくし、これを接待するために銀十万七千余両と人参二千一百斤を必要としたと伝える。(48) 姜曰広がこの危険な朝鮮海行の正使に選ばれたのは、すでに述べたように彼が東林党系の人物であり、時の最高権力者であり宦官でもある魏忠賢一派に心よく思われていなかったことが、おそらく大きな原因の一つである。これは諸史料に明記はないが、使琉球使臣を選考するあり方から類推すれば、極めて可能性が高い。王夢尹が副使に選ばれたのも、おそらく同様の理由があったと考えられる。当時、後金国と戦争情況にあったから、北京の宮廷では遼寧地方についての議論が盛んにたたかわされていた。たまたま王夢尹は給事中の職にあったため、この地に大臣を派遣して視察させるべきであると上奏した。(49) 使朝鮮副使は給事中から選抜するのが慣例であったから、恐らくはこの口がわざわいし、「まず隗より始めよ」とばかり、彼が当てられたのである。

このように、姜曰広らのこのたびの朝鮮行は、ただ皇太子誕生の詔勅をもたらすだけではなく、あわせて緊迫を告げる遼東情勢と朝鮮情勢、なかでも毛文龍という一軍人の動向を視察するのが目的であった。『輶軒紀事』が他の使朝鮮録と違ってかなり読みごたえのあるのも、このためである。

毛文龍とは遼陽の戦いに敗れて遼東半島づたいに落ちのび、朝鮮平壌の西の沖合い、朝鮮湾（黄海）に浮かぶ小島の椵島（皮島）を根拠地として、反後金のゲリラ戦をおこなっていた武将である。椵島は当時、朝鮮―中国の交易ルートが遮断されたために、代わってここが交易拠点とされ、「南東の商船、来往すること織るが如し」と表現される賑わいを見せていた。また毛文龍自身、何十万人という遼東地方の難民を配下に従え、数多くの軍人を養ってゲリラ戦をおこなっていたから、敗戦が続く明の朝廷にとってはかすかな希望の星であった。しかし一方、はたして彼にどの程度の実力があるかはっきりせず、また何時ヌルハチの方へ寝返るか心配であった。姜曰広の視察の中心は、彼の動静をさぐることであった。

『輶軒紀事』によれば、姜曰広と王夢尹は北京からまず山東省登州へ行った。そこで朝鮮で商売することを禁じること、家人のほかは医者と墨客を連れて行くだけで輿夫（かごかき）を連れて行かないこと、騙されないため老練な胥吏を用いないこと、などを取り決めた。一行は一六二六（天啓六）年四月二十二日に登州で舟に乗り、二十八日に帆を揚げ、その後、遼東半島へつながる島づたいに北上し、半島南岸の沖合いを航行し、五月二十日に椵島へ着いている。二十一日には毛文龍とともに朝鮮平安道鉄山に置かれた彼の官庁に入っている。毛文龍が北京官僚に対する不満をぶちまけるのに対し、姜曰広がなぐさめているのは印象的である。その後、六月十三日にソウルへ入城し、この日に詔勅を開読している。二十三日には帰国の途につき閏六月十六日には、再び毛文龍と会っている。六月二十三日に鉄山から船出し、七月十四日に登州着、北京へ帰ったのは八月二十三日のことであり、朝廷に参上し復命の疏を上ったのは二十六日のことであった。

『輶軒紀事』はこれまで紹介した使朝鮮録の中では、最も詳細な旅行記録であり、また最もドラマチックなものである。毛文龍との会話も印象的であるが、さらに印象的であるのは六月二十三日に毛文龍と別れて鉄山から船出するや、副使の王夢尹は姜曰広に向かって高く手を拱し、「虎穴を出たぞ！　自分は生きているぞ！（出虎穴矣。性命将吾有乎）」と叫んだシーンであろう。毛文龍が何時姜曰広らを人質にとってヌルハチ軍へ寝返るか、心配であったからである。毛文龍に対して心配であったばかりではない。朝鮮がいつ寝返るかも心配であった。往路鉄山を出発し朝鮮に入るに際しては、朝鮮がヌルハチ軍と通じて明使の姜曰広らを人質にするのではないか、と恐れられていた。

この姜曰広らの朝鮮行については、彼の『輶軒紀事』のほかに、朝鮮側の史料として『迎接都監都庁儀軌』不分巻（国家図書館［台北］蔵鈔本）があり、接待のあり様を詳細に伝える。この史料について紹介する余裕はまったくないが、姜曰広と王夢尹が朝鮮使節に決まったというニュースをキャッチした在中国の朝鮮使臣が、姜曰広を「身体短小で性格はせっかちでかたいじである（性急近愎）」と評し、王夢尹を「体躯は壮大にして性格は柔和で酒を嗜む」と評している点、『輶軒紀事』では詳細に述べるところの、朝鮮国王が喪中にあったため喪服を着て皇太子誕生を知らせる使節と会見したのを姜曰広が詰問したことを、こちらではまったく記さないこと、などが注目される。

しかしこの『輶軒紀事』が現在残るのは、それが『豫章叢書』に収められるからである。『豫章叢書』は清末の光緒年間に江西省新建県の人である陶福履が刊行した叢書である。この書には舒曰敬という人物が崇禎元年に書いた序がある。これによれば姜曰広は天啓七年すなわち帰国の翌年に魏忠賢一派によって官職を奪われ、郷里の新建県に帰って来ていた。舒曰敬が彼をなぐさめつつ、朝鮮行のことを問うたところ、この文章を示して序文を求めたのだという。しかし、そこにはこの書を出版しようとしている、などの記述は一切見られない。また姜曰広自身の序や跋も収められない。このことから推察すれば、『輶軒紀事』は当時単行本として出版されたものではなかった。たまたま新建の人である陶福履が清末になって『豫章叢書』を編修するにあたり、かつて「正義の士」であった同郷人に旅行記があるので、これを顕賞しようとして収めたものと考えられるのである。

清代の使朝鮮録が世界の主要図書館の各種漢籍目録による限りで言っても、いくつ現存するかと断言することはかなり困難である。というのは、史部、地理類、游記の属に含められる書物は極めて多く、その書名だけからそれが朝鮮旅行記であると定めるのは、困難だからである。また同じく漢籍目録で史部、地理類、外紀の属に含められる書物は、それらが朝鮮関係の書であることはわかっても、作者がはたして皇帝からの使節あるいはその随員であったかどうか、断定するにはなお時間がかかるからである。したがってここでは、清代のそれとして、これまで紹介したものと同じ性格のものであることが明らかな四つを紹介するにとどめる。花沙納『東使紀程』、柏葰『奉使朝鮮駅程日記』『薛箖吟館鈔存』、魁齢『東使紀事詩略』と崇礼『奉使朝鮮日記』がそれである。清代に皇帝の名代として朝鮮に使いした者は、基本的に八旗関係者であったから、彼らが著述したものを調べるには恩華撰『八旗芸文編目』（民国三十年排印本）が役に立つ。その史類、游記に列挙されるもののうち、その書名から判断する限りで言って使朝鮮録である可能性があるのは、柏葰と崇礼のものを除けば、花沙納『韓節録』（鈔本）、撰人不詳『朝鮮日記』だけである。このうち『韓節録』とは『東使紀程』の一部、あるいは別名である。ほかに倭什訥『朝鮮紀程』稿本一冊が中国国家図書館に現存するが、未見である。呉鍾史『東遊記』、許午『朝鮮雑述』、馬建忠『東行初録・続録・三録』（いずれも『小方壷斎輿地叢鈔』所収）、許寅輝『客韓筆記』（近代史料筆記叢刊、北京、中華書局、二〇〇七、所収）などについては、彼らの朝鮮旅行の目的が詔勅の頒布、冊封、諭祭などこれまで紹介してきた著者の旅行目的と異なるため、ここでは省略する。

柏葰『奉使朝鮮駅程日記』一巻『薛箖吟館鈔存』一巻（道光二十四年柏氏刊本）

柏葰は一八四三（道光二十三、憲宗九）年に朝鮮国王の母が病死したため、これを諭祭する目的でその翌年に朝鮮に使いした。柏葰の伝は『清史稿』巻三八九にある。これによれば彼は蒙古正藍旗人であり、道光六年の進士である。翰林院庶吉士、翰林院編修、刑部侍郎などを歴任の後、戸部右侍郎であったとき、正使として出使した[50]。

彼は後に戸部尚書、軍機大臣、文淵閣学士などの要職についたが、一八五九（咸豊九）年に科挙の試験官として不正を働いたとして処刑されている。なお朝鮮行きの時の副使は、鑲紅旗漢軍副都統の恒興であった。

彼らは道光二十四年一月十二日に北京を出発し、二月二十一日にソウル着で当日のうちに諭祭を行い、二月二十四日にソウル発、四月一日には早や北京に帰っている。この間、朝鮮領内にいたのはちょうど一箇月であり、ソウル滞在は四日間である。『奉使朝鮮駅程日記』はこの間の旅行日程を淡々と記すのみである。『薛箖吟館鈔存』は北京—ソウルの間に作った詩を収める。

花沙納『東使紀程』一巻附東使吟草（清刊本、近代筆記史料叢書排印本［北京、中華書局、二〇〇七］）

花沙納は一八四五（道光二十五、憲宗十一）年、朝鮮国王の継妃を冊封するためにソウルへ赴いた。このこと、『清実録』道光二十五年正月癸未に見える。冊封といえば通常、国王の冊封が問題とされるだけであるが、朝鮮の場合は特別であり、花沙納のように王妃を冊封するために使者が派遣されていたほか、世子（皇太子）や世孫を冊封するときも特別に派遣されていた。

花沙納の伝は『清史列傳』巻四一にある。これによれば、彼は蒙古正黄旗の人で一八三二（道光十二）年進士である。清代では朝鮮へ皇帝の名代を派遣する時、八旗人を派遣することが慣例であったから、彼が選ばれた。八旗人であるから鑲黄旗蒙古都統、正白旗満洲都統などをも歴任したが、彼は武の人であるより文の人であったらしく、殿試読巻官（科挙最終試験の採点官）など科挙関連の職にしばしば抜擢された。文官としては、戸部尚書にまでなっている。彼が中国史の表舞台へ躍り出たのは、一八五八（咸豊八）年に桂良とともに天津へ派遣され、イギリス、フランス、アメリカ、ロシアとの間でいわゆる『天津条約』を締結した時であろう。字は毓仲、号は松岑。

道光二十五年に朝鮮へ赴いた時、派遣に先んじて戸部侍郎兼管銭法堂事務に調補されている。工部右侍郎花沙納が正使、鑲黄旗蒙古副都統徳順が副使であった。

『東使紀程』はアヘン戦争から五年後の記録であるが、中朝関係に即して見るかぎり落ち着いた外交の様を見て取ることができる。朝鮮国内のどこで誰が出迎えるか、冊封の儀式はどのように行われるかなどを知るのに便利である。朝鮮へ王妃の冊封を目的として赴いた者の記録としては、後に魁齢によるものを紹介するが、これは主に詩からなっている。この点『東使紀程』は普通の日記の体裁をとっており、朝鮮冊封使録として珍しく貴重である。北京出発に先んじて、それまで勅使を朝鮮へ派遣する場合は五、六名の通訳官を同行させていたが、以後は一人だけに削減するとの詔勅が出されている。これは当時清朝の財政難を表すであろうが、表向きの理由としては、一人でも派遣人員を減らせば朝鮮で賄賂などを奪い取る弊害が少なくなるというものであり、朝鮮国王も花沙納に会ったとき、これを「皇上体恤の恩」であるとして感謝している。

旅程は三月三日に北京発、四月一日に鴨緑江を渡り、四月十七日にソウルへ入城、当日冊封の儀式を行って、四月二十日にははやソウル発、五月三日に渡江、そして五月二十六日に北京へ帰り、翌日道光帝に会って復命している。ソウル滞在はわずかに三泊四日であった。

以下いくつか興味深い記述を記す。四月一日、義州の宿舎について、「使節の宿舎は非常に高く大きい。女性や雑犬を近づけないのは、我々が滞在するから粛静にせよ、との命令を表すものである」。また四月九日、平壌にて朝鮮音楽を聴き、「楽器には提琴・長笛・腰鼓・小管の類があり、音色は悲しみを湛え心を蕩けさせるところがある。下国の音である」[51]と記す。四月十七日、ソウル入城に先立ち国王が迎恩門で出迎え、入城のあと仁政殿にて迎敕の儀式が行われている。[52]朝鮮史料でもめったに現れないのではないかと考えられる花沙納の目撃として、この日彼が畿輔布政司と記された官庁の前を通った時、その門には、「すでに春分になった。田土に関わる訴訟は決して持ち込むな」との告示、すなわちお触れ（榜）が記してあったという。[53]

巻頭には一八五〇（道光三十、哲宗元）年五月既望付の全慶による序がある。これによれば、全慶自らがこの年、死去したばかりの道光帝の遺詔を頒するため朝鮮へ派遣されたのだが、花沙納がかつて朝鮮へ派遣されたときに作った紀程一冊をこの時もらったという。書名は「東使紀程」、著者は「古開平花沙納松岑記」と記す。巻末に花沙納が旅程で作った詩を「東使吟草」と題して付録する。

さて、中央研究院歴史語言研究所傅斯年図書館（台北）には松岑『韓節録』鈔本一巻が善本として蔵される。すでに記したように、松岑とは花沙納の号であるから、撰者名としては花沙納とすべきである。また中国国家図書館（北京）には花沙納『東使吟草』稿本一冊がやはり善本として蔵される。刊本『東使紀程』はおそらくこの両善本、すなわち『韓節録』と『東使吟草』を合わせて刊行したものである。なお、筆者が読んだ刊本『東使紀程』は、もと今西春秋蔵本であり、現在は寄贈を受けて京都大学文学部図書館に蔵される。

魁齢『東使紀事詩略』一巻（韓国国立中央図書館蔵中国刊本）

魁齢は一八六六（同治五、高宗三）年、朝鮮王妃を冊封するため朝鮮へ使いした。魁齢の伝としては、「魁端恪公遺事」（『続碑伝集』巻一二）、『清史列伝』巻五二、魁齢伝がある。これらによれば、彼は満州正紅旗人で一八五二（咸豊二）年の進士である。出使した時のポストは理藩院右侍郎であった。副使は委散秩大臣の希元であった。[54]

この書は一八六六（同治五）年七月四日に朝鮮王妃冊封正使を命ぜられたことから書き始め、朝鮮への旅程を簡単に記しつつ、行く先々で彼が詠んだ詩を載せている。文章も詩歌も淡泊であり、当時の朝鮮の情況や中国・朝鮮の関係の具体像を知るための史料とはなしにくい。筆者が用いた韓国国立中央図書館蔵本は、八月十二日に北京を発ち、九月十日に朝鮮の義州へ入り、そして九月十九日に黄州を過ぎて洞仙嶺へ至ったところで途中で切れている。『日省録』では高宗三年九月二十四日に宣詔の儀つまり冊封の儀を行ったことが見える。完本では、おそらくはソウルで冊封の儀式をおこない、北京に帰り着くまで続くと考えられる。

崇礼『奉使朝鮮日記』一巻（光緒間排印本、小方壺斎輿地叢鈔第一〇帙所収本）

この旅行記は、一八九〇（光緒十六、高宗二十七）年、朝鮮国王の母の死去にともない、論祭のために副使として出使した時の記録である。彼は漢軍正白旗人で時に戸部右侍郎であった[55]。正使は蒙古正白旗人で時に戸部左侍郎の続昌であった[56]。当時、朝鮮では反乱と飢饉が続き、これに度重なる葬祭のために財政が逼迫していた。このため朝鮮側は慣例を破って、中国に論祭の使節を派遣することはやめてほしいと要求したが、清朝側は体制に関わるところであるからこれは認めがたいとして退けた。しかし、これまで北京からソウルへ使いするルートは陸路をとるのが通例であったが、もしも陸路をとった場合、朝鮮国内での接待と駅伝のためにさらに大きな負担をかけることになるとの配慮から、天津から北洋海軍の汽船に乗り、海路ソウル近くの仁川に上陸するルートをとった。一行は九月十七日に北京を出発し、二十二日に天津より汽船に乗りこみ海洋へ出、二十四日に仁川へ到着、二十六日にソウルへ入城してこの日に論祭の礼を行っている。二十九日にはソウルをたち、十月三日には仁川から船に乗り五日に天津着、そして十三日に北京へ帰り十六日に復命している。この間、朝鮮に滞在したのは八日間、ソウルに滞在したのは四日間である。『朝鮮王朝実録』でも高宗二十七年九月二十六日に国王が勅書を迎えて論祭の儀式を行い、二十九日に勅使を見送ったとある。

この旅行記は関連した上奏文や関連文書をも載せて詳細を極めるが、『小方壺斎輿地叢鈔』本では、九月二十三日に船が威海衛を過ぎたあたりで切れており、肝心の朝鮮国内での活動を知り得ない。出発前についても、たとえば排印本では正使として候補に挙がった者の名二二人とその肩書き、副使として候補に挙がった者十七人とその肩書きが列記されているが、これらをすべてカットしている。研究にあたっては、必ず排印本を用いなければならない。排印本には光緒十八年の崇礼の自序とともに、光緒十九年の李鴻章の序が付せられている。内容のほとんどは旅程および各種の関連文書であるが、わずかとはいえ崇礼の朝鮮観が記され、興味深い。中国・朝鮮関係史だけではなく、中国をめぐる前近代東アジアの国際関係史を研究する者にとって、必読文献の一つである。

四　使琉球録と使朝鮮録の特質

以上、使朝鮮録というべきジャンルに属する各書について、簡単に紹介した。もちろん、これまで「使朝鮮録の研究」といった研究は、本格的にはまったくなされてこなかったようであり、今後研究の進展によって、ここでは紹介できなかったものも発掘されるに至るであろう。しかしここで紹介したものだけからでも、大よその傾向を把握することは、十分に可能である。以上をもとにして使琉球録を使朝鮮録と比較し、両者それぞれの特質を明らかにしたい。

まず使琉球録について言えば、明清中国の使節が琉球へ訪れた全回数の中で、琉球訪問を契機にして旅行記ないしはその国の歴史・風俗等が書かれた頻度は、すこぶる高い。使朝鮮録はその逆である。また使琉球録は使朝鮮録に比べ、著者自らが出版し、あるいは著者の上呈にしたがいただちに宮廷で出版された頻度が極めて高い。十二種の使琉球録のうち、陳侃、郭汝霖、蕭崇業、胡靖、汪楫、徐葆光、周煌、李鼎元、斉鯤のものがそれである。さらに汪楫『使琉球雑録』の序によれば、張学礼はもともと自らの旅行記をすでに版木に彫っていたが、彼の知人がそれは信用できないと言ったので版木をこわしたという。[57]とすれば、彼も出版を意図して書いたのであって、これを含めれば実に八十パーセントのものは、出版を目的として書かれたのであった。これに対して使朝鮮録の中で著者自らが出版したのは、わずかに龔用卿、柏葰、崇礼のそれのみである。朱之蕃『奉使朝鮮稿』と魁齢『東使紀事詩略』が彼ら自らの出版にかかるかどうか、よくわからない。現在、現存する使朝鮮録としてジャンルに入れることのできる書の作者は、合計一一名であるから、わずかに三十パーセント以下であり、さらに呉希孟や許国や梁有年など、あるいは今後発掘されるに至るであろう使朝鮮録と呼ぶべきジャンルの書を作った人物を加えるならば、この頻度はさらに低くなるであろう。このことは、明清時代に琉球へ使いした人物は、自らの旅行記ないしはこれに類する書を著し、多くの人に読んでもらうことに強い意欲を持っていたのに対し、朝鮮へ使いした人物はほとんどその意欲をもたなかったことを示している。

何故このような著しいコントラストが表れるに至ったのかは、それぞれの著作の内容および作者たちの置かれた条件を見れば明らかである。まず使琉球録の作者たちの多くは、明確な著作する目的を持っていた。陳侃はその著作の目的として、第一に琉球へ冊封のために使いするに際して、自ら手引きとすべき参考書がなくて困ったこと、後に使いする者への参考書として書く必要のあることを挙げ、第二に、当時の知識人が持った琉球知識があまりに誤りに満ちたものであるから、実際に見聞したものをもとにして『大明一統志』などの誤りを正すことを挙げている（序および題為周咨訪以備採択事）。そこには「およそ琉球のことを記載する書物は、〔琉球で〕そのことを尋ねてみると百のうち一つの真実もない」と言ってはばからぬ、自らが新しく発見した「事実」への烈々なる自信と、謙辞ながらも「後の奉使する者にまったく役立たないということはなかろう」（高澄後序）とする実用性とを見てとることができる。郭汝霖もまったく同じである。郭汝霖が陽明学者であること、すでに『重編使琉球録』解題で述べたとおりであるが、彼も『通典』や『星槎勝覧』の荒唐無稽さを批判するに際して、自らの見聞を重視した。琉球へ行って知ったことを「知行合一」と表現している。また彼の著作目的の一つが、後の使者へアドバイスを与えること、実用であったことも、「後の使者は気をつけて船が高大なようになどと務めてはいけない。見た目は悪くても、ガッシリ丈夫なのがよい。乗組員が多くなるようにと務めてはいけない。重要なのは彼らの経験と忍耐力である」（造舟）、などの表現がこの書の随所に見えることから明らかである。

明代の使琉球録が実用を重んじ、新しく自ら発見した事実を直截に伝えようとして書かれるのに対して、清代のそれはどちらかと言えば実用性が減じ、代わって研究色が強まっている。それは明代の陽明学から清代の考証学へ、という動きをも表している。汪楫、徐葆光、周煌、李鼎元のものには、精密な「事実」にこだわろうとする考証学の風を特に読みとることができる。なかでも徐葆光『中山伝信録』序、周煌『琉球国志略』序などに、最も端的に彼らの著述の態度をうかがうことができる。さらに李鼎元のものには、現在我々のいう文化人類学的関心すら読みとりうるであろう。いずれにしても、そこにあるのは明確な著作の目的である。

我々はすでに龔用卿『使朝鮮録』を検討し、それも後に同じく使者としてこの地へ赴くことになる者への実用書として書かれたことを見た。しかし、龔用卿のものと陳侃の『使琉球録』とを比較すれば、それら「実用」の質に大きな開きがあることは歴然としている。最も根本的な違いは、陳侃のものが福州で舟を造った苦労を披瀝し、海上で嵐に遭い、半死半生の中で生を得ることができたのは何故であったか、何が役に立ち何に気をつけなければならないのか、生死の淵からその体験を語るのに対し、龔用卿のものは儀礼はどのような順序で進むのか、義州からソウルに至るまでどこに何があり、どのような接待を受けることになるのか、後の者に冷静に伝えようとしているだけである。スリリングなところや、熱を帯びたところは一つもない。一方が生死をかけた「実用」であるのに対し、他方は大国の使節としてその場に臨み、まごつかないようにと、恥をかかないようにという「実用」である。

この「実用」性の違いは、明清時代の官僚にとって、朝鮮とは何であり、琉球とは何であったか、という違いでもある。彼らにとって朝鮮とは、「四夷」の中で最も近い存在であった。距離のうえで近かっただけではない。精神のうえでも近かったのである。旅行記の中で強調されるのは、そこの制度がいかに中国のものに近く、接待に出てくる人々が詩作においていかに中国人の水準に近いかということである。科挙の制度に違いがあることは注意されるが、それが中華の制度の一変形としか意識されない。ソウルの大学である成均館へは、中国使節は必ずと言ってよいほど足をはこぶが、そこでは、「学生（生員）はみな儒巾をかぶり藍衿をつけ、中華と同じである」「聖賢は塑像で作られ、すべて中華と同じである」（倪謙）と評価し、明倫堂で生員がおこなう進退の儀礼を見て、「渢渢乎として中華の風あり」（龔用卿、謁孔子廟記）などと表現する。書物についても、「経書善本を取って閲覧してみたが、まったく異同がない」（姜曰広）と言う。朝鮮人の詩作についても、「その詩作に至っては、音律の和調すること古と異ならず、中国と殊らない」と高く評価し、それは何故かと問い直して、「その理が同じだからである」（龔用卿、題鄭判書朝天日録）と自答している。朝鮮の方でも、中国人にまけない詩作の能力を持つものが多いことを強調した。『皇華集』の「皇華」とは、言うまでもなく『詩経』小雅の篇名に由来し、皇帝が使臣を遣すことを意味し、また遠方であっても光華が行き渡ることを意味する。中国使節を接待するにあたっては、作詩能力に優れた者を臨時にかき集めたのであり、天啓六年姜曰広を接待するときには、党派闘争に敗れ「罪人」とされた者でさえ、作詩能力が高いという理由で名誉回復させ、接待にあたらせることがはかられている（『迎接都監都庁儀軌』四月十六日）。また中国使臣が朝鮮人の書いた草書・隷書を見たいと言った時にそなえ、ソウルから遠く離れた全羅道唐津に住む書法の名人を、昼夜兼行で馬を給してソウルへ召し出している（『迎接都監都庁儀軌』三月十二日）。異文化に接しても異文化と意識されず、むしろ本来あるべき文化の欠如態として真っ先に意識されるところでは、優れた旅行記はなかなか生まれにくい。少なくとも人に読んでもらいたいとする旅行記は生まれにくい。そこでは、使琉球録に見られるような「実用」という目的も、「研究」という目的も概して稀薄である。

中国使節を接待するに際し、朝鮮・中国でしばしば論争になったのは「女楽問題」であるが、これも中国人の持つ朝鮮に対する距離感、つまり中国そのものではないが極めて近いとし、さらに近付きうるし近付くべきだとする距離感から生まれたものではないか。朝鮮においては、貴人を接待するのに女性の歌舞を見せるのは当然のことであったが、中国の使臣はこれが中華の地においてないので、礼にはずれたものとして受け入れなかったのである（倪謙、董越、龔用卿）。中国人にとってみれば、詩の音律が中国と殊らないのであれば、当然、彼ら中国人をもてなす楽も礼も同じであるべきであった。詩も楽も礼も、すべて「その理が同じである」からである。朝鮮側から見れば、中国側が朝鮮の風俗伝統を無視して、接待の方法すらも中国式を強要してくることはあまりに尊大であると考え、これを強要してきた龔用卿に深い不快感を持っていた[58]。

しかしそれは中国年号で言えば嘉靖年間までのことである。一五七二（隆慶六、宣祖五）年になると、万暦帝即位を知らせる頒詔のために来る韓世能らを迎えるため、朝鮮政府はむしろ「本国秉礼の素を彰らかにし、使職観風の雅を遂げるため」、女楽を設けるのを禁止している[59]。使職観風とは中国使節が古代周朝のように、地方の風俗を視察する役目を帯びることを言う。つまりは朝鮮古来の風俗を捨てて中華の礼に従っていることを見てもらいたい、と言うのである。これは龔用卿の朝鮮行から四十年足らずの間に、朝鮮では著しい華化すなわち中国化、すなわち礼化が進んだことを示している。

このように中国官僚にとっては、朝鮮とは精神的にも「四夷」の中で最も近い国であったが、実際の旅の距離感においても、琉球とははるかに異なっていた。琉球へ使いすることは、すでに各種使琉球録の解題で見えるように、少なくとも明代では、ほとんど死への旅立ちのごとく考えられていたのであり、それに選ばれることは、官僚制度の中ではほとんど懲罰に近い場合があった。官僚たちは琉球行の使節に選ばれることを恐れ、これを規避していたが、朝鮮行については、このような規避がまったく見られない。むしろ、明代の冊封や諭祭には宦官を派遣することが慣例であったから、宦官たちはむしろ賄賂を使ってでもこの使節にあてられることを願い、朝鮮で収奪の限りをつくして持ち帰った。文人の高級官僚でも朝鮮行への規避は特に見られない。むしろ一部の官僚にとっては、朝鮮とは安全に行くことができ、しかも大いに儲けとなる出張であったらしい。たとえば一五七二（隆慶六、宣祖五）年に韓世能とともに出使した陳三謨（時に吏科左給事中）や一六二一（天啓元、光海君十三）年の劉鴻訓（時に翰林院編修）らは、朝鮮で搾りあげた人物として悪評が高い。(60) 中国官僚が朝鮮行きを規避するようになるのは、すでに述べたように満州族の興起によって山海関―遼陽―義州のルートが途絶し、危険な海路をとるようになってからのことである。

朝鮮への旅は海路をとるのではない限り、安全なものであったのに対し、琉球への旅は波乱に満ち危険に満ちたものであった。琉球への旅を終え、福州へ帰り着いた使臣には、何事か大きな事をやり遂げたとの達成感があったに違いなく、これが彼らの著作の大きな動機となったであろう。陳侃の場合、彼が北京を出てから福州へ帰着するまで二年二箇月を要している。郭汝霖の場合、北京を出てから福州へ帰るまで三年六箇月を要している。清代の汪楫以後は福州で舟を造る期間がなくなるから、明の使臣に比べてはるかに短いが、それでも彼の場合、同じルートを一年三箇月要している。これに対し、北京―ソウル―北京は極めて短期間で行って帰ることができた。さらに、随行員の数が両者ではまったく異なっていた。龔用卿がその朝鮮に行くにあたって随員として十名を願い出ていること、その『使朝鮮録』ですでに見たとおりである。とすれば、正使と副使を加えれば一行は十二人であった。李鉉淙によれば、朝鮮に使わされる明使一行の数は二四人との規定があったが、実際には十余名から八十余名であったという。(61) 一方、琉球への使節一行は五百人にもなった。朝鮮への距離の近さからすればこれはむしろ意外であるが、これは一方が海路をとったのに対し、こちらは陸路でよかったからである。同じ外国への旅でも、その意味するところがまるで違っていた。中国の官僚たちにとって、朝鮮への旅は多少遠距離にわたる国内出張か、ないしは非漢民族居住地としての国内の出張とあまり変わらなかったのではないだろうか。

明代の使琉球録が「実用」を主とするものであったのに対し、清代のそれが「研究」を主とするものとなったことは、すでに指摘したところである。その背景に陽明学から考証学へという時代思潮の変化があったことも、すでに述べた。しかしこのような変化をもたらしたのには、あと二つ要因を挙げる必要がある。一つは、汪楫以後は造舟する必要がなくなり、明の使臣にとって大きな気苦労であったものが省かれたため、後の使臣に体験談として書き残さねばならぬ実用性がその分なくなったことである。夏子陽が旅した頃より後には、すでに琉球へ使いした者は何がしかの記録を残さねばならないとの義務感、さらに言えば強迫観念に似たものがあったに違いない。清代に入るとすでに旅行記を書くことは伝統のごとくになっており、しかも旧人のような苦労はないのであるから、何か新機軸を設ける必要があった。それが考証学という風潮にささえられた、より豊富でより精密な琉球情報の提供であった。

あと一つは、琉球が置かれた地理的条件である。中国使節は当時、往路には夏至以後に南西の風が吹くのをまって福州を船出し、復路には冬至以後に東北風が吹くのをまって那覇を出るしかなかった（『中山伝信録』巻一、歴次封舟渡海日期）。彼らは東北風が吹きはじめるまでの間、琉球から帰るに帰られず、無為に滞在するほかなかった。ほとんどの使節は五月初旬から六月下旬までの間に福州を出て、九月下旬から十一月下旬に那覇を離れている。この間、四箇月から五箇月である。一方、朝鮮使臣の方は朝鮮領内の義州―ソウルを往復するのに、二十数日間から四十数日間を用いているだけである。ソウル滞在期間は十日間程度が最も多く、花沙納の場合は四月十七日にソウルに着き、当日冊封の儀式を行い、四月二十日にはすでに帰途についているから、わずかに三泊四日であり、柏葰の場合も二月二十一日にソウルに着き、当日諭祭の礼をおこない、二十四日にはすでに帰途に就いているから、やはり三泊四日であった。崇礼も三泊四日である。琉球へ一旦渡った者は、こうはゆかない。諭祭と冊封の礼は日数を必要としないし、琉球側があれこれ退屈しないようにと行事を設定してくれるが、三箇月間から四箇月間はまったくすべきこともないのである。早く中国へ帰りたい、郷里へ帰りたいと思いは千々に乱れ、郭汝霖ならずとも「息思亭説」を書かざるをえない。あるいは李鼎元のように、「東風が来ない。帰ろうにも帰れない、と嘆くことしきりである」（『使琉球記』八月二日）ほかないのである。[62]

しかし逆に、この環境こそが清朝考証学の風の中で生きる知識人にとって、目の前の実用のためではなく、知識増のための「研究」を深めることができる絶好の条件であった。清朝の考証学者たちが多く歴史文献学を重視したように、彼らも歴史文献をもととした研究へ向かった（徐葆光など）。また琉球人の著作を発掘しこれを利用することもなされた（汪楫など）。しかし、主要な史料は歴代書き継がれてきた使琉球録そのものでしかなかったから、この方向は当然ゆきづまることになる。[63] 中国の体例にならった優れた琉球地方志が出現するに至ったのも、当然であった（周煌、斉鯤）。さらにはわずかばかりの歴史文献をほとんど完全に無視しさり、琉球の人々が語る言葉や生活を写すことにもっぱらエネルギーをそそぐ者もあらわれた。李鼎元『使琉球記』がそれである。そこでは、中国文化の欠如態として琉球をとらえる意識は極めて稀薄である。先に李鼎元のものには文化人類学的関心を読みとりうるとしたが、これは歴史文献に明らかな限界があるなかで、さらに事実にこだわろうとした者が、当然とるべき方向の一つだったのである。

五　結　語

使琉球録という史料群は、漢文文献全体の中で極めて特異な位置を占めるものである。明清中国は周囲の各国に対して、あるいは朝貢をうながし、あるいは冊封をおこなった。一六〇九年に「日本（倭）が琉球を併合」するまでに限れば、中国を中心に形づくられた国際秩序を「朝貢体制（朝貢システム）」と呼ぶことも、「冊封体制（冊封システム）」と呼ぶことも可能であろう。しかしこれらの概念は、当時の国際秩序を大枠で説明するのには適しているが、それ以上のものではありえない。使琉球録と使朝鮮録という余りに異なったものが出現したこと、さらにはそのことの意味するものを、これらの概念で説明できないからである。

そもそも、明代嘉靖年間から清代同治年間に至る三百年以上にわたって、一八三七（道光十七）年に使いした林鴻年らを除き、琉球への冊封使臣あるいはその関係者が歴代ことごとく後世に伝わる記録を書き残したのが特異である。さらに言えば、明清両代にわたって、琉球冊封使の派遣を中止せよとの議論が様々になされながら、結局それを派遣し続けたことが特異であるし、逆に明清交代期を除いて冊封使しか派遣しなかったのも特異である。

明清時代の知識人が、最も多く訪れた外国である朝鮮について、琉球と比べてあまりに少ない旅行記や外国研究しか残さなかったのは、一見すれば実に不思議である。龔用卿の『使朝鮮録』は陳侃『使琉球録』の影響をおそらくは受けながら、結果としてはなはだ異なったものとなったし、『使琉球録』のようにその後『使朝鮮録』を引き継いで書く者はいなかった。それは、彼らの朝鮮に対する距離感、なかでも精神的な距離感があまりに近すぎたからである。

朝鮮史を研究するもの、あるいはより限定して中朝関係史を研究するものにとって、明清時代の中国知識人が書き残した朝鮮旅行記や朝鮮研究があまりに少ないことは、これまた「所与」のことで、これまで不思議でも何でもなかったのではないか。これは、琉球史研究者にとって数多くの使琉球録がすでに「所与」のものとしてあり、不思議でも何でもないこととまったく同じである。朝鮮には朝鮮の人々が書き残した膨大な資料があった。清朝の考証学者たちが、かりに朝鮮という「事実」にもっと強く問題関心が向いていたのであれば、清代にも膨大な朝鮮研究が生まれたと考えられる。たしかに藤本幸夫が指摘するように、朝鮮世祖朝（一五世紀中頃）には朝鮮人の著作を中国からの使節に見せてはいけない、との禁令が出されたことがある。(64) しかしこのような禁令が、いつまでまたどの程度守られたのかは疑問である。というのは朝鮮知識人は自らの詩文集について、しばしば中国人にその序跋を書いてもらっているからである。現にすでに紹介したように、一七世紀初頭に朝鮮へ赴いた朱之蕃は、許筠らから『陽川世稿』や『蘭雪軒詩集』を見せられ、題跋を書いている。あるいはこれらは詩文集の場合であって、朝鮮の歴史書や地理書ではなかったことを考慮すべきであるかも知れない。朝鮮人のはらった「事実」を隠す「努力」については、今後さらに研究が進められるべきである。しかし、中国知識人が朝鮮という「事実」の探究により意欲的であれば、ある程度までの資料の入手はできたのではないかと考えられる。そこでは使琉球録の作者たちのように、「重箱の隅をつつくような」オリジナリティーを競う必要はなかったのである。一方、汪楫は琉球へ旅し、そこで『琉球世纘図』という一書を手に入れて、早速その研究『中山沿革志』で用いている。このことが彼にとっていかに誇らしいことであったかは、その序文を読めば明らかである。

使琉球録の研究は、このように使朝鮮録との比較を通ずることによって、明清知識人の「研究」のあり方にまで問題は及ぶ。さらに言えば、現代中国における朝鮮史（韓国史）「研究」のあり方にまで、問題は及ぶのではないだろうか。使朝鮮録の作者たちが求めた「事実」や、彼らの「知」の性格については、『増訂使琉球録解題及び研究』の「増訂版によせて」でも少しく考察を加えたので、参照されたい。

終章

本書を終えるにあたり、以上で述べることができなかったいくつかの点を中心に、朝鮮燕行使と朝鮮通信使とは何であったか、両者がぶつかるソウルでは中国と日本の学術をどのようなものと見ていたのか、これをその変遷とともにいま一度見てみよう。いずれも洪大容が燕行した一七六五（乾隆三十、英祖四十一、明和二）年から彼が死去した一七八三（乾隆四十八、正祖七、天明三）年を含む一八世紀後半を基準にとることにする。

一

洪大容の以前と以後とでは、朝鮮燕行使のあり方、なかでも学術交流に大きな変化があった。洪大容以前でも一七一二（康熙五十一、粛宗三十八）年に金昌業が北京を訪れたように、朝鮮知識人の中には中国知識人の私邸を訪れる者もいるにはいたが、それはなおその後において大きな潮流とはならなかった。しかし高い視野から見るならば、洪大容以降に私邸を訪れて交流することができるようになったのは、康熙中頃から乾隆年間にかけて「盛世」が続いたため、宿舎の門禁が次第に緩んだためである。

洪大容自らが記すところによれば、金昌業が燕行した康熙末年には門禁が多少緩んだとはいえ、市内の観光をしようとするのであればまだ宿舎で用いる水を汲みに行くという口実を設けるほかはなく、「決して公然と出入りする者はなかった」。ところが「数十年来、太平の世が長く続くと法令は次第に弛み、宿舎から出入りする者が絶え間なくなった」[1]。すでに述べたように洪大容が燕行する前から、三使の子弟らが観光のためにしばしば北京を訪れるようになっていたのは、この門禁が緩んでいたからであった。

しかし、朝鮮知識人が中国知識人の私邸を公然と訪れ、これが普通の姿となるのは洪大容以降のことである。『乾浄衕会友録』を読んで感激した李徳懋と朴斉家が燕行したのは、一七七八（乾隆四十三、正祖二）年のことであるが、その子朴長馣が編纂した『縞紵集』によれば、この時朴斉家も北京で李鼎元の私邸を訪れている[2]。李鼎元とはその後琉球を訪れて『使琉球記』を書くとともに、『球雅』を編纂しながらその書名を『琉球訳』という名に改めざるを得なくなり、一八〇一（嘉慶六、純祖元）年にやはりその私邸を訪れた柳得恭に対して、これについてどう思うかと尋ねたあの人物である[3]。柳得恭『燕台再游録』による限り、彼は李鼎元のほかにも数多くの中国知識人の私邸をごく自然に訪れ筆談しているし、同年に彼とともに北京を訪れた朴斉家も、同様に私邸を訪れ盛んに学術交流を行った[4]。金正喜が燕行の旅に出たのは一八〇九（嘉慶十四、純祖九）年のことである。彼も考証学者、漢学者である翁方綱や阮元ら数多くの中国知識人の私邸を訪れて学術交流を行った。

さて、このように両国知識人が私邸を中心に親密な交流をするようになると、やがて中国人の自宅を訪れた朝鮮人がそのまま一夜を明かすことが至極当たり前のことになった。一八三七年に燕行した金賢根によれば、当時は「従者が宿舎を出入りするのにほとんど憚り忌むことはなく、朝鮮の文人が〔中国の文人と〕交遊し宿泊するのは、まるでわが郷里にいるかのようである」と記される情況になっていた[5]。実は金正喜がその一人であって、彼は翁方綱の私邸で開かれた宴席で酒を飲んだあと、そこに同席していた李林松の私邸に泊まった。一八一〇（嘉慶十五、純祖十）年正月八日のことである[6]。

金正喜による清朝漢学の導入もこのような私邸での交流がもとになって行われたこと、言うまでもないし、一八二六年燕行使副使であった申在植が翁方綱の弟子葉志詵や李璋煜の私邸を訪れて行った「漢学、是か非か」の論議も、このような風潮の中で行われたものであった。かつて明代では三使たちが中国官僚の私邸を訪れることなど、考えることもできなかったであろう。一五三八（嘉靖十七、中宗三十三）年のこと、朝鮮の宮廷では一つの問題が検討された。それはその前年に朝鮮を訪れて帰国した龔用卿と呉希孟が国王に『天下図』や扇子などを贈り、また朝鮮についてのよい評判を北京宮廷で流すなどをしたため、国王および臣下と二人との間には良好な関係が続いた。龔用卿が朝鮮で出版された『皇華集』などを欲しいと言ったため、宮廷ではこれを贈るべく準備をしたのだが、二人が求めたもののほかの物も送ってはどうかとの意見が出された。国王中宗の考えも一旦はこの意見に傾いた。しかし時の領議政つまり宰相らが「そもそも〝人臣には外交なし〟である。いま龔用卿と呉希孟らが求めて来た物のほかは別に贈りとどける必要はない」と議したため、中宗もこれに従ったという。(7)「人臣に外交なし」とは『礼記』郊特牲に言う「人臣たる者、外交なし」のことであり、臣下が主君の命令によることなく私的にほかの諸侯、のちの時代で言えば外国の官僚と会ってはいけない、私的に交わってはいけないということを意味する。朝鮮国王が彼ら友好人士に返礼としてプレゼントを贈ることすら、当時にあっては「人臣に外交なし」という外交の戒を冒すことと考えられていた。また呉希孟の自宅は玉河館の近くにあったが、正使、副使、書状官がここを訪れたことは一度としてなかった。何か伝える必要があれば、召し使いか通訳を差し向け伝えさせるだけであった。申在植が燕行した一九世紀前半にあっては、明代一六世紀前半ではおよそ想像もできないことが起こっていたのである。この意味からすれば、一七六六年に洪大容がやったことは、燕行使の歴史から見ても朝鮮中国交流史から見ても画期的な出来事であった。彼がやったことは、相手が満州族統治下の漢人であるとの偏見を破り、これが先鞭となって両国知識人の交流が本格化したというだけではない。朝鮮燕行使史上それまで潮流とならなかったことがここに始まったのである。

二

さて本書で始めに採り上げた問題に移ろう。

一八世紀後半における東アジア三国、あるいはこれに琉球を加えた東アジア四国ははなはだしく歪《いびつ》な国際構造を形づくりながら、それでいて安定した秩序の中にあった。それがはなはだしく歪な国際構造であったのは、中国に対しては同様な朝貢国であり冊封国であった朝鮮と琉球の二国の間に、二百数十年にわたって一貫して国交がなかったこと、国交を再開したくてもできなかったことに最も端的に表れている。こうした国際構造は当時日本と中国との間で国交が途絶していたことを前提にして、しかも琉球が日本の実質的な支配下にあることを朝鮮をも含めた四箇国の間で、隠すべき相手国に対しては隠し通すことによってなりたっていた。こうした国際構造は朝貢システム論によっても冊封体制論によっても説明できないであろう。

フェアバンクは「中国的世界秩序」を論ずるにあたって、何度も原理（セオリー）と事実（ファクト）あるいは実態（プラクティス）とは違うとする。そして「中国的世界秩序」とはわずかに中国が目的としたものに過ぎず、またわずかに規範レベルのものに過ぎず、一つの理念型に過ぎないと強調している。(8) 朝貢システムとはこのような中国の理念に過ぎないと言うのであれば、彼の言うことは正しい。しかし逆に、このような「原理」では、以上述べたような敵対すべき原因を何ら持たない二つの朝貢国、冊封国が国交を二百数十年間にわたって再開できなかったという「事実」、それでいて当時の東アジアは安定した国際秩序にあったという「実態」を説明できない。

わたしは本書において、燕行使と通信使を支えた朝鮮の外交原理として「事大」と「交隣」を論じた。この二つの原理をもとにして朝鮮を中心に描かれたのが「朝鮮的世界秩序」であった。それは『孟子』にもとづき華夷思想にもとづくものであったから、「中国的世界秩序」のサブシステムであると言ってよいのかも知れない。しかし「中国的世界秩序」がその原理、理念と事実、実態とを異にするのと同様、「朝鮮的世界秩序」も原理、理念をそのまま事実、実態となしえなかったのは当然であった。「大を以て小に事える」対象であったはずの日本が、通信使そのものの問題に限ってだけでもしばしば違約や反抗を繰りかえしたこと、これまた「交隣」の対象であったはずの満州族（女真族）が「事大」の対象に置き換わってしまったことに、それは最もよく表されているであろう。

一七六六年という北京滞在の時点で、洪大容が朝鮮と琉球との間になぜ国交がないのか説明できなかったこと、そしてそれを説明できなかったのは彼もまた中国を中心に描かれる世界秩序で考えたからだ、とすでに述べた。その帰国後、彼はこの種の考えから脱却できたのかどうか、「朝鮮的世界秩序」をも乗り越え日本をも含めた東アジアの世界秩序を新しく思い描くことができたのかどうか、残念ながら我々はそれを知りうる史料を持たない。『医山問答』にはすでに周知のとおり、「中華と夷狄は同じである」との主張が見え、「天から見るなら、世界には内（中国）と外（夷狄）との区別はない」との主張が確かに見える。(9) 彼が『医山問答』を生んだ時点で華夷思想を脱却していたことは明らかであるが、しかしこれをもとに新しい世界秩序を構想できたのかどうかは、今のところ明らかにはなしえない。

三

では洪大容は、日本についてどの程度知っていたのだろうか。彼は北京から帰国したのち、一七六四年通信使の一行として日本へ赴いた元重挙、成大中と親しく交わった。『乾浄筆譚』に元重挙が跋文を寄せていることは、すでに述べたとおりである。

『湛軒書』には日本の学術について論評した文章が二つ収められている。一つはすでに紹介したところの伊藤仁斎を鳳鳥であるとして褒め、荻生徂徠を大儒であるとして褒め、返す刀で異端討伐にはげむ朝鮮知識人を批判したものである。[10]あと一つは「『日東藻雅』跋」である。『日東藻雅』とは、元重挙が通信使の旅の途上で得た日本人の墨跡や書画を帖冊にしたものであったらしい。そこでは、細合斗南（斗南）、瀧鶴台（鶴台）、顕常大典（蕉中）、岡田新川（新川）、木村蒹葭堂（蒹葭）、周奎（羽山）、朝比奈文淵（文淵）、草安世（大麓）、福原映山（承明）、南宮岳（南宮）、渋井太室（太室）、井上四明（四明）、島村秋江（秋江）、那波魯堂（魯堂）らに言及しつつ、彼らの学才、詩文、書画、風雅はわが国はもちろんのこと、これを中国文化の中心地（斉魯と江左）に求めても簡単には得られないと評する。そこではさらに、「かの伊藤仁斎と荻生徂徠の学については、その説について詳しくは知らない」と記しつつも、彼らの学を朝鮮の学、すなわち「みだりに性とは何か命とは何かのみ論じ、わけもなく仏老を異端だとして攻撃し、真に仮り偽りを売る」学風と対比して高く評価している。[11]さらには『日東藻雅』の持ち主である元重挙が日本滞在中に朱子学をもって日本人の誤りを正そうとしたことを聞いていたのか、「元重挙（玄翁）さんが正学（朱子学）を明らかにし邪説を息めんとされたことは、急務とはいえない」と断言し批判している。これら日本学術に対する彼の高い評価は、彼自身、朝鮮に重くのしかかっていた朱子学からいかにして脱却したのかを知った我々から見るなら、至極当然の評価であったと言うことができよう。

彼は当時ちょうど日本でも話題になっていた碑文、すなわち現在の群馬県多野郡で見出された「多胡碑」拓本まで手に入れていた。一七七七（乾隆四十二、正祖元、安永六）年に中国の孫有義に与えた手紙には、次のような叙述がある。

書箱の中にたまたま日本の字蹟と碑版一枚がありました。先にこれをご覧に入れます。碑版は千年の古石で、その奇怪にして拙なること言うに足りませんが、絶域のような遠くから来た文物ですので、一覧に供します。[12]

長年にわたって孫有義が洪大容と中国の知人との間で手紙の橋渡しをしてくれたことに感謝し、彼が得ていた日本人が書いた墨筆と碑刻拓本とを贈ったのである。このうち碑版とは多胡碑のそれであったに違いない。「千年の古石」と言い、そこに刻まれた文字を「奇怪にして拙」と評するからである。多胡碑とは江戸時代に当時の上野国、現在の群馬県で再発見されたもので、和銅四（七一一）年の年号が見える。その拓本は上野国の高橋道斎によって摹刻され、その摹刻本が江戸の沢田東江から一七六四年通信使製述官の南玉に贈られた。[13] 沢田から書記の成大中へ贈られたのも、おそらく同じ摹刻本である。これとは別に中川天寿（韓天寿＝韓大年）からも南玉、成大中、元重挙、金仁謙に中川自らが摹刻したものが贈られた。[14] 中川は双鉤に巧みであったというから、この摹刻本とは双鉤本であったかも知れない。

多胡碑拓本は成大中からその子成海応に伝えられた。そしてその一枚は、それが摹刻拓本であったのか双鉤本であったのかは不明であるが、おそらくは成海応から燕行使を通じて中国北京の翁方綱に贈られた。そして翁方綱から双鉤本の形でその愛弟子である葉志詵に贈られ、彼の手によって簡単な考証が加えられたうえ一八三九（道光十九）年に『日本残碑双鉤本』と題して出版された。[15] 複数の多胡碑拓本が朝鮮にもたらされたらしいことはこれまでから知られていたが、恐らくは洪大容も成大中あるいは元重挙から贈られたものを持っていた。これが北京の翁方綱のような有名人だけでなく、河北省三河県という田舎都市に住む孫有義にも贈られたのである。洪大容が多胡碑にまで食指を延ばしていたことは、彼が帰国後には一七六四年通信使に加わった者たちと極めて近いところに居たこと、彼が貪欲とも言うべき知識欲と収集癖を持っていたこと、そして彼が燕行使と通信使を繫ぐ重要な接点にいたことを示すであろうし、また日本の学術に対して大いに関心を持っていたことをも示している。

洪大容が日本の学術に対して大いに関心を持っていたとすれば、彼が「『日東藻雅』跋」で「かの伊藤仁斎と荻生徂徠の学については、その説について詳しくは知らない」と述べたことについても、再考する必要が生まれてくる。と言うのはこのように知識欲が旺盛で収集癖においても飛び抜けたところがあったとすれば、伊藤仁斎と荻生徂徠の著作についても収集していたと考えるのが、むしろ当然ではないかと考えられるからである。少なくともその弟子である李徳懋は、確実に仁斎の『童子問』を読んでいたし、徂徠の書も読んでいた。李徳懋は「日本文献」と題する論文の中で、一七四八年通信使の一員であった朴敬行に対して大坂の留守友信が与えた手紙、すなわち日本において朱子学がいかに進展してきたかについて概観した手紙と、三河の越緝が林羅山に始まる朱子学から伊藤仁斎・荻生徂徠に至る反朱子学までを紹介した文章などを詳細に書き写しながら、徂徠の学とは何であるかを考察して次のように述べている。

ただ徂徠が王世貞と李攀龍を学問の宗主であるとするとは、まったく気の狂った人である。王世貞と李攀龍の文章でさえ人を心服させられないのに、これをいわゆる学問だなどと見なせるだろうか。かつて徂徠の書を読んだことがあるが、本当に王世貞と李攀龍に帰依して学問と称しているのである。

そもそもこの二百年来、〔日本で〕蛮俗が変化して聖学をなすに至ったのは、もとより彼らが良しとすべきところや尚ぶべきところを知ったからではあるが、武力が振るわなくなり、か弱く文弱となったのは日本にとって幸福なことではない。[16]

四

すでに述べたように一七六四年通信使のメンバー南玉、成大中、元重挙らが紹介した徂徠学の重要なポイントの一つは、それが中国明代の王世貞と李攀龍に学んだものであるという点であった。李徳懋は自らその書を読んで、これを確認したのである。そして日本では「二百年来、蛮俗が変化して聖学をなすに至った」と評し、歴代通信使がもたらした情報をもとにして日本学術の変化を的確にとらえた。

しかし李徳懋による徂徠学説の評価についてさらに興味深いのは、この朝鮮にとっては最上級の知識人、博学無比な人物にして、やはり焦点をはずした徂徠批判しか行っていないことである。彼はここで示した徂徠論のほかに、その日本研究書である『蜻蛉国志』でも彼を論じてはいる。ところがそれらはともに徂徠学の神髄というべき部分をはずした批評である。本書中で述べたように、南玉、成大中、元重挙は徂徠学の何であるかを確かに朝鮮へ伝えたのであるが、その紹介は何れも隔靴掻痒と言うべきものであって、ポイントをはずしたものであった。彼らは何れも、徂徠が提唱した「古言をもって古経を解す」という儒教研究の方法がなぜ誤りなのか、という最も重要な問題に一切触れることがなかったし、「今言」「古言」というキーワードさえ紹介しなかった。李徳懋もこれとまったく同じである。三人の通信使臣と同様、「今言」「古言」については一切論評することなく、また徂徠学の根幹の一つである政治と道徳の切り離しについても論評しなかったし、徂徠学においては陽明学も仁斎学も朱子学が批判されるのと同じレベルで批判されることについても、彼は論評しなかった。李徳懋もまた、荻生徂徠が明の王世貞と李攀龍を宗主としているという一点を挙げるだけで批判していたのである。これは彼もまた、三人の通信使臣と同じく徂徠学について詳細に論じることはできなかったことを示すのではないか。

李徳懋による日本学術に対する評価をもう一つ紹介しよう。それは日本の伊藤仁斎が『童子問』で示した見解と、中国の顧炎武が『日知録』で示した見解とが「謀らずして同じである」ことを見出し、これら二つをあるべき朱子学の立場から同時に批判したものである。それは朝鮮朱子学を特徴づける一つ、「四端七情論争」に関わるものである。「顧伊論性」すなわち「顧炎武と伊藤仁斎が性とは何かをどう論じたのか」と題する論文で、彼はまず顧炎武が紂や盗跖など中国では極悪人とされる人物を取りあげ、「これらの事例は彼らが生まれながらにしてその本性において人と異なることを示している。これは人がみな口や耳などの五官と一つの身体とを持ちながら、生まれながらにして不具な者、身体に障害を負った者がいるのと同じである」とし、しかしそれは例外中の例外であるとし、この万分の一の例外をもって性を論ずることはできないと論じたところを掲げて紹介する。さらに続けて伊藤仁斎の説を紹介する。仁斎が「人にこの四端（惻隠、羞悪、辞譲、是非の心）があるのは、ちょうど体に手足が四本そろっているのと同じである。四端の心は誰にも生まれながらに備わっている。〔……しかしながら〕天下の数えられないほど多くの人の中には、まま生まれながらにして目がない者、耳があっても聞こえない者、手足四本に障害のある者がいる」とし、このように生まれながらにして目や耳や手足がない者が時にいるのと同じく、人にして四端の心がない者もいるにはいるが、それは「億万の中で一人二人に過ぎない」と論じたところを掲げる。そして次のように述べる。

顧炎武は明末の博雅大儒である。仁斎は日本の道学高士である。わたしはその書を読みその人を敬っているが、彼らが性とは何かを知らないこと、謀らずして同じであるのはかくのごとくである。(17)

ここで李徳懋が引用するのは伊藤仁斎『童子問』の一節である。それはほとんど原文そのままであるから、彼がこれを見ながら書き写していることは疑うことができない。間違いなしに彼は『童子問』を読んでいた。我々はここに、燕行使を通じてもたらされた中国文献と通信使を通じてもたらされた日本文献を同時に読んだ者が、両国で極めてよく似た考え、すなわち自らの常識とははなはだかけ離れた考えが、西の国にも東の国にも同時に生まれていることを知った驚きを読み取ることができるし、さらに彼が伊藤仁斎の『童子問』を読んでいたことを確認することができる。

ところが一方、我々は次のところにも注意すべきであろう。李徳懋は顧炎武とともに伊藤仁斎について「その書を読み、その人を敬う」と言った。にもかかわらず彼の膨大な著作『青荘館全書』のなかには、伊藤仁斎が実際に何を言ったのか、実際の文章で何を論じているのか、以上紹介したもののほかにほとんど見つけることができないことである。仁斎学説について論評したのは、以上見た『童子問』に対する「駁正」のほかは、その『蜻蛉国志』で仁斎について、「思うに王陽明を宗主としながら高すぎる」と評するものぐらいであろう。[18] これもまた南玉や成大中が荻生徂徠を褒めているのか貶しているのかよくわからないような批評をしたと同じく、伊藤仁斎を褒めているのか貶しているのかよく分からない。先ほど述べたとおり、彼が荻生徂徠の著作を読んでいたことほぼ確実であるにもかかわらず、その学術を論じたものとしては、王世貞・李攀龍を宗主としたことをもって排斥したもののほかに、その膨大な著作の中にこれまた見いだすことができない。これらの事例は、一七六四年通信使が徂徠学の神髄というべきところをはずしてしか紹介できなかった事情が、李徳懋の場合にもあったのではないかという推測に導く。李彦瑱が日本で述べたところの学術情況、すなわち「宋儒（朱子学）によらずに経典を説く者は厳重に処罰される」という当時の朝鮮における学術情況が、ここでも李徳懋の口を閉じさせたのではないか。少なくとも『青荘館全書』の編纂にあたった者は、以上紹介した徂徠批判、仁斎批判を超えた論評を李徳懋がかりにしていたとしても、それを収録できなかったと考えねばならない。いずれにしても、せっかく通信使によって日本の学術情報がもたらされながら、これを十分に生かすことができなかったようであるし、さらに言うなら洪大容以後、中国の学術情報もふんだんにもたらされるようになりながら、これをも十分に生かしきれない情況にあったのではないか、との予測もなりたつであろう。そして以上述べたことが認められるとすれば、洪大容が「仁斎と徂徠の学説については詳細なところを知らない」と言ったことについても、あるいはこれも彼の韜晦ではないかと疑ってかかることも十分に可能であろう。というのは以上述べた理由のほかに、朝鮮を覆う真実を隠蔽し自らをも欺かんとする当時の学風に腹を立て、異端を擁護する彼からすれば、また多胡碑のごときものまで収集した彼の知識欲と好奇心からすれば、彼が仁斎の著作と徂徠のそれとを手に入れていたと推測するのはむしろ常識的であるし、李徳懋が読みえたものを彼が読みえなかったと考えるのは、むしろ不自然だからである。

五

最後に洪大容のあと一人の高弟、朴斉家についても述べておこう。

彼が洪大容と厳誠らとの親交にあこがれ、自ら李徳懋とともに燕行の旅に出たのは一七七八（乾隆四十三、正祖二）年であった。彼は帰国すると間もなく『北学議』を著し、「北のかた中国に学べ」をスローガンにして、朝鮮の制度改革と技術革新の必要を説いたこと、周知の通りである。ここでは彼の主張について論ずる余裕はまったくないが、燕行使とは何かを論ずる本書で一つ記しておかねばならないことがある。それは彼が「中国に学べ」と論ずるとき、彼はその中国の学術とはどのようなものであると見ていたのか、という問題である。

彼は一七七八年ののちも何度も燕行することになるが、一八〇一（嘉慶六、純祖元）年に清朝漢学者すなわち清朝考証学者の一人である陳鱣と会見したときのこととして、次のような筆談が伝わっている。陳鱣とはすでに述べたように、同じ年に燕行した柳得恭に対して、「朝鮮では学官として、宋儒を用いているか、それとも漢儒を用いているのか」という宋儒、漢儒を対照させた質問をし、「文字学に通じてこそ、はじめて経書を読みうる」と漢学の神髄にせまる指摘をなした人物である。彼は朴斉家の文才を愛し、その著作『貞蕤藁略』を中国で出版してやった人物であり、またその序文を書いてやった人物でもある。この序文の中で陳鱣は朴斉家を評して、「天性から中国を好み慕い、〝経済〟すなわちどのような施策によって人を幸福にできるかという問題を好んで語り、かつて『北学議』二巻を著した」と述べている。[19]

ところが朴斉家は陳鱣に対して必ずしも好意的ではない眼差しを向けていた。その筆談で朴斉家は、次のように述べたという。

そもそも学問では真実に関わりのない上辺《うわべ》だけのものを最も嫌います。小道末技とはいえ、必ず真心から自分一人で行き着かねばなりません。最近、上辺だけの学問も多くなっております。義や理を論ずることなく、ただ訓詁のみ云々するのであれば、俗人がそれを不必要なものだと排斥するのも、まことにもっともであります。

筆談はさらに陳鱣が好むところは何かに及んだ。陳鱣は「日々ただ力耕し、著作して自ら楽しみ、官僚としての出世などは考えていない」と言い、さらにこれをより具体的に説明して、「名山大川を遊覧するのが一つ目の楽しみ、四方の賢者と交わるのが第二の楽しみ、まだ読んだことのない書物を読むのが第三の楽しみだ」と述べた。これに対して朴斉家は次のように述べたという。

何たる閑人にしてこんなことをし、時間をつぶすのでしょう！⑳

朴斉家は陳鱣のような考証学者をヒマ人であるとし、俗人が彼らを無意味なことをやる人々だと排斥するのに同意しつつ、彼ら漢学派の人々を不急なことに日月を浪費する者だと評し去った。当時の清朝漢学のあり方、少なくとも人間と社会に何が大切なのかを考えることなく、訓詁など「上辺のこと」をのみひたすら明らかにせんとするその一派に、彼は大いに不満であった。いわゆる清朝考証学、言い換えれば当時隆盛を極めていた乾嘉の学とは何であったか、その本質、少なくとも本質の大きな部分をみごとに見抜いていたと評価してよいであろう。

六

本書で問題にしてきた中国、朝鮮、日本の三国、これに琉球を加えるならば東アジアの四国はこれから間もなくして、共通して欧米列強が持ち込んだ「近代」に立ち向かわざるを得なくなる。中国でアヘン戦争が起きたのは一八四〇年、日本にペリー率いる黒船が現れたのは一八五三年、朝鮮にアメリカ商船シャーマン号が現れたのは一八六六年のことである。洪大容が死去したのは一七八三年であるから、アヘン戦争まで六十年足らず、シャーマン号事件まで数えても百年足らずであった。

一八〇一年に考証学者陳鱣を「何たるヒマ人」と評したのには、日本のゆたかさや中国のゆたかさを新しく知るに及び、それに比べて見た朝鮮の現状を認識した知識人の何か切羽詰まった思いを感ずる。これによく似たことをその後一八一五年にも成海応が言ったことを思い出していただきたい。それは、「清朝人がやっている漢学は根拠が鮮明であり、あてにならない言葉はない。もとより朝鮮の者が及びもつかないところである」と高く評価しながら、しかもこれを「不急の仕事（不急之務）である」と評し去った。[21] 彼も成大中を父として持ち、中国漢学の現状を十分に知り、中国経由で日本生まれの『古文孝経』や皇侃『論語義疏』などを読んでいた国際派人士であった。

わたしは成海応のこの言葉を紹介したとき、たしかに「骨董屋のような」考証学は、当時にあっては「不急の仕事」であったろう。しかしテキストと言語とを重視し、事実を一つ一つ固めてゆく漢学＝考証学の手法そのものを取り入れること、すなわち、実事求是という精神的支柱の上に築かれた学術を行うことは、はたして「不急の仕事」であったであろうか、と疑義を差しはさんだ。さらに「玩物喪志」「業績主義」という弊風を一方で伴うことなく、実事求是の精神とテキスト・言語を重視するという手法のみを取り入れるという「良いとこ取り」が可能だったのであろうか、とも述べた。これは荻生徂徠や太宰春台らなき後における日本古学の混迷から、蘭学すなわち洋学の開花までを念頭に置いて言ったものである。日本古学は清朝漢学がテキストと言語を重視する学問であったように、これまたテキストと言語を重視するものであった。もちろん彼らが重視したのは漢文テキストであり漢文言語であった。しかしその研究方法は、そのままオランダ語テキストを重視しヨーロッパ言語を重視することに転用することが容易なものではなかったのか。前野良沢と杉田玄白らが千住骨ヶ原で腑分けを実見してから、オランダ語文献『ターヘル・

アナトミア』をわずか三年で翻訳し、これを一七七四（乾隆三十九、英祖五十、安永三）年に『解体新書』という名の漢文文献として出版できたのには、このような研究手法が前提としてあったからではないのか。ゆたかな社会であれば、その楽しみや捌け口が向かう方向は様々であったとしても、ヒマ人はいつでもどこでも生まれるものである。また彼らにもそれぞれに自己主張があろう。江戸後期の日本でも清朝後期の中国と同様、折衷学が唱えられ清朝考証学の影響をも受けつつ日本考証学が生まれていた[22]。この意味で「骨董屋のような」考証学は日本においては蘭学（洋学）の隣にあったのであって、そのような弊風を伴うことなく一方的に「良いとこ取り」が可能であったわけでは決してなかった。

この意味からすれば、李徳懋だけでなく洪大容すら誤っていたと言いうる。先ほど述べたとおり、李徳懋は伊藤仁斎の学と荻生徂徠の学を斥けながらも、しかし日本で儒学研究が進み、かくして仁斎と徂徠が現れたことをもって「武力が振るわなくなり、か弱く文弱となった」とし、これを「日本にとって幸福なことではない」とした。洪大容は仁斎と徂徠を高く評価しながらであるが、やはり日本で「文風が盛んで武力が振るわなくなり、技巧が日々に進むとともに鉄剣が日々に使い物にならなくなったことは、すなわち西隣りの朝鮮にとっても福を受けることである」とし、したがって二人を「韓（朝鮮）にとって神棚に上げてお祝いすべきである」と論じた[23]。彼らはともに実事求是の精神とテキスト・言語を重視する研究方法を伴ったとき、文が医に転化し、さらに医を武に転用しうることを理解できなかったのであって、二人とも誤った判断をしていたと言わざるを得ないであろう。

事実としては、一七六四年通信使は日本で蘭学という新しい学術が出発する十年足らず前に来日した。このため『解体新書』の出版に間に合わなかった。この書の出版は洪大容がなお生前中のことであったが、もちろん彼はそれを知るよしもなかった。自然科学が得意な彼がこの書を手にしていたら、どんなに驚喜したかと想像される。ところが最後の一八一一年通信使は対馬止まりであったため、日本におけるこの新しい学術の動向については、結局ほとんど伝わらずに終わったのである。

補論一　明清中国による対朝鮮外交の鏡としての対ベトナム外交

——冊封問題と「問罪の師」を中心に——

一　はじめに

「問罪」とは現在の外交用語で言うなら、超大国が加える制裁（sanctions）がそれに当たるであろう。「問罪」のうち最も重い制裁が「問罪の師」を起こすことにほかならない。これについては第二章で、明清中国の対朝鮮外交に即して「礼」との関係として論じた。本補論は同様な問題が、対ベトナム外交においてどのように現れているかを明らかにするものである。

中国は相手国が「礼」から大きく逸脱したと見なした時、討伐軍を派遣することがあった。明清中国はベトナムに対して、三回「問罪の師」を起こした。明代永楽年間の時、嘉靖年間の時、そして清代乾隆年間の時である。もっとも嘉靖年間のものは、大軍が国境に近付いたところでベトナム側から投降してきたため、大会戦には至らなかった。しかし「問罪の師」が起こされたことは事実であるし、これを起こした論理を考察することは、他の二者における論理を考察するために必要であるから、これをも取りあげる。

ベトナムに対する三回の「問罪の師」には、「冊封」と簒奪という問題が大きく関係しているから、はじめにこれを説明しておく。

ここで言う冊封とは、中国の相手国で国王が新たに即位した時、あるいはすでに国王になっていた者が中国と改めて君臣関係をとり結ぼうとする時、中国側がその申請に応じて古代の諸侯になぞらえてこれを封建し、その国の国王であることを承認することである。冊封関係に入るということは、このように明清皇帝と各国国王とが君臣関係をとり結ぶということである。明清国内の君臣関係であれば、臣下は皇帝から俸禄を受け、かつ官職につくことに伴う様々な権益を享受するかわりに、皇帝が持つ膨大な官僚組織の一コマとなり、彼に忠誠を誓って奉仕することになる。まさしく「臣従」するのである。冊封関係における君臣関係も、両者における権益の授受を媒介としてなりたっていることに変わりはない。ある国の国王はこれによって中国という大国による直接統治を免れる保証をえたし、またある時代にある国は朝貢貿易を継続しておこない、これにより大きな利益を獲得する保証をえた。

冊封とは礼の精神にもとづいて行われること、礼とは名分位階という階層秩序を維持するための規範であること、漢代以降においては「礼」は「刑」と併用されるか、礼を主とし刑をもってこれを輔《おぎな》うものと考えられたこと、外交においては「問罪」がこの「刑」にあたるものであったこと、第二章ですでに述べた。冊封関係に入った国王は原則として国内行政に干渉されることなく統治できたが、しかし問題はこのような礼による統制を行わんとする明清側の思惑とはるかに異なり、各国国内ではそれぞれ独自の論理で政治が動いたことにある。最も大きな問題は王位簒奪であった。皇帝が適切なりとしてすでに認め冊封した国王が、簒奪などの手段で殺害もしくは廃位させられることは、はなはだしく「礼」にもとることであった。このような場合、中国側は礼を維持するためと称して大きな干渉を加えることがあった。また簒奪ではなく、礼に則った譲位もしくは継承がなされた場合でも、新たに国王の位に即いた国王は、冊封を継続して受けようとするかぎり、これを皇帝に認可してもらう必要があった。

ここに冊封関係を中国と維持しようとする国は、中国から大きな干渉を受けることになる。この冊封問題が朝鮮の歴史にとっていかに大きな意味をもつものであったかも、第二章で述べたとおりである。

ベトナムは朝鮮とともに明清中国にとって最も重要な冊封国であった。『明史』巻三二〇以下の外国列伝では、まず「朝鮮」について記し、次いで「安南」すなわちベトナムについて記している。近年の研究では、中国を中心とする東アジアの秩序は、しばしば朝貢システムとして、あるいは冊封体制として論じられる。このような理念型をもとにして明清中国による対朝鮮外交と対ベトナム外交を見るなら、それらはほとんど同じものであるはずである。ところが、実際の歴史はまったくこれと違っている。日本の学界では特に、この理念、原理と事実、実態とを混同することが多い。我々は明清中国の対ベトナム外交を知ることにより、それを鏡としてその対朝鮮外交をより鮮明に捉えることができる。視点を反転させれば、対ベトナム外交の特色もますます明確になるであろう。さらにはこれによって、現在学界で盛んに論じられる朝貢システム論や冊封体制論が明清中国による近隣諸国への外交姿勢をそのものとして把握するために、むしろ障害要因となっていることを指摘したい。

二　永楽帝による「問罪の師」——「天地鬼神の容《ゆる》さざるところ」

まずはじめに取りあげるのは、永楽帝による問罪の師である。

一三七〇（洪武三、ベトナム紹慶元）年、明の太祖洪武帝は使節をベトナムへ送り、陳日熞＝楊日礼（日熞）を安南国王に冊封した(1)。ここに明と安南国は冊封関係に入ったことになる。

ここで問題になるのは、ベトナムではこれまで久しく自らの国を安南ではなく大越と称し、その統治者は皇帝と称し、自らの年号を立ててきたことである。たとえば、陳日熞は大定というベトナムの年号、すなわち明から言えば「偽年号」を独自に用いていた。どうやら明朝は、ベトナムには別の「皇帝」と称する者がおり、別の年号が立てられていることを承知の上で、あえて「安南国王」に封じたようである。というのは『元史』巻二〇九、安南伝では元の一二五八（憲宗八）年にはベトナムでは紹隆と改元されたと見え、さらに一二八五（至元二十二、重興元）年には陳日烜なる人物が大越国主憲天体道大明光孝皇帝と「僭称」し、皇太子に禅位し、太子妃を皇后に立て、「昊天成命之宝」と称する印章まで用いていたことが記されているからである。ベトナムに侵略した元軍はこの陳日烜に敗北して追い返されたにもかかわらず、元朝は彼に来朝をうながし、これに応じて彼は使を遣わして朝貢した。『元史』は明が安南国と冊封関係に入ったその年、すなわち一三七〇年に編纂されたものであるから、安南国王を冊封するという外交上の重要事項を決定するに際し、明朝の中枢部はこの事実、つまり「安南国王」と彼らが呼ぶことにする人間は、現地では「大越皇帝」と称し、明朝へ提出される文書には「洪武」年号が用いられるが、現地では別の年号が用いられていることを知っていた。これを知った上で朝貢を受けつけ、冊封を行っていたと考えるのが自然である。

さらに問題となるのは、洪武皇帝が「安南国王」にしばしば騙されて朝貢を受けつけていたことである。当時ベトナムでは簒奪が相継ぎ、明朝が冊封した国王が殺され、朝貢使節を送った者もあるいは殺され、あるいは退位に追いこまれていた。陳日熞が冊封を受けたのは一三七〇年の八月のことであったが、十一月にはすでにクーデターが起こり殺されている。新しく皇帝位に即いたのは陳叔明であった。ところがこの陳叔明は一三七二（洪武五）年、南京へ朝貢使節を送った。外交に当たった礼部主事が貢物にそえられた上表文を点検したところ、陳日熞（日礼）の名義ではなく陳叔明の名義で送られたものであった。何とクーデターの事実を隠して、平然と新「皇帝」が朝貢していたのである。朱元璋はこれを知って貢物の受納を拒否し、「問罪の師」すなわち十万の大軍をもって討伐するぞと威した。

相継ぐ簒奪や皇帝のすげ替えは、黎季犛がその首謀者であった。彼は一三七七（洪武十）年、陳叔明に替えて陳煒を皇帝位に即け、さらに一三八八（洪武二十一、光泰元）年になるとこの陳煒をも廃して殺し、陳日焜を皇帝位に即けた。ところが翌一三八九年、明に対しては簒奪の事実を伏せて陳煒の名義で入貢、明朝はこれを知らずに貢物を受けとった。ベトナム側はまたまた平然と明朝を騙したのである。四年後の一三九三年正月にも、安南王の朝貢を受け入れている。これが発覚したのは四月のことであり、朱元璋は安南国の朝貢を拒否せよと命じた。ところが、その三年後の一三九六年に早くも安南国の朝貢を再び受けつけている。[2]

冊封とはすでに述べたように礼にもとづいてなされるものであり、礼とは名分位階を維持するためのものである。ところが明が初めて冊封した陳日熞は伯父の陳叔明に殺され、その後も簒奪事件が続いた。さすがに洪武年間においてはその後、『明実録』に拠るかぎり安南国王として冊封した事例は見えないが、しかし「国王」と認めないベトナムからの朝貢もすでに見たように受けつけていた。『明実録』の記載では、本来「安南国王陳○遣使入貢」と書かれるべきところ、「安南陳○遣使入貢」と国王の二字を削って書き換えているに過ぎない。明朝皇帝を欺き続ける「大越皇帝」に対して、明朝がとりえた制裁は何度か朝貢を拒絶したこと、それに陳叔明が死去した時、彼は簒弑して国を得た者であるから「不義」の者であるとし、弔慰使を派遣しないとしたことだけであった。たび重なる簒奪と非礼にもかかわらず、朝貢を受けいれざるをえない洪武帝を評して、『明史』編纂者つまり清朝の史臣はその安南伝において、「その弑逆を憎むとはいえ、軍隊に苦労をかけて遠征したくはなく、やっとの思いで朝貢を受けつけた」と記している。[3]

同じ洪武帝は高麗に対して、朝貢物として南京に運んできた五十四匹の馬のうち、途中で二匹が死んだので二匹の私馬を加えてつじつまを合わせ、合計貢馬五十四匹として献納したのを「不誠実である」と譴責して受け取らなかった。あるいは高麗で簒奪があったとき、冊封の継続を願う簒奪者に対し、これを利用して過重な圧力をかけた。同じ朝貢国、冊封国と言いながら、それぞれに対する外交姿勢は硬軟まったく対照的であった。

さて明朝がベトナムに軍を送ったのは、わずかに永楽帝による一回だけである。それは永楽帝が自ら二年前に冊封した安南王黎漢蒼（胡奃、胡漢蒼）を今度は討伐するという、まさしく「問罪の師」であった。「問罪」に至る経緯は、次のとおりであった。[4]

一四〇〇（建文二）年、黎季犛は陳朝最後の皇帝を廃して自ら皇帝と称し、聖元と建元し国号を大虞と改めた。この年、黎季犛は帝位を黎漢蒼に譲った。『明実録』には一四〇三（永楽元、開大元）年に安南権理国事の胡奃（黎漢蒼）が永楽帝の即位を祝賀し、かつ封爵を請うたとある。明朝は陳朝が亡んだのは簒奪によるものではないかと疑い、ただちに官僚を派遣し実情を調査させた。この結果、黎漢蒼の臣下や父老から「陳氏には世継ぎがいなかった」との保証書が提出されたことをもって、「簒奪ではなかった」とされ、かつ黎漢蒼らによる占城（チャンパ）侵略も永楽帝即位にともなう大赦以前のことであった、と解釈された。早くもこの年のうちに、黎漢蒼を安南国王に冊封する使者が派遣された。

ところが翌一四〇四年、事態は逆転して「簒奪であった」とされるに至る。この逆転は、安南国陳氏の臣下であったと自称する男が南京に現れ、「陳氏は黎氏の簒奪によって亡びた」と上奏したことに始まる。さらに同年十二月、たまたま南京まで来た安南国の朝貢使に対して、陳氏の後裔という陳天平を引き出して示した。朝貢使は彼が陳氏の王孫であることを識り、みな驚愕して下拝し、涙を流したという。これを聞いた永楽帝は「君主を殺して簒奪し、皇帝を僭称し改元し、安南国の人に暴虐を働き、隣国の領土を攻奪した。これは天地鬼神の容さざるところである。またその臣民は一緒になって欺き、事実を蔽したのだから、一国はすべて罪人である」と断じた(5)。冊封からわずか一年後、自ら国王とした人物を簒奪者であるとしたばかりか、突然「皇帝を僭称した」ことも罪情に挙げている。

陳天平が本当に陳氏の後裔であったかどうかはわからない。右に記した陳天平と朝貢使節の劇的な出会いが、あまりに芝居がかっていることは間違いない。陳天平が替え玉であろうがなかろうが、これが永楽帝による意図的なフレームアップであったことは疑いない。なぜなら、永楽帝が黎漢蒼を支持し続けるつもりであれば、たとえ自分は陳氏の後裔であるという人物が現れたとしても、これを握りつぶすことぐらいは簡単にできたはずだからである。またまったく現地調査もすることなく、陳氏の後裔であると自称する人物が現れたからといって、ただちに簒奪があったと断ずるのは、あまたの属国を従える中国皇帝としてあまりに軽率に過ぎよう。

翌一四〇五年正月には、早くも監察御史を安南に派遣して、「簒奪した理由を書いて申し出よ」と問罪している。いかに朝貢国であり冊封国であっても、安南国の朝貢使と陳天平が面会したのちただちに「簒奪である」と断じ、ただちに「簒奪した理由を書いて申し出よ」と問罪するのは、我々から見れば逆に明朝が「非礼」である。黎漢蒼はこれに対して、一方で戦争を覚悟し戦船を造って準備した。また一方で明の監察御史の帰国に随って使節を派遣して「謝罪」し、さらに使節を派遣して陳氏の後裔陳天平を迎えたいと請うた。これに対して明朝は五千人の兵をつけて陳天平を送り返した。これは明朝が意図的に陳天平をベトナムで殺させ、黎漢蒼と戦火を開くつもりであったとするほかない。

陳天平が殺され両軍が交戦に入ると、一四〇六（永楽四）年、永楽帝は大軍を派遣することを決意した。七月初一日、先祖を祀る太廟で儀式を行った永楽帝はさらに嶽鎮海瀆の神に対して次のように告げたという。「安南の賊臣黎季犛とその子漢蒼とは、何度も国王を殺してその一族を根絶やしにし、その国を簒奪し、国王の姓名を改め、皇帝号を僭称した。……七月十六日に出兵するので、特に報告する。神々よ、これを助けよ」[6]。

嶽鎮海瀆の嶽鎮とは、鎮国の山とも見えるから、その国を鎮《しず》める山嶽のことである。その神とは山海や川の神々である。永楽帝がなぜ嶽鎮海瀆の神に出兵の理由を告し、その加護を祈ったかというと、次のような先行事情による。

これより先の一三六九（洪武二）年、洪武帝は南京の城南に嶽瀆壇を築き、嶽鎮海瀆および天下の山川城隍の神々を合祀した。同年、「安南と高麗はともに中国に臣下として付属しているから、その国内の山川は中国と同じく祭るべきである」とし、翌年には使臣を派遣して安南、高麗、占城の山川を祀らせた。朝鮮にはこのため、南京朝天宮の道士が派遣されたという[7]。中書省と礼官の調査により、安南国については二一の山、六つの江、六つの水が祭りの対象として選び出された。この方針はその後、上記の国々のほか琉球、日本、真臘、甘粛、烏斯蔵などの諸地域にも及ぼされた。一三七五年には外国の山川の神を皇帝自らが祀ることはやめられ、たとえば安南の神々については広西省で代わって祀り、高麗の神々については遼東都指揮使司が代わって祀ることに変更されたが、皇帝がこれら祀祭の総元締めであったことは言うまでもない[8]。

外国にある山川の神々を祀るというこの奇妙な行為は、これまですでに何人かの研究者によって注意されているが、一体なぜこのようなことをしたのか、その実質的な機能については注意されているようにない[9]。しかし外国の山川の神々を祀ることには、極めて現実的な機能が託されていたこと、以下の事例から見て明らかである（第二章参照）。

洪武帝は一三九六（洪武二十九、朝鮮太祖五）年二月、朝鮮外交文書非礼事件のさなかに、礼部を通じて国王太祖（李成桂）に詔勅を送り、「これまで朝鮮国王がしばしば争いの発端を作ったので、嶽鎮海瀆山川の神々に告げ、上帝に転達してもらってある[10]」と言っていた。『朝鮮王朝実録』によればこれより先の一三九三年にも、洪武帝は実際に、

高麗の山川鬼神はお前（李成桂）が禍根を造り、人民に災《わざわ》いを及ぼしていることを知らないであろうか。……朕はまた明らかに上帝に告げ、将軍らに命じて東方討伐をさせんとしている[11]。

と述べていた。その翌年の一三九四年にも、「海嶽山川等の神」を祀る祝詞を朝鮮国王に送りつけた。その内容は、

予《よ》は明白に上帝に告げたいのだが、一方では軽々しく告げて上帝に面倒な思いをさせたくもない。いま人を遣して先に神に告げさせる。神よ、予《よ》が何のためにこんなことをするのかお察しいただき、上帝に転達していただきたい。彼（李成桂）が相変わらず中国を勝手気ままに侮ることをやめぬなら、問罪の師をどこででも必ず挙げんと思う[12]。

というものであった。彼は山川の鬼神を祀る総元締めの祭主として、南京にいながらにして外国の神々をも動員し、天帝にその「罪過」を報告してもらっていた。

洪武帝によるこのような神々の動員は、執拗にそして強硬に続くのであって、一三九七（洪武三十）年にも「山川上下の神々が気付いているから、罪過はまもなく至らんとし、必ず逃れることはできない」と朝鮮国王を恫喝している[13]。さらに『明実録』でも一三九八年、礼部を通して朝鮮国王に通達し、問罪の師に言及しつつ、「いま朝鮮国王は

しばしば国境で争端を開いており、わが海嶽山川の神は必ずなんじのことを明察している」[14]と述べたと伝えている。

このように洪武年間にあっては、外国の国王を問罪しようとする時、中国皇帝がまず現地山川の鬼神に告げ口をし、これを上帝にまで転達してもらい、天罰がその国に降るという「システム」が作られていた。中国皇帝が現実に発動する問罪の師は、この天罰の一環でもあった。永楽帝がベトナムへの出兵に際して嶽鎮海瀆に国王の罪過を告げたのも、その延長であろう。おそらくはこの時期にも洪武期の「システム」は生きていたのである。永楽帝は黎漢蒼を簒奪者であると断じた時、「天地鬼神の容さざるところ」と述べた。二年後に彼が出兵の詔勅を発した時にも、これとまったく同じことを言っている。この表現は一見すれば誇張に満ちた常套句のように見えるが、少なくとも明初では現に生きていた「天治のシステム」あるいは「神治のシステム」を背景としてみるならば、それは至極当然の表現だったのである。

さて、『皇明祖訓』祖訓首章に見えるとおり、安南国は洪武帝によって「不征の国」、つまり遠征軍を出してはならないと定められていた十五箇国の一つである。十五箇国のうち、戦闘することをあらかじめ決めて実際に出征したのはこの安南だけである。永楽帝がなぜベトナムに遠征軍を出したのかは、誰をも納得させうるような説明ができないのが現状である。[15]元朝の時代の広い版図の復活を夢見た永楽帝が、元でもなしえなかったベトナム遠征を成功させようとしたからではないかという考え方もあるが、では元でも不可能であった日本に対する軍事制圧をなぜ行わなかったのか、ただちに疑問として出されるであろう。嶽鎮海瀆の神々への告発や出兵の詔勅で彼自身が挙げ、あるいは安南遠征の総指揮官となった張輔が挙げた黎季犛、黎漢蒼の「罪情」としては、彼らによる王位簒奪と皇帝号の僭称、明にとっては同じく冊封国であった占城への侵略、あるいは明朝の領土への侵略などである。しかしいずれも八十万人と称されるほどの大軍を送った理由としては、あまりに弱い。と言うのは、それら「罪情」のほとんどは洪武年間からすでにあったものであったし、また次の宣徳帝の時代にベトナムの占領を中止してから以後も、ほとんど変わっていないからである。

後に見るであろう明の嘉靖帝が起こした「問罪の師」、さらに清の乾隆帝が起こしたそれが、いずれも専制皇帝の恣意に根ざしたものと言うほかないものであることを勘案するなら、永楽帝によるそれについても我々の論理に合致するような理由を見つけ出すことは、不可能と言ってよいであろう。ただ間違いないのは、明初以来ずっと安南国王として冊封し、あるいはその朝貢を受けつけてきた人物たちが、現地では皇帝と称し「偽年号」を用いていること、現地においては国王が次から次へと、明朝の意向とまったく関係なしに王位の簒奪にあっていること、にもかかわらず明朝としては一部は知らぬふりをし、一部は譴責を加える以外に手段はなかったという、長く続いた苛立ちを「問罪の師」が解消してくれるはずであったことである。

永楽帝自身が簒奪者である。実は安南の黎漢蒼こそ、『明実録』によるかぎり、永楽帝が帝位に即くと諸外国の中で真っ先にその冊封を願い出てきた人物であった。簒奪者にとっては、中国皇帝としての大義名分が必要である。このため永楽帝は黎漢蒼も簒奪者であることを疑いながら、彼の臣下や父老たちが出した「陳氏には世継ぎがなかった」との保証書をほとんど唯一の根拠にして、草卒の間に冊封の詔勅を出してしまったのであった。永楽帝はまもなくしてこれが失敗であったと気付いたであろうが、皇帝にもちろん「失敗」はありえない。そこで罪を一方的に黎漢蒼に加え、かくして「問罪の師」の発動となったのではないか。そうであるなら、やはり皇帝による恣意と言うほかないであろう。

また簒奪者が簒奪は「天地鬼神の容さざるところ」と言うのだから、恣意と言うほかない。後に一九世紀にベトナム阮朝で編纂された歴史書『欽定越史通鑑綱目』では、永楽帝が黎漢蒼（胡漢蒼）を討伐する軍を派遣したと記すところで、次のようなベトナム皇帝の「御批」を付している。

明の燕王朱棣（永楽帝）も胡季犛（黎季犛）と異なるところなく、自分自身が正しくない。その命令が「ベトナムで」行われないからといって、何でまたわが身がどうであったのか反省しないのか。両方とも貪婪かつ残忍で

あるだけだ。(16)

明軍は破竹の勢いで進み、ベトナムを制圧、翌一四〇七年には明朝式の諸官庁を置き中国領とする。しかし間もなくゲリラ戦を余儀なくされる。八十万の軍を送ったが、八万六千人しか帰還できなかったというほど手ひどい敗北を喫し、軍を返したのは一四二七（宣徳二）年のことであった。

明初洪武帝と永楽帝による対朝鮮外交と対ベトナムのそれとは、たしかに冊封システムに対応するごとく現地の神々を中国皇帝が祀り、そしてそれぞれ外国国王の「罪情」を告げ口するように同一の外交施策がとられることもあった。しかしすでに述べたように洪武帝による両国への外交姿勢は、硬と軟という対極に位置するものであった。永楽帝による「問罪の師」は、自ら簒奪者であった専制皇帝の恣意に根ざすこと間違いないが、洪武初年から現地では皇帝と称している人物を国王として冊封せざるをえず、明朝に何の相談もなく簒奪が繰りかえされてきたことに対する積もりに積もった鬱屈、いら立ちが、より根底にあると見るべきである。永楽帝による対ベトナム強硬策は、この意味で洪武帝の柔軟策の裏返しであった。逆に朝鮮に対して、永楽帝は強硬策と言うべきものをほとんどとらなかった。これも洪武帝による強硬策がすでに先にあり、結果として強硬策をとる必要がなくなっていたからにほかならない。この点から見ても、明初における対朝鮮外交と対ベトナム外交とは、著しい対照をなしているのである。

三　嘉靖帝による「問罪の師」

次に嘉靖帝による「問罪の師」である。これが論じられるようになるのは、一五三六（嘉靖十五、元和四＝大正七）年のことである。それは、宣徳帝による撤兵から百年余り後のことであった。まずこの一世紀余りの間における明の対ベトナム外交を簡単に見ておこう。

明軍を破った中心人物は黎利であった。明軍がゲリラ戦に苦しめられたため、宣徳帝は撤兵のための論理を探し始める。そして永楽帝が出兵したのは後継ぎが絶えた陳氏を復活させるためであったとし、その後継者を探し出してのち国土を返還するとの論理をたてた。このため黎利は一四三〇年、陳氏の子孫を探したがすべて絶えて見付からず、かつ自分は安南国人の推戴を得ているから、明の「藩臣」に相応しいとした。彼は安南国王に冊封されんことを願ったのである。しかし、宣徳帝は彼を安南国王に封ぜず、代わって彼を「権署安南国事」に任命した。安南国王代理である。現地ベトナムでは大越皇帝と称し、順天という年号を別に用いていた黎利は、ここに明に対しては宣徳年号を用い、権署安南国事となった。大越皇帝が権署安南国事から「昇格」し、正式に安南国王に封じられたのは一四三六（正統元、紹平三）年のこと、その子黎麟の代になってである。名分と実利をともに取った見事な外交と言ってよい。

ところがベトナムでは明朝の思惑と関係なく、その後も次から次へと簒奪が続いた。黎麟の子、黎濬は安南国王に冊封されたものの、一四五九年にその臣下である黎琮（宜民）に弑殺された。黎琮は黎濬の死因について彼が湖で遊覧中溺死したと明に偽って報告し、自ら国王に冊封された。ところがこの黎琮もその翌年に廃位されたのちに自害させられ、黎灝（思誠）が帝位に即いた。黎濬が遊覧中に溺死したというのは偽りであり、さらに黎琮が自害したのを明朝が知ったのは、この黎琮を安南国王に封ずるため使節を送った後であった。

明朝は安南で次々に簒奪が続いていることを知りながら朝貢を受けつけ、十分な調査もすることなく冊封を続けていたのである。また明朝はこの頃、毎年のように占城から安南の侵略を受けている、救援してほしいとの要請を受けていたが、安南に対しては北京にその使節が来た時に訓戒するか、問罪のための使節を派遣して侵略はやめるように説得し、占領地を占城へ返すようにと命ずるのみであった。しかしこの明朝の問責と命令は、ほとんど何の効果もなかった。

当時の明朝――ベトナム関係がどのようなものであったか如実に示してくれるのは、一四八〇（成化十六、洪徳十一）

年に起こった安南偽勅、偽年号事件である。当時、安南はラオスへ侵略していたので、明の雲南省の一軍官がスパイを放って実情を探らせた。ところがこの過程で安南が発行した「偽勅」が発見され、そこには洪徳十年という「偽年号」が記されていた。大越国の洪徳十年は明の成化十五年にあたる。これは北京にも通報されたが、明朝がとった政策は、もし偽勅・偽年号を用いているとして問責すれば、「自新の路」すなわち安南が自分で改心する路を閉ざすことになるというものであった[17]。一切、問罪のための使節や軍隊は送らなかったばかりか、その後何度か安南国王に与えた詔勅でも、一切この問題には触れなかった。明朝はベトナムでは皇帝がいることも、「偽勅」「偽年号」が使われていることも一切知らぬことにした。明朝の対ベトナム外交では、相手が朝貢国であり冊封国であるという論理は適用できず、むしろベトナムで起こる現実を無視あるいは糊塗するか、その場しのぎの対応をするほかなかった。

同じ年、安南の「偽勅」「偽年号」事件が別に起こった。今度は大越皇帝が占城人に与えて「権掌国事」、すなわち占城国王代理に任じた「偽勅」が発見されたからである。これを発見したのは行人司という外国へ使節として赴くことを担当する官庁の官僚、張瑾であった。彼は占城へ国王冊封に赴き、ここで冊封を行わんとしている人物がすでに簒奪に遇い、別の者が安南国、実は大越国から「偽勅」を受けて占城権掌国事に任じられ統治していると知った。彼はこの別の人物を冊封して「偽勅」を持ち帰り、これを朝廷に提出したという[18]。朝廷は張瑾が勝手に別の人物を冊封したという罪情で彼を獄に下した。

その翌年、別の行人司の官僚王勉が安南の実情を調査したのち上奏し、安南国王黎灝が「偽年号」を立てていることを報告しつつ、久しく不臣の心を蓄えているから「問罪の師」を起こしていただきたいと言った。これにたいして兵部は、「王勉は昇進を希求して辺境での紛争を引き起こそうとしている」との「罪情」を挙げ、治罪されよと皇帝に請うた。王勉は実際に処罰されたという[19]。

明朝の立場に立てば、「問罪」されるべきは当然に安南国王黎灝である。ところが逆にこれを言った王勉が「問罪」された。我々はここに、冊封とは理念の産物であること、少なくとも明朝のベトナム外交について言えば、それが虚構でしかなかったのを見る。明朝はこのように「偽勅」「偽年号」が用いられていることを十分に知りながら、知らぬことにして朝貢を受納し続けた。一四八四年にも一四八七年にも、安南国王黎灝の送った朝貢物を受納している。黎灝とは問題の洪徳年号を使っていた人物である。かつて洪武帝が朝鮮にとった強硬な外交姿勢、すなわち簒奪が非礼であるとして何度も朝貢物の受納を拒否した姿勢は、そこでは影すらも見えない。

ベトナムへの派兵が議論されるようになるのは、侵略され続ける占城からの訴えがあったからである。それは一四八九（弘治二、洪徳二十）年の頃から始まった。しかし、嘉靖帝の時代になって突如として派兵積極論が登場するまで、それらはおおよそ消極論に終始していた。たとえば一四八九年のこと、兵部は「黎灝は謹んで朝貢に来ている」「安南はもとより礼をとる国であると言われている」から派兵すべきではないとし、悪いのはむしろ自強せずに明朝にたよろうとする占城の方であると非難した。[20] 一四九五年、大学士の徐溥らはやはり派兵に反対し、その論拠として『春秋公羊伝』隠公二年注に見える「王者は夷狄を治めず（王者不治夷狄）」を挙げた。ちなみに一五一五（正徳十、洪順七）年に占城で起きた簒奪を問題とした時も、給事中の李貫は、「春秋の法で律するとすれば、問罪の師を興さずに必ず朝貢の路を絶てばよい」と言うものであり、巡按広東御史の丁楷も同様の意見を述べ、これらの意見をもとにした会議でも、「中国が夷狄に対するには、来ればこれを手なずけ、来なければ止める」のがよいとするもので、いずれも外国＝夷狄の国内政治には不干渉主義を取るべきことを主張していた。[21] このように明朝でベトナム派兵論が散発的に起こったものの、結局様々な理屈をつけることによってそれが積極化しなかったのは、ベトナムと本格的に事をかまえることがいかに危険であるか、これまでの経験で中国側がよく知っていたからである。明朝の外交政策は皇帝の恣意に大きくゆさぶられないかぎり、このように官僚らの理性的な判断によってうまくバランスがとられ、強硬策のみが突出することがセーブされていたのである。

ところが一五三六（嘉靖十五、元和四＝大正七）年になって、突然、ベトナム派兵が積極的方向で議論されるに至った。これより先の一五二二年、ベトナムではまたまた簒奪劇が起こり、莫登庸が皇帝の黎譓を出奔させてその弟黎椿を帝位に即けた。一五二六年には黎譓を弑殺し、翌一五二七年自ら帝位に即き、さらに黎椿をも弑殺している。黎朝はここに中絶する。

『明実録』によれば、一五三六（嘉靖十五）年十一月三日、北京の礼部は安南が二十年近くも朝貢せず、また莫登庸が王位を簒奪したことなどをもって、査察を行って首謀者を求め、「天討」を行わんことを上奏、嘉靖帝も「安南には勅使が通じず、また長らく入貢していないから、反逆したことは明らかである。ただちに使節を送って罪を問いただし、征伐のことは兵部とさっそくに協議し上奏せよ」として派兵を検討させた。[22] さらにその十日後の十一月十三日、礼部と兵部は協議し、「問罪の師を興すべきである」と上奏した。[23] これまで見てきたように、当時のベトナムでは簒奪劇はむしろ常態であったと言ってよく、明朝は事実を知らぬということにして、これまで不干渉政策をとってきた。ここに一四二七年のベトナム撤兵から百年以上続いた方針が、大転換をとげたと言ってよい。

このような外交の大転換はなぜ起こったかというと、安南国へどうしても勅使を送る必要が嘉靖帝に生まれたからである。この年の十月六日、嘉靖帝には待ちに待った皇子が生まれた。礼部と兵部が合同で「問罪の師」を送るべきであると上奏したのは、わずか一箇月余り後のことである。『明実録』あるいは朱国禎『皇明大事記』巻一五、「安南叛服」など多くの史書では、礼部尚書の夏言らがまずベトナム派兵論を唱え、嘉靖帝がこれに傾いたかのごとく言うが、順序が逆である。これは嘉靖帝が派兵を主導し、礼部と兵部がその意を酌んで「問罪の師」を送れと上奏したものに違いない。と言うのは、次のような経緯があったからである。

夏言には『桂洲奏議』（嘉靖二十年刊本・日本内閣文庫蔵）があり、その巻一二には「皇嗣誕生、請詔諭安南朝鮮二国疏」および「会兵部議征安南国疏」が掲載される。前者はすでに述べた十一月三日に北京の礼部がなした「天討をおこなえ」という上奏とこれに対する上諭と同じ内容であるが、上奏の日付けは十一月一日とし、後者もまたすでに述べた十一月十三日に礼部と兵部が協議して上奏し、かつ上諭を得たものと同じであるが、上奏の日付けは十月八日とする。[24]

問題は『桂洲奏議』によれば十一月一日に上奏されたとする前者である。これによれば、この上奏がなされたのはこれより数日前、嘉靖帝は皇子が生まれると礼部尚書の夏言に対して、ただちにこれを外国へも通知し、「華夷をして一体に知悉させる」べきであると口頭で命じたからであった。[25] 夏言はこの命令を受けたのち、その回答である上奏文で、「安南国は二十数年間朝貢を行わなかったから、反逆した罪は逃れがたい。法として〝問罪の師〟を興すべきである」と一方では主張しながら、一方で「しかし安南には決まった国王がいない」などの理由で「今回は朝鮮国王にだけ〔皇子誕生の〕詔諭を下すだけに止め、安南国には暫く使節を使わすことはやめよ」と主張し、安南の実情をさらに調査させるべきことを提案した。つまりこの上奏文全体から読みとれるのは、礼部尚書である夏言はむしろ派兵には消極的であったことである。彼は嘉靖帝の心情を配慮して「問罪の師」を送るべきであると建て前では言いながら、皇子誕生を知らせる勅使を送ることさえ止めておくべきであると主張したのであった。ところが嘉靖帝はこれに対して「そのとおりである」とこれを是認したかのごとく見せて、しかし「勅使を送ることはしばらく安南国の事情を待て。礼部でさらに兵部と対策を協議して言ってこい。つまらぬ問題だと考えるな」と返答していたのであった。[26] かくしてこの案件は特別に重要であると夏言に示唆され、さらに兵部と相談すべき案件とされた。『明実録』ではこの時の嘉靖帝の上諭について、「安南には勅使が通じず、また長らく入貢していないから、反逆したことは明らかである。……征伐のことは兵部とさっそくに協議し上奏せよ」と記していること、すでに述べた。礼部と兵部が協議し、「問罪の師を興すべきである」と上奏したのは、このような嘉靖帝の示唆を受けた結果であった。つまり皇子の誕生からベトナム出兵の決定に至るまで、終始一貫して嘉靖帝が礼部尚書の夏言をリードしていたのである。

このように安南への派兵が決定されたのは、皇子の誕生を朝鮮と安南二国へ知らせる必要が生まれたという、嘉靖帝のまったく個人的な事情による。二国のうち、朝鮮については関係が安定していたから、難なく十一月五日に龔用卿を派遣することが決定された。[27] この時、ベトナムへは使節を送ることはできなかったが、新しく生まれた皇子を皇太子に冊封するのはなお先のことであったから、それまでにこの地を平定して、「安南国王」に通知すればよかった。

嘉靖帝はもともと大軍を派遣するという恫喝に屈して、ベトナムの方から朝貢してくるものと期待していたであろう。しかし自ら屈服して来なければ派兵することを決めていたから、礼部と兵部の尚書以下、ほとんどはこの方針に従ったが、中には反対する者がいた。その一人戸部左侍郎の唐冑は、「帝王は中国を治めるやり方で〔夷狄を〕治めない」として、やはり『春秋公羊伝』注の論法を用いるとともに、「夷狄が分乱するのは、中国の福である」とまで言った(28)。諸外国で簒奪など内部紛争が続くのは、中国にとってはむしろ強敵がいなくなるから幸いなことである、との正直な意見である。提督両広軍務すなわちベトナムと国境を接する地の司令官であり兵部左侍郎でもある潘旦も、「夷狄禽獣には本もと人倫がない」「古えの帝王は〔夷狄を〕治めるには〝治めない〟やり方を用いた(29)」と言って、やはりベトナムへの不干渉を主張した。ただその数箇月後、潘旦は職を失っている。巡撫広東余光の議論はさらに興味深い。彼によれば黎氏はもともと簒奪者である。天は莫登庸の手を借りて黎氏に報復したのである。したがって莫氏を滅して黎氏を復活させるなら暴逆を復活させることになる。したがって安南が朝貢に来ないことだけを責めて、派兵するなと言うのである(30)。この上奏文を不快とした嘉靖帝は、余光を処分することを検討させ、実際彼は罰俸一年の処分にあっている。

一五三七年四月、これらの議論の一方で、礼部・兵部が莫登庸の十大罪を数えあげた。ここにして始めて、彼が太上皇帝と「僭称」していること、明徳・大正という「偽年号」を用いていることが「罪情」に掲げられる。嘉靖帝も「安南は久しく来廷しないのだから、法として問罪すべきである(31)」と言い、着々と派兵の準備は進められていった。

我々はここでもまた、明朝における派兵論理のあまりの勝手さと皇帝のあまりの恣意を見るほかない。しかし考えてみれば、百年以上前とはいえベトナムに出兵して手ひどい目に遇ったことは、嘉靖帝でも知っていたはずである。にもかかわらず、彼はなぜここまでもベトナムに派兵することにこだわったのであろうか。

その答えは、彼が礼制改革にこだわり、朝鮮とのバランスをとろうとしたからだと考えられる。彼がいわゆる「大礼の議」で勝利して以来、礼制改革のとりこになったことはよく知られるところである。[32] 礼制には様々な形式の整合性が求められる。たとえば天地を合祀するのをやめて天壇を設けてもっぱら天を祭るようになった彼は、これとは別に地壇を設けて地を祭らねばならなかった。朝鮮へ皇太子冊立を知らせる勅使を送り、朝鮮から祝賀の意を表す使節を北京に送らせるのであれば、これに見合った「朝貢国＝冊封国」にも是非とも同じことをし、同じことをさせる必要があったのではないか。皇太子冊封の儀式も、同じく礼制の問題であったからである。

嘉靖帝が礼制のうえで、朝鮮といえば対概念としてベトナムを連想していたことは、次の事例からも明らかである。一五三八年十一月、彼は天壇（圜丘）にて天を祀り、皇天上帝という称号をたてまつるとともに、宗廟にもうでて洪武帝とその妻に謚号を加えた。礼部はただちにこの儀式がとりおこなわれたことを朝鮮に通知せんことを上奏したところ、嘉靖帝は次のように答えたという。

安南も天の下にある。近年反乱しているからといって、通知しないのはよくない。

そして誰を安南への使者とするかを選択するのに心をくだき、礼部左侍郎の黄綰に礼部尚書の肩書きを加え、派遣することにしたと言う。[33] 天を祀る儀式に関わる問題であったから、彼としては天下の諸国のうち朝鮮に通知するだけではバランスが悪く、もの足りないものを感じたからであろうが、当時はベトナムへ勅使を送ろうにもなお莫登庸が投降してきていない段階であったことを考えれば、彼がいかにバランスをとることに執着し、この国をも礼の世界に引き入れようとしていたかが理解できる。

しかし結果としては、皇太子冊封を知らせる使節をも安南へ送ることができず、したがって安南からこれを祝賀する使節を送らせることもできなかった。皇太子冊封の儀式は一五三九年二月に行われたが、莫登庸を投降させるのに間に合わなかったからである。朝鮮についてはただちにこれが通知され、当然のごとく朝鮮は使節を送って祝賀の言葉を述べた。また天を祀り皇天上帝という称号をたてまつったとの通知についても、勅使正使に決められた黄綰があれこれ口実をもうけて出かけなかったために、ベトナムへ届かなかった。

莫登庸が明軍との戦闘開始の危機に恐れをなし、自らの首に「罪人」であることを表す縄をかけ、国境の関所である鎮南関に投降して現れたのは、やっと一五四〇（嘉靖十九、大正十一）年十一月のことであり、皇太子冊封の儀からすでに二年近くが過ぎていた。

明朝は莫登庸には「問罪」の証拠として、安南国王を名のることを許さなかった。安南国は安南都統使司と明朝国内の官庁のごとき名に改められ、国王号に代わって都統使官という従二品の官職が莫登庸に与えられた。しかし逆に、ここに明朝は莫登庸の簒奪を承認したことになる。このために、莫氏が今度は簒奪にあった時に、明朝は簡単にこれを見捨てることができなくなった。しかも莫登庸とその後継者は「偽年号」を使い続けたのであり、たとえば明の嘉靖二十年には、ベトナムでは広和元年と改元している。

明は莫氏に対しては安南都統使という官職を与え続けた。ところが莫氏に帝位を簒奪された黎氏が復興しつつあり、ベトナム側の史料によれば、莫氏が明に降る前の一五三三（嘉靖十二）年には黎寧が帝位に即き、元和と改元していた。明朝はその滅亡に至るまで、莫氏を安南都統使に任じ、黎氏を安南国王に任ずるという、苦肉の策をとり続けた。

四　乾隆帝による「問罪の師」

ベトナムの莫氏が清朝の中国支配を受けいれたのは、一六五九（順治十六、永寿二）年のことである。二年後の一六六一年に清は莫敬耀を改めて安南都統使に任じている。一方、黎氏が清朝に服従の意を示したのは、一六六〇（順治十七、永寿三）年であった。一六六六（康熙五）年に、清は黎維禧を安南国王に冊封している。莫敬耀は清朝国境に接する高平を統治するだけの地方政権に過ぎなかったが、莫氏を都統使とし黎氏を安南国王とするという政策は、明朝のものをそのまま受け継いだものであった。

清朝の康熙年間には莫氏は黎氏の圧迫を受け、ついに清朝の広西省に出奔せざるをえなくなる。康熙帝は広西省南寧に安南都統使莫元清を安置し、さらに黎維禧との外交交渉によって莫氏を高平に送り返すことに成功した。しかし、呉三桂の反乱が起きると、黎維禧は清朝の混乱に乗じて高平を占拠する。安南が黎維禧のもとに安定するのは、清朝が莫氏の残党を黎氏に引き渡した一六八三（康熙二十二、正和四）年の頃のことである。

以後、清朝とベトナムすなわち安南との関係は、たとえば国境地域における領土問題など小ぜり合いがあるにはあったが、朝貢と冊封が続き、おおよそ安定したものであったと言ってよい。乾隆年間に入ってベトナムでは動乱が相継ぎ、なかでもいわゆる西山党が反乱を起こしたが、清朝と黎朝との間には大きな問題はなかった。その情勢に大きな転換をもたらしたのは、一七八六（乾隆五十一、泰徳九＝景興四十七）年に西山党の阮恵（阮文恵）がハノイを陥し、翌々年国王黎維祁がハノイを出奔し、これを契機として一七八八年に乾隆帝が「問罪の師」を起こしたことであった。

一七八七年五月、安南国王が西山の土豪つまり阮恵らに国都を侵され、清朝から与えられていた国印を失った、との報告が北京に寄せられた。乾隆帝は清朝の冊封を受けながら、大切な国印を失ったことを責めた[34]。乾隆帝がベトナムへの出兵を決断するのは、これから約一年後のことである。彼の上諭にはつぎのように言う。

安南は本朝に臣服して最も恭順であるにもかかわらず、臣下の簒奪をうけ、助けてくれと言ってきた。これを放置しておくことは、〝小国をはぐくみ育ててその存亡に気をつかう道〟ではない。当然、兵力を大いに結集してその罪を声を大にして責め討伐しなければならない[35]。

また清朝との国境に近い部族の首長たちが阮氏の側に付かないように、次のように訓諭せよとも命じた。「今、安南国の臣下たちは大胆にも勝手に占拠している。天朝は大軍を派遣して、問罪の師を興さんとすでに準備している[36]」。ここで「問罪」の対象となっているのは、もちろん黎氏に反逆した阮恵である。乾隆帝の計画では「国王」黎維祁を助けて阮恵を討ち、彼に王位を確保させる予定であった。

乾隆帝ははじめ、「問罪の師」がベトナムにまもなく派遣されると聞いた阮恵が、この威嚇に屈して投降してくることを期待したが、この年の十月になると明確に進攻を決意する。これにともなって、安南国王黎維祁本人をして北京まで朝貢に来させようとする意図が明確に示されるようになる[37]。

作戦の総指揮官である両広総督孫士毅が国境の関所、鎮南関を出発したのは、この年の十月二十八日である。そして十一月二十日にはハノイに入城し、その日のうちに黎維祁に冊と印を与え、安南国王に封じている。ところが翌一七八九（乾隆五十四、光中二）年正月三日から五日にかけて阮恵の軍とハノイで会戦、殲滅を喫してベトナム撤兵を余儀なくされるのである。乾隆帝が派兵を決断してから、わずか数箇月ほどのことであった。

乾隆帝の今回の「問罪の師」は、まことに無謀無意味な遠征というべきものであった[38]。このような無謀無意味な遠征を何のために彼は起こしたのであろうか。彼が掲げる出兵の大義名分は、彼が冊封した黎氏を復興させるというものであった。しかしこれは派兵の理由としてあまりに弱い。と言うのは、今までに見てきたようにベトナムにおいては、簒奪はあまりに日常的なものであったからである。また乾隆帝が派兵を明確に決断したのは、ベトナムで簒奪劇があったと聞いてからわずか一年数箇月後のことであった。これまた諸外国を従える大清皇帝の決断としては、無謀であるだけではなくあまりに拙速というほかかない。

ではなぜ出兵をかくも急いだのかというと、明の嘉靖帝と同様、彼にもまた個人的な事情があったからである。彼は一七九〇（乾隆五十五）年八月に計画をしていた八十歳の誕生祝賀のために、安南国王自らを参列させたかったのである。彼が出兵を決意したと見せてベトナムを威嚇し、さらに「安南国王」本人をもこれに参列させようと明確にその意志を示したのは、そのほぼ二年前のことであり、遠征を準備し実行するのに要する時間、さらに実際に使節を北京まで来させる時間などを勘案すれば、彼の目論見を実現させるにほとんどタイムリミットぎりぎりであった。『清実録』乾隆五十三（一七八八）年十二月九日（丙申）によれば、孫士毅がハノイに入城し当日のうちに黎維祁を安南国王に冊封したとの報をうけた乾隆帝は、早くもすでに次のような上諭を発したという。

黎維祁が安南国王に封ぜられてのち、すぐに北京へ行って謝恩したいと言っているということだ。阮恵（文恵）がすでに獲えられてからなら、彼に内顧の憂いはないであろう。彼には国内をほぼ安定させ、〔二年後の〕五十五年に自ら紫禁城までやって来て謝恩させ、万寿の祝いをさせよ。[39]

乾隆帝にとっては、黎維祁が万寿聖節よりも早く北京へやってくるのでは、その目論みがぶちこわしである。同様な記事は、『清実録』および『乾隆朝軍機処随手登記档』では翌年正月四日にも正月十六日にも見える。清朝軍がハノイを奪還するや、戦場でただちに黎維祁を安南国王に封ずるというのも、急ぎすぎている。孫士毅が乾隆帝の意を体して、まず先に黎維祁にただちに北京へ行って謝恩したいと言わせたと考えるべきであろう。この間、乾隆帝が安南情勢で気に掛かっていたことは、黎維祁を万寿聖節に参加させられるかどうかということと、逃亡した阮恵らに反撃される前に清軍を撤退せねばならないという、ほとんど二点だけであったと言ってよい。

はたして阮恵（文恵）は反撃に転じ、一七八九年正月に清軍を殲滅したこと、すでに述べたが、問題は乾隆帝が「罪人」であるはずの彼に対してとった方策である。『欽定越史通鑑綱目』によれば、阮恵が帝位に即いたのは、すでにその前年十一月のことであった。乾隆帝が黎維祁を捨てて阮恵を安南国王に封ぜんとほぼ決断したのは、ハノイでの敗戦の報に接してから二箇月のちの三月二十四日のことである。[40]多数の兵士を死なせたことを思えば、これまたあまりに早すぎる。そして阮光平という名で上奏文を提出してきた阮恵に対して勅諭を下したのは、五月三日であった。そこには次のように言う。

もし汝が誠意をもってよしみを通じようと思うのなら、乾隆五十五年八月、朕の八十歳の万寿にあたるから、……〔代理を送るのではなく〕自分で北京へやってきて、お願いしますと大声で呼び、朕を仰ぎ見よ。[41]

しかし、乾隆帝はこれの返事と冊封の実現をいつまでも待てなかった。彼はこの年の六月二十二日、阮光平実は阮恵本人を安南国王に封ずる勅諭を出している。大敗北から阮恵を安南国王に冊封するまで、乾隆帝は一度として阮恵から明確な言葉で冊封を要請されたことがないらしいから、これまた冊封の押しつけと言ってよい。

翌一七九〇（乾隆五十五、光中三）年八月十三日、北京紫禁城の太和殿では乾隆帝八十歳の祝賀式典がはなやかに行われていた。その時、並みいるモンゴルの首長や朝鮮・緬甸（ビルマ）・南掌（ラオス）などから来た使節たちの中で、一際目立っていたのは安南国王「阮光平」すなわち阮恵であったであろう。なぜなら、ベトナム国王が自ら北京でとり行われる儀式へ参加するのは、これが中国史上初めてのことであっただけでなく、清朝の大軍を打ち負かした人物が目の前に来ていたからである。ところがこの「阮光平」と称する男は、ベトナム史料によれば阮恵自らが送った替え玉である范公治であったという。[42]彼は大越皇帝として、易々として大清皇帝の言うことなどに従わなかったのである。

ベトナムで大敗北を喫し、多数の戦死者を出したにもかかわらず、乾隆帝はわずか半年の間に阮恵を阮光平という名で安南国王に冊封した。このように見てくるならば、八十歳の万寿節に列席させることができるのであれば、「最も恭順である」黎維祁であろうと、「簒奪者であった」阮恵であろうと、どちらでもよかったかのごとくである。

五　結　語

明清中国による対朝鮮外交と対ベトナム外交とは、様々な点であまりに対照的である。そもそも対朝鮮外交において、現地では「皇帝」と称する者が統治しており、「偽年号」を使っていると知りながら、これを知らぬことにして冊封を継続するなど、ほとんど考えがたいところである。「皇帝」と自称する者、「偽年号」を用いている者に対する冊封が、対朝鮮外交では問題にすらならなかっただけではない。冊封とはもともと礼にもとづくものであったから、朝鮮において簒奪が行われた場合、その簒奪者に対して冊封することが是か否か、時として熱い議論が闘わされたことがあった[43]。対ベトナム外交においては、そのように熱い議論が闘わされたことは絶えてなかった。

ベトナムに対する冊封とは、明清中国にあっては極めて虚構性の強いものであった。乾隆帝にとっては、彼の八十歳の誕生祝に参列するのであれば、それが冊封を受けた黎維祁であろうと簒奪者の阮恵（阮光平）であろうと、どちらでもよかったかのごとくである。彼は清朝軍がハノイを陥落した時点で、すでに黎維祁の軟弱さ無能さを責め、「天は黎氏に厭きて見捨てている」「天は〔黎氏の〕徳に厭きている」との論理のもと、簒奪者をも容認するかのごとき姿勢を見せていた[44]。

しかしこの論理はしばらくするとさらにエスカレートする。すなわち嘉慶帝の時代になると、阮恵（光平）の子阮光纘が早くも阮福映によって皇帝位すなわち王位を簒奪された。この時に嘉慶帝が下した勅諭は、「天朝である清が与えた任命勅書と印章を捨てて逃亡した。その罪はさらに逃れられない」というものであった[45]。すなわち、清朝が冊封のときに与えた任命勅書と印章を守りきれないことは、逆に臣下として皇帝に仕える能力がないことを露呈したものであり、国王たる資格はなくなったというのである。阮光纘に対しては、このような不忠の罪が加えられるばかりか、父阮恵が乾隆帝から受けた恩義にも報いることができなかったのだから、不孝の大罪をもあわせ持つとされた。

嘉慶帝はこれに代わって清朝が与える印章を守り抜ける実力者、簡単に言えば簒奪者を正当化するに至る。阮福映は、阮光纉からうばった清朝の勅書と印章をすみやかに返したことと、清朝をさわがす盗賊を逮捕したことが「至誠」であると評価され、間もなく一八〇四年に冊封される。これならいくら簒奪が続いても、もはや「問罪」する必要はない。冊封とはもともと、名分位階という秩序を維持するための礼の問題であったのが、ここに至って礼の問題と完全に切り離されている。冊封とはそこでは、あたかもレフェリーにはむかわないかぎり、格闘技においてどんな試合運びでどんな手段を使おうと勝った者は勝った者であるとし、これをチャンピオンとして認証することに類したものとなっている。

冊封とは、明清中国においては外交カードであったから、これに対する考え方も実に柔軟であった。しかしベトナムに対する冊封問題では、皇帝であることを知らぬこととして冊封を続けざるをえなかったのだから、そのカードも朝鮮に対する外交の場合に比べて実に弱いものであったと言ってよい。筆者は第Ⅰ部において、清朝は琉球が実質的に日本に服属していることを知りながら知らぬこととし、真実を知らぬ努力をしながら冊封を続けていたのではないか、と述べた[46]。本補論によって、これはさらに可能性は高まったと言ってよいであろう。

はじめに述べたとおり、現在のところ朝貢システム論や冊封体制論が極めて盛んである。しかしそれらの議論において、主要な冊封国に対してすら、冊封とは時としてここまで虚構性に満ちたものであったことを前提としてなされることを、筆者は寡聞にして知らない。むしろ朝貢システム論や冊封体制論にもとづいて理念化、モデル化が図られれば図られるほど、明清中国による東アジア各国それぞれに対する外交の実際がいよいよ見えなくなっているのではないか。たとえばある論者は朝貢システム論の強い影響を受けつつ、「礼治システム」論を唱えたが、そこで示されるのは礼治の理念だけであり、現実に加えられた「問罪」、あるいは実際の「問罪の師」がどのような論理と契機で起こされたのかをほとんど問題にしない[47]。またある論者は、明初の外交政策を論じ、第一に誠実さを基本として第二に寛容の精神にもとづき、第三に和平を貴ぶものであったとその基本政策を抽出している[48]。これまた、表面的に史料に現れた外交理念を拾ったものに過ぎず、明初に洪武帝が朝鮮に対して事実としてどのような外交政策をとったのか、また永楽帝がいかにしてベトナムに対して「問罪の師」を送るに至ったのか、その理念との矛盾についてまったく顧慮されるところがない。またある論者は、中国が諸外国ととり結ぶ朝貢関係と冊封関係を論じ、これらは中国の側からの論理であり理念であって、相手国がこれをどう考えたかは別の問題であるとしてより柔軟に考察しつつも、儒教文化を受け入れればそれらの国々でもこの論理と理念をも受け入れたとするかのようであり、その典型として朝鮮、琉球、ベトナムを挙げている。(49) しかし本補論で述べたように、ベトナムについて言えば乾隆帝の末期に至っても、従来とほとんど変わらず一向に中国側の論理と理念を受け入れたようにないし、これ以後も現地では皇帝と称し、「偽年号」を用い続けていたのである。一方中国の方では、さらに嘉慶年間になると、冊封そのものが格闘技における勝者の認証のごときものとなっていたのであった。

補論二　ベトナム如清使と中国の汪喜孫

——范芝香『郿川使程詩集』を中心に——

一　はじめに

中国清代の乾隆年間から道光年間を生きた汪喜孫は、彼自身が考証学者として知られるだけでなく、彼が同時代の朝鮮知識人と主に書簡を通じてではあるが親密な交際をしていたことも、藤塚鄰が明らかにして以来、知られるところである。(1)藤塚は汪喜孫が朝鮮の金正喜ら計六人に送った書簡として、合計二八通を紹介している。合計二八通とは、藤塚が紹介したところの考証学者であった翁方綱以下、清朝の学者のうちで朝鮮知識人と交際があった者の中で飛び抜けて多い。さらにこれらはたまたま藤塚の手元に集まったものに過ぎないから、この収集に漏れたものを含めるならば、汪喜孫が実際に朝鮮の知識人たちに書き送った書簡は、何通に上るのであろうか。今後の研究の進展によって、彼よりもさらに多くの書簡を朝鮮の知人に送った中国人が発見される可能性はなお残っているが、その場合でも汪喜孫が書簡を通じて親密な交際をしていた清朝知識人の一人であったとする評価は、まったく動かないであろう。

汪喜孫の著作については近年、『汪喜孫著作集』全三冊が出版され、彼が書いた詩文のみならず、彼に関わる文献についても容易に接することができるようになった。[2] ここでも藤塚鄰がすでに紹介した『海外墨縁』、すなわち藤塚の考証によれば朝鮮の金正喜と中国の汪喜孫との間で交わされた学術に関わる問答が再録され、さらにこの書の導言と編集後記でも、彼が朝鮮学者と交流したことが特筆されている。

この汪喜孫と朝鮮知識人との交流に関わる史料としてこれまで紹介されてきたのは、主に彼の書簡および『海外墨縁』だけであったが、わたしはさらに朝鮮の申在植が燕行使として北京に滞在したおり、汪喜孫ら数人の清人と会合をもち、その席で交わした筆談記録である『筆譚』を紹介しつつ、汪喜孫四二歳の言行の一端を示した。[3] 申在植は一八二七（道光七、純祖二十七）年の正月に合計四回、清朝知識人と会合をもったが、汪喜孫はそのうちの三回に出席し、その人となりを示す多くの発言を行っている。会合では様々な学術的な問題をめぐって筆談が交わされたが、これに参加した清朝知識人の発言の中で最も異彩を放っているのは、汪喜孫その人のものである。彼は様々な学術情報を申在植に提供し、また漢学と宋学の両方とも捨てるべきではないとの立場に立って、漢学を不要とする申在植に説得を試みた。さらに官僚としての自戒までも披露している。すなわち、もしも官僚としてあるまじき不正を自分がするようなことでもあれば、「雷よ、わが身を撃て、火よ、わが家を焼け」と関帝廟や城隍廟で黙禱したことがある、との自戒まで告白しているのである。わたしにとって汪喜孫とは、考証学者として有名であった父汪中を異常なまでに顕彰するなど、様々な点においていささか奇異な感を懐かせる人物ではあるが、一面で、前近代の中国にあっては極めて稀なタイプの「国際人」の一人であった、と評することができる。

汪喜孫がこのように朝鮮知識人と親密な交際をしていたことは、かつてにまして今や明らかになったと考えるが、一方、彼がまたベトナム使節とも交際があったことについては、これまでまったく知られてこなかったようである。『汪喜孫著作集』に収録された史料をはじめとして、これまで紹介された彼に関わる文献においては、彼がベトナム使節と交流したという痕跡は一切見あたらない。ここで汪喜孫がベトナム使節と交流したことを示す史料として紹介するのは、ベトナム人范芝香の『郿川使程詩集』である。これはベトナム阮朝が北京に派遣した使節の一人、范芝香が中国を旅したときに書き残した詩集である。筆者は二〇〇三年の十二月、ベトナム・ハノイへ資料調査に赴き、同行の研究者とともにハノイ国家大学（Vietnam National University, Hanoi）を訪れ、受入れ機関の好意によって未整理であるとして紹介された史料群を調査中に、偶然に汪喜孫を字《あざな》で記した「汪孟慈」の三字を見出し、驚いた。本補論ではこの范芝香『郿川使程詩集』を紹介しつつ、范芝香と汪喜孫の間に贈答された数篇の詩をも取りあげ、これまでに知られていない汪喜孫の一面について考察することにしたい。

二　『郿川使程詩集』と范芝香の如清行

ハノイ国家大学の未整理資料室に蔵する范芝香『郿川使程詩集』は、タテ一八・五センチ×ヨコ一三センチの鈔本である。四六葉からなる。巻頭第一行に「郿川使程詩集」と墨筆によって記され、その下に紫筆にて「范芝香先生」と書かれる。范芝香先生という紫筆は、本文中の朱点とともに本人ではなく後人が記したものと考えられ、これだけではこの書の撰者が范芝香であるとは定められない。しかし後述する根拠によって、この書の撰者が范芝香であることは疑いを容れないから、ここでは彼の撰であるとして叙述を進めることにする。幸い、『郿川使程詩集』は越南漢喃研究院図書館にも蔵され、この方がよりよいテキストであるから、本補論ではこれを底本とする。(4)

范芝香については、『大南正編列伝二集』に伝がある。(5) これによれば、范芝香は字は士南、海陽唐安の人である。一八二八（道光八、阮朝明命九）年、郷試に合格し官界入りしている。紹治（一八四一―一八四七）年の初めに翰林院侍読学士となり、史館編修に充てられている。一八四五（道光二十五、紹治五）年に鴻臚寺卿に改められ、この年、如燕副使に充てられたと言う。これまた結論を先に言えば、『郿川使程詩集』が書かれたのは、この時のことである。

ベトナム阮朝では、清朝北京に赴く使節団のことを「如清使部」と称した。四年に一回派遣されるのが通例であり、その目的は慶賀（お祝い）・請封（冊封の請求）・謝恩・進香（弔問）などである。その正使を「如清正使」、その副使を「如清副使」と呼ぶ。[6] 如清副使には二人が充てられ、一人を如燕甲副使、別の一人を如清乙副使と呼んだ。如清の如とは「行く」こと、すなわち如清とは清朝へ行くことを意味する。如清使部のことを雅名で「如燕使部」とも呼ぶ。燕が北京の雅名であることは言うまでもなく、まさしく中朝関係史で言う燕行使である。『大南正編列伝二集』の范芝香伝で「如燕副使に充てられた（充如燕副使）」、と記されるのもこのためである。

さて、范芝香は清朝から帰国したのち礼部左侍郎などの官を歴任、そして一八五二（咸豊二、嗣徳五）年には今度は如清正使（如燕正使）として、再び北京に使いしている。後の如燕使による記録によれば、彼が再度中国へ赴いた時ちょうど太平天国の乱が勃発した。彼は広西省梧州府城で太平天国軍に包囲されたという。[7] 彼が死去したのは一八七一（同治十、嗣徳二十四）年、時に六七歳であった。著書として『星軺初集』『星軺二集』があると言う。あるいはこの『郿川使程詩集』こそ、『星軺初集』にあたるのかも知れない。

『郿川使程詩集』には、明確な如清つまり燕行の年代をどこにも記さない。しかしこのたびの北京旅行が、一八四五（道光二十五、紹治五）年の翌年元旦に北京紫禁城の太和殿で行われる正朝の儀に参列するためのものであったことは、彼が北京で朝鮮燕行使の李裕元と会い、「贈朝鮮書状李学士裕元題扇」と題する詩を作って贈っていることから明らかである。李裕元は二度にわたって燕行しているが、書状官として行ったのは、一八四五（道光二十五、憲宗十一）年にほかならない。[8] そこで『欽定大南会典事例』巻一二八、邦交、に記す派遣記録を当たってみると、紹治五年のところに「礼部右侍郎張好合、鴻臚寺卿范芝香、侍講学士王有光を謝恩使部の正・副使に充てた」とある。また『郿川使程詩集』では正使（大陪臣礼部侍郎張亮軒）および乙副使（三陪臣侍読学士王済斎）と贈答唱和した詩があることから、この詩集の作者は、三人の正・副使からこの二人を除いた如清甲副使であることが知られる。この三点によって、詩集の撰者は范芝香にほかならぬことが、はじめて確定できるのである。

さて『郿川使程詩集』によれば、この如清使は一八四五（道光二十五、紹治五）年初秋つまり七月にベトナムと清との国境に位置する鎮南関に入り、広西省太平府、梧州府、桂林府、湖南省長沙府、湖北省漢陽県、河南省偃師県、河北省邯鄲県のルートをたどり、年末に保和殿の宴に列席、翌年元旦に太和殿でとりおこなわれた正朝に列席、さらに元宵（正月十五日）の翌日に円明園で催された宴に出席している。(9) 北京を離れたのがいつの頃かは定かでないが、帰路の河北省保定府を過ぎるところで「春風半に垂《なんな》んとして草初めて萌ゆ（春風垂半草初萌）」と歌い、河北省邯鄲県を過ぎるところで「緑柳枝低く（緑柳枝低紫陌平）」と歌うから、これらの地を過ぎたのは二月あるいは三月と考えてよいであろう。問題の汪喜孫と詩の贈答がなされるのは、河南省に入ってからのことである。後に見るように范芝香が汪喜孫に贈った詩の一つに「潁川三月雨、春色満枝頭」という句があるので、河南省のほぼ中央を北西から南東に向けて流れる潁河を渡ったのは、晩春三月であったと考えられる。長江東岸の武昌にそびえ立つ黄鶴楼を再び仰ぎ見たときも、「三月暮」と歌う。その後も往路を戻り、国境の鎮南関に帰着したところまでは確認できる。ハノイ国家大学所蔵本では、詩集は清朝国内で作った詩で終わっているが、漢喃研究院所蔵本では、「抵関喜成」と題する詩で終わっている。ここで「秋風偕我去年程、来得秋成莫和嬴」と歌うとおり、鎮南関へもどったのはちょうど一年後の秋であった。すなわち、汪喜孫がベトナムから来朝した范芝香と交わったのは、清朝の年号で言えば道光二十六（一八四六）年三月のことである。あるいは最もひろく幅をとっても、この年の二月から三月にかけてのことであったとして、誤りない。

三　范芝香と汪喜孫の贈答唱和詩

次に『郿川使程詩集』に載せるところの、范芝香が汪喜孫に贈った詩、および汪喜孫が范芝香に贈った詩を掲げる。行論の都合上、范芝香が作った詩にはA・B・Cなどの記号を加える。このうちCからGはすべてまず汪喜孫が范芝香に与えた詩に対し、これに答えた次韻詩である。C'・D'・E'などとしたのは、汪喜孫が先に与えた詩であるから、本来C'―C、D'―Dという順序であるが、史料に記載された順序に従ってここでは記す。〔 〕を付した部分は、史料原典では双行になっているところである。なお下記の詩のうち「清明」の一首は汪喜孫と直接の関係を持たないが、范芝香が彼と同行の途次で作ったものに違いないから、参考のため記す。

題懐慶太守汪孟慈清明栽藕図

〔太守江都人、姓汪、名喜荀、河南省派委送使。途間相与款洽、因出手巻図軸請題。図中絵画先君子塋域、左右湖山、松柏蒼翠、前有蓮池、乃祭墓時所栽植、名曰清明栽藕図。〕

A 江城君子宅、春雨蓮花塘、君子有潜徳、蓮花宜遠香、孺懐新隴表、手沢旧楹蔵、雲天宦遊侶、対此同悲傷。

B 襟帯湖山共宛然、分明佳兆卜牛眠、地霊已長千尋栢、新雨宜栽十丈蓮、世徳遺芳青簡裡、子心揮涙白雲辺、維桑与梓同瞻仰、孝若碑銘信可伝。

次韻酬答汪太守孟慈四首

C 矯矯懐州守、英標自夙成、江山此跋履、膂力方経営、星斗樽前落、風雲筆下生、不才天外客、詩社感同盟。

C' 〔孟慈原柬。虚名匪実学、文行両無成、細数当年事、徒労百歳営、此心合千古、何事慰平生、行路非恒久、常悽車笠盟。〕

D 潁川三月雨、春色満枝頭、鳥語花林暮、人還桂嶺秋、雲路懐聯轡、詩城愧礪矛、経綸本忠孝、持此慰康侯。

D' 〔原柬。忠孝平生志、詩書慰白頭、客何来万里、我亦自千秋、晨起思題柱、夜眠莫枕矛、立功今廿載、命蹇不封侯。〕

E 卓然声績譲誰尤、五馬門高雨露稠、東壁図書相与暇、春垣鴻雁不知愁、礼文自信通重訳、声気何嘗限九州、冠蓋明朝各岐路、緑波江浦幾回頭。

E’〔原柬。不是帰程阻石尤、回車猶恋主恩稠、九霄雨露由天降、十道烟花満地愁、何日従征膺上賞、即看奉使出中州、皇華四牡留嘉什、我亦題詩最上頭。〕

F　近従偃邑聞佳唱、共識江都富綺辞、蘭室有香偏耐久、陽春難和莫嗔遅、天空雁字題雲錦、日煖鶯梭織柳絲、独有関河未帰客、暁鍾斜月倚欄時。

F’〔原柬。聞道使車題駅壁、伝来王建有新辞、五言詩壘長城在、万里関山帰訊遅、紅杏花残春寂寂、緑楊鞭影雨絲絲、宦遊独有懐州守、臨水登山送客時。〕

次韻答謝汪太守贈別

G　緑樹青山遠送人、軽風紫陌惹香塵、陽春一唱離亭暁、散入梅花別様新。

G’〔原贈。風風雨雨送行人、客舎青青雨浥塵、不是陽関三弄笛、確山城外柳初新。〕

清明

隔歳征軺三月天、申陽道上策吟鞭、暁鶯啼破千山霧、新柳飛斜万井烟、中酒客間催踘蹴、折花人倦倚鞦韆、近来詩痩知多少、郷国韶華又一年。

留別汪太守孟慈

H　周原冠蓋遠相将、海内論交識大方、詩伯樽前散珠玉、鄴侯架上出縑緗〔臨別、太守以汪氏家書一部見贈、故云〕、百人鴻爪人南北、一曲驪駒柳短長、日暮征車回首望、春山無数樹蒼蒼。

さて、これらの詩は、我々に何を伝えるであろうか。まず、ベトナム阮朝の范芝香にとって、その中国旅行のなかで汪喜孫との出会いあるいは彼との詩の贈答はどのような重みがあったかを考え、次に中国清朝の汪喜孫にとって、范芝香との贈答詩はどのような情況のなかで作られたのか、どのような内容なのかを検討したい。

まず、范芝香にとって汪喜孫はどのような存在であったのか。『郿川使程詩集』によれば、彼はこのたびの中国旅行中に、合計五人の清人に対して詩を作り贈っている。このうち往路の湖北省漢陽で、おそらくは偶然に知り合った挙人の張聯壁（字号は次微）に対しては往路で一首、復路で八首を贈っている。[10] この民間人と言うべき挙人の張聯壁を除き、あとの四人はすべて汪喜孫をも含めてベトナム如清使をその途次で接待した地方官であった。まず一人目は、広西省太平府知府の呉徳徴（宣三）である。太平府知府は鎮南関を越えてきたベトナム如清使がまず入る府城に駐在する官僚であり、かつまた中国各省のうちでベトナムと最も関係が深かった広西省に対してベトナムから文書を送付してきた場合、まずこれを取り次いだ地方官でもあった。[11] したがってベトナムからの使節が太平府知府と詩の贈答をするのは、極めて当然であると言いうる。

次に二人目が、賈石堂という人物である。彼には、湖南省長沙府城から湘江をさらに下り、屈原が水死したと伝えられる汨羅を過ぎたあたりで歌った「次韻答謝江州賈石堂」と、「江州賈石堂以詩集見眎、再成一律寄謝」の二首を寄せている。彼の名は復路の広西省南寧府に帰ったところで贈った「贈別江州賈石堂〔石堂至南寧告別。且以試闈硃巻見贈〕」でも、再び出てくる。[12] この賈石堂なる人物がいかなる職を持った人物であったかを説明するためには、この詩の一つ前に置かれる「長送泗城知府劉銘之〔大烈〕恵贈対聯詩扇、走筆答謝二律」で見える劉大烈がいかなる人物であったかとともに、清朝がとったベトナム使節迎送の方式を説明する必要がある。

『欽定大清会典事例』の規定によれば、各国から朝貢のために北京にやってくる使節には「迎送官」と呼ぶ伴送する者が付けられる。その目的は使節を警護するとともに、旅程で不都合なことがないよう様々な差配をふるうことである。ベトナム使節に対しては、国境の広西省から伴送をはじめ、北京で折り返し広西省に戻ってくるまで、全行程の「長送」（長行伴送）が付けられる。そしてさらに使節一行が経由する省では、各省ごとに迎送官がリレー式に付せられる。一行の全旅程を迎送する長送に対して、この省単位で迎送する官を「短送」と呼んだ。[13]

すなわち「長送」泗城府知府の劉大烈とは、全行程をともにする随員として伴送する任にあった人物であり、本来の職は広西省泗城府知府であったのである。この長送には広西省の官僚がなることが通例であったが、はっきりそのように決まっているわけではなく、また知府と定まっているわけではない。たとえば一八〇三（嘉慶八）年の長送は広東省雷瓊道の道員であった。[14] ちなみに、同様なベトナム如清使であった裴文禩が、一八七六（光緒二、嗣徳二十九）年から翌年にかけての旅程で作った詩を収める『万里行吟』によれば、この時長送に当たったのは倪懋礼という人物であり、挙人で出仕しこの時は広西補用道であった。[15] 賈石堂には一切地方官としての肩書きは見えない。江州とは広西省太平府土江州であることは疑いない。「次韻答謝江州賈石堂」に付せられた賈石堂の詩で、「聯舟万里悟前因、……長安同詠太平春」と言う。これは彼が范芝香一行と万里をともにし、同じく北京に到着する予定であることを述べたものである。この詩が湖南省汨羅を過ぎたところで作られたことから考えても、彼もまた長送の一員であり、しかも官職の記されないところからすれば、かなり官位の低い長送随員であったとするのが至当であろう。すなわち、范芝香がその詩集に収めた贈答詩を交わした四人の迎送官のうち、二人は長送であり、広西省から長旅にこれから出発し、再び広西省に戻る数千キロメートルで苦労をともにした者たちであったから、彼らに詩を贈答したのは、当然すぎるほど当然であった。

汪喜孫とは、四人の清朝地方官のうち、以上述べた三人を除いた者にほかならない。彼は上に掲げた引用文の二行目の〔 〕に見られるように、「河南省が派委し使節を送らしめた」官僚、すなわち短送であったのである。短送は各省ごとに派遣され、リレー方式でベトナム使節を送るのが任務であったから、一行の通路にあたる広西省、湖南省、湖北省、河南省、河北省それぞれで派遣したはずである。とすれば、往路と復路を各省別々で派遣したとすれば計十人、かりに往路、復路すべて同一人物を派遣したと仮定しても、最少で五人である。ちなみに『万里行吟』では、裴文禩は少なくとも往路の湖南省、湖北省、河南省で派遣された短送と詩を交わしている。

范芝香にとって汪喜孫とは、各省で数多く伴送したはずの短送のうちで、ただ唯一、詩を交わした人物、少なくとも唯一、その交わした詩を自らの詩集に載せるに価する人物であった。しかも、上に掲げたように汪喜孫に与えた詩は、すべてで八首にのぼる。これに匹敵するのは民間人の挙人張聯壁に与えた九首があるだけであるが、このうち八首は張聯壁が漢陽のあたりで范芝香が帰ってくるのを待って待ちかね、八首の詩を作って留め送別としたものに次韻したものであるから、比較の対象とはならない。すなわち范芝香にとって汪喜孫は、彼が詩を交わした中国知識人の中では特別中の特別な人物だったのである。

汪喜孫は上記「題懐慶太守汪孟慈清明裁藕図」および自注に見えるように、このとき河南省懐慶府知府であり、河南省派遣の短送として范芝香らに随行した。彼が河南省のどこからどこまで迎送したのか明らかではないが、Hの留別の詩の次が河南省南部の確山県に至る前に作った詩であることから、河南省の短送を担当したとはいえ、北の省境で出迎え南の省境で送別するというように全行程にピッタリ付いたものではなかったことは明らかである。

汪喜孫が正式に河南省懐慶府知府となったのは一八四五（道光二十五）年二月のことであるが、実はその六年前の一八三九（道光十九）年からすでに河南省に赴き、黄河の補修などを行っていた。彼が河南省で行った治績は、なんと言ってもこの河工であった。特に一八四四（道光二十四）年から当たった堤防工事においては、この年の秋から翌年の春まで現場で小屋掛けの生活を送り、地に席して寝泊まりしたために湿気を受け、これ以後は毎年夏に脚気に苦しむこととなった。一八四七（道光二十七）年夏には風邪をわずらい、口元からヨダレが流れ、左手は麻痺するに至った。この年、夏になると出てくる脚気に苦しみながら、しかし水害旱害に苦しむ治下の民を見捨てるわけにはいかないと、子供が制止するのもふりきって社稷を祀りに自ら出かけたのは、この年の八月二日、この無理がたたって死去したのは翌八月三日であった。時に六二歳であったという[16]。

汪喜孫が范芝香らベトナム如清使節を迎送したのは、すでに述べたとおり一八四六（道光二十六）年三月頃のことであった。当時、黄河は極めて危険な状態にあり、彼は一八四五（道光二十五）年二月に懐慶府知府となってから情況を視察して回り、翌年四月からは大規模な河川工事に入り、その現場監督に当たっている。すなわち范芝香と交わった一八四六（道光二十六）年三月とはその直前であり、しかも彼を毎年夏に苦しめた脚気が、いまだ現れないうららかな春三月のことであった。それは堤防工事に明け暮れた彼の地方官時代にあって、たまたま訪れた比較的平穏な一時であったのである。汪喜孫はこの時六一歳、一方の范芝香は四二歳であった。この情況を念頭に置いて、再び二人の詩を見直してみよう。

まず汪喜孫は恐らく随行をしばらくした後、頃を見はからって「清明栽藕図」を取り出し、范芝香に題詩を願った。清明とは言うまでもなく春の墓参り、墓掃除をする季節、その墓とは言うまでもなく父汪中のものである。その父の墓に関わる絵図に題詩を請うたところに、「孝子」汪喜孫の面目躍如たるものがある。彼が作った父に関わる絵図として、これまで知られているものの一つは「礼堂授経図」である。汪喜孫は子供の時から父に経文読解の手ほどきを受け、これをその自撰年譜でも記し、さらに今は亡き父への思いを込めて「礼堂授経図」を作り、多くの知人に題文、題詩を請うて贈られている。[17]劉逢禄「礼堂授経図記」によれば、汪中の死（一七九四、乾隆五十九年）から一八年後にこの図記を汪喜孫から依頼されたというから、おそくとも一八一二（嘉慶十七）年には、「礼堂授経図」が作られていたことになる。また自撰年譜によれば、一八一三（嘉慶十八）年に呉慈鶴が「授経図譜」を作ってくれたというから、これが同じものとすれば、この年までには作られていたことになる。さらに、これとは別に「伝経図」というものがあり、やはり父汪中の遺徳を顕彰するものであったという。阮元「伝経図記」は一八二八（道光八）年に書かれているから、「伝経図」そのものも、遅くともこの年以前に作られていたことになる。[18]「礼堂授経図記」「伝経図」とはおそらくは別の「受経図」なるものがあったようであるが、その製作年代はよくわからない。[19]「清明栽藕図」はこれまで知られていなかったものである。北京大学図書館には汪喜孫自筆稿本の詩集『抱璞斎詩集』を蔵する。これには一八四二（道光二十二）年までに作った詩を収めているから、范芝香と邂逅したちょうど四年前まででいてくれるよう依頼したことになろう。それは、彼の死の前年のことであった。

次に注目すべきは、C—C'の詩の贈答である。この二つの詩によって、汪喜孫が河川工事で駆けまわっており、悪戦苦闘していた当時の自らの様をおそらくは范芝香に話していたことがうかがわれる。「江山をここに跋履し、膂力もて方に経営す」すなわち「山河を跋渉し、渾身の力で事に当たっている」とは、これを示すに違いない。彼が河川工事に渾身の力をふりしぼっていた事は、どうやら当時有名なことであった。だからこそ汪喜孫みずから「虚名にして実学に非ず。文も行も両《ふた》つながら成るなし」と謙遜するのである。しかし我々はこの言葉からむしろ逆に、地方官として業務に励む汪喜孫の自負を読みとるべきであろう。それにしても、「細《ささや》かに数う当年の事、徒労なり百歳の営み」とは、あまりに暗くまた大げさな表現であり、さらに「此の心、千古に合わば」との表現は、一層大げさに見える。しかしこれが恐らくは死を翌年にひかえた汪喜孫自身の実感であったと考えるべきである。また汪喜孫一人をこえた老い先短い一地方官が、現場でその心の内を吐露した言葉として、言いかえれば自らの営みを千古の歴史の中のささやかな営みの一つとして位置づけつつ、黄河の堤防工事にあたっていた者が当時もいた証しとして、極めて興味深い。この詩が、一人の外国人に与えた歌であった点でも興味深い。外国人に対し、「実学」「文・行」「此心合千古」などと、実に気まじめなことを言っている点、汪喜孫その人をしのばせるが、なかでも「此心合千古」の句は、かつて汪喜孫が四二歳の時に朝鮮の申在植に対して、自分は関帝廟や城隍廟に「不正があれば、雷よ、我が身を打て、火よ、我が家を焼け」と禱ったことがあると信条告白していたことを想起させる。

D—D'の贈答詩も、あまりにまじめで暗い。C'—Cにおいて、辛い地方官としての仕事は、このような詩をもとした友人を得て慰められるのではないか、としていたが、D'では「忠と孝とは平生よりの志」である、とより直截に気まじめな表現をとる。題柱とは漢の司馬相如が郷里の昇仙橋の橋柱に、やがて栄達して帰還する時には、四頭立ての馬車でこの橋を渡るぞと志を述べたことを言うか。そして「功を立つること今や二十歳（載）なるも、命蹇《なえ》て侯に封ぜられず」と自嘲気味にいう。汪喜孫と范芝香が旅をともにした河南省は、まさしく「中原に鹿を逐う」の地であり、ルートに数多くの古戦場があるから、恐らくは戦争によって「王侯に封ぜられる」などといった大時代な表現がなされたのであろう。またジョークの感覚もあったに違いない。しかし結果として、范芝香をして「経綸は忠孝に本づく、此を持たば康侯たるを慰めん」と言わしめているのである。汪喜孫は進士出身ではなく挙人出身者であった。ここに我々は、汪喜孫にも抑えがたい自己への処遇への不満、現在置かれる地位に対する不平があったこと、簡単に言えば「自分は恵まれていない」との不満感を持っていたことを読みとってよいのではないか。

最後に汪喜孫は范芝香に「汪氏家書」一部を贈っている。ここに言う「汪氏家書」が具体的にどのような書物であったか定かではない。しかし『孤児編』『汪氏学行記』あるいは『汪氏叢書』など、汪氏に関わるものであった可能性が最も大きいであろう。汪中の『述学』であった可能性もある。藤塚鄰は、汪喜孫が『述学』『先儒林年譜（汪中年譜）』『寿母小記』『孟慈自訂年譜』『尚友記』を朝鮮の金正喜に贈っていたことを明らかにしている。[21]また申在植『筆譚』によれば、汪喜孫は汪中の『述学』を贈りたいと申しで、さらに汪中の墨跡と自家の文集数冊を示し、これらに題文を記してくれるよう、求めている。[22]かりにここで言う「汪氏家書」が父の汪中の著書、あるいは汪氏に関わる書物であるとするなら、彼が父汪中ならびに汪氏に関わる著作を朝鮮のみならず、同様な外国、つまり越南にまで機会をとらえて宣伝しようとしていたことを示す事例であると言ってよい。

四　結　語

以上、一八四六（道光二十六、紹治六）年にベトナムの范芝香と中国清の汪喜孫の間で、つかの間ではあったが交流があったことを紹介し、彼らが書き残した詩文に即して汪喜孫の言動を追った。ここで最後に残る問題は、河南省でベトナム使節を迎送する任務、つまり短送の任務がなぜ汪喜孫に委ねられたのか、それはまったくの偶然、アトランダムな選択によったのかどうか、という問題である。

すでに見たように『欽定大清会典事例』に見える規定では、省レベルの迎送官を誰にするかの選択は、当省の巡撫に委ねられていた。しかし規定によれば、迎送官には同知・通判の中から選択することになっていたにもかかわらず、汪喜孫の場合はこれらより一ランクあるいは二ランク高い知府であった。また清朝道光二十年代といえば、地方官の限りある定員数に対して、実際に官僚となりうる資格を持つ者はあふれかえり、各省巡撫はその配下に定まった任務を持たずに定員空きを候《ま》っている官僚を多数抱えていた。これを候補人員と呼び、彼らは多く捐納出身者すなわち金銭で官位を買ったものであった[23]。現地河南省省城の開封府にも、正式な空きポストが出ることを俟っていた官僚が多数いたはずである。時代はやや下るが、裴文禩『万里行吟』に見える湖南省短送に充てられた盛慶紱は、「進士に挙げられながら今に至るまで一八年、補用道銜即補知府であり、なお実缺（実際のポスト）を得ていない」人物であった[24]。また湖北省短送に充てられた楊恩寿も、挙人出身で塩運使銜という肩書きを持つに過ぎぬ者であった[25]。河南省でも実際のポストに就けぬいわゆる候補人員はあふれていたと考えられるから、巡撫としては彼らに臨時の仕事を与えてやればよいのであって、何も六十歳を過ぎてしばしば身体に失調を訴える汪喜孫をわざわざ選択し、懐慶府城から遠いところまで出張を命ずることはないのである。

普通であれば、彼より一ランクあるいは二ランク低い地位にあるものがこの任に当てられていたことからすれば、汪喜孫が当時の官界にあってはあまりに気まじめであったため、巡撫からいやがらせを受けたのだ、との推測もなりたつであろう。しかしなぜ汪喜孫が選ばれたのかに対しては、確証は示せないにしても、ここでは次のような推測も可能であることを示そう。それは、恐らくは第一に、汪喜孫が知府レベルの地方官としては異例なほどに文名が知られていたからであり、さらに憶測が許されるとするなら、第二に彼に朝鮮燕行使たちと親密な交際があることが、知られていたからである。『海外墨縁』が汪喜孫と朝鮮知識人との間で交わされた学術に関わる問答集であること、すでに述べたが、これを自著の『鍥不舎斎文集』に収録した李祖望は、『海外墨縁』に対して一八四五（道光二十五）年五月に自序を書いている。[26] それは汪喜孫が短送迎送官に充てられたほぼ一年前のことである。つまり、李祖望がこの時に自序を書いていることは、この頃に『海外墨縁』が読まれていたことを示すものであり、かつまた汪喜孫が外国人と親密な交際をしていたことが、一部ではあれこの頃に知られていたことを示している。このこと、つまり汪喜孫が当時では稀な「国際人」であるとして知られていたことこそが、この六十歳を超えた病身の老人に「適任である」として、ベトナム使節迎送官という白羽の矢が当たった原因であった、と思われるのである。

補論三　朝鮮通信使が察知した尊皇討幕の言説

江戸時代に日本を訪れた朝鮮使節は、数多くの見聞記を書き残した。それら通信使録と呼ぶべき記録には、しばしば天皇について記している。彼らにとっては天皇が政治的には実権を持たぬこと、「虚位」「尸位」にあることは常識的なことがらであった。天皇が国政や外交にあずからぬことは、一四四三年に来日した申叔舟がその『海東諸国紀』に記して以来、歴代の通信使録で書きつがれた。一七六四年の通信使一行が書き残した記録によれば、天皇が政治的実権を持たぬことは朝鮮国内でも有名であったようである。朝鮮のことわざに、「愚かで高慢な者を非難するのに〝倭皇〟と呼び」、また「何もしないのに高禄を食む者を〝倭皇帝〟と呼ぶ」というものがあったと言う(1)。

数多くの通信使録は、この天皇が虚位にある様を踏襲して書きつないでおり、これは申維翰の『海游録』、すなわち一七一九年の来日記録まで基本的に変わらない。ところが一七四八年に来日した曹命采『奉使日本時聞見録』になると、それまでに見られなかった記述が登場する。「尊皇」「討幕」の言説が行われていることを察知したからである。この種の言説を聞いたのは「倭京」、すなわち京都においてであった。

曹命采はその通信使録の「倭京」において、「倭京に来て仕えたいと思う者はいるが、国禁に縛られて少しも動かない。しかしながら自分ではほぼ〝君臣の分〟を知っていると考えており、常に関白（幕府将軍）が国政を自分勝手に動かすことに対して深く心を痛め、奮然として一たび反正せんとする志を持っている」と伝える。「反正」とは

『春秋公羊伝』に由来する言葉であり、正道に反《かえ》すこと、つまりは天皇による親政を復活することである。曹命采はさらに、「正義を倡えて軍を起こそうとしても、現下の情勢ではできない」としつつも、「大名たちはみな怒り、全国が同じく憤っているから、時来たりて政権をうかがうような暴動が起きたなら、遅かれ早かれ国内に変乱が起こらないとも限らない」とまで言っている。[2] この種の言説を誰から聞いたのか記さないが、一七四八年の段階で、後の討幕に繋がる言説が囁かれていたことを確かにキャッチしている。竹内式部が天皇や公家に尊皇論を講じて処罰された「宝暦事件」が起きたのは、一七五八年のことである。曹命采による察知はその十年も前のことである。

次の通信使一行になると、この種の言説はより明確なかたちで記録されるに至る。それは、京都に住む那波魯堂という一儒者の言動を伴って報告されているからである。一七六四年通信使の書記であった成大中は、「那波魯堂は西京（京都）の人であり、常に倭皇が勢力を失っているのを憤り、この問題に話が及ぶと袖まくりして奮言し、少しも憚るところがなかった」と伝える。[3] 製述官として同行した南玉は倭皇が政治権力を失っていることに対し、「民士は扼腕して心を平静にすることはできないと述べつつ、次のようにも言う。すなわち「ところが〝いわゆる天皇〟は国を視ること雲のごとく、うらやんだり怒ったりする気持ちをさらさら持つにいたらず、虚号を擁することを楽しんでいる」と言う。〝いわゆる天皇〟とは、天皇とストレートに言うのを憚ってか、朝鮮使一行が時として用いる表現である。さらに南玉は那波魯堂らに対して、「あなた方の〝皇〟が政権を総攬することは、鷹が獲物を捕るように容易なことであるに違いない。これは貴ぶべきことで悲しむべきことではない」と言ったところ、那波は「創論である」と答えたという。[4] 南玉は那波にもう少しあからさまな言葉、明確な討幕を意味する言葉を吐かせたく思って挑発したのだろうが、那波はやはり憚るものを感じて「創論」つまり創見である、と返答するのにとどめたのであろう。

『先哲叢談後編』巻八に収める那波魯堂の伝によれば、彼はもと古学を修め岡白駒に師事したが、のちに宋学つまり朱子学に転じたという人物である。通信使の一行と会ったのは、すでに朱子学に転じたあとであった。彼は京都聖護院村で学塾を開いて生徒に教え、さらに聖護院王府で侍読をしていたという。彼は通信使が大坂まで来ると、自ら志願して江戸との往復に同行した。すなわち彼は通信使一行の最も近くにいた一人であり、彼らが日本の学術や政治の情況を把握するに際して、最も影響を与えた人物であった。このたびの通信使一行が、日本で「尊皇」さらには「討幕」の言説が密かに囁かれていることを察知するにあたって、彼が最も重要な情報源であったことは間違いないところである。元重挙は那波が「親王の教傅（教育係）であった」とも伝えており、彼が天皇家に最もシンパシーを懐きやすい環境におかれていることも知っていた。[5]

『先哲叢談後編』では那波が様々な奇行の持ち主であったこと、外界の思惑をあまり気にかけぬ人物であったことを面白おかしく伝えている。これは南玉、成大中、元重挙が記す那波魯堂像とほぼ一致している。彼には『学問源流』という著作があり、主に一八世紀中頃における日本の儒学の動向を伝えるものとして有名である。ところが、この書物からは彼が天皇の失権を憤って切歯扼腕し、これを興奮して言うような人物であったことをまったく窺うことができない。彼にはまた『魯堂先生学則（塾中条規）』があり、ここで学塾に集う生徒たちに対して、学問をする心構えをこと細かに説いている。しかしここでも、彼が通信使一行に示したような彼の天皇観、あるいは天皇のおかれた現状に対する憤りを窺うことはまったくできない。いかに外界のことを気にしない奇矯な人物であったとはいえ、討幕に繋がりかねない尊皇を公言することは、そこが京都であってもあまりに危険であった。江戸の山県大弐らが討幕謀反の罪をもって処刑されたのは、その三年後のことである。

南玉はまた、「西京（京都）の人士と深く心の底から語り合うなら、彼らにはみな憤惋慷慨する心があり、関白（将軍）を覇者と見なし天皇を王者と見なし、関白を王莽や曹操のような簒奪者であると考えている」とも伝えている。[6]「みな」というのが誇張であったにしても、京都の人々は通信使一行が外国人だからなのか、密やかであれかなり率直に彼らの心情を表白していたのである。

元重挙はその日本観察において、「江戸の政治が乱れ、簒奪者である曹操や司馬懿のたぐいがもしも各地に生まれたならば、倭皇を挟み国権を争奪せんとはかる者がこの地に生まれないとは限らない」と感想を書き記す。[7]これから約百年後のこと、日本は彼が予測したとおりとなった。彼はさらに日本がこのような事態になれば、朝鮮本国にも被害が及ぶかも知れないと心配する。朝鮮南境の民は日本人と親しくつきあい、「風俗は日ごとに習いあう」現状であるから、「有識者はあらかじめ備えておくべきである」と記すことも忘れない。

朝鮮は当時、日本江戸へ通信使を送るとともに中国北京へは燕行使を送り、朝貢と兼ねてその国情を偵察していた。かつては軽蔑していた満州族が朝鮮に侵略して大殺戮を行ったばかりか、明朝を倒して政権を簒奪したことを怨む使節たちは、清朝が早く内部から瓦解してくれることを願い、しばしば彼らが中国で察知した反清の動きを伝えた。それはしばしば実情からはかけ離れた誇大な希望的観測であることもあったが、中国が安定するとともに、むしろ清朝が瓦解したならばこれに伴って逆に朝鮮が被害を受けることになる、という論調も現れた(8)。朝鮮通信使が察知した日本における尊皇と討幕の言説は、この燕行使が伝えた中国における反清の言動と深いところで繋がっていると言うことができる。

日本側から見れば、京都の人々にとっては相手が外国人であり、しかも名分論を重んずる朱子学者だと知っていたからこそ、彼らはその心情を吐露したのであろう。しかし通信使の方から見るなら、「佔国」すなわち国情偵察こそが彼らの重要な任務の一つであった。この意欲があったればこそ、それがいかに彼らの願望や心配とない混ぜになったものであったとしても、極めて早い時期において尊皇の言説のみならず討幕の動向をも察知しえたのであった。

注

序章

(1) 比較的早期になされた代表的な研究としては、中村栄孝『日鮮関係史の研究　上・中・下』(東京、吉川弘文館、一九六五―一九六九)、三宅英利『近世日朝関係史の研究』(東京、文献出版、一九八六)。通信使の概要としては、中村栄孝著書下巻、三「江戸時代の日朝関係」(頁二四五以下)。

(2) 思いつくままに挙げるだけでも、全海宗『韓中関係史研究』(ソウル、一潮閣、一九七〇)、藤塚鄰『清朝文化東伝の研究――嘉慶・道光学壇と李朝の金阮堂』(東京、国書刊行会、一九七五)、張存武『清韓宗藩貿易(一六三七～一八九四)』(中央研究院近代史研究所専刊三九、台北、中央研究院近代史研究所、一九七八)、同『清代中韓関係論文集』(台北、台湾商務印書館、一九八七)、陳尚勝『中韓関係史論』(済南、斉魯書社、一九九七)、全海宗『中韓関係史論集』(全善姫訳、北京、中国社会科学出版社、一九九七、この書には全海宗前掲書のほか、いくつかの関連論文を収録する)、陳尚勝等『朝鮮王朝(一三九二～一九一〇)対華観的演変――《朝天録》和《燕行録》初探』(済南、山東大学出版社、一九九九)、劉勇『清代中朝使者往来研究』(哈爾浜、黒竜江教育出版社、二〇〇二)、임기중[林基中]『연행록연구[燕行録研究]』(ソウル、일지사、二〇〇二)、松浦章編著『明清時代中国与朝鮮的交流――朝鮮使節与漂着船』(台北、樂学書局、二〇〇二)、최소자[崔韶子]等『18세기 연행록과 중국사회[一八世紀燕行録と中国社会]』(ソウル、혜안、二〇〇七)、徐東日『朝鮮朝使臣眼中的中国形象――以『燕行録』『朝天録』為中心』(北京、中華書局、二〇一〇)、邱瑞中『燕行録研究』(桂林、広西師範大学出版社、二〇一〇)、楊雨蕾『燕行与中朝文化関係』(上海、上海辞書出版社、二〇一一)、松浦章『近世中国朝鮮交渉史の研究』(京都、思文閣出版、二〇一三)など、いずれもこの朝鮮使節に対する呼称は一定しない。これに対し、金泰俊『虚学から実学へ――一八世紀朝鮮知識人洪大容の北京旅行』(東京、東京大学出版会、一九八八)、鄭光等編『燕行使와 通信使――燕行・通信使行에 관한 韓中日 三国의 国際워크숍[燕行使と通信使――燕行・通信使行に関する韓中日三国の国際ワークショップ]』(ソウル、박문사、二〇一四)では燕行使の語が用いられるが、なぜこの言葉を用いるかともに説明されない。

(3) 前注(2)、徐東日著書、頁八。

(4) 『朝鮮王朝実録』仁祖二十三年二月辛未。『通文館志』巻三(京城[ソウル]、朝鮮総督府、一九四四、のちソウル、民昌文化社、一九九一影印、頁二三上)。

(5) 前注(2)、全海宗著書『韓中関係史研究』頁七一、同『中韓関係史論集』頁一九四。全海宗は一六三七年から一八七四年まで兼使を一つとして数えれば、計三九六回、これに一八七五年から一八九四年までを計三三回とする。清一代を通じて合計四二九回である。『同文彙考補編』「使行録」(本書第一五章、頁四二七参照)では、朝鮮側から清朝礼部への使節、すなわち現代で言えば外務省レベルの文書を持ってゆく賫咨行をも含めて列記する。これは光緒七(一八八一)年までで記載が終わっている。一八八二年から一八九四年までは朝鮮総督府が編纂した『朝鮮史』で補っている。全海宗は一八七四年まではこの賫咨行を加え、一六三七年から一八七四年まで計六六一回の使行があったと統計している。これに一八七五年以降の燕行使を加え、清一代を通じて六九四回とする。ただし一八七五年以降は、賫咨行が加えられない。

(6) 前注(1)、三宅英利著書、頁六四三。

(7) 前注(1)、中村栄孝著書、下巻頁三〇二、李進煕『江戸時代の朝鮮通信使』(東京、講談社、一九九二)頁三二、朴春日『朝鮮通信使史話』(東京、雄山閣出版、一九九二)頁四六、李元植『朝鮮通信使の研究』(京都、思文閣出版、一九九七)頁五六、辛基秀『朝鮮通信使——人の往来、文化の交流』(東京、明石書店、一九九九)頁二五〇、仲尾宏『朝鮮通信使——江戸日本の誠信外交』岩波書店、二〇〇七、朝鮮通信使一覧表。

一六二四年通信使の一行人員については、三百人説と四六〇人説とがあるが、前注(1)、三宅英利著書、頁二二二で四六〇人説を妥当とする。ほかにこの著書ではその頁三八九で一七一一年通信使の場合の人数を考証するなど、各年度について詳細な考証が見られる。

(8)『朝鮮王朝実録』睿宗元年六月辛巳。

工曹判書梁誠之上書曰、……且聖節・千秋・正朝使外、謝恩・奏聞等使、皆順帯而行。東八站之路東有所虞、則一行三節之人、使副之行不過十五人、単使之行十二人、因定軍士五十名……。

ここで軍士五十名とするのは、燕行使一行を護衛するため遼東まで行って帰る兵士である。

(9) 同前書、中宗二十一年三月乙巳。

且東八站之間、輸転卜駄、皆用我国人馬。……且中原一路、責出車三四十両、故残弊之駅未能備数、至以妻子為典当而出焉。……、一路残弊、必曰朝鮮之故也。

(10) 許篈『荷谷先生朝天記』十月五日(『韓国文集叢刊』第五八輯、頁四七八下)。

及到遼東、則下至塩醋微物、亦皆賫去、加以各司貿易・一行并卜、必用二十五六輛車、然後方可以行。……是以出車極艱、我国人告於衛所等官、欲速発行、則衛所官執車夫、趲指夾棍、備諸悪刑、然後車夫等売子女脱衣裙、以具車輛、惨不可忍視。以近事験之、則隆慶初賀節、陪臣入帰時、其年適凶歉、至十三山駅、人家尽空、只有車夫数三在。通事告于守駅官催車、車夫即売其十五歳男兒買三輛、其余則計無所出、自縊而死云。……用是我国人所経之地、人皆怨苦、疾視若仇讎焉。今之計、必也国家廃貿易、使臣省路費、則雖有一行并卜、亦不過用車六七輛而已。如此則百年之弊、一朝可去矣。

(11)『朝鮮王朝実録』中宗八年五月壬午。

(司諫柳)雲啓曰、赴京之人多賫銀両、万一中国知我国産銀而責令入貢、則其弊不小。上曰、銀両之事、至為可慮。前者遣侍臣摘奸而亦不得捜探矣。端川採銀処、堅封不採者、恐有此弊耳。

(12) 同前書、中宗十八年八月戊申。

台諫合司啓前事、不允。又啓曰、且聞中朝厭苦我国使臣頻数往来、順天府発問策題云、朝鮮仮称礼義、頻頻往来、其実則以興販為利也。拒之則彼必欠望、有乖於待夷之道、不拒則駅路益甚困弊。臣等始聞此言、不勝愧赧。

(13) 同前書、中宗三十四年四月戊午。

(尹)殷輔曰、……中朝見我国使臣数往、不以至誠事大為言、而以交市為言、可羞之甚也。……侍講官韓淑曰、臣頃以問礼官親見一路村舎空虚、餓莩相望。

(14) 同前書、仁宗元年二月丁巳。

台諫啓曰、中朝以我国為礼義之邦、優待異於他国。近来門禁太甚、待之無異㺚子。謀利之徒、以買売為事、不計羞辱、此実依憑公貿易恣行私貿、而辱及朝廷。若無公貿、則私貿之禁亦易。請自今書冊薬材外一切勿貿、以雪国家之恥。

(15) 撰者未詳『随槎日録』道光九年十一月二十七日（林基中・夫馬進編『燕行録全集日本所蔵編』ソウル、東国大学校韓国文学研究所、二〇〇一、第二冊、頁二四）。

而歳幣及方物、照数交付於鳳城押車章京処、蓋自柵門県次替運、為我国省弊、而自乾隆有勅為始云。

同様な記事は、南一祐『燕記』十二月四日（日本編第三冊、頁三五三）。

(16) 李景厳『辛巳赴瀋録』（林基中編『燕行録全集』ソウル、東国大学校出版部、二〇〇一、第一五冊、ただ林基中は李景稷撰『赴瀋日記』とするが、撰者は李景厳が正しく、書名も『辛巳赴瀋録』の方がより適切である）。

(17) 一六四九年は鄭太和『己丑飲氷録』（『燕行録全集』第一九冊）、一六六四年は洪命夏『甲辰燕行録』（同第二〇冊、林基中は『癸丑燕行録』とする）、一六六九年は閔鼎重『燕行日記』（同第二二冊、林基中は『老峯燕行記』と題する）、一七一二年は金昌業『老稼斎燕行日記』（同第三二冊）および崔徳中『燕行録』（同第三九冊）。

(18) さしあたり、前注(2)、張存武一九七八著書、頁九七。

(19)『通文館志』巻一〇、紀年続編、英祖五年。

上年雖罷商賈、而方物歳幣、団練使押運瀋陽之際、商賈輩代刷駆、冒入如前。故別遣行司直金慶門於謝行、累次呈文、論弁於鳳城将及税官、貢物亦令自柵雇車輸伝于盛京礼部、事永為定式、仍革団練使。

(20) 田代和生『近世日朝通交貿易史の研究』（東京、創文社、一九八一）頁三二八、同『新・倭館——鎖国時代の日本人町』（東京、ゆまに書房、二〇一一）頁一四二、特に前者。

(21) 前注(20)、田代和生著書後者、頁三二三—三四〇。

(22)『朝鮮王朝実録』中宗三十二年十一月戊寅。

領議政尹殷輔・左議政柳溥啓曰、……龔用卿還中朝、言我国之事於稠中曰、朝鮮文物礼制、無異於中華、極口賛美。此無他、以我国文章之無愧也。礼部尚書亦聞龔天使之言、而嘉嘆不已、見我国使臣、而褒美之曰、聞爾国文物礼制、無異中朝、心甚嘉之。又戒玉河館主事及序班等、以朝鮮之人慎勿忽待云。此特以文雅之力也。今不可不為之課製錬習也。答曰、皆如啓。

(23)『万暦野獲編』巻三〇、朝鮮国詩文（北京、中華書局、一九五九）頁七八六。

彼国濡毫以待唱和、我之銜命者、才或反遜之、前輩一二北扉、遭其姍侮非一、大為皇華之辱。此後似宜遴択而使、勿為元菟四郡人所笑可也。

(24)『皇華集』（中韓関係史料輯要三、台北、珪庭出版社、一九七八）。杜慧月『明代文臣出使朝鮮与皇華集』（北京、人民出版社、二〇一〇）。

(25) 本書第一五章、頁四五八。

(26) 中村真一郎『木村蒹葭堂のサロン』（東京、新潮社、二〇〇〇）頁二六九、高橋博巳『東アジアの文芸共和国——通信使・北学派・蒹葭堂』（東京、新典社、二〇〇九）頁四三。

(27) 松田甲『日鮮史話』第一—六編（京城［ソウル］、朝鮮総督府、一九二六—一九三〇）、同『続日鮮史話』（同、一九三一）。前注(7)、李進熙著書、朴春日著書、李元植著書、辛基秀著書、仲尾宏著書のほか、姜在彦『玄界灘に架けた橋——歴史的接点からの日本と朝鮮』（東京、朝日新聞社、一九九三）、辛基秀等編『大系朝鮮通信使——善隣と友好の記録』第一—八巻（東京、明石書店、一九九三—一九九六）、河宇鳳『朝鮮後期 実学者의 日本観研究』（ソウル、一志社、一九八九、日本語訳『朝鮮実学者の見た近世日本』井上厚史訳、東京、ぺりかん社、二〇〇一）、同『조선시대 한국인의 일본인식［朝鮮時代韓国人の日本

認識」』（ソウル、慧眼出版社、二〇〇六、日本語訳『朝鮮王朝時代の世界観と日本認識』小幡倫裕訳、東京、明石書店、二〇〇八、ただしハングル本は未見）、鄭章植『使行録に見る朝鮮通信使の日本観——江戸時代の日朝関係』（東京、明石書店、二〇〇六）、前注(26)、高橋博巳著書など。

(28) 前注(2)、藤塚鄰著書。

(29) 李海応『薊山紀程』（『燕行録全集』第六六冊、頁四七八）。
私商輩則各充員訳卜刷馬私持馬名号。故例必納銭并駆人名求買。

(30) 韓祉『両世燕行録』（『燕行録全集』第二九冊、頁三二二）。
甲午（一七一四）二月二十三日……依入去時例、権停為待車卜、首訳崔奎・通事李碩材・呉万昌等及商賈一人落後。……二十六日、……落後訳官及商賈追到。

李沢『燕行日記』（『燕行録全集日本所蔵編』第一冊、頁一四六上）。

三月十六日、……首訳金弘祉及韓訳寿山与商賈三人、自山海関追到。以天雨泥濘、卜物不得運来、捨之而来、商賈三人則決棍、首訳拿致数罪。

(31) 『葆真堂燕行日記』（『燕行録全集』第三冊、頁三四六・四四九）。
皇明嘉靖十二年癸巳冬、叔父陽谷先生以皇太子誕生進賀使入中国。余以帯率子弟陪行。

(32) 『梨川相公使行日記』（『燕行録全集』第一〇冊、頁一二一）。

(33) 『薊槎日録』九月五日（『燕行録全集日本所蔵編』第三冊、頁二六九上）。
韓世良義州人、今行為三房属入燕、顔甚熟。故問之則余乙巳赴燕時、伴倘権䄄率去。自後毎年入北、今為三十次云。其年与余同庚、能歩行又為随来、顔髪稍白於余也。三十年来彼地事無所不知、有事則輒招問、此勝於余也。

また九月一日、頁二六七上。

路上轎軍輩私相語、皆以漢語、或有問之事、往々以漢語対之、北方人之習於燕俗可知。近日年少名官不習漢語、勅使接見時、御前通事只備員而已、良可歎也。

(34) 『戊午燕録』己未（嘉慶四年）二月三日（『燕行録全集』第六二冊、頁二一九）。
馬頭雲泰二十八次出入於北京者也。今行共之以備応対。

(35) 『中州偶録』丁卯（一八〇七）十一月十七日（『燕行録全集日本所蔵編』第一冊、頁四四九上）。
（義州）人民重商而軽農、好為漢語。

また十一月二十日（同頁）。

（義州）赴燕人馬多在南北、毎以今月離発、至明年四月還去。程途為万余里、而曽経数十余行役者、十之六七。

(36) 本書第一五章、頁四六六。

(37) 阿部吉雄「林羅山と朝鮮儒学」（同『日本朱子学と朝鮮』東京、東京大学出版会、一九九五）。

第一章

(1) 『孟子』梁恵王下。
斉宣王問曰、交隣国有道乎。孟子対曰、有。惟仁者為能以大事小、是故湯事葛、文王事昆夷。惟智者為能以小事大、故大王事獯鬻、句践事呉。

(2) 『朝鮮王朝実録』太宗六年二月戊子。
本朝事大交隣、差遣使臣、歳非一二。

(3) 『高麗史節要』巻二、成宗文懿大王、壬午元年四月に上柱国崔承老の言葉として、「事大以礼、交隣以道」とあり、李穡『牧隠藁』巻二〇、女真千戸差来官進献土物、上出御花園八角殿受其礼（『韓国文集叢刊』第三輯、頁二六一）で、「国史聯書東女真、歳輸方物遠來賓、……交隣有道時無事」とある。

(4) 木村拓「一五世紀朝鮮王朝の対日本外交における図書使用の意味——冊封関係との接点の探求」（『朝鮮学報』第一九一輯、二〇〇四）。

(5) 河内良弘「朝鮮世祖の字小主義とその挫折」（同『明代女真史の研究』京都、同朋舎出版、一九九二）。また同書、頁四三八—四四二。

(6)『朝鮮王朝実録』中宗二十三年四月己巳など。この議論が起こったのは、鴨緑江上流に移住してきた女真族が、これを討伐に出かけた朝鮮の一文官を殺害したからである。前注(5)、河内良弘著書、頁六九二を参照。

(7)『歴代宝案』訳注本、第二冊（沖縄県南風原、沖縄県教育委員会、一九九七）頁四〇〇—四一九によれば、一四六四年に琉球国王が暹羅国王とマラッカ国王それぞれに送った咨文で交隣の文字が使われて以降、琉球国王が朝鮮国王へ送った咨文でもしばしば交隣の文字を用いている。しかし琉球国が交隣の文字を使い始めたのは、これに先立つ一四六一年に朝鮮国王が琉球国王に与えた書簡で交隣の語を用いたものを真似たのではないかと思う（頁三四一）。一四八〇年にマラッカ国王が琉球国王に与えた咨文で、「交憐之道（交隣之道）」の語を使うが、これまた一四七二年に琉球国王がマラッカ国王に与えた咨文で用いられていた「交隣之道」をそのまままねたものと考えられる。琉球国王・マラッカ国王ともに、交隣の語が事大と一セットにして用いられたときどのような意味を帯びるのか、どこまで理解していたのか疑問である。

一方、雨森芳洲に朝鮮語教育テキスト『交隣須知』と対朝鮮外交心得書『交隣提醒』があることはよく知られているが、両書ともその中には一度として「交隣」の語が現れない。なかでも後者では、自ら書名で用いた「交隣」の語を使っても良さそうなところで、「朝鮮交接の儀」「隣交之義」「御隣好」「隣好」「隣交之誠信」「隣交諸事」「隣交断絶」などの語を用いている。また「隣好」は版本によって「隣交」と記される（『交隣提醒』田代和生訳、東京、平凡社、二〇一四、頁二〇・四二・一〇四・一一一・一三〇・一八〇・一八一・二五五など）。これはむしろ、雨森芳洲が交隣の原義を理解しており、それが朝鮮独自の外交原理であることを知っていたため、これを避けたと考えられる。

(8) 韓国の学界ではこの時代を多く元干渉期と呼ぶが、元朝から一方的に干渉を受けたわけではない、一方的に従属的・受動的であったわけではないという側面を強調して、この時代を事元期と呼ぶ研究者もいる（矢木毅『高麗官僚制度研究』京都、京都大学学術出版会、二〇〇八、頁xi、森平雅彦『モンゴル覇権下の高麗』名古屋、名古屋大学出版会、二〇一三、頁四）。

(9) 森平雅彦「朱子学の高麗伝来と対元関係（その一）——初期段階における禿魯花・ケシク制度との接点」（『史淵』第一四八輯、二〇一一）頁四五・五七。このうち李斉賢の元朝中国での足跡についてはまた、金文京「高麗の文人官僚・李斉賢の元朝における活動——その峨眉山行を中心に」（夫馬進編『中国東アジア外交交流史の研究』京都、京都大学学術出版会、二〇〇七）。

(10) 林熒沢「高麗末期文人知識層的東人意識和文明意識——関于牧隠文学的邏輯和性質」（同『韓国学——理論和方法』李学堂訳、済南、山東大学出版社、二〇一〇）。檀君神話と箕子神話については、それぞれ今西龍「檀君考」「箕子朝鮮伝説考」（同『朝鮮古史の研究』京城［ソウル］、近沢書店、一九三七、のち東京、国書刊行会、一九七〇）。

(11) 田川孝三「通文館志の編纂とその重刊について」（『朝鮮学報』第四輯、一九五三）。これによれば、『通文館志』原刊本は一七〇八（康熙四十七、粛宗三十四）年に完成し一七二〇年に刊行された。その後何度も修訂ないしは増補され、最終的には一八八八（光緒十四、高宗二十五）年にも増補刊行された。本書で用いるのも、この最終刊本である（京城［ソウル］、朝鮮総督府、一九四四、のちソウル、民昌文化社、一九九一影印）。

(12) 三宅英利『近世日朝関係史の研究』（東京、文献出版、一九八六）頁四一六。

(13) 金昌集『夢窩集』巻六、請罪通信使劄（『朝鮮文集叢刊』第一五八輯、頁一二二）。

我国之於倭人、計在羈縻。

(14)『同文彙考 原編』（ソウル、国史編纂委員会、一九七八、第二冊頁一四六一下）巻七八、倭情、報島倭来称呉三桂挙兵咨。

本国与彼倭通好羈縻、今已七十年。

(15) 聶崇岐「宋遼交聘考」（同『宋史叢考』下冊、北京、中華書局、一九八〇）。古松崇志「契丹・宋間の国信使と儀礼」（『東洋史研究』第七三巻第二号、二〇一四）。

(16) 姜吉仲『高麗与宋金外交経貿関係史論』（台北、文津出版、二〇〇四）頁一一六。前注(8)、矢木毅著書、頁一〇、張東翼『高麗時代対外関係史綜合年表』（ソウル、동북아역사재단、二〇〇九）頁八八。

(17) 前注(16)、姜吉仲著書、頁一二五。張東翼著書、頁一一五。

(18) 前注(12)、三宅英利著書、頁七三。

(19) たとえば荒野泰典『近世日本と東アジア』（東京、東京大学出版会、一九八八）頁一七三、二一七。

(20) 中村栄孝『日鮮関係史の研究　上』（東京、吉川弘文館、一九六五）頁四で、交隣について「冊封体制のもとでは、これを前提とする敵国抗礼の対等関係による交隣関係も成立した」と述べ、このようなシステムを交隣体制と名付けている。敵国抗礼とは敵礼とも呼ばれ、二国がたがいに相手が自国に敵《かな》うものと見なし、対等の礼を交わすことである。日本や琉球が明に朝貢し、あわせてその冊封を受けるようになると、朝鮮では中国の下で建前上は同格であるとしてこれらを敵国と考えた。中村によるこの交隣体制の概念はその後の学界に大きな影響を与えたようであり、これに類した記述がしばしば見られる。

しかし中村がさらに、徳川幕府のもとで「交隣体制の更新」がなった（下巻、一九六九、頁二八二）というのは不可解である。朝鮮側の思惑はともかくとして、そもそも江戸幕府は事大とセットになった、あるいはこれを前提とした交隣を外交の基本理念としたのであろうか。為政者たちの頭の中には、交隣体制などという考え方があったのだろうか。また江戸幕府は中国との間で冊封関係を結ばなかったのだから、これを前提とした「交隣体制の更新（復旧）」などありえない。

近年では、孫承喆『近世の朝鮮と日本——交隣関係の虚と実』（鈴木信昭監訳、東京、明石書店、一九九八、原本は『朝鮮時代 韓日関係史研究』ソウル、知性の泉社、一九九四、未見）頁六九、あるいは河宇鳳『朝鮮王朝時代の世界観と日本認識』（小幡倫裕訳、東京、明石書店、二〇〇八、原本は『조선시대 한국인의 일본인식［朝鮮時代韓国人の日本認識］』ソウル、慧眼出版社、二〇〇六、未見）頁一〇七に見えるように、交隣には敵礼（対等）交隣と羈縻交隣の二種類があったとされる。しかし交隣とはもともと上下関係にもとづく外交原理であるとすれば、このような二分類は不適切であろうし、またすでに述べたように、『通文館志』で江戸時代を通じて日本を「羈縻して絶えなかった」と記すことと矛盾するであろう。

(21) 吉本道雅「中国古代における華夷思想の成立」（夫馬進編『中国東アジア外交交流史の研究』京都、京都大学学術出版会、二〇〇七、頁一〇）。

(22) 孫衛国『大明旗号与小中華意識——朝鮮王朝尊周思明問題研究、一六三七—一八〇〇』（北京、商務印書館、二〇〇七）。これによれば、一七〇四（康熙四十三、粛宗三十）年、朝鮮宮廷内で大報壇と呼ぶ明朝万暦皇帝を思慕する施設が清朝に対しては秘密裏に作られ、これは後に拡張されて明朝の創始者洪武皇帝と最後の崇禎皇帝をも祀った。万暦皇帝を第一に祀ったのは、日本軍による侵略で滅亡寸前の朝鮮を救ってくれたからである。これを「再造藩邦の恩」と呼ぶ。大報壇は一九〇八年に日本の圧力で祭祀が止められるまで祭祀が営まれた。また民間で朝鮮士大夫によって同様の施設である万東廟が作られ、これは一九世紀後半大院君の時代に撤去が謀られながら、やはり一九〇八年までそこで祭祀が営まれた。さらに朝鮮に「向化」した明朝の遺民たちが、明の皇帝を祀るために建てた朝宗巌大統廟にいたっては、日本植民地時代に撤去されながら一九四八年に恢復され、今も祭祀が続けられているという（頁一二など）。

(23)『明實録』洪武元年十二月壬辰。『高麗史』巻四一、恭愍王世家、十八年四月壬辰。

(24)韓永愚『韓国社会の歴史』（吉田光男訳、東京、明石書店、二〇〇三）頁二二七。李成茂『朝鮮王朝史（上）』（金容権訳、東京、日本評論社、二〇〇六）頁一一九。

(25)鄭道伝『三峯集』巻九、仏氏雑弁、事仏甚謹年代尤促（『韓国文集叢刊』第五輯、頁四五九上）。

(26)同前書、巻一二、経済文鑑別集下、元、太祖、及び世祖（頁五〇三下―五〇四上）。

太祖（鉄木真）帝既立、功徳日盛、諸部皆慕義来降、……帝深沈有大略、用兵如神、故能滅国四十、云々。

世祖（忽必烈）仁明英睿、事太后至孝、尤善撫下、度量弘広、知人善任使。信用儒術、愛養民力、毎遇災傷、免租賑飢、惟恐不及。用能以夏変夷、混一区宇、立経陳紀、所以為一代之制者、規模宏遠矣。

(27)『大義覚迷録』（『清史資料』第四輯、北京、中華書局、一九八三、頁四・二一）。

(28)前注(26)、巻一四、附録、事実（五三五上―五三六下）。

(29)末松保和「朝鮮経国典再考」（同『末松保和朝鮮史著作集六』東京、吉川弘文館、一九九七）。ただ末松は『三峯集』に収録される『朝鮮経国典』は『朝鮮経国典』そのものではなく、その中の大序・小序のみを採録したものとし、その原本ないし完本が別にあったとする（頁一七四）。しかし恐らくはそうではない。『朝鮮経国典』には別に完本や原本があったわけではなく、それは鄭道伝が新生朝鮮の建設に向けて示した単なる構想であったと考えられる。

(30)中枢院調査課編『李朝法典考』（京城［ソウル］、朝鮮総督府中枢院、一九三六）頁一〇九。

(31)『韓国文集叢刊』第五輯所収の『三峯集』凡例によれば、『三峯集』は鄭道伝の生前に刊行されたが、これに『朝鮮経国典』を含めたテキストは一四六四年に木版にて重刊され、これに『経済文鑑別集』が一四七六年に追刻されたという。『韓国文集叢刊』に収録されたものは一七九一年に正祖の命によって刊行されたものである。なおこの書誌情報は末松保和「三峯集編刊考」（同『末松保和朝鮮史著作集六』東京、吉川弘文館、一九九七）、および藤本幸夫『日本現存朝鮮本研究 集部』（京都、京都大学学術出版会、二〇〇六）頁四九三以下の『三峯集』に関わるそれと若干異なるが、これらいずれによっても一七世紀を生きた中央政界の朝鮮知識人たちは、『経済文鑑別集』と『朝鮮経国典』を読むことができた可能性が極めて強い。

(32)前掲注(22)孫衛国著書、頁一一・三三以下など。

(33)浅見絅斎「中国辨」（日本思想大系31、西順蔵等編『山崎闇斎学派』東京、岩波書店、一九八〇、頁四一七―四一九）。

第二章

(1) John King Fairbank, ed., *The Chinese World Order: Traditional China's Foreign Relations*, Harvard University Press, Cambridge, 1968, p. 6. 西嶋定生「東アジア世界の形成と展開」（西嶋定生東アジア史論集第三巻『東アジア世界と冊封体制』東京、岩波書店、二〇〇二）頁七八、もと一九七三年。

(2) 黄枝連『亜洲的華夏秩序——中国与亜洲国家関係形態論』（『天朝礼治体系研究』上巻、北京、中国人民大学出版社、一九九二）、同『東亜的礼義世界——中国封建王朝与朝鮮半島関係形態論』（『同』中巻、同、一九九四）、同『朝鮮的儒化情境構造——朝鮮王朝与満清王朝的関係形態論』（『同』下巻、同、同、一九九五）。彼は「天朝礼治体系」を英語では Pax Sinica と名付けている（中巻、序、頁一）。

(3) 溝口雄三等編『中国思想文化事典』（東京、東京大学出版会、二〇〇一）頁二三〇、戸川芳郎・小島毅「礼」。

(4) 高明士「律令与礼刑的関係」（黄源盛編『法史学的伝承・方法与趨向——戴炎輝先生九五冥誕紀念論文集』台北、中国法制史学会、二〇〇四）頁一三六。

(5) 同前書、頁一四八。また法と刑、法と礼、刑と礼、礼と儀の関係については范忠信等編校『中国文化与中国法系——陳顧遠法律史論集』（北京、中国政法大学出版社、二〇〇六）頁三八〇—四〇二参照。

(6) 本書補論一。

(7) 池内宏「高麗末に於ける明及び北元との関係」（同『満鮮史研究』中世第三冊、東京、吉川弘文館、一九六三）頁三〇五、末松保和「麗末鮮初に於ける対明関係」（末松保和朝鮮史著作集第五冊『高麗朝史と朝鮮朝史』東京、吉川弘文館、一九九六）頁一六八。

(8) 『明実録』洪武六年十月辛巳（王其榘編『明実録 鄰国朝鮮篇』北京、中国社会科学院中国辺疆史地研究中心、一九八三序、頁一二、以下、王其榘編書）。

(9) 同前書、洪武七年五月壬申（頁一三）。

苟非詐侮於我、安肯動師旅以労遠人、若不守己安分、妄起事端、禍必至矣。

また『高麗史』恭愍王世家、二十三年六月壬子（呉晗輯『朝鮮李朝実録中的中国史料』北京、中華書局、一九八〇、頁三八、以下、呉晗輯書）。

(10) 『高麗史』恭愍王世家、二十二年二月乙亥（呉晗輯書、頁二七）。

(11) 同前書、辛禑列伝、五年八月（頁五二）、七年七月（頁五六）。

(12) 『明実録』洪武十年正月（王其榘編書、頁一五）。

(13) 『高麗史』辛禑列伝、五年三月（呉晗輯書、頁五一）。

今王顓被弑、奸臣竊命、将欲為之首構釁怨於我、納之何益。春秋論之、乱臣賊子、人人得而誅之、又何言哉。……方乃王位真而政令行、朕無惑也。

(14) 同前書、辛禑列伝、六年八月（頁五五）。

『明実録』洪武十年十二月（王其榘編書、頁一六）。

其貢不如約者、非忠誠不至、実民貧而物不備也。……姑定常貢之例以為験、却乃不従。

(15) 『明実録』洪武十四年十二月乙丑（王其榘編書、頁二〇）。

(16) 『朝鮮王朝実録』太祖元年十月庚午（呉晗輯書、頁一一一）。

(17) 『明実録』洪武二十五年九月庚寅（王其榘編書、頁三五）。

(18) 前掲注(7)、末松保和論文、頁二二〇、および朴元熇「明初 朝鮮의 遼東攻伐計画과 表箋問題［明初朝鮮の遼東攻伐計画と表箋問題］」（同『明初朝鮮関係史研究』ソウル、一潮閣、二〇〇二）頁三三。

(19) 『朝鮮王朝実録』太祖三年二月己丑（呉晗輯書、頁一二四）。

国号謝恩表箋内、雑以侵侮之辞。以小事大之誠、果如是乎。

(20) 『朝鮮王朝実録』太祖五年二月丁酉（呉晗輯書、頁一三四）。「前者為

朝鮮国王数生釁端、以告嶽鎮海瀆山川神祇、転達上帝」とあるところ、呉晗輯本では、「以告」以下を「故告於神、転達上帝」と作る。なお外国の嶽鎮海瀆を明朝が祀った問題については、本書補論一「明清中国による対朝鮮外交の鏡としての対ベトナム外交――冊封問題と〝問罪の師〟を中心に」頁五七九以下参照。

(21) 本書補論一。

(22) 『朝鮮王朝実録』太祖五年三月丙戌（呉晗輯書、頁一三五）。

今朝鮮毎遇時節、遣人進賀表箋、似乎有礼。然文辞之間、軽薄肆侮。近日奏請印信誥命状内引用紂事、尤為無礼。

(23) 前注(18)朴元熇論文、頁六一。

(24) 『朝鮮王朝実録』中宗元年九月癸卯（呉晗輯書、頁八二六）。

(25) 同前書、中宗二年八月癸巳、三年正月癸卯（頁八三二）。

(26) 同前書、中宗三年四月壬午（頁八三七）。

燕山罪悪滔天、得罪宗社、神人共憤、其推戴主上、不得不爾、当以実告天子、以請命焉。而顧以虚誣之辞欺上国、且自欺、安在其正名乎。惜乎、当時大臣無見也。

(27) 『明実録』天啓三年四月戊子（王其榘編書、頁五五七）。

(28) 李民宬『朝天録』（林基中編『燕行録全集』第一四冊、ソウル、東国大学校出版部、二〇〇一、頁三八四―三八八）。

（八月初三日）最後葉閣老進、使臣以下跪于路左。閣老立語曰、為甚麼事来。……壊旧君自立、事不明白、何以来請邪。……何故不報朝廷而径自廃置邪。……閣老曰、若他外国之事、則第循其請。爾国与天朝一般、須加慎重行査後、方可准也。

（八月初四日）見御史胡士奇題、……臣更有疑于朝鮮焉。不奉朝命而擅自廃立、雖助兵効順、安知其不二心於我。……宜勅毛帥、偵其虚実、果真委身帰命、戴罪討賊、功過相準、然後羈縻勿絶云云。

また『明実録』天啓三年八月丁丑（王其榘編書、頁五五九）。

謂当詰此事只以通奴（努爾哈赤）不通奴為主、琿誠通奴、則倧之立非簒也。但擅立為罪耳、而責以討奴自洗者、御史游士任也。

(29) 同前書、頁三九六。

(30) 同前書、頁五四九・五五三。

（十一月十四日）至於礼科、給事中魏大中新自戸科移拝、持論甚峻、大攻行査之議、峻絶請封之事。

（十二月初一日）臣等詣西長安門外、礼科魏大中・熊奮渭一時出来、臣等跪前呈文、則魏大中再三読過、仍問廃立之由、多発未安之語、不敢一一形諸文字。……熊科立傍、語魏科曰、許令権署、以観後効云。

(31) 李民宬『朝天録』では、これを十二月癸卯（十八日）のこととして記す。ところが『明実録』ではこれを十二月癸巳（八日）のところで記す。『朝天録』の記事の詳細さと、そこに見える冊封案件の進行情況とから見て、『朝天録』の方が正しいと考える。『明実録』の記事は、もと十二月癸卯と書くべきところを十二月癸巳と誤記され、編纂の過程で錯簡がおこったものと考える。

(32) 『明実録』天啓四年十月甲午、魏大中『蔵密斎集』巻一、頁三四、自譜。

(33) 洪翼漢『花浦先生朝天航海録』（『燕行録全集』第一七冊、頁二一六）。

尚書林堯兪覧訖曰、已於上年、当待遼路平定、然後另遣詔使、以准封典、乃上国之本意、而朝議已完了。爾等奚来更煩。

(34) 『朝鮮王朝実録』仁祖三年二月辛卯（呉晗輯書、頁三二三二）。

(35) 前注(33)、頁二一〇・二四〇。

（十二月二十八日）上副使相議以為人情用下銀参已竭、当送訳官于本国、取銀二千餘両人参三十余斤還来、充給各部人情。然後発行。深自悶欝而已。

（十一月十五日）大概中朝貪風大振、公卿輔相大官小吏無不以利欲相済、政以賄成、恬不知恥。

(36) 前注(33)、頁二一四。

（十一月二十日）職於到京日、聞得吏科給事中魏大中於上年奏聞使辞朝後、参挙我国事陳疏云。……其略云、礼莫大于名、名莫大于分、分又莫大于君臣。而姓某諱某秉東鄙不靖之日、廃君自立、名分安在。……堂堂天朝倘為外夷所欺、不将為万世歎陋耶。

(37) 本書第五章。

(38)『韓国歴代人物伝集成』（ソウル、民昌文化社、一九九〇）第五冊、頁四六六二。

(39)『同文彙考』巻四一、頁二一（韓国史料叢書第二四、ソウル、国史編纂委員会、一九七八、頁七八四下）。

(40) 同前書、巻四一、頁二三―二四（頁七八五下―七八六上）。

(41)『清実録』康熙十八年十月辛卯（王其榘編『清実録 鄰国朝鮮篇』北京、中国社会科学院中国辺疆史地研究中心、一九八七、頁二三四、以下、王其榘編書）。

(42)『同文彙考』巻四一、頁二五―二八（頁七八六下―七八八上）。

(43) 同前書、巻四一、頁二八―三二（頁七八八上―七九〇上）、巻五〇、頁一九―三一（頁九五七上―九六三上）。

(44) 同前書、巻五、頁三一―三二（頁九二上―九二下）、巻四一、頁三四―三六（頁七九一上―七九二上）。

(45) 同前書、巻一、頁三一（頁二六下）、巻四一、頁三六―三七（頁七九二上下）。『康熙起居注』康熙二十八年十月三十日（中国第一歴史档案館整理、北京、中華書局、一九八四、頁一九一〇）。

(46)『朝鮮王朝実録』粛宗十五年十二月辛巳（呉晗輯書、頁四一三七）。

(47)『康熙起居注』康熙二十一年九月二十八日（頁九〇一）。

又礼部議、朝鮮国王因具表不行写名、応罰銀伍千両事。……明珠奏曰、臣等之意、朝鮮非不識礼体之国。一字甚有関繫、議罰似当。李霨・王熙奏曰、具表不行写名、殊為失礼、罰之極是。

(48) 韓泰東『燕行日録』（『燕行録全集』第二九冊、『両世燕行録』所収頁二三四）。

（九月二十四日）而其称皇帝原旨曰朝鮮国王姓諱着免罰云々、而今番陳奏節該、祇曰朝鮮国王而不書姓諱。清左侍郎額星格又以為舛錯述奏。先使大通官金巨昆来言将欲題本之意。其志蓋在於索賂、而必千金可了、使臣約与五百。而又因序班曹姓人、購得礼部所搆題草、則果有舛述原旨大干法紀等語、而至請遣官査問矣。……星格約賂之後、称以此事朝議既激、難於中止、而以罰銀一万両改題、蓋以罰銀為軽於査使也。吾等聞之、愈益驚惶。又使巨昆力図之、則星格終不肯全没、祇題本中大干法紀四字、改以殊俗不合、且以五千両減題。

(49) 同前書、頁二三九。

（十月四日、額星格）使大通官金巨昆金大献等伝言曰、……且曩日本国以無甚関緊事、行李往来、若大国不知然。俺雖不歴言某事、使臣得無自知之乎。蓋甲寅以後、呉三桂輩起、曹抛群擾、清人之勢方蹷。其時我国操柄人以浅詐妄画、屢探試之、或非時遣咨、請行銭幣、或託言有虞、欲修城池、創戦車、設体府、示以無実之名、被固兇狡、悉得我情。其畜疑懐恨非一日也。祇以南方方殷、恚中坦貌以待之。今者外難已定、君臣驕肆、称揚功烈、以自侈大。其視我纔如嬰児、而前憾着肚必吐後已。故星格公対我人発其端、而露其意耳。

(50)『朝鮮王朝実録』粛宗四年正月乙未（呉晗輯書、頁四〇四四）。

(51) 同前書、粛宗二年四月丁丑（頁四〇三三）。

(52) 同前書、粛宗五年九月癸卯（頁四〇五一）。

(53) 銭実甫編『清代職官年表』第一冊（北京、中華書局、一九九〇）頁三五六以下。

(54)『朝鮮王朝実録』粛宗八年正月乙卯（呉晗輯書、頁四〇七七）。

（55）張存武『清韓宗藩貿易——一六三七～一八九四』（中央研究院近代史研究所専刊三九、台北、中央研究院近代史研究所、一九七八）頁一六九―二二二。

（56）『同文彙考』巻四五、頁三〇―三四（頁八六六下―八六八下）。『康熙起居注』康熙二十四年六月二十五日（頁一三四一）、康熙二十四年七月八日（頁一三四三）。

上曰、撫馭外国之道固不可太厳、亦不可太寛。朝鮮之人賦性狡詐、若竟依所請、此後又或玩忽、亦未可定。

（57）『明実録』隆慶元年七月壬申（王其榘編書、頁二八七）。

然不当概以律遠夷、宜特受之。制可。

（58）姜在彦『朝鮮儒教の二千年』（東京、講談社、二〇一二）頁二一七。

（59）瀬野馬熊『朝鮮史大系 近世史』（京城［ソウル］、朝鮮史学会、一九二七）頁二〇三―二一八。李銀順『朝鮮後期党争史研究』（ソウル、一潮閣、一九八八）頁四八―五五。

（60）趙憲『朝天日記』（『燕行録全集』第五冊、頁二二三）。

（61）本書第五章、頁一五四。

（62）丸山真男「支配と服従」（同『増補版 現代政治の思想と行動』東京、未来社、一九六四、頁四一七）。

第三章

（1）坂野正高『近代中国政治外交史』（東京、東京大学出版会、一九七三）頁七六。浜下武志『朝貢システムと近代アジア』（東京、岩波書店、一九九七）頁二二。

（2）西嶋定生「冊封体制と東アジア世界」（西嶋定生東アジア史論集第三巻『東アジア世界と冊封体制』東京、岩波書店、二〇〇二、頁一〇一）。同論文はもと一九八九年に公刊。

（3）『清実録』乾隆五十四年五月丁丑。

（4）同前書、乾隆五十四年閏五月辛亥、五十五年二月癸丑。

（5）同前書、乾隆五十五年六月壬戌、同七月丁亥。

（6）本書補論一、頁五九五。FUMA Susumu, "Ming-Qing China's Policy towards Vietnam as a Mirror of Its Policy towards Korea: With a Focus on the Question of Investiture and 'Punitive Expeditions'," *Memoirs of the Research Department of The Toyo Bunko*, No. 65, 2007, pp. 24–26.

（7）『清実録』乾隆六十年八月癸未。

（8）同前書、嘉慶十四年八月乙卯、十五年正月庚午。

（9）木村宗吉「ラオスの王子、召温猛について」（『史学』第三三巻第二号、一九六一、頁一一一）。

（10）『歴代宝案』（那覇、沖縄県教育委員会、一九九四・一九九七）訳注本、一―一八―〇四（第一冊、頁五四三）、一―一八―〇五（同、頁五四五）、一―三二―一七（第二冊、頁二一六）。なお『歴代宝案』には、これより前、万暦三十七年五月付で福建布政司へ送った咨文が残っている（一―一八―〇三）が、これは福建布政司へ渡らなかったようである。

（11）同前書、一―〇一―三一（第一冊、頁三三）。

（12）黄是『朝天録』（林基中編『燕行録全集』ソウル、東国大学校出版部、二〇〇一、第二冊、頁五一五）。なお、林基中がこの燕行録を黄士祐撰とするのは誤り。

（万暦三十八年）七月二十九日、見通報、福建巡撫陳子貞一本曰、上年四月、倭奴入寇琉球国、大肆攻殺、虜中山王尚寧及国戚三法司等官、一併随往日本。王弟及（法）司馬良弼等、今守其国云。

（九月十八日）是日、琉球国使臣毛鳳儀等十一人来舍、於副使庁奔告其国倭寇之変也。

（13）鄭士信『梅窓先生朝天録』（『燕行録全集』第九冊、頁三三六）。鄭士信『庚戌朝天日録』（同、第二〇冊、頁五六五）。

（万暦三十八年十月）三十日辛丑、晴。与琉球国使臣相会、伝授国咨及礼単。琉球亦有正副使。語用倭語、訳官不解倭語、故招管押使之倭訳官金孝舜伝語、然後始得歓然相接。仍問其国王為倭所擄之変、答曰、去年四月、倭人興無名之師、国王越在草莽。以今年九月講和、還国無事、云々。略聞流伝之言、琉球与倭講好、歳一遣使。往在戊申（万暦三十六年）、家康使之春秋修貢、琉球王不従。家康命薩摩島興師伐之。琉球王曰、咎在予身、不可以累我無辜之民。遂詣軍前、薩摩執之以去。家康曰、身当其難、而志在愛民、天下之義主也。遂遣還云々。相与啜茶而罷。

（14）『通航一覧』巻三、頁三〇―三一。紙屋敦之『幕藩制国家の琉球支配』（東京、校倉書房、一九九〇）頁二五。

（15）中砂明徳『江南――中国文雅の源流』（東京、講談社、二〇〇二）頁一七八。『味水軒日記』（上海、上海遠東出版社、一九九六）頁一五七。

海塩喬令君来顧。談日本併琉球事、言中朝既累世受其朝貢、不宜置之不理。即力不暇勤兵、亦宜于海島附近処稍安插之、令奉宗廟血食、以佚琉球臣民之忠義興復者、而為之策応。是在督責閩広二撫臣、不宜噤不発声、使遠夷謂中国不足倚也。

ただし簡体字による出版物で「談日本并琉球事」と記すところ、木版本では「談日本併琉球事」と記される（北京図書館古籍珍本叢刊第二〇冊、北京、書目文献出版社所収）。喬拱璧については『天啓海塩県図経』巻九、官師篇。

（16）『五雑組』巻四（瀋陽、遼寧教育出版社、二〇〇一、頁八六）。

琉球国小而貧弱、不能自立、雖受中国冊封而亦臣服于倭、倭使至者不絶、与中国使者相錯也。蓋倭与接壌、攻之甚易、中国豈能越大海而援之哉。

（17）夫馬進「夏子陽撰『使琉球録』解題」（夫馬進編『増訂使琉球録解題及び研究』宜野湾、榕樹書林、一九九九、頁五七）。

（18）岩井茂樹「蕭崇業・謝杰撰『使琉球録』解題」（同前書、頁四三）。

（19）『明実録』万暦四十年七月己亥。

（20）同前書、万暦四十年七月己酉。

（21）同前書、万暦四十年八月丁卯。

（22）葉向高『蒼霞続草』巻二〇、答丁撫台（福建叢書第一輯之二『蒼霞草全集』揚州、江蘇広陵古籍刻印社、一九九四、第七冊、頁一七〇七）。

琉球貢事曾于礼部覆疏中、擬上而不下。後又于兵部条陳倭事疏中、擬上而又不下。聖意不可知、度之殆有二端。其一則以二百余年恭順之邦、一旦絶之、非所以昭服遠之化。一則以倭中貢物既自遠来、不必却還。不然何以屢擬而屢寝也。

（23）徐復祚『花当閣叢談』巻一、密掲。

（24）前注（14）、紙屋著書、頁三二、上原兼善『幕藩制形成期の琉球支配』（東京、吉川弘文館、二〇〇一）頁一〇九、真栄平房昭「琉球貿易の構造と流通ネットワーク」（豊見山和行編『琉球・沖縄史の世界』日本の時代史一八、東京、吉川弘文館、二〇〇三、頁一一二）、豊見山和行『琉球王国の外交と王権』（東京、吉川弘文館、二〇〇四）頁二七三。概説として『新琉球史・近世編（上）』（那覇、琉球新報社、一九九〇）頁七〇、一二四。このような認識が定着した一因として、たとえば『明史』巻三二三、琉球伝においてすでに、「礼官はそこで十年一貢の例を定めた」と記されることを挙げることができる。

（25）『歴代宝案』一―〇七―六（第一冊、頁二七〇）、一―〇七―一八（第一冊、頁二七二）、一―一八―〇八、（第一冊、頁五五二）、一―三九―二二（第二冊、頁三六七）。

（26）『蒼霞続草』巻二〇、答袁希我（頁一七〇九）。

琉球貢事、已于部覆疏中、擬受其常貢而卻其倭物、諭其来使、以後勿来、直俟彼国平定、然後再処。蓋亦即両台疏中之意也。

袁希我とは、当時福建布政使であった袁一驥である（『閩書』巻四五、文蒞伝、福州、福建人民出版社、一九九四、頁一一二九）。袁一驥はその後、福建巡撫に昇進する。そして『明実録』万暦四十三年三月乙卯によれば、この十年後を待って入貢せよと命じてあったにもかかわらず、琉球は四十一年にも四十二年にも入貢してきたことを取りあげ、「琉球違四十年題准十年一貢之限、云々」と述べている。しかしここで言う「十年一貢」とは「万暦四十年には十年後に一貢することを許した」というにすぎず、今後十年ごとに一回入貢する制度を定めたというのでは決してない。

（27）本書第二章、頁四九・五三。

（28）董応挙『崇相集』疏一、厳海禁疏（四庫禁燬書叢刊集部一〇二、北京、北京出版社、頁一七）。彼は後に「答項聴所年兄」（万暦四十五年）、「答黄撫台」（同年）においてこの「厳海禁疏」が日本へ伝わり、倭人はこれを書いた自分を痛めつけてやろうとしている、といささか自慢して記している。

（29）『蒼霞続草』巻二〇、答董吏部（頁一七一三）。
閩人惟士大夫之有遠慮者、言其当禁、其余則皆以禁為非。是其説之所以易惑人者、謂我以繒絮雑物、而得倭之金銭、利莫大焉。且一与之絶、倭必速来、反以致害。故當道亦狐疑于此、難以堅決、此乃吾閩人之自誤耳。

（30）同前書、巻二〇、答丁撫台（頁一六八九）。
琉球既折而入于倭。倭之借寇以通貢、亦必然之勢。

（31）同前書、巻二〇、答丁撫台（頁一七二五）。
閩人多言、倭之志在于通市、不在入寇、拠其情理、似亦近之。然通市是決不可行之説、誰敢任此。今所慮者彼既呑琉球、漸而拠鶏籠淡水、去我愈近、驅之則不能、防之則難備。

（32）『歴代宝案』一―一八―〇三（第一冊、頁五四〇）、一―一八―〇四（頁五四四）、一―一八―〇五（頁五四六）。

（33）『明実録』万暦四十四年六月乙卯。また十一月癸酉。

（34）『崇相集』議二、籌倭管見（集部一〇二、頁一九〇）、また巻二、中丞黄公倭功始末（集部一〇二、頁二〇四）。
倭垂涎鶏籠久矣。……鶏籠去閩僅三日、倭得鶏籠則閩患不可測、不為明州、必為平壌。……今開琉球之市于外寨交易、則外貨流通、奸人牟利者、近亦得售、不得生心于鯨鯢之窟、而勾引可潜消。……且与其以鶏籠市也、孰若以琉球市、与闌出而醸勾引也、孰若開一路于琉球。

（35）『明実録』万暦四十年八月丁卯。

（36）同前書、万暦四十三年三月乙卯。

（37）『歴代宝案』一―一八―〇八（第一冊、頁五五二）。

（38）同前書、一―〇四―〇九（第一冊、頁一六九）。

（39）本書補論一、頁五八五・五九六（英訳本、p. 15, 27）。

（40）『朝鮮王朝実録』燕山君六年十一月丁卯。

（41）『歴代宝案』一―三九―二三（第二冊、頁三六八）。

（42）洪錫謨『游燕藁』（林基中・夫馬進編『燕行録全集日本所蔵篇』ソウル、東国大学校韓国文学研究所、二〇〇一、第一冊、頁六〇八）。
琉球来遠使、萍水遇奇縁、航梯重三訳、衣冠共一天、声音雖未暁、文字喜同伝、各処東南海、那知会日辺。

（43）撰者未詳『燕行雑録』癸未正月初一日（『燕行録全集』第八一冊、二〇〇一、頁一一八）。なお、編者林基中は徐有素撰『燕行録』とする。
山泉方与琉球使臣筆談、其応対頗不窘。……貴国曽与我国通好、咨文至今尚在云。我朝、琉球嘗入貢、想其事也。

（44）李薫「朝鮮王朝時代後期漂民の送還を通してみた朝鮮・琉球関係」（『歴代宝案研究』第八号、一九九七）頁二六、孫承喆「朝・琉 交隣体制의 구조와 특징［朝・琉交隣体制の構造と特徴］」（同『近世朝鮮의

韓日関係研究』ソウル、国学資料院、一九九九、頁一九一)。同文は、하우봉（河宇鳳）等『朝鮮과 琉球［朝鮮と琉球］』ソウル、아르케、一九九九、頁七四。日本語訳は『朝鮮と琉球』（宜野湾、榕樹書林、二〇一一、頁四五）。

(45)『備辺司謄録』第七〇冊、粛宗四十三年正月二日。『承政院日記』同日の条も、ほぼ同じ。

（提調閔鎮厚曰）、万暦丙申、琉球国以漂人還送事、順付謝咨於我国云。……謝咨古事、既甚明白、則今番亦宜有送咨申謝之道。……既有前例、礼部亦似無持難不従之事矣。

(46)『歴代宝案』一―三九―一八（第二冊、頁三六〇）。この咨文と一部同文の咨文が『朝鮮王朝実録』宣祖二十九年（万暦二十四年）八月甲寅に記されている。閔鎮厚が万暦二十四年の時のこととしたのは、このためであろう。また『明実録』万暦十七年十一月庚戌。

(47)宋相琦『玉吾斎集』巻一〇、請勿送琉球国咨文疏（『韓国文集叢刊』第一七一輯、頁四一八）。

但念皇朝時則視我国猶一家、凡於朝聘交際之間、不甚拘禁。……若以藩服之国、自相通書、以犯外交之戒、而又要我以伝云爾而或有嗔嘖之言、則其将以皇朝時亦有此事為解、而可以杜彼之説耶。……頃於戊寅年、琉球亦有解送漂人之事、而其時未聞有謝咨、豈亦拘於事勢難便而然耶。……蓋我国之於日本、則壌地相接、信使往来、即彼人之所知、無可諱者。而琉球則不然、隔以重溟万余里、万暦以後近数百年、曽無通問之事。今忽修書齎幣、以示相好之意、則彼之不致怪持難、臣不敢必也。

答曰、……茲事不無意外之慮、予意則不如不為之為愈也。

(48)原載誌ではこの下に、「実際、礼部の許可をえて、あるいは礼部を通して咨文を交換するのであれば、清朝としては宗主国の下に〝藩服の国〟が仲むつまじく交際していることを示すことになり、王朝の威徳を一層輝かせうる絶好の事例と判断した可能性が大きい」と記した。しかし次の第四章で記すように、琉球が実質的に日本の支配下にあることを隠すことが、琉球・日本・中国・朝鮮四箇国による暗黙のうちの共同謀議としてなされていたとすれば、この時に朝鮮が琉球に国書を出すことを清朝が許可したかどうか、簡単に判断できない。つまり、清朝側はこれを契機として朝鮮と琉球が国交を回復するに至るならば、この暗黙のうちに形成された共同謀議にほころびが生じ、すでに安定している東アジアの秩序が動揺することを恐れ、許可しなかった可能性も否定できない。したがって改訂に当たっては、この文章を削除した。

(49)荒野泰典『近世日本と東アジア』（東京、東京大学出版会、一九八八）頁一三六、前注(24)豊見山和行著書、頁八一。

(50)『通文館志』巻五、交隣上、巻六、交隣下。「交隣」概念については、本書第一章。

(51)『朝鮮王朝実録』仁祖十六年正月癸巳。

(52)南龍翼『扶桑録』（『海行摠載』第三冊、京城［ソウル］、朝鮮古書刊行会、一九一四、頁三五〇）。

且聞琉球国使臣、薩摩守親領而来矣。已到此、関白不為親接、令執政等接待以送。

(53)任守幹『江関筆談』（天理図書館蔵今西文庫本）。なお『新井白石全集』第四巻、一九〇六、で趙泰億輯とするのは誤り。

南崗（李邦彦）曰、似聞琉球使臣亦有来聘貴国之事云。……白石曰、文字皆与本邦之俗同。……雖然三歳一聘唐山。……今中山十八世祖舜天王者、本邦源将軍為朝之遺胤。故中山王自称源姓。

(54)申維翰『海游録』（『海行摠載』第一冊、京城［ソウル］、朝鮮古書刊行会、一九一四、頁三五六）。

琉球国有大小二種、皆在日本西南海中。其小者曰中山主。自古朝貢於日本。……三年一朝貢、自薩摩州登陸至江戸、行礼而去。……記余在国時、見京中一褐夫自云、曾於済州海上、漂風至琉球、見百工所居各有部落、而渠在皮工之区、留得一歳、男女衣服飲食言語、一如日本。聞其国朝貢於日本、故国君送至日本、乃得伝到於東莱云。今与雨森東所言相符。

(55) 洪景海『随槎日録』三月十七日。
聞琉璃(球)国朝貢於関白、薩摩州主其接待云、未知然否。

(56) 山宮維深『和韓筆談薫風編』巻中、頁八。
其土俗与日本太同。蓋以為我薩摩州附庸也。……慶長中、薩摩侯家久遣兵滅中山、擒王尚寧而帰、見之于大君。中山請永為附庸。……(海皐復、)已聞之。

(57) 菅道伯『対麗筆語』頁七—九。
其国(耽羅国)既服属貴国、想如我有琉球・蝦夷也。……又有焼酒、出自薩摩州伝之。焼酒本自琉球来、琉球隷薩摩、故人為薩州所出。

(58) 呉大齢『使行日記』追録。
琉球国在薩摩州之海外。日本国使薩摩州太守討降之、因属於薩摩州、作一附庸国。太守朝江戸時、必率琉球王同去。且其国中官職有闕、皆自薩摩州差遣、因留宦娶妻生子、其来已久。国中人居半為倭人子孫。未久必為薩摩州所併矣。吁其用謀之狡且深哉。

(59) 夫馬進「改訂版によせて」(夫馬進編『増訂使琉球録解題及び研究』宜野湾、榕樹書林、一九九九、頁viからviii)。

(60) 吉川幸次郎『論語』(中国古典選三、東京、朝日新聞社、一九七八、㊤頁二三〇。阮元『揅経堂一集』巻五、与郝蘭皐戸部論爾雅書。

(61) 村尾進「『球雅』の行方——李鼎元の『琉球訳』と清朝考証学」(『東洋史研究』第五九巻第一号、二〇〇〇)。

第四章

(1) 本書第三章。

(2) 夫馬進「국교 두절 하、朝鮮・琉球 양국 사절단의 北京 접촉「国交途杜絶下、朝鮮・琉球両国使節団の北京での接触」」(『大東文化研究』第六八輯、二〇〇九)。

(3) 村尾進「『球雅』の行方——李鼎元の『琉球訳』と清朝考証学」(『東洋史研究』第五九巻第一号、二〇〇〇)。

(4) なかでも元重挙の日本観と洪大容の中国観とがいかに酷似しているかは、本書第一二章「一七六五年洪大容の燕行と一七六四年朝鮮通信使——両者が体験した中国・日本の〝情〟を中心に」。

(5) 金尚奎『啓下』(ソウル大学校奎章閣韓国学研究院蔵)。
(雍正二年十二月)初七日丙子、晴、留玉河館。琉球国両使臣、無来見之声息、而朝後忽直到庭内、不得不出接。其衣服制度、与清人無甚相遠、而歛髪不剃頭、以紫黄色錦段結之、恰似我国女人裹巾貌様、語音則非清非漢、如倭語云、而亦不了了。副使臣李真儒、先以貴国与我国無交隣之事、冠盖不相通、今日忽与使華邂逅、幸甚之意書示。則所謂上使者、称以其国王外三寸、又手写今日得見芝宇、甚慰鄙懐等語。筆法頗麗。少頃無他酬酢、而忽然起去。挙止之顚倒、礼貌之軽率、極甚可駭。訳輩以為与倭風相同云。

(6) 『歴代宝案』(那覇、沖縄県教育委員会、一九九三)校定本第四冊、頁二六。『清代中琉関係档案五編』(北京、中国档案出版社、二〇〇二)頁三四。

(7) たとえば一七七七(乾隆四十二)年の情況を記した李坤『燕行記事』(林基中編『燕行録全集』ソウル、東国大学校出版部、二〇〇一、第五二冊、頁四五六)、一八四八(道光二十八)年の情況を記した李遇駿『夢遊燕行録』(同、第七六冊、頁四八六)。

(8) 姜浩溥『桑蓬録』巻九(『燕行録選集補遺』上、ソウル、成均館大学

校大東文化研究院、二〇〇八、頁六二二下―六四〇下）。

戊申（雍正六年、英祖四年）正月初十日辛酉、晴。留義州時、訳官卞仲華入燕、還言済州人漂到于琉球国、琉球国付送於北京貢使、我使行到北京、則当逢着云矣。今日始聞済州漂海人与琉球使臣、昨日同入北京、留在於三官廟云。行中使洪万運・韓守岳往見漂海人、又入見琉球使臣、謝其救済人命辛勤率来之意。余初欲同往、見琉球人之状矣。更思之、則有若薄其身者然、迺止不往焉。洪万運往見而還、言漂海人之居住人名及数、呈文礼部、礼部奏聞于皇帝、受皇旨、而後当送于我使行所在処云。又言往三官廟琉球使所在処、則彼亦有提督守之。以入見琉球使而致謝之意、請于提督。提督曰、汝輩豈可自屈而入見之乎。於此召見之可也。蓋其意重朝鮮人、而軽琉球也。即通于琉球使。琉球使具冠服出見、云云。

正月十七日戊辰。礼部招所任訳官去、又招済州漂人九名於琉球国使館。尚書以下皆会。使訳官伝語、詳問其姓名居住漂海始終、一一記之、然後将以奏聞也。

二月十二日癸巳、礼部移文于館所、移送済州漂海人孫応星等九名。……（漂海人孫応星等）又言、琉球人毎語渠輩曰、我国毎漂到汝国、則汝国輒殺之不送。前後死而不還者、不知為幾人、而我等則不忍效汝国、若是撫恤以送云。聞之令人愧不得出言矣。又言、今論天下之強大、則朝鮮当為中原之亜、而若論礼義、則朝鮮当為首云。

(9) また、『清代中琉関係档案四編』（北京、中華書局、二〇〇〇）頁五八・六六。

(10) 小林茂・松原孝俊編「朝鮮から琉球へ、琉球から朝鮮への漂流年表」（小林茂編『漂流・漂着からみた環東シナ海の国際交流』科学研究費補助金研究成果報告書、福岡、九州大学大学院比較社会文化研究科、一九九七）頁七〇。ほぼ同文はその後増補され、小林茂・松原孝俊・六反田豊編で『歴代宝案研究』第九号、一九九八、頁七七に収録。

(11) 厳璹『燕行録』（『燕行録全集』第四〇冊、頁二一七―二三一）。

（十二月三十日）、琉球使頭戴黄冠、高僅二寸、頂平、裹黄錦、以蠟膏塗髪如倭人。……罷時、就近欲相見、則不顧而去。使訳者請少駐、亦不答。曾聞琉球以済州事怨我、而難知虚実、今日事亦似故避。欲一探測、与書状相議、作書通訊。

（正月初五日）、……所謂手巾、即苧布尺余、印青作斑文、紙与茶碗扇並匣、皆如日本物矣。謂之球紙球扇者、似因吾輩別単有湖西嶺南之称、故效而為之。足一捧腹。

（正月十二日晴）、琉球使従人五人持書来、並召入饋食。見衣服及頭着、尽従清制。問之則渡海後自清造給云。再昨年入済州時、見済民漂到浙江省、自清製給毛兜羊裘、済民着裘、不着兜。清人謂皇帝之賜、不可不着。済民等言服色各有邦制、不敢着云、則清人戯以其兜掩、不意而加之髻、相与嬉笑云。今琉球則不但其従人、聞其使臣亦着清服、歩往市中、手自買売云、不及済民遠矣。脱其兜見之、芟剃頂髪、只存四際之髪、合而作髻於頂上、髻様則与我国無異矣。……問爾国距日本幾何、則来人掉頭、言不知日本之為何国。又以倭国為問、亦摠言不知。蓋聞琉球服事日本、而諱之中国、故如此云。

(12) 沈玉慧「清代朝鮮使節在北京的琉球情報収集」（『漢学研究』第二九巻第三号、二〇一一）。

(13) 『和国志』巻二、西海道、薩摩州（栖碧外史海外蒐佚本三〇、李佑成編、ソウル、亜細亜文化社、一九九〇、頁二〇五）。

（薩摩州）兼領薩摩・日向・大隈三州、又領琉球国事。

(14) 『奉使日本時聞見録』総論では「倭之三才図書」とあり、ここではこの書を用いて、姜沆と藤原惺窩との関係について言及する。

(15) 『和漢三才図会』巻一三、異国人物、琉球。

近年為薩摩附庸之国、而有不従命。慶長十四年、島津家立言于関東、遣数千兵、以討之、那覇都陥、捕尚寧王以帰。尚寧王在薩摩三年、而赦還本国。自是愈毎年貢物不怠、而将軍家嗣立時、王子来献方物。相伝、鎮西八郎源為朝、勇力無双士也。流于豆州、従大島渡琉球、駆魑魅安百姓。於是島民皆為日本風俗、為朝逝後立祠、神号曰舜天太神宮。

(16)『春官志』巻八、典客司所掌、琉球(『近畿実学淵源諸賢集』第二冊、ソウル、大東文化研究院、二〇〇二、頁四二〇)。

謹按、琉球国雖絶遠、自国初以来、或来聘或通問、交修隣誼。或謂仁祖末年琉球太子漂到耽羅、為守官所害、是後遂相絶云。

(17)原田禹雄訳『蔡鐸本中山世譜』(宜野湾、榕樹書林、一九九八)頁一四三。

(18)島倉龍治・真境名安興『沖縄一千年史』(那覇、小沢書店、一九二三)頁一三六。

(19)松原孝俊「朝鮮における伝説生成のメカニズムについて——主に琉球王子漂着譚を中心として」(『朝鮮学報』第一三七輯、一九九〇、頁一二四)。

(20)『日本録』付安龍福事。成大中は『春官志』巻八、典客司所掌、日本、鬱陵島争界に記す安龍福伝をほぼそのまま抄録し、さらに『春官志』が優れた書物であることは金用謙から教えられ、これを礼曹で読んだという。元重挙『和国志』巻二、安龍福伝(頁五二三)も、この『春官志』からの鈔録と考えられる。なお琉球王子殺害伝説は、元重挙や成大中と同時代人である黄胤錫もその『頤斎乱藁』(ソウル、韓国精神文化研究院、一九九五、第二冊、頁一八〇)巻一一、戊子(一七六八)七月十八日で『春官志』のこの部分を書き写しているから、彼もこの書を通じて知っていた。このほか琉球王子殺害事件、あるいは後に洪大容の琉球認識のところで見るように、済州島の者は琉球人の報復を恐れて済州島民であることを偽るという言い伝えは、この前後からの朝鮮文献におびただしく登場する。

(21)本書第一〇章。

(22)『徂徠集』巻一〇、贈対書記雨伯陽叙。

夫我之称辺者四、東隣毛人、松前氏治焉、南通中山、薩藩之所轄、之二者業已為臣妾於我焉。迺其地寒暑弗交、其俗獷馴或殊、均之嚢爾影国、有事則不足煩一旅。

(23)『日本録』青泉海游録鈔、外俗。申維翰『海游録』の当該箇所は『海行摠載』第一冊(京城[ソウル]、朝鮮古書刊行会、一九一四、頁三五六)。また本書第三章、頁六三二、注(54)。

(24)소재영(蘇在英)『주해 을병연행록[注解乙丙燕行録]』(ソウル、太学社、一九九七)頁二五〇—二五二。김태준(金泰俊)・박성순訳『산해관 잠긴 문을 한 손으로 밀치도다——홍대용의 북경 여행기〈을병연행록〉[山海関で閉ざされた門を一人の手で押す——洪大容の北京旅行記〈乙丙燕行録〉]』(ソウル、돌베개、二〇〇一)頁一三五—一三六。なお両書とも서반(서반)を西班あるいは書班、부개(부가)を夫哥と漢字化するが、この部分を『湛軒燕記』巻一、衙門諸官(成均館大学校大東文化研究院編『燕行録選集』上冊、ソウル、一九六〇、頁二五〇下)と対照するなら、前者は正しくは序班、後者は傳哥である。

(25)朴趾源『燕巌集』巻六、書李邦翼事(ソウル、景仁文化社、一九六六、李佑成序、頁九九)。

又耽羅人之漂到異国者、諱称本籍、托以霊光・康津・南海・全州等地方者、俗伝琉球商舶被耽羅所害故云耳。或言非琉球、乃安南。李重煥択里志倶載其詩。然非有古記可証、只是世俗流伝、不必多辨其真偽。

(26)朴趾源『熱河日記』避暑録(『燕巌集』巻一四、熱河日記、頁二七六、『熱河日記』上海、上海書店出版社、一九九七、頁二六二)。

世伝皇明天啓中、倭攻琉球、虜其王。琉球太子載其国中世宝、将以贖父。舟漂到済州。……牧使尽籍船中所載、遂殺太子。……此載李重煥択里志。牧使遭台参、減死長流云。余嘗疑此近斉東。使此果真也、牧使之罪、雖肆市難贖、其子孫如何長享富貴。琉球中山王尚寧、屢以書幣遞付、年至使、甲申以後不復通問。

(27) 前注(24)、『주해 을병연행록 [注解乙丙燕行録]』頁三八八―三九二。

(28) プシュオル (푸슈월) とは、정훈식 (鄭勲植) 訳『을병연행록 [乙丙燕行録]』(第一冊、ソウル、도서출판 경진、二〇一二、頁四八〇) では포슈월 (包水月) と解し、『湛軒燕記』巻二、京城記略を引用する。包水月であれば、彼は会同館の隷卒である。

(29) 李徳懋『蜻蛉国志』(『青荘館全書』III、『韓国文集叢刊』第二五九輯、頁一九〇・一九二)。

慶長十四年、島津家立言于関東、遣数千兵、撃琉球、禽尚寧王以帰。在薩摩三年、而赦還琉球。

(30) 『朝鮮王朝実録』正祖十八年九月乙未。

済州牧使沈楽洙状啓言、琉球国漂人問情、必欲従陸路、願往福州、仍帰其国者、事極駭異。所當反復詰問、而訳学通事、倶不能暁解其言。漂人不通文字、無以得其情実、而語及水路、輒皆揮手掉頭。諭以国法所不許、而抵死力拒。……異国之人移咨入送、必無前例、決不可為。改装船隻、多載糧米、強令乗船、任其死生之外、似無他道、請令廟堂稟処。

(31) 前注(10)、頁八九 (頁一二一)。孫承喆「朝・琉 交隣体制의 구조와 특징 [朝・琉交隣体制の構造と特徴]」(『朝鮮과琉球』ソウル・아르케、一九九九) 頁三八。日本語訳は『朝鮮と琉球』(宜野湾、榕樹書林、二〇一一) 頁二五。

(32) ほかに『通文館志』巻一〇、正宗大王十八年甲寅、『同文彙考』原編続、漂民上国人、報済州漂泊琉球国人転解咨、以下 (第四冊、ソウル、国史編纂委員会、一九七八、頁三五九九―三六〇〇)。洪良浩『耳渓集』巻七、入境三日記所見聞。蔡済恭『樊巌集』巻二九、琉球国漂人従旱路解送便否議。

(33) 『朝鮮王朝実録』正祖十八年十月癸未、『承政院日記』正祖十八年十月二十九日。以下は『承政院日記』による。

(洪) 良浩曰、琉球国漂人、若見阻於皇城、則此甚難処矣。上曰、以皇帝字万民之意、豈有防塞不納之理。

(34) 『承政院日記』正祖十八年十月二十一日、また十一月五日。

(35) 『承政院日記』正祖十八年十月二十二日、二十三日、二十四日、十一月五日。

(36) 『承政院日記』正祖二十年六月十九日。

上教書九曰、琉球国志略、聞有所謄置者。年前琉球漂人出来時、有所徴信乎。書九曰、漂人皆愚蠢、無足徴信、而志略、果蔵在臣家矣。上曰、志略、以為一番登覧之地、可也。

周煌『琉球国志略』については村尾進「周煌撰『琉球国志略』解題」(夫馬進編『使琉球録解題及び研究』宜野湾市、榕樹書林、一九九九)。

(37) 『北学議・進疏本』通江南浙江商船議 (『楚亭全書』下冊、栖碧外史海外蒐佚本、李佑成編、ソウル、亜細亜文化社、一九九二、頁三九八)。

宋船之通於高麗也、自明州七日而泊礼成江。可謂近矣。然而国朝四百年、不通異国之一船。……向者倭之未通中国也、款我而貿絲于燕。我人得以媒其利。倭知其不甚利也、直通中国而後、已異国之交市者、至三十余国。……癸未信使之入日本也、書記偶索華墨、俄致歙墨一担。又終日行、尽舗紅氍毹於道、明日復如之。其誇矜如此。……今欲通商舶也、倭奴黠而常欲窺覦隣国、安南琉球台湾之属、又険又遠、皆不可通。其惟中国而已乎。中国昇平百余年、以我為恭順、無他也。善辞而請之曰、日本琉球安南西洋之属、亦皆交市於閩浙交広之間。願得与諸国歯。彼必許之而不疑。……又必招募曽経漂人、及大青小青黒島之民、以導水路、往招中国之海商。

(38) 河宇鳳「近世朝鮮人の琉球認識」（村井章介編『八―一七世紀の東アジア地域における人・物・情報の交流――海域と港市の形成、民族・地域間の相互認識を中心に』東京、東京大学大学院人文社会系研究科、二〇〇四、上冊、頁二七八）、孫承喆「朝・琉交隣関係と史料研究」（同、下冊、頁一六〇）。

(39) 안대회（安大会）校勘訳注『북학의［北学議］』（ソウル、돌베개、二〇一三）朴斉家年譜、頁五一一―五一二。

(40) 朴斉家『貞蕤閣集』巻三、丙午正月二十二日朝参時、典設署別提朴斉家所懐（『韓国文集叢刊』第二六一冊、二〇〇一、頁六五四上―六五六下）。

日本琉球安南西洋之属、皆得交市於閩浙交広之間、願得以水路通商賈、比諸外国焉。……江浙泉漳之貨、皆集于恩津礪山之間、云々。……天下之図書可致、而拘儒俗士偏塞固滞繊瑣之見、可不攻而自破矣。

丙午とは一七八六（乾隆五十一、正祖十）年。

(41) 前注(8)。

(42) 前注(3)、頁一七四。柳得恭『燕台再游録』遼海叢書、頁四。

使録一書外、有琉球訳一書上下二巻、已脱藁、詩録尚未清出。墨荘曰、吾新渡海、欲得貴国文献、勒成一書、為外藩冠冕。余曰、老子差与韓非同伝。墨荘大笑。

(43) 前注(8)。

(44) 前注(42)『燕台再游録』の続き。

墨荘（李鼎元）曰、貴邦曽与琉球通商、後成隙。今究如何。余曰、国初伊来貢、今不来。別無嫌隙。墨荘曰、僻小可笑。余曰、万暦中平秀吉挈他国王去。

ここで平（豊臣）秀吉が琉球国王を連れ去ったと言うのは、もちろん柳得恭の誤り。

(45) この伝説の初出と考えられるのは『朝鮮王朝実録』仁祖元年四月癸酉および仁祖三年正月丁巳であるが、仁祖実録は一六五三（孝宗四、順治十）年、すなわち両国の国交が途絶えて後にその編纂を完了している。またこれら両条では、琉球王世子が宝を船に積んで出かけたのが、日本に捕われている父を贖うためであったとの伝説は、なお登場していない。

第五章

(1) 朝鮮儒学史と関わる主な研究としては、李丙燾『韓国儒学史略』（ソウル、亜紐亜文化社、一九八六）、藤塚鄰『清朝文化東伝の研究――嘉慶・道光学壇と李朝の金阮堂』（東京、国書刊行会、一九七五）など。北学派に関わるものとしては、鄭聖哲『朝鮮実学思想の系譜』（崔允珍等訳、東京、雄山閣出版、一九八二）、金泰俊（김태준）『洪大容評伝』（ソウル、民音社、一九八七）、同『虚学から実学へ――一八世紀朝鮮知識人洪大容の北京旅行』（東京、東京大学出版会、一九八八）、박희병『범애와 평등――홍대용의 사회사상［汎愛と平等――洪大容の社会思想］』（ソウル、돌베개、二〇一三）など。朝鮮キリスト教史と関わるものとしては、李能和『朝鮮基督教及外交史』（京城［ソウル］、朝鮮基督教彰文社、一九二八）、山口正之「清朝に於ける在支欧人と朝鮮使臣――西欧キリスト教文化の半島流伝について」（『史学雑誌』第四四篇第七号、一九三三）、同『朝鮮西教史――朝鮮キリスト教の文化史的研究』東京、雄山閣、のち『朝鮮キリスト教の文化史的研究』東京、御茶の水書房、一九八五、として再版）など。朝鮮西学史と関わるものとしては、姜在彦『朝鮮の西学史』（鈴木信昭訳、『姜在彦著作集』第Ⅳ巻、明石書店、一九九六）など。

(2) 前注(1)、李丙燾著書、頁七〇。

（3）この点、清代の燕行使が時に八百人を数えたのとは異なる。人員数の変化については本書序章参照。

（4）この外交交渉を「宗系弁誣」と呼ぶ。朝鮮燕行使が本書第二章で述べたほかに、いかに重要な外交交渉をしていたのかを示す一例であるから、以下に概略を記す。

『正徳大明会典』では、朱元璋の祖訓に従って李成桂の父は李仁人であると誤って記され、しかもこの李仁人と李成桂とは洪武六年から洪武二十八年までの間に、四人の高麗国王を弑殺したと書かれていた。これは朝鮮の建国者に対するこの上ない誣告すなわち濡れ衣であり、またこの国定法典に見える歴史認識が誤りであるとして、これを弁明する使節が何度も送られた。また会典を重修するとの噂が伝わるとこの記事を書き改めさせようとして、明の正徳年間から万暦年間にかけて専用の燕行使が送られた。このような使節を奏請使と呼ぶ。その記録の一つとして、一五三九（嘉靖十八、中宗三十四）年に燕行した権撥の『朝天録』（『燕行録全集』第二冊）がある。またこの一五七四年の聖節使のような通常の燕行使臣が、何度も改訂すべしとの交渉に当たった。本章で中心史料の一つとして用いる『荷谷先生朝天記』八月十八日の条には、この日に宗系弁誣に関わる要求文書を礼部に提出したこと、その内容、礼部尚書との交渉などを詳細に記す。一五七七（万暦五、宣祖十）年に燕行した金誠一の『朝天日記』（『燕行録全集』第四冊所収）にも、詳しい交渉記事が見える。また『燃藜室記述』（第三冊、朝鮮群書大系続第一三輯、朝鮮古書刊行会、刊行年不明、巻一八、頁三九四）「宗系弁誣」を参照。万暦十五年重修の『万暦大明会典』巻一〇五では、祖訓をもととする記事であるため結局この誤りは完全には書き換えられなかったが、朝鮮側の主張もそこに併記され、一応の決着を見た。この「宗系弁誣」は一四〇三（永楽元、太宗三）年に永楽帝に上奏したことに始まるから、これに至るまで実に一八〇年以上続けられたことになる。

ところが『正徳大明会典』や『万暦大明会典』をもとに、中国で民間人によって編纂された何種類かの史書でもこの誤りが踏襲された。あるいはまた、朝鮮側が主張するような記述ではなかった。私撰史書に見える歴史認識が誤りであるとして、これを弁誣するための燕行使がまた何度も送られた。

ところがこれでも終わらなかった。宗系弁誣は李氏王家の宗系について弁誣するものであったが、一六二三（仁祖元、天啓三）年に朝鮮で「仁祖反正」というクーデターが起こると、当時民間にも流布していた明朝官報の類に載った史料、すなわち仁祖によるクーデターを礼に悖る不正な行為であるとし、これを非難する明朝官僚たちの意見が載った史料をもとに私撰史書が編纂された。朝鮮側はそれらの記事にはは「事実」と異なる叙述、すなわち仁祖が不当な反逆者であるかのように記したところが含まれるとして、弁誣のための燕行使が明朝と清朝当局に対して何度も送られた。この弁誣のためには、仁祖に不正がないことを示す証拠の一つとして、明朝が一六二五（天啓五）年に仁祖（李倧）を正当と認め、朝鮮国王として冊封したという既成事実も用いられた。仁祖反正と明朝による李倧冊封の実情については、本書第二章、参照。

これは清朝による『明史』編纂に影響を与えた。『明史』の編纂が間もなく終了すると知った朝鮮国王は、「仁祖反正」についてそこに「曲筆」がないかどうかチェックするため、刊行前の『明史』朝鮮列伝を下賜されんことを請い、これが雍正皇帝によって許可された。朝鮮側の史料によれば、その働きかけによって実際に「仁祖反正」のところが書き換えられたと言う（『清実録』雍正十年三月戊辰、『朝鮮王朝実録』英祖七年四月癸巳）。この「弁誣外交」と史書、および朝鮮国内政治との関わりについては、李成珪「明・清史書の朝鮮〝曲筆〟と朝鮮

による〝弁誣〟」（朴永哲訳『人文知の新たな総合に向けて』21世紀COEプログラム グローバル化時代の多元的人文学の拠点形成 第二回報告書I〔歴史篇〕、京都、京都大学大学院文学研究科、二〇〇四、原載は「明・清史書의朝鮮〝曲筆〟과〝弁誣〟」『五松李公範教授停年退任紀念東洋史論叢』ソウル、知識産業社、一九九三）。桑野栄治「朝鮮中宗時代における宗系弁誣問題の再燃」（『久留米大学文学部紀要』国際文化学科編第二五号、二〇〇八）、同「朝鮮中宗三〇年代における対明外交交渉——宗系弁誣をめぐって」（『同』第二六号、二〇〇九）参照。

（5）許篈の家柄と略歴については、『연행록선집〔国訳燕行録選集〕』巻一（고전국역총서〔古典国訳叢書〕九五、ソウル、民族文化推進会、一九七六）所収、許篈『荷谷先生朝天記』に付された尹南漢「해제〔解題〕」。

（6）許篈『荷谷集』荷谷先生年譜（『韓国文集叢刊』第五八輯、頁四八五上）。なお、柳希春『眉巌日記草』には、この時期の許篈の消息をしばしば伝え、よほど彼が李滉や柳希春から嘱望を受けていたことがわかる。

（7）なお、李滉『退溪集』巻三三（『韓国文集叢刊』第三三輯）に、答許美叔と題する文がある。美叔は許篈の字、一五七一（宣祖四）年のものである。

（8）『朝鮮王朝実録』宣祖十八年四月丁巳。
僉曰、為人詩酒自娯、既無謀身之策、抑無陷人之意。但文人気質必軽、故篈亦有之。

前注(6)、荷谷先生年譜（頁四八五下）。

公剛方爽達、自守甚確。於事見得是則執而不撓、雖千万人麾之、不可易。好善嫉悪、出其天性、忼慨論事、雖在上前無所屈、有時犯顔強諫、天威或震、傍人汗出、而公不為動。

（9）趙憲『重峰集』（英祖二十四年〔一七四八〕刊本、『韓国文集叢刊』第五四輯、ソウル、景仁文化社、一九九〇）所収附録、年譜。本書にて用いる趙憲『朝天日記』は、本文集の巻一〇—一二に収録。

（10）『海東名臣録』巻七、趙憲。

（11）本書第六章。

（12）前注(9)、巻五（頁二四〇下）、弁師誣兼論学政疏（宣祖十九年十月）。
甲戌之歳、篈為礼郎、与臣朝天之際、……蓋其忌賢躁進之心、蔵畜已久、而為有尊尚李滉之言、誤信其有志、帰誉于同志。及有投疏去珥之計、乃覚其包藏禍心之已久、不明之罪、臣実有之。

（13）『嘉靖重修遼東志』巻九、外志、朝鮮。
迨至我朝、入貢尤謹恪、為諸国最。

『万暦大明会典』巻一〇五、朝貢、朝鮮。

其歳時朝貢、視諸国最為恭慎。嘉靖二十六年、特許其使臣同書状官及従人二三名、於郊壇及国子監游観、礼部箚委通事一員伴行、撥館夫防護、以示優異云。

（14）前注(6)、『荷谷先生朝天記』六月十八日（頁四一五上）。
此人唯知貪得、不顧廉恥之如何、名為中国、而其実無異於達子焉。

（15）同前書、六月二十四日（頁四二〇上）。
洪純彦答曰、吾等安敢以外国人、輒行告訴於礼部乎。儞等抑何不告於巡按衙門耶。唐人等笑答曰、御史亦愛銭、大人曾已相熟矣。純彦曰、御史亦如是乎。答曰、孰不要銭。

（16）前注(9)、『朝天日記』六月二十日（頁三五五下）。
這地方御史為誰。曰、姓郭名不知（後聞則思極也）。曰、那裏人耶。曰、南人也。初来只是痩蛮子、今作胖蛮子（胖肥也。蛮子者、北人辱南人之辞）。郭是山西人。而謂之蛮子者、以其受天子命為御史、不能弾罷貪残守令、以貽民害、故辱以蛮子。

同、六月二十五日（頁三五七上）。

遼人見言之所為、謂純彦曰、都司不独侵剝我輩、而侵索遠人如此。汝等何不往告礼部、以杜其弊乎。純彦曰、我等居于礼義之邦、安敢為此等事乎。遼人曰、此方之人、将不可支矣。純彦曰、這地亦有巡按、何不往愬乎。遼人曰、名為御史、而実則愛銭、公然受賂、略無所忌。同是一条籐、往愬何益。蛮子之譏、可謂験矣。

(17) 前注(14)、八月十八日（頁四五六上）。

今日将呈文、該吏及高雲程幸其有事、睹為奇貨、邀索賄賂、恐嚇万端。雲程謂洪純彦曰、玆事係吾一言之重軽。爾可将三十両銀以贈我云。可見此輩之無状、至此極也。

(18) 同前書、八月三十日（頁四六二下）。

高雲程来。通事等問其受勅与否、雲程曰、凡往内閣時、必賂門子而後方入。汝可与吾五両銀、則当依汝言聞見而来。洪純彦折之、雲程大怒而起去。大抵雲程之貪黷無忌、至於如此。

(19) 前注(9)、九月二日（頁三八四下）。

雲程謂通事曰、爾餽我賂、則勅賜賞物、我当勉力択出好品云。其以無理之事侵索也如此。

(20) 同前書、九月五日（頁三八六上）。

高雲程謂余曰、昨見受賞之時、貴国下人行列不整、甚不美於朝廷之瞻視。豈可謂礼義邦人乎。余曰、爾知如此久矣。而何不屢教習礼、俾其無愆乎。雲程曰、宰相不好吾、不敢言、深有愧汗之心。余以是言、言于美叔。美叔曰、在宋之時、鴻臚官之被譴者有三、士人・夷人・橐駝、最難整列故也。人而比於橐駝、豈不痛心哉。

(21) 前注(14)、八月二十五日（頁四六〇上）。

是日往賞天壇……。滕季達与其友一人来、将与余叙話。未及相揖、有提督所差吏尾余等行、洪純彦恐其漏洩止余。季達聞其然、不覚吐舌曰、然則当於後日発程時共話於崇文門外。……可見中朝之法厳重、至於如是、殊有缺於一視同仁罔間内外之意、可歎也夫。

(22) 同前書、後叙（頁四八一下）。

夫華夷内外之分、固截然而不容紊。若其人蕩滌旧習、変化日新、以自進於礼義之域、則聖帝明王、固将一視同仁、如吾赤子、罔有猜嫌略忽之心。而今也皇朝之待我国、則異乎是矣。重門厳鐍、以防其出入、若視寇盗、惴惴然唯恐一毫之肆。故学士大夫搢紳先生或欲揖而進之、討論典墳、詢訪風俗者不無其人、而朝有禁令、末由也已。噫、其可謂隘乎哉。用是国人之朝覲者、就与聾瞽同類。未見有垂橐而往、稇載而帰者。斯豈不為皇朝之一大闕典、而我東方之羞恨也耶。

(23) 同前書、八月二十日（頁四五八下）。

但学徒不処、墻壁多頽塌。……扁曰五経館、意是蔵書之室、而其中塵土堆積而已。……抑大学本為首善之地、非徒文具為也。……而為師者倚席不講、為弟子者散処閭閻、祭酒司業以驟陞大官為念、監生歳貢以得添一命為栄、慢不知礼義廉恥之為何事。学校之廃墜至於斯、宜乎人才之不古若也。嗟呼嗟呼。

(24) 前注(9)、八月二十日（頁三七九下）。

問諸生曰、堂之四壁、怎麼没有先賢訓戒乎。曰、在後頭。……惟置屏処、而不在師生観瞻之地、将何教学、以警心目乎。果知中朝之人不尚斯学也。

(25) 同前書、八月二十日（頁三八〇上）。

而与以筆墨、則群聚而角之、如恐不及。所謂日日勤講、而所教者何事。

前注(14)、八月二十日（頁四五九上）。

余等将出、贄礼筆墨等物以贈之、諸人雑起、相争捽奪、無復倫次。余等甚鄙之、俄聞使先去、余等即与監生輩辞揖而出。士風之不競如此。

(26) 陽明学が朝鮮に伝わって間もなくの頃、朝鮮知識人がこれをどのよ

うに受容したのか、どのように批判したのか、あるいは中国知識人とどのような論争をしたのかについては、本章以外に李能和「朝鮮儒界之陽明学派」（『青丘学叢』第二五号、一九三六）、高橋亨「朝鮮の陽明学派」（『朝鮮学報』第四輯、一九五三）、尹南漢「李朝陽明学の伝来と受容の問題」（『韓』第一巻第一二号、一九七二）、同『朝鮮時代의陽明学研究』（ソウル、集文堂、一九八二）、李明輝「李退溪与陽明学」（同『四端与七情――関於道徳情感的比較哲学探討』台北、台湾大学出版中心、二〇〇五）、中純夫「尹根寿と陸光祖――中朝間の朱陸問答」（『東洋史研究』第六七巻第三号、二〇〇八）、周振鶴「朱子学与王学在晩明和朝鮮的交錯影響」（『従周辺看中国』北京、中華書局、二〇〇九）、参照。

(27) 沈徳符『万暦野獲編』巻一四、四賢従祀、および、耿定向『耿天台先生文集』巻二、応明詔乞褒殊勲以光聖治疏、あるいは『王文成公全書』巻三八、請従祀疏、参照。また中純夫「王守仁の文廟従祀問題をめぐって――中国と朝鮮における異学観の比較」（同『朝鮮の陽明学――初期江華学派の研究』東京、汲古書院、二〇一三）、参照。

(28) 前注(14)、六月二十六日（頁四二四上）。長文であるが、許篈による陽明学批判の内容とその口吻とともに、生員レベルの中国知識人の陽明学知識を知る上で中国史料でもめったに見ない貴重なものであるから、関連箇所をそのまま引用する。

　生員四人来見。……僕竊聞近日王守仁之邪説盛行、孔孟程朱之道、欝而不明云。豈道之將亡而然耶。願核其同異、明示可否。四人者答曰、生輩居南、諸公居東。今日之遇、皆夙縁也。本朝陽明老先生、学宗孔孟、非邪説害道者比。且文章功業、倶有可觀、為近世所宗。已従祀孔廟矣。公之所聞、意昔者偽学之説惑之也。余又書曰、恭惟朱考亭先生纂孔孟周程之緒、集聖賢之大成。自是厥後、有如真西山・許魯斎・薛文清・賀医閭諸公、莫不敬之如神明、信之如父母、未嘗有異議。独王守仁者、掇拾陸氏之余、公肆謗詆、更定大学章句、其言至曰苟不合於吾、則雖其言之出於孔子、吾不敢以為信然也。推得此心、何所不至。守仁若生於三代之前、則必服造言乱民之誅矣。孔子曰、小人者、侮大人之言、其守仁之謂歟。夫守仁之学、本出於釈、改頭換面、以文其詐。明者見之、当自敗露。諸君子特未深考之耳。守仁之所論著、僕皆一一精察而細核、非泛然伝聞之比也。公所謂文章事業、僕亦未之聞也。其事業、指破滅宸濠一事乎。此戦之捷、亦守仁仗皇霊而能勝耳。原守仁之弟子劉養正者、為宸濠腹心、宸濠就擒、人於舟中得養正手簡、其中有曰、贛老之事、漸不如前。贛老、指守仁而言也。此果純臣乎。是以嘉靖聖天子革其爵祿、明其偽学、以榜天下。大哉帝之卓見也。豈意従祀之典、乃起於末流、若使夫子有霊、必差与之同食矣。且呂先生乃東萊賢孫、東萊平日、与朱子共排子静無遺力。而為子孫者、乃不能仰体祖先之意、其可謂無忝乎哉。噫、守仁之従祀、与王安石・王雱之配享、何以異乎。行当毀撤、必不能久於天地間也。語直傷交、切望亮之。四人又答曰、従祀孔廟、乃在朝諸君子輿議、非山林僻見也。且学以良知良能為説、非有心得者、其孰能知之。所聞不若所見之為真、諸君特未之察耳。余因与往復甚苦、彼終不服。余又曰、頃於赴京友朋之還、得見御史石君櫃・給事中趙公思誠等題本、可謂正論。四人曰、此人皆偽学者之後、故其言如是其乖戻也。余曰、偽学者指何人乎。答曰。如王安石是也。此蓋指朱子為偽学、而不敢誦言、姑托之於他人也。余度其固滞鄙賤、不可与辨、乃書曰、承教不勝缺然。古云、道不同、不相為謀。我宗朱門、君耽王学、爾月斯邁、吾日斯征、終無可望於必同也、奈何柰何。今日已昏暮、不得穏討。明若臨陋、則可以従容。將還、贈筆墨扇等物。四人書示曰、君遠来、乃以扇筆墨相資、礼不敢受、請辞。余答曰、士相見、贈遺以物、礼也。薄物不足以充君下价之用、特表中心而已、望領情勿却。千万之祝、四人皆受之、相与揖別。四人送至中門、期以明日相話、還由安定門以帰。由此観之、則今之天下、不復知有朱子矣。邪説横流、禽獣逼人、彝倫将至於滅絶、国家将至於淪亡、此非細故也。而為儒者転相眩惑、万口一談、雖有闢邪崇正之論如石・趙両公者、皆不獲施行、至以躋於従祀之列、其汚衊聖廟大矣。嗚呼、此道已衰、無復可支吾者。為今之計、将如何哉。其亦尊所聞行所知、而白直加功、不容少懈、期以没身、則庶不為他説之所搖、而可以不大得罪於聖賢矣。若但与此輩呶呶終日、則恐其無補於事、而徒起紛擾之端也。

(29) 同前書、八月二日（頁四四四下）。これも前注同様、当時の中国と朝鮮の文化的温度差と論争の内実、許篈の陽明学理解を示すとともに、監生レベルの中国知識人がどの程度陽明学について知り、この新学説に心酔していたのかを示す史料として貴重であるから、できるだけそのまま引用する。

余等遇国子監生葉本子立于道。……余又書紙以問曰、……今聞王陽明従祀文廟、而命其裔襲爵云。未審此事定於何年、而出於誰人之建明乎、乞詳示。本答曰、陽明公浙江紹興府余姚県人也。天賦挺秀、学識深純、闡明良知聖学、又有攘外安内之功。穆宗皇帝嘉其績、封其裔為新建伯。今年、浙江巡按御史論其学真足以得往古不伝之秘、宜従祀孔子廟廷。聖旨諭礼部、尚未覆。此其大較也。若欲備知、有陽明文録、又有年譜、可買査之。謹覆。余曰、敬承誨語、良自慰幸。但於鄙意有不能無疑者、敢布之。陽明之所論著、篈嘗略窺其一二矣。千言万語、無非玄妙奇怪之談張皇震耀之辨、自以為独得焉。至曰如其不合於吾意、則雖其言之出於孔子、吾不敢以為信然。此其猝迫強戻之態極矣。是果古昔聖賢虚心平気中正和楽之気象乎。且世之所推陽明者、以其良知一説也、而愚竊惑焉。夫所謂良知云者、乃天理本然之妙也。有不待強作、而人皆知愛其親敬其長、則凡為学捨良知、別無尋討処矣。但人之生也、気質物欲、迭蔽交攻、而天理之本然者晦。故聖賢教人、必也居敬以立其本、格物以致其知、然後可以明人倫而成聖学也。今如陽明之説、則是棄事物、廃書冊、兀然独坐、蘄其有得於万一也、烏有是理哉。此陽明之学所以為釈氏之流、而不可以為訓者也。吾子其思之。本曰、承教論陽明之学為近於禅者、以其独言良知而未及於良能故也。良知即体、良能即用、豈不以体立而用自行乎。若禅則外身心事物、而流於空寂矣。陽明亦建有許多事功可見。要識陽明、須於其似禅而非禅者求之。若中庸所謂誠則明矣、此言何謂也。惟其高出於人一歩、就以禅擬之耳。至若謂不合吾意者、雖以孔子之言不信、此亦自信以理之意而極言之。非自外於孔子也。若孟子所謂聖人復起、必従吾言、則孟子之心亦未始平矣。故当以意逆志、不可以文害辞也。本亦浅陋、習於章句之末、聖学淵源、毫未之有得也。敬以管見陳覆、幸老先生折衷以教之、幸幸。本不敢不虚心受教也。余曰、篈竊聞孔子曰、博学於文、約之以礼、孟子曰、博学而詳説之、将以反説約也。然則居敬観理二者、其不可偏廃也明矣。夫陽明倡良知之説、凡日用応接之事、古今聖賢之書、一切放置、不入思慮。只要想像一介良知、使之忽然有覚於霎爾之頃。此非釈氏之遠事絶物而何。揆之孔孟之訓、同耶異耶。昔者、江西陸子静曽有頓悟径約之説、朱子深排之、不遺余力。若陽明之論、則本諸江西而文之以経書、又加奇険者也。恭惟我朱子拡前聖未発之道、其所論著、盛水不漏、無毫髪之遺恨。而大学章句、尤其所喫緊着力者也。陽明則乃敢輒以私意、改定章句、妄肆詆訶、無所不至。且刻朱子像、置諸左右、読朱子書、一有不合、則起而杖之云。此何等気象、而何等挙措乎。此其為学、固不必深辨、而可見其心術也。吾子乃引孟子之言以飾陽明之謬、不亦誤乎。篈平生所願、欲学朱子、而未之有得、独於背朱子而妄出他意者、則言之及此、不覚痛心。此所以斥陽明為異端、而不容有小避。伏望珍砭可否。

(30) 前注(9)、巻九、与皇明礼部提督会同館主事銭拱辰論聖廟従祀書

（頁三二九下）。

楊朱学為義者也、而偏於為我。墨翟学為仁者也、而流於兼愛。……其尽廃講学、不取人善、自信太過、拍頭胡喚之病、則不惟一時英才為其所誤、而流弊益遠、世惑日滋、偏守良知之見、坐竢頓悟之機。……彼雖不自以為異学、而其実則率華夏而帰於蔥嶺也。究其眩人塞道之罪、疑過於荀況、而乃黜彼而陞此、抑有何説乎。

(31) 同前書（頁三三〇下）。

窮理主静、功不可偏廃。陸象山之学、蓋救専事文字之失、自足提醒人、功亦不小。与楊朱之道大不同、不得引比。

(32)『朝天日記』八月三十日（頁三八四上）。

記文廟従祀可疑処、質于提督、令白元凱呈之、提督受去、昏以告使。使曰、此事朝廷令爾並質乎。蓋深悪之之辞也。

(33) 前注(30)。

退而周旋于執事之庭、平生夙願、失今奚遂、請質所疑、而執事教之焉。憲頃蒙執事矜察陳良之志、俾瞻周雝之制、従祀之典或有可疑者、願承明弁以正僻見焉。

(34) 前注(26)中純夫論文では、朝鮮の尹根寿が燕行したおり、一五六六（嘉靖四十五、明宗二十一）年に国子監学正であった陸光祖との間で、陽明学是か非かをめぐって問答書簡がとり交わされたことを紹介する。しかしここで詳細に考証されているように、陸光祖は書簡が交わされた前年からその数年後までずっと落職閒住の中にあり野にあった。その彼が「国子監学正」として尹根寿と学術交流をしたとは、何とも奇妙で不可解である。ここでは極めて稀れとはいえ、このような事例があること、しかし不可解な事例であることを記すにとどめる。

(35) 前注(14)、七月二十九日（頁四四三下）。

問中朝税斂多寡之数。違忠答曰、一頃為百畝、凡耕一頃田者、歳中最豊則納銀七八両、不稔則二三両。此外又有雑役、如出牛驢、醸官酒、養苑馬之類、色目繁多。貧者則至典売女以償之。大率耕一頃者、有年則収二百斛、次則百余斛、其在飢歳則得六十余斛、中人十口之家、纔可以自給。而今者賦役極重、一頃之出、不足応県官之所需、故民胥怨咨焉。余曰、你亦苦此役乎。違忠曰、余則在族人官下、故不為此等差役云。蓋中朝凡在官者、力足以庇其族。此所以富益富而貧益貧也。誠可痛憫。余嘗患我国之貢額煩重、民不堪命。今聞中朝亦如此、則愁怨之声、挙普天下皆然矣。夫華夷雖有内外、而其違憂懐恵之性、則環四海如一。此仁人君子之所宜動念也。

(36) たとえば、松本善海『中国村落制度の史的研究』（東京、岩波書店、一九七七）、濱島敦俊『明代江南農村社会の研究』（東京、東京大学出版会、一九八二）、岩見宏『明代徭役制度の研究』（京都、同朋舎、一九八六）、小山正明『明清社会経済史研究』（東京、東京大学出版会、一九九二）など。

(37) 前注(9)、八月十四日（頁三七六下）。

是日達子・西蕃倶至習礼。有一儒生引十余歳小童以見、頭戴儒冠於剃髪之上、身着小藍衫、可笑也。

前注(14)、八月十七日（頁四五四上）。

是時、西蕃・達子・剌麻国亦入于西庭、……西蕃即西戎、如達子而脱袴露陰、恬不為恥、故人謂之狗西蕃。

(38) 前注(26)李明輝論文。また李滉による明代朱子学者羅欽順（羅整菴）の理気論に対する批判については、林月恵「羅整菴与李退溪的理気論——従『困知記』的東伝談起」（同『異曲同調——朱子学与朝鮮性理学』台北、台湾大学出版中心、二〇一〇）。

(39) 丁煥『朝天録』（『燕行録全集』第三冊、頁一〇五）。

坐傍有一生、於素巾上着儒冠。怪問之、乃南方士人、遊学国子者。聞父喪、呈部出文字、欲奔云。詰之即曰、典故大小員出入者、率意経行、永廃不復列士類云。夫、人始聞斬衰喪、当分崩之際、整冠襟対衆人、言貌挙止、暇無哀戚。甚矣、其失性也。大抵中朝喪紀大壊、経行不覩、被衰戴絰、啗魚肉啜酒醴、談笑自若、己肆不疑、人亦為常、道之不行、民散久矣。何足怪哉。

(40)『국역사례편람［国訳四礼便覧］』（ソウル、明文堂、一九九二）。

(41) 裵三益『朝天録』（『朝天録（二）』中韓関係史料輯要二、台北、珪庭出版社、一九七八、頁五四三・五四五）。

（六月甲戌）問其所学、曰四書而且未深知。問朱陸両学、曰只用朱学而不用陸氏。問近代理学何人得名、曰一閣老申時行。問医無閭王陽明、答以不知。又問、若用朱学、喪紀如何廃壊至此。曰時制如此云。噫、時制短喪而儒者之志学者、亦不能免俗。彼食稲衣錦者、独無三年之愛於其父母乎。

（六月丁亥）聖廟卓上、或有超乗踞坐者。所謂冠儒冠者、皆貿貿無知、有欲得筆墨者、行嚢纔解而争乞不已、既或得之、而猶求無厭。殊非所望於中華礼義相先之地也。

第六章

(1) 本書第五章。

(2) 趙憲『重峰集』（『韓国文集叢刊』第五四輯、原書名は『重峯先生文集』一七四八［乾隆十三、英祖二十四］年刊、巻一二）、「朝天日記」に付せられた一七三四（英祖十）年、閔鎮遠の跋文（頁四一七上）、および同、付録、巻一、年譜（頁四六六下）。

(3)『宣祖修正実録』宣祖七年十一月辛未。

質正官趙憲還自京師。憲諦視中朝文物之盛、意欲施措於東方。及其還也、草疏両章、切於時務者八条・関於根本者十六条、皆先引中朝制度、次及我朝時行之制、備論得失之故、而折衷於古義、以明当今之可行。先上八条疏、上答曰、千百里風俗不同、若不揆風気習俗之殊、而強欲效行之、則徒為驚駭之帰、而事有所不諧矣。由是、憲不復挙十六条。

(4)『국역연행록선집［国訳燕行録選集］』第二輯（ソウル、民族文化推進会、一九七六）所収『重峯先生東還封事』跋文。同文は『重峰集』（頁二二四上）。なお、『重峰集』（一七四八）巻三・四には、趙憲の手稿をもとにした「質正官回還後先上八条疏」と「擬上十六条疏」が収められ、一六二六（天啓六）年に刊行された『重峯先生東還封事』との詳細な校勘が付せられている。両者を対比すると、天啓六年刊本には重大な欠落部分が見られ、必ず『重峰集』本を参照せねばならない。また同書巻四、「擬上十六条疏」のあとに付せられた趙匡漢の跋文（一七〇二［崇禎甲申後五十九、康熙四十一、粛宗二十八］年）を参照のこと。

(5)『重峰集』巻一〇―一三「朝天日記」、八月三日（頁三七一下）。

質正数語、王只解三物之名。書于末端曰、能解此名者、世不多有。必是方術之士也。若欲尽解無用之物、則在聖門為玩物喪志、於吾儒為博学小人以示戒。

(6)『朝鮮王朝実録』宣祖三年四月壬戌。

質正官非独為質正文字也。我国邈処荒外、凡中国礼楽文物、必須頻数朝赴、然後可以学習観感、為他日事大之用。

しかし質正官が形骸化する趨勢は止めがたく、『宣祖修正実録』が編纂された一六五七（孝宗八）年の頃には、再びこれは送られなくなっていたこと、前注(3)の割注で記す。

(7)『重峰集』巻四、『東還封事』擬上十六条疏、聴言之道（頁二〇六下）。

臣於皇上納諫之事、雖未詳聞、而伏見通報、六科給事中及十三道撫按御史、日有奏疏、例下該部、使之詳議、該部覆奏、則詢于閣老、無不施行。是則天下之事一付于朝廷之公論、而帝不敢以一毫私意容於其間、且不為近習之言所遷惑也。……守令多有犯贓者、則即廃為民而不惜、将士或有犯罪者、則即令撫按提問而無疑、民得其所、而軍従其令。

（8）同前書、取人之方（頁二〇七下）。

臣竊見皇朝作人之路甚広、惟其有才者、則不論其人之門地而用之、如孫継皐葬師之子而今為修撰、成憲丫頭（丫頭婢妾之名）之子而今為編修、許三省挙人而今為山西道御史。其他国子監博士・助教・学正・学録等官、倶以挙人貢士充補者、不可勝数。蓋豪富之家、専習驕淫、鮮克由義、而子弟無頼、則反不如寒賤之士動心忍性、而増益其所不能。……故雖挙人貢士、多出於顕途。

（9）同前書、内外庶官之制（頁一八八上）。

或有缺官、則六部・都察院会議擬望之人、僉論皆定、然後吏部只擬二望以進、而皇上所点、例於首薦。夫以中夏人物之盛、而豈無三望之可擬者哉。誠以人才難得、而庶官之中、一或非人以間之、則害流於生民、而禍及於国家、故下不敢以非才苟充、而上不敢以私意苟任。一被選授、永無刻駁之議、既到其任、又皆久於其職、……故庶官多尽其職、而百姓多得其所。……（中原為官員者、雖遠赴于万里之外者、只以私馬私人運其家小、一馬一人不煩官力、所以弊不及民、而人全恒産也。）……（如北地則多用陝西山東人、南方則多用浙江江西人。）又多推移隣境官員、以補其缺。（如遼東地方官有缺、則多以広寧地方官員升補、順天地方官有缺、則多以北直隷官員升補。）所以雖用私馬以転其家属、而不至於甚苦也。

なお、赴任地・転勤地の選定について論じたこの部分、『重峯先生東還封事』本では、原稿本より大幅にカットされている。趙憲は何らかの事情を考慮して、この部分を上呈しなかった可能性がある。

（10）マッテーオ＝リッチ『中国キリスト教布教史一』（川名公平他訳、大航海時代叢書第Ⅱ期八、東京、岩波書店、一九八二）頁五四。

（11）前注（5）、七月二十九日（頁三六八上）。

惟嚢日遁往的同知、清勤愛民之実、孚于天聴。蒙擢還朝之時、民咸思慕、相聚而号哭于馬首、或有扶老携病而遠送于百里之外者。仍請留靴、初則譲而不許、攀追不已、不能前行、乃脱一隻以与之、帰懸于城門楼棟、共与瞻想云。他是承差人（若我国書吏然）而賢若是也。曰、前来亦有如此官員乎。曰、曽来知府王名桂、河南懐慶府人、而性甚勁直、不為非義。汪洪、徽州人、而深暁民事、決断如流。馬貌、大同府人、生近胡地、而性甚聡敏、勤於莅事、夜分不寐。三倅之去、皆如同知之蒙擢、而民不能忘也。曰、今通判是甚麼人。曰、是公子。曰、有善政乎。曰、公子那裏有善政乎。曰、何謂公子。曰、吾地人謂卿相之子不暁民事者曰公子。曰、既是公子、自為孩児、慣見其父臨民処事之規、以長知識矣。何謂不暁民事。曰、貴家子弟、生長豪侈、不事問学、習成愚騃。幸以父兄之蔭、便得臨民之官、則唯知自奉之当厚、不念民窮之可哀。故民咸怨之、謂之公子。今玆通判之父、位至尚書。没有家法、不率以勤倹之業、而但事乎禽犢之養、所以其子一向頑懶、長無知識。乍到官守、便貽民笑者也。嗚呼、世禄之家、不可無養、而愚無知者則反貽民害如此。民牧之選、可不謹哉。

『荷谷先生朝天記』巻中、七月二十九日によれば、この時の同知の姓は衛、州判の姓は黄であった。『光緒薊州志』巻六、官秩志によれば、この薊州同知は衛重輝であり、薊州判官は黄喬棟であったと推測される。かりに嘉靖元年からこの対話がなされた万暦二年までの五三年間をとって、黄姓で六部尚書であった者を捜せば、黄喬棟の父は嘉靖四十一年から隆慶元年にかけて刑部尚書であった黄光昇以外にありえない。刑部尚書の品階は正二品である。なお、『明会要』巻四八、選挙二、任子によれば正二品官の子は恩蔭特権により、科挙によらず正六品官に任用された。

（12）莫違忠が衛重輝のような好官として挙げた三人の薊州知州（趙憲が知府と記すのは誤り）である王名桂（許篈は王明桂と記す）、汪洪、馬貌（許箚は馬豸と記す）は『光緒薊州志』巻六、官秩志によればすべて挙人出身。

(13)『明実録』万暦二年四月丙寅、七月乙亥。また、『万暦疏鈔』巻二四、郝維喬（吏科給事中、万暦二年七月）、酌議久任事宜以一法守疏。

(14)『重峰集』巻一二、「朝天日記」下、中朝通報、万暦二年七月四日（頁三九六下）。

(15) 田花為雄『朝鮮郷約教化史の研究　歴史篇』（東京、鳴風社、一九七二）頁一九九—二三八。なお、本書頁二三八—二四九では、趙憲『東還封事』に見える郷約議論について論ずる。

(16)『重峰集』巻三、質正官回還後先上八条疏、郷閭習俗之美（頁一九四下）。

臣竊見、山海以西毎村立郷約所（遼陽以西、多有関羽廟、廟前閑敞可以会衆、故作門懸牌曰郷約所）。問于撫寧等県人則曰、毎月朔望、約正・副正・直月会見于知県、只一拝三叩頭而聴命。問于永平人則曰、約正・副正・直月等以朔望会見于知府、四拝于月台上、則知府降椅立受（其礼不同者、臣之愚意、竊恐為約正者是士人、則責以成礼、而官亦立受。為約正者是庶人、則不責其成礼、而官或坐受也）。約正等進立于知府椅前、同聴其教。聴訖一揖而退、各於其所会其約中之人相与為礼、而講其所聴之教。所教者是孝順父母・尊敬長上・和睦隣里・教訓子孫・勤作農桑・不為非義等事、而高皇帝所定之教也。其目詳備、雖不及于呂氏郷約、而其綱簡切、易以牖民、故民咸信之。村巷之間、多有列書于墻壁、而相与誦習、是以父子兄弟雖多異爨、而不忍分門割戸、婦姑娣姒不相勃磎、如遇正至及生日、則雖一間小屋之人、必以四拝礼賀于家長。……雖賤男賤女、相遇於道、亦必作揖。

(17) 前注(5)、「朝天日記」中（頁三六五上—下）。

（七月二十日）、歴郷約所。所有約正・副正・公直毎以月朔与望相会。置二籍記人善悪。行自前年云。去年秋、巡按令行呂氏郷約、毎以朔朝、詣所隷撫寧県、共会読法。

（七月二十二日）、憩于雙望鋪城中、朱文尚者家也。朱是蠢貿人、而云為郷約副正、毎以朔望相会、戒人悪行云。

(18)『重峰集』巻三、師生相接之礼（頁一九三下）。

臣聞国子祭酒、初赴任日及正朝冬至、諸生四拝于庭中、朔望祭酒率其僚属与諸生拝聖之後、……常時則生徒斉立一揖、而教授・廩膳坐自如、除休日外、無有不講之朝。是以山海以西、垂髫而挟冊者甚多有之。閭巷之間、誦声洋洋、雖至貧至賤之人、力辦銀銭（童蒙之輩、月以一銭銀、行束修之礼于廩膳）、必欲送子于学。

(19) 本書第五章、頁一五六。

(20) たとえば、呉晗編『朝鮮李朝実録中的中国史料』（北京、中華書局、一九八〇）頁一二七三、一二七六、一二九一、一三一七、一三二〇、一三二一、一三三八、一三三九、一三四四、一三五一、一三五五、一三九五、一四六八、一四七七など。

(21) 前注(5)、「朝天日記」（頁三七四下）。

隆慶之視朝也、引領四顧、且発言甚微、使内官伝呼而已。

(22) 本書第五章、頁一五一・一五九。

(23) 前注(7)、安邦俊跋文（頁二二四上）。

（先生）以為我国当一遵明制。……竊観先生之志不止於效行明制、将欲因此推而上之、挽回三代之治。

(24) 趙憲が実際に『朱子語類』の刊行に関係したことについては、藤本幸夫「朝鮮版『朱子語類』攷」（『富山大学人文学部紀要』第五号、一九八一）参照。趙憲が関係した『朱子語類』は、彼の中国旅行の翌々年、つまり一五七六（万暦四、宣祖九）年に刊行された。

(25) 前注(7)、『東還封事』（頁二二三上）。

臣竊見朱子語類一書、巻帙雖多、分類甚精、君有君用、臣有臣用、監司有監司之用、節鎮有節鎮之用、守令有守令之用、為父兄師弟者有父兄師弟之用、天下万事無物不具、欲為東周、捨此難做矣。……

則朱子之所慨嘆而未行者、庶有明於東方之日矣。

第七章

（1）『朝鮮王朝実録』粛宗二十四年五月甲戌（呉晗編『朝鮮李朝実録中的中国史料』北京、中華書局、一九八〇、頁四一七九）。

参賛官金構曰、釜山僉使李錫赴任後、亦不接待倭人、以被罪爲期云、事体未安、而情理則甚切矣。……蓋錫之祖戦亡於壬辰倭乱、故錫屢呈備局、而備局強令赴任、錫以此不肯接見倭人云。（金）時傑高祖故相臣金尚容、丁丑亦殉節江都、時傑拝謝恩使書状官、亦不承命、四違召牌。蓋士大夫立殣丙子者甚多、其子孫皆不欲与虜人相接。

（2）閔鼎重については、『国朝人物考』（ソウル、ソウル大学校図書館、一九七八）人物続考巻五、閔鼎重碑銘。

（3）孫衛国『大明旗号与小中華意識——朝鮮王朝尊周思明問題研究、一六三七—一八〇〇』（北京、商務印書館、二〇〇七）頁一五八—一六〇。

（4）『朝鮮王朝実録』孝宗三年三月辛丑以下（頁三八二一—三八二六）。

（5）閔鼎重『老峯集』巻二、応旨疏（『韓国文集叢刊』第一二九輯、頁三五下）。

嗚呼、漂海漢人、豈非我昔日天朝之赤子乎。設令国家不幸至此、尚何忍一切縛繋遺黎、駆送仇敵、略無疑難哉。此誠人情之所怫鬱、聖心之所怛然者也。況前日所送、皆被屠殺、而今又知其不免而迫就死地、豈我国之所可忍為也。……人情之所不忍、天意亦必有不平者矣。行不義殺不辜、豈不足感傷天和以致凶災乎。済州本是海中絶島、彼此消息可秘勿泄。今若具舡以送、任其所之、則意外之患、不可不念。如其接置島中、略給料食、待以不死、以終其年、則恩義既伸、挙措亦便。雖復奸賊陰通、虜人致責、既難往験、空言肆嚇、逆料事勢、必無大患。

（6）同前書、巻一一、筵中説話（頁二五五上）。

（7）同前書、巻一、玉河館口占（頁一五下）。

誰識漢儀帰剃辮、可憐殷庶尽箝銜、中原自是皇王地、会待漁翁起釣厳。

（8）『清実録』康熙九年正月己丑。

（9）前注(5)、巻一〇、聞見別録（頁二三八上）。

清主身長不過中人、両眼浮胞深睛、細小無彩、顴骨微露、頬痩頤尖。其出入、輒於黄屋中俯身、回望我国使臣之列。性躁急多暴怒、以察為明。懲輔政諸臣専権植党之患、誅殺既多、猜疑積中。無論事之大小、必欲親摠。用人之際、先問賢否於宰執、宰執有薦引則疑其党私、皆不用、旋以己意自選。故宰執嫌懼、不敢発口。黜貪陟廉、用刑極厳、而其所視聴、多出於僉縁・姻戚之輩。有献貂者、問所従得、対以適買於人、毛甚好故来献、遂索其売貂者、責之曰、得好貂、不献而売之何也。殺之。幼時玩具、付之掌庫、一日還索、多有遺失、即殺之。以此人人畏誅、頗憂蕭墻之禍。但漢民久苦権臣之肆虐、頗以威暴攝下為快、謂賢於順治矣。在職者、無尊卑内外、貪婪無厭、公牒民狀、非賂不達。近因清主用法之厳、不敢公肆。

（10）同前書、巻一〇、燕行日記、己酉十二月丁丑（頁二三五下）。

（11）周藤吉之「清初に於ける畿輔旗地の成立過程」（『清代東アジア史研究』東京、日本学術振興会、一九七二）。

（12）『清実録』康熙元年九月辛卯。

（13）『朝鮮王朝（顕宗）実録』顕宗三年七月乙未（頁三八九六）。

（14）『朝鮮王朝（顕宗改修）実録』顕宗四年三月己巳（頁三九〇一）。

（15）『朝鮮王朝（顕宗）実録』顕宗八年六月乙未等（頁三九四四—三九五二）。

(16)『南疆逸史』列伝巻四八、李定国伝。

(17)『乾隆原刊光緒続刊棲霞県志』巻八、兵事。

(18)『清実録』康熙六年四月庚午。

(19)『宋史』巻四二五、謝枋得伝。

(20)『皇明遺民伝』巻三、および『道光薊州志』巻九、郷賢、李孔昭伝。実は李孔昭のことは、すでに康熙二年七月に朝鮮燕行使によって朝鮮側に伝えられていた。これによれば、周に事えようとせずに餓死した伯夷と叔斉を祀った夷斉廟にある「苦節跡難践、救仁心可同」という題詞を作ったのは、李孔昭であるとされ、明清鼎革の後は学問を教えるだけで、清に事えなかったという（『朝鮮王朝（顕宗改修）実録』顕宗四年七月辛卯、頁三九〇三）。

(21)孟森『明清史論著集刊』（北京、中華書局、一九五九）所収。

(22)なお、岡田尚友編『唐土名勝図会』巻三には、北京の堂子の図とこれに対する解説がみえる。

(23)石材運搬については、「見聞別録」に見える。出獵については「見聞別録」にしばしば見えるほか、『燕行日記』康熙九年正月甲辰に「清主出獵城外十余里地云」と見える。

(24)中国人民大学清史研究所編『清史編年』第二巻（北京、中国人民大学出版社、一九八八）康熙八年七月、九月。

(25)成海応『研経斎全集』外集、巻三四、附公山倅李泰淵南京使臣黄傑等問答（『韓国文集叢刊』第二七七輯、頁六〇上）。

ただし黄傑が紹介した詩は王公濯が紹介したそれと若干異なり、次のようであった。

楼外青山不見楼、西湖歌舞一時休、暖風薫得馬糞臭、直把杭州作満州。

(26)『朝鮮王朝（顕宗改修）実録』顕宗九年三月壬寅（頁三九五三）。

(27)『朝鮮王朝実録』粛宗二年十二月辛未（頁四〇三六）。

(28)同前書、粛宗三年九月庚寅（頁四〇四二）。

(29)同前書、粛宗九年三月己酉（頁四〇八九）。粛宗九年＝康熙二十二年（一六八三）。粛宗十一年八月甲辰（頁四一〇四）。粛宗十一年＝康熙二十四年（一六八五）。

第八章

(1)たとえば、朴趾源『熱河日記』巻四、審勢編（上海、上海書店出版社、一九九七、頁二一七）。また本書第一五章、頁四五八。

(2)『高麗史』巻一三六、辛禑十三年五月（ソウル、亜細亜文化社影印本、一九七二、下巻、頁九四二。同文は呉晗輯『朝鮮李朝実録中的中国史料』北京、中華書局、一九八〇、第一冊、頁七五）。

(3)本書第一六章、頁五五一。

(4)本書第五章、頁一五九。

(5)藤塚鄰『清朝文化東伝の研究——嘉慶・道光学壇と李朝の金阮堂』（東京、国書刊行会、一九七五）。

(6)朝鮮儒学史の概説書、裵宗鎬『韓国儒学史』（ソウル、延世大学校出版部、一九七四、日本語訳、同『朝鮮儒学史』川原秀城監訳、東京、知泉書館、二〇〇七）、玄相允『朝鮮儒学史』（ソウル、玄音社、一九八二）、李丙燾『韓国儒学史略』（ソウル、亜細亜文化社、一九八六）では、玄相允著書に「経済学派」の説明で清朝考証学の影響を指摘したうえで簡単な金正喜の紹介がなされ、李丙燾著書に漢学の影響を受けた者として申綽、成海応、丁若鏞それに金正喜を取りあげ、漢学導入については簡単に触れるにとどまり、その普及の問題にはいずれもまったく触れない。現在のところ、この問題に関連した研究としては金文植『朝鮮後期経学思想研究——正祖와 京畿学人을 중심으로［朝鮮後期経学思想研究——正祖と京畿学人を中心に］』（ソウル、一潮閣、一九九六）が最も詳しいようであるが、これもその普及と制約の問題

については述べない。

（7）代表的な研究として、尹南漢『朝鮮時代의陽明学研究』（ソウル、集文堂、一九八二）、中純夫『朝鮮の陽明学——初期江華学派の研究』東京、汲古書院、二〇一三）。

（8）『同文彙考補編』巻七、使行録（『同文彙考』［韓国史料叢書第二十四、ソウル、国史編纂委員会、一九七八］）、『清選考』（蔵書閣貴重本叢書第二輯、ソウル、文化財管理局蔵書閣、一九七二）。

（9）この書については、本書第一五章、頁四七五。林基中・夫馬進編『燕行録全集日本所蔵編』（ソウル、東国大学校韓国文学研究所、二〇〇一）第一冊、所収。

（10）黄爵滋『仙屏書屋初集文録』巻八に、「相看編序」を収めるほか「朝鮮使者飲餞聯句帖序」を収め、巻一一には「申翠微飲餞帖跋」「慈仁寺古松図詩跋」を収め、燕行使との交際を物語る。このうち「申翠微飲餞帖跋」は申在植が帰国するに際して餞別の宴をもよおしたおり、書かれたものである。

（11）『朝鮮王朝実録』純祖二十一年三月壬子。

右議政南公轍曰、故学生申韶即東伯在植之祖也。自其幼少之時常慷慨自誦曰、吾誓不為虜庭陪臣。及長、与諸士友講磨春秋大義、遂廃挙不仕、以終其身。其卒也、如故儒賢宋明欽金元行、使其家題祠版曰処士、故大提学黄景源撰其墓誌、謂以明之遺士。

（12）任聖周『鹿門集』巻二四、処士申公墓誌銘（『韓国文集叢刊』第二二八冊、ソウル、民族文化推進会、一九九九、頁五一三）。

既而得栗谷李先生撃蒙要訣読之、至革旧習章、即惕然感憤。……其為学、一遵考亭成法、謂聖学宗旨専在四書、而義理之精、蹊逕之明、無如近思録。

なお、同書、巻八には、申在植の父申光蘊に与えて『太極図説』を論じた書（答申元発）が見える。

（13）『筆譚』は大阪経済法科大学の伍躍教授が、我々の行った国際学術研究（科学研究費補助金研究）「中国明清地方档案の研究」に関わる資料調査の際に収集された。ここに記して感謝する。『筆譚』にはいくつかの文字について、右横に正しい文字を書き加えている。たとえば、会合に参加したある人物が筆談したものとして、おそらくは原本にも記されていたところ、原文をそのままにし別の人名を右に書き添えることによって、訂正している場合がある。また、誤った篆書の文字の右に正しい文字を書き加えている。これは山東省図書館蔵本が申在植原本ではないことを物語るだけではなく、これが申在植と会合をともにした現場に居合わせた人物、しかも相当に学識の深い誰かが訂正の筆を入れたものであることを物語るものである。

なお、本章においては『筆譚』についてのみ、原文のうち重要なものと考えるものについては、本文中で引用する。

（14）王筠は後にも述べるように当時から有名な文字学者であった。その著に『王鄂宰遺書』『王菉友十種』『清詒堂集』などあり、近年も『清詒堂文集』（済南、斉魯書社、一九八七）が出版されている。輯校者の鄭時は、この書を編集するにあたり、彼が蔵する申在植『談草』という鈔本を用いている（頁一〇六）。本書の「贈申翠微先生序」（頁一〇五）と「王菉友先生年譜」道光七年（頁二四一—二四二）に引用された『談草』の文章と、『筆譚』のそれとを比較すると、若干の文字の異同は見られるがほぼ一致している。ただし両者がどのような関係にあるかは未詳である。

（15）洪良厚『寛居文』李璋煜答書。

聞……筆談録、翠翁已編為書。

（16）南一祐『燕記』玉河随筆、庚辰正月十二日・正月十八日。『燕記』については、本書第一五章、頁五一五。

（17）葉志詵は前注（5）藤塚鄰著書、頁二八一、李璋煜は頁三一四、王筠は頁三三一、汪喜孫は頁四〇三。

(18) 汪喜孫『汪荀叔自撰年譜』(『北京図書館珍蔵年譜叢刊』第一三九冊、北京、北京図書館出版社、一九九八)。また、楊晋龍主編『汪喜孫著作集』(台北、中央研究院中国文哲研究所、二〇〇三)(下)、所収。

(19) 汪保和・汪延熙「孟慈府君行述」(『汪孟慈文集稿本』所収)。また、前注(18)『汪喜孫著作集』(下)、頁一二九〇。
嘗与友書曰、吾以身許国、鞠躬尽瘁、死而後已。嗚呼孰意、斯言竟成讖邪。

(20) 陳奐『師友淵源記』。
汪喜荀、原名喜孫。……河南大旱、孟慈為民請命、日行百里、感暑病卒。

(21) 内藤湖南『清朝史通論』(『内藤湖南全集』第八巻、東京、筑摩書房、一九六九、頁三五八)。

(22) 狩野直喜『中国哲学史』(東京、岩波書店、一九五三)頁六一一。

(23) 汪喜孫『従政録』従政録序。また、前注(18)『汪喜孫著作集』(中)、頁三七三。
服官三十年、不復孰何生計、久居京師、易米売書、謹撰是編、以貽後人。

(24) 許瀚『許瀚日記』(石家荘、河北教育出版社、二〇〇一)頁二二七。
なお、この日記を校訂整理した崔巍は、清朝考証学者の生態としてこれを余程あり得ないことと考えたのか、「書籍を売って食うというのは、情理に合わないのではないか」と述べる。なおこの日記には、葉志詵、李璋煜、王筠など『筆譚』登場人物のほか、頁五九などに金命喜(山泉)の名前がしばしば登場して興味深い。校訂者は金山泉が朝鮮の金命喜であること、気付いていないようである。

(25) 前注(5)藤塚鄰著書、頁四二〇。

(26) 朴思浩『心田稿』(『燕行録選集』上巻、ソウル、成均館大学校大東文化研究院、一九六〇、頁九二三頁下)。
篤学好詩、近在刑部事繁。

(27) 『清詒堂文集』頁二四三に、李璋煜から王筠に与えた手紙が紹介され、「十六日晩、弟在署値宿、去碩甫寓数武、擬公事畢即到其家、作竟夕談(道光七年六月)」と言い、頁二五三で紹介された手紙にも「今日直宿在署、明日方帰(道光九年)」と言うとおり、しばしば刑部官庁で夜ふけまで仕事をしていたようである。

(28) 前注(5)藤塚鄰著書、頁三三〇。

(29) 前注(5)藤塚鄰著書、頁三一九。

(30) 前注(14)『清詒堂文集』頁二四四、鄭時「王菉友先生年譜」道光七年九月。なお、鄭時はここで金善臣の手紙を引用するに先立ち、氏の所蔵する申在植『談草』に拠りつつ論争の経緯を記し、「これより前、汪喜孫が金善臣に対して漢学を重視すべきことを主張した手紙を書き、これに対して金善臣が弁駁する手紙を書き、これに対して先生(王筠)もまた弁駁する手紙を書き、これに対して金善臣がまた弁駁する手紙を汪喜孫に書いた」とするが、そうではない。『筆譚』によれば汪喜孫が漢儒を一方的に擁護する主張をしたために、金善臣が激して漢学を批判したのであろうと申在植が述べたのに対し、汪喜孫は「金善臣の説が先にあり、自分が弁明するのは今日が始めてである(清山説在前、僕辨之始於今日)」と述べている。つまり論争は、金善臣の漢学批判から始まったのである。

(31) 金正喜『阮堂先生全集』巻五、与李月汀(『韓国歴代文集叢書』第二八三冊、ソウル、景仁文化社、一九九四、頁三八六)。

(32) 前注(5)藤塚鄰著書、頁一四五、藤塚鄰『日鮮清の文化交流』(東京、中文館書店、一九四七)頁九三、李元植『朝鮮通信使の研究』(京都、思文閣出版、一九九七)頁四二六、など。

(33) 草場韡『対礼余藻』巻上、六月二十一日客館筆語。

(34) 金善臣『清山島遊録』書日本州学図後。

余嘗書燕都辟雍図曰、天子不攸文、群儒不講礼。……仮其名而遺其実、有其具而無其用。……乃惟我東国、学有序有庠、培埴士類、敦尚行義。

なお『対礼余藻』巻中、二十三日客館筆語にもほぼ同文が見えるが、後半を「乃唯扶植綱常、敦尚学校、唯我東最盛」とする。

(35) 三宅邦『雞林情盟』筆語、六月二十日で、金善臣はすでに瀋陽までは行ったことがあると述べる。金善臣『清山遺藁』会寧嶺次使相韵でも、「乙丑（嘉慶十年）秋曽歩踰此嶺」と自注する。

(36) 撰者未詳『燕行雑録』内篇、渡江人員。また、内篇、日記、道光二年十月二十三日には、以下のごとく言う。

金善臣号清山、官今済用監判官、亦善詩。曽随通信使往日本国。今以上房幕府赴燕也。

なお、この『燕行雑録』についてはかつて徐有素撰であろうとしたことがあるが、しかし再度撰者について検討したところ、現在のところ撰者未詳とする方がより適切であると判断した。本書第一五章、頁六七八、注(14)。

(37) 金鑢『藫庭遺藁』巻一〇、題清山小集巻後（『韓国文集叢刊』第二八九冊、ソウル、民族文化推進会、二〇〇二、頁五三七）によれば、金善臣はその詩文において優れていたにもかかわらず、自らの作品を集めることに無頓着であったという。金鑢の手元に集まった詩文集として『清山小集』があったという。成均館大学校講師シン・ロサ（신로사）氏によれば、この文集は韓国に現存しているという。『清山遺藁』も、おそらくは金命喜の周りに偶然残った詩文を集めたものと考えられる。なお、『奎章閣図書韓国本綜合目録』（ソウル、서울大学校出版部、一九八三）頁一七〇九で、『清山遺藁』を著書未詳とするが、これが金善臣の文集であること、疑いを容れない。

(38) 前注(36)内篇、日記、道光七年正月十九日。

観内四五処、道士輩聚坐着弊袍、瞑目安坐、寂然不動、作仙人下降様、前置器受銭。……清山曰、世豈有覓銭神仙。

(39) 『清山遺藁』乙巳除日、酔後戯題八絶、呈山泉。左に四絶のみ記す。

塵合千年可結山、梅書今已鉄重関。愚公枉費推移力、誰遣夸娥二子還（古文疏証）。

梯雲無計地天通、万古悠悠一太空。不是西方偏有眼、如何曽見碧翁翁（斥異考）。

多少奇文旧積逋、都成今日晩嗚呼。細推物理非無意、争奈胸中一物無（物理小識）。

従来馬鄭是程朱、敢謂方綱是俗儒。直為傍門憂一啓、教人多少枉工夫（経学）。

(40) 同前書、与山泉論古文尚書真偽、長牘七八反。山泉堅持己見、又以二詩題牘尾寄之。

一自梅書五百年、無人不道是真詮。閻因好事張千語、恵又多能出二篇。……。

伝疑何捐紫陽明、誰遣浮雲翳太清。漢孔家嫌唐孔氏、済南経絶汝南生。……。

(41) 湯斌『湯子遺書』巻六、十三経注疏論に、「若偏主一家、是漢儒宋儒之経、而非聖人之経也」とある。なお、「十三経注疏論序」というのは、李璋煜の記憶違いであろう。

(42) 李塨の著書で四庫全書に収録されるのは、『李氏学楽録』一種だけであり、『論語伝注、大学伝注、中庸伝注、伝注問』『大学辨業、聖経学規纂、論学』『小学稽業』『恕谷後集、続刻』は存目に著録されるにすぎない。

(43) 梁啓超『清代学術概論』（『飲冰室専集』第六冊、台北、一九七八、台二版、頁一六。日本語訳、小野和子訳、東京、平凡社、東洋文庫二

四五、一九七四、頁五七)。梁啓超『中国近三百年学術史』(台北、台湾中華書局、一九七五、台八版、頁一〇七)。銭穆『中国近三百年学術史』(台北、台湾商務印書館、一九三七初版、頁一九九)。梁啓超は李塨を「実践実用主義」者の一人とする。

(44)『清史稿』巻四八一、淩廷堪伝。

(45)前注(43)銭穆著書、頁四九五。

(46)同前書、頁五〇六。汪喜孫『孤児編』巻三、校礼堂集淩仲子撰先君墓銘正誤。前注(18)『汪喜孫著作集』(中)、頁七〇〇。

(47)柳得恭『燕台再游録』遼海叢書、頁四・九。

此行為購朱子書、書肆中既未見善本。紀公曽求諸江南云、而亦無所得。紀公所云、邇来風気趨爾雅・説文一派者、似指時流、而其実漢学・宋学・考古家・講学家等標目、未必非自暁嵐倡之也。見簡明書目、論断可知也。……程朱之書不講、似已久矣。中国学術之如此、良可歎也。

(陳鱣)問余曰、尊処列学官者、用宋儒、抑用漢儒。余曰、尊奉朱夫子伝注章句研経者、又不可不参看古注疏。問、有為六書之学否。答、或有之。仲魚曰、通此学、方可読経。

(48)南公轍『金陵集』巻一一、送沈大学士象奎李侍読光文赴燕序(『韓国文集叢刊』第二七二冊、ソウル、民族文化推進会、二〇〇二、頁一九九)。

顧今中州之学、大抵皆宗程朱、而間有主漢儒者出、其学漸盛。主宋者斥古注為穿鑿而棄之、主漢者指宋儒為腐、各主己見、又不能合而一之。……士之生於今世者、当以程朱之義理、漢儒之訓詁、合而読之、以求其旨之所安而已。奚必斥為漢儒之辨析精義微辞、不能尽合於孔子之旧。

(49)南公轍『日記(燕行日記)』嘉慶十三(純祖八)年正月六日。

義理当主朱子、而訓詁(詁)則漢儒亦不可全棄。

南公轍『日記(燕行日記)』については、本書第一五章、頁四六二。

(50)趙寅永『雲石遺稿』巻九、送内兄洪癡叟学士起燮行台之燕序(『韓国文集叢刊』第二九九冊、頁一七二)。

其経術者、剿裂箋注、号為考訂、而理与義反晦。

(51)成海応『研経斎全集』巻一三、送趙義卿遊燕序(『韓国文集叢刊』第二七三冊、頁二九三)。

吾聞北方之学者、以考証為事。……彼皆根拠鑿鑿而無窾言、東人固不能及此、況敢軽之哉。……是雖東人之所不能及、亦不急之務也。蓋漢学深於名物度数、而理固包括焉。宋学明於天人性命、而数亦錯綜焉。顧其門戸既分、相攻撃不已。苟能合漢学宋学、而倶操其要、以及乎博文約礼之訓、則学於是乎優如矣。考証之学、固不足論、況又声律書画哉。

(52)権復仁『天游稿燕行詩』塵史(壬午)(林基中編『燕行録全集』ソウル、東国大学校出版部、二〇〇一、第九四冊、頁九三・一〇〇)。林基中はこの史料を一八八二(光緒八、高宗十九)年の燕行時のものとするが、これが一八二二(道光二、純祖二十二)年燕行の時のものであることは、内容を読めば疑いを容れない。またその内容は文と詩とからなり、林基中による書題は不適切である。権復仁『天游稿』は『天游先生文集』として『韓国歴代文集叢書』第五九〇・五九一冊(ソウル、景仁文化社、一九九三)にも収録。

問、上邦経術、主漢儒注疏乎、主程朱訓詁乎。答、専用欽定経義。問、何朝欽定。答、康熙時。問、欽定主何義。答、古注程朱参用。……問、上国経義並遵程朱訓詁、信否。林答然。問、古注参用耶。林答、康熙乾隆時、欽定経義、専尚程朱、参以古注。

(53)同前書、頁九五。

余問龔、早年治何経。龔答、為科業、故略治経史。性好金石古文耳。……龔問、日本有秦火前古経、貴国得見否。答、弊邦与倭隔海、或通使命、而其国俗軽剽虚詐、自称徐福之後、曽見其文字、膚浅鄙俚。古経之有無、推而可知。

(54) 李明五『泊翁集』巻七、金西堂尚書充上价赴燕、云々。
徐李以後宿儒少、燕京文運恐不昌（徐乾学・李光地）。

(55) 本書第九章、頁二七七。

(56) 洪錫謨『游燕藁』巻下、皇城雑詠一百首（『燕行録全集日本所蔵編』第一冊、頁六三二下）。
操觚吮墨捷如神、才氣沾□思出倫、学術多岐涇渭混、紫陽一脉恐喪真（……学術則有文章家、有考証家、有翰墨家、有金石家。惟考証之家謂近於道学、而崇信趣向各自分岐、未必皆以朱学為主。是誠世道之憂也）。

(57) 前注(6)金文植著書。

(58) 前注(31)金正喜著書、巻一、実事求是説（頁八一）。
漢儒于経伝訓詁、皆有師承、備極精実。……両宋儒者闡明道学、于性理等事精而言之、実発古人所未発。……訓詁者門逕也。一生奔走于門逕之間、不求升堂入室、是斯僕矣。

(59)『翁方綱題跋手札集録』致陳用光（桂林、広西師範大学出版社、二〇〇二、頁五五七）。
昨見尊集有王君芑孫紅字識語、因言義理而斥考訂、遂比之於邪説、此不特不知考訂、抑且不知義理也。夫考訂之学何為而必欲考訂乎。欲以明義理而已矣。

(60) 同前書、致金正喜（頁五四二）。
有義理之学、有考訂之学。考訂之学、漢学也。義理之学、宋学也。其実適於大路則一而已矣。

(61) 前注(26)、朴思浩著書（頁八八五上）。
翁方剛（綱）号覃溪、文章筆法頗有盛名、与東人酬唱亦多、而専尚蘇学、又崇仏法。貪財致富、中国士大夫鄙之、其子若孫、零替不顕。

(62) 村尾進「李鼎元撰『使琉球記』解題」（夫馬進編『増訂使琉球録解題及び研究』宜野湾、榕樹書林、一九九九、頁一二七）に、『海東文献』についての簡単な解説がある。

(63) 前注(5)藤塚鄰著書、頁一六五。

(64) 同前書、頁一七三―一七四。

(65) 前注(36)内篇、日記、道光七年正月二十五日。
葉志詵嘗謂清山曰、年前、貴国有権姓人来此、与之筆談、語及本朝、満座皆不楽而罷。自其後、不欲見貴国人。葉之此説、若謹毖而実未免庸卑。渠以漢人当其時、設聞忌諱之説、外麾之而内許之可也。今対我人輒説其事、顕有深悪真諱之意、足為一慨。嘗見葉志詵、面貌雖端皙、軽佻殊甚、決非重厚君子。為国子監額外助教、十年不遷。

(66) 撰者未詳『随槎日録』道光六年正月初一日（『燕行録全集日本所蔵編』第一冊、頁五五九）。
有葉舎人志詵、善八分、能詩詞、我国亦知名。即日訳官指一朝士曰、此葉舎人也。衆中尤見俊異、豊度逸韵、令人動魄。

この『随槎日録』については、本書第一五章、頁四七二。

(67) 姜時永『輶軒続録』道光十年正月九日（『燕行録全集』巻七三、頁一九一）。
東卿年今五十二、鬚髪不白、面貌円暢、而別無文雅之気。……劉鳳誥何許人乎。文章筆翰盛名如雷、在路已聞知矣。葉曰、此人果有此名。但使酒亢傲、已為被罪革職還籍、亦有年矣。余見其気色、全無顧藉之意。曽聞中朝朝士、亦有偏党互相訾毀。此必劉非所好、故雖対遠人、如是非斥。……此皆所好者阿之、而異己者斥之之意也。

(68)『筆譚』正月二十六日。
月汀曰、頒朔亦可通信、一年可両至也。

(69) 前注(31)金正喜著書、巻九、湊砌翠丈与燕中諸名士贈酬詩語談藪而成好覚噴飯（第二八四冊、頁一七八）に「噗酒東方添雅謔（王業友）」

とあり、これは『筆譚』に見える申在植が『神仙伝』や『蒙求』に見える欒巴の故事をふまえて「以酒東向噀之」と言ったのに対し、李璋煜が「則雨沢及遠矣」と混ぜかえしたところを読んで言ったものに違いない。王筠が「善謔」をもって申在植を評したことも、『筆譚』所収、王筠「王蓁友噀酒歌」に見えるものである。金正喜が「噀酒東方添雅謔（王業友）」と表現したのは、この筆談記録を読まずにありえるものではない。むしろこの詩から推察できるのは、金正喜その人が申在植に代わって『筆譚』を編集したと考える方が自然なことである。なお（王業友）とあるのは（王蓁友）の明らかな誤りである。本章頁二一三の「若成一編、因便寄示也」は、次のように続く。

余曰、謹領。東卿曰、如不成、当罰用金谷。余曰、以酒東向噀之。月汀笑曰、則雨沢及遠矣。蓁友大笑曰、雅人深致。

(70) 前注(43)銭穆著書、頁五一七。

(71) 方東樹『漢学商兌』序例。

而其人皆以鴻名博学為士林所重。馳騁筆舌、串穿百家、遂使数十年間、承学之士耳目心思、為之大障。

(72) 同前書、巻下。

按偽孔古文書、至閻恵諸家書出、挙世皆知已有定論。

(73) 前注(51)。

第九章

(1) 吉川幸次郎「学問のかたち」（『吉川幸次郎全集』第一七巻、東京、筑摩書房、一九六九、頁二〇七）。日本の伊藤仁斎と中国の戴震とが酷似することは、早くから指摘されている。このこと、および両者が酷似するに至った思想史的背景については、余英時「戴東原与伊藤仁斎」（『論戴震与章学誠』北京、三聯書店、二〇〇〇）。

(2) 管見のかぎり、河宇鳳「朝鮮後期実学과 日本近世古学의 比較研究試論——교류사적 측면을 중심으로「朝鮮後期実学と日本近世古学の比較研究試論——交流史的側面を中心として」」（『韓日関係史研究』第八輯、一九九八）があるだけである。なおほぼ同じ論文は日本語でも公表されている。「朝鮮実学と日本古学との比較研究試論——交流史的側面を中心として」（『季刊日本思想史』第五六号、二〇〇〇）。

(3) 李元植『朝鮮通信使の研究』（京都、思文閣出版、一九九七）、第五章「筆談唱和集総目録」。高橋昌彦「朝鮮通信使唱和集目録稿（一）（二）」（『福岡大学研究部論集』A六［八］、二〇〇七、A九［一］、二〇〇九）。

(4) 姜在彦「朝鮮通信使と鞆の浦」（『玄界灘に架けた歴史——歴史的接点からの日本と朝鮮』東京、朝日新聞社、一九九三、頁一三七）。

(5) 山宮維深『和韓筆談薫風編』巻上、頁九。

（海皐復）童子問嘗一見、而多悖於経旨、不足観耳。

(6) 洪景海『随槎日録』三月十一日。

章曰、伊藤維楨有後承、而其著述童子問外、又有他件文字否。瑞曰、維楨其人則一君子、而然与程朱異岐、所以不知其書有幾。章曰、公所尊尚在程朱、甚盛甚盛。貴国尊慕濂洛、勅行立言者為何人耶、願聞之。瑞曰、木順菴・山闇斎。今承其後者亦多。

(7)『長門戊辰問槎』巻上、頁一一。

（矩軒答問）貴国文華固已聞青泉、而其間又三十年、未知近来鳴国之盛者誰当主牛耳耶。白石門人亦有伝其衣鉢、而詩藻之外、亦有留意于性学上耶。幸為細細示教、如何。

（鄺山答）此邦文学之盛、四十年前有徂徠先生者、以復古之学独歩海内、従遊如雲、嚆矢其間者、東都有南郭・春台、我藩有周南、皆経学文章窺其蘊奥。白石唯以詩藻鳴耳。

(8) 前注(6)、四月十五日。

本土伊藤輝祖（字必大、号霞台、維楨之孫）来、話於製述書記之館。

……其祖所著述諸冊、当待回槎袖来云。

（9）同前書、四月二十二日。

所謂古義即自立己見、逐章釈注者也。字義即以心性情四端七情誠敬等字逐字論卞者也。絶海蛮児坐於愚昧、侮毀前賢至此。良足良憐。

（10）曹命采『奉使日本時聞見録』四月二十四日。

逅曰、伊藤之学何如、名惟貞改注論語、妄以学問自任者也。華曰、即弊邦豪傑之士、而学非吾徒、故不欲詳之。逅曰、此乃程朱之罪人、而尊能斥之、当為一賀。

（11）『和韓唱和録』巻上、頁二一。

済菴稟、貴国伊藤氏之童子問・論孟字義等書、一反程朱之道、則浅解之頗僻殆有甚于象山・陽明之徒。未知貴国学者、独無拒楊墨之意耶。

鶴洲答、伊藤仁斎之駁程朱、不只童子問・語孟字義而已。而闇斎子先於仁斎没、門人絅斎尽弁之、帰於一是也。弁王氏者馮貞白・陳清瀾弁之可謂至矣。但斥之書有一二耳。

（12）留守友信『和韓文会』巻上、頁一一、与製述官朴学士書。

然徒愛其文辞之工、而不察其義理之悖、各自是其所是。甚者拾明儒誇高誕辞之余唾、矜誕衒沽、飾其虚妄、以眩惑後生、直謂上学三代之文、閩洛不論也。挙世傾動、若夜虫之就火然。……而独推闇斎山崎先生為儒宗、識者号称日本朱子。

（13）『和韓唱和録』巻下、頁一六、与阪城膳宰野口氏文（李済菴）。

自余随信行、渡馬島以来、見其山川之明媚人物之殷盛、所在皆然、而独恨其所講者異耳。間有詩文之士挾所業為贄、来見於賓館、而率倣綺麗彫篆之習、欲為誇多闘靡而止、則未嘗不厭然而倦。……先王文物之盛具在方冊、我朝鮮講而行之、所尊者尭舜文武孔孟程朱、所講者詩書四子小学近思、所致謹者冠昏喪祭、所服膺者忠信篤敬。為文在羽翼斯道、為詩務昌明風雅。君子楽道義而重廉恥、小人恥貪冒而厭機巧、苟有執左道而務末技者、皆斥而遠之。……凡其礼楽儀文燦然明白者、既非自私自諱之物、足以使聞於天下隣国也。夫以日本山川之明媚、必有風気一闢之運、人物之殷盛、豈無富庶可教之機耶。

（14）前注(6)、五月二十四日。

又有藤原明遠字深蔵号蘭林、方為侍講直学士者。……明遠則有窮儒態、必是読書之人也。……請見製述・書記、多有酬唱筆談。明遠則譏詆程朱、与維楨一套云。

（15）『国書総目録』（東京、岩波書店、一九六三）によれば、所蔵先として旧浅野・中山久四郎と記す。旧浅野とは広島藩浅野家の旧所蔵書籍であるが、現存しない。中山久四郎とは東京文理大学教授であった中山氏の所蔵にかかることを意味するが、現在「中山文庫」として東京都立中央図書館に蔵するものの中に『韓客筆語』はない。この中山氏所蔵本については、筑波大学名誉教授であった故酒井忠夫氏にうかがったが、現在行く先不明というほかない。病床にありながら懇切に御教示下さった酒井氏に、心より感謝する。

（16）『先哲叢談』（源了圓・前田勉校注、東京、平凡社、東洋文庫五七四、一九九四）頁三七七。

（17）家永三郎等校注『近世思想家文集』（日本古典文学大系九七、東京、岩波書店、一九六六）。

（18）前注(10)、五月二十九日。

藤原明遠貽書于製述・書記、而以中庸一書謂非子思之書、張皇為辞、文理未成。始知此人即伊藤惟貞之怪徒也。是日明遠来見製述・書記。製述等責其誣聖、而各為説擘破之。明遠自以為以中庸為非子思之書者、千載後惟明遠一人云。此輩之稍欲自異、必主乖悖之論、多如此、亦不足深責。

（19）松崎観海『来庭集』初見筆語。

（観海）我邦儒先、亦有名伝於大国者歟。

（済菴）山崎・浅見文集伝于鄙邦。仁斎則雖有其書、五尺童子亦知斥絶耳。

（観海）仁斎没後有徂来物茂卿、実海内一人。僕先師春台乃其高足。……二家比諸山崎・浅見、皆万万倍。若二家著述未行於大国、則願他日因蘭菴呈覧。不知公等已一覧之耶。

（済菴）尽得見之。

(20) 同前書、再見筆語。
（観海）前日謁見殊忙、……僕言徂来物茂卿・春台太宰純学術、公答以已尽見其書、此恐忙中与山崎・浅見事混耳。春台輩皆近時大家、地隔東西、恐未盛行於大国、或亦自対州得之耶。

（済菴）春台作未見之。

（観海）徂来如何。

（済菴）頗醇而似欠的確。

（観海）公読弁道・弁名耶否。

（済菴）否。

（観海）今日携来、将奉案下。国禁不聴輒伝国人著述於隣国、故託堅師。他日若賜領収電覧、則公亦恐許徂来千載一豪傑。

(21) 同前書、再見筆語。
（観海）宋諸老先生立教、豈不美耶。然不知古言、以己意解古人之言、宜乎不得聖人之旨。明鏡出仏書、止水出荘子、虚霊不昧皆剖折仏書之字、聖人之教豈有此耶。且其立教持行可観、而治平之術甚疎、何以供家国天下之用、所以不免致疑。

（済菴）貴国之学、非不贍博、而率皆吹毛覓疵於程朱之緒業。自伊藤氏以来、一転再転、其弊将与陸王同帰。蓋以所論雖異、而所譏者同耳。漢唐箋注、只是記問而已、不有程朱、何以啓明。後学当遵守規轍、不当譏訕瑕類。明鏡止水雖出於荘磨、其言善於譬喩、則豈可以人廃言耶。

(22) 前注(5)、巻上、頁二。
（済菴復）貴国文献非不美矣。独於談経之道、実多背馳朱子、甚至於吹毛覓疵。

(23) 宮維翰『龍門先生鴻臚傾蓋集』頁八。
（維翰稟）自徂徠先生物茂卿者勃起、始倡復古之学。……徒以貴国人才之盛、鴻儒故老亦何限。其中有捨宋儒之固而別闢復古之門者乎。

(24) 龍元周『班荊間譚』巻下、頁五。
（直淵稟）我国二十年前、有物茂卿号徂徠先生者、以唱古文鳴。其言曰、古言与今言不同、宋儒唯以今言解古言、宜哉胥陥理窟也。……於是乎東方学者慕風帰徳、始知宋儒之固陋。今貴国専主張宋学、故無有問者耳。又有宇鼎字士新先生者、亦倡古文、然於宋儒粗有所采、雖古文亦有所不取焉。

（矩軒復）徂徠之名、吾聞之矣。人則豪傑云、学則大違義理。貴邦排斥程朱者、皆此人之罪也。如士新執其中、則温厚之士、一時奇才。

(25) 前注(12)、巻下、頁五。
（矩軒上括嚢足下）僕見日本学者専以排斥程朱為第一能事。蓋自□□《ママ》仁斎以下皆然耳。今則已成膏盲之症、僕雖有瞑眩、焉得以用之。

（括嚢復）近世此方有伊藤仁斎者、其所著論孟古義・大学定本・中庸発揮等書行于世、其説浸充溢矣。先輩絅斎浅見先生擠其巣窟、砭其病根、於是乎漸次衰廃、今也百存一二。又有倡陽明之学者、僕先師不得已弁詰剖折、竭力闢之、其党亦幾亡矣。又近有姓物字茂卿号徂徠者、博覧高才、善文章。初学古文辞、以于鱗元美為標的、及溯而治経、刱立新見、著学則・弁道・弁名三書、命之曰古学。然其所教不過模倣春秋戦国秦漢之文也、而以此為修辞之道、斥居敬窮理存養省察之功夫為邪説、観思孟周程張朱如蟊賊、以欺世盗名。而海内黄口甿生之小有才者靡然従之。其徒太宰徳夫張皇其説、以倡古学、譏議山崎闇斎、目之曰道学先生。以道学二字為綽号也、猶宋朝称偽学、其罪過於徂徠也。

（矩軒再復）蒙賜回教、快若披霧見天。不意扶桑以東有此長夜之燭。……非足下無以救得、他日聞日東有正路之学云、則僕尚再拜賀足下之力耳。在東武与中村深蔵論弁甚苦、而扞格不入、無一分之效、可歎也已。

（済菴稟）而僕於五千里往返之役、閲歴数百文士、而詞章記誦之芸、都不関繫於為人様子。間有以経術為問、而皆以濂洛関閩之正路為老生常談、睨而不顧、真所謂蚍蜉撼樹者也。江戸藤原明遠頗有才識、而亦於朱学陽尊而陰擠、究其所就、亦不過伊藤維楨之余派也。未知草野山林之間、窮経而講学、不悖程朱之旨者、有幾人哉。

（26）前注（13）、巻下、頁一八。前注（13）に対する源東郭（菅沼東郭）の論評。
而未嘗遑談先王之道也。且彼邦之学者深信思孟程朱勝於孔子也。我邦学者知思孟之有弊程朱之多差、則何与彼邦人怒目抗衡、以追朱陸鵝湖之争乎。夫君子無所争、争則何以異於思孟程朱哉。故無与論道者也。

（27）『善隣風雅後編』巻上、頁三三、（朴仁則）奉呈芝林道案下（七月四日）。
得見大坂人士刊出僕輩唱和之巻、則僕詩大半皆是日本人贋作、其唱和之人亦是当日座中所未見之人、事極怪訝。第此巻之得見、非由諸人之送寄、因他人中間買見、故無路弁正。

（28）松田甲「李朝英祖時代戊辰信使の一行」（『日鮮史話』二、東京、原書房、一九七六、原本第四編、一九二七）頁六八。以下に記す李明五の『泊翁詩鈔』巻五、辛未海行録には、沈象奎「奉贐泊翁詞伯日本之行」が収録され、「戊辰有二邦連璧録。録中源東郭与済菴（李鳳煥）最多酬唱。其子四明年十七、亦能属和。今如在者、年当八旬矣。泊翁必訪之也」とある。松田甲の発言はこれにもとづくに違いない。
なお前注（3）李元植著書、頁六五八によれば、この書が韓国国立中央図書館に一部現存するというのでこれを実見したが、菅沼東郭や李鳳煥や朴敬行に関わる上記以上の特別な記載はない。

（29）草場韡『対礼余藻』巻上、六月二十一日客館筆語。
（泊翁）攻朱子者、自明至清不可勝言。薛文清・胡敬軒諸公之外、陽明之学・陳白沙之道皆是禅学、更熾於象山之時。至毛奇齢西河者晩出力攻、無可言。昔聞貴邦物茂卿・伊藤維楨力戦朱学。至於戊辰信行先大人以書記入来之時、源東郭斐膽博大攻聖学。故僕常以貴邦学術之不正為訝。

（30）阿部吉雄『日本朱子学と朝鮮』（東京、東京大学出版会、一九六五）頁四六九。

（31）本書第一五章、頁四四四。

（32）『桑韓塤篪集』巻一〇、韓客筆語、頁二二。
雖有使价往来、不与其人相接。……其朝士儒生文辞学問非所聞問。

第一〇章

（1）『韓国の高等歴史教科書――高等学校国定国史』（世界の教科書シリーズ15 東京、明石書店、二〇〇六）頁二七四。なお、『고등학교 국사［高等学校国史］』（ソウル、국사 편찬 위원회［国史編纂委員会］・국정 도서 편찬 위원회［国定図書編纂委員会］、二〇〇二初版、二〇一一第二版六刷発行）頁一〇四でも、この部分は変更なし。これは最近まで使われていたが、現在では検定教科書制度で、複数発行。

（2）河宇鳳「元重挙의『和国志』에 대하여［元重挙の『和国志』について］」（『全北史学』第一一・一二合輯、一九八九）、同「元重挙의 日本認識［元重挙の日本認識］」（『李基白先生古稀記念韓国史学論叢』下、ソウル、一潮閣、一九九四）。これら二論文は、河宇鳳『朝鮮王朝時代の世界観と日本認識』（金両基監訳、小幡倫裕訳、東京、明石書店、二

〇〇八、原本は『조선시대 한국인의 일본인식［朝鮮時代韓国人の日本認識］』ソウル、慧眼出版社、二〇〇六）第二部第二章「朝鮮時代後期通信使使行員の日本認識――一七六四年甲申通信使の元重挙を中心に」におおよそ重なる。また신로사「元重挙의『和国志』에 関한 研究――그의 日本認識을 中心으로［元重挙の『和国志』に関する研究――その日本認識を中心に］」（成均館大学校大学院碩士論文、二〇〇四）。

本書で一七六四年通信使と呼ぶものは、朝鮮ではそのソウルを出発した時点を取って癸未（一七六三年）通信使と呼ばれ現在の韓国でもそう呼ぶ。しかし、日本における学術交流は癸未十二月三日（一七六四年一月五日）以降のことであり、かつ日本ではこれを明和（一七六四年）通信使と呼ぶのが普通であるから、本書でもこれを一七六四年通信使と呼ぶ。

（3）李元植『朝鮮通信使の研究』（京都、思文閣出版、一九九七）、第五章「筆談唱和集総目録」。高橋昌彦「朝鮮通信使唱和集目録稿（一）（二）」（『福岡大学研究部論集』A六［八］、二〇〇七、A九［二］、二〇〇九）。

（4）金声振「南玉의 生涯와 日本에서의 筆談唱和［南玉の生涯と日本での筆談唱和］」（『韓国漢文学研究』第一九輯、一九九六）。彼の清職化と投獄死去は、『朝鮮王朝実録』英祖四十一年六月壬戌、四十六年十一月壬申。

（5）鄭玉子「성대중［成大中］」（『한국민족문화대백과사전［韓国民族文化大百科事典］』ソウル、한국정신문화연구원、一九九五）。

（6）前注(2)河宇鳳、一九九四年論文。日本語訳書、頁二一一。

（7）前間恭作「庶孽考（二）」（『朝鮮学報』第六輯、一九五四）頁七九。

（8）韓泰文「李彦瑱의 文学観과 通信使行에서의 세계인식［李彦瑱の文学観と通信使行での世界認識］」（『国語国文学』第三四輯、一九九七）。鄭珉「『東槎余談』에 실린 李彦瑱의 필담 자료와 그 의미［『東槎余談』に載った李彦瑱の筆談資料とその意味］」（『韓国漢文学研究』第三二輯、二〇〇四）。評伝として박희병『나는 골목길 부처다――이언진 평전［私は細道の仏様――李彦瑱評伝］』（ソウル、돌베개、二〇一〇）。

（9）内山栗斎『栗斎探勝草』付録 韓客唱和。

（10）『松穆館燼余稿』（『韓国文集叢刊』第二五二輯、頁五〇二下）。

滿衢路皆聖賢、但駆使饑寒苦、有良知与良能、孟氏取吾亦取。

（11）元重挙『乗槎録』甲申三月十日。

初到釜山。余謂両友曰、日本之人、不知有程朱。吾欲動引程朱以接之、兄意如何。両友難之曰、豈不好耶。但彼所不知、己独言之、必有齟齬不相合之弊矣。不若依左伝・世説、雑詼諧、以俳優蓄之之為簡便矣。余曰、程朱之道、吾安能知之耶。但非此則吾無藉手藉口之語。以吾鈍劣、縦欲謔浪笑傲、淋漓談讌、平生所不能者、顧何可強而能之耶。……以吾礼義朝鮮、荘敬自持、修飭冠服、不失動作威儀之則、非程朱不語、非経書不引、顧不好耶。至於詩文、則才既不逮、必欲略之。両友笑曰、立言甚正大、吾亦服膺。第唱酬之席、本非講学之時。己若語引程朱、而彼或妄加非斥、則其可尽与弁難耶。若至不好顔面而罷、則不如初無事之為愈矣。余曰、座中若有非斥程朱之類、則正色斥之、勿与唱酬、亦何傷耶。然必不至於此境矣。行且観之。両友唯唯矣。

（12）申維翰『海游録』（『海行摠載』一、『朝鮮群書大系』続々第三輯、京城［ソウル］、朝鮮古書刊行会、一九一四）頁三五二・二九九。

（13）同前書、頁三四三。

（14）奥田元継『両好余話』巻上、頁三。

彼所謂童子問・二弁・論語徴等既有伝貴邦、議定其道可否耶。……諸著則前使已齎去。一触鄙眼、可悪可悪。

（15）『亀井南冥・昭陽全集』第一巻（福岡、葦書房、一九七八）頁九。

(16) 亀井南冥『泱泱余響』（同前書）頁五一三下。
秋月曰、貴国百余年来、文集以誰為宗。道哉曰、……予所見知者、且蘐園翁乎。秋月曰、蘐園集幾巻、到大坂、可求見否。

(17) 瀧鶴台『長門癸甲問槎』巻一、頁七。
近歳東都有徂徠先生者。大唱復古之学、風靡海内。所著有弁道・弁名・論語徴等、其詳非一席話所能尽也。

(18) 『先哲叢談』（源了圓、前田勉校注、東京、平凡社、東洋文庫五七四、一九九四）頁四二五。

(19) 南玉『日観記』巻八、三月二日。
師曽携示停雲集・徂徠集。停雲源嶼所選日東詩、徂徠乃物雙栢之文、所謂蘐園也。作四書徴、攻朱子無余力、肆為詖淫之辞、鼓一国而従之、其声望莫之先焉。観其文、非不為自中之雄、光燄燁然、弁説宏放、而以得李滄溟而後、始得古経修辞立言之義云者、求説不得、於理不近。詩又不及文、多譏貶我人之語。

(20) 顕常大典『萍遇集』巻上、五月五日の筆談記録で、「秋月曰、魯堂贈我以徂徠集、不言価」とある。那波が南玉に『徂徠集』の書価を言わなかったのに対して、南玉は代金を払いたいと言っていたのである。これは彼が代わって買ってほしいと言っていたことを表すであろう。

(21) 山田正珍『桑韓筆語』。
時龍淵読徂徠文集・春台文集。故問之。（龍淵曰）徂徠文辞可謂日東巨匠、而学術大誤。

(22) 前注(11)、三月十日。

(23) 前注(17)、巻二、頁九。
徂徠随筆・論語徴未見。其全集已見、弁道弁名亦已見、未見学則。足下有帯来者否。

(24) 宮維翰『東槎余談』巻下、頁三。
龍門曰、金峰持徂徠学則来、為贈足下也。知否。雲我曰、既知之。

(25) 滕資哲『鴻臚館文稿』二月十八日筆語。
（雲我曰、）先生知物茂卿乎。頃間見彼集、此子亦奇士哉。文章博雅可敬。然学問一段必非真法門。惜其才之美、不入正道而為賢人為君子也。

(26) 前注(17)、巻二、頁一五。
僕熟閲徂徠集及弁道弁名。

(27) 前注(19)、巻一〇、総紀、源系。
物雙栢之文有策国之論曰、朝鮮有九世必報之志、人参繋海内生霊之命、不可絶和。馬州守介於両国、亦不可不善遇。

(28) 『徂徠集』巻一〇、贈対書記雨伯陽叙。
其介乎二大国。……万一釁啓、毋乃弗有斉襄九世之志乎。若或貢聘一絶、則人参繋乎海内生霊之命矣。……夫対府之重為最於諸辺。

(29) 前注(17)、巻二、頁一八。
東涯者茂卿所謂西京有伊原蔵、関以西有雨伯陽者邪。

(30) 『和韓雙鳴集』巻五、頁二五。
且見徂徠集中与春庵論学書、知春庵門路克正、望実蔚然、屹為徂徠堅城。……大抵東方学問、九分被徂徠輩壊了。

(31) 狩野直喜「山井鼎と七経孟子考文補遺」（同『支那学文藪』東京、みすず書房、一九七三）。

(32) 本書第一一章、頁三一三。

(33) 石金宣明『韓館応酬録』、二月二十五日。
石金　彼中国所無間有焉。経則宋板七経・孟子及古文孝経類、伝注則皇侃義疏・孟子直解等、若此彼邦今則靡有云。其他子史伝奇悉存矣。通典・通考・通史等、学士所朝習夕誦、家蔵之。
南玉　今所示目、海舶所送乎。近送之乎。
石金　不然。海舶来書、率万暦嘉靖刻也。其中毛晋所蔵十三経・十七史・韓（漢）魏叢書・津逮秘書如此等、慶長以来送之。僕所答宋板者、中古以来蔵天朝秘庫、亦有蔵郡国学校者、字様明楷、大異明本。

なおこの応答のあと、石金は次のようなコメントを書き残している。

宋板経子多出足利郷学校、而其書朝鮮本云。往征朝鮮之時、長門毛利氏齎来、蔵之学校文庫也。余以此不答者、避征韓之事也。

すなわち石金は、足利学校所蔵の宋版の多くは朝鮮からの略奪本であると理解していた。ちなみに川瀬一馬『足利学校の研究』（東京、講談社、一九四八）頁一四八によれば、足利学校には朝鮮版十五部があり、恐らくこれらは、徳川家康と関係が深かった三要元佶が寄贈したものであろうという。しかし山井や根本が底本として用いた宋版『五経正義』や鈔本皇侃『論語義疏』などは、すでに一五世紀以前に足利学校に入っていたものであり、これらの朝鮮本と関係がない。三要が足利学校の経営と活字版の出版に大きく関与したため、当時このように考える者もいたのである。

(34) 宮維翰『東槎余談』巻下、頁八、三月十日。

龍門（宮維翰）若皇侃論語義疏・孔安国注古文孝経・王粛孔子家語注、是等既刊行。此逸於中土、全然存吾日東、好古学士崇尚之。寧楽（即南都）吾先王旧都、有三大庫。庫中多唐来珍籍、若杜預左伝釈例、中土不聞伝之、蓋存庫中云。公等想心酔濂洛之学、不貴此等之書。

玄川（元重挙）然。縦有此等注解、無益正心誠意術、弊邦所不取也。

(35)『先哲叢談後編』巻六、劉龍門（東京、国史研究会、一九一六）頁一九三。

(36) 奥田元継『両好余話』巻上、頁二六。

仙楼（奥田元継）皇侃義疏論語、通篇用也矣焉等字、多於朱子之本、其他文字較異、如貧而楽、作貧而楽道、久而敬之、作久而人敬之之類。又公冶長解鳥語、詳皇疏。然朱子以為長之為人無所考。如朱子博覧、亦不見皇本然。

玄川（元重挙）朱子、孔子之後一人聖脉、豈有所不識乎。如四書則道貫天地之大、理極山海之深。僕輩焉得奉議。公之言妄矣。

(37) 撰者不詳『朝鮮人草書日本人真書筆話』（大阪府立中之島図書館蔵）。

元重挙　本伝未及見聞。孝経伝到貴邦云。未知信然否。

某（衢貞謙）春台太宰氏者既刻其家塾、且附音注。弊邦人士、苟志学者皆先読之。

元重挙　欲得一看而不得。尊若有之、幸暫示之。

この書には撰者名が記されない。そこに記される問答を奥田元継『両好余話』附録、すなわち茅山（姓は衢、名は貞謙、字は士鳴、号は茅山、浪華の人）と南玉、成大中、元重挙らとの筆談と対照すると、その半ばが一致する。よってこの書は衢貞謙撰であるとして、ほぼ間違いない。彼は奥田の門人であり、『両好余話』の序を書き、その校定をした人物である。南玉『日観記』によれば、四月五日に面会している。

(38) 瀧鶴台『長門癸甲問槎』巻二、頁九。

龍淵（成大中）足利学校之古経、紀州山君之著述、如是海外異本、而僕未得一玩、深可恨也。帰装甚忙、無由購去、尤可歎。行橐其或帯来耶。願得一覧。

鶴台（瀧）古経未刊行、考文亦多巻帙、僕不携来、不得供覧、可憾也。

(39) 南玉『日観記』巻一〇、総紀、学術・称号。

以朱子為誤経、得李攀龍文集、以為聖経之旨在是、解経舎是不得。物雙栢以為倭読書有釈無音、……教以華音読書。

(40) 成大中『日本録』。

西京有伊藤惟貞字原蔵〔正しくは源助、源佐〕、号仁斎、著童子問、

門路近陸学。江戸物茂卿、名雙栢、号徂徠、……文章俊麗、殆日東第一、而学術詖僻。自孟子以下、皆加侵侮、然自言因王李而悟道、文辞亦尊尚王李、以王李為宗師。其見識之卑如此。惟貞作論語注、茂卿作論語徴、駁惟貞並及朱子、材俊者靡然従之。雖或有尊崇程朱者、皆老学究、力弱不能自立。

(41) 元重挙『和国志』巻二、異端之説。
後得王世貞・李于麟文集於長崎唐船、不但慕其詩文、謂之正学而学之、遂自名王李之学。自著論語徴、自孟子以下、一皆詆侮、至程朱尤甚。……一国之人波奔湍赴、至称為海東夫子。……而無仏老論性論徳之奇、乏陸王良知良能之辨。而所宗祖王李者、又是天下所共笑之人。

(42) 以下の頁数は『荻生徂徠』（日本思想大系三六、東京、岩波書店、一九七三）による。同書に収録しない文章については、『徂徠集』の巻数、頁数を示す。徂徠学の主旨については、主に吉川幸次郎「徂徠学案」（同書収録）、丸山真男『日本政治思想史研究』（東京、東京大学出版会、一九五二）を参照。

(43) 宮維翰『東槎余談』巻下、頁一六。
雲我曰、国法外宋儒而説経者重縄之、不敢言説此等事。請論文章。

(44) 滕資哲『鴻臚館文稿』三月四日筆語。
嘗聞貴国宗程朱之訓、不貴異説。近世又有卓識之人、而有見于此乎。聊吐所蘊。（秋月）展閲一過、而無復一語矣。

(45) 渋井太室『品川一燈』。
但聞諸公在江都之日、覔双松論語徴与其集読之、故問貴見如何、非敢嘗試也。

徂徠集略々看了。……足下既以非敢嘗試発之、而求其説於僕輩者、極知有深意於其間。未知此言果有契於足下之本意否耶。

(46) 秋山章『青丘傾蓋集』巻下。
玄川曰、観貴邦文士、学則尚明儒祖陸之説。

(47) 磯谷正卿『河梁雅契』頁一一。この言葉は朝鮮の儒者金麟厚（一一五六〇）の詩として有名。その後、漢学を学ぶ必要があると主張する中国清朝の学者を論難する時にもこの言葉が用いられたこと、本書第八章、頁二二八。

(48) 瀧鶴台『長門癸甲問槎』巻二、頁一三。
徂徠之学、以古言解古経、明如観火。如朱子明徳解、与詩・左伝不合、仁為心徳。……古者詩書礼楽、謂之四教四術。士君子之所学是已。豈有本然気質・存養省察・主一無適等種種之目乎。……唯懸空詆呵徂徠已、而未蒙明挙似其教与先王孔子之道相齟齬処。

(49) 同前書、同巻、頁一四。
茂卿之誤入、正坐才太高、辨太快、識太奇、学太博、而其文華力量実有不可遽斥絶者。後学若能師其可師者、而捨其可捨者、則可謂善学茂卿、而茂卿亦将有補於後人也。

(50) 南玉『日観記』巻一〇、総説、学術。
然攻朱者多才俊、主朱者多庸下。近世物雙栢眩惑一世、……功罪倶魁、如秀吉之於其国。……留守友信之学稍正而陋、南宮喬之学博而誕。

(51) 同前書、巻七、正月二十三日。

(52) 瀧鶴台『長門癸甲問槎』巻下、頁一二。
日東文運日闢、古人所称天気自北而南者、斯有験矣。但恨目今波奔而水趣者、大抵是明儒王李之余弊、而唱而起之者、物徂徠実執其咎。

(53) 藤塚鄰『清朝文化東伝の研究──嘉慶・道光学壇と李朝の金阮堂』（東京、国書刊行会、一九七五）頁一四〇。

(54) 河宇鳳『朝鮮後期 実学者의 日本観研究』（ソウル、一志社、一九八九、頁二三〇。日本語訳『朝鮮実学者の見た近世日本』井上厚史訳、東京、ぺりかん社、二〇〇一、頁二七三）。

第一一章

（1）狩野直喜「山井鼎と七経孟子考文補遺」（同『支那学文藪』東京、みすず書房、一九七三）。

（2）荻生徂徠『徂徠集』巻九、七経孟子考文叙。また、『七経孟子考文補遺』序。

故千載之後、欲求聖人之道者、終不能廃漢儒而它援為是故也。宋而後、人喜新説、而古注疏束之高閣、鮮有能読焉者。是阿其所好、沿流忘源。況人非聖人、何必尽善、而乃執一以廃百、亦弗思之甚也。今閲世所行古注疏板刓文滅、不可得而読之。夫以諸夏聖人之邦、世奉教之弗衰、学士之衆何限、而乃致斯泯泯者、豈非人不体仲尼之心、信而好古之義熄焉邪。

（3）淵好凱『槎余』（東北大学狩野文庫蔵本、寛政六年、一七九四刊本）頁一六。

安子帛（東海）我邦雖蕞爾、尚有可観者、請試言之。如十三経注疏善本・孔子家語善本・古文孝経孔安国注・皇侃論語義疏・東観漢記・孝経鉤命訣等書、皆趙宋以前海舶所載来者也。聞中華今則亡矣。雖不才如僕者、亦朝習夕誦、所従事于斯、以此為幸耳。

李鳳煥 ……。我国制度儀章一倣大明集礼。世界中独守先王章徳之具者、一隅三韓耳。十三経注疏以下諸書、鄙邦亦皆有之。而此等書既経程朱去取、則不過充東東閣、以時参考而已。（好凱［淵好凱］按、東海告中華所無之書、而済菴答為彼邦悉有之、可謂誣以虚妄矣。程朱豈読東観漢記為去取乎。彼所見亦唯宋以後書、故不知古注、足為証也。可笑）。

（4）宮維翰『龍門先生鴻臚傾蓋集』。

子帛誇述本邦典籍中華之所無、則済庵答以十三経注疏架閣楼上、一従程朱之取舎也。彼心酔程朱、而至不辨菽麦、掩耳而避耳。

（5）川瀬一馬『足利学校の研究』（東京、講談社、一九四八）頁二〇二。

（6）『図書寮漢籍善本書目』（東京、宮内省図書寮、一九三〇）頁四五。

（7）山城喜憲「知見孔子家語諸本提要（一）」（『斯道文庫論集』第二一輯、一九八四）頁一九一、同「（二）」（同、第二二輯、一九八七）頁一・二三。

（8）阿部隆一「古文孝経旧鈔本の研究（資料篇）」（『斯道文庫論集』第六輯、一九六四）頁四―二四。長澤規矩也『足利学校貴重特別書目解題』（同『長澤規矩也著作集』第四巻、東京、汲古書院、一九八三、頁三一一）。

（9）阿部隆一・大沼晴暉「江戸時代刊行成立孝経類簡明目録」（『斯道文庫論集』第一四輯、一九七七）。

（10）『論語義疏』（大阪、懐徳堂記念会、一九二四）武内義雄「論語義疏校勘記」条例。

（11）『論語集解義疏』服部南郭（服元喬）「皇侃論語義疏新刻序」。

（12）本書第一〇章、頁三一〇。

（13）同前注、頁二八九。

（14）前注（2）。

上毛之野有野参議遺址、乃数百年弦誦之地焉。紀人神生夙有好古癖、偕州人根遜志者往探之、獲宋本五経正義、文具如弇州之言、而較之明諸本、其所缺失皆有之、紕繆悉得。又獲七経・孟子古文及論語皇疏校之、其経注頗有異同、而古時跋署可徴、亦唐以前王段吉備諸氏所齎来、存于此而亡于彼也。生喜如拱璧、遂留三年、磬其蔵以帰、因積勤得疾。……生名鼎、字君彝。

なお「上毛之野」と言うところ、『七経孟子考文補遺』に付せられた序では「下毛之野」と記す。

（15）『先哲叢談』（源了圓、前田勉校注、東京、平凡社、東洋文庫五七四、一九九四）頁四二五。

（16）瀧鶴台『長門癸甲問槎』巻二、頁一。

乗槎星使自朝鮮、遊遍帰来日出辺、海上十洲逢大薬、洞天幾処会群仙、国風難和王仁詠、秦火独余徐福篇、更有東毛古経在、憑君欲使異方伝。

〔原注〕毛野州足利郷有学校、参議野篁所創。有謄写古経宋板十三経等、比明板大為善本。近徂徠先生塾生紀人山重鼎校讎異同、官刻七経孟子考文、行於海内、好古之士以為奇宝焉。

(17) 本書第一〇章、注(38)。

(18) 南玉『日観記』巻一〇、書画。

書冊之無全経、欧陽公既已辨之矣。……我国所未見者、孔安国孝経伝・梁皇侃論語疏・唐魏徴群書治要・宋江少虞皇朝類苑。

しかし一七四八年に来日した曹命采『奉使日本時聞見録』五月二十四日によれば、中村蘭林は彼らに対して「漢唐以来、典籍浩瀚、中華之既亡者、我邦多存之。若孔安国『孝経伝』梁王侃『論語疏』唐魏徴『群書治要』宋江少虞『皇朝類苑』不一而足。貴邦亦伝此等之典籍乎」と尋ねている。南玉が列挙したものは、おそらく曹命采によるこの情報にもとづくであろう。

(19) 尾崎康「群書治要とその現存本」(『斯道文庫論集』第二五輯、一九九〇)、川瀬一馬『古活字版の研究』(東京、安田文庫、一九三七)頁三八八。

(20) 前注(19)川瀬著書、頁一九二・三八八。

(21)『青荘館全書』III(『韓国文集叢刊』第二五九輯、ソウル、民族文化推進会、二〇〇〇、頁一六三下・一六七上)。

(22) 藤塚鄰『清朝文化東伝の研究——嘉慶・道光学壇と李朝の金阮堂』(東京、国書刊行会、一九七五)頁一〇八・一四二。

(23) 申在植『筆譚』道光七年正月九日。

甘泉曰、日本有皇侃論語疏、中国所無。貴邦有此書否。月汀曰、聞日本近甚好学、刊書頗多云矣。余(申在植)曰、日本隔海、通信亦罕、不可詳知。而年前適有使介之往来、蓋聞其不甚高明矣。

『筆譚』については、本書第八章。

(24) 本書第八章、頁二三六。

(25) 成海応『研経斎全集』続集、冊一二、題倭本皇侃論語義疏跋後。(『韓国文集叢刊』第二七九輯、頁二五〇上)。

倭人素好贋作、近又書籍寖盛、益滋其詐。皇侃疏流伝海外者、誠亦無怪。彼与今何晏本異者、皆偽撰也。……其狡詐不測乃如此、乃謂之真本乎。

なお、成海応の孔安国伝『古文孝経』に対する見解は、同書、外集、(同書、二七六輯、頁一九九)「日本本古文孝経孔氏伝」に見える。

(26)『四庫全書総目提要』(台北、台湾商務印書館、一九七一)頁七一三。

知其確為古本、不出依託。

(27)『日本書目大成』第一巻所収『日本国見在書目録』(東京、汲古書院、一九七九、頁一五)。また太田晶二郎「吉備真備の漢籍将来」(『太田晶二郎著作集』第一冊、東京、吉川弘文館、一九九一)、大庭脩『漢籍輸入の文化史』(東京、研文出版、一九九七)頁二八。

(28)『本邦残存典籍による輯佚資料集成』(京都、京都大学人文科学研究所、一九六八)頁一一四「孝経鉤命訣」、同『続編』頁一九「東観漢記」。

(29) 太宰春台『標箋孔子家語』跋。

後得汲古閣板一本則王子雍注全本也。因以我東方所有旧本校之、其文全同、……余怪以為我本或流伝於彼、而汲古閣氏得重刻之邪。

(30) 張心澂『偽書通考』(上海、商務印書館、一九五四重印)頁四三三。

(31) 前注(26)『四庫全書総目提要』頁六四八。

殆市舶流通、頗得中国書籍、有桀黠知文義者、摭諸書所引孔伝、影附為之、以自誇図籍之富歟。

第一二章

(1) 本書第III部。

(2) これまでの洪大容研究のうちその燕行に即したものとしては、金泰俊（김태준）『洪大容評伝』（ソウル、民音社、一九八七）、同『虚学から実学へ——一八世紀朝鮮知識人洪大容の北京旅行』（東京、東京大学出版会、一九八八）が優れている。近年刊行された『연행록연구총서［燕行録研究叢書］』（ソウル、学古房、二〇〇六）全一〇冊でも、洪大容が多く主題として取りあげられている。また鄭勲植（정훈식）『홍대용 연행록의 글쓰기와 중국 인식［洪大容燕行録の文章記述と中国認識］』（プサン、세종출판사、二〇〇七）およびここに掲げる参考文献参照。

(3) 洪大容『湛軒書』（『韓国文集叢刊』第二四八輯、ソウル、景仁文化社、二〇〇〇）。

(4) 『燕行録選集』（ソウル、成均館大学校大東文化研究院、一九六〇）上冊所収本、林基中編『燕行録全集』（ソウル、東国大学校出版部、二〇〇一）第四二・四三冊所収本ともに奎章閣蔵本である。

(5) 『湛軒書』外集巻一、与潘秋庫庭筠書（『韓国文集叢刊』第二四八輯、頁一〇三下）。

(6) 同前書、会友録序、頁一〇一上。

洪君徳保嘗一朝踔一騎、従使者而至中国、彷徨乎街市之間、屏営於側陋之中、乃得杭州之遊士三人焉。於是間歩旅邸、歓然如旧、極論天人性命之源・朱陸道術之辨・進退消長之機・出処栄辱之分、考拠証定、靡不契合。而其相与規告箴導之言、皆出於至誠惻怛。始許以知己、終結為兄弟。

(7) 金鍾厚『本庵集』巻三、答洪徳保（『韓国文集叢刊』第二三七輯、頁三八〇上・下）。

及聞其与剃頭挙子結交如兄弟、至無所不与語、則不覚驚歎失図。

(8) 『湛軒書』内集巻三、与金直斎鍾厚書、頁六四下。

頃因内兄承聞、座下以容之入燕時与杭州輩交歓、大加非責。……其問答書牘、略有記出而過半遺忘、無甚可観。且座下既以其交際為非、則固不敢益露其醜而重得罪於尚論之下。

(9) 『本庵集』巻三、答洪徳保、頁三八二上。また『湛軒書』内集巻三、直斎答書、頁六六上。

(10) 『湛軒書』外集巻二、頁一二九上。

乙酉（一七六五＝乾隆三十、英祖四十一年）冬、余随季父赴燕。自渡江後所見未嘗無刱覩、而乃其所大願則欲得一佳秀才会心人、与之劇談、沿路訪問甚勤。

(11) 同前書、頁一三二下・一三三下。

(12) 同前書、頁一五三上。『湛軒書』附録、湛軒記、頁三二四上。

(13) 同前書、外集巻七、燕記、呉彭問答、頁二四三上。

(14) 『本庵集』巻三、答洪徳保、頁三七九上。

足下今日之行、何為也哉。匪有王事而蒙犯風沙万里之苦、以踏腥穢之讐域者、豈非以目之局而思欲豁而大之耶。目之局也則思大之、而心之局也則不思有以大之可乎。況欲大此心者、又無風沙腥穢之苦与讐域之辱者乎。……是則農圃琴射豈非足以局足下之心者乎。是蓋有創於徒労無成如某者耳。某誠益慙、然足下亦過矣。今足下病其目之局而有遠遊、則足下之目、将不局矣。盍於其猶有局者而加意焉。苟相愛之深、狂肆至此、倘蒙恕而察之否耶。

(15) 前注(7)。

(16) 嚴誠『鉄橋全集』（ソウル大学校中央図書館蔵本）第五冊、頁三、与鉄橋秋庫。

是以贏糧策馬、足跡殆遍于国中、其好之非不切也、求之非不勤也。每不免薄言往愬、逢彼之怒、惟憤悱之極、乃欲求之于疆域之外、此其計亦迂矣。

李徳懋『天涯知己書』で引用される「尺牘」「筆談」は、恐らくは『乾浄衕会友録』という名称で流布していた頃の原型を留めていると考えられる。洪大容が大幅にカットした文章のうち、後半部分（「佛家輪回、云々」）は、この『乾浄衕会友録』にも記されていたが、前半部分はやはりカットされていたようである（李徳懋『青荘館全書』III、『韓国文集叢刊』第二五九輯、頁一三四上）。『乾浄衕会友録』と『天涯知己書』の関係については、第一三章。

(17)『乾浄衕会友録』は金鍾厚に対して見せなかったように全面公開ではないにしても、人に読んでもらうことを予期して書かれたものであった。洪大容にはほかに、彼が旅行する日々に書き付けた日記や漢文本『乾浄衕会友録』などをもとに、自ら書いたと考えられるハングル本の日記『을병연행록［乙丙燕行録］』がある。これは一説として母に読んでもらうために書かれたというが、非公開の予定で書かれたようである。その現代語訳である김태준（金泰俊）・박성순訳『산해관 잠긴 문을 한 손으로 밀치도다――홍대용의 북경 여행기〈을병연행록〉［山海関で閉ざされた門を一人の手で押す――洪大容の北京旅行記〈乙丙燕行録〉］』（ソウル、돌베개、二〇〇一）頁二八四、及び정훈식（鄭勲植）訳『을병연행록［乙丙燕行録］』（第二冊、ソウル、도서출판 경진、二〇一二、頁一三一）では、「弁当を包んで馬にむち打ち、足跡は国中に広がった」と記される。

(18)『湛軒書』、外集巻七、燕記、衙門諸官、頁二五〇上下。

(19) 沢田東江『傾蓋集』三月十一日。

龍淵示図章云、吾邦柳宿雲所刻。宿雲与中州武林之本裕為域外神交、本裕刻印曰天涯相隣・海外知己、以寄宿雲。東郊云、君与僕交誼亦如此。

(20)『湛軒燕記』巻一、王挙人（『燕行録選集』上冊、ソウル、成均館大学校大東文化研究院、一九六〇、頁二五六上）。

原載論文において筆者は、「これは何年のことかわからないが、成大中が日本へ渡る前のあまり遠からぬ頃のことと考えてよかろう」と記したが、逆に百年前の明末清初のことである。ここに謹んで訂正する。

(21) 李商鳳『北轅録』（『燕行録選集補遺』ソウル、成均館大学校大東文化研究院、二〇〇八、上巻、頁八四二下―九〇二上）。

(22)『湛軒書』外集巻八、燕記、沿路記略、頁二七八下。

余宿有一遊之志、略見訳語諸書、習其語有年矣。……至瀋陽、与助教父子語無不到、而不用筆舌。

(23) 金履安『三山斎集』巻一〇、雑著、華夷辨上、華夷辨下（『韓国文集叢刊』第二三八輯、頁五〇二下―五〇三下）。

(24) 朴斉家『貞蕤閣集』初集、洪湛軒（大容）茅亭次原韻（『韓国文集叢刊』第二六一輯、頁四五〇下）。

(25) 同前書、巻四、与潘秋庫（庭筠）、頁六六四下。

僕与洪湛軒初不相識。聞与足下及鉄橋厳公（厳誠）・篠飲陸公（陸飛）結天涯知己而帰、遂先往納交、尽得其筆談唱酬詩文読之、摩挲不去、寝息其下者累日。嗟乎、僕情人也。闔眼則見足下之眉宇、夢寐則遊足下之里閈、至作擬書欲自達而止、可覧而知也。

(26) 同前書、巻四、与徐観軒（常修）、頁六六一下。

会友記送去耳。僕常時非不甚慕中原也。及見此書、乃復忽忽如狂、飯而忘匙、盥而忘洗。

(27) 本書第一〇章、頁二八四。

(28) 元重挙「乾浄筆譚」跋文（前注(4)『燕行録選集』所収『湛軒燕記』頁四二九下）。

歳癸未、余充書記、従通信使適日本。……是必有豪儁特抜之人厠足於其間、而我之鑑賞識別、実乏叔向之下堂。独其眼中風儀炯照襟懐者、寥寥若竺常（竺常大典）・瀧長凱（瀧鶴台）・近藤篤・合離（細合斗南）等若而人而已。毎想天外雲端、未嘗不瞿然歎愧、継之以惆悵也。此乾浄筆談両冊者、湛軒洪公徳保氏記之燕京者也。……其必毛挙縷載用代小説者、欲令観者各輸心眼、宛如一番経来於唱酬之席、而藉以為異日同文之用也。……以余閲此書、恍若落雲颿而馳星軺、背竺瀧而対潘（庭筠）・陸（飛）、莞爾揮毫於筆床茶爐之間矣。蓋潘陸之気義然諾、竺瀧之沈実荘重、各一其規、而若其吐露肝膽、誠愛藹然、則大抵略同。其分手揮涕、黯然牽情、各自結恋、於天南天北者、又与之彷彿矣。

(29) 竺常大典『萍遇録』巻下、書鈴木伝蔵事。元重挙『乗槎録』四月二十九日。

(30) 本書第一〇章、頁三〇七。

(31) 成大中『槎上記』書日本二才子事〔乙酉＝乾隆三十年〕。

(32) 那波魯堂『東遊篇』所収、成大中「東遊酬唱録序」。

(33) 元重挙『乗槎録』六月二十二日。

至若江戸名流徒之揮涙於品川、浪華才士輩之呑声於茶肆、尚令人念之悄悵。若夫師曽（那波魯堂）之片々赤心、竺常（竺常大典）之言々理致、瀧長凱（瀧鶴台）之謹厚無外飾、亀井魯之整竭輸中情、雖其作人不及古人、以言其事、則殆晏嬰・叔向之遺風、吾安得無情乎哉。

(34) この時の筆談記録としては、沢田東江『傾蓋集』、渋井孝徳『品川一燈』がある。

(35) 元重挙『乗槎録』三月十二日、十三日。

韓天寿・平瑛冒雨衝泥而踵来。自言初雖告別回路、西望寸腸欲裂、遂有此更来云。……朝、天寿欲別、飲泣不成声。見乗轎、又鳴咽、幾欲放声。可怪着情之已甚矣。

(36) 同前書、五月六日。

世粛（木世粛、木村蒹葭堂）惶駭、莫知所為。合離（細合斗南）指天指地而拊心、似道此天地之間、此心不可化也。因鳴咽涙被面。竺常脉々無声、泫然涕下沾襟、容止益可観。

(37) 同前書、六月十四日。

至於文士、則日与彼中文人韻士国中豪傑之流談讌唱酬、初無物累人慾之両相感発者。又彼国内地之人、大抵多柔善慈諒、有婦人女子之仁。我若与之誠心欵洽、絶不示矯飾之意、則彼皆輸尽赤心、吐出誠愨。

(38) 成大中『青城集』巻八、書金養子虚杭士帖（『韓国文集叢刊』二四八輯、頁五〇四下）。

中州之人重意気、遇可意者、不択疏戚高下、輒輸心結交、終身不忘。此其所以為大国也。吾嘗観日本、其人亦重交遊尚信誓、臨当送別、涕泣汍瀾、経宿不能去。孰謂日本人狡哉。慚我不如也、況大国乎。

(39)『湛軒書』外集巻二、頁一三二下。

鄙等初無官差、此来無他意、只願見天下奇士、一討襟抱。帰期已迫、将未免虚来虚帰、忽得両位、一面如旧、幸愜大願、真有志者事〔竟〕成也。只恨疆域有限、後会無期。……蘭公（潘庭筠）看畢、不禁凄傷。力闇亦傷感不已。

ここのところ、『湛軒燕記』所収本では「蘭公看畢、掩泣汍瀾」と記す。潘庭筠がこの日涙を流したことが、その後何度も問題になったことから考えれば、『湛軒燕記』所収本の方が矛盾なく、事実により近い描写であること疑いない。またこの部分、李徳懋『天涯知己書』に引用される文章を参照のこと（『青荘館全書』III、頁一三一上）。

(40) 同前書、外集巻二、頁一三四下。

蘭公看書未半、又涕泗汍瀾、力闇亦傷感不已云。余書中未嘗為一句凄苦恨別之語、両人之如此、誠可異也。

(41) 同前書、外集巻二、頁一七〇下。

（力闇＝厳誠）大書惨極二字、又無数打点於其下。此時力闇鳴咽惨黯無人色、吾輩亦相顧愴然不自勝。……力闇曰、千言万語、終帰一別四字、然奈此情何。……言畢而出、至門内而別。力闇含涙顰蹙、以手指心而示之而已。

(42) 南玉『日観記』巻九、五月六日、成大中『槎上記』書東槎軸後、元重挙『乗槎録』六月十四日、洪大容『湛軒書』内集巻三、又答直斎書、頁六七上。

(43)『湛軒書』外集巻二、頁一三三上。是時、上下傍観、莫不驚感動色、或以為心弱、或以為多情、或以為慷慨有心之士、諸言不一、而要之兼此而致然。

(44) 同前書、外集巻二、頁一三三上。古語云、欲泣則近於婦人。雖其情不能自已、蘭公此挙、無乃太過耶。

(45) 同前書、外集巻二、頁一三五上。但不知交修補益之義、而出於一時情愛之感、則是婦之仁而豕之交也。

(46) 李徳懋『青荘館全書』III、頁一三四上。余以為臨別作極悽苦、可也。四端之惻隠、七情之哀、政為此時準備耳。

(47) 亀井南冥『泱泱余響』巻上、十二月十日。聖門千言万語、皆従敬字上演出。

(48)『湛軒書』外集巻二、頁一三七下。世間儘有聡明之人、以近思録為引睡之書、哀哉。

(49) 同前書、外集巻二、頁一三八上。力闇曰、如吾輩若開口向人説出主敬二字、則人皆厭聞之。

(50) 同前書、外集巻三、頁一七三上。又生平過徇人情、優柔寡断、此心受病処不少。……足下毎嫌誠称許過情、……誠威儀軽率、而足下之方厳、実堪矜式也。

(51) 同前書、外集巻二、頁一四三下。余曰、改嫁不以為非耶。蘭公曰、士大夫家不改嫁、然貧而無子、改嫁亦宜。宋儒如程子、即家有再室之女。……余曰、此以衆人望人之義、其実事一而終、豈非婦人之義。蘭公曰、貧無所帰、而其人非能堅忍之人、則再適亦無害。……又曰、東方亦有未婚守節者否。余曰、納幣則已成婚、故不敢改嫁。蘭公曰、此却非情義之正。已嫁未廟見而亡、則帰葬於母家、謂其未成婦道也。未嫁夫死而守節者、古人比之為奔、雖其人実非尋常婦女可比、然亦賢者之過也。力闇曰、此亡於礼之礼也。……蘭公曰、早寡守節者、能無失行之弊耶。余曰、雖或有之、千百中一、見覚則必死、其父兄近族、皆見枳仕路。蘭公曰、父兄之見枳何也。力闇曰、為清議所不容。余曰、然。蘭公曰、太過、父兄奚罪焉。

(52) 島田虔次『中国思想史の研究』（京都、京都大学学術出版会、二〇〇二）頁八五。

(53)『戴震集』（上海、上海古籍出版社、一九八〇、頁三二三・二六五）。理也者、情之不爽失也、未有情不得而理得者也。……以我的情絜人之情。……曰所不欲、曰所悪、不過人之常情、不言理而理尽於此。

(54) 家永三郎等校注『近世思想家文集』（『日本古典文学大系』九七、東京、岩波書店、一九六六）頁一〇四—一〇六。

(55) 太宰春台『春台先生紫芝園後稿』巻一〇、頁一、読朱氏詩伝。甚矣、仲晦之昧于詩也。夫詩者何也。人情之形於言者也。……恵子曰、人而無情、何以謂之人。情也者実也、無偽之謂也。君子不知人情、不可以蒞民、為政而不知人情、必有不行。……仲晦必以勧懲言之。夫懲悪勧善者、春秋之旨也。

(56) 丸山真男『日本政治思想史研究』（東京、東京大学出版会、一九五二）頁一七二。

(57)『湛軒書』外集巻二、頁一三九下。但於帰後就枕、孤館黯黯之中、忽若二兄在坐談笑、乃蘧然驚覚、殆達朝不成睡、不得已強自排遣、以為我与彼各在七千里外、風馬牛不相及、雖可懐也、亦於我何有哉。自言自笑、以為得計。独怪其倏然之頃、情魔依旧来襲、盤拠心府。所謂得計者已渙散無迹、想此境界、乃非狂則癡也。

(58) 同前書、外集巻二、頁一四四上。

余曰、嘗聞君子之交、義勝情、小人之交、情勝義。弟近日以来、別緒関心、殆寝食不便。義勝情者、恐不如是、抑人情之不得不爾耶。力闇曰、此亦尚是情之得其正者、未至大背聖賢理義。

(59)『鉄橋全集』第五冊、頁一八、又。

従此別矣。書信亦不可復通矣。如之何弗悲。今日始擬抽暇趨別、昨承陸老兄書、意始見之、五内驚隕、以為我兄之薄情、何乃至此也。少間方頓覚其厚之至悲之切、而断于処事也。于是乎、下簾独坐、涙汪汪下。前則責蘭兄以過矣、今我亦不自禁焉。奈何。

(60) ここのところ、ハングル本の日記『을병연행록［乙丙燕行録］』では김태준（金泰俊）他現代語訳、頁四三八、及び정훈식（鄭勲植）現代語訳、頁三七四で「二筋の涙が襟をぬらした」と記す。

(61) 前注(56)、丸山真男著書、頁四六・五七・一一一、吉川幸次郎「仁斎東涯学案」（吉川幸次郎等『伊藤仁斎　伊藤東涯』［『日本思想大系』三三、東京、岩波書店、一九七一］頁五八四・六〇二）。

(62) 吉川幸次郎「学問のかたち」（『吉川幸次郎全集』第一七巻、東京、筑摩書房、一九六九）頁二〇七、前注(61)吉川論文、頁五八九。余英時「戴東原与伊藤仁斎」（『論戴震与章学誠』北京、三聯書店、二〇〇〇）。

(63) 銭穆『中国近三百年学術史（上）』（上海、商務印書館、一九三七）頁三二七―三三一。

(64) 湯浅幸孫「支那における貞節観念の変遷」（『中国倫理思想の研究』京都、同朋舎、一九八一、頁一六四）、「清代における婦人解放論」（同、頁二九三）。

(65) 楊晋龍編『汪喜孫著作集（下）』（台北、中央研究院中国文哲研究所、二〇〇三）頁一一六六。

(66) 夫馬進『中国善会善堂史研究』（京都、同朋舎出版、一九九八）頁三八七（中国語版、北京、商務印書館、二〇〇五、頁三二七）。

(67)『青荘館全書』III、頁一三二上。

朴美仲先生曰、英雄与美人多涙。余非英雄、非美人。但一読会友録則閤涙汪汪。若真逢此人、只相対嗚咽、不暇為筆談也。読此而不掩巻傷心者、匪人情也、不可与友也。

(68) 同前書、頁一三二上。

不佞今亦黙諭［喩］此意、不独湛軒然也。

(69) 同前書、頁一三七上。

死固烈矣、亦非正経道理、猶滅性之孝子也。

(70)『貞蕤閣集』巻四、与金石坡（龍行）、頁六六一上。

第一三章

(1) 李徳懋『天涯知己書』（『青荘館全書』III、『韓国文集叢刊』第二五九輯、ソウル、民族文化推進会、二〇〇〇、頁一二三上・一三七下）。

往往感激有可涕者、録其尺牘及詩文、抄刪筆談、名曰天涯知己書。今撮会友録秘本、并載不佞評語為此。篇荘語諧、層見畳出、真奇書也、異事也。

(2) 本書第一二章、頁三三八。

(3) 管見のかぎり、韓国のソウル大学校奎章閣韓国学研究院に二種、スンシル大学校韓国キリスト教博物館、延世大学校中央図書館、韓国銀行図書室、日本の東洋文庫にそれぞれ一種現存する。ほかに김영진（金栄鎮）「燕行録의 체계적 정리 및 연구 방법에 대한 試論［燕行録の体系的整理及び研究方法についての試論］」（『大東漢文学』第三四輯、二〇一一）頁七九、参照。

(4) 洪大容『湛軒書』（『韓国文集叢刊』第二四八輯、ソウル、民族文化推進会、二〇〇〇）。

（5）『乾浄衕筆談 清脾録』（上海、上海古籍出版社、二〇一〇）。

（6）注解付活字本は、蘇在英『주해 을병연행록 [注解乙丙燕行録]』（ソウル、太学社、一九九七）。

（7）金泰俊（김태준）『洪大容評伝』（ソウル、民音社、一九八七）頁三二二、蘇在英（소재영）「解題：洪大容의『乙丙燕行録』에 대하여 [洪大容の『乙丙燕行録』について]」（前注（6）、所収、頁八二九）、鄭健行「朝鮮洪大容『乾浄衕筆談』編輯過程与全書内容述析」（前注（5）、所収、頁三七八）。

（8）前注（4）、『湛軒書』外集巻一、与潘秋庫庭筠書（『韓国文集叢刊』第二四八輯、頁一〇三下）。

（9）前注（4）、巻三、頁一七四上下。前注（5）、頁一三四。

秋庫応客在外、故収来者頗多、猶逸其三之一焉。

（10）前注（4）、頁一〇七上、与秋庫書。

前告会友録中、吾兄信口諧謔之談、不能都帰刊落。

この年の三節年貢使は、十月二十二日にソウルを出発している。

（11）同前書、頁一一三下。

前告会友録三本、毎乗間披考、悦然若乾浄対討之時、足慰万里懐想之苦。但伊時談草、多為吾兄所蔵、無由追記、此中編次者、只憑見在之紙、是以可記者既多漏落、語脉亦或没頭没尾、臆料追補、頓失本色、殊可歎也。尊蔵原草如或見留、幸就其中択其可記者、並録其彼此酬酢以示之。此中三本書、吾兄亦有意見之、当即附便示之也。

（12）『燕杭詩牘』湛軒養虚僉尊兄案下、庭筠再拝白湛軒先生足下。

前者、客寓筆談、一時酬酢諧談雑出、足下乃従古紙輯録之。雖是不忘旧踪、然語無倫次、恐遺誚大雅。幸芟去其支蔓誕放者。

（13）『乾浄筆譚』（『燕行録選集』上冊、ソウル、成均館大学校大東文化研究院編、一九六〇、頁四二九下）。

此乾浄筆談両冊者、湛軒洪公徳保氏記之燕京者也。

なお『燕行録選集』所収本はソウル大学校奎章閣韓国学研究院所蔵本であるが、奎章閣所蔵の別本では、乾浄筆談両冊を乾浄筆譚両冊と作る。

（14）前注（4）、頁一二三上（答孫蓉洲書）、及び頁一二四上（答孫蓉洲書）。ただし前者では『乾浄筆談』三冊、後者では『乾浄筆譚』三本と記す。

（15）荘存与、字は方耕、江蘇省武進の人。乾隆十年に第二位で進士になっている。礼部侍郎つまり礼部の次官となった。『清史稿』巻三〇五に伝がある。

（16）雷鋐、字は貫一、福建省寧化の人。雍正十一年進士。乾隆十年に三たび通政使に遷ったといい、十五年に浙江督学となった。『清史稿』巻二九〇に伝がある。『乾浄筆譚』『乾浄衕筆談』ともに雷鉉と記すのは誤り。

（17）銭維城、字は宗盤、江蘇省武進の人。乾隆十年に状元つまり首席で進士となっている。刑部侍郎となった。『清史稿』巻三〇五に伝がある。

（18）前注（1）、頁一三一上。

（19）前注（5）、頁二四七。

（20）鄭勲植（정훈식）『홍대용 연행록의 글쓰기와 중국 인식 [洪大容燕行録の文章記述と中国認識]』（プサン、세종출판사、二〇〇七）、頁六二―六九。

（21）また、숭실대학교 한국기독교박물관 학예가（スンシル大学校韓国基督教博物館学芸課）編『한국기독교박물관 소장 고문헌 목록 [韓国基督教博物館所蔵古文献目録]』（ソウル、숭실대학교 한국기독교박물관、二〇〇五）頁一一九。

（22）『乾浄録』最終頁の数行は、『乾浄筆譚』と完全に一致するが、『乾浄衕筆談』では若干の違いがある。これはほんの一部ではあれ、『乾浄衕筆談』が編纂されるとき別本にも拠った可能性があることを示唆する。

(23) 前注(13)、『乾浄筆譚』頁三八一上。前注(4)、巻二、頁一三六上。前注(5)、頁二四。

蘭公曰、貴国景樊堂許篈之妹、以能詩名入於中国選詩中、豈非幸歟。余(洪大容)曰、女紅之余、傍通書史、服習前訓、行修閨閤、実是婦人之高処。若修飾文藻、以詩律著名、恐終非正法。

『乾浄衕筆談』では数文字違っているが、内容はこれとほぼ同じである。

(24) 前注(1)、頁一三二下。

蘭公(潘庭筠)曰、貴国景樊堂許篈之妹、以能詩名入中国選詩中、豈非幸歟。湛軒(洪大容)曰、此婦人、詩則高矣。其徳行遠不及其詩。其夫金誠立才貌不揚、乃有詩曰、人間願別金誠立、地下長従杜牧之。即此可見其人。蘭公曰、佳人伴拙夫、安得無怨。

(25) また張伯偉主編『朝鮮時代女性詩文集全編』(南京、鳳凰出版社、二〇一一)上冊所収、『蘭雪軒集』。

(26) 本書第一六章、頁五三九。

(27) 前注(13)、『乾浄筆譚』頁四〇九上。前注(4)、頁一五七上。前注(5)、頁八二。ここで「或嬴得薄倖名、或陥為軽薄子。若是乎、才不可恃、而徳不可緩也」と記すところ、杜牧『樊川外集』遣懐に「十年一覚揚州夢、嬴得青楼薄倖名」と言うにもとづく。

(28) 前注(1)、頁一三二下。

炯庵(李徳懋)曰、嘗聞景樊非自号、迺浮薄人侵譏語也。湛軒亦未之辨耶。中国書分許景樊・蘭雪軒為二人、且曰、其夫死節於倭乱、許氏為女道士以終身。其誣亦已甚矣。蘭公若編詩話、載湛軒此語、豈非不幸之甚者乎。

(29) 前注(6)、頁五一八、김태준(金泰俊)・박성순訳『산해관 잠긴 문을 한 손으로 밀치도다——홍대용의 북경 여행기〈을병연행록〉[山海関で閉ざされた門を一人の手で押す——洪大容の北京旅行記〈乙丙燕行録〉]』(ソウル、돌베개、二〇〇一)頁二六五、及び정훈식(鄭勲植)訳『을병연행록[乙丙燕行録]』(第二冊、ソウル、도서출판 경진、二〇一二)頁一〇九。

(30) 前注(4)、外集巻一、頁一二三上。

(31) 権純姫「乾浄衕与甘井胡同」(『当代韓国』二〇〇〇年、春期号)。

(32) 前注(4)、『湛軒書』付録、頁三二一上、朴趾源「洪徳保墓誌銘」。

(33) 洪良厚『寛居文』、送杭州書。

邂逅鉄橋厳先生与陸篠飲・潘秋庫両先生于琉璃廠之乾浄衚衕。

洪良厚と『寛居文』については、신로사(Shin Rosa)「담헌(湛軒)의 손자、홍량후(洪良厚)의 생애(生涯)와 그의 연행(燕行)에 관한 고찰[湛軒の孫、洪良厚の生涯と彼の燕行に関する考察]」(『大東文化研究』第八一輯、二〇一三)。

(34) 『燕杭詩牘』湛軒賢弟啓　陸篠飲。

従蘭公処、已得見致渠手札、所云、古杭文献及会友録、具見不忘故人。第文献則不敢当、飛意竟従老実、題曰杭友尺牘。乾浄衕名不雅、擬易之曰京華筆譚、何如。

(35) 銭大昕『潜研堂詩集』巻一〇、柬習庵。

(36) 本書第一二章、頁三三五。

(37) 前注(4)、頁一三一下。前注(5)、頁一〇。『湛軒燕記』(『燕行録選集』上冊、ソウル、成均館大学校大東文化研究院、一九六〇、所収)巻一、頁二三六上、呉彭問答。前注(4)、頁二四四下。

第一四章

(1) 韓国における高い評価をあらわすものとして、二〇一一年度版『고등학교 국사[高等学校国史]』(ソウル、国史編纂委員会、国定図書編

纂員会、二〇一一）頁三〇三・三〇六。洪大容に関わる記述は、『韓国の高校歴史教科書――高等学校国定国史』（世界の教科書シリーズ15、東京、明石書店、二〇〇六）頁三二四、三二七と同じ。自然科学者としての彼を高く評価する日本語文献のみを挙げれば、小川晴久「洪大容の宇宙無限論」（『東京女子大学附属比較文化研究所紀要』第三八巻、一九七七）、金泰俊『虚学から実学へ――十八世紀朝鮮知識人洪大容の北京旅行』（東京、東京大学出版会、一九八八）第八章「虚子と実翁との出会い及び宇宙論――学者・学問論（二）」、全相運『韓国科学史――技術的伝統の再照明』（許東粲訳、東京、日本評論社、二〇〇五、韓国語版は二〇〇〇年発行という）頁一六二「洪大容の地転説」、任正爀『朝鮮科学史における近世――洪大容・カント・志筑忠雄の自然哲学的宇宙論』（京都、思文閣出版、二〇一一）第三章「湛軒・洪大容の地転説と『医山問答』」、第四章「〝天円地方〟説から無限宇宙論へ――朝鮮における独自的な宇宙論の発展とその終焉」など。韓国における洪大容の自然科学思想に対する過大な評価を疑問視するものとして、藪内清「李朝学者の地転説」（『朝鮮学報』第四九号、一九六八、のち同『中国の科学と日本』東京、朝日新聞社、一九七八、に収録）、山内弘一「洪大容の華夷観について」（『朝鮮学報』第一五九輯、一九九六）、川原秀城『朝鮮数学史――朱子学的な展開とその終焉』（東京、東京大学出版会、二〇一〇）第四章「西算の伝入――崔錫鼎と洪大容」。任正爀著書、第三章「湛軒・洪大容の地転説と『医山問答』」は、自然科学者としての洪大容と『医山問答』を韓国・北朝鮮と日本でどのように評価してきたかを述べる。同書ではまたその付録として、『医山問答』の日本語訳を掲げる。

（2）『湛軒書』（『韓国文集叢刊』第二四八輯、ソウル、景仁文化社、二〇〇〇）頁九九下。

自周以来、王道日喪、覇術横行、仮仁者帝、兵彊者王、用智者貴、善媚者栄。君之御臣、啗以寵禄、臣之事君、餂以権謀、半面合契、隻眼防患、上下掎角、共成其私。嗟呼咄哉。天下穰穰、懐利以相接。倹用鐲租、非以為民也。尊賢使能、非以為国也。討叛伐罪、非以禁暴也。厚往薄来、不宝遠物、非以柔遠也。惟守成保位、没身尊栄、二世三世伝之無窮。此所謂賢主之能事、忠臣之嘉猷也。

（3）李彦瑱が陽明学に強い近親感を持っていたことは、本書第一〇章、頁二八五、徂徠学派である宮維翰との筆談は、同章、頁三〇四。

（4）本書第一二章、頁三四七―三五五。

（5）『乾浄後編』巻一、与篠飲書（十月冬至使行入去）。ほぼ同文は『湛軒書』頁一〇四下。

嗚呼、七十子喪而大義乖、迂儒曲士、博而寡要、荘周憤世、養生斉物。朱門末学、徒尚口耳、記誦訓詁、汨其師説、陽明嫉俗、仍致良知。此其憫時憂道之意、不免於矯枉過直、而横議之弊、無以異於迂儒曲士、正道之害、殆有甚於記誦訓詁、則竊以為陽明之高、可比荘周、而学術之差、同帰於異端矣。

（6）『乾浄後編』巻一、与鉄橋書。ほぼ同文は『湛軒書』頁一〇五上―一〇六下。また『鉄橋全集』第五冊、九月十日与鉄橋、頁三一。引用は『鉄橋全集』による。

不審入秋来、上奉下率、啓居適宜、看書講学之外、体験践履之功、益有日新之楽否。……嗚呼、人非木石、安得不思之、思之又重思之、終身想望、愈久而愈苦耶。容夏秋以来、憂病相仍、焦遑奔走、不能偸片隙読一字書、以此心界煩乱、少恬静怡養之趣、志慮衰颯、少彊探勇赴之気、別来功課濩落、無可道者、奈何。……伏願力闇鑑我無成、益加努力、憫我不進、痛賜警責、得以鞭策跛躃、追躡後塵也。

（7）『鉄橋全集』巻五冊、九月十日与鉄橋、頁三四、書後別紙。

功利以榛其術、老仏以淫其心、陸王以乱其真、由是而能卓然壁立于正学者尤鮮矣。……（今力闇）平日好観近思、以僭論陽明為極是、知楞厳・黄庭不若儒書之切実、則亦可以壁立于正学矣。……扶正学息邪説、承先聖牖後学、匹夫之任其亦重且遠、力闇勉之哉。

竊聞西林先生以宿徳重望、崇信仏氏、精貫内典、好談因果、諒其志豈如愚民之蠢然于福田利益哉。……如力闇之初年病裏、誦呪愛看楞厳、吾知其有所受之也。其知幾明決、不遠而復、亦何望人人如力闇乎。嗚呼、寿夭命也、窮達時也。

(8) 同前書、又発難二条。

(9) 同前書、同冊、頁四三、附鉄橋丁亥秋答書。また、『乾浄後編』巻二、鉄橋書（戊子＝乾隆三十三年五月使行還、浙書附来）。

湛軒性情無可議者、其所見以稍渉拘泥。……湛軒挙詞章・訓詁・記誦之事、皆以為害道、弟不能無疑。……而訓詁二字、則経学之復明、漢儒訓詁之功尤偉。恐不可以厚非、牽于訓詁則不可耳。

(10) 同前書。

今湛軒有得于宋儒緒言、知安身立命之有在、則甚善矣。但吾輩胸中断不可先横着道学二字。……而此外別有所謂道学先生何為者也。王文成倡其新説、貽悞後人、誠為可恨。然其事功自卓絶千古、今則道徳一、風俗同之世、姚江（王陽明）之余焔已熄久、無異言横決之患。吾輩為賢者諱、正不必時借此以為弾射之資。

(11) 同前書。

如宋之富彦国（富弼）・李伯紀（李綱）諸公、晩年皆篤信仏氏、安得以此而遂掩其爲一代偉人。正恐講道学先生不能辨此軒天掲地事業也。弟此時已不為異学所惑、豈故為此両岐之論。良欲吾湛軒于知人論世之際、少破其拘泥之見耳。若西林先生之佞仏、則其人不過博雅好古隠居自得之君子、其生平亦無大可観者、弟豈必爲之廻護哉。然亦無倡率鼓動之権、知交之中、強半皆非笑之者、可無慮其従風而靡也。

(12) 同前書。

老荘皆天資超絶、度其人、非無意于世者、不幸生衰季而発為汗漫無稽之言、大半憤時嫉俗、有激而云然耳。彼豈不知治天下之需仁義礼楽哉。蒿目傷心之至、或則慨然有慕于結縄之治、或則一死生而斉物我。……然二千余年来、排之者亦不一人、而其書終存、其書存而頗亦無関于天下之治乱。蓋自有天地以来、怪怪奇奇何所不有、而人心之霊又何所不至。……吾輩直視為姑妄言之之書、存而不論、可耳。必取其憤激駭聴之言、如絶聖棄智剖斗折衡之類、嘵嘵焉逞其撃断、究竟何補于治、而老荘有知、転暗笑于地下矣。此是講学人習気人云、亦云落此窠臼、最為無謂。

(13) 同前書。

此刻偶有所見、遂書以質諸湛軒、不審以為何如。吾輩且須照管自己身心、使不走作。若扶正学息邪説正人心、雖有其責任、恐尚無其本領、遽以此自負、近于大言欺世、弟不敢也。

(14) 『乾浄後編』巻二、篠飲書（己酉＝乾隆三十四年五月使行還、浙信附来）。なお、『燕杭詩牘』収録の同文では、陸飛はこの手紙を一七六七（乾隆三十二）年十二月一日に書いたとする。

陽明先生別語、不暇辨也。愚意無論良知致知、只是老実頭做去、従根本上立得住脚、雖未能窮尽天下之理、無害其為正人。否則其弊更有甚於文士之浮華者。若欲剗除煩悩、一空生死、則荘生斉物庶幾近道。愚将逃儒而入墨、老弟以為何如。

(15) 『本庵集』巻四、与洪徳保（己丑）（『韓国文集叢刊』第二三七輯、頁三八八上）。

(16) 『湛軒書』内集、巻三、与人書二首（頁六九上）。

嗚呼、七十子喪而大義乖、荘周憤世、養生斉物。朱門末学、汨其師説、陽明嫉俗、乃致良知。顧二子之賢、豈故為分門甘帰於異端哉。亦其憤嫉之極、矯枉而過直耳。如某庸陋、雖無是言、賦性狂戇、不堪媚世、将古況今、時有憤嫉、妄以為二子横議、実獲我心、怵然環顧、幾欲逃儒而入墨。

(17) 박희병『범애와 평등――홍대용의 사회사상［汎愛と平等――洪大容の社会思想］』（ソウル、돌베개、二〇一三）頁六九―七四ではこの「逃儒而入墨」をもとに、「注目されるのは湛軒（洪大容）が何度も〝墨に入りたい〟ということを明らかにしている事実である」とし、洪大容が墨子を重視していた論拠とする。しかし「韓国文集叢刊」「中国基本古籍庫」「四庫全書」データベースで検索するかぎり、「逃儒入墨」「逃儒帰墨」などの語は孟子の時代を直接述べるものでないかぎり、ほとんど例外なく「儒教を棄てて異端に走る」ことを意味し、より具体的には多くは「仏教に走る」ことを「入墨」と表現している。ここで実際に問題とされているのは荘子あるいは王陽明の学であって、墨子そのものではまったくない。他に論拠とされる「老墨」の語も老子と並称され、儒教以外を意味するにとどまるし、「楊氏為我、……墨氏兼愛」も楊子と並称される。洪大容が特に墨子に関心を向けていたようには、まったくない。

(18)『乾浄後編』巻二、与篠飲書（戊子＝乾隆三十三年十月作書、附節行）。『湛軒書』頁一一五上。
鉄橋南閩寄書、距死前只数月、病瘧困頓之中、猶一札数千言、纖悉不漏、可見心力絶人、処事真実、益令人痛恨而心折也。

(19)『湛軒書』附録、従兄湛軒先生遺事（頁三二三下）。
東人著書中、以聖学輯要・磻渓隨録為経世有用之学。杭州学者厳誠求東儒性理書。先生贈以聖学輯要、終使厳誠棄其所崇陸王之学而帰之正。

(20)『乾浄後編』巻一、与秋庫書（丙戌〔乾隆三十一年〕冬至使行入去、作書附訳官辺翰基）。別紙。この手紙は『湛軒書』頁一〇七上に「与秋庫書」として収録されるが、「別紙」は削除される。その大半は『乾浄衕筆談』の最後に独立した文章として、「乾浄録後語」と名付けられたものと一致する。洪大容はこれ以前に書いていた「乾浄録後語」を書き写して、潘庭筠に送ったと考えられる。

(21)『鉄橋全集』第五冊、頁五七、与九峰書。『湛軒書』頁一一六下、与九峰書。これによれば、厳誠が死去したため、前に彼に送った『聖学輯要』四巻ほかを厳果が代わりに受け取ってくれるように、と言っている。厳誠に『聖学輯要』は届かなかった。

(22)『湛軒書』頁六九上。

(23)『乾浄附編』巻一、与蓉洲書。
某近居廬、窮郷跡遠紛華、早晩取論孟諸書、随力誦読、反躬密省、験之日用、無味之味、劇於芻豢。

(24)『乾浄附編』巻一、与梅軒書。
弟苦塊余生、衰象已見、功名一途、揣分甚明。且幸籍先蔭有数頃薄田、可以代食。将欲絶意栄顕、随力進修、康済身家、以其暇日、努力古訓、玩心於大丈夫豪雄本領、此其楽　或不在禄食之下。

(25)同前書、巻二、与汶軒書（甲午＝乾隆三十九年十月）。同文は『湛軒書』頁一二七上。
三十七歳、奄罹荼毒、三年之後、精神消落、志慮摧剝、望絶名途、廃棄挙業、将欲洗心守静、不復遊心世網。惟其半生、期会卒未融釈、雖杜門琴書、時政不騰口、不除目、不剽耳、自他人観之、非不澹且寂也。夷考其中、或不禁愁憤熏心、以此其発之詩句、強作関談之套語、未掩勃谿之真情。

(26)宋栄培「홍대용의 상대주의적 사유와 변혁의 논리――특히『莊子』의 상대주의적 문제의식과의 비교를 중심으로［洪大容の相対主義的思惟と変革の論理――特に『莊子』の相対主義的問題意識との比較を中心として］」（『韓国学報』第二〇巻第一号、一九九四）。

(27)『乾浄衕筆談』二月十七日（『湛軒書』頁一四八下、上海古籍出版社、頁五九）。
陋彼拘墟子、終身乃座井。

なお『荘子』はテキストによって「拘於墟」「拘於虚」と二通り書かれる。「拘墟子」も韓国銀行蔵『乾浄筆譚』とソウル大学校奎章閣韓国学研究院蔵一本『乾浄筆譚』では、「拘虚子」と作る。

(28)『乾浄附編』巻一、与蓉洲書（癸巳＝乾隆三十八年七月）。

第昨年移宅、近坊曰竹衕、宅西有園、倚園而有一間草屋、層砌雕欄、結構頗精、乃命以乾坤一草亭。……偶成小引、仍賦十韻、一二同人従而和之。并以径寸小紙書掲楣間、此中何可少蓉洲一語耶。引与詩在下。其粗漏処、祈教之、即賜和詩為禱。

大秋毫而小泰山、荘周氏之激也。今余視乾坤為一草、余将為荘周氏之学乎。三十年読聖人書、余豈逃儒而入墨哉。処衰俗而閲喪威、蒿目傷心之極也。嗚呼、不識物我有成虧、何論貴賤与栄辱、忽生忽死、不啻若蜉蝣之起滅已焉哉。逍遙乎寝卧斯亭、逝将還此身於造物。

なお、この小引は『湛軒書』内集、巻三（頁三四下）に「乾坤一草亭主人」と題して収めるが、年月が記されない。またこの「与蓉洲書」は『湛軒書』頁一二〇下に収めるが大幅に削除され、ここで引用した文章も削っている。

小引が一七七三（乾隆三十八）年に作られたことは、この「与蓉洲書」によっておおよそ推定できるが、さらに『乾浄後編』巻二にはたまたま乱丁があり、いくつかの詩文の目録が紛れ込んでいることからもわかる。そこでは「題乾坤一草亭并小引」は癸巳つまり一七七三年の作と記す。

『乾浄附編』では、小引に続いて、洪大容作の賦十韻を記す。さらに「次蓉洲寄秋庫詩韻」を続けて記し、北京でなした筆談が楽しかったこと、厳誠と自分とは自分と他人という区別なしに交わったこと、などを記し、その思い出は「一心に結ぼれて解けず、多情は真に余に属す」と記す。「小引」は『湛軒書』附録（頁三二六下）で「乾坤一草亭題詠小引」と題して重複して収録される。『湛軒書』頁三二七上で「亭主（洪大容）題詩原韻」のあと、李鼎祜、李徳懋、朴斉家、柳得恭、孫有義、李淞、金在行の次韻を記す。孫有義のそれは、この洪大容の求めに応じて贈られたものと考えられる。

(29)『乾浄附編』巻二、与孫蓉洲書。『湛軒書』頁一二四下。

(30)『乾浄附編』巻一、与汶軒書。

弟近患重感、杜門調治、苦無佳況、病中少睡。毎念此一時感冒、既非大症。骨肉団聚食物、足以自養、猶不免憂厲薫心、嗔喝暴発。

(31)『乾浄附編』巻二、汶軒答書（甲午＝乾隆三十九年五月）。

然自訂交以来、統観前後所言、毎於不平之中稍露牢騒之言。盛世無寃民、万祈吾兄慎之。

(32)『乾浄附編』巻一、雑詠十首。

欲得真文章、須有真意思。欲為聖賢人、須作聖賢事。聯編誇富麗、燦然班馬字。危言矜瞻視、儼然程朱位。傀儡假真態、綵花無生意。欺人以自欺、俯仰能無愧。須知名外名、乃是利外利。憧々隠微間、安排足陰秘。褊心実不忍、中夜発驚悸。安得真実人、共遊真実地。

注(28)で記した詩文目録では、「雑詠十首」は庚寅すなわち一七七〇年の作とする。なお『湛軒書』頁七七上、雑詠四首として収録されるのは、十首のうちの四首である。ここで引用する詩は、ここでも削除されている。

(33)『湛軒書』頁七七下。

伊藤既鳳挙、徂徠亦鴻儒、……韓人矜褊心、深文多譖誣。

『湛軒書』にはその製作年代が記されない。注(28)に記した詩文目録では、「題乾坤一草亭小引」以下「贈元玄川帰田舎二首」までの三首を癸巳の作とする。癸巳とは一七七三（乾隆三十八）年である。

(34)『乾浄附編』巻二、与孫蓉洲書（丙申＝乾隆四十一年十月）。『湛軒書』頁一二八上。

孟子距楊墨、韓子排仏老、朱子闢陳陸、儒者之於異端、如此其厳也。

乃孔子師老氏友原壌与狂簡、只云攻乎異端斯害也已。又曰、後世有述焉吾不為之矣。此其語比諸子不啻緩矣。此将何説。

今之闢異端、未嘗不以流弊為説。然天下事曷嘗無流弊。禅譲之流其弊也簒、放殺之流其弊也弑、制作之流其弊也侈、歴聘之流其弊也遊説。以聖人大中至正、小人之仮冒猶如此。異学之流弊、亦何足説哉。是以異学雖多端、其澄心救世、要帰於修己治人則一也。在我則従吾所好、在彼則与其為善、顧何傷乎。

世儒有志於学者、必以闢異端為入道之権輿。某於此積蘊悱憤、茲以奉質于大方、乞賜条破。

なお、右に掲げた最終行、すなわち洪大容の結論である「世儒有志於学者」以下は、『湛軒書』ではこれまた削除されている。

(35)『湛軒書』頁九〇上。

崇周孔之業、習程朱之言、扶正学斥邪説、仁以救世、哲以保身。此儒門所謂賢者也。

(36)『乾浄附編』巻二、与鄧汶軒書（丙申＝乾隆四十一年十月）。

惟早晩一県、庶可努力軍民、酬報恩遇、兼籍邑俸以供滫瀡。且得其紙墨之資、亦将記述見聞以俟後人。仮我二十年、卒成此事、志願畢矣。

(37)『湛軒書』頁三二三下、附録、従兄湛軒先生遺事（従父弟　大応）。

中原則背馳朱子、尊崇陸王之学者滔滔皆是、而未嘗聞得罪於斯文。蓋其範囲博大、能有以公観並受、不若拘墟之偏見也。

(38)鄭寅普『陽明学演論』（ソウル、三星文化財団、一九七二）頁一八三。

(39)유봉학『燕巌一派北学思想研究』（ソウル、一志社、一九九五）頁八八以下。

(40)『湛軒書』頁五上、心性問、頁五下、答徐成之論心説。

(41)たとえば前注(1)、山内弘一論文、同『朝鮮からみた華夷思想』（東京、山川出版社、二〇〇三）頁七四など。

(42)『湛軒書』頁一二三上、答朱朗斎文藻書。

嗟呼朗斎、我心非石、其可頑然而已耶。入則繞壁、出則呼天、触目悲酸、死而後已。慘慘我懐、尚忍多言。……若必開門授徒、排闢異己、陰逞勝心、傲然有惟我独存之意者、近世道学矩度、誠甚可厭。惟其実心実事、日踏実地、先有此真実本領、然後凡主敬致知修己治人之術、方有所措置而不帰於虚影。……至其悲恋之情、猶近児女之私、不必過爾。

第一五章

(1)中国刊行の史料集として、『燕行録全編』第一輯全一二冊（桂林、広西師範大学出版社、二〇一〇）、第二輯全一〇冊（同、二〇一二）、第三輯全一〇冊（同、二〇一三）。『韓国漢文燕行文献選編』三〇冊（上海、復旦大学出版社、二〇一一）。

(2)銭実甫『清代職官年表』第一冊（北京、中華書局、一九八〇）によって、これらの年の礼部侍郎を確認すると、道光九年の礼部漢侍郎は楊懌曽であり、懌を繹と誤記している。これはよくあるケアレスミスである。一方の「漢侍郎文清」は、実は咸豊四年には漢侍郎ではなく、「満侍郎」であった。

(3)たとえば本書第五章「一五七四年朝鮮燕行使の〝中華〟国批判」は一般庶民が見せた地方官批判を、また本書第七章「朝鮮燕行使による反清情報の収集とその報告」は下級知識人の「常識」について記す。

(4)『燕行録全集』には明らかな誤り、あるいは疑問とすべき点が、余りに多い。まず第一に、編纂方針が明らかではない。たとえば権近『点馬行録』（巻一冊所収）は、権近が朝貢物としての馬を朝鮮国内の義州、さらにわずか鴨緑江対岸の婆娑府まで運んだ時の記録であり、中村栄孝のように、これを「事大紀行」録の一つと把握することは正しいが、燕行録ではない。李廷亀『東槎録』（第一一冊所収）、鄭太和『西行記』（第一九冊所収）などは、中国から来る詔使を迎えるための単なる朝鮮国内旅行の記録であり、中国へ一歩も足を踏み入れていない。また洪景海『随槎日録』（第五九冊所収）は、日本の江戸時代に朝鮮から通信使として遣わされたものが書いた日本旅行記である。それは通信使録であって決して燕行録ではない。通信使録も燕行録の変型と考え、これも収録したかというと、そうでもない。というのは、洪景海『随槎日録』のほかの通信使録は、ここに収録されていないからである。逆に韓国国内に現存するにもかかわらず、『燕行録全集』に収録されていないものがあまりに多い。氏はここに未収録のものとして三七種の燕行録名をその「凡例」に掲げるが、これにもそれらは漏れている。

柳思瑗『文興君控于録』、趙顕命『帰鹿集』、洪錫謨『遊燕藁』は『燕行録全集日本所蔵編』を編纂する段階で、筆者はいずれも韓国にも現存することを林基中氏に知らせたが、刊行予定の『燕行録全集』から漏れていたため『燕行録全集日本所蔵編』に収録することにしたに過ぎない。燕行使の記録ではない、たとえば崔溥『漂海録』まで収録している編纂方針からすれば、当然ここに収録すべき単冊として現存する中国旅行記が数多く漏れているばかりか、各個人文集所収の燕行録に至っては、一つ一つ指摘できないほど漏れている。『全集』と名付けた意味が不明である。本書には、同じ史料でも「異本」としていくつか重複して収録するが、どのような基準である史料についてはほとんど同じものを重複して収録し、ある史料については重複して収録していないのか、まったく明らかにされない。

第二に、撰者名と燕行年代の確定が、あまりに杜撰である。偶然に気がついたかぎりで三、四を挙げれば、撰者および燕行年代ともに未詳『燕薊紀程（燕紀程）』（第九八冊所収）は、その撰者が朴思浩であることは、内容を読めば直ちに明らかになることである。現に同じものが第八五冊に朴思浩『燕薊紀程（心田稿）』として収録されており、不可解と言うほかない。さらに同じく撰者と燕行年次ともに未詳とする『燕薊紀畧』（第九八冊）は、燕行使と燕行録を研究する者であれば、誰もがまずあたる『同文彙考補編』「使行録」などをすこしでもあたれば、その撰者が李容学であること、燕行年次は一八七六（光緒二、高宗十三）年であること、誰の目にも明らかである。さらには、金在魯という人名にすべきを、史料に出てくる金相国という官名で誤って取っているものもある（『燕行贐行帖』第六九冊）。しかもこれは金在魯の送別のために送った詩集であるから、「金相国」を撰者となしえない。李準『燕槎贐詩』（第五冊所収）に至っては、一五九二（万暦二十五《ママ》、宣祖二十五）年燕行時のものとするが、これは燕行する宋成明のための『燕槎贐詩』であり、一七二九（雍正七、英祖五）年燕行時のものである。以上挙げたのは、ほとんど何の考証も必要としないものであるから、さらに一つ一つを点検すれば、単なるケアレスミスではないこのような誤りが、いくつ出てくるのであろうか。本解題では、解題が直接関わる誤りのみについて記すに止める。なお『燕行録全集』について以上で指摘したほかの誤りについては、左江「『燕行録全集』考訂」（『域外漢籍研究集刊』第四輯、北京、中華書局、二〇〇八）参照。

（5）『燕行録研究』について、『燕行録全集日本所蔵編』の共編者である筆者にとってまず不審にたえないのは、『日本所蔵編』各冊巻頭に掲げる「日本所蔵燕行録目次」と本書頁四二以下で掲げるものとでは、記載が異なることである。前者「日本所蔵燕行録目次」は筆者（夫馬）が作成したものであり、この書の「凡例」に記したように、燕行あるいは瀋行の年代を特定はできないが推定できるものについては、〔 〕を付してある。筆者が林基中氏に送った原稿で〔 〕としたものが、

「凡例」とは不統一に（）に変わっている。しかし、これが推定年代を示すこと、本書を利用する者であれば誰もが知りうるであろう。

ところが後者の「日本所蔵本燕行録の燕行年代順排列」ではすべて筆者の行った燕行年代の確定に従いながら、推定年代とした〔〕あるいは（）を勝手に取り外し書き換え、すべて確定年代としている。史料集を利用するものにとって、誤った学術緒報を与えられるほど研究を混乱させせられるものはない。実は、〔〕をつけて推定年代とすべきこと、二〇〇一年十二月七日にソウルの東国大学校で開催された国際学術会議の場でも、筆者（夫馬）は特に発言を求め、会場で配布された『燕行録과東亜細亜연구〔燕行録と東アジア研究〕』（ソウル、東国大学校韓国文学研究所、二〇〇一）頁一八に記載された「目録2：日本所蔵本燕行年代順」の誤りを指摘し、共編者および本書利用者の注意を促した。

その後、韓国から日本の筆者のもとへ送られてきた『燕行録全集日本所蔵編』の目次を見たところ、〔〕あるいは（）が勝手に削られて確定年代とされているばかりか、本史料集で収録する原本を所蔵する所蔵図書館名も勝手に削られていた。筆者はこれに強く抗議したため全三冊とも目次および「凡例」の部分四葉のみ張り替えられた。何故、推定年代ではなく確定年代とできるのか、その根拠を問い合わせたが、まったく返答をいただけなかった。ところが『燕行録研究』は二〇〇二年六月の序文をつけるにもかかわらず、筆者（夫馬）作成の目次に基本的にすべて依拠しながら、またまた〔〕あるいは（）をはずしている。またたとえば『瀋行録』については、瀋行年次を一六八二（康熙二十一、粛宗八）年―一八〇五（嘉慶十、純祖五）年と百数十年にわたるものとすべきを、勝手に一六八二（康熙二十一、粛宗八）年と単年が記載されるのみである。利用者が誤解するであろうこと、まったく考慮されない。さらに本解題14・『燕行詩（薊程詩稿）』は、『燕行録研究』では勝手に燕行年次を「純祖元年（嘉慶六年）」と誤った確定年代に書き換えられているが、今回初めて「純祖三（嘉慶八）年」と確定できたこと、本解題14・参照。

（6）小野和子「明・日和平交渉をめぐる政争」（『山根幸夫教授退休記念明代史論叢』東京、汲古書院、一九九〇）。

（7）藤本幸夫『日本現存朝鮮本研究 集部』（京都、京都大学学術出版会、二〇〇六）頁三五二。

（8）撰者未詳『随槎日録』（本解題20・）。
道光五年十一月二十七日、自副房修入柵状啓付撥。上价体重、不親署也。

（9）宮崎市定『雍正帝』（『宮崎市定全集』第一四巻、一九九一、所収）。

（10）野口鐵郎『中国と琉球』（東京、開明書院、一九七七、頁三五四・三五七）。

（11）辛酉の邪獄および黄嗣永帛書事件については、山口正之『黄嗣永帛書の研究』（東京、全国書房、一九四六）、および同『朝鮮キリスト教の文化史的研究』（東京、御茶の水書房、一九八五）、参照のこと。

（12）王蘭蔭「紀暁嵐先生年譜」（『師大月刊』第六期、一九三三）。

（13）藤塚鄰『清朝文化東伝の研究――嘉慶・道光学壇と李朝の金阮堂』（東京、国書刊行会、一九七五）。

（14）『韓国古書綜合目録』頁一一六〇で、金魯敬編『燕行雑録』写本（自筆）一六冊、国立中央図書館蔵、とするが、内容を見れば、これが金魯敬編あるいは金魯敬撰であることはありえない。林基中『燕行録研究』頁四五で、やはり金魯敬『燕行録』一六冊とするのも、かりにこの国立中央図書館蔵本であるとすれば、誤りである。ところが『燕行録全集』第七九冊―第八三冊に徐有素『燕行録』一六冊というものを収録する。これを国立中央図書館蔵本の『燕行雑録』と対比すると、両者は同一の抄本であることが判明する。同じ書籍を違った撰者によ

るものとしているのであり、しかも『全集』では金魯敬『燕行録』を未蒐集本三七種の一つとして掲げているのであって、まったく不可解というほかない。崔康賢『韓国紀行文学研究』頁三五二で徐有素撰、一六冊とし、張伯偉は「名称・文献・方法——燕行録研究に関する諸問題」(鄭光等編『燕行使와 通信使——燕行・通信使行에 관한 韓中日三国의 国際워크숍［燕行使と通信使——燕行・通信使行に関する韓中日三国の国際ワークショップ］』ソウル、박문사、二〇一四、頁二九七)で李永得の撰であろうと推定するが、本解題ではなお撰者未詳とする。

(15) 田保橋潔『近代日鮮関係の研究』(京城［ソウル］、朝鮮総督府中枢院、一九四〇)上巻、頁五四五、第三一「清韓関係の新段階　李鴻章と李裕元」。宋炳基「李裕元・李鴻章의 交遊와 李鴻章의 西洋各国과의 修交勧告［李裕元・李鴻章の交遊と李鴻章の西洋各国との修好勧告］」(『近代韓中関係史研究——一九世紀末의 聯美論과 朝清交渉』ソウル、단대출판부、一九八五)。権錫奉「洋務官僚의 対朝鮮列国立約勧導策［洋務官僚の対朝鮮列国立約勧導策］」(『清末対朝鮮政策史研究』ソウル、一潮閣、一九八六)、原田環「朝・中『両截体制』成立前史」(『朝鮮の開国と近代化』広島、溪水社、一九九七)。

(16) 田保橋前掲書、頁五五一によれば、「李裕元の書簡は全然国事に触れて居ない。けれども知府游智開の紹介状には、当然それに言及したであろう」と述べる。田保橋の慧眼には敬服せざるをえない。ただ、ここに見られるように、游智開はこの時、李鴻章と対面しつつ、書簡を手渡したのである。単なる紹介状ではなかった。しかも次の手紙に見えるとおり、李裕元と游智開が初めて会見した翌日、李裕元の部下の金寅浩は二度にわたって永平府庁を訪れ、李裕元の意図するところを伝達していたのであった。とすれば、李鴻章と游智開との会見では、様々な朝鮮に関わる情報とともに、李裕元が託さんとした李鴻章にあてた手紙の意図するところが詳細に伝えられたと考えるべきであろう。手紙の文面と実際に李鴻章へ伝えられたものとは、まったく別のものであった。これをもとに、十二月二十三日付の総理衙門に対する李鴻章の指示が書かれ、これをもとに十二月二十八日の森有礼との対談に臨んだ、と考えるべきである。

第一六章

(1) 夫馬進編『増訂使琉球録解題及び研究』(宜野湾、榕樹書林、一九九九)。

(2) 孫薇「「使琉球録」の文書的な性格」(中国福建省・琉球列島交渉史研究調査委員会編『中国福建省・琉球列島交渉史の研究』東京、第一書房、一九九五)。

(3) 黄虞稷『千頃堂書目』巻八、地理類下(上海、上海古籍出版社、一九九〇、頁二一五—二一六)。なお一本では銭溥『使交録』一八巻とする。『浙江採進遺書総録』(乾隆三十九年刊本)戊集でも、『使交録』一八巻、刊本とする。

(4) 銭溥の安南行については、『明実録』天順六年二月庚寅、天順七年六月己巳、参照。趙令揚等編『明実録中之東南亜史料』(香港、学津出版社、一九七六)頁四〇二・四〇四。『欽定越史通鑑綱目』巻一九、光順三(天順六)年十二月。

(5) 『欽定越史通鑑綱目』巻二六、洪順五(正徳八)年正月。

(6) 潘希曽『竹澗集』(『四庫全書』所収)巻六、南封録序。

(7) 潘希曽『竹澗奏議』(『四庫全書』所収)巻一、求封疏。

(8) 『国朝献徴録』巻二〇、黄諫伝。『欽定越史通鑑綱目』巻一八、延寧四(天順元)年九月。

(9) 野口鐵郎『中国と琉球』(東京、開明書院、一九七七)頁一八六—二〇六。なお冊封使の琉球往来については金城正篤「頒封論・領封論——冊封をめぐる議論」（『第三回琉球・中国交渉史に関するシンポジウム論文集』那覇、沖縄県教育委員会、一九九六）頁五二—五五が詳細である。

（10）李鉉淙「明使接待考」（『郷土서울』第一二号、一九六一）頁七四—八九。なお本論文の部分訳として李鉉淙「明使接待考（一）」（『韓』第四巻第七号、一九七五、渡辺学訳）があり、使節の一覧表をも転載する。

（11）全海宗『韓中関係史研究』（ソウル、一潮閣、一九七〇、頁七五。中国語訳、同『中韓関係史論集』全善姫訳、北京、中国社会科学出版社、一九九七、頁一九八）。なお張存武『清韓宗藩貿易——一六三七—一八九四』（中央研究院近代史研究所専刊三九、台北、一九七八）頁四〇、清朝使朝鮮各時期頻度は全海宗の統計にそのまま依拠するが、勅使数一六七とあるのは一六九のミスプリント。また同『清代中韓関係論文集』（台北、台湾商務印書館、一九八七）頁三〇六で、順治二（一六四五）年から光緒六（一八八〇）年までに合計一五一回の清朝使節が送られたとするが、おそらくこの統計は全海宗の統計から一六三六—一六四四年の計十八回を単純に引き算しただけのものである。

（12）『明実録』正徳十四年十一月甲辰。以下、王其榘編『明実録・鄰国朝鮮篇』（北京、中国社会科学院中国辺疆史地研究中心、一九八三）のページ数をも示し、たとえば、正徳十四年十一月甲辰（『明実録・隣国朝鮮篇』頁一四二）とする。

（13）『国朝献徴録』巻三六、倪謙伝。

（14）『皇華集』（中韓関係史料輯要三、台北、珪庭出版社、一九七八）第一冊、頁三—一〇二。杜慧月『明代文臣出使朝鮮与皇華集』（北京、人民出版社、二〇一〇）頁二八〇で、倪謙の出使と『庚午皇華集』について解説する。

（15）殷夢霞・于浩選編『使朝鮮録』（中朝関係史料叢刊、北京、北京図書館出版社、二〇〇三）。

（16）河内良弘『明代女真史の研究』（京都、同朋舎出版、一九九二）頁三九五—四〇六。

（17）張寧の出使と『庚辰皇華集』については、前注(14)、杜慧月著書、頁三〇四。

（18）『朝鮮賦』（朝鮮史編修会編、朝鮮史料叢刊第一五、一九三七）朝鮮賦解説。植野武雄「董越朝鮮賦考」（『稲葉博士還暦記念満鮮史論叢』京城［ソウル］、稲葉博士還暦記念会、一九三八）、同「董越と朝鮮賦」（『斯文』第二五編第五号、一九四三）。曺永禄「董越의『朝鮮賦』에대하여［董越の『朝鮮賦』について］」（『全海宗博士華甲記念史学論叢』ソウル、一潮閣、一九七九）。

（19）董越の出使と『戊申皇華集』については、前注(14)、杜慧月著書、頁三二五。

（20）陳侃『使琉球録』については、藤本幸夫「陳侃撰『使琉球録』解題」（前注(1)、頁一）。

（21）『中国古籍善本書目（史部）』（上海、上海古籍出版社、一九九三）頁一〇七九。

（22）『心田稿』春樹清譚（『燕行録選集』上巻、ソウル、成均館大学校大東文化研究院、一九六〇、頁八〇上）。

（23）静嘉堂文庫蔵、日本正徳元（一七一一）年刊本、京都大学附属図書館蔵、享保二（一七一七）年京都臨泉堂刊本。

（24）郭汝霖の『重編使琉球録』については、夫馬進「郭汝霖撰『重編使琉球録』解題」（前注(1)、頁一九）。

（25）『明実録』嘉靖十五年十月壬子（『明実録・隣国朝鮮篇』頁二五九）に、朝鮮・安南二国へ使節を派遣する計画が見える。また、龔用卿『使朝鮮録』巻上、頁九二にも、安南への派遣が安南国内での内乱のためとりやめになり、朝鮮にのみ派遣されたことをいう。この時、安南

（ベトナム）に使節を送ることができなかったことが、嘉靖帝による「問罪の師」派遣に発展したことは、本書補論一、頁五八七。

(26) 龔用卿の伝は『国朝献徴録』巻七四、『閩書』巻七六（福州、福建人民出版社、一九九五、頁二二七一）。

(27) 陳侃『使琉球録』に朝鮮活字本があることは、前注(20)、頁一で藤本幸夫が述べるとおりであるが、龔用卿『使朝鮮録』にも同様に朝鮮活字本があることは注目される。静嘉堂文庫（日本）と韓国学中央研究院（韓国）に蔵される。十行×二十字で排印され、内容は明嘉靖刊本とまったく変わらない。静嘉堂文庫本には「養安院蔵書」の印が押されている。

(28) 夏子陽『使琉球録』については、夫馬進「夏子陽撰『使琉球録』解題」前注(1)。

(29) 薛応旂『方山薛先生全集』巻一〇、使朝鮮集序。同文は『皇明経世文編』巻二八八、使朝鮮集序。なお呉希孟の略歴については、『掖垣人鑑』巻一三、参照。

(30) 『朝鮮王朝実録』中宗三十三年十一月乙未（呉晗輯『朝鮮李朝実録中的中国史料』北京、中華書局、一九八〇、頁一二六〇、以下、『中国史料』と略す）。

(31) 『朝鮮王朝実録』光海君十三年五月壬寅（『中国史料』頁三一一三）。

(32) 『明実録』万暦十年九月乙亥（『明実録・隣国朝鮮篇』頁三〇六）。

(33) 宗系弁誣については、本書第五章、頁六三八、注(4)。

(34) 『朝鮮王朝実録』光海君七年閏八月壬子（『中国史料』頁二九一四）によれば、宗系弁誣問題に関係することを記した明人の著作の一つとして、この黄洪憲『碧山集』が挙げられている。

(35) 『許篈全書』（ソウル、亜細亜文化社、一九八〇）頁四八〇。許篈については、本書第五章。

(36) 「此書明檇李黄太史楙忠使朝鮮帰、所輯輶軒録之第一種也。後附皇華集三巻、已佚去矣」。なお『（壬午＝万暦十年）皇華集』には鄭惟吉のほか、この時に遠接使であった李珥の詩、黄洪憲の恭題高皇帝御製詩章後、与遠接使帖などを載せる。

(37) 『（壬午＝万暦十年）皇華集』については、前注(14)、杜慧月著書、頁三九二。

(38) 注(35)、頁一四一上「使東方録跋」。なお明の朱国禎『皇明大事記』巻一一、朝鮮には、「及読黄少詹洪憲輶軒録、乃得、云々」として『輶軒録』を引用しており、朱国禎は朝鮮研究のために確かにこの書を用いていた。曹寅『楝亭書目』巻三には、「使東方録、明南海櫟有年著、一巻一冊」とある。

(39) 王国維『伝書堂蔵善本書志』史部五、朝鮮志。

朝鮮志二巻、明鈔本。無序跋及撰人姓名。天一閣蔵書、前有題記、云、万暦十年五月、借自蘇州劉御史鳳字子威号羅陽、有文名。乃范侍郎手筆也。

(40) 『浙江採進遺書総録』戊集。

朝鮮志二巻。写本。右明朝鮮蘓贊成撰。嘉靖間侍読華察奉使時、其国令贊成為此冊以献。備載国中山川古蹟風俗。末有姚咨跋。

なお、これを知ったのは、一九世紀のほぼ朝鮮高宗時代の人である李裕元の『林下筆記』巻一七、朝鮮志（ソウル、成均館大学校大東文化研究院、一九六一、頁四一九）に、「清兵部尚書鍾音所纂浙江書目云」として、同上の文章を引用しているからである。彼は最後に、「按、嘉靖己亥華察之来、蘇世譲為遠接使」と記すのみで、それ以上の考証をおこなっていない。李裕元もおおよそ『朝鮮志』二巻を蘇世譲の撰と考えていたようである。

(41) 『明実録』萬暦三十三年十二月乙卯（『明実録・隣国朝鮮篇』頁五〇四）。

(42) これに対応する許篈の記録が「丙午紀行」（『許篈全書』頁一七六）

である。丙午（万暦三十四、宣祖三十九年）に朱之蕃一行を接待したことを詳細に記し、また『陽川世藁』『蘭雪斎詩集』を贈ったことをも述べる。

(43)『(丙午＝万暦三十四年）皇華集』については、前注(14)、杜慧月著書、頁四〇三。

(44) 小野和子『明季党社考——東林党と復社』（京都、同朋舎出版、一九九六）では、しばしば彼が登場する。特に頁五六九参照。

(45)『明実録』天啓元年五月癸亥（『明実録・隣国朝鮮篇』頁五四八）。

(46)『朝鮮王朝実録』光海君十三年四月甲申（『中国史料』頁三一一三）。

(47)『朝鮮王朝実録』仁祖二年四月甲辰（『中国史料』頁三二二二）。

(48)『朝鮮王朝実録』仁祖三年二月辛卯、仁祖四年（天啓六年）二月丁酉（『中国史料』頁三二三二、三二四九）。

(49)『輶軒紀事』頁一。

(50) 張存武『清代中韓関係論文集』（台北、台湾商務印書館、一九八七）頁三〇六では、清代に朝鮮へ出使した中国使節について述べ、「出使人員均以満洲人為之」と言う。しかし、ここに見えるように柏葰は蒙古八旗人であって、必ずしもすべて満州人であったわけではない。恩華撰『八旗芸文編目』でも蒙古柏葰著とする。

(51)「使館非常高大、凡婦人雑犬倶不令見以昭粛静」。「楽器有提琴・長笛・腰鼓・小管之類、声悲而靡、下国之音」。

(52)「過山則迎恩門、牌楼設布棚迎敕、国王行礼先行、両使稍候。……門内仁政殿即此次迎敕殿也。使者至門停輿、敕諳亭升至殿階上、両使捧入、国王升殿、詣受敕位、跪接行礼、両使捧敕、授宣敕官、出殿立読訖、国王率百官、行山呼万歳者三、楽止礼成」。

(53)「未入城時、路西有官署額曰畿輔布政司、門上貼告示、甚古雅而簡妙。此告示回時即已掲去。書云、春分已届、田沓相訟、切勿捧入者。前面書一榜字。想見政簡民淳、古致歴落、光景中華不及也。其余経過各処、皆不見条教告示、即有時、亦伊国書、不能読也」（四月十七日）。

(54)『清実録』同治五年七月庚申（『清実録・隣国朝鮮篇』頁四一一二）で、七月己未とするのは誤り）。

(55)『清史稿』巻四四六、『清史列伝』巻六一。『朝鮮王朝実録』高宗二十七年九月二十六日では鑲紅旗満州副都統とする。

(56)『朝鮮王朝実録』高宗二十七年九月二十六日では正白旗満州副都統とする。

(57) 夫馬進「張学礼撰『使琉球記』『中山記畧』解題」（前注(1)、頁七二）。『汪楫　冊封琉球使録三篇』（原田禹雄訳注、宜野湾、榕樹書林、一九九七）頁一五。

(58)『朝鮮王朝実録』中宗三十二年三月丁巳（『中国史料』頁一二五〇）。なお龔用卿『雲岡選稿』巻八、「奉使復命題知疏」は朝鮮から帰朝したときに書いた復命書である。ここで彼は、朝鮮側から事前に差し出してきた迎詔儀注のうち、迎詔に際して五拝三叩頭の礼がないので中国式に五拝三叩頭させたことを、自讃しつつ報告する。

(59)『朝鮮王朝実録』宣祖五年十月己未（『中国史料』頁一五〇三）。また宣祖五年十一月癸未。

(60)『朝鮮王朝実録』宣祖五年十二月辛未、および光海君十三年五月壬寅（『中国史料』頁一五〇四、および三一一三）。

(61) 前注(10)。もっとも前注(35)、許筠「己酉西行記」（『許筠全書』頁一八二下）によれば、一六〇八（万暦三十六、宣祖四十一）年に光海君を冊封するために訪れた使節は、計一二〇余名であったという。

(62)『郭汝霖　重編使琉球録』（原田禹雄訳注、宜野湾、榕樹書林、二〇〇〇）頁一九四。李鼎元『使琉球記』（原田禹雄訳注、宜野湾、榕樹書林、二〇〇七）頁三五八。村尾進「李鼎元撰『使琉球記』解題」（前注(1)）。

(63) 徐葆光、汪楫、周煌、斉鯤それぞれの使琉球録の解題として、前注

(1)収録、岩井茂樹「徐葆光撰『中山伝信録』解題」、松浦章「汪楫撰『使琉球雑録』『中山沿革志』解題」、村尾進「周煌撰『琉球国志略』解題」、井上裕正「斉鯤・費錫章撰『続琉球国志畧』解題」。

(64)藤本幸夫「書籍を通じてみた朝鮮と琉球の交流」(前注(1)、頁一八一)。

終章

(1)『湛軒燕記』巻一、衙門諸官(『湛軒書』外集巻七、燕記、『韓国文集叢刊』第二四八輯、頁二五〇上)。

自皇明時已有門禁、不得擅出游観。……至康熙末年、天下已安、謂東方不足憂、禁防少解、然遊観猶托汲水行、無敢公然出入也。数十年以来、昇平已久、法令漸疎、出入者幾無間也。

(2)『縞紵集』巻一(栖碧外史海外蒐佚本三二『楚亭全書』ソウル、亜細亜文化社、一九九二、頁二四)。

(3)本書第三章、頁一一五。

(4)前注(2)、辛酉(頁一二一以下)。

(5)本書第一五章、頁四八七。

(6)李林松『易園集』巻五、庚午正月八日海東金秋史正喜来宿。

禁城魚鑰解留賓、添得春明一夜春、佳客已先人口到、辛盤又被告別家輪(是夕飲覃溪翁先生方綱斎)……。

(7)『朝鮮王朝実録』中宗三十三年十一月戊戌。

政院啓曰、中原所送雑物、臣等親監封裹矣。……伝曰、……而龔用卿・呉希孟等則入帰後、存問相継、非徒於予、下逮朝臣、其意繾綣。……天使等至臨玉河館問之、則朝禁亦不如旧矣。……領議政尹殷輔等議、大抵人臣無外交、今龔呉等所求之外、不必別致贈送。伝曰、可。

龔用卿らと朝鮮との良好な関係、呉希孟の自宅が玉河館の近くにあったこと、そこへは三使が行かず従者が行っていたことは、同十一月乙未。

(8) John King Fairbank, ed., *The Chinese World Order: Traditional China's Foreign Relations*, Harvard University Press, Cambridge, 1968, pp. 2, 4, 12.

(9)『湛軒書』内集巻四、医山問答(『韓国文集叢刊』第二四八輯、頁九九下)。

是以各親其人、各尊其君、各守其国、各安其俗、華夷一也。自天視之、豈有内外之分哉。

(10)本書第一四章、頁四一一。

(11)『湛軒書』内集巻三、日東藻雅跋(『韓国文集叢刊』第二四八輯、頁七四下)。

斗南之才、鶴台之学、蕉中之文、新川之詩、蒹葭・羽山之画、文淵・大麓・承明之筆、南宮・太室・四明・秋江・魯堂之種種風致、即無論我邦、求之斉魯江左間、亦未易得也。……雖然文風競而武力不振、技巧日盪、鉄剣日鈍、則西隣之并受其福、厥利博哉。伊物二氏、宜以尸祝於吾韓矣。……然彼伊物之学、雖未詳其説、要以修身而済民、則是亦聖人之徒也。因其学而治之、不亦可乎。況妄談性命、漫闢仏老、仮真售偽、莫利於吾学、豈若彼稊稗之熟、猶足以救荒歟。玄翁之明正学息邪説、不可謂急先務也。

(12)『乾浄附編』巻二、丁酉(乾隆四十二)年十月、与蓉洲書。

篋中偶有日本字蹟及碑版一頁、先此奉覧。而碑版千年古石、雖其怪拙不足道、惟属絶域遠物、可博一粲也。

(13)南玉『日観記』三月二日・三月十一日。

(三月二日)平鱗(沢田東江)送致多胡郡碑、乃日東千年古筆也。略似瘞鶴銘、而無骨気如蚯蚓、猶有古意。鱗得於窮山廃址中云。……畳和平鱗、且題多胡碑以与之。

(三月十一日)平鱗贈印章、韓天寿以大筆及嶧山碑……。

また沢田東江『傾蓋集』三月三日・三月十一日。

（三月三日）秋月（南玉）云、所恵古碑奇崛可賞、珍荷万万。東郊（東江）云、上野国九峰山人、名克明（高橋道斎）頗好古之士。此碑本即翻刻其家也。秋月云、多胡碑得之甚奇。非足下尚奇之癖、何以得此。……龍淵（成大中）云、多胡碑字法甚奇崛、可謂貴邦金石之宝云。……東郊云、韓大年（中川天寿＝韓天寿）善双鉤、所蔵古帖甚多矣。足下見之耶。龍淵云、纔見二三帖耳。

（三月十一日）東郊云、韓大年家刻碑帖・法帖目携来、希四君付題跋、永与金石不朽矣。

(14) 元重挙『乗槎録』三月十一日。

韓天寿質樸少文、而善書、且善模刻。遺吾四人以嶧山碑・華山碑及倭国多胡碑印本各一軸、皆其手模也。

(15) 杉仁「在村文化の情報発信と朝鮮・中国——多胡碑文字と在村学者の活動」（同『近世の地域と在村文化——技術と商品と風雅の交流』東京、吉川弘文館、二〇〇一）。杉村邦彦「多胡碑の朝鮮、中国への流伝について」（東野治之・佐藤信編『古代多胡碑と東アジア』東京、山川出版社、二〇〇五）。ただし以上の叙述は、両氏の理解と若干異なる。

(16)『青荘館全書』巻五八、日本文献（『韓国文集叢刊』第二五九輯、頁三九下）。

蓋日本之学有二歧。山崎嘉之流、学朱子者也。伊藤氏之属、背朱子者也。惟物徂徠之以王鳳洲・李滄溟為学之宗主、真病風之人也。王李之文章、猶不服人、鳥覩所謂学問也哉。（以下衍字。嘗見徂徠之以王鳳洲李滄溟為学之宗主、……）。嘗見徂徠之書、果以王李為依帰而称学者耳。大抵二百年来、蛮俗化為聖学、固知其嘉尚、而武力不競、委靡文弱、在日本未為福也。

なお三河の越緝とは、おそらく三河吉田の儒者であり、一七四八年通信使臣洪景海との詳細な筆談が、洪景海『随槎日録』五月二十六日から二十九日にかけて見える。また李徳懋がこの論文を書くにあたって引用した留守友信の文章は、留守友信『和韓文会』巻上に「与製述官朴学士書」として見える。

(17) 同前書、巻五四、顧伊論性（『韓国文集叢刊』第二五八輯、頁四八八上）。

顧亭林、明末之博雅鴻儒、伊藤氏、日東之道学高士。余嘗読其書、敬其人、其不知性、不謀而同如此。

なお李徳懋が長文にわたって引用する原文は、顧炎武『日知録』巻七「性相近也」に、また伊藤仁斎『童子問』巻下（家永三郎等編『近世思想家文集』日本古典文学大系97、東京、岩波書店、一九六六、頁一五〇）に見える。

(18) 同前書、巻六四、蜻蛉国志、人物（『韓国文集叢刊』第二五九輯、頁一六一下）。

(19)『貞蕤閣集』貞蕤閣文集「序」（『韓国文集叢刊』第二六一輯、頁五九六上）。

其天性樂慕中朝、好譚経済、曾著北学議二巻。

(20) 前注(2)、頁一二三。

（朴斉家）凡学最忌皮毛、雖小道末技、必須真心孤詣。近日皮毛之学亦多矣。不講義理、只講訓詁、俗人之排斥、良有以也。……（陳鱣）覧名山大川、一楽也。交四方賢士、二楽也。閲未見之書、三楽也。

（朴斉家）何等間人作此消磨日月。

(21) 本書第八章、頁二五〇。

(22) 佐藤文四郎「折衷学概括」（徳川公継宗七十年祝賀記念会編『近世日本の儒学』岩波書店、一九三九）、金谷治「日本考証学派の成立——大田錦城を中心として」（源了圓編『江戸後期の比較文化研究』東京、ぺりかん社、一九九〇）。

(23) 前注(11)。

（1）山本達郎「陳朝と元との関係（一二二五―一四〇〇年）」（山本達郎編『ベトナム中国関係史――曲氏の抬頭から清仏戦争まで』東京、山川出版社、一九七五、頁一四四）。

（2）『明実録』洪武二十九年三月戊戌（趙令揚等編『明実録中之東南亜史料』上下冊、香港、学津出版社、一九六八・一九七六、頁五九、以下趙令揚編書）。

（3）『明史』巻三二一、安南伝。
帝雖悪其弑逆、不欲労師遠征、乃納之。

（4）山本達郎「明のベトナム支配とその崩壊（一四〇〇―一四二八年）」（前注(1)山本達郎編書）。

（5）『明実録』永楽二年十二月壬辰（趙令揚編書、頁八四）。
安南賀正旦使者既至、上命礼部出陳天平示之。使者識其故王孫也、皆錯愕下拝有感泣者、而裴伯耆亦責使者以大義、皆惶恐不能対。上聞之、謂侍臣曰、安南胡奃初云陳氏已絶、彼為其甥、権理国事、請襲王封。朕固疑之、及下詢其陪臣・父老皆曰然。朕謂陳氏以壻得国。今奃以甥継之、於理亦可、乃下詔封之。孰知其弑主簒位、僭号改元、暴虐国人、攻奪隣境、此天地鬼神所不容也。而其臣民共為欺蔽、是一国皆罪人也。

（6）『明実録』洪武四年七月戊子（趙令揚編書、頁六九）。

（7）『高麗史』恭愍王世家庚戌十九年四月庚辰（呉晗輯『朝鮮李朝実録中的中国史料』北京、中華書局、一九八〇、頁一五、以下、呉晗輯書）。

（8）『明史』巻四九、礼志、嶽鎮海瀆山川之祀。

（9）Wang Gungwu, "Early Ming Relations with Southeast Asia : A Background Essay," in Fairbank, John King (ed.), *The Chinese World Order : Traditional China's Foreign Relations*, Harvard University Press, Cambridge, 1968, p. 55. 岩井茂樹「明代中国の礼制覇権主義と東アジアの秩序」（『東洋文化』第八五号、二〇〇五、頁一三五）。

（10）本書第二章、頁六二六、注(20)。

（11）『朝鮮王朝実録』太祖二年五月丁卯（呉晗輯書、頁一一四）。
其高麗山川鬼神、豈不知爾造禍、殃及於民。

（12）同前書、太祖三年六月甲申（呉晗輯書、頁一二七）。
予欲昭告上帝、又恐軽易有煩帝聴。今遣人先告于神、惟神察其所以、達于上帝。彼若肆侮不已、問罪之師在所必挙。

（13）同前書、太祖六年三月辛酉（呉晗輯書、頁一四二）。
山川上下神祇有所知覚、禍将有日、必不可逃。

（14）『明実録』洪武三十一年四月庚辰（王其榘編『明実録――鄰国朝鮮篇』北京、中国社会科学院中国辺疆史地研究中心、一九八三、頁四七）。
今王数生辺衅于我、海嶽山川之神、必昭鑒于爾。

（15）檀上寛『永楽帝――中華「世界システム」への夢』（東京、講談社、一九九七）頁二二二。

（16）『欽定越史通鑑綱目』巻一二、開大四年九月。
御批、明燕棣与胡季犛亦無以異、其身不正。雖令不行、盍反観何如。均之貪残而已。

（17）『明実録』成化十六年八月甲寅（趙令揚編書、頁四二九）。

（18）同前書、成化十七年十月丙辰（趙令揚編書、頁四三六）。

（19）同前書、成化十八年四月辛酉（趙令揚編書、頁四三七）。

（20）同前書、弘治二年十月丁酉（趙令揚編書、頁四五一）。
黎灝修貢惟謹。……安南素称秉礼。

（21）同前書、弘治八年十月丁丑（趙令揚編書、頁四五八）。
臣等竊以事理揆之、春秋伝有曰、王者不治夷狄。蓋馭夷之法、与治内不同、云々。
同前書、正徳十年七月辛丑（趙令揚編書、頁四八一）。

(給事中李貫又言)、律以春秋之法、雖不興問罪之師、亦必絶朝貢之路。……会巡按広東御史丁楷奏如貫言、下府部科道集議、以為中国之於夷狄、来則懐之、不来則止、云々。

(22) 同前書、嘉靖十五年十一月乙卯（趙令揚編書、頁四九五）。

安南詔使不通、又久不入貢、叛逆照然。其趣遣使勘問、征討之事、会同兵部、速議以聞。

(23) 大澤一雄「黎朝中期の明・清との関係（一五二七―一六八二年）」（前注(1)、山本達郎編書、頁三四二）。

(24) このうち後者を十月初八日の上奏とするのは、この上奏文に十一月一日付けの上奏文つまり前者の一部が引用されること、同じ『桂洲奏議』には後者が前者の後ろに、つまり日付が正しいとすれば順序が逆に掲載されること、さらに後者は『明実録』で十一月十三日の記事として載せることから、明らかな誤りと考えられる。なお、『桂洲奏議』には数多くの刊本があり、この上奏文について多くは十月初八日の上奏とするが、乾隆二十九（一七六四）年序忠礼書院刊本および光緒十七（一八九一）年江西書局刊本では十一月初八日の上奏とする。

(25)『桂洲奏議』ではこの口頭による嘉靖帝の命令を十月二十六日のこととするが、『明実録』ではこれを十月三十日に載せる。

(26)『桂洲奏議』（嘉靖二十年刊本・日本内閣文庫蔵）巻一二、皇嗣誕生、請詔諭安南朝鮮二国疏。

皇上面諭（礼部尚書夏言）、皇子初生、既詔告天下、何独外国至冊封日、始遣使詔諭。……便当使華夷一体知悉、他日冊立、再行詔告。卿宜議擬挙行。……(夏言曰) 安南国職貢不修、歴二十余年。背叛之罪、已無所逃、在法当興問罪之師。但節拠奏称、諸国賊臣作逆、国無定主、……合無今次止行詔諭朝鮮国王、其安南国王暫免遣使、云々。……奉聖旨、是。詔使且待彼国事情。你部裏還会同兵部、計議来説。勿視為非要。

(27) 本書第一六章、頁五三二。

(28)『明実録』嘉靖十五年閏十二月壬子（趙令揚編書、頁四九六）。また『御製明臣奏議』巻二三、唐冑「諫討安南疏」。

帝王不以中国之治治之、……是夷狄分乱、中国之福。

(29) 同前書、嘉靖十六年四月丁卯（趙令揚編書、頁五〇一）。

夫夷狄禽獣、本無人倫。……此古帝王治以不治之法也。

(30) 同前書、嘉靖十六年十月壬子（趙令揚編書、頁五〇七）。

且黎氏魚肉国主、在陳氏為賊子、屡取屡叛、在我朝為乱魁、今其失国播逃、或者天假手於莫登庸以報之也。夫夷狄簒奪実其常事、云々。

(31) 同前書、嘉靖十六年四月庚申（趙令揚編書、頁四九九）。

安南久不来庭、法当問罪。

(32) 小島毅「嘉靖の礼制改革について」（『東京大学東洋文化研究所紀要』第一一七冊、一九九二）、鄭台燮『中国近世の礼学』（二〇〇一年京都大学大学院文学研究科提出、博士論文）第二部第一章「〝大礼の議〟の典礼論分析」。

(33)『明実録』嘉靖十八年正月丁酉。

安南亦在天覆之下、不可以邇年叛服之故、不使与聞。

(34)『清実録』乾隆五十二年五月己丑（雲南省歴史研究所編『《清実録》越南緬甸泰国老撾史料摘抄』昆明、雲南人民出版社、一九八六、頁一一一、以下、雲南所編書）、中国第一歴史档案館編『乾隆朝上諭档』（北京、档案出版社、一九九一）第一三冊、頁八三九、五月二十三日。

(35)『清実録』乾隆五十三年六月庚戌（雲南所編書、頁一一六）、『乾隆朝軍機処随手登記档』（桂林、広西師範大学出版社、二〇〇〇）第四〇冊、頁三八四、六月十九日。なお、前注(34)で掲げた『乾隆朝上諭档』には、これ以降の乾隆帝のベトナム出兵に関わる重要な上諭は載っていない。

安南臣服本朝、最為恭順、茲被強臣簒奪、款関籲投。若竟置之不理、殊非字小存亡之道。自当厚集兵力、声罪致討矣。

(36)『清実録』乾隆五十三年七月庚午（雲南所編書、頁一一九）、『乾隆朝軍機処随手登記档』第四〇冊、頁四四二、七月十日。

(37)『清実録』乾隆五十三年十月己亥（雲南所編書、頁一二七）、『乾隆朝軍機処随手登記档』第四〇冊、頁六七四、十月十一日。

(38)鈴木中正「黎朝後期の清との関係（一六八二―一八〇四年）」（前注(1)山本達郎編書、頁四四四）。

(39)『清実録』乾隆五十三年十二月丙申（雲南所編書、頁一四四）。

黎維祁襲封後、請即赴京師謝恩等語。如阮恵等業已擒獲、該国王無内顧之憂。即令其将国事略為安頓、俟五十五年親自赴闕謝恩、恭祝万寿。

(40)周遠廉『乾隆皇帝大伝』（鄭州、河南人民出版社、一九九〇）頁五九九。

(41)『清実録』乾隆五十四年五月己未（雲南所編書、頁一八三）。

如爾必欲輸誠納款、乾隆五十五年八月、届朕八旬万寿、……親自赴京籲懇、以遂瞻雲就日之私。

(42)前注(38)鈴木中正論文、頁四五三。

(43)本書第二章、頁六二。

(44)『清実録』乾隆五十三年十二月甲寅（雲南所編書、頁一五二）、『乾隆朝軍機処随手登記档』、第四一冊、頁二八、乾隆五十四年正月十六日。

看来天心已有厭棄黎氏之象。

また『清実録』乾隆五十三年十二月乙卯では「看此情形、或天心已有厭棄黎氏之意」といい、乾隆五十四年正月癸酉の条では「天厭其徳」という。

(45)同前書、嘉慶七年十二月丙辰（頁二八二）、中国第一歴史档案館編『嘉慶道光両朝上諭档』（桂林、広西師範大学出版社、第七冊、二〇〇〇）頁四六五、十二月十九日。

阮光纘輒将天朝所領勅印、遺棄潜逃、其罪更無可逭。

(46)夫馬進編『増訂使琉球録解題及び研究』（宜野湾、榕樹書林、一九九九）「増訂版によせて」頁ix。また本書第三章、頁一一四。

(47)黄枝連『東亜的礼義世界――中国封建王朝与朝鮮半島関係形態論』（『天朝礼治体系研究』中巻、北京、中国人民大学出版社、一九九四）。

(48)万明『中国融入世界的歩履――明与清前期海外政策比較研究』（北京、社会科学出版社、二〇〇〇）頁六六。

(49)坂野正高『近代中国政治外交史』（東京、東京大学出版会、一九七三）頁七七。

補論二

(1)藤塚鄰『清朝文化東伝の研究――嘉慶・道光学壇と李朝の金阮堂』（東京、国書刊行会、一九七五）頁四〇三―四三三。

(2)楊晋龍主編『汪喜孫著作集』（台北、中央研究院中国文哲研究所、二〇〇三）。

(3)本書第八章。

(4)復旦大学文史研究院・漢喃研究院編『越南漢文燕行文献集成』（上海、復旦大学出版社、二〇一〇、第一五冊）。『越南漢喃文献目録提要』（台北、中央研究院中国文哲研究所、二〇〇二）頁七五八。

(5)『大南正編列伝二集』巻二九（『大南寔録』二〇、東京、慶応義塾大学言語文化研究所、一九八一、頁七九二五）。

(6)『欽定大南会典事例』巻一二八、礼部六〇、邦交、遣使事宜。

凡如清、例四年遣使一次、如遇有慶賀・請封・謝恩・進香諸礼、奉有遣使。……其請封使部正使用二品官、甲乙副使用三四品官。

如清使部、如清正使、如清副使の名称は、この史料に多数見られる。

(7)阮思僩『燕軺筆録』、戊辰（一八六八、同治七、嗣徳二十一年）八月五日。

梧州被囲之年、在囲城中、与我使部鄘川范公・阮唐川及劉武諸人、周旋者久。

（8）『同文彙考補編』巻七、使行録（『同文彙考』［韓国史料叢書第二四、ソウル、国史編纂委員会、一九七八］）頁一七三七。李裕元の二度の燕行については、本書第一五章、頁五〇九。なお、李裕元『嘉梧藁略』（『韓国文集叢刊』第三一五・三一六輯）には、この范芝香との邂逅についての記録を一切とどめない。

（9）『清代起居注冊　道光朝』（国立故宮博物院蔵、台北、国学文献館、一九八五、第八〇冊、頁〇四七〇〇四）道光二十五年十二月二十六日の条では、朝鮮燕行使については朝鮮国正使李憲球、副使李国淳、書状官李裕元とその名がそれぞれ記されるが、ベトナム如清使については、「越南国陪臣張好合等三人、入覲於神武門外、跪迎聖駕」と記すのみで、范芝香の名は見えない。十二月二十九日に保和殿で催された宴、道光二十六年正月元旦に太和殿で行われた儀式、正月二日に紫光閣で催された宴、正月十六日に円明園正大光明殿で催された宴の記事でも、それぞれ越南国陪臣張好合とのみ見え、范芝香の名は見えない。しかし太和殿の儀と保和殿、紫光閣、正大光明殿の宴、すべてに范芝香が出席したことは、彼の詩集から見て確実である。

（10）復路で作った詩に付せられた自注によれば、張聯壁は北京から帰ってくる予定の范芝香を久しく漢陽のあたりで待っていたが、遇えなかったために先に黄州へ帰った。この時、范芝香のために送別の詩八首を作りこれを留め置いてくれたので、范芝香は次韻詩八首をもってこれに答えた。

（11）『欽定大南会典事例』巻一二八、礼部、邦交、投遞文書。
凡投遞清国広西省公文、均由諒省具文、交清国太平府認辦。
なお、広東省へ送る公文は、広東省欽州府が取り次いだ。

（12）本文で「試闈」と記したところ、原典では「試闡」と作る。誤写あるいは音通と考え、このように記した。

（13）『欽定光緒大清会典事例』巻五一〇、礼部、朝貢、迎送（台北、新文豊出版社公司、一九七六、頁一一八四八）。
乾隆三十六年議准。……又諭、……嗣後各省貢使到境、該撫即於同知通判中遴委一員、応用武弁者並酌派守備一員、長行伴送至京、俾沿途照料弾圧、並一面知照経過各省、予行添派妥員、護送趲行、按省更替、庶不致委員逾省、呼応不霊。其回国時、仍令原派員長送、経過各省、亦仍委妥員、護送出境。

短送の名称は、裴文禩『万里行吟』に見える。

（14）同前書、頁一一八四九。

（15）裴文禩『万里行吟』（東洋文庫蔵）巻一、小泊画眉塘和倪心畊（懋礼）観察元韻。

（16）前注(2)著作集、頁一二八二—一二九一。

（17）同前書、頁一〇一六—一〇二二、劉逢禄撰「礼堂援経図記」等。また頁一一七八以下、「汪荀叔自撰年譜」。

（18）同前書、頁一三二五。

（19）同前書、頁一三二六。

（20）同前書、頁二四六—三七〇。

（21）前注(1)藤塚鄰著書、頁四一〇—四一六。

（22）申在植『筆譚』丁亥（道光七年）正月九日。
甘泉（汪喜孫）曰、先君述学一冊、又此奉贈。
同書、正月二十一日。
甘泉出示其先君墨跡及自家文集数冊、曰、願求先生題数語耳。

（23）清代の候補制度および捐納については、伍躍『中国の捐納制度と社会』（京都、京都大学学術出版会、二〇一一）第四章「捐納出身者の登用と候補制度」。

（24）前注(15)巻二、留別盛錫吾観察、の自注。

錫吾挙進士、至今十八年、補用道銜即補知府、尚未得実缺。

(25) 同前書、巻一、次韻楊蓬海（思寿）都転相見之作、の自注。
蓬海（長沙人、挙人、歴陞塩運使銜、充湖北短送）。

(26) 前注(2)著作集、頁一二二四。

補論三

(1) 趙曮『海槎日記』（『海行摠載』第四冊、朝鮮古書刊行会、頁二二七）。
正月二十八日。……中葉以後、委政関白、只称帝位、憑藉天神、一朔内一望則修斎誦経、一望則荒飲酒色、諺所謂無所事而食厚俸者、謂之倭皇帝。

また後注(4)。

(2) 曹命采『奉使日本時聞見録』倭京。
自関白執国命擅威福之後、倭皇便一尸位、而只以年号歳暦頒行国中、……有欲来仕倭京者、而為邦禁所拘、不敢小動。然自以為粗識君臣之分、而常於関白之擅国自恣、深懐隠痛之志、奮然有一反正之意。……故諸太守敢怒、而亦不敢動、閭巷之間則非無豪傑之士、而因倭職之世襲、不能見用於世、身既無職則無手下所帯、故雖欲倡義興師、其勢亦不可得矣。太守皆怒、挙国同憤、俟時闖発、早晩国内之変則難保其必無矣。

(3) 成大中『槎上記』書日本二才子事。
師曽（魯堂）……独愛慕我人、托身於護行長老、従吾輩於東武、往返数千里。日常一再見、論古今人長短文章得失、感慨跌宕、意気張甚。最重南時韞（南玉）之才、許以知己。師曽西京人、常憤倭皇之失勢、間或及之、輒攘袂奮言、不少顧忌。

(4) 南玉『日観記』巻一〇、皇系。
余曰、……自安徳以来、権帰強臣、尸居尊位。我国之諺、数慢輒曰倭皇。今幾千年矣。西京人士輩与之深語、皆有憤惋慷慨之心、以関白為覇、以天皇為王、或以関白謂莽操。……民士之搤腕者、或以失柄倒権、心不能平、而乃所謂天皇則視国如雲、了不生歆羨忿疾之心、楽擁虚号。……余語師曽輩曰、使爾皇総攬権綱、当易幾爽鳩乎。此可貴而不可悲者。師曽以為創論。以今関白之威勢、廃去虚位、直一挙手事、而猶不敢生心。一生心則六十州鶻起而蜂集之矣。

(5) 元重挙『乗槎録』正月二十五日。
那波師曽字孝卿号魯堂、居西京、為親王教傅。

(6) 前注(4)。

(7) 『和国志』巻一、倭皇本末。
江戸之政或乱、而操懿之徒若生於諸州、則挟倭皇而図争奪者、安知其不復生於国中耶。彼国既乱、則其辺裔奸猾之徒必有乗機搶掠於我疆者。南辺之民与彼狎処、風俗日与相習。有識者宜知所以備予矣。

(8) 満州族が中国を支配し始めると、朝鮮燕行使は中国社会が反乱などによって不安定であると殊更に伝え、さらに康熙帝ができの悪い人物であるとしばしば伝えたことは、本書第七章、頁二〇三。しかし清朝が安定すると逆に、それが弱体化することを恐れ始めた事例は、本書第一五章、頁四四六、一七四三（乾隆八、英祖十九）年の記録である趙顕命『帰鹿集（瀋行日記）』解題。

あとがき

本書の原型である韓国語版『燕行使와通信使［燕行使と通信使］』（ソウル、新書苑、二〇〇八）が出版されたのが七年前、中国語版『朝鮮燕行使与朝鮮通信使——使節視野中的中国・日本』（上海、上海古籍出版社、二〇一〇）が出版されたのは五年前である。本書で問題としたのは主に中国、韓国（朝鮮）、日本であるが、わたしの母国語である日本語版が最後になってしまった。

わたしはもともと中国史、なかでも中国明清社会史を学ぶ者である。中国史を研究する者が中国を中心とした東アジアの国際関係史に手を延ばすのは決して珍しいことではない。しかしわたしの場合は朝鮮を中心として見た場合の学術交流史であり国際関係史である。実を言えば、わたしは学生時代に韓国史（朝鮮史）に関わる授業に一度も出席したことがなかった。いやより正確に言えば、わたしが学んだ京都大学文学部と大学院文学研究科には、そのころ韓国史に関わる講義は一つとして設けられていなかった。そんなわたしがなぜ朝鮮燕行使に関心を持つことになり、さらには朝鮮通信使にまで関心が及んだのか、また本書がなぜこのような内容のものとなりこのような構成になったのか、これを記しておくことが本書を理解していただくための一助になろう。

燕行使に関心を持つに至ったのは、かつて一九七九年から一九八七年の間に富山大学に奉職していたとき、朝鮮書誌学の専門家であり同僚であった藤本幸夫氏から、『燕行録選集』（成均館大学校大東文化研究院編、ソウル、一九六〇・一九六二）という史料があり中国のことが詳しく書いてある、と教えられたからである。韓国語初級もこの時初めて、学生諸君と一緒に彼の授業に出席して学んだ。ただ当時は、わたしは中国善会善堂史や明清地方社会史の研究に没頭していたから、せっかく教えられた燕行録をゆっくり読む余裕はまったくなかった。

燕行録を読むことができるようになったのは、京都大学へ転勤した一九八七年の頃からである。はじめて読んだ燕行録は許篈『荷谷先生朝天記』と趙憲『朝天日記』であった。その頃、故山根幸夫先生の退休記念論文集を出版する計画がもちあがり、先生の専門が中国明代史であったから、当然『明代史論叢』と名付けられることになっていた。わたしはこれを好機としてとらえ、それまで読もうと思いながら読めなかった燕行録を主な史料として、明代史に関わる論文を書けないかと考えた。ただ数ある燕行録の中から、一体何をまず初めに読んだらいいのか。いやそもそも、朝鮮燕行録を素材にして中国明代史の論文が書けるものかどうか。当時、わたしの周囲にはこのような問題について相談できる人は誰もいなかったし、日本の明代史研究者の中で燕行録に関心を持っている者は誰もいなかった。現在では、韓国と中国の学界でも燕行録に大きな関心が寄せられるようになっているが、わたしが燕行録という言葉を出しても、当時から長い間これに興味を示す研究者は中国と韓国ともにいなかった。このような情況の中で研究を始めたわたしは、まったく向こう見ずな人間であったというほかない。

ただ当時購入した『국역연행록선집〔国訳燕行録選集〕』第一冊には、故黃元九延世大学校（ソウル）教授が書かれた「燕行録選集解題」という簡単な文章が載っており、そこに参考文献として中村栄孝「事大紀行目録」（『青丘学叢』第一号、一九三〇）が掲げられていた。わたしがどの燕行録をまず読むべきかを決定するためにとった方法は実に簡単なものである。それはこの目録をたよりに、「明代」のものに限定し、ある同一の燕行で最も詳細な情報を得られそうなものを選ぶというものであった。簡単に言えば最も巻数が多いものを選ぶ、ということである。許篈『荷谷先生朝天記』三巻、趙憲『朝天日記』三巻に加え、趙憲『東還封事』一巻をまず初めに読むことになったのはこのためである。『荷谷先生朝天記』と『東還封事』は『국역연행록선집〔国訳燕行録選集〕』に収録されていたし、『朝天日記』を収録する趙憲『重峰集』は虫食いでいたましい姿ではあったが、京都大学文学部図書館所蔵に数少ない朝鮮本の一つとしてあった。

運と不運とをどう考えたらよいのかは難しい。巻数が多く中国に関わる記事が詳細であると言うだけなら、一八世紀以降に書かれた燕行録にはそのようなものが数多いからである。わたしがもしもこの時、数ある燕行録の中からまず巻数が多いものを読もうと決めて、たとえば一八八七年の旅行記である李承五『観華誌』一二巻（本書第一五章「解題」39．）などを選んでいたら、わたしは燕行使を研究する道に進むことはなかったであろうし、ましてや本書が生まれるはずはなかった。なぜならこの種の燕行録は詳しいだけで、そこに著者が異国の文物に触れた時の喜びや驚き、あるいは異国の制度や文化に対する怒りや憂いといったものがまるで見えないからである。一五七四（万暦二、宣祖七）年に燕行の旅に出かけた許篈は二四歳、趙憲はこれより年長とはいえ、なお三一歳であった。わたしはこの二人の若い知識人が味わった外国を旅する楽しさをともに味わうことができただけではない。そこに示される中華の価値への熱い憧れとともに、現実の「中華」国つまり明朝に対する彼らの怒り、知識人としての憂慮や責任感をも読みとることができた。何よりも好もしく感じたのは、彼らの鋭敏なセンスの奥に見える「明るさ」と「希望」であった。その後、燕行使の研究を続けることができたのは、まったくこのおかげである。初めて朝鮮燕行使について書いたのは、本書第五章と第六章のもととなった「萬暦二年朝鮮使節の〝中華〟国批判」と「趙憲『東還封事』にみえる中国報告」である。

第七章のもととなった「閔鼎重『燕行日記』に見える王秀才問答について」は、一九八九年から約一年間ハーバード大学に行っていた時、エンチン図書館に数多くの朝鮮版が蔵されるのを知って驚き、その所蔵本の一つを使って書いたものである。これを書くためにわたしは、エンチン図書館から呉晗輯『朝鮮李朝実録中的中国史料』の顕宗実録および粛宗実録の部分、すなわち清朝で言えばおおよそ康熙年間にあたる部分を借り出してきて読んだ。それまで中国—朝鮮関係史といえば、ほとんど概説程度のことしか知らなかったわたしにとって、そこに記される事件や議論の一つ一つが驚きの連続であった。世に「事実は小説よりも奇なり」という。その時わたしが懐いた感慨はまさしくこれであった。これもまた、燕行使に対する関心を深めたと言ってよい。

次に一九九四年から四年間にわたって、わたしは文部省科学研究費による大型プロジェクト「沖縄の歴史情報研究」に一研究会の代表として参加した。わたしは六名の優れた研究者の協力を得て一研究会を組織することができ、本当に楽しく有意義な時間を持つことができた。我々は研究成果報告書として『使琉球録解題及び研究』を出版した。この報告書は好評であったらしく、我々は旧稿を増補して『増訂使琉球録解題及び研究』を刊行することになった。「使琉球録と使朝鮮録」は、明清中国から琉球と朝鮮に同じく皇帝の名代として赴いた使節が書き残した旅行記を比較し、これによって両者をより客体化するとともに、特に朝鮮へ赴いた中国使節の旅行記を調査収集し、これらに解題を加えたものである。本書第Ⅰ部では東アジアの国際関係と国際構造を論ずるに当たり、中国、朝鮮、日本に琉球を加えた四箇国を対象としている。中でもここで琉球の国際的な地位を問題にすることになるのはこれに起因する。

朝鮮燕行使を本気になって研究してみようと思ったのは一九九六年の頃からである。そのために燕行録を集中的に読んでみた。ところが五年間ほどはいくら多くの燕行録を読んでも、わたし自身の問題に即した論文というものをさっぱり書くことができなかった。燕行録にはたしかに、汗牛充棟と言うべき明清時代の書物にはめったに出てこない記事がいっぱい出てくる。また金昌業『老稼斎燕行日記』、洪大容『乾浄衕筆談』、朴趾源『熱河日記』などは読んで面白いことは面白い。しかし、中国史料に見えないからと言って、それら燕行録に記される細々としたことを一つ一つ紹介することに何の意味があるだろうか。多くの燕行録は先に『観華誌』について言ったように、著者のみずみずしい感性をそこに見いだすことができず、いくら読んでも砂をかむようなものである。また金昌業らの中国旅行記がわたしにとって面白いからと言って、これらにどのような切り込みを入れれば読者にも面白いと思ってもらえるのか。読者に面白いと思ってもらうためだけなら、翻訳するのが一番ではないか。当時のわたしはこのようなことをあれこれ思い悩み、間違いなしに出口を見いだせずにいたのである。わたしは一方で本業の中国明清社会史の研究を順調に進め、これと訴訟研究とを結びつけようとしていたところであったから、切迫感のようなものはあまりなかったが、燕行使の研究では明らかに行き詰まっていた。

そんなわたしに一つの転機が訪れたのは、申在植の『筆譚』という文献がわたしの手元にもたらされたからである。これは今述べたもう一つの研究、すなわち中国訴訟社会史の研究と密接に関係する。

一九九〇年頃に中国明清時代の訴訟と社会に関わる研究を始めたわたしは、この種の研究を更に進めるにあたって是非とも必要なのは、「中国地方档案」と呼ぶべき史料であると気がついた。中央のものではない各地各地の文書である。現在では信じられない話しであるが、当時の日本における明清史研究では、北京の档案館にある中央档案には関心が向かっていたが、地方档案についてはほとんど関心が持たれなかった。この面ではアメリカの研究情況に比べ、はるかに遅れをとっていた。これに気がついたわたしは、同じく何人かの優れた研究者の賛同を得て科学研究費の交付を申請し、一九九七年から三年計画で国際学術研究「中国明清地方档案の研究」を始めることにした。研究の中心は中国へ行って地方档案を調査し収集することであった。奇妙な話しではあるが、いま述べた申在植『筆譚』という燕行録はこの研究途上で、大阪経済法科大学の伍躍氏が山東省図書館に赴かれた時に「ついでに」そのコピーを取ってきてくださったものである。伍躍氏は山東省図書館の図書カードを点検するうちに、たまたま朝鮮朝の人である申在植が書いたものがあるのに目にとめ、もしかしたら夫馬の研究にどこか役に立つかも知れないと思ってコピーを取ってきてくださったのであった。これはまた、わたし自身が中国史を同時に研究していた偶然、まったくのまぐれ当たりであった。これを読んで清朝知識人と朝鮮知識人との学術論議、言い換えれば当時の両国が持った学術の違いに興味を覚えたわたしは、申在植『筆譚』を中心史料として用い、本書八章のもととなった「漢学・宋学論議とその周辺」を書いた。『筆譚』はわずか三七葉の燕行録でしかない。また国際的な学術交流に関心があったのは、先に述べた「〝中華〟国批判」を書いた頃からではあった。しかしこの関心が出発点となってさらに朝鮮通信使や洪大容へと向かうのであるから、この三七葉の史料を得たことが本書が生まれるのに大きな契機となったことは間違いない。

申在植『筆譚』には金善臣という人物が出てくる。申在植が北京で中国知識人を相手に、漢学是か非かという論争をせざるを得なくなる口火を切った男である。彼は燕行に先立って一八一一年に通信使の一員として日本へ来たことがあった。わたしは「漢学・宋学論議とその周辺」を書きながら、彼がなぜあんなにも激しい漢学批判、考証学批判をするに至ったのか、その一つの可能性として彼が日本へ行くことによって、この地でも古学が盛んになるとともに朱子学が批判されるに至ったことを知ったからではないか、さらに燕行を重ねた結果、中国でも漢学の盛行とともに朱子学が捨て去られてゆくことを知って、国際的な孤立感を深めたからではないかと想像した。もちろんこれは彼個人の心情的な問題であり、史料では明らかな証拠はない。しかしわたしは彼個人を超えて、朝鮮知識人たちが中国で漢学の流行を知るに至ったように、はたして日本でも朱子学が批判されるに至っていたことをどこまで知るようになっていたのか、これに関心が向かった。日本で朱子学批判が大きな潮流になるのは、伊藤仁斎と荻生徂徠によって古学が提唱されてからである。そこでわたしは、日本へやってきた朝鮮通信使の一行が、伊藤仁斎や荻生徂徠が提唱したこの「古学」についてどこまで知るに至っていたのか、どうしても知りたくなった。この意味でわたしをここまで駆りたてたのは、金善臣といういささか奇妙な一知識人の存在である。

わたしはこれを知るために、これまでの通信使関連の研究と日本思想史関係の著書や論文とをいくつか読んだ。しかし驚いたことに、わたしの疑問に答えてくれるような先行研究はまったくなさそうであった。しかたがない、では自分でやってみようと思った。そこでわたしが取った方法は、できる限り朝鮮側の史料を多く集めるとともに、江戸時代の日本人が書き残した朝鮮通信使との筆談記録を自分で読むことであった。わたしはそれらを二〇〇三年と二〇〇四年に集中的に読んだ。これによって得たもの、それはわたしがこれまで日本と韓国で常識のように言われてきたものとは、まったく異なるものであった。さらには、燕行使と通信使とはただ単に互いをより相対化し客対化するための素材であるだけでなく、より積極的に、この二つを統合することによって中国・朝鮮・日本の学術や文化が東アジア全体の中でどのような位置にその時々あったのか、これを測るうえで貴重な素材となしうると思った。本書第九章「朝鮮通信使による日本古学の認識」以下、第一四章の「洪大容『医山問答』の誕生」までは、このような思考の進展の中で書いたものである。

本書第Ⅰ部をなす諸論文、すなわち朝鮮をめぐる国際関係と国際構造に関わるそれは、燕行使研究を進めながら呉晗輯『朝鮮李朝実録中的中国史料』を読み進めたことがその出発点である。もちろん「沖縄の歴史情報研究」で琉球冊封使に関わるプロジェクトをやったことも大きな要因となっている。しかし論文という形をなすに至ったのは、二〇〇二年から五年間、京都大学大学院文学研究科でCOEプログラムが遂行され、わたしがその一チーム「東アジアにおける国際秩序と交流の歴史的研究」を率いるようになって以後のことである。この意味でこれ以後、朝鮮燕行使・朝鮮通信使の研究と東アジア国際関係・国際構造史の研究とは同時進行であった。本書第I部をなす諸論文を本書に含めるべきか否か、わたしは最後の最後まで判断に迷った。と言うのは、これを含めるならば一つの著書として複雑すぎ、読者にとってわかりにくくなるかも知れないと思ったからである。韓国語版を出版したときはこの方面の論文はほとんどまだ書いていなかったから、それが含まれていないのは当然であるが、中国語版にこれを含めなかったのはこのような判断があったからである。ただ、本書第四章のもととなった「北学派を中心とした朝鮮知識人による琉球の国際的地位認識」になると、むしろ本書に収めないのは逆に変だと思うようになった。この判断が正しかったかどうかは、読者の判断にゆだねるしかない。

次にこれまでに個別の論文として書いたものと本書との対応関係を示せば、以下の通りである。翻訳は省略し、初出のもののみ記す。

序　章　書き下ろし
第一章　書き下ろし
第二章　明清中国の対朝鮮外交における「礼」と「問罪」（夫馬進編『中国東アジア外交交流史の研究』京都、京都大学学術出版会、二〇〇七）
第三章　一六〇九年、日本の琉球併合以降における中国・朝鮮の対琉球外交——東アジア四国における冊封、

通信そして杜絶（『朝鮮史研究会論文集』第四六集、二〇〇八）

第四章　北学派を中心とした朝鮮知識人による琉球の国際的地位認識（『歴史学研究』第九〇七号、二〇一三）

第五章　萬暦二年朝鮮使節の「中華」国批判（『山根幸夫教授退休記念明代史論叢』東京、汲古書院、一九九〇）

第六章　趙憲『東還封事』にみえる中国報告（昭和六三年度科学研究費補助金総合研究、研究成果報告書　谷川道雄編『中国辺境社会の歴史的研究』京都、京都大学文学部、一九八九）

第七章　閔鼎重「燕行日記」に見える王秀才問答について（平成二年度科学研究費補助金総合研究、研究成果報告書　河内良弘編『清朝治下の民族問題と国際関係』京都、京都大学文学部東洋史研究室、一九九一）

第八章　朝鮮燕行使申在植の『筆譚』に見える漢学・宋学論議とその周辺（岩井茂樹編『中国近世社会の秩序形成』京都、京都大学人文科学研究所、二〇〇四）

第九章　朝鮮通信使による日本古学の認識——朝鮮燕行使による清朝漢学の把握を視野に入れ（『思想』第九八一号、二〇〇六）

第一〇章　一七六四年朝鮮通信使と日本の徂徠学（『史林』第八九巻第五号、二〇〇六）

第一一章　조선통신사와 일본의 서적——古学派校勘学의 저작과 古典籍을 중심으로［朝鮮通信使と日本の書籍——古学派校勘学の著作と古典籍を中心に］（『奎章閣』第二九輯、二〇〇六）

第一二章　一七六五年洪大容の燕行と一七六四年朝鮮通信使——両者が体験した中国・日本の「情」を中心に（『東洋史研究』第六七巻第三号、二〇〇八）

第一三章　홍대용의『乾浄衕会友録』과 그 改変——숭실대학교 기독교박물관 소장본 소개를 겸해서［洪大容『乾浄衕会友録』とその改変——スンシル大学校キリスト教博物館蔵本の紹介を兼ねて］（『동아시아 삼국、새로운 미래의 가능성［東アジア三国、新しい未来の可能性］』ソウル、문예원、二〇一二、また『漢文学報』第二六輯、二〇一二）

第一四章　朝鮮帰国後、洪大容の中国知識人との文通と『医山問答』の誕生——朱子学からの脱却過程を中心に（鄭光等編『燕行使와通信使——燕行・通信使行에관한韓中日 三国의国際워크숍［燕行使と通信使——燕行・通信使行に関する韓中日三国の国際ワークショップ］』ソウル、박문사、二〇一四）

第一五章　日本現存朝鮮燕行録解題（『京都大学文学部研究紀要』第四二号、二〇〇三）

第一六章　使琉球録と使朝鮮録（夫馬進編『増訂使琉球録解題及び研究』宜野湾、榕樹書林、一九九九）

終　章　書き下ろし

補論一　明清中国による対朝鮮外交の鏡としての対ベトナム外交——冊封問題と「問罪の師」を中心に（紀平英作編『グローバル化時代の人文学——対話と寛容の知を求めて』下、京都、京都大学文学部創立百周年記念論文集、京都大学学術出版会、二〇〇七）

補論二　ベトナム如清使范芝香の『郿川使程詩集』に見える清代中国の汪喜孫（『二一世紀COEプログラム・グローバル化時代の多元的人文学の拠点形成　人文知の新たな総合に向けて　第二回報告書Ⅰ〔歴史篇〕』京都、京都大学大学院文学研究科、二〇〇四）

補論三　朝鮮通信使が察知した尊皇討幕の言説（『天皇の歴史』第六巻月報第六号、東京、講談社、二〇一一）

本書は旧稿についてすべて補訂を加えた。特に比較的早い時期に書いた第五章から第七章については大幅に増訂し、重複部分はできるだけ削った。旧稿でそれが単純なケアレスミスである場合については特に注記しなかったし、より適切な表現がほかにある場合にはそのように書き換えたが、明らかな考え間違いであったと思うところについては注で記して訂正した。第一五章「解題」については、金栄鎮氏による指摘を最大限生かすとともに、旧稿では盛り込めなかった六つの日本現存燕行録についても、今回新しく解題を加えた。第一六章「使朝鮮録」についても、一文献について新しく解題を加えた。本書は韓国語版と中国語版に比べて量的にはおよそ二倍から三倍になっているので、同様な書名とはいえ、これまでそれらを用いてこられた方は注意されたい。

上記のように、本書に収録したもののうち最も早く世に出た論文は一九八九年であるから、すでに二五年がたっている。まったく自分の不器用さにあきれるばかりであるが、このように時間がかかったのは一方で中国史研究、特に中国明清社会史を同時に進めたからである。この間、明清社会史研究を進める一方で朝鮮燕行使と朝鮮通信使研究を進めたのは、同じ一四世紀から一九世紀にかけてのこととはいえ、わたしにとっては正直言って過重であった。わたしはこれを「二足のワラジを履いている」と言って自嘲しながら、また燕行録を紹介してくださった藤本幸夫氏には、「藤本さんが富山にいなければ、もっと気楽に中国史研究を進めることができただろうに」と怨みがましいことを言った。しかし思えば、朝鮮燕行使と朝鮮通信使を研究する過程で、ささやかとはいえいくつか新しい発見をしたことは、ほかでは代え難い喜びであった。中でも二〇一二年三月に、それまで現存しないと考えられていた洪大容の『乾浄衕会友録』、しかも疑いなく彼自身が『乾浄筆譚』に書き換える過程で自ら筆を入れたものをスンシル大学校韓国キリスト教博物館で、三冊の内の一冊だけとはいえ発見できたことは、望外の喜びであった。何よりも洪大容のような一流の知識人と長年にわたってつき合うことができたことこそ、中国史のみをやっていたのでは決してありえなかったことで、幸運としか言いようがない。

この二五年ほどの間に、学界はすっかり変わった。特にここ十年ほどの激変ぶりはすさまじい。二〇一四年五月には韓国ソウルで「燕行使と通信使」と題する国際シンポジウムが開催されるまでになった。また同じ二〇一四年十一月には中国上海で、「周辺から中国を見る——朝鮮通信使文献を中心に」と題する国際シンポジウムが開かれ、本年間もなく朝鮮通信使文献に標点を施した史料集が復旦大学文史研究院から出版されると聞く。わたしは二〇一〇年に中国語版を出すに当たって、その序文の書き出しで「大部分の中国の読者にとって、恐らく朝鮮燕行使も朝鮮通信使も本書を手にして初めて知る言葉であろう」と書いた。しかし今にして思えば、中国で朝鮮通信使に関する国際シンポジウムがかくも早く開かれるようになろうとは、わたしにはその頃まったく予想できないことであった。上海でシンポジウムが開かれたのは中国語版を出してからわずか四年後のことであるから、研究の進展の早さ、特にこの種の東アジア国際交流史の分野での研究の進展には驚くほかかない。

日本の研究者では、「沖縄の歴史情報研究」と「東アジアにおける国際秩序と交流の歴史的研究」に参加された先生方、中でも金文京氏、伍躍氏、藤本幸夫氏に大きくお世話になった。中野三敏氏には貴重な史料を貸していただいた。また西里喜行氏には琉球史について様々に教えていただいた。しかし、本書をこのように出版できるのは、韓国の先生と友人の存在を抜きにしてはまったく考えることができない。権仁溶氏、金文植氏、金栄鎮氏、金泰俊氏、盧京姫氏、朴永哲氏、沈慶昊、シン・ロサ氏、李成珪氏、張東翼氏、鄭光氏、鄭炳俊氏、鄭墡謨氏、鄭台燮氏、車恵媛氏、河政植氏、洪性鳩氏には史料収集などで様々にお世話になった。中国では何齢修氏、陳祖武氏、葛兆光氏から、あるいは中国（台湾）では林月恵氏からいただいたご好意も忘れられない。アメリカのジョシュア・フォーゲル氏、デイビッド・ロビンソン氏にも様々に助けていただいた。以上の各氏に心より感謝する。

本書の刊行に当たっては、二〇一四年度の日本学術振興会科学研究費補助金・研究成果公開促進費（「学術図書」）の交付を得た。関係各位に感謝する。

最後になるが、名古屋大学出版会の三木信吾氏に感謝する。優秀な編集者と一緒に仕事できたことをありがたく思う。また中田裕子さんにはコンピュータがまったくできず入力能力に劣るわたしに代わって、大いに助けていただいた。ここにお二人に心より感謝する。

洛北宝ヶ池山荘にて、二〇一五年一月九日記す

夫馬　進

《著者紹介》

夫馬《ふま》 進《すすむ》

1948年，愛知県に生まれる。1974年，京都大学大学院文学研究科博士課程退学。京都大学人文科学研究所助手，富山大学人文学部助教授などを経て，京都大学大学院文学研究科教授（2013年退任）。現在，京都大学名誉教授。著書に，『中国善会善堂史研究』（同朋舎出版，1997年，恩賜賞・日本学士院賞），編著に『増訂使琉球録解題及び研究』（榕樹書林，1999年），『中国東アジア外交交流史の研究』（京都大学学術出版会，2007年），『中国訴訟社会史の研究』（同，2011年）他，史料集に『燕行録全集日本所蔵編』（共編，東国大学校韓国文学研究所，2001年）。

朝鮮燕行使と朝鮮通信使

2015年2月28日　初版第1刷発行
2016年8月31日　初版第2刷発行

定価はカバーに
表示しています

著　者　夫　馬　　進

発行者　金　山　弥　平

発行所　一般財団法人　名古屋大学出版会

〒464-0814　名古屋市千種区不老町1名古屋大学構内
電話(052)781-5027 / FAX(052)781-0697

Printed in Japan
印刷・製本 ㈱クイックス
ISBN978-4-8158-0800-6
乱丁・落丁はお取替えいたします。

Korean Embassies to Beijing and Korean Embassies to Japan

Table of Contents

索　引

1）本索引は，事項，人名，研究者名，史料名すべてを含めた総合索引である。
2）本索引は日本語（漢字）表記のもののほか，ハングル表記のもの，アルファベット表記のものからなる。
3）中国人名，韓国人名については，漢字表記の場合は日本語読みで配列してある。
4）本索引では下記の語彙については，原則として取らない。
　a. 史料名『高麗史』,『朝鮮王朝実録』,『明史』,『明実録』,『清史稿』,『清実録』。
　b. 本文ですでに取った人名と史料名で，注で重複して現れるもの。
5）各章および各節でタイトルで示される語句については，原則として初出のもののみ取る。

ア　行

カ　行

サ　行

タ　行

ナ　行

ハ　行

マ　行

ヤ　行

ラ　行

ワ　行

ハングル

欧　文